W0312273

Cours de philosophie - 2

II

l'action

chapitre I

LES FORMES DE L'ACTION ET LES NIVEAUX DE COMPORTEMENT

SOMMAIRE

1. L'action humaine et le comportement. — Dans notre premier volume, nous avons surtout considéré la pensée comme condition de la *connaissance.* Mais, dès le début (t. 1, § 21), nous avons remarqué que la pensée se trouve aussi intimement liée à l'***action*** humaine. Il faut aller plus loin : à vrai dire, l'homme n'est pas d'*abord* connaissant : il est, avant tout, un être *vivant*, donc un être *agissant*. De la connaissance et de l'action, c'est donc incontestablement celle-ci qui est première. On peut même dire que *toute pensée est action*, en ce sens qu'elle s'accompagne d'actes commencés, de gestes esquissés, ne seraient-ce que ceux de la parole (t. I, § 191). Même la « pensée intérieure » est, selon le psychologue Pierre Janet, une action ébauchée qui demeure à l'état virtuel, sur le plan mental, mais qui est destinée à se manifester, tôt ou tard, extérieurement. Réciproquement, peut-être peut-on dire qu'*il n'est pas, chez l'être humain, d'action totalement privée de pensée*, non certes en ce sens que toute action serait pleinement consciente et réfléchie — on a vu au contraire (t. I, chap. III) qu'il y a bien des niveaux à distinguer, de ce point de vue, dans l'action humaine — mais en ce sens du moins que toute action possède une *signification*, constitue un tout doué d'une structure propre et plus ou moins orienté vers un but.

En ce sens, le fait psychique n'est donc pas seulement un *fait de conscience*, comme on l'a défini parfois (t. I, § 22) : c'est aussi et surtout un *fait de* **comportement**. On peut appeler *comportement l'ensemble* ***global*** *des réactions d'un être vivant en réponse à une* ***situation*** *donnée.* Il serait toutefois beaucoup trop étroit de ne voir dans ces réactions, comme l'a voulu l'école dite *behavioriste* de J.-B. Watson (t. I, § 31), qu'un ensemble de phénomènes physiologiques. C'est ainsi que, dans le comportement de la peur, on peut sans doute avoir à étudier les modifications de la circulation sanguine : pâleur, battements de cœur, etc., les réactions de fuite (§ 35-36), mais seulement comme partie intégrante de tout l'*ensemble des réactions* : et, d'autre part, celles-ci ne peuvent être considérées abstraction faite de la *situation* : ici, un danger, réel ou supposé, à laquelle elles répondent.

Ainsi compris, le *comportement* ou, si l'on veut, la *conduite* humaine présente une multitude de types qui s'étagent en une hiérarchie de mouvements et d'actes de plus en plus complexes dont, nous l'avons vu (t. I, § 27), l'organisation nerveuse de l'homme nous fournit une image approchée ; et ces formes de la conduite, ces ***niveaux de comportement*** offrent un certain parallélisme avec les *niveaux de conscience* que nous avons étudiés au chapitre III du tome I. Ce sont ces formes de l'action, ces niveaux de comportement que nous nous proposons d'étudier dans le présent chapitre.

2. Les réactions élémentaires. — Pour comprendre certains caractères des actes humains, il faudrait remonter jusqu'aux mouvements élémentaires, qui sont eux-mêmes des manifestations d'une des propriétés fondamentales de la cellule vivante : l'*excitabilité* (ou *irritabilité*). L'excitabilité est « cette propriété que possède la matière vivante de ***réagir,*** sous l'influence des modifications du milieu extérieur, par une modification de son équilibre matériel et dynamique », et l'on appelle *excitant* « toute modification dans les conditions extérieures de la vie d'un organisme » (E. Hédon). Sans insister sur la nature de ce phénomène, nous en rappellerons les lois fondamentales, parce que ces lois se retrouvent jusque dans des comportements beaucoup plus complexes. 1° *Loi du seuil* : un excitant quelconque (par exemple : un courant électrique qu'on fait passer dans un muscle) ne produit une réaction que lorsqu'il atteint une intensité minima, appelée *seuil* de l'excitation. 2° *Loi de la relation sigmoïde* : lorsqu'on fait croître l'excitant, la réaction croît d'abord lentement, comme s'il s'agissait d'une période de « mise en train » ; elle s'accroît ensuite plus rapidement jusqu'à un palier qui marque un maximum indépassable, de sorte que la courbe qui traduit la relation (fig. 1) affecte la forme d'une courbe en S. 3° *Loi de disproportion* : « Entre la grandeur de l'excitant et la grandeur de la réaction, il y a en général une très forte disproportion, en ce sens que la dépense d'une très petite quantité d'énergie de la part de l'excitant peut occasionner la production d'une énorme quantité d'énergie de la part de la matière vivante ». En effet le protoplasme (celui de nos muscles par exemple) accumule de l'énergie potentielle, que l'excitant met brusquement en liberté. C'est pourquoi beaucoup de réactions sont de forme « explosive ». 4° *Loi de spécificité* : « Un même excitant produit des réactions très différentes suivant le tissu auquel il s'adresse, et d'autre part, pour un même tissu, la réaction est toujours la même, quelle que soit la nature de l'excitant » (Hédon). Ainsi, le tissu musculaire réagit toujours par une contraction ; les glandes, par une sécrétion ; et l'on a vu que cette loi s'applique même aux organes sensoriels (t. I, § 73 *B*).

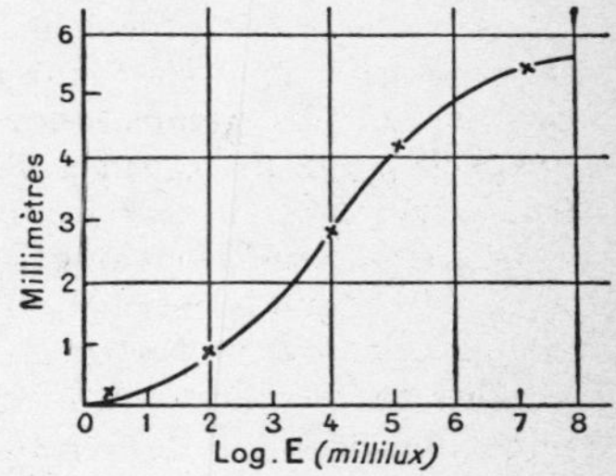

Fig. 1. — Excitant et réaction (expériences de Reeves, 1918).

Cette courbe qui représente le rétrécissement du diamètre pupillaire chez l'homme (en ordonnées) en fonction du logarithme de l'éclairement lumineux (en abcisses), montre comment varient, de façon générale, *les réactions biologiques en fonction des excitants extérieurs.*

3. Le comportement réflexe. — Chez les êtres qui possèdent un système nerveux, la forme la plus simple du comportement est le ***mouvement réflexe.*** Celui-ci consiste essentiellement en une réaction motrice (muscle) ou sécrétoire (glande) qui répond automatiquement, sans intervention de la volonté ni même souvent de la conscience, à une excitation sensitive. C'est Descartes qui, le premier, dans son

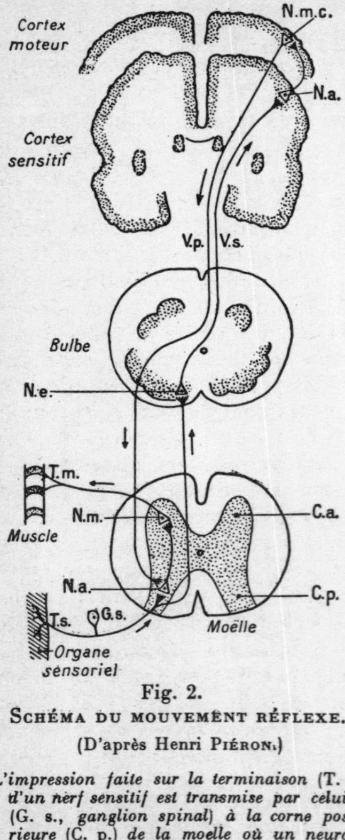

Fig. 2.
SCHÉMA DU MOUVEMENT RÉFLEXE.
(D'après Henri PIÉRON.)

L'impression faite sur la terminaison (T. s.) *d'un nerf sensitif est transmise par celui-ci* (G. s., *ganglion spinal*) *à la corne postérieure* (C. p.) *de la moelle où un neurone d'association* (N. a.) *la communique au neurone moteur* (N. m.) *de la corne antérieure* (C. a.) *qui la transmet à son tour au nerf moteur dont la terminaison* (T. m.) *s'insère sur le muscle. Tel est le schéma le plus simple de « l'arc réflexe ». Mais, au niveau du neurone d'association, intervient l'action du cerveau exercée par le neurone moteur cortical* (N. m. c.) *et transmise par la voie pyramidale* (V. p.). *Ce neurone peut lui-même être mis en action, suivant la voie sensitive* (V. s.), *par l'influx venu de l'organe sensoriel après traversée des neurones d'étape* (N. e.) *dont on a indiqué seulement ici ceux du bulbe.*

Traité de l'homme, a donné le schéma de « l'arc réflexe ». Conformément à sa doctrine, il y vit une réaction *purement mécanique*, qui fait par exemple qu'un homme qui s'est brûlé le pied, le retire automatiquement par le jeu même des « esprits animaux » (nous dirions aujourd'hui : de l'influx nerveux) ; et, bien qu'elle se soit compliquée par la suite lorsqu'on a mieux connu la structure du système nerveux, c'est au fond cette conception qui est restée longtemps celle des physiologistes. Beaucoup d'entre eux prétendirent même faire du réflexe « le type fondamental du comportement, d'où proviennent les autres par complications successives » (WARREN[a]) : l'instinct, l'acte volontaire même étaient définis comme des « réflexes composés » — Quelle que soit la valeur de cette conception, il est certain que les réflexes présentent des *degrés de complexité* très variés. Un réflexe tel que le réflexe rotulien n'intéresse, en principe du moins, que la moelle épinière. De même, la légère rougeur, signe de dilatation des vaisseaux sanguins, qui apparaît sur la peau à la suite d'une piqûre d'ortie ou de moustique, est une réaction réflexe purement locale ; mais la sensation de démangeaison que nous éprouvons alors, est due à la transmission au cerveau. Le clignement des paupières, l'éternuement, la toux sont au contraire des réflexes proprement « cérébraux » qui ont leur centre dans le bulbe ou la protubérance annulaire. Au-dessus de ces réflexes simples, il y a des réflexes composés — on a même parlé de « réflexes psychiques » — où l'on voit plusieurs impressions sensorielles se combiner ou bien une seule impression se diffuser à plusieurs voies motrices. En ce sens, il y a bien des réserves à faire sur la théorie classique d'après laquelle « les réflexes présentent un caractère de déterminisme étroit, de fatalité » (Hédon) à peu près inéluctable. En réalité, la plupart des réflexes sont plus ou moins *modifiables* : la volonté a prise sur certains d'entre eux, par exemple le réflexe de clignement des paupières ; et l'auteur que nous venons de citer ajoute lui-même « qu'ils peuvent présenter aussi, tout comme les mouvements volontaires, un caractère intentionnel remarquable : ils apparaissent dans des groupes physiologiques de muscles, et les contractions de ces muscles sont coordonnées et comme adaptées à un but à atteindre ». En effet, au delà des *centres primaires* qui les commandent directement (la moelle notamment), les réflexes sont subordonnés à l'action des *centres supérieurs*, de l'écorce cérébrale, qui exercent sur eux une action régulatrice, inhibitrice, parfois même excitatrice (fig. 2). Au reste, le réflexe est soumis aux lois générales des réactions biologiques exposées au § 2. Il s'en faut donc qu'il consiste, comme l'a voulu par exemple le biologiste américain Jacques Lœb (1859-1924), *en une réaction purement passive du système nerveux* qui se bornerait à « réfléchir » (selon l'étymologie du terme) l'excitation reçue du dehors, donc *en une simple transformation* de l'énergie reçue en énergie restituée sous forme de mouvement : tout au moins y a-t-il ici, comme dans toutes les réactions biologiques, *disproportion* entre l'énergie reçue et l'énergie dépensée (à tel point que P. Janet a pu ranger le réflexe parmi les « actes explosifs »), *spécificité* de la réaction, etc. — Ceci posé, il faut reconnaître que *le comportement réflexe tient dans l'ensemble de notre comportement une place bien plus grande qu'on ne se l'imagine.* L'enfant n'arrive pas au monde comme un « voyageur sans bagages » : il est pourvu dès la naissance, comme le fait remarquer H. Piéron[b], d'un nombre considérable d'automatismes innés, de mécanismes tout montés, qui relèvent donc du comportement réflexe : l'utilisation de ces « équipements héréditaires », celui de la marche par exemple, peut se trouver *différée*, mais ils sont à sa disposition dès que son système nerveux aura acquis la maturité nécessaire et il ne s'agira plus pour lui que de s'en assurer la maîtrise.

4. Les réflexes conditionnés. — Autre considération importante : le réflexe est *éducable.* Les travaux poursuivis par le physiologiste russe Pavlov (1849-1936) et ses élèves ont montré comment un réflexe, tel que le réflexe salivaire, qui est normalement déterminé par un excitant donné (l'aliment), peut être, à la longue, provoqué par un autre excitant (par exemple, le son d'une cloche, une ampoule électrique qui s'allume) qu'on a lié par une répétition constante à l'excitant primitif. C'est ce qu'on a appelé le ***réflexe conditionnel*** ou, plus correctement, ***conditionné.***

Selon Pavlov, les réflexes conditionnés mettent en jeu les centres cérébraux et cessent de se produire après ablation de l'écorce. Ils sont particulièrement fragiles : une modification, si faible qu'elle soit, dans le son excitateur ou dans l'éclairement de la cellule, une odeur, un frôlement de la peau suffisent à empêcher l'association de se faire. Il s'agirait donc, on le voit, d'un véritable apprentissage, particulièrement délicat, par ***substitution*** d'un excitant à un autre. C'est pourquoi psychologues et même sociologues ont porté un grand intérêt à ce phénomène. Le réflexe conditionné, en nous montrant comment l'excitant secondaire devient le *substitut* de l'excitant adéquat, nous permettrait de comprendre, pensait-on, comment se constituent les mécanismes des actes les plus complexes et, en particulier, celui du *symbolisme,* si important dans le comportement humain et qui fait qu'un *signe* devient l'équivalent de la chose signifiée. On entrevoit par là, écrivait H. Piéron, comment est possible « ce phénomène du transfert associatif qui est à la base de toutes les tendances acquises, de tous les progrès de la conduite », et le sociologue M. Mauss voyait dans l'hérédité des réflexes conditionnés le moyen d'expliquer « comment a pu s'accumuler, s'inscrire dans l'organisme même, dans la série des générations, tout ce qui est social ».

5. La critique de K. Goldstein et la « structure » du comportement d'après M. Merleau-Ponty. — Ces conceptions classiques du réflexe inné et du réflexe conditionné ont été vivement critiquées par le physiologiste Kurt Goldstein[1] (né en 1878).

A vrai dire, celui-ci s'inspire d'une théorie psychologique et même philosophique à laquelle nous avons déjà fait allusion ci-dessus (cf. tome I, § 81-82) : la théorie de la Forme. C'est cette théorie qui a inspiré la conception *holiste* de l'organisme dont il a été question au t. I, § 29 *C* et 283 *fin.* Dans cette conception, ***les réflexes en tant que « phénomènes fragmentaires » n'existent pas,*** du moins « sous la forme qui leur est traditionnellement attribuée » (Goldstein[1]). Le réflexe isolé ne se produit que dans des circonstances particulières qui sont soit des dispositifs *expérimentaux,* soit des conditions *pathologiques,* en un mot dans des situations ***artificielles,*** et il est alors « l'expression de la réaction de l'organisme à un isolement quelconque de certaines de ses parties » ; c'est « une opération *de l'organisme total* altéré par la maladie ou par l'intervention expérimentale ». En ce sens, le réflexe a bien une finalité : il réalise un retour à l'équilibre par ***compensation*** de l'excitant (dans le réflexe rotulien, le muscle se contracte pour compenser la distension qui se produit lorsqu'on frappe légèrement le tendon). Il a donc un rôle « dans les situations qui échappent à notre prévision ».

A plus forte raison, les *réflexes conditionnés* sont-ils des phénomènes ***artificiels***. C'est tellement vrai que, comme l'a constaté PAVLOV, les circonstances exceptionnelles de l'expérimentation finissent parfois par créer chez l'animal mis en expérience une véritable névrose. Selon GOLDSTEIN[*], cela tient à ce que le dispositif expérimental élimine précisément les influences qui, dans les conditions normales, émaneraient *de l'organisme total*. Le réflexe conditionné se présente ainsi comme le résultat d'une opération où « on isole *une partie* de l'organisme en le mettant en rapport avec *une partie* du monde environnant ». Seul l'homme est capable de cette « attitude analytique » et c'est pourquoi, chez les animaux, ces réflexes ne se forment que grâce au dressage imposé par l'homme et disparaissent beaucoup plus facilement que chez l'homme. De toute façon, il est impossible de les considérer comme la base de l'apprentissage normal.

C'est sur ces bases que M. MERLEAU-PONTY[*] (1908-1961) édifia sa conception de la « structure » du comportement. Il en conclut que « nos réactions les moins conscientes ne sont jamais isolables dans l'ensemble de l'activité nerveuse, qu'elles semblent guidées dans chaque cas par la situation interne et externe elle-même ». Tout comportement est une « forme », au sens de la théorie de la *Gestalt*, c'est-à-dire une ***structure***, et une structure « indécomposable », qui n'est « ni chose, ni idée », mais plutôt une « essence », au sens phénoménologique de ce terme : « Il existe, pour chaque individu, une structure générale du comportement qui s'exprime par certaines constantes des conduites, des seuils sensibles et moteurs, de l'affectivité, de la température, de la respiration, du pouls, de la pression sanguine. » Il n'y a pas ici relation *causale* entre un excitant et une réaction, mais relation *dialectique* entre un être psycho-biologique et une situation d'ensemble. La réaction est une réponse globale qui dépend, non des propriétés matérielles de l'excitant, mais de sa *signification vitale* pour l'être tout entier. Ainsi, ***tout comportement, même réflexe, a un sens*** et dépend de cette signification vitale.

6. Discussion. — Ces théories portent surtout contre les conceptions des physiologistes tels que LŒB (§ 3) qui se représentent la structure du système nerveux de façon *atomiste* et voient dans son fonctionnement un pur *mécanisme*. Mais de telles conceptions sont depuis longtemps dépassées.

On a vu qu'un physiologiste aussi classique que E. Hédon a admis une certaine « intentionalité » même des réflexes simples et leur intégration à des « groupes physiologiques ». Pavlov lui-même s'est refusé à voir dans les réflexes conditionnés la condition suffisante de « l'adaptation d'un être à un milieu en perpétuel changement » et il a écrit que la présence et l'intensité de ces réflexes dépend de « l'état général d'excitabilité des centres réflexes ». Presque tous les physiologistes admettent aujourd'hui la *loi de l'effet* énoncée par Thorndike (1874-1949) et d'après laquelle « la force d'une connexion établie entre une situation et une réponse est augmentée ou diminuée selon qu'elle est accompagnée ou suivie d'un état satisfaisant ou d'un état désagréable pour l'organisme ». Mais il faut surtout citer les travaux du biologiste anglais Ch. S. Sherrington (1859-1952) qui, mettant en lumière *l'action intégrative du système nerveux*, a montré que celui-ci doit être regardé comme *un tout fonctionnel* dans lequel les *synapses* nerveuses jouent un rôle essentiel, de telle sorte que, du moins chez les Vertébrés supérieurs, il n'existe plus de réflexes indépendants.

Inutile donc d'invoquer ici la mystérieuse notion d'une « forme » qu'on nous dit non intelligible par « analyse réelle » et qui serait simplement, pour chaque comportement, « une certaine manière d'*être au monde* ou d'*exister* » (Merleau-Ponty[h]). Bien plus éclairantes, nous semble-t-il, sont les conclusions de Sherrington qui, loin de rejeter, ainsi que le font en grande partie K. Goldstein et M. Merleau-Ponty, l'action coordinatrice des centres cérébraux, a montré que c'est grâce à ceux-ci que l'*organisme est un tout* et l'*homme une unité*. Chez les animaux inférieurs, il existe bien des « arcs réflexes » simples. Mais, chez les Vertébrés supérieurs et surtout chez l'homme, l'évolution a abouti à la constitution des centres coordinateurs du *cerveau* qui, se subordonnant les deux systèmes des mouvements du corps (système cérébro-spinal) et de ses régulations internes (système autonome), centralisant, sélectionnant, renforçant ou inhibant toutes les excitations reçues, *a substitué aux réflexes primitifs, immuables et fatals, un type de comportement tout nouveau*, dans lequel des réflexes complexes sont fonctionnellement adaptés et présentent donc certains caractères de finalité. — Le ***comportement réflexe*** existe bien chez l'homme, *mais il n'existe plus à l'état indépendant* : il est lui-même intégré à un ensemble.

7. Le comportement « postural ». — C'est encore Sherrington qui a mis en lumière l'existence en nous, outre l'activité proprement motrice qui se traduit par les mouvements extérieurs, d'une activité d'un autre type, l'*activité posturale*, qui relève en partie du système sympathique et en partie de la moelle, du cervelet et même du cerveau. On sait qu'il existe, chez l'être à l'état de repos, un *tonus résiduel* qui consiste en une légère contraction permanente de nos muscles.

Mais à celui-ci se superpose un *tonus de posture* qui a pour fonction de fixer les diverses parties de notre corps dans leurs différentes attitudes, que celles-ci soient volontaires ou non. D'où, un véritable comportement *tonico-postural*, une ***fonction des attitudes,*** qui présente une grande importance; car c'est à elle que se rattachent les formes d'accommodation motrice, sensorielle ou mentale d'où dépend « le pouvoir de choix et de persévérance qu'exige une conduite tant soit peu constante et définie de l'activité mentale » (WALLON).

(Phot. Janet Le Caisne.)

Fig. 3. — PIERRE JANET. 1859-1947.

Comme son oncle, le philosophe Paul Janet, qui fit créer pour Ribot au Collège de France la chaire de psychologie expérimentale, Pierre Janet eut de bonne heure le goût des études scientifiques. Agrégé de philosophie en 1882, il étudie la physiologie et, de recherches sur le somnambulisme, tire une thèse sur* l'Automatisme psychologique *(1889) où s'annoncent déjà ses deux grandes idées de la* force de synthèse *et de la* hiérarchie des conduites. *En 1893, il passe son doctorat en médecine, montrant ainsi la voie à son cadet Georges Dumas. Directeur du laboratoire de psychologie pathologique de la Salpêtrière, il publie toute une série d'études sur les névroses. Successeur de Ribot au Collège de France, il renouvelle l'étude des fonctions mentales avec ses cours sur la* psychologie des conduites. *A 87 ans, resté étonnamment jeune, il fit encore une série de conférences à Zurich.

8. Le comportement instinctif et l'activité conservatrice.

— Le terme d'***instinct*** a été pris en des sens très divers, notamment en un sens large où il désigne toute activité spontanée; c'est en ce sens qu'on dit : « un geste *instinctif* », « faire une chose *instinctivement* ». Mais le terme peut être pris aussi en un sens beaucoup plus rigoureux, celui dans lequel il désigne un comportement qui se rencontre de façon privilégiée chez les animaux. Il s'agit alors d'un *savoir-faire* qui semble inné et qui est propre à chaque *espèce* animale, par exemple : la construction du nid chez l'oiseau. L'instinct n'est pas un pur mécanisme physiologique, comme l'avait cru Descartes (théorie des animaux-machines). C'est plutôt un comportement « syncrétique », c'est-à-dire qui n'analyse pas la situation, qui est « emprisonné dans le cadre de ses conditions naturelles » et qui « ne traite les situations inédites que comme des allusions aux situations vitales qui lui sont prescrites » (MERLEAU-PONTY[h]). La question des rapports entre l'instinct et l'intelligence a été fort débattue : on peut dire cependant que le comportement instinctif n'est pas, à proprement parler, un comportement « intelligent » en ce sens que, le plus souvent, il ne sait pas *s'adapter à des circonstances nouvelles* ; il recommence sans cesse le même acte, même lorsque les conditions ont changé, même lorsque l'échec s'est affirmé, comme s'il était aveugle pour la *réalité* extérieure. — Chez l'homme, l'instinct proprement dit a un domaine relativement restreint : ces « équipements héréditaires », ces mécanismes tout montés dont il a été question au § 3, ne vont pas chez lui jusqu'à ces ensembles *complexes* et, en quelque sorte, *stéréotypés* qu'on trouve chez les animaux. On rencontre cependant des comportements humains, à vrai dire très inférieurs, pathologiques même parfois, qui rappellent le comportement instinctif, en ce sens qu'ils sont comme lui « syncrétiques », qu'ils consistent en une *restitution intégrale, en bloc*, d'un comportement ancien. Tel est le célèbre *cas d'Irène* rapporté par Pierre JANET (fig. 3) :

Une jeune fille, d'ailleurs surmenée de travail, perd sa mère phtisique dans des conditions particulièrement tragiques : elle a assisté à l'agonie ; restée seule avec le cadavre, elle a essayé de le faire revivre, l'a fait tomber du lit, etc. Quelque temps après commencent chez elle des crises de somnambulisme dans lesquelles elle rejoue tout entières, dans tous leurs détails, les scènes qui ont eu lieu au moment de la mort. « Un caractère de ces somnambulismes, c'est qu'ils se répètent indéfiniment ; non seulement les divers accès successifs sont toujours exactement les mêmes, avec les mêmes poses, les mêmes expressions et les mêmes paroles, mais encore au cours d'un même accès assez prolongé la même histoire peut être répétée une dizaine de fois exactement semblable. »

Pierre JANET a donné le nom d'***activité conservatrice*** à ce comportement où le passé se reconstitue *ad integrum*, sans adaptation au présent et sans conscience nette de la situation (en dehors de ses crises, Irène ne se rappelait pas que sa mère était morte). Certes, une telle activité existe rarement à l'état pur chez l'homme normal. Mais ne nous en rapprochons-nous pas dans certains cas?

A qui n'est-il pas arrivé de continuer machinalement un acte habituel alors qu'il n'a plus de raison d'être, de suivre par exemple un itinéraire connu alors qu'on a l'intention de se diriger ailleurs? Un enfant qui récite un morceau appris par cœur, restera coi si on l'interrompt, mais il poursuivra sa récitation sans défaillance si on lui permet de reprendre au commencement. JANET remarque que la *distraction* produit des cas de ce genre et rappelle celui de Biren, duc de Courlande, qui avait l'habitude de porter à sa bouche des morceaux de parchemin et qui détruisit ainsi un jour un important traité de commerce sans le voir, ainsi que « les exploits de ces personnages qui, lorsqu'ils parlent à table, versent de l'eau indéfiniment jusqu'à inonder les convives ».

9. Le comportement habituel. — Ces exemples montrent que *l'activité conservatrice* joue encore un très grand rôle dans l'***habitude*** (chap. V) : à la différence de l'instinct, celle-ci est un automatisme *acquis*, mais qui constitue, selon le mot d'Aristote, « une seconde nature » et qui imite, par suite, le « syncrétisme » de l'instinct. Le langage courant ne dit-il pas d'ailleurs que nous avons fait « instinctivement » un acte que nous avons accompli, en réalité, par habitude? Il y a cependant entre l'instinct et l'habitude une différence essentielle : c'est que l'habitude vraie ne consiste pas du tout à répéter le passé *tel quel, dans son intégralité*, mais au contraire à *éliminer* les gestes inutiles qui donnaient à l'acte primitif sa maladresse et sa raideur. L'activité conservatrice est donc corrigée ici par un tout autre comportement qui met en jeu ce que nous appellerons une ***fonction de dissociation*** ou de ***sélection*** : le passé n'est reproduit que dans ses éléments utiles, correspondant à une tâche déterminée. Remarquons cependant : 1° que cette sélection s'opère souvent de façon toute spontanée, sans intervention nécessaire de la conscience, par le simple processus « des essais et des erreurs » comme on l'a vu à propos de « l'intelligence animale » (t. I, § 158) ; 2° que, cette nouvelle adaptation une fois acquise, elle tend à son tour à se répéter telle quelle, machinalement, comme le montrent les exemples du § 8.

10. Le comportement intelligent et volontaire. — Une étape capitale sera franchie lorsque, au lieu de se répéter ainsi, le comportement deviendra, dans une certaine mesure, *invention*, en ce sens qu'il cherchera à *s'adapter à des conditions nouvelles* : c'est ce qui caractérise le comportement *intelligent* au sens le plus général du terme. Pour cela, il faudra, non seulement que le bloc de l'expérience passée soit brisé par la fonction de *dissociation*, mais que les éléments en soient regroupés en un ensemble *original* et adapté à la réalité présente ou même prochaine. On verra qu'en outre cette adaptation requiert l'aperception *synthétique* d'une « situation », c'est-à-dire d'un ensemble de rapports. En ce sens, un tel comportement est déjà aussi, à quelque degré du moins, *volontaire* : car la volonté (chap. VI) est essentiellement une *fonction de synthèse* qui réclame la mise en jeu de toutes les facultés personnelles.

11. Le comportement inter-individuel et le rapport avec autrui. — Mais la réalité à laquelle notre action doit s'adapter, n'est pas seulement la réalité physique. L'homme vit en rapports perpétuels *avec ses semblables*. Or « une action faite quand on est seul est toujours plus simple et plus facile qu'une action faite devant témoins. La présence d'autres hommes, quand on la perçoit, apporte toujours de la complication à l'action et cette complication va croissant dans les diverses actions sociales... Tel malade peut encore faire une action quand il est tout seul, mais en devient incapable quand une autre personne veut le regarder, le surveiller, le commander et surtout l'aider » (JANET). Tel élève qui sait très bien sa leçon, ne peut la réciter devant ses condisciples ; tel conférencier « réussit fort bien à faire tout seul dans sa chambre en parlant à des chaises vides la conférence qu'il ne peut pas faire devant le public » (ID.). — La *timidité* est, en grande partie, une impuissance à se hausser jusqu'à ces conduites accomplies sous les yeux d'autrui : on a dit des timides qu'ils sont des « apraxiques sociaux » (DUPUIS[a]).

12. Le comportement social et le langage. — La conduite proprement *sociale* implique quelque chose de plus que le rapport avec autrui : ce sont des actions faites selon certaines règles, conformément à certains « rites sociaux ». Non seulement en effet, comme nous l'avons noté (t. I, § 34), la vie en société « socialise les comportements biologiques même les plus élémentaires ». Non seulement l'homme en société « ne mangera, n'aimera, n'élèvera ses enfants, ne se défendra et ne jouera que suivant des règles traditionnelles qui seront imposées par la collectivité à son comportement socialisé ». Mais, en outre, la vie en société « suscite, engendre toute une série de comportements nouveaux, de comportements spécifiquement sociaux » qui parfois, sans doute, « s'inscrivent déjà dans le patrimoine héréditaire de l'individu, mais qui ne se développent, ne prennent forme précise que par l'influence éducative » (H. PIÉRON[b]). L'adaptation à ces impératifs sociaux, à cette « pression » sociale exige, de la part de l'individu, une certaine *tension*, une certaine *surveillance* et une certaine *maîtrise* de ses tendances naturelles. — Mais, parmi ces conduites sociales, il en est une qui est d'une particulière importance : c'est *le langage*. Peut-être d'ailleurs, comme l'a supposé JANET[c], le langage est-il sorti lui-même d'actes sociaux, tels que le *commandement* et l'*obéissance*, plus tard le *récit* qui est, selon lui, l'acte essentiel de la mémoire (t. I, § 131 *A*). Il est certain, en effet, qu'avec le langage s'introduit dans le comportement humain une notion dont le rôle est capital : la notion de *signe* (t. I, § 209). Ces conduites « ont transformé les conduites précédentes et les ont *intellectualisées* », d'autant plus que « notre langage n'est pas seulement extérieur, il est aussi et surtout intérieur : nous nous parlons à nous-mêmes, nous nous donnons des ordres, des conseils, des critiques, et ce langage qui ne modifie aucunement notre action, en augmente cependant beaucoup l'efficience » parce qu'elle devient une action *réfléchie*.

13. Les conduites supérieures. — Enfin, au sommet du comportement humain, il faut placer ce que P. Janet[c] a appelé les conduites « supérieures ». Celles-ci comportent à leur tour plusieurs niveaux. *A*. Au premier niveau, il faut placer les conduites dites **ergétiques** (grec : *ergon*, action, travail), c'est-à-dire des conduites d'*exécution*, qui consistent à *agir effectivement* sur le réel. La conduite réfléchie, en effet, n'aboutit pas nécessairement à la réalisation de ses desseins : tout le monde connaît de ces caractères faibles qui sont, comme on dit, des velléitaires, et P. Janet a étudié des malades, des déprimés psychiques, qu'il a nommés des *psychasthéniques* et qui, par ailleurs très lucides, sont caractérisés précisément par cette impuissance pour l'action réelle (voir aux *Exercices*, 6, l'observation de Rousseau). Les conduites ergétiques, au contraire, « ne se bornent pas à utiliser la force accumulée dans les tendances inférieures : elles tirent leur force d'une réserve spéciale pour l'ajouter aux idées qui ne sont pas assez fortes par elles-mêmes ». On verra (ch. VI) que tel est en effet le propre de la *volonté*. Il va de soi que ces comportements jouent un rôle considérable dans la conduite *morale* (voir § 187). Il faut y rattacher également l'acte du *travail* que nous étudierons plus loin (§ 15). — *B*. A un second niveau, on peut, avec Janet[c], placer la conduite **expérimentale** c'est-à-dire celle qui sait *se modifier, se corriger elle-même d'après les leçons de l'expérience*, en s'éprouvant au contact du *réel*. Combien de caractères, que l'on qualifie parfois de « volontaires » et qui ne sont, en réalité, que têtus ou butés, précisément parce qu'ils ne savent pas reconnaître leurs erreurs ou leurs fautes et tenir compte de l'expérience ! On verra d'ailleurs (t. I, § 244) que la conduite « expérimentale » n'est pas sans rapport, elle non plus, avec la conduite morale. — *C*. Enfin, au niveau le plus élevé, nous situerons ce que le même psychologue a nommé les conduites ***progressives***. Ce sont celles où interviennent les notions de *progrès* et de *création libre*, qui, par suite, ne sont plus tournées seulement vers le passé ni même vers le présent, mais qui « essayent de mordre sur le temps et de rapprocher le futur ». « Une des conséquences les plus remarquables de ces tendances paraît être le développement des conduites individuelles et originales, comprises et recherchées comme telles. A ces conduites progressives, se rattachent donc l'*invention* et la *personnalité* (t. I, chap. X, et ci-dessous chap. VIII).

14. Le jeu. — Pour terminer, nous étudierons, à titre d'exemple, deux conduites humaines où se concrétisent quelques-uns des types de comportement décrits ci-dessus : le *jeu* et le *travail*. Nous appliquerons ici le cadre indiqué au tome I, § 25, et nous essaierons de retrouver dans l'un et l'autre ce qui doit être attribué respectivement aux trois composantes de l'être humain.

Voyons d'abord le jeu. — *A*. Qu'il y ait à sa base des composantes ***organiques***, cela n'est pas douteux. Mais elles ont été interprétées de diverses façons. L'auteur d'un livre sur *Les jeux des animaux*, K. Groos, y avait vu, pour l'être vivant, un ***apprentissage de la vie réelle***. Le jeu servirait au développement et à l'éducation de *l'instinct* : c'est ainsi que le petit chat court après une feuille d'arbre comme il courra après une souris[1]. M. Pradines écrit de même que « le jeu n'est *qu'un exercice désintéressé et anticipé de fonctions utiles* » et fait correspondre ses diverses formes aux trois fonctions fondamentales de l'activité élémentaire : à la recherche de l'aliment, « l'instinct de chasse » ; à l'instinct sexuel, « la coquetterie de la femelle et les tendances jalouses et combattives du mâle » ; à l'instinct social ou plutôt grégaire, « toutes les formes de sympathie et d'imitation ». Le *plaisir* du jeu viendrait, non du déploiement de ces activités, mais « du désintéressement avec lequel elles se déploient et qui fait qu'il est un jeu ». — Une autre interprétation avait été proposée par le poète allemand Schiller, puis par le philosophe anglais Spencer. Le jeu serait une ***décharge d'énergie*** : chez les animaux supérieurs et chez l'homme, l'énergie vitale n'est pas tout entière absorbée par les activités visant à la satisfaction des besoins organiques ; il reste donc de l'énergie en excédent. « L'activité de jeu » serait précisément celle qui se dépenserait ainsi, sans but déterminé, par simple besoin de se dépenser : d'où son caractère *désintéressé*. Il suffit d'observer les gambades du chien qu'on vient de détacher de sa chaîne, les mouvements exubérants et les cris des jeunes enfants qui sortent de l'école (cf. fig. 5), pour voir qu'il y a là une réalité. Les deux explications[2]

1. Comme le remarquait Janet[d], « cette théorie a eu des conséquences assez importantes dans la pédagogie : on s'est imaginé qu'il fallait transformer en jeux tous les travaux des enfants et des écoliers ». Cette pédagogie de la facilité est de plus en plus à la mode. Elle n'en repose pas moins, comme on va le voir, sur une grave erreur psychologique : le travail qui exige le *sens de l'effort*, se situe à un tout autre niveau que le jeu.

2. Nous ne mentionnons que pour mémoire l'interprétation, bien arbitraire à notre avis, des psychanalystes. Selon Freud, l'enfant déchargerait dans le jeu, non ses énergies, mais ses angoisses, en dominant par une action figurée les situations qu'il a dû

sont d'ailleurs loin d'être incompatibles : il est bien naturel que cette décharge d'énergie s'effectue selon les voies organiques des comportements héréditaires, et il n'est pas étonnant, par conséquent, que le jeu imite parfois l'instinct. Quoi qu'on en ait dit, une partie du plaisir du jeu consiste bien dans la sensation de cette dépense libre d'activité disponible. Qui n'a éprouvé, dans un jeu comme le tennis par exemple, un certain plaisir à se sentir bien « en forme », à jouir de la souplesse de ses réactions, de la précision de ses mouvements, etc. ? — *A ce niveau* cependant, l'activité de jeu, précisément parce qu'elle est *sans but déterminé*, est encore un comportement fort élémentaire. Aussi l'état psychique qui lui correspond, relève-t-il de cette ***pensée de rêve*** dont il a été question t. I, § 41 et qui demeure, pour ainsi dire, enfermée en elle-même, *sans contact avec la réalité extérieure* : c'est une « mentalité visionnaire » (J. CHATEAU[4]). L'enfant qui joue, vit son rêve comme un somnambule : s'il joue « au chemin de fer », il est à la fois le mécanicien, les voyageurs et la locomotive elle-même, et il se scandalise de voir les passants ne pas se détourner de son chemin (voir *Exercice* 7).

B. Mais, chez l'homme, « l'activité de jeu » comme toutes ses autres activités, est ***socialisée,*** et c'est alors seulement qu'elle devient *le jeu* proprement dit. Il n'est guère de jeu humain qui ne soit soumis à certaines ***règles*** conventionnelles, traditionnelles même, qui ont parfois un caractère international comme dans les jeux sportifs, certains jeux de cartes ou certains jeux savants comme le jeu d'échecs. Les ethnographes ont montré que ces règles remontent souvent à un très lointain passé et que beaucoup de nos jeux actuels sont des dégradations de cérémonies adultes, voire des survivances de coutumes magiques ou même religieuses[1]. Les études de PIAGET[4] ont établi que, chez l'enfant, ces règles du jeu sont d'abord acceptées comme quelque chose d'absolu et de quasi-sacré[2], puis, vers l'âge de 10-11 ans, comme des conventions résultant de libres décisions et du consentement général.

C'est ainsi que l'enfant prend conscience de la *raison d'être* des règles : elles sont nécessaires à l'entente commune, et aussi à l'intérêt du jeu ; car, en général, les enfants préfèrent les jeux un peu difficiles ; or, s'il n'y a pas de règle ou si l'on triche, il n'y a plus de difficulté.

---

souffrir passivement. Ainsi, un enfant qui craint de perdre sa mère lorsqu'elle s'absente, joue à faire apparaître et disparaître une petite charrette. Celle-ci symbolise sa mère et il la fait reparaître, de même qu'il l'écarte, à volonté, déchargeant ainsi ses fantaisies d'amour et de haine à son égard.

1. Cf. le curieux livre de Yrjo HIRN, *Les jeux d'enfants*, trad. fr., 1927.

2. Selon J. CHATEAU[4], le respect de ces règles résulterait chez l'enfant, du « désir d'être grand ».

On a pu dire, en ce sens, que le jeu est « une institution sociale » : c'est la discipline du groupe enfantin (J. Château[i]). A ce niveau en effet, la psychologie du jeu devient beaucoup plus complexe. Le plaisir du jeu consiste alors, en partie, dans le plaisir de ***la difficulté vaincue*** : « Le jeu, dit Janet[d], nous procure tous les avantages d'une action réussie » pourvu toutefois que cette action ne soit « pas trop grave ni trop petite », et c'est en ce sens qu'on peut le rattacher à la « conduite du *triomphe* » ; il comporte une « recherche de l'excitation » qui transforme la conduite : « c'est un moyen d'augmenter nos forces ». Dans les jeux de hasard, intervient ***l'amour du risque,*** qui procure une exaltation analogue[1]. Il subsiste cependant ici quelque chose de cette « pensée de rêve » par laquelle nous avons caractérisé le jeu élémentaire : en effet, quoique la difficulté à vaincre soit, en un sens, bien réelle, elle est cependant *artificielle* puisqu'elle est créée tout entière par les règles. Il se produit alors dans le jeu une sorte d'***illusion*** voulue ou tout au moins consentie : des joueurs de football, et aussi bien souvent les spectateurs du match, se passionnent pour la possession de la balle comme s'il s'agissait d'un objet éminemment précieux par lui-même, tout de même qu'au théâtre nous nous laissons prendre par l'action d'un drame comme s'il s'agissait d'une action réelle. — Ajoutons enfin que, sous cet aspect, le jeu suscite parfois des ***sentiments collectifs*** puissants : sentiment de « l'équipe » ; souci de ne pas jouer seulement pour soi, mais en fonction du jeu de l'équipe tout entière ; honneur de l'équipe, etc. C'est d'ailleurs surtout par là que le jeu peut être éducateur.

C. En troisième lieu, il faut reconnaître que la composante proprement ***personnelle*** n'est pas absente, du moins dans les jeux supérieurs. Non seulement ceux-ci font appel à des fonctions psychiques élevées, telles que : mémoire, attention, sens psychologique des réactions possibles de l'adversaire, réflexion ou rapidité de décision, etc. Mais un bon joueur a toujours plus ou moins sa *manière*, son *style* propre, et par là, il se rapproche quelque peu de l'artiste.

J. Huizinga[k] a mis en lumière le rôle du jeu, plus généralement de « l'attitude ludique », dans tout le comportement humain. « Le jeu, dit-il, est une action qui se déroule dans certaines limites de lieu, de temps et de volonté, dans un ordre apparent, suivant des règles librement consenties et hors de la sphère de l'utilité et de la nécessité matérielles. L'ambiance du jeu est celle du ravissement et de l'enthousiasme, qu'il s'agisse du jeu sacré ou d'une simple fête, d'un mystère

---

1. Nous ne parlons pas ici des joueurs qui jouent par amour du gain. Le jeu proprement dit est, par essence, désintéressé.

ou d'un divertissement. » Le jeu possède d'ailleurs une fonction culturelle évidente en tant que *compétition* ; cet élément compétitif ou, comme dit cet auteur, *agonal* entre dans toutes nos activités : il y a des formes ludiques de la philosophie (voir notamment les dialogues de Platon) comme il y a des formes ludiques de l'art. En ce sens, le jeu a même un aspect moral : « La vraie culture, écrit le même auteur, ne peut exister sans une certaine teneur ludique, car la culture suppose une certaine modération et une certaine maîtrise de soi, une certaine aptitude à ne pas voir la perfection dans ses propres tendances, mais à se considérer toutefois comme enfermé dans certaines limites librement consenties. La culture sera toujours, en un sens, *jouée*, du fait d'un accord mutuel suivant des règles données. La véritable civilisation exige toujours et à tous points de vue le *fair play* et le *fair play* n'est autre chose que l'équivalent, en termes ludiques, de la bonne foi[1]. »

15. Le travail. — Le travail se situe à un tout autre *niveau* que le jeu. — *A.* Certes, comme celui-ci, comme tous nos comportements d'ailleurs, il s'enracine en certains besoins ***organiques.*** Il existe en nous une tendance *naturelle* à l'activité, un besoin d'agir, qui se constate déjà chez l'enfant : seul, l'enfant malade ou anormal répugne à toute activité, comme d'ailleurs aussi au jeu ; à plus forte raison, l'homme normal ne peut-il rester oisif longtemps et cherche-t-il toujours à s'occuper[2]. Mais cette activité *libre* se rapproche beaucoup plus du jeu que du travail proprement dit.

B. Il importe d'insister, en effet, sur ce caractère du travail qu'il est une conduite essentiellement ***sociale.*** Il est social d'abord parce qu'il est une *obligation imposée* par la vie en société. Le mot même de *travail* implique une idée d'*effort*, de *peine* (comme d'ailleurs le latin *labor*)[3]. Mais ce qui est pénible dans le travail, ce n'est pas l'activité elle-même, c'est justement ce qu'il y a en lui d'obligatoire :

---

1. Selon J. Huizinga[k], il ne faut pas confondre le *sport* avec le jeu : « La science parfaite avec laquelle la technique sociale moderne sait exalter l'effet des démonstrations de masse, ne change rien au fait que ni les Olympiades, ni l'organisation sportive des universités américaines, ni les compétitions internationales annoncées à grand fracas n'ont pu relever le sport au niveau d'une activité créatrice de style et de culture. En dépit de son importance aux yeux des participants et des spectateurs, il demeure une fonction stérile où le vieux facteur ludique s'est presque entièrement éteint. »

2. On s'étonne de voir un manuel de *Morale* poser comme un dogme que « l'oisiveté et la paresse sont naturelles ». C'est psychologiquement faux.

3. Étymologiquement, un *travail* est d'abord un instrument de maréchal-ferrant. Littré donne cette définition : « nom donné à des machines plus ou moins compliquées à l'aide desquelles on assujettit les grands animaux, soit pour les ferrer quand ils sont méchants, soit pour pratiquer sur eux des opérations chirurgicales ». Littré ajoute : « Il est impossible de séparer *travail* des maréchaux et *travail*, peine, fatigue, pour la forme ni même pour le sens. »

obligation de travailler en un certain lieu, à certaines heures ; répétition des mêmes actes et monotonie du labeur quotidien, etc. Il est à remarquer en effet que la *forme* même du travail (division du travail, sa spécialisation et, de nos jours, même sa mécanisation) est imposée par l'état de la société, l'état de ses techniques, parfois des coutumes professionnelles qui remontent à de très anciennes traditions de métier. Ajoutons que sociologiquement le *groupe de travail* n'a pas du tout la même structure que le *groupe de jeu* : celui-ci, précisément parce que le jeu est une activité libre, est à structure plus ou moins égalitaire ; le groupe de travail est au contraire essentiellement *hiérarchique*. — Mais, précisément parce qu'il est social par nature, et non pas seulement par accident comme le jeu, le travail est une conduite relativement *élevée* dans la hiérarchie des comportements : « Le travail, écrit JANET[c], est *un genre d'action plus difficile et plus rare qu'on ne le croit.* Il n'existe pas chez l'animal ni chez l'homme primitif malgré les apparences : nous les faisons agir et peiner pour notre avantage en utilisant leurs tendances inférieures à la recherche de l'aliment et à la fuite de la douleur, mais ils ne font pas par eux-mêmes l'acte du travail. Les criminologistes nous ont montré comment le travail disparaît chez les criminels et les prostituées. Nous savons que le travail s'altère et disparaît dans une foule de névroses professionnelles, qu'il est absent dans les aliénations. » C'est, ajoute JANET, que « le travail, l'effort » appartiennent à ces comportements, supérieurs à la simple réflexion, qu'il a décrits sous le nom de conduites *ergétiques* (§ 13). Aussi bien le travail ne s'accommode-t-il plus du tout de cette « pensée de rêve » qui accompagne toujours plus ou moins le jeu. Bien au contraire, il exige représentation préalable du but — même un matérialiste comme Karl Marx reconnaît que « le résultat auquel le travail aboutit, préexiste *idéalement* dans l'imagination du travailleur » (t. I, § 299 *B* 3°), — attention soutenue, ajustage minutieux des gestes et des états mentaux à la tâche imposée et coordination complexe de tous ces actes en vue du résultat à obtenir (*Exercice* 8). « Quel prodigieux assemblage d'idées, d'images, d'habitudes n'observe-t-on pas chez le prote qui compose une page d'imprimerie, chez le mathématicien qui combine une multitude de théorèmes épars et en fait jaillir un théorème nouveau, chez le médecin qui, à un signe imperceptible, reconnaît du coup une maladie et en prévoit la marche ! » (DURKHEIM).

C. Il y a donc aussi un aspect ***spirituel,*** parfois même ***personnel*** du travail. Comme le disait Jean JAURÈS, le travail est « l'acte créateur par lequel l'esprit, la pensée, la conscience impose sa forme et son unité à la matière. Qu'il s'agisse de l'objet fabriqué par l'artisan ou du marbre façonné par l'artiste ou de l'infinie matière informe et obscure des mots que le poète façonne en rythmes souverains, toujours le travail créateur se caractérise par ceci, qu'il impose à la matière diverse, confuse et obscure, la forme de l'esprit, la forme de la pensée, la forme de la conscience ». Quant à la composante proprement *personnelle*, elle existe incontestablement dans le travail intellectuel et dans celui de l'artiste. Elle existait dans le travail de l'artisan de jadis lorsque celui-ci façonnait de ses mains un produit complet et qu'il y mettait tout son savoir-faire technique, tout son goût du travail bien fait, parfois même son sens esthétique. On hésite davantage à parler d'un élément *personnel* quand il s'agit du travail industriel moderne, divisé, mécanisé, devenu parcellaire et automatique[1]. Il n'est pas douteux que, du point de vue moral, il ne se pose ici un grave problème (ci-dessous, § 189). Mais, du point de vue psychologique qui seul nous intéresse ici, il n'est pas douteux non plus que ce travail automatisé exige de l'ouvrier, sinon de l'initiative, du moins une certaine compétence technique et surtout une attention intense qui, comme l'ont révélé les études effectuées sur la psychologie du travail, peut être extrêmement fatigante.

SUJETS DE TRAVAUX

Exercices. — 1. *Observez, soit sur vous-même, soit sur une autre personne comment la volonté peut inhiber le réflexe de clignement des paupières quand un objet menaçant s'approche des yeux.* — 2. *Observez le* tonus de posture *chez une personne dont un mouvement volontaire est brusquement arrêté à l'une de ses phases.* — 3. *Distinguez les types de comportement suivants : l'*agité, *le* brouillon, *l'*affairé, *le* pondéré, *le* flegmatique. — 4. *Expliquer cette réflexion de Valéry* : « Tous ceux qui ont pratiqué quelque chose, quand ils veulent transmettre leur expérience, ... règle générale : ils émettent les préceptes les plus contradictoires. » — 5. *Étudier quelques-unes des conduites* verbales *en usage dans nos sociétés : le* commandement, *la* promesse, *les* compliments, *les* excuses, *la* raillerie, *l'acte de* dire bonjour, *etc.* — 6. *Commenter cette confidence de* ROUSSEAU : « Mon naturel indépendant me rendit toujours incapable des assujettissements nécessaires à qui veut vivre avec les hommes... Lorsqu'il faut faire le contraire de ma volonté, je ne le fais point quoi qu'il arrive : je ne fais pas non plus ma volonté, parce que je suis faible. Je m'abstiens d'agir, car toute ma faiblesse est pour l'action. » — 7. *Commenter cette observation* de J. HUIZINGA : « Le jeu offre un prétexte à s'évader de la vie " courante " ou " proprement dite ". Déjà le petit enfant

1. Dans sa *République industrielle*, Henri DUBREUIL notait autrefois chez les ouvriers, non seulement une tendance à se révolter contre la condition matérielle qui leur était faite, mais aussi « leur opposition aux méthodes de travail qui tendent à annihiler en eux toute personnalité et toute initiative » et il citait cette réflexion d'un « contre-maître hargneux » à un ouvrier qui « finissait » trop son travail : « Ne fignolez pas tant, il faut que ça *tombe* plus vite que ça. »

a la pleine conscience d'agir " seulement comme ça ", " seulement pour rire "... Un père trouve son petit garçon de quatre ans occupé à jouer au " train " assis sur la première chaise d'une rangée. Il embrasse le gamin qui déclare aussitôt : " Papa, tu ne peux pas donner de baiser à la locomotive : les wagons pourraient penser que ce n'est pas pour de vrai. " » — 8. *Observez ce qui se passe en vous quand vous effectuez un travail manuel un peu compliqué.*

Exposés oraux. — 1. *Exposé plus détaillé de la hiérarchie des tendances d'après* P. Janet[c]. — 2. *La timidité,* d'après Dupuis[g], chap. III (consulter aussi Hartenberg, *Les timides et la timidité,* Alcan, 2e éd., 1905, chap. I-III).

Discussions. — 1. *La notion de* totalité *appliquée au comportement* (§ 46-47). — 2. *L'éducation par le jeu* (p. 14, note 1). — 3. *Discuter cette affirmation de R. Ruyer* : « Il est plus difficile qu'il ne paraît à première vue de distinguer entre le travail et le jeu. Car le jeu est rarement une pure expansion d'énergie sans but. Il vise à des réalisations. Tout travail vraiment total, non parcellaire, et dans lequel l'individu ne se subordonne à rien d'autre, est indiscernable d'un jeu. »

Lectures. — *a.* H. C. Warren, *Précis de Psychologie,* Rivière, 1923, chap. VI. — *b.* *H. Piéron, *Psychologie expérimentale,* coll. A. Colin, 1re partie. — *c.* Pierre Janet, *De l'angoisse à l'extase,* Alcan, 1926, t. I, 2e partie, chap. I ; *d.* **Les débuts de l'intelligence* et *e.* **L'intelligence avant le langage,* Flammarion, 1935 et 1936. — *f.* J. Piaget, *Le jugement moral chez l'enfant,* Alcan, 1932, chap. I. — *g.* L. Dupuis, *Les aboulies sociales,* P. U. F., 1940. — *h.* Merleau-Ponty, *La structure du comportement,* P. U. F., 1942. — *i.* Jean Château, *Le jeu de l'enfant,* Vrin, 1946. — *j.* K. Goldstein, *La structure de l'organisme* (1934), trad. fr., Gallimard, 1951. — *k.* J. Huizinga, *Homo ludens, essai sur la signification sociale du jeu,* Gallimard, 1951. — *l.* *J.-F. Le Ny, *Le conditionnement,* P. U. F., 1961. — *m.* Paul Fraisse et Jean Piaget, *Traité de Psychologie expérimentale,* fasc. III : *Psychophysiologie du Comportement,* par Paillard, Bloch et Soulairac, P. U. F., 1963.

chapitre II

LA TENDANCE ET LE DÉSIR

SOMMAIRE

16. De l'automatisme à l'action volontaire. — Nous avons constaté, dans le chapitre précédent, que, comme la connaissance, les actions humaines s'étagent à différents *niveaux* qui correspondent eux-mêmes à différents *plans de conscience* (tome I, chap. III). Nous ne reviendrons pas ici sur l'activité *réflexe* qui a été suffisamment étudiée aux § 3 à 6. Nous insisterons davantage sur l'idée qu'à la base de toutes les formes d'activité de l'être humain il doit exister une forme *toute spontanée*, encore inconsciente d'elle-même et que nous étudierons, dans ce chapitre même, sous le nom de *tendance*. Au-dessus de la tendance, nous savons (§ 8 et 9) qu'il existe des formes *automatiques* de l'activité où la conscience ne joue encore qu'un rôle effacé, mais qui sont déjà beaucoup plus complexes : ce sont l'*instinct*, automatisme primaire, et l'*habitude*, automatisme secondaire ou acquis. Le premier, du moins si l'on prend le terme au sens précis, se rencontre surtout chez les animaux, mais ne joue dans l'activité humaine qu'un rôle assez limité. Nous l'avons suffisamment caractérisé au § 8 : nous n'y reviendrons donc pas. En revanche, nous étudierons en détail l'habitude au chapitre V. Enfin, au sommet de l'activité humaine, se place l'action pleinement consciente et réfléchie, celle de la *volonté*, qui fera l'objet du chapitre VI.

17. Activité et affectivité. — Dans l'intervalle, nous aurons à étudier *l'affectivité*, c'est-à-dire l'ensemble de ces états tels que plaisir, douleur, joie, tristesse, émotions, sentiments, passions, qui résultent d'abord de la *répercussion subjective, dans notre conscience*, de nos propres actes ou des obstacles auxquels se heurte notre activité. Nous venons de dire, en effet, que la tendance, en soi, demeure inconsciente. C'est seulement lorsqu'elle passe à l'acte que, selon la loi de l'obstacle (t. I, § 31 *D*), elle se révèle à la conscience par le *plaisir* ou plutôt l'état *agréable* (§ 25) si elle est satisfaite, par la *douleur* ou plutôt l'état *désagréable* si elle est contrariée. Il apparaît ainsi que, comme l'écrivait RIBOT en conclusion à sa *Psychologie des sentiments*, « c'est la tendance qui est le fait primordial de la vie affective ». Autrement dit, c'est l'*activité* qui est fondamentale, et non l'affectivité qui, à un certains niveau du moins, se présente uniquement comme le résultat de l'activité satisfaite ou contrariée. — Cette manière de voir s'oppose à celle de certains philosophes, tels que CONDILLAC aux yeux de qui la *sensibilité* (par où Condillac entendait à la fois la sensation et l'affectivité) est « l'unique principe » qui « détermine toutes les opérations de l'âme ». Celle-ci, dit Condillac, « ne se connaît des *besoins* que parce qu'elle compare la peine qu'elle souffre avec les plaisirs dont elle a joui. Enlevez-lui le souvenir de ces plaisirs, elle sera mal sans soupçonner qu'elle ait aucun besoin ; car, pour sentir le besoin d'une chose, il faut en avoir quelque connaissance ». C'était là confondre deux plans de conscience très différents, celui de la *tendance* et celui du *désir* (§ 24). On peut éprouver un besoin sans le *connaître* à proprement parler. Comment d'ailleurs un être chez lequel n'existerait pas primordialement quelque besoin, quelque activité, si virtuelle, si implicite soit-elle, pourrait-il éprouver plaisir ou douleur, puisqu'il serait réceptivité pure et que, par suite, rien ne lui serait ni favorable ni contraire? — Mais ce qui est faux sur le plan de l'activité spontanée peut devenir vrai sur un plan plus élevé. Il est bien vrai qu'une fois la prise de conscience intervenue, *l'affectivité devient* secondairement *source d'activité*, en ce sens que nous désirons ce qui nous a été agréable et que nous fuyons ce qui nous a déplu. Ceci sera vrai surtout des formes plus intellectualisées de l'affectivité : émotions, sentiments, passions. C'est ainsi que, selon JANET, les sentiments sont *régulateurs de l'action*. C'est pourquoi nous intercalerons l'étude de l'affectivité (chapitres III et IV) qui est donc à la fois *répercussion* et *mobile* de notre activité entre celle de la tendance et celle des formes d'activité plus complexes. Il est même difficile parfois de séparer l'étude de la tendance de celle des états affectifs puisque ce n'est que par ceux-ci qu'elle se manifeste, et c'est pourquoi nous serons amenés à dire quelques mots, à propos de certaines tendances, des sentiments correspondants (§ 22).

18. La tendance. — Nous ne nous attarderons pas longuement à définir la tendance, quoique cette définition ait donné lieu à discussion. Il va de soi que tout être vivant (et l'être pensant est d'abord un être vivant) est un ensemble dynamique de besoins, d'appétits, de fonctions diverses qui demandent à se traduire en actes. RIBOT[a] avait défini la tendance « *un mouvement* (ou un *arrêt* de mouvement) *à l'état naissant* » : ainsi, le fauve qui, sans être actuellement en présence de la proie, se représente cette proie (cf. *Le Rêve du Jaguar* de Leconte de Lisle), esquisse déjà les mouvements de l'agression. Toutefois cette définition convient surtout aux tendances élémentaires, à celles qui sont les plus proches des instincts[1] ou des besoins organiques. Bien que tous nos états psychiques soient plus ou moins liés à des mouvements, ces derniers passent au second plan dans nos activités supérieures. Nous préférons donc définir la tendance *une virtualité d'action*, quelle que soit la forme de cette action, ou, selon l'interprétation de Pierre JANET, ***une conduite incomplètement activée***[2]. Ce caractère de virtualité fait que la tendance n'est pas constatable directement : « La tendance ne nous est donnée que par l'affection, remarque J. LACHELIER, et le besoin, dès qu'il s'éveille, prend pour nous la forme d'un malaise ; mais nous la sentons, pour

---

1. Le mot *instinct* s'emploie souvent, dans le langage courant, comme synonyme de *tendance*. Mais nous avons déjà dit (§ 8) qu'au sens propre l'*instinct* est quelque chose de beaucoup plus déterminé.

2. Certains auteurs contemporains définissant la tendance de façon beaucoup plus large. A. BURLOUD[f] désigne par là tous les « modes actifs de la vie psychique ». Les tendances sont pour lui des « formes » *schématiques* ou *thématiques* qui déterminent, soit la *structure*, soit la *signification* de nos actes. « On ne peut songer, observe à ce propos M. PRADINES[g], à trouver mauvais que des psychologues entendent ainsi un mot qui a en effet ce sens dans le langage courant et qui, dans cette acception, désigne sans aucun doute une réalité psychologique incontestable, à savoir toutes les formes de dynamisme secret, d'énergies latentes, qui se manifestent dans l'activité mentale... Seulement, il nous paraît évident que la tendance ne peut alors constituer l'objet spécial d'un chapitre de la psychologie et qu'elle ne comporte aucune autre classification que celle même que l'on croira devoir adopter pour la distribution des fonctions mentales ». — M. PRADINES lui-même distingue la *tendance à* agir en tel ou tel sens (dynamisme mental indifférencié) et la *tendance vers* un objet (activité spécifiée). — Nous préférons, quant à nous, rester fidèle au sens traditionnel, qui d'ailleurs coïncide à peu près avec le second sens de M. Pradines. Voir *Nouveau Vocabulaire philosophique*, au mot *Tendance*.

ainsi dire, à l'œuvre dans le mouvement continu qui transforme peu à peu ce malaise en souffrance et qui fait naître de cette souffrance elle-même la jouissance qui accompagne la satisfaction du besoin et le bien-être qui la suit. »

19. Les tendances organiques. — Nous classerons les tendances conformément aux principes rappelés ci-dessus au début du § 14. Dans une première classe, nous placerons les tendances qui s'attachent à notre nature d'***être vital*** : 1° « l'instinct de conservation », qui n'est pas un instinct proprement dit, mais la manifestation de cette tendance fondamentale de l'être vivant à « persévérer dans son être » ; 2° les « appétits » qui correspondent aux différentes *fonctions* de notre organisme. Ces tendances sont ce que l'homme a de commun avec les animaux et, par suite, s'expliquent avant tout physiologiquement. Mais, chez lui, elles restent rarement à l'état pur. Rappelons que, comme l'a dit Tarde, « l'homme est un être social greffé sur un être vital ». Les appétits sont donc soumis, chez lui, à un triple processus de *socialisation*, de *complication* et de *spiritualisation* (t. I, § 34, *fin*). Il y a là une constatation fort importante : elle nous montre en effet que, même à ce niveau, dès qu'il s'agit de l'homme, *toute explication purement physiologique est radicalement insuffisante.*

A. Aux fonctions de la ***vie végétative*** (nutrition et reproduction), correspondent : 1° les appétits de la *faim* et de la *soif* : la sensation de faim est provoquée, nous disent les physiologistes, par les contractions à vide de l'estomac ; celle de soif, par le manque d'eau de l'organisme ; mais pourquoi avons-nous faim à telle heure plutôt qu'à telle autre, à la différence de l'animal sauvage qui mangerait à toute heure du jour s'il n'était repu ? pourquoi la soif se change-t-elle, ainsi que le remarque Tarde, ici en soif de vin, de bière, de cidre, là en soif de thé, d'hydromel, etc. ? il est évident qu'alors l'explication est *sociale*, et non plus physiologique : ce sont des *coutumes* qui déterminent de façon particulière les besoins élémentaires ; ajoutons que la satisfaction de ces besoins peut devenir prétexte à des réunions (repas en commun, banquets, vins d'honneur, *symposia*) qui l'élèvent à la hauteur d'actes *sociaux* : le *Banquet* de Platon nous montre les convives discutant philosophie ; — 2° l'appétit *sexuel* : il est à peine besoin de remarquer, ici aussi, combien l'instinct physique peut se trouver, chez l'être humain, non seulement « refoulé » (cf. § 62), mais aussi sublimé, enrichi et *spiritualisé*, lorsqu'il se transforme en sentiment de l'amour (§ 90) : « Comparez ce qu'est l'amour chez Lamartine et chez Casanova ; comparez la passion d'un homme civilisé et l'instinct d'un chien : vous apercevrez comment la spiritualisation et la socialisation transforment une tendance » (Fr. PAULHAN[b]).

B. Aux fonctions de la ***vie de relation*** (motricité et sensibilité) correspondent : 1° le *besoin de mouvement* : « L'être sentant, écrit CABANIS, a besoin de se mouvoir ; il éprouve des impressions de bien-être et de malaise qui l'y poussent » ; chez les êtres un peu élevés en organisation, il reste de l'énergie en excédent, non absorbée par les besoins immédiats ; elle se dépense sous la forme de ce qu'on a appelé l'*activité de jeu*, c'est-à-dire d'une activité qui se dépense par simple besoin de se dépenser ; bien entendu, cette activité existe aussi chez l'homme ; mais, chez lui, elle deviendra bien vite, comme nous l'avons montré au § 14, le *jeu* proprement dit, lequel suppose toutes sortes de *règles*, de *conventions* d'origine sociale ; ces conventions régissent même, comme l'a fait observer le sociologue Marcel MAUSS dans son étude sur « les techniques du corps », *les mouvements de la marche* : un Anglais ne marche pas du même pas qu'un Français, et il n'y a pas si longtemps que les jeunes Françaises avaient une démarche très différente de celle des Américaines, mais le cinéma a introduit chez nous les façons de marcher qui sont de mode outre-Atlantique ; — 2° le *besoin d'exercice des sens* : besoin de voir, d'entendre, etc. ; chez l'enfant, on constate cette « tendance à s'éjouir de sensations agréables, fraîches, renouvelées » ; la *curiosité*, sous sa forme sensible, n'est rien d'autre que ce besoin de sensations neuves ; mais on verra bientôt que ce besoin peut aussi s'élever jusqu'à la hauteur d'un besoin esthétique ou intellectuel.

20. Les tendances inter-individuelles. — Dans une seconde classe, nous placerons les tendances inter-individuelles, celles qui impliquent *le rapport de deux ou plusieurs individus*, abstraction faite des cadres proprement sociaux, institutionnels à l'intérieur des quels elles s'exercent (ce qui fait que ces tendances demeurent *à peu près les mêmes* chez l'homme de tous les milieux et de toutes les époques), bien que, dans leur exercice réel, elles se trouvent, comme les précédentes, plus ou moins modifiées par le milieu social.

A. L'instinct grégaire et la sympathie-contagion. — Il existe chez l'animal et même chez l'homme une tendance à s'attrouper, à se réunir avec ses semblables, qu'on appelle l'instinct ***grégaire*** (latin *grex, gregis*, troupeau) et qu'il faut bien se garder de confondre avec les tendances sociales proprement dites. Certains naturalistes (car le phénomène, répétons-le, est de l'ordre psycho-biologique beaucoup plus que de l'ordre sociologique) ont cru pouvoir expliquer cette tendance par un phénomène d'*inter-attraction*, d'attraction réciproque entre individus de même espèce, voire d'espèces différentes. Chez l'homme, c'est cette tendance, tout instinctive, à s'assembler par exemple en présence d'un danger, qui produit les ***actions de foule.*** Nous constatons déjà dans les foules une certaine forme de la communication des consciences (cf. § 85 et 94) : une « sympathie », mais au sens étymologique du mot (grec *sun* ou *sum*, avec ; *pathein*, éprouver), c'est-à-dire une sorte d' « unisson psychologique » (RIBOT[a]). Dans les foules, les émotions (peur, colère, joie, enthousiasme) se propagent et s'amplifient de façon extraordinaire. On a parlé à ce sujet d'une « âme des foules ». En réalité, il s'agit d'un phénomène purement inter-individuel, qui n'a à peu près rien à voir avec la « conscience collective » des groupes sociaux. C'est un fait qu'entre individus, certains gestes, actes ou attitudes (bâillement, toux, rire, certains tics nerveux, etc.) sont « contagieux », c'est-à-dire qu'ils se communiquent, en dehors de la volonté du sujet : ce qui s'explique par le fait que la seule perception du geste le déclenche automatiquement (voir bâiller fait bâiller), si du moins nous ne nous surveillons pas. C'est aussi, d'autre part, un fait bien connu que l'attitude d'une émotion tend à faire naître cette émotion même. Or, dans les foules, dans une panique par exemple, la perception des réactions de la peur est répétée à des quantités d'exemplaires : on s'explique donc facilement la propagation et le grossissement de l'émotion, d'autant plus que ces réactions répondent à ce qu'il y a de plus instinctif, donc de plus commun en nous. C'est pourquoi *la foule proprement dite n'est nullement une société*, même à l'état embryonnaire, comme on l'a cru souvent ; elle est au contraire une dissolution temporaire des liens sociaux, où tout le monde fraternise, sans distinction de rang social et où l'individu se trouve ramené à la spontanéité animale des instincts élémentaires, l'instinct de conservation par exemple dans la panique. Ainsi, si, dans les foules, les consciences communiquent, elles communiquent *par le bas*, par ce qu'il y a de plus inférieur en nous. — Toutefois, ici comme partout, le « social » proprement dit vient se superposer aux tendances élémentaires et les élever à un niveau supérieur. Il ne faut pas confondre avec la foule à l'état pur (celle dont il vient d'être question) les *foules-rassemblements*, dans lesquelles une « représentation collective », d'origine sociale, une croyance ou une opinion commune appelle les individus à se réunir : telles sont les foules religieuses, les foules historiques (révolutionnaires, politiques), les foules mélomanes, etc. Ici, bien que certains phénomènes élémentaires de la foule proprement dite soient encore discernables, les consciences communient *par le haut*, dans une idée ou un sentiment commun.

B. L'instinct maternel et la sympathie-communion — L'instinct maternel est une tendance très profonde, qui plonge ses racines jusque dans la vie organique : il y a dans l'amour maternel un sentiment d'**unité vitale** d'un *moi* avec un autre *moi*. La mère aime son enfant comme la chair de sa chair, comme un petit être qu'elle a porté en elle et qui, même après la naissance, demeure rattaché à elle par l'allaitement et par tous les soins qu'elle lui prodigue. L'instinct maternel se rencontre déjà chez les animaux. Mais, dans l'espèce humaine, il se spiritualise et s'enrichit d'idées, de sentiments moraux, etc. Ici, la communication des consciences prend la forme d'une *union* presque complète. — L'instinct paternel est peut-être moins direct. Il suppose d'abord, pour que le père puisse connaître son enfant, une condition sociale, l'existence d'une famille stable. D'autre part, l'amour paternel semble souvent plus distant et prend davantage la forme d'un sentiment de protection.

C. Les tendances dites « altruistes ». — Les moralistes anglais du XVIIIe siècle avaient déjà mis en lumière l'existence, en nous, de sentiments *désintéressés*, tels que sympathie, bonté, tendresse pour nos semblables. Aug. COMTE a créé le terme d'**altruisme** pour désigner l'ensemble de ces sentiments de bienveillance et de bienfaisance qui nous portent vers autrui. Mais ce terme implique, semble-t-il, une notion morale plutôt que psychologique[1]. Les tendances inter-individuelles ne sont pas toutes favorables à autrui ; elles peuvent aussi lui être hostiles. Les psychanalystes ont mis en lumière, non d'ailleurs sans quelque exagération, l'existence dans l'âme humaine d'instincts d'*agressivité* (FREUD, J. BOUTONIER), d'un *besoin de domination* (ADLER), et même la présence, parfois jusqu'au sein de l'amour lui-même, d'une *jalousie* (LAGACHE) qui est domination négatrice de la subjectivité d'autrui.

D. L'imitation. — Beaucoup d'auteurs ont admis l'existence d'un « instinct d'imitation », et le sociologue TARDE a même cru discerner dans le phénomène de l'imitation le phénomène social fondamental : (cf. § 97) : il y voit un cas particulier de la répétition ; mais c'est étendre abusivement le sens du mot. Pour qu'il y ait proprement **imitation,** il ne suffit pas qu'il y ait *répétition* (il est tout à fait impropre de dire que nous nous « imitons » nous-mêmes quand nous répétons, par habitude, un geste accompli autrefois). Il ne suffit même pas

---

1. A plus forte raison nous paraît-il tout à fait excessif de dire avec M. PRADINES que « toutes nos tendances sont spontanément altruistes » sous prétexte que la notion de tendance est celle « d'un être incomplet que l'amour attache à *un autre* être qui le complète et qui aime ce dernier précisément *comme autre* ». D'abord, nos tendances peuvent être dirigées vers des choses : « On tend, dit M. PRADINES, vers un objet » ; or un *objet* n'est pas un *autrui*. D'autre part, comme il est dit ci-dessus, une tendance relative à autrui peut être à base de haine aussi bien que d'amour.

qu'il y ait identité de réactions ou d'attitudes : cette identité peut provenir de l'identité de situation ou de structure ; des êtres de la même espèce, voire d'espèces voisines, réagissent de même façon dans les mêmes circonstances, non parce qu'ils s'imitent, mais parce qu'ils sont construits de la même façon : le singe, par exemple, a des mains comme l'homme et, par suite, agit parfois comme lui ; cela ne veut pas dire qu'il l'*imite*. En dépit d'un préjugé très répandu, « on ne trouve pas, dit P. GUILLAUME[d], même chez les animaux supérieurs, même chez les singes, de tendance générale à l'imitation ». L'imitation proprement dite est « essentiellement une conduite humaine ». Elle suppose volonté de copier les actes ou les paroles d'autrui *en leur attribuant un sens*. « *Imiter*, dit de même E. RABAUD, *c'est en quelque mesure, comprendre* », et bien peu d'animaux comprennent. Sous ses formes supérieures, l'imitation exige même *choix d'un modèle* et volonté persévérante de s'y conformer : elle joue alors un rôle important dans la vie sociale et surtout morale : qu'on songe à l'imitation de Jésus-Christ dans la morale chrétienne !

21. Les tendances sociales. — Les tendances proprement sociales sont plus complexes encore. Elles sont liées à l'existence et à la *structure historique*, variable dans le temps, des différents ***groupes sociaux*** dont nous faisons partie. Par suite, bien qu'elles englobent des éléments spontanés, naturels, elles *varient* profondément dans leur forme avec ces groupes eux-mêmes. Telles sont :

A. Les tendances domestiques ou familiales. — Certes, il y a quelque chose de « naturel » dans l'attachement au foyer, dans l'affection conjugale, parentale, filiale, fraternelle. Mais ***la structure de la famille,*** comme celle de tous les groupes sociaux, a évolué. Tant que l'esprit de corps, le sentiment des traditions domestiques (cf. la rivalité des Montaigus et des Capulets dans *Roméo et Juliette*), restent vivaces, l'attachement à la famille est surtout l'attachement au groupe domestique comme groupe : aujourd'hui, il est surtout, chez nous, l'attachement à la personne même des membres de notre famille. De même, l'amour conjugal ne saurait être le même dans des sociétés polygamiques et des sociétés monogamiques. L'amour filial était fait surtout de crainte lorsque, comme dans la Rome antique, le père avait droit de vie et de mort sur ses enfants : il est devenu aujourd'hui plus proche et plus confiant (voir ci-dessous chap. XX).

B. Les tendances relatives à la vie professionnelle. — Il y a chez l'homme normal une tendance naturelle à l'activité, un véritable *besoin d'agir*, qui fait que l'oisiveté lui est pénible. Mais le ***travail*** est autre chose qu'une activité libre : c'est une activité obligatoire, imposée par les nécessités de la vie en société (§ 15). Or *les conditions faites au travailleur* ont, elles aussi, beaucoup évolué au cours de l'histoire. Que pouvait être l'amour du travail chez un esclave? Au moyen âge et sous l'ancien régime, la corporation était fortement organisée : par suite, bien que les conflits sociaux n'y aient pas été inconnus, le sentiment de l'unité corporative et, avec lui, celui de l'honneur professionnel, le goût du travail bien fait étaient très développés. De nos jours, par suite des oppositions dues aux transformations techniques qui se sont opérées surtout dans la grande industrie, le sentiment de classe entre en lutte avec le sentiment corporatif (voir ci-dessous chap. XXI).

C. Les tendances patriotiques. — Il y a de même dans le patriotisme un élément naturel : l'amour du pays natal, l'attachement aux coutumes, à la langue de notre pays, etc. Mais ceci n'est encore que le « patriotisme de clocher ». Le ***patriotisme*** proprement dit est bien plus complexe. Encore confondu avec le sentiment religieux (culte des dieux de la tribu ou de la cité) dans l'antiquité, ainsi que l'a montré Fustel de Coulanges, il s'en différencie avec l'avènement du Christianisme et des religions universalistes, qui débordent les frontières. Attachement à la personne même du roi sous la monarchie, il apparaît surtout, de nos jours, comme l'attachement à un ensemble de souvenirs, de traditions et de valeurs qui forment le patrimoine spirituel de la nation (cf. chap. XXIII). En tant que ces valeurs sont pensées comme universelles, le sentiment patriotique, loin de s'opposer au ***sentiment de l'humain,*** en apparaît au contraire comme une spécification et un « enracinement », l'humanité elle-même pouvant être regardée comme une grande société virtuelle qui tend péniblement à se réaliser à travers les diversités des idéaux nationaux.

22. Les tendances idéales et les sentiments correspondants.

— Les tendances idéales sont celles qui correspondent aux grandes ***valeurs*** humaines. D'abord attachées à des groupes (par exemple les religions sont d'abord des religions nationales), elles s'en sont détachées grâce à ce processus d'*universalisation* dont il vient d'être question. Mais, par un phénomène corrélatif, elles se sont en même temps *individualisées* en ce sens que, détachées du groupe, elles se sont *intériorisées*, elles font appel de plus en plus à ce qu'il y a de plus *personnel* et de plus *intime* en nous. Ce sont des tendances extrêmement complexes dont nous ne pouvons indiquer ici que les éléments essentiels.

A. ***Le sentiment religieux*** semble être d'abord le sentiment du ***sacré*** avant d'être celui du *divin,* au sens du moins où la Divinité est personnalisée. Ce sentiment du sacré a été interprété comme le sentiment de la ***peur,*** de la ***frayeur*** que l'homme éprouve devant l'inconnu, le sentiment d'un *mysterium tremendum* (R. Otto ; cf. tome I, § 219 *fin*). Tout au moins il est le sentiment d'une *transcendance absolue*, d'un ordre de choses ou d'êtres qui est sans commune mesure avec celui des choses et des êtres profanes. Mais à ce sentiment s'ajoutent, dans les religions supérieures, celui de l'***amour*** et celui d'une ***communauté spirituelle*** : ce sont ces derniers qui dominent dans le Christianisme.

B. ***Le sentiment moral,*** d'abord confondu, semble-t-il, avec le sentiment religieux[1] s'en distingue peu à peu. Mais il comporte comme lui deux éléments : le sentiment d'une ***obligation*** (devoir) et celui d'une ***aspiration*** (bien). Nous reviendrons plus longuement sur ce point aux chapitres XIII et suivants.

C. ***Le sentiment esthétique*** plonge ses racines jusque dans les tendances organiques. On a vu (§ 14) que le besoin de mouvement donne naissance à une « activité de jeu » qui, socialisée et réglementée, devient le jeu proprement dit. Or, *en un sens, l'art est un jeu,* c'est-à-dire une activité désintéressée, sans but utilitaire direct. La *danse*, si importante dans les sociétés archaïques, souvent liée aux cérémonies religieuses (danses sacrées), forme ici le lien entre le jeu et l'art : elle s'accompagne de chant et de musique, exige ornements et parure, etc. L'art est donc une « socialisation du jeu » (Lalo). Mais voici une différence essentielle : l'art est ***créateur*** (d'où l'importance qu'y tient la technique), tandis que le jeu ne laisse aucune œuvre derrière lui. De là aussi une différence au point de vue psychologique : le jeu, se situant dans l'imaginaire, s'accompagne souvent (on le voit très nettement chez l'enfant) d'une sorte de « rêve éveillé » : il est à lui-même sa propre fin, pour la satisfaction du sujet ; l'art, au contraire, tout en constituant parfois une évasion, est *aux prises avec le réel* et par là il se rapproche du travail (§ 15). — Le besoin d'*exercice des sens* peut prendre, lui aussi, une valeur esthétique : Paul Valéry a écrit qu'une simple boîte de couleurs, par « l'étal délicieux des laques, des terres, des oxydes et des alumines » chante déjà de tous ses tons l'œuvre future. — Mais il va de soi qu'il y a dans le sentiment esthétique bien d'autres éléments. Ils paraissent cependant se ramener, dans l'ensemble, au sentiment d'une ***harmonie*** s'adressant à la fois à l'intelligence *et aux sens.* Ici plus que partout

1. Telle fut du moins la thèse de Durkheim. Selon M. Pradines au contraire, le sentiment moral et le sentiment religieux n'auraient ni même origine ni même fin (voir ci-dessous § 230).

ailleurs, il y a lieu de tenir compte des variations sociales de ce sentiment selon le *goût* des différentes civilisations et des différentes époques (voir le chap. XXIV).

D. ***Le sentiment intellectuel*** s'attache au *vrai*, comme le sentiment esthétique au beau. ***Curiosité*** d'abord purement sensible (§ 19 *B*), puis besoin de connaître pour des fins *pratiques*, il devient ensuite culte du vrai pour le vrai, besoin *désintéressé* de connaître et surtout de comprendre ; besoin de cohérence logique et d'harmonie intellectuelle (§ 238 ; cf. t. I, § 159 et 167).

23. Les tendances personnelles. — Nous placerons, au sommet de toutes les tendances, les tendances personnelles comme étant les plus complexes. La ***personne,*** en effet, ne doit pas être confondue avec l'***individu*** (§ 61) : elle est la synthèse supérieure de toutes nos tendances, de tous nos sentiments, de toutes nos pensées. Loin d'être une donnée primitive, elle est peu développée dans les sociétés inférieures, où l'individu est absorbé dans le groupe et « ne se saisit guère lui-même que comme membre de son groupe » (Lévy-Bruhl). Il n'est pas rare de voir un indigène « s'identifier si complètement avec sa tribu qu'en parlant d'elle il ne manque jamais d'employer la première personne » (voir § 77). On a pu dire que « les hommes ont été en mesure de s'affirmer, d'agir, de penser comme un *nous* avant de pouvoir s'affirmer, agir et penser individuellement » (Essertier). On verra de même (§ 73) que la personnalité ne se forme que progressivement chez l'enfant. — Aussi les tendances telles que le ***sentiment de la dignité personnelle***, le ***besoin d'indépendance***, le ***besoin de domination***, etc., sont-elles des produits relativement tardifs d'une évolution tendant vers l'individualisme. Il en est de même de l'***égoïsme*** ou « amour-propre » où La Rochefoucauld avait cru voir la tendance fondamentale dans laquelle toutes les autres viendraient se perdre « comme les fleuves dans la mer ». Non seulement l'égoïsme n'est pas l'unique tendance, mais il n'est même pas primitif. D'une part, comme on le verra (chap. IX), il est faux que le *moi* soit absolument muré en lui-même : une certaine « communication des consciences » est possible et ouvre ainsi les âmes les unes aux autres. D'autre part, « l'amour de soi véritable ne peut naître que quand la conscience de soi s'est développée » (Fouillée) : or cette « conscience de soi » est loin d'être une donnée première (chap. VIII). Enfin, l'égoïsme proprement dit, la mentalité utilitaire en général impliquent prévision, calcul, etc., c'est-à-dire un certain développement intellectuel. Ils supposent aussi un certain esprit « positif », au sens vulgaire du terme, c'est-à-dire une considération exclusive des motifs d'intérêt qui est l'apanage de sociétés très évoluées économiquement, mais qui est incompatible avec la mentalité « mystique » ou plutôt magique (§ 70) du primitif. L'égoïsme est donc, au contraire, une hypertrophie et une déviation *tardives* du sentiment du moi.

24. Le désir. — Nous avons déjà marqué plusieurs fois (t. I, § 45, et ci-dessus § 17) la distinction qu'il y a lieu de faire entre la *tendance* et le *désir*. La tendance est impulsion pure, souvent inconsciente de son but, et c'est seulement à l'épreuve de l'action, lorsque sa satisfaction est différée ou qu'elle se heurte à un obstacle, qu'elle se révèle à la conscience et qu'elle devient ***désir***. Le désir, dit Spinoza, c'est la tendance « avec la conscience d'elle-même ». Le désir implique ainsi, à la différence de la tendance, une *représentation préalable*, tantôt claire, tantôt plus obscure, du but de l'acte, de l'objet convoité. Il est, selon l'expression de Malebranche, « l'idée d'un bien que l'on ne possède pas, mais que l'on espère posséder ». Il s'accompagne le plus souvent de toute une *construction imaginative* qui cristallise autour de la représentation de l'objet désiré toutes sortes d'avantages ou de plaisirs espérés. Il peut ainsi se développer pour lui-même, indépendamment du contrôle de la personnalité et, pour ainsi dire, en dehors d'elle, et c'est ainsi qu'il devient parfois *passion* (voir fig. 12). On peut même ainsi désirer l'*impossible*, et cette notion de l'impossible ne suffit pas toujours pour ruiner le désir : F. Alquié a montré qu'il existe en l'homme un « désir d'éternité » qui n'est que le refus affectif du temps. Certains auteurs ont interprété la *magie* comme le produit d'un délire imaginatif ayant à sa base le désir. Les rites magiques « expriment la prétention de lier la production des phénomènes extérieurs au simple désir de l'homme par une correspondance où le soi-disant lien de sympathie n'est plus que la fallacieuse étiquette du pur arbitraire. Le désir, qui se croit la règle des choses, suivi de la fantaisie qui s'en croit le miroir fidèle, devient le père de la pensée, qui avait eu d'abord de tout autres guides » (M. Pradines). — On verra (§ 51) qu'en ce sens la *volonté*, qui conserve le sens du réel, s'oppose nettement au désir.

SUJETS DE TRAVAUX

Exercices. — 1. *Quelle différence faites-vous entre ces termes* : tendance, appétit, besoin, goût, inclination, penchant? — 2. *Distinguer les différents sens des mots* tendre *et* tendance *dans les phrases suivantes* : « Où tendait ce discours? » (Racine), « Tout animal est toujours entraîné par un instinct invincible à tout ce qui peut tendre à sa conservation » (Voltaire),

« ...l'identité de la tendance de la lune vers la terre avec la pesanteur » (LAPLACE). « La loi universelle, le caractère fondamental de l'être est la tendance à persister dans sa manière d'être » (RAVAISSON), « Tout mouvement est le produit d'une spontanéité qui se dirige vers une fin ; mais une spontanéité qui se dirige vers une fin est une tendance, et une tendance qui produit un mouvement est une force » (LACHELIER), « Ce livre a des tendances panthéistiques » (LITTRÉ), « Le mot *tendance* est pris [ici] dans le sens de devenir continu, indépendamment de l'idée de finalité » (RAUH), « La phrase résulte d'un concours de tendances verbales, coordonnées et subordonnées entre elles » (BURLOUD[f]), La variable tend vers zéro, Cet enfant a de mauvaises tendances, L'évolution sociale tend à l'égalité des conditions. — 3. *Recherchez les motifs qui déterminent en vous les tendances suivantes : 1° à sympathiser avec certaines personnes* ; *2° à collectionner telle ou telle catégorie d'objets* ; *3° à découvrir ce qui vous est inconnu* (d'après Warren). — 4. *Connaissez-vous, soit dans l'histoire, soit dans des faits dont vous avez été témoin, des exemples de la contagion des actes ou des sentiments ?* — 5. *Commenter et, s'il y a lieu, discuter l'emploi du mot* désir *et de ses dérivés dans les citations suivantes :* « Le désir n'est que martyre » (RONSARD), « Tâcher plutôt à changer mes désirs que l'ordre du monde » (DESCARTES), « Il est de certains biens que l'on désire avec emportement et dont l'idée seule nous enlève et nous transporte » (LA BRUYÈRE), « C'est un vilain amant qu'un homme qui vous désire plus qu'il ne vous aime » (MARIVAUX), « On ne peut désirer ce qu'on ne connaît pas » (VOLTAIRE), « Le désir est une volonté exaltée » (Ch. BONNET), « La faculté de désirer est le pouvoir d'être par ses représentations cause de la réalité des objets de ces représentations » (KANT), « Aristote définissait Dieu : le suprême désirable » (E. SAISSET), « Le désir, quand il s'ajoute à la tendance subconsciente, peut être défini une tendance consciente vers une fin connue *ou imaginée* » (G. DUMAS), « Désirer, c'est subir l'empire des choses ; vouloir, c'est être maître de soi » (GOBLOT), « Tout désir est comme suspendu entre la représentation qui l'attire et la tendance dont il émane » (ALQUIÉ). Voir p. 106.

Exposés oraux. — 1. *La tendance d'après* RIBOT[a]. — 2. *La tendance d'après* BURLOUD[f]. — 3. *La tendance d'après* PRADINES[g]. — 4. *La socialisation des tendances* d'après PAULHAN[b]. — 5. *Le refoulement des désirs* (voir t. I, § 42 *B* et ci-dessous chap. VII).

Discussion. — 1. *La réalité de la tendance.* — 2. *L'égoïsme est-il fondamental ?*

Lectures. — *a.* *Th. RIBOT, *Psychologie des sentiments*, Alcan, 1896 (nombreuses rééd.), introd. et 2e partie. — *b.* Fr. PAULHAN, *Les transformations sociales des sentiments*, Flammarion, 1920. — *c.* *J. LARGUIER DES BANCELS, *Introduction à la psychologie*, Payot, 1921, chap. VI [l'auteur appelle « instincts » ce que nous appelons ici « tendances »]. — *d.* P. GUILLAUME, *L'imitation chez l'enfant*, Alcan, 1925. — *e.* *Ch. BLONDEL, *Introduction à la psychologie collective*, A. Colin, 1928, 2e partie, chap. III. — *f.* A. BURLOUD, *Principes d'une psychologie des tendances*, Alcan, 1937. — *g.* M. PRADINES, *Traité de psychologie générale*, P. U. F., 1943, tome I, 1re partie, section I, chap. V, et tome III, 2e partie, section III, chap. II. — *h.* Jean URBAN, *L'épithymologie* (*désirologie*), P. U. F., 1960.

chapitre III

LES ÉTATS AFFECTIFS :
I. LE PLAISIR ET LA DOULEUR

SOMMAIRE

25. Les tonalités affectives fondamentales. — 26. Les réactions affectives. — 27. Théorie de l'affectivité. — 28. La douleur physique. — 29. La douleur morale. — 30. Le plaisir. — 31. Le problème de la finalité du plaisir et de la douleur. — 32. Problèmes moraux.

25. Les tonalités affectives fondamentales. — Indépendamment de leur contenu représentatif, nos sensations présentent généralement un caractère *affectif* (tome I, § 78 *A*). Par elles-mêmes, une saveur, une odeur peuvent nous être *agréables* ou *désagréables* ; il en est de même, bien qu'à un degré moindre, des sons et des couleurs, voire des contacts. Il s'en faut d'ailleurs que ce caractère se limite à nos sensations élémentaires : tel paysage, tel tableau sont agréables à contempler ; il nous est agréable d'évoquer certains souvenirs, désagréable de nous rappeler ou de nous entendre rappeler certains autres ; la société de certaines personnes nous est agréable, celle de certaines autres beaucoup moins, etc. *L'**agréable** et le **désagréable** nous apparaissent donc comme les tonalités affectives fondamentales*[1].

A. Cette distinction de l'agréable et du désagréable est souvent

1. H. Piéron[a] propose d'y ajouter une troisième catégorie affective : celle de l'*intéressant*, qui se traduit par des réactions d'attention et d'exploration, par exemple chez le chat qui, circulant au milieu des herbes, voit celles-ci bouger, s'arrête et se met à guetter. Certes il n'y a pas là « stimulation indifférente et inefficace ». Nous pensons même qu'elle est franchement *agréable* par l'excitation qu'elle provoque, surtout si l'animal s'attend à trouver une proie, quitte d'ailleurs à se changer en *désagréable* s'il découvre une menace.

confondue avec celle du *plaisir* et de la *douleur*, et, même dans le langage philosophique, il est assez courant d'employer ces deux derniers termes comme respectivement synonymes des deux premiers (d'où le titre donné à ce chapitre). Mais, si l'on veut s'exprimer avec plus de rigueur, on s'apercevra qu'il n'y a pas *toujours* équivalence entre le plaisir et l'agréable d'une part, entre la douleur et le désagréable d'autre part. « Une couleur, un son, une saveur, une odeur peuvent être désagréables, ils ne sont jamais, à proprement parler, douloureux » (Dumas[a]). Un exemple typique est celui, cité par B. Bourdon, de la sensation d'amer qui, lorsqu'elle est très forte, peut être extrêmement désagréable, mais n'est pas proprement douloureuse. Il est vrai qu'une lumière éblouissante, un son strident nous « font mal », mais c'est qu'alors l'intensité de l'excitant provoque des contractions spasmodiques du sphincter de l'iris ou du muscle tenseur du tympan : l'élément douloureux ne vient donc pas de la sensibilité spécifique du sens intéressé. De même, si les sensations gustatives ou olfactives provoquées par l'essence de moutarde, l'acide acétique, l'ammoniaque, etc. comportent des éléments proprement douloureux, ceux-ci s'expliquent par l'action physico-chimique de ces substances sur les muqueuses, non sur les nerfs sensitifs spéciaux. — Il n'est même pas exact que, comme le concède Dumas[a], toute douleur soit désagréable. Sans parler de la « volupté de la douleur » où se complaisent certaines âmes romantiques, phénomène beaucoup plus complexe et peut-être quelque peu anormal, « il est bien des personnes, remarque Larguier des Bancels, qui trouvent un certain agrément à tourmenter une dent malade ou à irriter une petite plaie en voie de cicatrisation ». Si une forte piqûre est très désagréable, les piqûres légères sont plutôt agréables : n'est-ce pas cet agrément que nous demandons précisément aux mets très épicés et aux boissons gazeuses? — Quant au plaisir, il suffira de remarquer, avec Descartes qui le ramenait à une sorte de « chatouillement des sens », que l'on peut parfois « recevoir des chatouillements qui déplaisent » et, avec G. Duhamel, que l'exaltation du plaisir se manifeste par « des soupirs et des sanglots qui ressemblent toujours à ceux de la tristesse ». — Bien entendu, il reste vrai que, dans l'immense majorité des cas, le plaisir est agréable et la douleur désagréable, et c'est pourquoi l'on peut dire avec Ribot[b], en prenant les mots au sens large, que le plaisir et la douleur sont « les deux pôles de la vie affective ».

B. Une autre opinion de Ribot sur la question qui nous occupe, semble, au premier abord, plus paradoxale : « La douleur que nous cause un furoncle, écrivait-il, et la souffrance exprimée par Michel-Ange dans ses poésies de ne pas réaliser l'idéal sont de même nature. »

A-t-on le droit d'assimiler ainsi les états affectifs *d'origine physique* et les états affectifs *d'origine morale*? Les objections se présentent d'elles-mêmes : 1° dans un cas, la *cause* directe est d'ordre physiologique ; dans l'autre, les éléments physiologiques, s'ils existent, passent de loin au second plan derrière les éléments d'ordre intellectuel, spirituel, social ; 2° il y a une telle différence de *complexité* entre les deux sortes d'états qu'ils ne sont même pas exactement comparables : dans un cas, on a affaire à une simple sensation ; dans le second, à un sentiment extrêmement riche et nuancé. Mais, ainsi envisagé, le problème est mal posé. Il ne s'agit nullement de mettre plaisirs et douleurs d'ordre physique et plaisirs et douleurs d'ordre moral sur le même plan, ni surtout de leur attribuer même valeur[1]. Il s'agit d'examiner si, *en tant qu'agréables ou désagréables* et abstraction faite des complications, déterminations et structurations que peuvent y ajouter le plaisir et la douleur en tant que phénomènes spécifiques, les émotions, les sentiments, etc., ces divers états n'ont pas, quelle que soit leur cause, une tonalité commune. Or, comme le dit G. Dumas[k], « ce qui nous donne l'illusion d'une différence de nature, c'est que, dans les deux cas, nous considérons les *causes* du désagréable au lieu de considérer *le désagréable lui-même* ».

26. Les réactions affectives. — De fait, force nous est bien de constater que les réactions de l'agréable d'une part, celles du désagréable d'autre part se présentent toujours sous la même forme, que leur cause soit physique ou morale. — *A*. D'une façon générale, on peut dire que les états *agréables* s'accompagnent d'une ***suractivité*** générale des fonctions physiologiques : la circulation et la respiration sont accélérées ; les échanges organiques sont activés ; le temps de réaction est diminué. Les états *désagréables* présentent le tableau exactement contraire d'une ***dépression*** : ralentissement de la circulation et de tous les échanges organiques ; lenteur des réactions, etc.

B. Quant aux réactions *externes*, il semble bien qu'on puisse maintenir l'indication déjà donnée par Cabanis : « Dans la douleur [le désagréable], l'animal se retire tout entier sur lui-même, comme pour présenter le moins de surface possible », tandis que, « dans le plaisir [l'agréable], tous ses organes semblent aller au-devant des impressions ; ils s'épanouissent pour les recevoir par plusieurs points ». H. Piéron[d]

1. Ce qui donne une apparence paradoxale au jugement de Ribot, c'est que nous avons tendance à nous placer au point de vue *moral* plutôt qu'au point de vue psychologique : « On nous a si bien appris, dit Titchener, à distinguer les plaisirs élevés des basses jouissances, que le seul fait de nier qu'il existe dans le domaine du plaisir et du déplaisir différentes espèces, apparaît comme une opinion scandaleuse. »

signale de même les réactions d'***expansion*** et de ***recherche*** comme caractéristiques de l'*agréable*, celles de ***retrait*** et de ***fuite*** comme caractéristiques du *désagréable*. Chez l'homme, les réactions de la face, les jeux de *physionomie* s'associent à cette attitude générale : nous disons que le visage « s'épanouit » dans la joie ou le plaisir (en tant qu'agréables), qu'il « se contracte », « se crispe » ou bien qu'il « s'allonge » dans les états désagréables.

C. On pourrait se poser la question de savoir si ces réactions sont les *effets* des états affectifs ou si au contraire ces derniers ne sont pas la manifestation subjective d'un comportement global constitué par l'ensemble de ces réactions. Si l'on se réfère à la conception *unitaire* de l'être humain qui a été présentée au tome I, § 30 (et qui n'est pas incompatible avec un dualisme métaphysique : cf. tome I, § 351 *F*), cette question paraîtra bien vaine. Il y a en nous *solidarité intime entre le physique et le moral*, avec prédominance tantôt de l'un, tantôt de l'autre. S'il est des états affectifs qui ne sont guère que le reflet d'un état physique (§ 33), il n'y a pas de raison pour rejeter l'influence réciproque de l'affectivité sur notre comportement. Dès 1902, le Dr J.-P. MORAT, s'élevant contre une conception trop étroite du déterminisme biologique inspirée du déterminisme physique, affirmait : « *Dans l'être vivant, le mouvement dépend de la sensibilité, comme la sensibilité dépend du mouvement.* » Même un sentiment tout contemplatif comme l'admiration se traduit par des actes, et PAULHAN[a] rappelle l'histoire de Soulouque, empereur d'Haïti, qui, au récit de la clémence d'Auguste envers Cinna, fit grâce, tout vindicatif qu'il était, à l'un de ses ennemis condamné à mort.

27. Théorie de l'affectivité. — Ces réactions affectives s'expliquent en fonction d'une théorie générale de l'affectivité.

A. Conditions générales. — Nous avons remarqué qu'en principe l'état agréable correspond à la *tendance satisfaite*, l'état désagréable à la *tendance contrariée*. Il est bien vrai en effet que les états affectifs sont étroitement liés à l'activité sous sa forme spontanée. Les personnes dites *apathiques*, auxquelles tout est indifférent, sont aussi celles qui sont, comme on dit, « sans ressort », c'est-à-dire chez qui les tendances, les impulsions naturelles sommeillent. — Toutefois, sous cette forme, la théorie demeure vague et même, comme on va le voir, partiellement inexacte.

ARISTOTE avait dit que « le plaisir [disons : l'état agréable] parachève l'acte ». Affirmation discutable[1] ; car, ainsi que l'observe

1. Surtout si l'on se souvient que par « acte » Aristote entend, non l'activité en général, mais la *pleine réalisation de l'être* par opposition à l'être virtuel ou « en puissance ».

PAULHAN, « la tendance, le besoin, l'instinct qui aboutissent à peu près parfaitement à l'acte, deviennent inconscients et sont à peine aperçus par nous ». Tout au plus se produit-il en pareil cas un état d'*euphorie*, à peine senti et qui est plutôt *état neutre* qu'état agréable. « Légèrement contrariés, continue Paulhan, et tendant vers leur satisfaction sans obstacles trop redoutables, [la tendance et le besoin] provoquent une impression agréable. Plus fortement contrariés et tendant vers un fonctionnement moins harmonieux, c'est le désagréable qu'ils amènent. » DESCARTES avait fort bien vu cela :

« Tous les sens, écrit-il, dans son *Compendium musicæ*, sont susceptibles de quelque délectation. Pour cette délectation, ...l'objet doit être tel qu'il tombe sous le sens sans trop de difficulté ni de façon trop confuse. Parmi les objets d'un sens, celui qui est le plus agréable à l'esprit n'est pas celui qui est le plus facilement perçu par le sens ni celui qui l'est le plus difficilement, mais bien celui qui ne l'est pas si facilement qu'il ne laisse quelque chose à désirer à la tendance par laquelle les sens se portent vers leurs objets, et qui ne l'est pas non plus si difficilement que le sens en soit fatigué. »

On peut donc conclure de là, avec H. SPENCER, que « le plaisir [état agréable] accompagne généralement ***les activités moyennes*** » ou avec G. DUMAS[4], que ***« l'agréable correspond à des excitations légères et le désagréable à des excitations plus fortes ».***

Les exemples concrets ne manquent pas à l'appui de cette loi. Des expériences d'H. BEAUNIS sur la sensation du sucré ont montré qu'à très faible dose, cette sensation est indifférente ; qu'à dose moyenne, elle est agréable ; et qu'à très forte dose, elle devient écœurante et désagréable. HAMILTON interprétait ainsi la tonalité affective des couleurs : les couleurs vives qui stimulent modérément l'organe de la vue sont agréables ; mais le noir, surtout le noir sans reflets ou, à l'opposé, les couleurs trop éclatantes sont désagréables parce qu'elles « le stimulent en deçà ou au delà de cette mesure ». L'activité musculaire suit la même loi : une immobilité prolongée peut devenir très désagréable, voire pénible ; un exercice physique est agréable s'il est modéré, mais il redevient désagréable s'il dépasse nos forces ou s'il se prolonge jusqu'à la fatigue. — On pourrait même étendre la loi aux impressions d'*ordre moral*. L'isolement, entravant l'exercice des facultés qui s'exercent dans le commerce de nos semblables, peut devenir extrêmement désagréable ; à l'opposé, le commerçant qui ne sait plus « où donner de la tête » pour répondre à une clientèle trop nombreuse, n'est guère mieux partagé ; nous trouvons au contraire très agréable la société de quelques amis avec qui nous conversons familièrement et sans contrainte.

Bien entendu, il ne faut pas tenir compte seulement de l'intensité objective de l'excitant, mais de son intensité *par rapport au sujet* et à l'activité dont il dispose, et ceci explique déjà en grande partie les variations individuelles. RIBOT[5] cite le cas d'une malade dont le système nerveux était devenu si irritable que, bien qu'elle vécût constamment dans une demi-obscurité, les personnes qui venaient lui rendre visite devaient s'abstenir de porter des pièces de vêtement blanches, sans quoi elle poussait des cris de douleur. Les enfants se plaisent au bruit, que les personnes âgées ne peuvent supporter. Telle excitation, tel exercice qui nous sera agréable quand nous sommes dispos, deviendra pénible si nous sommes déprimés ou fatigués. Une conversation qui nous charme ordinairement, nous paraîtra fastidieuse si nous sommes surmenés.

On a objecté cependant qu'il existe des excitants qui sont agréables ou désagréables *par eux-mêmes*, à tous les degrés. On a cité notamment les grincements (de la craie sur l'ardoise, d'un corps dur sur une vitre, d'une scie sur la pierre, etc.), certaines odeurs ou saveurs, les couleurs sales, etc. Quelques-uns de ces cas peuvent s'expliquer, ainsi que le remarque DUMAS*, par le fait qu'il s'agit, par exemple, de « tonalités auditives très élevées » qui, comme le bruit strident dont nous avons déjà parlé, deviennent désagréables ou même douloureuses du fait des tensions tympaniques excessives qu'elles provoquent. D'autres, comme les « couleurs sales », sont peut-être surtout désagréables à cause des associations d'idées qu'elles évoquent. Mais tous les cas ne peuvent s'expliquer ainsi : par exemple les odeurs putrides et excrémentielles sont toujours désagréables par elles-mêmes. Faut-il dire simplement, comme on le fait parfois, que de tels excitants sont désagréables par leur *qualité*, et non leur intensité, parce que *contraires à nos tendances*? Ce serait s'enfermer dans un cercle vicieux puisque la tendance elle-même ne nous est connue que par l'état affectif qui la manifeste à la conscience, et l'explication serait bien verbale.

B. Conditions biologiques. — Aussi bien ne suffit-il pas de se placer à un point de vue purement individuel et subjectif. L'individu fait partie de l'*espèce* et il fait partie d'un *groupe social.* — Il faut donc faire intervenir d'abord des conditions d'ordre **biologique.**

1° Nos tendances elles-mêmes sont le résultat de toute *une histoire de l'espèce*[1], et l'exemple suivant, du biologiste Fr. HOUSSAY, montre comment cette histoire pourrait nous aider à expliquer, par exemple, pourquoi certaines odeurs sont agréables, d'autres désagréables :

« Notre gamme de sensations olfactives se sectionne en deux zones, celle de l'aliment, celle de l'excrément. Les odeurs analogues à celles de l'excrément sont dites mauvaises, celles analogues à l'aliment sont dites bonnes. Pour l'excrément, tout le monde sera d'accord ; pour l'aliment, c'est moins net... [C'est que] notre sens olfactif est resté au stade de notre dernière étape animale. Les bonnes odeurs sont pour nous, et sans conteste, celles qui sont analogues aux essences de fleurs et de fruits. Cette fois, on saisit le rapport avec l'aliment de l'arboricole frugivore que nous étions avant l'humanité. »

---

1. Voir au t. I le § 279 : *la Biologie comme « histoire naturelle ».*

2° Le point de vue biologique peut, d'autre part et plus généralement, nous offrir une explication du fait, constaté ci-dessus, que les états *agréables* accompagnent le plus souvent les excitations *moyennes*. C'est que l'activité d'un être vivant est faite d'un ensemble d'échanges avec le milieu extérieur, tel que l'organisme répare *par son fonctionnement même* les pertes subies du fait de ces échanges. On comprend ainsi qu'une stimulation modérée joue le rôle d'une mise en train qui, loin de provoquer une diminution de l'énergie organique, se solde en définitive par un gain : ne le constatons-nous pas très simplement lorsqu'après avoir fait une petite promenade au grand air, nous nous sentons plus dispos qu'auparavant? Il existe donc une dépense *optimum* d'énergie qui correspond, comme a dit Georges Dwelshauvers, à un « tonus affectif » qui est précisément celui de l'agréable.

C. Conditions sociales. — Mais l'homme est aussi, et peut-être surtout, un être ***social.*** Or nous avons montré (§ 19 et suiv.) combien l'influence du milieu social modèle et transforme nos tendances. Nous avions déjà vu (t. I, § 34) à quel point nos impulsions, même les plus fondamentales, subissent ainsi « l'action irrésistible du modèle culturel ». Les états affectifs qui en résultent, sont donc nécessairement eux aussi, selon l'expression de Ch. Blondel[4], « de toute part socialisés ».

1° Certes, la vie affective nous paraît être ce qu'il y a de plus intime en nous : c'est pourquoi nos sentiments nous paraissent uniques et, en eux-mêmes, incommunicables, ineffables (t. I, § 200) ; qu'on se rappelle le mot de Montaigne à propos de son amitié pour La Boëtie (§ 90). Toutefois, le seul fait que nous pouvons *nommer* ces états affectifs, les *classer* d'après des caractères communs, suffit à montrer qu'ici non plus l'influence sociale n'est pas absente (*exercice 7*) :

« Le langage n'exprime pas la stricte intimité des consciences proprement individuelles, mais il ne souligne pas davantage des traits immuables de l'*espèce*, puisque l'image qu'il nous offre n'est pas toujours et partout semblable à elle-même. En revanche, il consacre expressément l'expérience que *le groupe* qui le parle, a prise de la vie affective » (Ch. Blondel[4]).

2° Ajoutons que le milieu dans lequel se développent nos états affectifs est nécessairement un milieu humain, donc social. Comme le dit encore Blondel, « un état affectif qui se retrancherait de toute communion humaine, ...qui échapperait dans sa magnifique intimité à toute influence exogène », est un mythe. Des états affectifs, « vécus et répandus parmi des hommes », qui se communiquent, se propagent, s'exaltent par ces phénomènes de « sympathie » dont il a été question au § 20, et qui subissent la répercussion de cette communication, voilà au contraire la réalité.

3° Répercussion aussi des *jugements de valeur* que l'on porte sur eux. « Tout fait humain est jugé et apprécié par le groupe. Les états affectifs n'échappent pas à cette règle... Ainsi s'établit entre eux une échelle de valeur, une hiérarchie sociale et morale. » Il suffit de se référer à la distinction courante des plaisirs « nobles » et des « basses » jouissances, pour comprendre l'importance de cette évaluation.

D. Conditions intellectuelles. — Enfin il faut tenir compte de la répercussion de la vie **intellectuelle** sur la vie affective. (*exercice* 7). L'imagination va parfois jusqu'à nous *faire illusion* sur nos propres états : « L'analyse psychologique, dit André Gide, a perdu pour moi tout intérêt du jour où je me suis avisé que l'homme éprouve ce qu'il imagine éprouver. De là à penser qu'il s'imagine éprouver ce qu'il éprouve... » ; entre aimer, par exemple, et imaginer qu'on aime, « quel dieu verrait la différence? Dans le domaine des sentiments, le réel ne se distingue pas de l'imaginaire » (cité par Blondel•). Ceci est vrai même de nos états affectifs élémentaires : Bergson avait déjà remarqué que le nom d'un mets réputé exquis nous fait croire que nous y prenons goût, alors qu'en réalité il n'est pas tellement agréable. — Toutefois le rôle de l'intelligence n'est pas ici tout entier d'illusion. Nos états affectifs sont *par eux-mêmes* quelque chose d'assez simple puisqu'ils se réduisent à l'agréable et au désagréable. S'ils sont au contraire, en fait, si riches en variétés et en nuances de toute espèce, c'est que l'élément intellectuel vient, en s'y incorporant, *déterminer, diversifier, spécifier* de mille et mille manières les tonalités fondamentales de l'agréable et du désagréable : qu'on songe seulement à la différence qu'il y a entre le plaisir de boire chez l'ivrogne et le plaisir de déguster un vin de grand crû chez un gourmet qui en savoure le bouquet et le velouté, en apprécie l'ancienneté, en discerne l'origine et même parfois la date précise de récolte ! C'est alors le plaisir d'un « connaisseur ».

28. La douleur physique. — Abordons maintenant l'étude de ces phénomènes plus déterminés que sont *le plaisir et la douleur proprement dits.* — On a distingué *trois variétés* de la douleur physique : 1° la sensation de *piqûre*, douleur aiguë, mais passagère, superficielle et bien localisée ; 2° la sensation de *pincement*, plus profonde et plus persistante ; 3° la sensation de *brûlure*, également profonde et persistante, mais plus diffuse, qui peut être causée soit par les excitants thermiques extrêmes (chauds ou froids), soit par des excitants chimiques irritants, soit enfin par des perturbations chimiques internes (production d'acides ou de corps tels que l'histamine). Ajoutons-y : 4° **la sensibilité algique des** ***muscles*** **(crampes, etc.) et des** ***articulations*** **(rhumatismes) ; 5° enfin les différentes douleurs** ***viscérales.***

Les *réactions organiques* de la douleur physique sont assez caractéristiques. On note une élévation de la tension artérielle, une accélération du pouls ou bien son ralentissement jusqu'à la syncope, des troubles viscéraux. Les glandes surrénales produisent un excès d'adrénaline. Extérieurement, on observe « les cris, parfois les larmes, la respiration qui devient irrégulière, s'accélère ou se ralentit, la prise d'attitudes diminuant la douleur, la contraction des mâchoires, le dérobement des jambes, des convulsions traduisant le passage de l'excitation dans tous les centres nerveux » (CHAUCHARD[1]). Ajoutons la pâleur du visage et cette mimique spéciale que le peintre LE BRUN décrivait ainsi : « La douleur aiguë fait approcher les sourcils l'un de l'autre et les élève vers le milieu » (sourcils *en ômega*).

Quant à la *nature* de la douleur physique, plusieurs thèses ont été proposées. — *A. Thèse de la spécificité.* La plupart des physiologistes admettent aujourd'hui que la douleur est une **sensation spécifique :** la sensation *algique.* On sait (t. I, § 77) qu'il existe dans la peau des points de *tact*, des points de *chaud* et des points de *froid.* A la suite d'expériences d'exploration de la peau à l'aide de pointes très fines (épines de chardons, de cactus), le physiologiste VON FREY (1896) crut pouvoir affirmer l'existence d'une quatrième espèce de récepteurs cutanés, les *points de douleur*, qui seraient essentiellement des points de piqûre. — La douleur aurait non seulement ses récepteurs, mais aussi ses *conducteurs* propres. O. FŒRSTER a soutenu plus récemment (1927) que chaque organe a ses conducteurs spéciaux de la sensibilité douloureuse, distincts des autres conducteurs sensibles. Les fibres nerveuses de la douleur seraient celles des cellules des ganglions spinaux (fig. 2) des racines postérieures de la moelle épinière. Dans la moelle elle-même, les impressions douloureuses auraient pour conducteurs les cordons blancs du faisceau antéro-latéral postérieur. — Enfin la douleur a dans le cerveau son centre propre qu'on s'accorde à situer dans le *thalamus* (couches optiques), lui-même étroitement lié au système *sympathique.* Il commande, par l'intermédiaire des *corps striés*, les réactions de la douleur dont il a été question cidessus, mais il n'est ainsi le siège que de la sensibilité inconsciente ou réflexe[1]. La sensibilité consciente, la *sensation* de douleur est liée à l'intervention de l'*écorce cérébrale.*

1. Il faut prendre garde ici au double sens du terme *sensibilité.* Pour les physiologistes, la sensibilité est la propriété des tissus vivants de *réagir* d'une certaine façon aux excitants extérieurs. Au sens psychologique, la sensibilité est la faculté d'éprouver des *sensations.*

Outre les expériences de von Frey, la thèse de la spécificité de la douleur peut s'appuyer sur un certain nombre de faits. C'est ainsi qu'après cicatrisation, greffe ou résection des nerfs cutanés (expériences de HEAD), la régénération de la sensibilité tactile et celle de la sensibilité douloureuse, ne s'effectuent pas simultanément. Certains « anesthésiques » qui sont en réalité des *analgésiques*, surtout lorsqu'ils sont administrés à faible dose, suppriment la douleur en laissant subsister les sensations de contact. Dans la syringomyélie, maladie de la substance grise de la moelle (que traversent les fibres de la douleur), la sensibilité algique (comme la sensibilité thermique) est de même abolie, mais non la sensibilité tactile. L'une et l'autre semblent donc indépendantes.

La thèse de la spécificité de la douleur a cependant été *critiquée.* C'est ainsi que le Dr R. LERICHE, partant de cette idée que la douleur n'est nullement « un fait normal », voire « une nécessité inéluctable de la vie de l'homme », mais bien « un phénomène pathologique », se refuse à admettre qu'il se soit créé dans les organismes vivants une sensibilité spéciale pour ce phénomène[1].

B. Thèse de l'excitation intensive. Selon certains auteurs, la douleur physique serait, non une *espèce*, mais un *degré* de la sensation. 1° Pour WUNDT, Ch. RICHET, etc., elle est la forme générale de *toute* sensation très intense. Mais cette thèse repose sur une confusion du *douloureux* et du *désagréable* : on a vu (§ 25 *A*) que l'excitation même intensive de certains sens n'est jamais, à proprement parler, douloureuse. — 2° Selon GOLDSCHEIDER qui fut un des premiers à distinguer les impressions tactiles des autres impressions cutanées, la douleur est spécialement la forme intensive de la sensation *tactile.* Mais cette solution se heurte au fait que certains organes, comme la cornée de l'œil, les viscères, etc., n'ont pas de sensibilité tactile, mais possèdent une sensibilité algique très accusée.

C. Théorie intellectualiste. M. PRADINES a présenté une théorie de la douleur, d'après laquelle celle-ci, loin de préexister, comme on le croit souvent, à l'intelligence, serait au contraire « l'affection de l'intelligence », la manière dont celle-ci saisit un *désordre.* Ce serait « une conscience emprisonnée dans un réflexe de défense qu'elle ne peut modifier », mais qui est « comme un appel à des instruments de défense supérieurs au réflexe » et dans lesquels peuvent intervenir la mémoire et la raison.

D. Conclusion. Cette dernière théorie est liée à un intellectualisme vitaliste que nous ne pouvons discuter ici. Ce qui est vrai, semble-t-il,

1. M. PRADINES écrit de même : « On ne peut concevoir que la nature se soit donné la sensibilité dolorifique par voie de développement direct. » — On a vu cependant (t. I, § 74) que des physiologistes comme SHERRINGTON ont admis l'existence d'une sensibilité « nociceptive ».

c'est que la douleur est une « réaction affective déclenchant des mécanismes de défense ». D'autre part, en dépit des objections exposées ci-dessus, « à l'heure actuelle, la spécificité des réceptions algiques est bien établie » (H. PIÉRON[d]). Mais la théorie de la *spécificité* ne paraît

(Phot. Giraudon.)

Fig. 4. — LA DOULEUR.

Fragment du *Calvaire* d'Andrea MANTEGNA.
(Musée du Louvre.)

On observera comment l'artiste a rendu les réactions caractéristiques d'une grande douleur : l'attitude de prostration de la Vierge, à demi évanouie, l'espèce de rictus douloureux des Saintes Femmes dans lequel la bouche semble s'ouvrir pour la plainte ou le sanglot, et la brisure des sourcils relevés au milieu de la face et tombant sur les côtés. La figure de droite exprime la tristesse plutôt que la douleur.

suffire, en toute rigueur, que pour les sensations de piqûre. Pour les autres formes de douleur, une explication *plus complexe* semble nécessaire. D'abord l'excitation douloureuse provoque « la libération de certaines substances intra-cellulaires, venant agir chimiquement sur des récepteurs algiques » (ID.), et c'est ce qui explique la persistance de la douleur après cessation du stimulus. D'autre part, surtout lorsque la douleur est intense ou prolongée, elle peut prendre une forme *émotionnelle* (§ 34-36) et s'accompagner de troubles plus généraux encore : d'où l'analogie de ses réactions avec celles de l'émotion.

29. La douleur morale. — Ces dernières remarques sont encore plus vraies de la douleur morale. Évidemment il ne saurait être question ici de *sensation*, encore que la douleur morale s'accompagne le plus souvent de réactions, — notamment cette obliquité des sourcils que signalait Le Brun, — qui, du point de vue de ses manifestations extérieures (fig. 4), l'apparentent de très près à la douleur physique. Nous nous rapprochons plutôt du *sentiment*, voire de l'*émotion* lorsque la douleur est à son paroxysme et s'accompagne de cris, de sanglots, etc. (nous disons d'ailleurs : « une explosion » de douleur). Ici se vérifie ce que nous avons dit au § 27 *D* sur le rôle de l'élément *intellectuel* dans les états affectifs. La cause majeure est alors une idée, un souvenir, parfois une représentation collective ou un scrupule moral. On pourrait alors distinguer : 1° les douleurs de l'*activité contrariée* : celles de l'insuccès, de l'échec, de l'ambition déçue ; 2° les douleurs du *cœur* : chagrin causé par la perte d'un être cher ; amitié méconnue ; amour repoussé ou trahi ; douleur de l'absence ; regret (on connaît le mot de Dante : « Il n'est pire douleur que de se rappeler, dans l'affliction, les jours heureux ») ; 3° les douleurs de l'*intelligence* : cette espèce de gêne, qui peut devenir proprement douloureuse, que nous éprouvons à ne pas pouvoir nous rappeler un souvenir ; douleur de ne pas trouver, de ne pas comprendre, celle-ci pouvant aller jusqu'à l'*angoisse*, comme dans le cri de Pascal[1] : « Le silence éternel de ces espaces infinis m'effraie » ; 4° les douleurs s'attachant à des sentiments *sociaux* : humiliation collective après une défaite (d'une nation, d'un parti politique ou... d'une équipe sportive) ; 5° les douleurs de la *conscience morale* : remords, repentir (ci-dessous, § 122) et aussi ce regret moral que nous éprouvons parfois quand nous avons le sentiment d'avoir fait du mal à quelqu'un sans le vouloir, etc.

30. Le plaisir. — Il n'est pas certain que le plaisir soit, comme l'admet le sens commun, l'antithèse exacte de la douleur : Beaunis, Ribot, Ch. Richet et, de nos jours, M. Pradines (§ 31) ont repoussé cette manière de voir.

---

1. Si tant est que cette pensée exprime bien le sentiment de Pascal. On sait que certains commentateurs ont supposé, non sans vraisemblance, qu'elle exprimait le sentiment du « libertin », de l'incroyant, que Pascal se proposait de réfuter.

A. En ce qui concerne le ***plaisir physique,*** il est fort discutable qu'il constitue, comme on l'admet généralement de la douleur, une sensation proprement dite. Il est douteux, en particulier, qu'il existe des récepteurs sensoriels spécifiques du plaisir analogues aux « points de douleur ». « Tandis que la conception des points de douleur se discute, écrit DUMAS[a], la conception des points de plaisir n'est ni anatomiquement ni physiologiquement ni psychologiquement défendable. » Quant aux plaisirs des sens tels que le goût et l'odorat, voire l'ouïe et la vue, ils relèvent de l'*agréable* et non du plaisir proprement dit. Souvent, agréable physique et agréable moral se mêlent, et nous trouvons dans une sensation tout autre chose qu'une simple jouissance sensuelle. En voici un joli exemple emprunté à GUYAU :

« Un jour d'été, après une course dans les Pyrénées poussée jusqu'au maximum de la fatigue, je rencontrai un berger et lui demandai du lait ; il alla chercher dans sa cabane, sous laquelle passait un ruisseau, un vase de lait plongé dans l'eau et maintenu à une température presque glacée : en buvant ce lait frais où toute la montagne avait mis son parfum et dont chaque gorgée savoureuse me ranimait, j'éprouvai certainement une série de sensations que le mot *agréable* est insuffisant à désigner. C'était comme une symphonie pastorale saisie par le goût au lieu de l'être par l'oreille. »

B. Ceci nous mène à dire quelques mots des ***plaisirs moraux.*** Nous n'y insisterons pas cependant parce que ce sont déjà, non plus des états élémentaires, mais de véritables *sentiments.* Que l'on songe à ce qu'on appelle le « plaisir de la musique », le « plaisir du théâtre », les « plaisirs de la conversation », etc. : il est évident qu'il s'agit, dans tous ces cas, d'états fort complexes dans lesquels il y a lieu de signaler, outre le rôle des tendances qui demeure fondamental, celui des éléments *sociaux* et des éléments *intellectuels,* ainsi que nous l'avons déjà remarqué (§ 27 *C* et *D*) pour les états affectifs en général. Il est bien évident, par exemple, que le plaisir que prennent bien des personnes à la coquetterie, à la parure, aux bijoux, comme aussi aux distinctions honorifiques : dignités, décorations, succès divers, tient en grande partie au prix que la coutume sociale y attache. Quant aux éléments intellectuels, il suffit, pour en apprécier l'importance, de penser, comme le suggère Fr. PAULHAN[a], à la différence qu'il y a entre le plaisir purement physique que nous procure une odeur agréable et le sentiment qu'évoque en nous un parfum qui nous rappelle une personne aimée et fait revivre en nous de chers souvenirs. Le plaisir que prenait ROUSSEAU à herboriser, à Ermenonville, se liait à toute sa conception de la nature et de la vie humaine :

« C'est, explique-t-il dans ses *Rêveries*, la chaîne des idées accessoires qui m'attache à la botanique. Elle rassemble et rappelle à notre imagination toutes les idées qui la flattent davantage : les prés, les eaux, les bois, la solitude, la paix surtout, et le repos qu'on trouve au milieu de tout cela... Il y a dans cette oiseuse occupation un charme qu'on ne sent que dans le plein calme des passions... Elle me transporte dans des habitations paisibles au milieu de gens simples et bons, tels que ceux avec qui j'ai vécu jadis. Elle me rappelle mon jeune âge et mes innocents plaisirs. »

31. Le problème de la finalité du plaisir et de la douleur. — Les analyses psychologiques qui précèdent, nous permettent d'apporter quelques éclaircissements à certains problèmes qui débordent le domaine de la Psychologie.

Le premier est celui de la *finalité* du plaisir et de la douleur (au sens large). Le plaisir, a-t-on soutenu parfois, est le *guide sûr* qui attire l'être vers ce qui lui est bon ; la douleur est la *sentinelle vigilante* qui l'écarte de ce qui peut lui nuire. Cette thèse qui s'est appuyée parfois sur une métaphysique providentialiste un peu simple, avait acquis un regain de faveur avec les théories évolutionnistes. C'est ainsi que Spencer, se fondant sur des conceptions analogues à la théorie darwinienne de la « lutte pour la vie », posait en principe qu'« en dépit d'exceptions apparentes, les douleurs sont les corrélatifs d'action nuisibles pour l'organisme, tandis que les plaisirs correspondent aux actions qui contribuent au bien de l'être ». Car l'être qui se plairait toujours à ce qui lui est nuisible, ne tarderait pas à disparaître. « Seules donc ont survécu ces races d'être chez lesquelles, en moyenne, les états de conscience agréables, ou qu'on recherche, accompagnent les activités utiles au maintien de la vie, tandis que les états de conscience désagréables, ou qu'on fuit, accompagnent les activités directement ou indirectement destructives de la vie. »

Ce qui est vrai, c'est qu'en principe l'agréable correspond, comme nous l'avons vu, à l'exercice normal de nos tendances prises à un niveau *optimum* d'activation. Mais, comme le remarque Dumas[1], « incontestable dans la généralité des cas, la finalité de l'agréable et du désagréable est cependant maintes fois prise en défaut ».

« Que de maladies graves qui sont indifférentes ou qui portent à l'euphorie comme la tuberculose et la paralysie générale ! On se gare quelquefois contre cette objection en prenant la finalité de l'agréable et du désagréable en un sens plus restreint : on se borne à dire que l'agréable est lié à l'exercice libre et facile d'une fonction, tandis que le désagréable est lié à des conditions inverses : c'est vrai, nous l'avons vu, dans la mesure où l'on peut soutenir que les excitations modérées sollicitent notre activité et que les excitations fortes l'épuisent ; mais, quand on sort de ces généralités, on s'expose à des affirmations audacieuses et gratuites. »

Il faut tenir compte d'ailleurs du fait que l'homme n'est plus à l'état de pure nature. Les conditions de sa vie se sont profondément modifiées. Spencer lui-même le reconnaissait et en concluait qu'une certaine *désadaptation* s'était produite entre ce qui nous est agréable et ce qui nous est utile. — Ajoutons que la *vie sociale*, comme nous l'avons vu (chap. II), modifie profondément nos tendances. Elle désorganise dans une certaine mesure l'automatisme des tendances élémentaires et les rend plus incertaines et plus faillibles : l'animal distingue les herbes utiles à sa santé, l'enfant porte à sa bouche même les objets nuisibles. Parfois même elle crée chez l'homme des besoins artificiels et souvent pernicieux : tabac, alcool, stupéfiants ; besoin d'excitations fortes au moral aussi bien qu'au physique. Or, comme le disait Malebranche d'un tout autre point de vue d'ailleurs, « nos sens ne s'étendent qu'à l'ordre naturel des choses, tel que Dieu l'a établi ». Pour l'homme plus que pour tout autre être, l'harmonie entre l'agréable et l'utile est donc précaire.

32. Problèmes moraux. — A plus forte raison, de très graves réserves s'imposent-elles si l'on passe du point de vue de la finalité biologique au point de vue moral.

A. Principe général. — Rappelons d'abord que l'affectivité n'est pas, en nous, fondamentale : ce qui est fondamental, ce sont les *tendances* dont elle dérive. Par suite, les états affectifs ne *valent* que ce que valent les tendances qui sont à la base. Ce serait donc une grave erreur de faire de l'affectivité un ***critère*** de la valeur morale de nos actes. Ceci est vrai même de ce contentement moral que constitue la « satisfaction de conscience » (ci-dessous, chap. XIII et XIV) : la conscience elle-même peut être erronée ou pervertie.

B. L'hédonisme. Il serait bien plus erroné encore d'ériger le plaisir en ***fin*** de l'activité humaine, ainsi que l'a fait l'*hédonisme* (cf. chap. XVII): avec des variantes diverses, plusieurs philosophes anciens ont affirmé que le plaisir était un bien en soi, qu'il était même le « souverain bien ». — Or, même du point de vue psychologique, cette thèse est insoutenable. Aristote l'avait déjà critiquée en faisant observer que le plaisir n'est qu'« une sorte de fin secondaire », une sorte d'« épiphénomène », qui vient *se surajouter* à l'activité lorsque celle-ci a rempli sa fonction propre et a atteint son but.

Ainsi, comme l'expliquait Durkheim, « dans la faim, c'est vers la nourriture que nous tendons, non vers le plaisir qui accompagne l'ingestion. C'est l'aliment qui est l'objet de la tendance ; le plaisir peut s'y surajouter, mais ce n'est que le condiment de l'acte, ce n'en est pas le but ». A plus forte raison en est-il ainsi de nos tendances supérieures : « La mère se sacrifie avec joie à son enfant. Pourtant il est bien clair que ce qu'elle recherche dans ce sacrifice, c'est la santé de son enfant et non la joie du sacrifice. Cette joie vient par surcroît, elle facilite le sacrifice ; elle n'en est pas la cause déterminante ni l'objet. »

On verra (§ 40 *B*) que c'est justement l'erreur de la passion de prendre souvent le plaisir pour but et d'aboutir ainsi à une fausse finalité, qui la pervertit.

Quant à voir dans le plaisir, quel qu'il soit, non plus une fin, mais un ***guide***, la chose est également inadmissible. L'homme en effet est constitué par toute une hiérarchie de tendances (t. I, § 25 et ci-dessus chap. II). Chacune de ces tendances a ses plaisirs propres, et c'est en ce sens, mais en ce sens seulement, qu'on peut dire avec MALEBRANCHE contre les Stoïciens qui affectaient une insensibilité orgueilleuse, que « le plaisir est toujours un bien ». Or ces tendances sont souvent en conflit les unes avec les autres : il existe ainsi en nous des *tensions* qui exigent un *choix* et qui nous obligent, non certes à une suppression de ces tendances dans la mesure où elles sont naturelles et normales, mais à une *discipline* souvent sévère de certaines d'entre elles, d'autant que les tendances inférieures sont, en général, celles qui nous sollicitent avec le plus de chaleur et de séduction. Il est trop clair que le principe de ce choix, le fondement de cette discipline ne sauraient donc se trouver dans le plaisir lui-même (cf. ci-dessous chap. XIV, XVI et XVII).

C. Le « dolorisme ». On n'est jamais allé jusqu'à faire de la douleur, comme du plaisir, une ***fin*** en soi. Au reste, nous avons vu (§ 26) que l'état désagréable s'accompagne toujours d'un ralentissement de toutes nos fonctions. Quant à la douleur proprement dite, on a prétendu qu'elle était *dynamogénique*, sous prétexte qu'elle provoque les gestes propres à l'écarter et qu'elle s'accompagne parfois de réactions sthéniques de la respiration et du cœur. Mais, d'une façon générale, quand elle est intense, elle nous « paralyse » au contraire. Les excitations sthéniques relèvent en réalité de perturbations du type émotionnel et, comme le remarque DUMAS, à la longue elles « produisent finalement le même résultat que celles qui arrêtent ». La douleur, comme l'état désagréable, aboutit donc à une *dépression* ; elle nous fait en somme *vivre au ralenti*. Par suite, elle ne pourrait être regardée comme bonne en soi que d'un point de vue pessimiste, d'où l'idéal moral apparaîtrait comme un idéal de *limitation* de la vie, et non d'épanouissement sur un plan supérieur.

Mais, sans aller jusqu'à poser la douleur comme une fin en soi, beaucoup d'écrivains se sont livrés à une véritable ***apologie de la douleur*** et ont exalté ses bienfaits. Depuis MONTAIGNE, selon qui la douleur est « la fournaise à recuire l'âme », en passant par les romantiques[1],

1. LAMARTINE, *Harmonies poétiques*, II, 7 : « Tu fais l'homme, ô douleur, oui, l'homme tout entier, — Comme le creuset l'or... » ; — MUSSET, *Nuit d'octobre* : « L'homme est un apprenti, la douleur est son maître », etc.

jusqu'à Anatole FRANCE (voir *Exercice* 5 *a*) et G. DUHAMEL dont certaines pages de *La possession du monde* furent l'occasion, pour un critique[1], de créer le mot *dolorisme*, ce thème de « la bonne souffrance » a inspiré bien des développements, à vrai dire surtout littéraires. — 1° En nous gardant de cette « littérature », particulièrement déplacée[2] sur un pareil sujet, reconnaissons très objectivement que la douleur est parfois capable : *a.* de *fortifier la volonté* : la volonté s'exerce dans la lutte ; un homme qui n'aurait jamais souffert, s'il en est, aurait une volonté faible et risquerait de se laisser abattre par la première épreuve ou le premier obstacle rencontré ; *b.* de *développer la sympathie et la pitié* : l'homme qui n'a pas fait lui-même l'expérience de la douleur, a le cœur sec ; il faut avoir souffert pour « comprendre » la souffrance d'autrui ; *c.* de *nous révéler à nous-mêmes* : « nul ne se connaît... », dit Musset ; c'est souvent psychologiquement vrai : avant d'avoir fait cette expérience, nous ne pouvons guère savoir de quoi notre volonté est capable. — 2° Gardons-nous cependant d'exagérer ces constatations et de tomber, comme dit DUHAMEL lui-même, dans le « fanatisme de la douleur ». *a.* Il est des douleurs, physiques ou morales, qui sont au delà des forces humaines. Celles-là ne nous grandissent pas, elles finissent par *abattre les volontés les plus fortes.* Un homme[3] qui supporta avec une héroïque résignation la plus atroce souffrance, écrivait à ce sujet : « La douleur ne nous pousse pas à agir ; elle absorbe, dans le combat qu'il faut lui livrer, des forces qui serviraient à d'admirables ouvrages. » *b.* Combien de fois aussi elle nous rend *égoïstes*, au lieu d'ouvrir notre cœur à la souffrance des autres ! *c.* S'il est vrai enfin qu'elle nous permet de nous mieux connaître, l'*effort* peut avoir le même résultat et il n'est pas nécessaire que l'effort aille jusqu'à la douleur. — 3° En réalité, ce qu'il faut dire surtout, c'est que *l'action de la douleur sur l'être humain dépend avant tout de la façon dont il la reçoit.* Or il est bien des **attitudes possibles de l'homme devant la douleur.** *a.* Ce peut être d'abord une attitude

1. Paul SOUDAY, *Le Temps*, 6 mars 1919 : « Il donne en plein dans ce que j'appellerai le dolorisme, c'est-à-dire la théorie de l'utilité, de la nécessité, de l'excellence de la douleur. » Le *Vocabulaire philosophique* de LALANDE qui cite ce jugement, y ajoute cette définition, favorable cette fois, empruntée à Julien TEPPE (1935) : « Doctrine qui attribue une haute valeur morale, esthétique et surtout intellectuelle à la douleur, principalement à la douleur physique, non seulement en ce qu'elle rend l'homme sensible aux souffrances d'autrui, mais en ce qu'elle arrête les impulsions de la vie animale et permet ainsi à l'esprit d'acquérir une hégémonie particulièrement efficace pour la création artistique et littéraire. » Nous généralisons ici le sens du terme.

2. Et particulièrement suspecte de la part d'un épicurien comme MONTAIGNE, d'un dandy comme MUSSET, d'un sceptique comme A. FRANCE.

3. Le philosophe Ernest BERSOT (1816-1880), directeur de l'École Normale Supérieure, qui mourut d'un cancer à la face.

de *révolte*. Attitude stérile, puisque la douleur semble bien être une loi de la condition humaine, et qui n'aboutit qu'à nous aigrir. *b*. Ce peut être l'attitude quelque peu orgueilleuse du sage *stoïcien* qui se raidit contre la douleur et va jusqu'à en nier la réalité : « Cela ne fait point mal », dit un personnage célèbre de l'histoire romaine. Attitude inhumaine : car, ainsi que le dit MALEBRANCHE, « un homme raisonnable peut-il jamais se persuader que sa douleur ne le touche et ne le blesse ? ». *c*. Beaucoup plus noble, au fond, est l'attitude de *résignation courageuse* devant la douleur, telle que la décrit BERSOT : « La vérité est que la douleur est simplement un fait inévitable, qu'étant données les lois de l'organisation et de la vie, et nos facultés, et leurs bornes, et leurs aspirations infinies, le plaisir et la douleur suivent fatalement ; la vérité est aussi qu'une fois devant le mal, l'homme s'y comporte en homme, qu'il déploie là toute son industrie et toute sa fierté ; il souffre parce qu'il est un animal ; mais, comme il est autre chose, il souffre d'une façon qui n'est qu'à lui. » *d*. L'attitude *chrétienne* va plus loin : elle accepte la souffrance, non seulement comme une expiation nécessaire, mais surtout comme un moyen de purification et d'élévation à un niveau spirituel plus élevé et, en définitive, comme une voie d'accès à une joie supérieure (voir § 169 *A*). *e*. Chez certains mystiques, cette attitude peut aller jusqu'à un véritable *amour de la douleur* qui fait qu'au milieu même des souffrances, le mystique ne souhaite pas de mourir « afin de pouvoir encore contribuer en quelque chose, s'il est possible, à l'augmentation de l'honneur de Dieu » (sainte Thérèse). Mais, en dehors du plan mystique, cette attitude risque d'aboutir à une véritable *algophilie* qui devient alors de nature pathologique et qu'on observe en effet chez certains névrosés. *f*. Une dernière attitude serait l'attitude *bouddhique* où la douleur apparaît comme la rançon de la « soif d'existence » et où sa suppression ne peut être réalisée que par l'anéantissement de l'être dans le nirvâna. — Il est clair que c'est seulement lorsque la douleur est, sous l'une quelconque de ces dernières formes, envisagée comme un moyen de parvenir à une vie plus haute, qu'elle se trouve ainsi *valorisée* et qu'elle peut avoir les heureux effets dont il a été question ci-dessus.

SUJETS DE TRAVAUX

Exercices. — 1. *Cherchez des exemples de cas où un même excitant, d'abord indifférent, devient agréable, puis désagréable, voire douloureux à mesure qu'il croît en intensité.* — 2. *A quelles tonalités affectives correspondent pour vous les différentes couleurs?* — 3. *Analysez et commentez ces réflexions sur le plaisir* : *a*. « Ne croyez pas que l'homme ne soit emporté que par l'intempérance des sens ; l'intempérance de l'esprit n'est pas moins flatteuse ;

comme l'autre, elle se fait des plaisirs cachés et s'irrite par la défense » (BOSSUET) ; *b.* « Notre âme goûte trois sortes de plaisirs : il y en a qu'elle tire du fond de son existence même ; d'autres qui résultent de son union avec le corps ; d'autres enfin qui sont fondés sur les plis et les préjugés que de certaines institutions, de certains usages, de certaines habitudes lui ont fait prendre » (MONTESQUIEU) ; *c.* « Il n'y a point de plaisir qui ne perde à être déjà connu » (MARIVAUX) ; *d.* « Les peines et les plaisirs d'opinion sont sans nombre » (DIDEROT). — 4. *Étudiez sur vous-même, par exemple à propos d'un mal de dents, dans quelle mesure l'attention ou la distraction augmentent ou diminuent la douleur.* — 5. *Rapprochez et comparez ces deux jugements* : *a.* « La souffrance ! Quelle divine méconnue ! Nous lui devons tout ce qu'il y a de bon en nous, tout ce qui donne du prix à la vie ; nous lui devons la pitié, nous lui devons le courage, nous lui devons toutes les vertus... Qu'est-ce que le génie, sinon l'art de charmer la souffrance? » (A. FRANCE) ; *b.* « La douleur ne peut être une chose que l'on convoite. C'est, ce doit être seulement une chose que l'on accepte. Comme certaines dignités terribles, comme certains honneurs accablants, on la reçoit, on ne la cherche pas. Le destin porte un faix suffisant de deuils et de cruautés ; il ne veut pas être provoqué » (G. DUHAMEL). — 6. *Commenter ce jugement de Malebranche* : « La douleur est un mal réel et véritable ; elle n'est pas plus la privation du plaisir que le plaisir la privation de la douleur. » — 7. *Étudier l'action du langage sur le sentiment en vous inspirant de ce passage d'*A. MAUROIS : « La plupart de nos douleurs morales viennent de ce que nous avons des mots pour les décrire... Nous leur donnons corps, et même nous leur donnons un corps qui n'est pas le leur ; car les mots de tout le monde ne correspondent jamais à nos souffrances, qui sont une espèce toujours neuve et distincte... Et puis, les mots conservent et prolongent des douleurs qui sont passées. »

Exposés oraux. — 1. *Les conditions physiologiques de la douleur*, d'après DUMAS[k], IOTEYKO[c], CHAUCHARD[j]. — 2. *Rôle du plaisir et de la douleur* d'après PRADINES[i]. — 3. *Le sens de la souffrance* d'après SCHELER[g] et LAVELLE[h].

Discussion. — 1. *Le plaisir est-il un but par lui-même?* — 2. *Rôle de la douleur dans la vie humaine.*

Lectures. — *a.* Fr. PAULHAN, *Les phénomènes affectifs et les lois de leur apparition*, Alcan, 1887. — *b.* RIBOT, *Psychologie des sentiments*, Alcan, 1896, 1re partie, chap. I-VI. — *c.* IOTEYKO et STEFANOWSKA, *Psycho-physiologie de la douleur*, Alcan, 1909. — *d.** H. PIÉRON, *Psychologie expérimentale*, Coll. A. Colin, 1927, 2e partie, chap. I. — *e.** Ch. BLONDEL, *Introd. à la Psych. collective*, coll. A. Colin, 1928, 2e partie, chap. III. — *f.* R. LERICHE, *Recherches et réflexions critiques sur la douleur*, Masson, 1931. — *g.* Max SCHELER, *Le sens de la souffrance*, Aubier, 1936. — *h.* L. LAVELLE, *Le Mal et la souffrance*, Plon, 1940. — *i.* M. PRADINES, *Traité de Psych. générale*, P. U. F., 1943, t. I, 2e partie, section I. — *j.* P. CHAUCHARD, *La Douleur*, P. U. F., 1947. — *k.* G. DUMAS, *La Vie affective*, P. U. F., 1948, chap. I et II. — *l.** F. J. J. BUYTENDIJK, *La Douleur*, P. U. F., 1951. — *m.* Jeanne RUSSIER, *La souffrance*, P. U. F., 1963.

chapitre IV

LES ÉTATS AFFECTIFS :
II. ÉMOTIONS, SENTIMENTS, PASSIONS

SOMMAIRE

33. La joie et la tristesse. — Nous abordons maintenant l'étude des états affectifs complexes. Nous dirons d'abord quelques mots de la joie et de la tristesse comme formant transition avec les états étudiés dans le chapitre précédent.

A. ***La joie*** a souvent été confondue avec le plaisir. De fait, dans l'ancien français, le mot *joie* a désigné le plaisir, même physique, aussi bien qu'un état d'origine morale.

C'est dire qu'on ne saurait distinguer le plaisir de la joie en définissant le premier comme étant d'ordre physique, la seconde d'ordre moral. N'avons-nous pas vu, au reste, qu'il existe des plaisirs moraux comme des plaisirs physiques (§ 30) ? La différence est donc ailleurs. Elle semble avoir été assez bien indiquée par Bergson lorsqu'il remarque que la joie n'est pas « un fait psychologique isolé qui occuperait d'abord un coin de l'âme et gagnerait peu à peu de la place ». Un plaisir est quelque chose de particulier, qu'il soit physique ou moral : il n'affecte pas notre état d'âme total et l'on peut prendre un plaisir sans joie. La joie au contraire s'irradie d'emblée dans l'âme tout entière : c'est une orientation globale de la conscience dans son ensemble.

Certes, la joie présente généralement les caractères des états *agréables*. Au physique, elle se traduit par les gestes d'*expansion* propres à ces états (§ 26). JANET[k] l'apparente à la « conduite du triomphe ». C'est une *exubérance*, une *exaltation de la vie* (fig. 5). Au

(Phot. Giraudon.)

Fig. 5. — LA JOIE.

(Fragment de *La sortie de l'école turque* d'A.-G. DECAMPS.)

(Musée du Louvre.)

Dans la ruée des enfants qui se précipitent hors de l'école, ce groupe se détache comme manifestant de façon typique à la fois cette décharge d'énergie longtemps comprimée dont il a été question à propos de l'activité de jeu (§ 14) *et la joie de la détente. On observera ici, en particulier dans le personnage de gauche, l'exubérance des gestes qui accompagne la joie active et cette expression du visage qui* « se rapproche du sourire sans toutefois l'exprimer réellement » (DUMAS).

moral, DARWIN[b] avait déjà observé la richesse et la rapidité des processus mentaux : « Des idées riantes traversent l'esprit avec rapidité. »

Il y a pourtant dans le comportement de la joie *quelque chose de plus* que ces traits communs à tous les états agréables. D'abord, normalement du moins, sa cause a une *signification* : c'est une bonne nouvelle, un succès, etc. Et ceci suffit à expliquer son caractère *total.* D'autre part, il arrive souvent que cette cause déclenche la joie *brusquement*, presque *brutalement* (nous disons : « une explosion de joie » aussi bien qu'« une explosion de douleur »). La joie s'accompagne alors de *gestes désordonnés*, souvent sans but, de cris, de chants, parfois de larmes : on pleure de joie comme on pleure de chagrin. On a vu des gens mourir de joie à l'annonce d'une heureuse nouvelle inattendue et ce n'est pas toujours par métaphore que l'on devient « fou de joie ». Faut-il voir là, avec J.-P. SARTRE[P], « une conduite magique qui tend à réaliser par incantation la possession de l'objet désiré comme totalité instantanée », une anticipation de la possession? Danser, chanter de joie représenteraient « des conduites symboliquement approximatives, des incantations ». Cette interprétation nous paraît arbitraire. On ne peut parler de symbolisme que là où il y a correspondance analogique (t. I, § 197) : comment le même symbolisme pourrait-il donc servir pour deux joies aussi différentes que celle d'avoir gagné le gros lot ou celle (exemple cité par Sartre) de recevoir d'une femme l'aveu qu'on est aimé d'elle? Et puis, où est la *possession anticipée* quand on apprend, par exemple, que, contre tout espoir, on est reçu à l'examen? — Il nous paraît beaucoup plus vraisemblable de voir dans ces réactions désordonnées, explosives, le résultat d'une brusque *libération d'énergie*, phénomène caractéristique, comme on le verra, du comportement *émotionnel*. La joie, du moins la joie *active*, nous offre ainsi le premier exemple de l'***émotion*** proprement dite (§ 34-36).

Il existe en effet un autre type de joie, la *joie passive*, qui se manifeste, non plus par l'exubérance, mais par le calme et la détente. C'est la paix intérieure de l'âme qui a surmonté le doute et l'inquiétude. A un niveau plus élevé, c'est l'*extase* des mystiques qui se caractérise par un état de béatitude tout spécial accompagné du sentiment de l'union avec Dieu. C'est aussi parfois l'état de certains malades, de ceux qu'on appelle les *béats*, et qui consiste, selon Janet, en « un sentiment de joie tout à fait complet avec oubli de la réalité » : les déments béats « ne font plus rien et ne s'occupent plus de rien, ils ne bougent pas et sourient toujours ». C'est enfin l'état que produisent certains toxiques tels que le haschisch, l'opium, la morphine : le sujet a le sentiment d'être transporté dans un autre monde et affranchi de l'ordre du temps. Bien qu'elles soient *très différentes les unes des autres*, ces sortes de joies ont cependant un élément commun, à savoir « une modification en quelque sorte négative de la conduite, la disparition de tout effort et de toute attention vraiment active ». C'est donc un état d'*euphorie* tenant au relâchement de toute activité.

B. De même que la joie se distingue du plaisir, ***la tristesse*** ne se confond pas avec la douleur, même morale. « La tristesse, dit PRÉVOST-

Paradol, est une sorte de crépuscule qui suit la douleur » ; c'est « l'ébranlement durable d'une âme qui a été violemment secouée ». Elle peut d'ailleurs, comme on va le voir, procéder d'autres causes.

La tristesse présente tous les caractères des états *désagréables* (§ 26). C'est une *dépression* (un « ralentissement vital », dit Dumas[t]) qui est souvent liée à « l'inaction morose » (Janet[k]). L'être triste se replie sur lui-même, il se « blottit », comme dit J.-P. Sartre[p], et se réfugie là où il est, comme dans un « coin ». Au moral, même attitude d'*introversion* avec sentiment du vide et de l'inutilité de toute action, parfois avec perte du sentiment du réel (t. I, § 106). Comme le dit encore Sartre, l'univers tout entier est devenu « morne ».

Cet état peut être le reflet d'une dépression purement *physique*. C'est notamment le cas de ces « tristesses sans cause » qu'a illustrées un poème de Verlaine. Même en ce cas cependant, la tristesse cherche toujours à se « justifier », à se trouver des raisons. Le plus souvent d'ailleurs, elle est provoquée par *une idée* : deuil, échec, déception amoureuse, séparation, etc. Nous touchons ici à quelque chose qui dépasse le simple état désagréable, comme la joie dépasse le simple état agréable. Il est très remarquable en effet que cette cause, authentique ou greffée sur l'état primitif, de la tristesse devient le point de départ de *toute une idéation*, d'ailleurs « fixe et monotone », assez pauvre même, car « ce sont les mêmes thèmes qui reviennent sans cesse avec les mêmes phrases et les mêmes mots » (Dumas[t]). Sans même parler des cas, assez fréquents, où le sujet en vient à *se complaire* dans sa tristesse, il se produit un phénomène de « rumination mentale ». L'esprit revient sans cesse sur les raisons, vraies ou supposées, qu'il a d'être triste ; il s'y concentre et s'y absorbe. Par ce rôle qu'y jouent l'élément intellectuel et l'imagination, la tristesse nous fournit le type du ***sentiment*** proprement dit, comme la joie active nous avait fourni celui de l'émotion. — C'est pourquoi l'interprétation proposée par J.-P. Sartre[p] nous paraît ici plus vraisemblable que pour la joie. Une des conditions ordinaires de notre action a disparu. Le monde exige que nous agissions désormais en lui par de nouvelles voies. La tristesse serait une conduite qui vise inconsciemment « à supprimer l'obligation de chercher ces nouvelles voies... en remplaçant la constitution présente du monde par une structure totalement indifférenciée », en faisant du monde « une réalité affectivement neutre » : et c'est précisément ce qui définit le *morne*.

De même qu'il existe une joie passive, il y a aussi une *tristesse active*. Ce qui la distingue, c'est « la réaction douloureuse de notre sensibilité » ; car alors « nous nous débattons moralement et physiquement ; nous protestons, nous crions, nous regrettons, nous nous lamentons ». Mais un tel comportement est beaucoup plus proche de la *douleur*, donc de l'*émotion*, que de la tristesse proprement dite.

34. Les émotions. — Avant d'aborder l'étude des émotions, il est nécessaire de préciser le sens de ce terme. Dans le domaine de la vie affective, la terminologie psychologique est plus vague encore que partout ailleurs, ce qui crée de multiples confusions[1]. Nous préciserons donc que nous entendrons ici par ***émotions*** des états affectifs complexes qui surviennent généralement en nous de façon brusque, sous la forme de *crises* plus ou moins *violentes*, mais plus ou moins *passagères*. Nous rangerons donc parmi les émotions la *peur*, la *terreur* ou la *frayeur*, mais non pas la crainte ; la *colère*, mais non pas la rancune ni le ressentiment ; l'*angoisse*, mais non pas l'inquiétude ; une crise de *chagrin*, mais non pas la peine, la tristesse ni la douleur prolongée. Ces états sont souvent appelés *émotions-chocs* ou *émotions fortes* (*coarse emotions* de W. JAMES[9]), précisément parce qu'ils se présentent comme une secousse affective soudaine de tout notre être.

35. Les réactions émotionnelles. — Une autre caractéristique des émotions est qu'elles s'accompagnent de ***réactions corporelles*** très marquées et fort variées.

A. Les anciens physiologistes avaient cru pouvoir expliquer ces réactions émotionnelles de façon *finaliste*, en leur attribuant une *utilité*.

Ch. BELL voyait dans l'expression de l'émotion une *action commencée* : le comportement de la peur est une esquisse de la fuite (fig. 6) ; celui de la colère, une esquisse de l'agression, etc. DARWIN[6] ajouta à ce principe celui de l'*association des habitudes utiles* (quand un même état se reproduit, la force de l'habitude et de l'association tend à donner naissance aux mêmes réactions, même si elles ne sont plus utiles : l'homme en colère serre les poings, même s'il n'est pas en présence de son adversaire), celui de l'*antithèse* (une émotion inverse d'une autre se traduit par les réactions opposées) et celui de l'*action directe du système nerveux* (une forte émotion déclenche de l'énergie nerveuse en excès). Ces principes avaient conduit Darwin à des interprétations d'un finalisme bien risqué, comme par exemple

1. Le mot *émotion* a été employé, en français comme en anglais, au moins en trois sens différents : 1° en un sens *extrêmement large* où il désigne *tous* les états affectifs : c'est ainsi qu'on a parlé du « ton émotionnel » des sensations, voulant dire par là leur *ton affectif* ; — 2° en un sens *moyen* où il désigne toutes les manifestations *complexes* et *organisées* de la vie affective : c'est ainsi que RIBOT emploie les termes d'*émotion tendre*, d'*émotion esthétique*, d'*émotion morale*, pour désigner en réalité des *sentiments* ; en ce sens, on a distingué des émotions-chocs et des émotions-sentiments ou, comme JAMES[9], des émotions fortes ou grossières (*coarse emotions*) et des émotions fines (*subtler emotions*) ; — 3° en un sens *précis* : celui que nous adoptons ici.

lorsqu'il admettait que, dans la peur, les yeux sont grands ouverts pour mieux voir l'adversaire et que, dans le ricanement de la colère, les dents se découvrent pour mordre.

B. Les physiologistes et psychologues contemporains se montrent très sceptiques à l'égard de ces interprétations. « La peur, écrit très justement WALLON qui a étudié cette émotion chez les enfants, n'est pas plus identifiable à la fuite qu'aucune autre émotion aux automatismes qui sont couramment donnés pour leur raison d'être. » Il existe d'ailleurs une peur passive où le sujet est comme « cloué sur place » (cataplexie). Les mêmes observations pourraient être faites sur les autres émotions. C'est ainsi que la colère, au lieu de se traduire par des gestes agressifs, s'exprime parfois par le tremblement (des lèvres, des mains) ou par des larmes (surtout chez l'enfant, qui souvent aussi trépigne, se roule à terre). Il arrive également qu'elle se tourne en agression contre soi-même (fig. 7). — Nous dirons donc avec DUMAS[1] : « *L'impulsion vers un but déterminé est un fait, et l'émotion en est un autre* », et nous distinguerons dans le comportement émotionnel *deux sortes* de réactions :

Fig. 6. — LA PEUR.

(Détail de la *Bataille d'Arbèles*, par LE BRUN.)
(André Michel, *Hist. de l'Art*, Armand Colin, éd.)

Les yeux grands ouverts avec la pupille dilatée, les sourcils tirés vers le bas au milieu de la face, la bouche ouverte dans une expression de protestation et d'angoisse, enfin les gestes de la fuite, tel est le tableau d'une peur intense que l'artiste a ici assez bien rendu.

1° des ***réactions organisées et efficaces*** : il est en effet indéniable, malgré tout, que chaque émotion s'accompagne d'un comportement *spécifique* qui est, dans une certaine mesure, adapté à *l'objet* cause de l'émotion ; nous ne confondons pas le comportement et la physionomie d'un homme qui a peur, par exemple, avec ceux d'un homme qui est en colère ; ces réactions forment d'ailleurs (c'est ce qu'il y a lieu de retenir du second principe darwinien) des *systèmes*, des *structures* de comportement qui se répètent à peu près intégralement dans tous les cas analogues ; — mais précisément (c'est ici que l'on peut donner raison à Dumas) ces réactions ne sont pas caractéristiques du phénomène émotionnel en général ; elles sont au contraire *ce qui subsiste* d'un comportement organisé et adapté jusque dans le désarroi de l'émotion ; ainsi « on peut fuir sans être effrayé, par une décision réfléchie » (Dumas•) ;

2° des ***réactions diffuses*** qui sont, à vrai dire, les *réactions proprement émotionnelles* : ces réactions sont à peu près *les mêmes* dans toutes les émotions : un sujet ému présente toujours des troubles circulatoires (pâleur, rougeur, battements de cœur), respiratoires (halètement, parfois suffocation), musculaires (tremblement, rire nerveux, parfois cataplexie), viscéraux (intestinaux, hépatiques), glandulaires (larmes, sueur, et cf. § 36 *A b*) ; toutes ces réactions ont un caractère commun : ce sont des ***agitations,*** des ***désordres*** organiques qui bien entendu *ne sont plus adaptés*, ne répondent à aucune finalité et sont même souvent nuisibles (comme la cataplexie dans la peur). — Elles sont à mettre sur le compte d'un phénomène que Darwin avait entrevu et que les physiologistes contemporains caractérisent comme une ***brusque libération d'énergie :***

« Il semble, écrit H. Piéron[a], que le caractère *émotion* appartienne aux impressions affectives assez intenses pour comporter une *libération d'énergie nerveuse excessive*, telle qu'elle ne se contente même plus de renforcer les réactions adaptées, mais déborde hors des voies nerveuses réactionnelles... Toutes ces réactions émotionnelles dont on a cherché d'enfantines explications finalistes, apparaissent comme des conséquences exagérées du phénomène de libération d'énergie nerveuse. »

Fig. 7.
La colère.

Vitrail de la cathédrale de Lyon, d'après L. Bégule.

(Émile Mâle, *L'Art religieux du XIIIe siècle en France*, Armand Colin, éd.)

L'auteur du vitrail a bien observé certains traits, notamment « la concavité des sourcils dans leur partie interne » (Dumas), *et aussi la tendance à frapper qui peut parfois se tourner contre le sujet lui-même, comme il arrive ici où il se perce lui-même de son épée.*

36. Les théories de l'émotion. — Quel est exactement le rôle de ces réactions corporelles dans l'émotion? Faut-il y voir simplement, avec le sens commun, l'*effet* ou l'*expression* de celle-ci? N'en seraient-elles pas, au contraire, la *cause* ou du moins un élément *essentiel?* Nous examinerons d'abord ces théories physiologiques avant d'aborder des interprétations plus larges.

A. ***Théories physiologiques.*** — Déjà DESCARTES[a] dans ses *Passions de l'âme*, MALEBRANCHE dans sa *Recherche de la vérité* avaient tenté d'expliquer ce qu'ils appelaient les « passions » (§ 39), c'est-à-dire les « émotions sensibles », par les mouvements des « esprits animaux ». En 1865, Claude BERNARD justifiait les expressions populaires : *avoir le cœur gros, le cœur brisé*, etc. (voir *Exercice* 4) en mettant en vedette les actions réflexes du cœur dans l'émotion. En 1885, le médecin danois C. LANGE reprenait cette idée de façon beaucoup plus étroite en proposant une théorie purement *mécaniste* qui prétendait expliquer par l'action du système vaso-moteur « tout l'aspect émotionnel de notre vie mentale », en reconnaissant toutefois l'état des *centres cérébraux* comme un des facteurs physiologiques de l'émotion.

a. Théorie périphérique. — Dès 1884 cependant, W. JAMES[g] avait ramené l'émotion à la *répercussion dans la conscience des troubles* ***périphériques*** (musculaires, vasculaires, respiratoires, etc.) *provoqués par la perception de l'objet.* Il exposait ainsi sa thèse :

« L'idée qu'on se fait ordinairement des émotions, c'est que la perception mentale d'un fait excite l'affection mentale appelée *émotion* et que ce dernier état d'esprit donne naissance à l'expression corporelle. Ma théorie, au contraire, est que les changements corporels suivent immédiatement la perception du fait excitant et que *le sentiment que nous avons de ces changements à mesure qu'ils se produisent, c'est l'émotion.* » Il faudrait donc renverser l'ordre habituel des termes et dire non plus : « Nous perdons notre fortune, nous sommes affligés et nous pleurons ; nous rencontrons un ours, nous avons peur et nous fuyons ; un rival nous insulte, nous nous mettons en colère et nous frappons », mais au contraire : « Nous sommes affligés *parce que* nous pleurons, effrayés *parce que* nous tremblons, irrités *parce que* nous frappons.[1] »

A l'appui de cette thèse, James alléguait les arguments que voici : 1° une sorte d'*expérience mentale* : essayons de nous représenter un état de forte émotion (peur, colère, etc.) d'où seraient éliminées toutes les manifestations corporelles ; nous pourrions alors voir un ours et *juger bon* de fuir, recevoir une insulte et *juger bon* de frapper ; mais nous n'éprouverions ni frayeur ni colère effective ;

---

1. On pourrait schématiser la discussion en représentant la perception par P, l'émotion par E, la réaction corporelle par R. Selon la théorie classique, la succession des faits serait : P — E — R. Selon la théorie de James, elle serait : P — R — E. On va voir que les arguments de James consistent à montrer, soit qu'en supprimant R on supprime E (expérience mentale), soit qu'en certains cas R suit directement P et qu'en certains autres E suit directement R, soit enfin que E varie en fonction de R.

2° des *arguments de fait* dont les principaux étaient : *a.* le fait qu'en certains cas *la perception est suivie immédiatement de la réaction corporelle*, comme dans cet exemple personnel que cite James et où il se souvient d'avoir assisté, étant encore enfant, à la saignée d'un cheval, et cela sans la moindre émotion, lorsque tout à coup il s'évanouit ; — *b.* les *cas pathologiques d'émotion sans objet*, où la cause directe de l'émotion est, non une représentation, mais un état physique : « dans toutes les maisons d'aliénés, on trouve des exemples de peurs, de colères, de mélancolies ou d'orgueils absolument sans motifs »[1] ; l'angoisse intense qui accompagne les crises d'angine de poitrine, a pour cause une lésion du cœur ou de l'aorte ; — *c.* les cas fort nombreux où l'*émotion semble varier comme les réactions correspondantes* : les enfants et surtout les animaux qui se battent pour jouer finissent par s'irriter à ce jeu et par se battre pour tout de bon ; « tout le monde sait que des gens en proie à une panique sentent s'accroître leur peur du seul fait qu'ils fuient et que l'on augmente son chagrin et sa colère en se laissant aller à les manifester » ; au contraire, « refuser d'exprimer une émotion, c'est la tuer : comptez jusqu'à dix avant de manifester votre colère, et vos raisons de vous fâcher vous paraîtront ridicules ».

3° JAMES[9] examine enfin les objections possibles : *a.* le cas des *émotions rentrées* qui n'en deviennent que plus violentes si on en arrête la manifestation, tandis que « rien ne calme une émotion comme de lui donner libre issue » ; James répond : « *Pendant* l'expression, l'émotion est toujours sentie ; elle ne l'est plus *après* parce que les centres nerveux se sont déchargés normalement » ; si cette décharge ne se produit pas, l'énergie s'accumule et explose plus violemment *ensuite* ; — *b.* le cas des *acteurs* qui ne ressentent pas toujours les émotions qu'ils miment : c'est, explique James, que « la partie viscérale et organique » des manifestations de l'émotion obéit difficilement à la volonté ; — *c.* l'impossibilité de réaliser *l'expérience décisive* qui consisterait à supprimer le retentissement des réactions organiques dans la conscience : on s'approche cependant de ce cas crucial chez des malades présentant de l'anesthésie sans paralysie ; de fait, il semble que, chez eux, l'émotivité soit très diminuée ; le physiologiste SHERRINGTON a essayé de réaliser l'expérience sur des chiens en leur sectionnant la moelle cervicale et les nerfs unissant le cerveau au reste du corps : ces chiens donnaient encore des signes d'émotion ; mais, comme il n'est possible d'en juger que d'après la mimique extérieure, on a répondu (Revault d'Allonnes) que cette mimique peut survivre à la disparition de l'émotion elle-même (c'est, au fond, toute la question).

---

1. On peut en rapprocher certaines formes de *joie* ou de *tristesse* (notamment la *joie passive*) citées ci-dessus, et aussi cette *colère gratuite* dont parle J. DE LACRETELLE dans *Aparté*, « celle de cet homme que j'ai connu, dit-il, et qui, tous les matins ou à peu près, trouvait le moyen d'avoir un accès de colère. Que le motif fût nul ou valable, l'accès avait la même violence. Ensuite tout rentrait dans l'ordre ».

Discussion. — Il faut savoir gré à W. JAMES d'avoir, par les exagérations mêmes de sa théorie, attiré l'attention sur les concomitants physiologiques de l'émotion, à une époque où la psychologie intellectualiste prétendait expliquer celle-ci uniquement par l'action de *l'idée*. Il est bien vrai d'ailleurs que ces éléments physiologiques jouent un *rôle essentiel* dans l'émotion et que ***celle-ci n'aurait pas la chaleur affective que nous lui connaissons si notre corps n'y participait pas.***

La théorie de James n'en repose pas moins sur une fausse interprétation des rapports de l'esprit et du corps et sur une conception *épiphénoméniste* de la conscience que nous avons déjà critiquée (t. I, § 31). Le corps est ici considéré comme une sorte d'*objet* statique, alors qu'il est en réalité un dynamisme intimement lié à notre être même *et à nos tendances* et dont les réactions ne s'expliquent qu'en fonction de notre comportement total. Comment comprendrait-on d'ailleurs, s'il n'en était pas ainsi, que la perception d'un objet fût immédiatement suivie, comme le veut James, de certaines réactions émotionnelles ? Il faudrait supposer, par exemple pour l'horreur du sang et comme on l'a fait à propos de certaines réactions animales[1], une hérédité se référant à certaines expériences ancestrales, solution bien problématique et qui ne ferait que reculer le problème. En réalité, comme l'a fort bien dit Renée DEJEAN[n] :

« L'aptitude d'un événement ou d'un être à nous émotionner dépend de son aptitude à nous affecter psychiquement en fonction de la *signification*[2] qu'il a pour nous. En d'autres termes, son efficacité psycho-physiologique pour déclencher l'émotion est fonction de sa valeur psychologique et de sa capacité, du fait de cette valeur, de nous affecter. *Il n'y a pas en effet, dans l'émotion, deux séries de phénomènes*[3], dont le rapport deviendrait inexplicable : d'une part, des idées, des jugements abstraits, d'autre part, des

---

1. « Les poussins nouveau-nés ont, comme l'a constaté Spalding, une peur instinctive du faucon ; les chiens, même tout jeunes, ont peur des peaux de loup et de bêtes fauves. » Un cheval se met à trembler, au voisinage d'une ménagerie, en sentant l'odeur des fauves. Toutefois « on a tendance, dit DUMAS[4], à s'exagérer la précision de ce genre de peur. Preyer a repris l'expérience de Spalding en remplaçant le faucon par un pigeon, et il a obtenu les mêmes résultats. Mais, à cette réserve près, il semble bien que la peur de l'inconnu fasse partie de la constitution de l'animal ». Selon K. GOLDSTEIN[u], cette « peur de l'inconnu » est précisément l'*angoisse*, beaucoup plus fréquente chez l'animal que la peur proprement dite qui supposerait l'animal capable de reconnaître l'ennemi héréditaire et de se représenter « un monde d'objets indépendant et posé vis-à-vis de l'organisme ». Ainsi se trouverait rendue inutile l'hypothèse d'une « peur héréditaire ».

2. [Nous nous permettons de substituer dans cette citation le mot *signification* au mot *valeur* qu'emploie l'auteur et qui a pour nous une autre portée : voir ci-dessous chap. XIII et XIV].

3. [C'est ce qu'avait fort bien vu RIBOT, qui, dans sa *Psychologie des Sentiments*, adopte la théorie de James et Lange, mais en critiquant le *dualisme* dont elle est entachée.]

phénomènes organiques qui conféreraient à ces jugements une tonalité affective et feraient de l'ensemble une émotion. Nos idées sur les événements ou sur les êtres ne sont pas des jugements abstraits qui nous laisseraient indifférents, comme si ce n'étaient pas *nos* jugements et comme si ce n'était pas de *notre* vie qu'il s'agit. Nous apprécions la situation non comme des spectateurs dans un théâtre, mais comme acteurs. »

b. Théorie endocrinienne. — La théorie de James néglige en outre un aspect des réactions de l'émotion, qui a été mis en lumière par l'Américain W. B. CANNON (1871-1945) : les ***sécrétions internes.***

Il est établi que la peur, la colère, la douleur physique entraînent une hyperactivité des capsules surrénales qui, comme on sait, sécrètent de l'*adrénaline.* Cette décharge d'adrénaline dans le sang amène une production d'*énergie surabondante* qui, selon Cannon, aurait une fonction utile en tant qu'elle permet à l'organisme d'utiliser toutes ses ressources soit pour fuir, soit pour se défendre. — On a mis aussi en lumière l'action d'autres sécrétions endocriniennes (celles de l'hypophyse et de la thyroïde notamment). L'émotion apparaîtrait ainsi comme *« un comportement glandulaire ».*

Discussion. — Comme le remarque DUMAS*, il se peut que ces mécanismes *humoraux* soient en effet beaucoup plus importants, dans l'émotion, que toute la mécanique *neuro-musculaire* par laquelle on prétendait l'expliquer. Il y a lieu cependant de faire les plus grandes réserves sur l'interprétation finaliste de Cannon. On verra bientôt que cette *décharge d'énergie* qui accompagne l'émotion doit s'expliquer tout autrement que par son utilité.

B. ***Théories dynamiques.*** — Par opposition avec les théories purement physiologiques, nous examinerons des théories que nous qualifierons de *dynamiques* parce qu'elles s'efforcent d'interpréter l'émotion en fonction de ***tout le comportement humain.***

a. Théorie instinctive. — Une première indication nous est donnée par les interprétations de l'école *fonctionnelle* américaine (Stanley HALL [1844-1924], John DEWEY [1859-1952], W. E. RIVERS [1864-1922] qui a vu dans le comportement émotif la reviviscence d'actes anciens autrefois accomplis utilement par nos ancêtres ou même par les animaux. C'est ainsi que les *instincts* aujourd'hui refoulés pourraient ressusciter et même prendre le dessus sous l'influence de l'émotion, comme on le constate par exemple dans les paniques.

Discussion. — Nous aurons à faire sa place à ce point de vue dans une interprétation d'ensemble. Mais, outre qu'elle est entachée du même finalisme que certaines théories précédentes, cette interprétation pousse trop loin l'assimilation de l'*émotion* et de l'*instinct* : comme l'observe JANET, « les soins donnés aux petits, l'attaque et la fuite » qui sont des comportements instinctifs, « peuvent être considérés comme des fonctionnements très réguliers de certaines tendances bien organisées et ne doivent pas être confondus avec les vrais troubles émotionnels ».

b. Théorie énergétique. — Pierre JANET* a proposé une intéressante théorie de l'émotion qu'il a qualifiée lui-même d'*énergétique,* parce que l'émotion s'y trouve interprétée comme caractéristique d'un certain *niveau*, très inférieur, de la conduite. « Sans être toujours et précisément pathologique », l'émotion ne serait pas « un élément tout à fait normal de la conduite des hommes ». Certes elle peut naître, même chez l'homme normal, en certaines circonstances :

« Les phénomènes de l'émotion se produisent quand un être vivant et conscient est exposé *brusquement* à une modification du milieu physique et surtout du milieu social dans lequel il est plongé, quand il n'est pas préparé par une éducation antérieure à s'y adapter automatiquement et quand il n'a pas, soit la *force* nécessaire, soit le *temps* suffisant pour s'y adapter lui-même au moment présent. Il y a alors une dépense nerveuse incoordonnée qui amène l'épuisement » (JANET[k]).

Ainsi, ***« la grande cause de l'émotion, c'est la surprise ».*** Mais l'émotion peut aussi se produire chez des malades qui réagissent de cette façon aux troubles même les plus légers de leur action et chez qui l'*émotivité* est le « symptôme d'une dépression générale ». — Dans tous les cas, elle se traduit par une ***chute de l'activité psychologique,*** par une ***baisse de niveau*** (chap. I) de tous les actes. L'individu émotionné est « au-dessous de lui-même » : son état mental, son éducation, sa délicatesse morale sont modifiés. Ordinairement poli, il devient grossier (comme il arrive souvent dans la colère) ; ordinairement doux, il devient brutal (comme on en trouve maint exemple dans les paniques).

Ainsi s'expliquent les modifications *corporelles* dans lesquelles James avait prétendu faire consister l'essentiel de l'émotion. Nous avons remarqué que ce sont généralement des ***agitations,*** des actes ***non adaptés,*** quand ce n'est pas l'impuissance totale d'agir, ou bien des convulsions, des crises de nerfs ou de simples troubles viscéraux. D'où aussi ces résurrections d'actes anciens sur lesquelles avait insisté la théorie instinctive. L'émotion marque toujours « une régression brutale vers des conduites inférieures », la « substitution d'une action grossière à une action précise et perfectionnée ». — Mais ce serait une erreur de ne voir que cet aspect extérieur : ***« L'agitation existe dans l'esprit comme dans le corps. »*** L'émotion « dissocie les synthèses mentales », elle supprime l'esprit critique, trouble la mémoire[1], fait régresser le langage à ses formes infantiles[2]. Elle nous

1. JANET explique ainsi la prétendue *hypermnésie* des individus en danger de mort, qui n'est en réalité qu'une *rédintégration* analogue à celle des somnambulismes monoïdéiques (§ 8).

2. C'est ainsi, dit JANET, qu'aux examens beaucoup de candidats présentent une *écholalie* caractérisée : au lieu de répondre à la question, ils la répètent. Le candidat ému « parle comme un bébé, il retourne aux formes primitives ».

fait « perdre la tête ». De là aussi ces bavardages interminables, le moment critique passé, chez des personnes qui viennent d'échapper à un danger, ou encore ce phénomène, souvent cité, d'individus en colère qui se remettent à parler patois ou avec un accent qu'ils avaient perdu depuis longtemps[1]. — En un mot, « l'émotion semble avoir un rôle inverse de celui qui a été attribué à la volonté et à l'attention », c'est-à-dire à toutes les formes de l'activité de synthèse. Elle est « une puissance désorganisatrice » (JANET).

c. *Autres théories.* — Beaucoup d'autres théories, proches parentes de celle de Janet, ont été présentées sur l'émotion. Nous ne les rappellerons que très brièvement. LARGUIER DES BANCELS[e] montre que les réactions émotionnelles sont souvent « entièrement stériles », que l'excitation venue du dehors, au lieu de provoquer une réaction adaptée, s'y dépense « en de vaines décharges » et qu'ainsi l'émotion apparaît comme « *un raté de l'instinct* ». — Pour H. WALLON[f] au contraire, l'émotion n'est pas sans quelque valeur fonctionnelle : c'est une sorte de *comportement primitif inférieur* qui relève encore du système tonico-postural (§ 7) plutôt que du système cérébro spinal et de la vie de relation ; c'est le corps s'imposant à nous, mais créan- par cela même une sympathie avec les réactions d'autrui et une participation affective (§ 84). — Renée DEJEAN met en relief les phénomènes de « déroute mentale » et de « déficience motrice », la « *distraction vis-à-vis du réel* » qui s'y produisent, et les attribue au fait que l'individu s'y trouve « aux prises avec des événements ou des êtres d'une *valeur* pour lui exceptionnelle » et qui l'affectent profondément. — M. PRADINES[r] distingue, à côté de ces émotions « passionnelles » et des émotions à base pathologique étudiées par JANET, des émotions *normales*, caractérisées par l'action causale de l'excitant extérieur et par son effet de déroute sur l'individu « jeté hors de lui-même ». L'émotion, même normale, est ainsi une *dérégulation* : par là elle s'oppose à cette affection-régulation qu'est le sentiment. — J.-P. SARTRE[p] enfin insiste lui aussi sur l'importance de l'*objet* : « L'homme qui a peur, a peur *de* quelque chose. » Mais il attribue à l'émotion une finalité. L'émotion est « *une certaine manière d'appréhender le monde* », c'est un effort pour *changer le monde* (en se changeant soi-même) parce que ce monde est trop *difficile*. D'où cette « *conduite magique* » dont nous avons déjà parlé à propos de la joie : la conscience, par exemple dans la peur, vise à nier, à travers cette conduite, un objet du monde extérieur en allant jusqu'à s'anéantir, soit par l'évanouissement, soit par la fuite (qui est « un évanouissement joué ») pour anéantir l'objet avec elle. Ainsi, « l'origine de l'émotion, c'est *une dégradation spontanée et vécue de la conscience en face du monde* ».

C. **Conclusion : l'angoisse, type de l'émotion.** — La confrontation de ces diverses thèses dont les dernières ont, de toute évidence, bien des points communs, nous semble autoriser les conclusions

---

1. JANET cite de nombreux exemples empruntés à ses malades. Mais il y a aussi des exemples historiques. PLUTARQUE, racontant le meurtre de Clitus par Alexandre, nous montre la colère de celui-ci montant peu à peu et rapporte ce détail : « A pleine voix, il appelle ses écuyers *en macédonien*, ce qui était le signe d'un grand trouble. » On raconte que Napoléon, quand il était irrité, se remettait à parler le dialecte corse.

suivantes : 1° Il est impossible d'abord de ramener l'émotion, comme l'avait voulu James, à la simple conscience d'un phénomène ***physiologique.*** L'émotion nous prend ***par notre être tout entier,*** psychique aussi bien que physique, et, comme il a déjà été dit à propos des états affectifs en général (§ 26 *C*), il est absolument vain de se demander lequel des deux phénomènes, psychologique ou physiologique, est « cause » de l'autre. C'est le « composé humain » qui est ici intéressé dans sa totalité.

2° Un fait extérieur ne peut déclencher des réactions émotionnelles que s'il a une ***signification*** pour nous, pour nos tendances et pour toute notre action. C'est cette signification *pratique* qui est la vraie cause de l'émotion. C'est pourquoi nous n'avons pas peur d'un ours en cage comme nous aurions peur d'un ours échappé d'une ménagerie. C'est pourquoi aussi « l'enfant n'est pas ému par un grand danger qui émeut l'adulte, précisément parce qu'il en ignore le sens et la valeur pour lui ; il ne le connaît pas comme un danger » (R. Dejean*). Janet* avait déjà, avant Sartre, caractérisé l'émotion comme « une réaction active du sujet qui *fait* son émotion », comme « une régulation primitive de la conduite par la *détente* complète... C'est au fond, ajoutait-il, ce qui arrive à la malade embarrassée qui tombe dans une crise de nerfs : elle supprime le problème, tout lui devient indifférent, et c'est une façon de résoudre les questions en les supprimant ».

3° Toutefois, si l'émotion est une *tentative* de régulation, c'est, comme le dit Janet, une « régulation anormale et mal faite » de la part d'un sujet qui « essaye de régler ses actes et qui n'y parvient guère ». Selon une heureuse formule de Pradines (1874-1958), c'est ***« l'agitation d'un esprit débordé par son corps ».*** C'est pourquoi il ne faut pas exagérer le caractère de *finalité* de l'émotion, comme Sartre nous a déjà paru le faire à propos de la joie (§ 33 *A*). Si le comportement de l'émotion est « magique », il l'est uniquement en ce sens qu'il *s'égare en dehors du réel* : Sartre lui-même rapproche le « monde de l'émotion » du « monde du rêve » et du « monde de la folie ». *Ira furor brevis*, disaient les Anciens : la colère est une folie de courte durée. La plupart des auteurs, nous l'avons vu, ont relevé ce caractère de ***désordre***, comme essentiel à l'émotion. Généralement consécutive à un *choc*, à une « surprise » comme dit Janet, l'émotion se traduit par une *brusque décharge d'énergie*, mais d'une énergie ***désadaptée, tumultueuse*** : d'où ces *désordres* endocriniens, ces *agitations* à la fois motrices et mentales, ces résurgences de *comportements inférieurs*, qui constituent, comme on a dit, une sorte d'*escape of control* et que les différentes théories ont mis en lumière.

4° Généralement cette *désadaptation* est provoquée par un ***objet*** ou trop *soudain* ou trop *élevé* pour que le sujet ait le temps ou la force d'y ajuster ses actes. Devant cet objet, le sujet est *désemparé.* Mais il peut arriver aussi que ce désarroi se produise, en raison d'un état interne du sujet, devant un objet *quelconque.* Janet cite le cas de névrosées dont l'une demeure bouleversée parce qu'on a ouvert une porte trop brusquement et l'autre parce qu'on lui a livré un meuble plus tôt qu'elle ne l'attendait. On a donné des exemples de personnages célèbres perdant le contrôle d'eux-mêmes à propos d'objets insignifiants[1]. Chez les primitifs, un état d'émotion intense peut être provoqué par une impression minime[2]. On touche ici à l'état d'**angoisse** (fig. 8) : K. GOLDSTEIN[v] a distingué l'angoisse de la peur qui implique, dit-il, la conscience de nous-mêmes ainsi que celle de l'objet, tandis que l'angoisse n'aurait « précisément aucun objet qui lui corresponde ». Elle serait « le sentiment d'un ébranlement qui atteint aussi bien l'existence du monde que celle du moi propre ». Sans accepter intégralement cette interprétation, nous dirons que l'angoisse est une émotion, sinon « sans objet », du moins à objet *indéterminé* : elle est essentiellement peur de l'*inconnu*, de

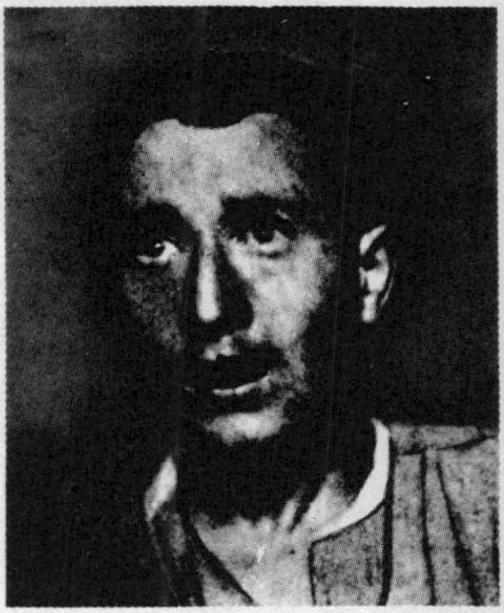

Fig. 8. — L'ANGOISSE.

(D'après G. DUMAS, *La Vie affective*, P. U. F., éd.)

Le sujet qui est un commotionné de guerre, fait de la confusion mentale. Ici il « redoute et s'angoisse et s'affole autant qu'il s'épouvante... La tension d'esprit se traduit dans la contraction des muscles sourciliers qui rapprochent les sourcils en les faisant horizontaux dans leur partie interne » (DUMAS). *On remarquera la bouche à demi-ouverte et les joues creuses comme dans la fig. 6, mais on notera la différence du regard, ici égaré, hagard, et non plus fixé sur l'objet.*

1. BALZAC a consigné quelques-uns de ces exemples dans son *Louis Lambert* : « Bayle éprouvait des convulsions en entendant jaillir l'eau. Scaliger pâlissait en voyant du cresson. Érasme avait la fièvre en sentant du poisson... Le duc d'Épernon s'évanouissait à la vue d'un levraut, Tycho Brahé à celle d'un renard, Henri III à celle d'un chat, le maréchal d'Albret à celle d'un marcassin... Le chevalier de Guise, Marie de Médicis et plusieurs autres personnages se trouvaient mal à l'aspect de toutes les roses, même peintes », etc. Combien de gens sont « retournés » par la vue d'une souris ou d'une araignée ! Il nous paraît difficile de donner à tous ces cas des explications psychanalytiques comme on l'a tenté.

2. « On dit que, si les Samoyèdes sont assis le soir à l'intérieur de leurs tentes de peaux et si quelqu'un s'étant approché en rampant vient à frapper la tente de sa main, la moitié des gens réunis tombe dans des états cataleptiques » (E.-A. Ross).

l'*étrange*, de l'*invisible* et de l'*imprévisible*, c'est-à-dire de ce qui ne permet aucune adaptation préalable, aucune préparation d'action. C'est ici que le ***désarroi*** est à son comble, et nous y verrions volontiers ***l'émotion à l'état pur.*** On pourrait même dire que toute émotion implique une part d'angoisse en tant qu'elle est une *incertitude sur l'attitude à tenir* en telle ou telle circonstance (voir *Exercice* 5) ; et c'est pourquoi l'émotion présente toujours un aspect plus ou moins pathologique.

37. Les sentiments. — Le mot *sentiment* a des sens encore plus variés que le mot *émotion* (§ 34). Il a signifié autrefois *sensation.* Dans le langage courant, nous l'employons souvent comme synonyme d'*intuition* ou bien d'*opinion*, voire de *conscience* comme lorsque nous disons d'une personne qui s'évanouit, qu'elle « perd le sentiment ». Ribot, dans sa *Psychologie des sentiments*, traite en réalité de tous les états affectifs[1]. Nous prendrons ici ce terme en un sens plus restreint et nous désignerons par ***sentiments*** des états affectifs complexes, mais qui, à la différence des émotions, sont des états *stables*, *durables*, et qui n'ont *pas la violence* des émotions.

Ces sentiments sont évidemment très nombreux et très variés (fig. 9). Mais il nous sera facile de les *classer* en nous référant à la classification des *tendances* indiquée au chapitre II, exception faite des tendances purement *organiques* auxquelles correspondent des *sensations*, non des *sentiments.* Nous aurons ainsi :

1° des sentiments ***inter-individuels*** qui prennent naissance dans nos rapports avec autrui : tels sont la *sympathie* (§ 85)[2], la *pitié* (§ 87), l'*amitié* et l'*amour* (§ 90), et aussi le *ressentiment*[3], la *jalousie*, l'*envie*[4] et la *haine* ;

---

1. Voir l'*Exercice* 7 qui aidera à débrouiller ces différentes acceptions.

2. Il ne faut pas confondre la sympathie-sentiment qui est « participation affective » intentionnelle, avec la sympathie-tendance (§ 20 *A*) qui est simple contagion des sentiments. Elle est elle-même à la racine de la sympathie *pour* (et non plus : *avec*) quelqu'un, qui est une sorte de bienveillance spontanée ou même d'amitié naissante : nous éprouvons de la sympathie *pour* les personnes *avec* lesquelles nous nous sentons en communion d'idées et surtout de sentiments. Parfois il y entre des jugements de valeur (estime, etc.).

3. Scheler définit le ressentiment « une disposition psychologique, d'une certaine permanence, qui, par un refoulement systématique, libère certaines émotions et certains sentiments, de soi normaux et inhérents aux fondements de la nature humaine et tend à provoquer une déformation plus ou moins permanente du sens des valeurs, comme aussi de la faculté du jugement ». Il y rattache « la rancune et le désir de vengeance, la haine, la méchanceté, la jalousie, l'envie, la malice ».

4. Descartes* définit l'*envie* comme « une perversité de nature qui fait que certaines gens se fâchent du bien qu'ils voient arriver aux autres hommes » : c'est donc une *convoitise de ce que les autres possèdent.* La *jalousie* est au contraire « une espèce de crainte qui se rapporte au désir qu'on a de se conserver la possession de quelque bien » : c'est la *crainte de perdre ce que l'on possède soi-même.* Elle procède donc d'un « instinct de pro-

2° des sentiments ***sociaux*** liés aux différents *groupes* dont nous faisons partie : nous avons déjà remarqué (§ 21) que, tout en reposant sur un fond permanent, ces sentiments peuvent varier avec la structure de la *famille*, du *groupe professionnel*, de la *société civile*, etc. ;

3° des sentiments ***idéaux*** qui s'attachent aux grandes *valeurs*

Fig. 9. — Les sentiments.

(Fragment du tableau de Sourikov, *Le supplice de la boïarine.*)
(Galerie Tretiakov, Moscou.)

La boïarine Morozova se laissa traîner en prison et déporter plutôt que d'abjurer la foi des Vieux Croyants (raskolniks). On étudiera comment le peintre s'est efforcé de rendre ici le jeu, sur la physionomie des assistants, des différents sentiments qu'ils éprouvent et qui vont de la tristesse résignée de la vieille femme, en passant par l'attitude douloureuse de sa voisine plus jeune, jusqu'à la stupeur indignée et même l'horreur chez certains.

humaines : nous avons déjà donné quelques indications sommaires sur le sentiment *religieux*, le sentiment *esthétique*, les sentiments *intellectuels* au § 22 : on trouvera au chapitre XII l'analyse de quelques sentiments *esthétiques* particuliers et au chapitre XIII, celle de quelques sentiments *moraux* ;

---

priétaire » (Larguier des Bancels). Selon D. Lagache, la jalousie amoureuse résulte d'un désir de *domination* qui prétend posséder la personne d'autrui comme une chose (cf. ci-dessous, p. 198, note).

4° des sentiments proprement ***personnels,*** tels que le sentiment de la *dignité personnelle* qui peut être considéré aussi comme un sentiment moral (§ 122, *fin*), l'*orgueil*, la *vanité*, l'*égoïsme* (§ 23) qui sont des déviations du sentiment du moi, les sentiments d'*infériorité* comme le sentiment de la *honte* (§ 75) ou celui de la *pudeur*[1], l'*inquiétude*, l'*ennui*[2], le *chagrin* (durable), la *déception, la tristesse,* la *crainte*, enfin l'*espoir* et le *désespoir*[3].

38. Les théories du sentiment. — Les sentiments étant encore plus complexes que les émotions, on s'explique que de nombreuses théories aient été proposées pour les expliquer.

A. ***Théories physiologiques.*** — W. JAMES qui avait d'abord proposé sa théorie uniquement pour les « émotions fortes », l'a étendue ensuite aux « émotions fines », et RIBOT a développé cette thèse.

On a allégué en effet, à propos du sentiment *religieux*, le « frisson du sacré » (le *sacer horror*) des anciens et les troubles physiques qui agitent les mystiques. R. OTTO (1860-1937), dans son étude sur *Le sacré*, rappelle les allusions qu'on trouve dans la Bible à la terreur du divin et déclare que cette terreur « peut être assez violente pour traverser la moelle et les os, faire hérisser les cheveux et trembler les membres, ...la chair de poule est quelque chose de *surnaturel* ». Le sentiment *moral* peut se manifester par une indignation qui s'accompagne de tout un bouleversement physiologique. Le sentiment *esthétique*, non seulement chez le primitif qui « s'enivre de sa danse et de ses chants, se grise de sons et de mouvements », mais même chez le civilisé, s'accompagne parfois de réactions très nettes : tel FLAUBERT qui eut « des battements de cœur » en contemplant un mur de l'Acropole. Il n'est pas jusqu'aux sentiments *intellectuels*, généralement plus calmes, qui ne puissent, en certaines circonstances, s'extérioriser ainsi. On a souvent cité le cas de MALEBRANCHE à qui la lecture du *Traité de l'homme* de Des-

1. La *pudeur* a été définie comme le sentiment d'un être qui a honte de son animalité et qui, par cela même, la dépasse. Selon SCHELER, son rôle est de maintenir l'*instinct* à sa juste place et ainsi de rendre possible l'*amour*.

2. L'*ennui* a été fort bien défini par Mme DU DEFFAND « une privation du sentiment avec la douleur de ne pouvoir s'en passer ». On l'a attribué à un « ralentissement de notre mouvement vital », mais on peut préciser, avec L. DUPUIS, que ce ralentissement affecte surtout l'activité spontanée, celle du *désir*, plutôt que celle de la *volonté* : de grands ennuyés comme Flaubert ont été de grands travailleurs. C'est une absence générale d'*intérêt* ; d'où ce vide affectif, cette « paralysie de la sensibilité » (HARTENBERG) qu'André GIDE exprimait en disant : « On constate, on n'est plus ému » et qui produit parfois cette sensation d'*étouffement* décrite par BAUDELAIRE dans ses poèmes sur le *spleen* : « Quand le ciel bas et lourd pèse comme un couvercle... »

3. L'*espoir* est une ouverture de l'âme vers un bien particulier. Peut-être convient-il de le distinguer de l'*espérance* qui est une disposition *générale* et *permanente* consistant en « une attente confiante et exempte d'avidité » (Emm. MOUNIER). Le christianisme a fait de l'espérance une vertu théologale. C'est que, dit Gabriel MARCEL, « pour une âme religieuse, tout est perpétuellement remis en question, rien n'est acquis », ce qui est précisément le propre de l'espérance. Le *désespoir* se caractérise au contraire par le refus définitif, le retrait en soi-même et l'horizon clos (voir § 91, *début*).

cartes « causa des palpitations de cœur si violentes qu'il était obligé de quitter son livre à toute heure pour respirer à son aise », du chimiste Davy dansant dans son laboratoire après sa découverte du potassium, de W. Hamilton sentant en lui « comme la fermeture d'un circuit électrique » lors de l'invention du calcul des quaternions, etc.

Discussion. — Ce qu'on peut retenir de ces considérations, c'est que, pas plus que l'émotion, le sentiment n'est l'état d'une âme désincarnée. Mais il convient de remarquer : 1° que les réactions corporelles sont surtout accusées lorsque le sentiment se rapproche de la forme *émotionnelle* ; 2° qu'ici plus encore que pour l'émotion, l'élément physiologique est, de toute évidence, insuffisant à expliquer toutes les nuances, toutes les déterminations si variées et si délicates du sentiment.

B. ***Théories intellectualistes.*** — L'école allemande de Herbart (1776-1841) a vu au contraire les conditions des sentiments dans les éléments intellectuels. Selon Herbart, les *représentations* sont les forces actives de l'âme et tout ce qui se passe dans l'esprit, résulte d'une sorte de jeu mécanique de ces représentations. L'état affectif (*Gefühl*) n'est rien d'autre que ***le résultat de ce jeu des représentations,*** d'une sorte d'équilibre entre celles qui tendent à *arrêter* la représentation nouvelle et celles qui tendent à l'*élever* à la conscience. Ainsi, dit un disciple de Herbart, le chagrin causé par la perte d'un ami résulte du fait que l'idée de cet ami est comme « prise dans un étau » entre l'idée de sa mort et celle de ses bienfaits.

Discussion. — La théorie herbartienne semble à première vue pouvoir s'appliquer à un certain nombre de sentiments, notamment aux sentiments proprement *intellectuels* qui naissent de l'harmonie ou de la discordance entre les idées, peut-être même à un sentiment tel que la *déception* qu'on peut interpréter comme résultant d'un conflit entre la représentation d'un bonheur escompté et l'idée de son impossibilité. — Mais, même dans ces cas, la théorie exagère le rôle des éléments intellectuels, derrière lesquels il existe, ne l'oublions pas, un élément plus fondamental, les *tendances.* L'idée du bonheur dont nous sommes privés ou celle de l'ami que nous avons perdu nous causeraient-elles, la première une déception si cruelle, la seconde une peine si vive, s'il n'y avait eu d'abord en nous notre désir de ce bonheur ou notre penchant affectueux vers cet ami? Le tort de la théorie intellectualiste est donc de faire de l'idée la ***source*** même du sentiment et, de la vie affective, un simple épiphénomène du jeu des représentations. Le rôle des éléments intellectuels dans les sentiments est certes fort important ; mais il est *tout autre* : comme nous l'avons déjà observé (§ 27 *D*), il est de ***diversifier,*** de ***spécifier,*** d'***enri-***

chir nos états affectifs. Si cela est déjà vrai des états élémentaires, combien est-ce plus vrai encore de ces états si complexes que sont nos sentiments ! On verra plus loin (§ 87) qu'un sentiment comme la *pitié* dépend dans une large mesure de notre capacité d'imaginer les malheurs ou les souffrances d'autrui.

« Offrez, dit Dugald STEWART, à deux individus un même tableau de souffrance ou de tristesse, par exemple celui d'un homme que des circonstances imprévues ont fait passer de l'aisance à la pauvreté. L'un d'eux peut-être ne sent que ce qu'il voit, n'éprouve que ce dont il a la perception par ses sens. L'autre suit en imagination cet infortuné dans sa triste demeure ; il partage dans tous ses détails la détresse et l'angoisse de la famille et de son chef. »

Mais l'imagination n'est pas seule en cause. C'est bien à tort qu'on a accusé le développement intellectuel de stériliser la sensibilité. « Plus on connaît, plus on aime », dit au contraire Léonard de VINCI, et l'auteur du *Discours sur les passions de l'amour* : « A mesure que l'on a plus d'esprit, les passions sont plus grandes.[1] » Comparons ce que peut être le sentiment *esthétique* dans une âme fruste qui se satisfait d'un chromo aux vives couleurs ou d'un mauvais mélodrame, avec l'affinement du goût qu'engendre l'étude réfléchie des œuvres des grands peintres, des drames de Shakespeare, des tragédies de Racine, — ou encore le sentiment *religieux* d'un Malebranche, nourri à la fois de la méditation de l'Écriture et de celle de saint Augustin et de Descartes, avec ce qu'on appelle « la foi du charbonnier », non moins respectable certes, mais combien plus pauvre spirituellement, — et l'on saisira facilement la différence.

C. ***Théorie sociologique.*** — Nous avons déjà constaté (§ 27 *C*) qu'il est impossible d'expliquer les états affectifs sans tenir compte de l'*ambiance sociale* dans laquelle ils se développent. Or ceci est éminemment vrai à propos de ces formes plus complexes et plus élaborées de l'affectivité que sont les sentiments. Il y a ici encore une différence fondamentale entre le sentiment et l'émotion. Celle-ci est, au fond, anti-sociale : le désordre qui la constitue essentiellement ne se laisse guère discipliner et, comme l'a noté Janet, ce sont souvent les difficultés d'adaptation au milieu social qui la provoquent.

1° Au contraire, les idées dont se nourrit le sentiment sont presque toujours des *représentations collectives*. Le sentiment patriotique

1. Ce qui doit s'entendre, cela va de soi, non des *passions* au sens moderne (voir § 39), mais des *sentiments* en général. Le texte continue d'ailleurs : « ...parce que les passions n'étant que des sentiments et des pensées qui appartiennent purement à l'esprit, quoiqu'elles soient occasionnées par le corps, il est visible qu'elles ne sont plus que l'esprit même et qu'ainsi elles remplissent toute sa capacité ».

implique une certaine représentation de la patrie et dépend, dans une certaine mesure, de l'idée qu'on s'en fait (§ 21 *C*). Le sentiment religieux est inséparable d'une certaine notion de Dieu, du sacré ou de l'au-delà : fait surtout de « crainte et tremblement » quand il est lié à la notion du Dieu redoutable de l'Ancien Testament, il devient amour quand il s'inspire de la conception chrétienne du Dieu père (§ 22 *A*). Le sentiment moral dépend d'une certaine représentation du devoir ou de la perfection, etc.

2° C'est surtout des sentiments qu'on peut affirmer ce qui a été dit au § 27 *C*, à savoir que nos états affectifs sont l'objet de *jugements de valeur* de la part de la collectivité. On distingue des sentiments « élevés » et des sentiments « bas ». L'entourage social nous fait une *obligation* de manifester les premiers et de refouler ou de dissimuler autant que possible les seconds.

« A un certain degré de l'échelle sociale, nous savons tous ce que doivent être nos sentiments au récit d'un exploit ou d'un crime, devant un Titien ou un Rodin, à l'audition d'une symphonie de Beethoven, en visitant Notre-Dame, en accomplissant des devoirs religieux, en apprenant une victoire ou une défaite de nos armes... Que nos cœurs soient ou non à leur unisson, nous devons toujours les exprimer en respectant leur syntaxe et leur vocabulaire : notre dignité d'homme est à ce prix » (Ch. BLONDEL**).

3° Il existe ainsi une « régulation collective de l'expression » qui est d'autant plus apparente qu'on remonte vers des sociétés plus archaïques. Il y avait dans la Chine classique tout un rituel, fort compliqué, de l'expression de la douleur. Mais, comme le montre non sans humour Ch. BLONDEL**, analysant les règles édictées par nos *Traités de civilité*, il ne faudrait pas croire que nos « usages » n'impliquent pas parfois « autant de chinoiseries » que les coutumes des sociétés les plus traditionnalistes. — Or, même sans accepter les théories physiologiques, on doit bien convenir que, comme il a été dit à propos des émotions, les manifestations extérieures de nos affections font corps avec ces affections mêmes. Et ainsi, rendre obligatoire l'attitude extérieure d'un sentiment, c'est « le rendre présent à notre conscience et l'introduire en elle du dehors... Entre ce que nous éprouvons spontanément et ce que nous éprouvons par devoir et quelquefois par contrainte, la frontière est ici bien malaisée à tracer ». Il existe ainsi de véritables « clichés affectifs ».

D. ***Théories dynamiques.*** — Sans préjudice des interprétations précédentes, on peut aussi avec P. JANET* considérer les sentiments comme correspondant à certaines modalités de notre *action*. Déjà SPINOZA avait lié l'affectivité à « ce qui augmente ou diminue, favorise ou empêche la puissance d'agir de notre corps ». Mais son intellectualisme l'avait empêché de donner à cette idée sa vraie signification (il y voyait des jugements inconscients). Selon JANET, les sentiments sont ***« des régulations de l'action »,*** correspondant soit à l'accélération de l'action (effort), soit au rétrécissement de l'action (fatigue), soit à la peur de l'action (angoisse), soit enfin au gaspillage de l'action (triomphe ou joie). Les sentiments normaux, correspondant à un état de calme ou d'équilibre, seraient des ensembles complexes où se mêleraient, sous une forme diminuée en intensité et en étendue, ces sentiments fondamentaux. — M. PRADINES soutient, lui aussi, que « les sentiments sont fonctionnellement des réactions à une situation donnée, destinées à régler notre conduite en conformité avec cette situation », mais insiste sur leur caractère *circonstanciel*, donc objectif, en tant qu'adaptatifs à une situation déterminée. Leur stabilité apparente viendrait de la stabilité relative des situations, que réalise la vie sociale.

E. ***Conclusion.*** — Il semble qu'il y ait dans ces dernières théories quelque équivoque sur le sens du terme *sentiment*, qui paraît désigner plutôt ici certains types fondamentaux de comportement. De même, le mot *régulation* paraît quelque peu impropre. Les sentiments sont des *impulsions*, non des régulations. Mais ce qui caractérise ces impulsions, c'est que, par leur complexité, elles se situent fort au-dessus des simples tendances : elles sont nourries d'idées (§ *B*), elles ont subi elles-mêmes la régulation, le modelage du milieu social (§ *C*). Elles sont donc sinon régulatives, du moins ***adaptatrices.*** C'est pourquoi, comme nous l'avons dit à propos de la tristesse (§ 33 *B*), l'interprétation fonctionnelle proposée par J.-P. SARTRE et qui nous a paru si discutable en ce qui touche à l'émotion, nous paraît plus acceptable quand il s'agit du sentiment. Celui-ci adapte bien notre conduite à un univers *transformé*, à un univers qu'il nous fait voir sous de nouvelles couleurs : si le monde de la tristesse est un monde *morne*, celui de l'ennui est un monde *vide*, celui du ressentiment un monde *amer*, celui du désespoir un monde *clos* ; chacun des sentiments sociaux adapte notre conduite à un monde particulier, le monde de notre *famille*, le monde de notre *profession*, etc., où elle n'est pas exactement la même qu'ailleurs ; le sentiment religieux nous fait voir partout dans l'univers le doigt de Dieu et nous transporte dans le monde de la *grâce*, le repentir dans le monde de la *faute*, etc.

39. Les passions. — Le mot *passion* désignait au XVIIe siècle à peu près tous les états affectifs ; il a pris dans la langue moderne un sens plus restreint, dans lequel elle se distingue à la fois du sentiment et de l'émotion[1]. La passion est plus exaltée, plus ardente que le *sentiment.* Comme celui-ci, elle transforme le monde tel qu'il nous apparaît et nous le fait apercevoir sous un jour nouveau ; mais elle le fait avec excès, au point qu'elle nous « aveugle » sur la réalité et qu'elle est cause de désordre dans notre esprit et notre comportement. C'est justement par là qu'elle se rapproche de l'*émotion* ; mais elle n'est pas, comme celle-ci, une crise passagère ; de même que le sentiment, elle est relativement durable. Elle peut prendre naissance à la suite d'une vive émotion (le « coup de foudre » en amour), et, à son tour, elle est source d'émotions, d'ailleurs fort variées : le passionné connaît successivement la joie et la tristesse, l'exaltation et la dépression, la tendresse et la colère, l'espoir et le désespoir ; tour à tour il adore et maudit l'objet de sa passion. — Si la passion est source d'états affectifs aussi intenses et aussi divers, c'est qu'elle est de la nature de la *tendance.* Mais, comme l'a écrit P. Malapert, « ce qui fait la passion, ce n'est pas seulement l'ardeur, la force des tendances, c'est surtout la prépondérance et la stabilité d'une certaine tendance exaltée à l'exclusion et au détriment des autres. ***La passion, c'est une inclination qui s'exagère, surtout qui s'installe à demeure, se fait centre de tout,*** se subordonne les autres inclinations et les entraîne à sa suite ». A vrai dire, la passion est un phénomène plus *total* encore que cette définition ne le donnerait à penser : c'est ***une transformation de la personnalité tout entière.***

La classification des passions ne soulève pas plus de problème que celle des sentiments (§ 37). Toute tendance, en s'hypertrophiant, peut devenir passion. Comme celle des sentiments, la classification des passions doit donc être calquée sur celle des tendances. Il y a lieu de remarquer toutefois qu'il existe des *passions physiques*, telles que la gourmandise, l'ivrognerie, etc., qui correspondent aux tendances organiques, alors qu'il n'existe pas de sentiments correspondants[2].

40. Genèse de la passion. — D'après ce qui vient d'être dit, le problème psychologique est ici de savoir comment la tendance s'exagère au point de devenir passion.

A. On peut tenir compte d'abord de certaines conditions ***extérieures.*** 1° Un *événement extérieur*, un petit fait qui n'a laissé en apparence

1. Descartes* oppose les *passions* aux *actions* de l'âme et il les définit « des perceptions ou des sentiments ou des émotions de l'âme, qu'on rapporte particulièrement à elle et qui sont causées et entretenues et fortifiées par quelque mouvement des esprits [animaux] ».

2. Il faut y ajouter aussi ce que Ribot* appelle les « petites passions », telles que celle du collectionneur. Mais, de même que l'avarice, celle-ci est une dérivation du désir de la possession.

qu'une impression fugitive, peut cependant s'être gravé en nous, et, ainsi que le remarquait Ribot°, préludant aux suggestions de la psychanalyse, « ces résidus agissent dans des conditions favorables ; les dispositions deviennent des actes : c'est le soubassement profondément enseveli, ignoré, sur lequel la passion naissante trouve un solide appui ». — 2° Les conditions *organiques* sont aussi à considérer. Non que la passion soit, à proprement parler, héréditaire. Mais elle peut l'être de façon indirecte par l'intermédiaire du *tempérament* qui peut apporter des dispositions congénitales. Il y a des tempéraments prédisposés à l'ivrognerie ou aux autres abus sensuels, comme d'autres à l'ambition ou à la jalousie. — 3° Les conditions *sociales* sont plus importantes qu'on ne le croit d'ordinaire. Il y a des époques, des milieux sociaux qui offrent une atmosphère privilégiée pour l'éclosion de certaines passions. Telles furent l'époque des Croisades, plus tard celle des guerres de religion pour la passion religieuse ; celle de la création des Universités, au XIIIe siècle, plus tard celle de la Renaissance et des humanistes, pour la passion intellectuelle ; celle de la Révolution, plus tard celle de l'affaire Dreyfus, puis celle du Front populaire pour la passion politique ; celle de la Régence pour la passion du jeu et du gain rapide. Nous avons déjà remarqué (t. I, § 35) qu'il y aurait à écrire une *histoire* des sentiments humains. Comme les sentiments (§ 38 *C*), les passions affectent souvent des formes de convention correspondant à la mode de l'époque : « Les passions, dit Ch. Blondel[m], se portent à la Lélia comme les cheveux à la Ninon... C'est ainsi que l'amour, de toutes les passions ici la plus caractéristique, a trouvé successivement son expression selon le moment et la convention alors prévalente dans *La Princesse de Clèves*, dans *La Nouvelle Héloïse*, dans *Antony*, dans *Amants*, dans *La Femme nue*[1]. »

B. Mais ce sont surtout les causes ***internes*** qu'il nous faut considérer ici. 1° Pour cela, il est nécessaire de revenir sur la distinction, que nous avons déjà indiquée (§ 17 et 24), entre la *tendance* et le *désir*. La tendance, avons-nous dit, n'est pas par elle-même consciente, tandis que le désir implique une *représentation préalable* du but de l'acte, de l'objet désiré. C'est là qu'est le germe de la passion. — 2° Cet élément représentatif qui vient s'intercaler entre la tendance et son but naturel peut devenir en effet la base de tout un travail de l'***imagination*** qui risque de s'effectuer en dehors du contrôle de la personnalité. C'est un fait que même le désir normal se représente

1. *Antony*, drame d'Alexandre Dumas, 1831 ; *Amants*, comédie de Maurice Donnay, 1895 ; *La Femme nue*, pièce d'Henry Bataille, 1908.

déja l'objet désiré sous les couleurs les plus attrayantes. Qu'on lâche la bride à l'imagination, et celle-ci va parer cet objet de toutes sortes de qualités, plus brillantes les unes que les autres, mais de plus en plus éloignées de la réalité. C'est ce travestissement de l'objet aimé que MOLIÈRE a décrit dans la scène V de l'acte II du *Misanthrope* et que STENDHAL a appelé la ***cristallisation*** :

« Aux mines de sel de Salzbourg, on jette dans les profondeurs abandonnées de la mine un rameau d'arbre effeuillé par l'hiver ; deux ou trois mois après, on le retire couvert de cristallisations brillantes ; on ne peut plus reconnaître le rameau primitif... Ce que j'appelle *cristallisation*, c'est l'opération de l'esprit qui tire de tout ce qui se présente la découverte que l'objet aimé a de nouvelles perfections. »

STENDHAL remarque avec raison que ce phénomène se produit dans toutes les passions : « Le jeu a sa cristallisation provoquée par l'emploi à faire de la somme que vous allez gagner[1]... La haine a sa cristallisation ; dès qu'on peut espérer de se venger, on recommence de haïr. » Le jaloux fait de la cristallisation en travestissant en mal les gestes les plus bénins (t. I, § 203 *B*) ; l'ambitieux, en échafaudant des rêves de gloire et de puissance. Sous cette forme, le rôle de l'imagination est capital : « L'imagination, dit RIBOT*, est au fond même de la passion ; elle est moins une influence qu'une participation essentielle » ; c'est grâce à elle que le développement excessif, voire exclusif d'une tendance devient possible. — 3° Cette élaboration imaginative confère le plus souvent à la passion une ***fausse finalité.*** Il arrive en effet que le sujet, se représentant à l'avance, avec l'objet de son désir, le plaisir qui résultera pour lui de sa satisfaction, en vient à *prendre ce plaisir pour but*, ce qui, nous l'avons vu (§ 32 *B*), est déjà une déviation. Ainsi, « l'intelligence, par la mémoire et la prévision, plus tard par l'aptitude à l'analyse, devient principe de déséquilibre en substituant la recherche du plaisir à l'automatisme des fonctions » (PARODI). De là les *excès* ou même les *perversions* dans lesquels verse le plus souvent la passion : « C'est la réflexion, dit SARTRE, qui empoisonne le désir. » — 4° Il convient cependant de noter que cet égarement de la passion ne pourrait pas se produire ***si le sujet était tout à fait dans son état normal.*** Aussi bien JANET a-t-il fait remarquer que ce n'est pas, en général, lorsque l'homme est bien portant au physique et au moral, qu'il devient la proie de la passion. C'est « à la suite de fatigue physique ou de travaux intellectuels excessifs ou bien après de violentes secousses et des chagrins prolongés », quand

1. [Sans qu'il s'agisse de passion à proprement parler, c'est un phénomène analogue que LA FONTAINE nous décrit chez Perrette dans *La Laitière et le pot au lait.*]

il est « épuisé, triste, distrait, timide, ***déprimé*** en un mot ». L'amour-passion ne prend pas naissance dans la joie : « Je crois qu'un homme commence à aimer, observait STENDHAL, quand je le vois triste.[1] » Si la passion a parfois sa source dans l'émotion, c'est que l'émotion est une secousse morale, qui nous laisse souvent ébranlés pour toujours. L'ennui, l'oisiveté, tous les états où *notre volonté abdique son contrôle*, sont également favorables à la naissance de la passion.

41. Effets de la passion. — On peut s'attendre, par suite, à ce que les effets de la passion ne soient pas toujours heureux.

A. Voyons d'abord ses effets sur l'*intelligence*. Le fait essentiel est ici, nous l'avons dit, la cristallisation : une représentation initiale s'entoure de toutes sortes de représentations adventices, d'idées, d'images, de souvenirs, le tout plus ou moins artificiel et plus ou moins déformé ; de cette façon, elle se grossit, s'amplifie au point de devenir une sorte d'***idée fixe*** qui se fait le centre unique de toute la vie de l'esprit : le passionné n'a plus, comme on dit, « qu'une chose en tête ». Il est facile de comprendre que, selon que cette représentation initiale est intellectuellement pauvre ou riche, l'esprit s'en trouvera lui-même misérablement appauvri ou au contraire enrichi et vivifié. De là l'effet en apparence très différent des passions grossières, celle de l'alcoolique par exemple, voire celle de l'avare, qui, comme dit Pascal, « resserrent l'âme et la rendent immobile », et des passions supérieures, telle celle du savant, qui au contraire « l'agrandissent et la font répandre au dehors ». Mais le mécanisme psychologique est le même dans les deux cas. — Remarquons d'ailleurs que, même dans les cas les plus favorables, la passion n'enrichit l'intelligence qu'en ce qui touche à son objet, de sorte que cet enrichissement a toujours quelque chose d'un *déséquilibre*. On a vu de très grands savants s'absorber à tel point dans l'objet de leurs recherches que tout le reste leur était indifférent. La passion en vient ainsi à créer un véritable *délire* qui n'est pas sans analogie avec celui du schizophrène. Le passionné devient *aveugle pour le réel*, tel ce jeune officier que nous dépeint STENDHAL et qui, tombé amoureux, au cours d'un voyage en Autriche, d'une de ses compagnes de voyage, en vient à voir cette femme tout autrement qu'elle n'est et presque à divaguer[2].

1. ROUSSEAU écrit dans le même sens : « Un cœur languissant est tendre ; la tristesse fait fermenter l'amour. »

2. « Il était tellement occupé de la "figure céleste, animée par un esprit d'ange" qui se trouvait à la même table que lui, que je remarquai que souvent il parlait sans savoir à qui, ni ce qu'il disait. Ce qui me frappait, c'était la nuance de folie qui sans cesse augmentait dans ses réflexions. A chaque moment, ce qu'il disait peignait d'une manière moins ressemblante la femme qu'il commençait à aimer. »

Il ne se rend même plus compte de ce que tout son entourage aperçoit et se dupe lui-même par de fausses raisons.

Tel le héros de la *Symphonie pastorale* d'André Gide qui comprend un peu tard sa passion pour Gertrude : « Aujourd'hui que j'ose appeler par son nom le sentiment si longtemps inavoué de mon cœur, je m'explique à peine comment j'ai pu jusqu'à présent m'y méprendre ; comment certaines paroles d'Amélie [sa femme qui avait deviné son amour] ont pu me paraître mystérieuses ; comment, après les naïves déclarations de Gertrude, j'ai pu douter encore si je l'aimais. C'est que tout à la fois je ne consentais point alors à reconnaître d'amour permis en dehors du mariage et que, dans le sentiment qui me penchait si passionnément vers Gertrude, je ne consentais pas à reconnaître quoi que ce soit de défendu. »

On a vu (t. I, § 203 *B*) l'effet de la passion sur le raisonnement. C'est là que se manifestent au maximum les formes déréglées du *raisonnement affectif :* construction et justification surtout.

B. Les mêmes remarques pourraient être faites à propos des effets de la passion sur l'*affectivité.* A première vue, elle exalte la sensibilité, elle est source d'émotions incomparables et, par un phénomène d'*irradiation,* cette exaltation s'étend à la vie mentale tout entière : « Toutes nos sensations, toutes nos idées nous en paraissent rafraîchies, c'est comme une nouvelle enfance » (Bergson). C'est un état que les romanciers ont souvent décrit[1]. — Mais ici encore la passion a un rôle exclusif : pour tout ce qui n'est pas son objet, elle ***dessèche le cœur.*** Le passionné ne connaît plus ni famille ni sentiment du devoir ni pitié, et il en est ainsi des passions nobles comme des passions inférieures : le *Balthazar Claës* de Balzac (passion de l'invention), l'*Évangéliste* d'Alphonse Daudet (passion religieuse) et l'*Horace* de Corneille (passion patriotique) n'ont pas le cœur moins dur que le *Don Juan* ou l'*Harpagon* de Molière. Même un sentiment tel que l'amour maternel, quand il devient passion, se change en « désir de possession, de domination spirituelle », non moins âpre que l'égoïsme le plus étroit : la *Genitrix* de Mauriac, qui laisse mourir sa bru pour

1. Flaubert nous dépeint ainsi l'état d'esprit d'Emma Bovary au cours de son aventure avec Léon Dupuis : « Ce n'était pas la première fois qu'ils apercevaient des arbres, du ciel bleu, du gazon, qu'ils entendaient l'eau couler et la brise soufflant dans le feuillage ; mais ils n'avaient sans doute jamais admiré tout cela, comme si la nature n'existait pas auparavant. » — Dans *Anna Karénine,* Tolstoï nous en dit autant de Levine quand il vient d'apprendre que son amour est partagé par Kitty : « Il marchait sans effort et se sentait capable, si ç'avait été nécessaire, de voler dans les airs ou de transporter des maisons. » Dans la rue, un enfant lui sourit. Les cochers l'entourent avec des visages heureux, se disputant pour lui offrir leurs services, « comme s'ils savaient tout ». Arrivé à l'hôtel, il est accueilli par le portier : « Évidemment il savait tout lui aussi : on le voyait au sourire de ses yeux. »

être seule à s'occuper de son fils, ne pardonne pas à **celui-ci d'être** rasséréné par le souvenir de la morte[1].

C. Même diptyque encore à propos des effets de la passion sur l'*activité*. Elle est incontestablement *source d'énergie* ; bien des volontés faibles y ont trouvé la force d'accomplir des choses auxquelles elles n'auraient jamais pu se hausser sans elle. — Toutefois, il ne faut pas confondre, comme on le fait souvent, le *passionné* et le *volontaire*. La volonté est puissance d'action réfléchie et équilibrée ; elle est maîtrise de soi. La passion est exactement le contraire. RIBOT* la compare à l'*instinct* : comme lui, elle est un automatisme, mais « un automatisme acquis et temporaire ». JANET rapproche le passionné du fou ou de l'hystérique qui a reçu une *suggestion* : l'idée introduite du dehors dans leur conscience « se développe sans eux, malgré eux et leur fait accomplir des actes qui leur sont étrangers ». Le passionné n'*agit* pas, il *est agi* : il est poussé par une ***fatalité*** qui le domine et, encore qu'il s'en rende compte parfois et qu'il se blâme lui-même, il n'y peut rien. Telle la *Phèdre* de RACINE qui avoue à sa confidente :

> *C'est Vénus tout entière à sa proie attachée.*
> *J'ai conçu pour mon crime une juste terreur :*
> *J'ai pris la vie en haine et ma flamme en horreur.*

D. Dans l'ensemble donc, les effets de la passion se traduisent par un *déséquilibre*, d'où résulte un ***bouleversement de la personnalité*** dont le centre de gravité est alors totalement déplacé. « Le grand passionné est confisqué tout entier par sa passion : il *est* sa passion » (RIBOT*). Comme dans l'émotion, mais de façon plus stable, le passionné est « hors de lui-même », il ne « s'appartient plus » et ceci, répétons-le, dans les passions nobles comme dans les basses.

MICHELET nous dit de lui-même à propos de sa passion de la recherche historique : « Aux voyages de découvertes, le cœur s'étend, grandit, ne voit plus que le but. On s'oublie tout à fait. Il m'en advint ainsi. Poussant toujours plus loin, je m'absentai de moi. J'ai passé à côté du monde, et j'ai pris l'histoire pour la vie. »

42. Comment finit la passion. — La passion n'est cependant pas éternelle, et l'on peut examiner comment elle meurt. On peut, avec RIBOT*, distinguer cinq cas possibles. — 1° La passion peut

---

1. « Il allait mieux, sans qu'elle y fût pour rien ! Autrefois une bonne avait été chassée parce qu'elle prétendait avoir sauvé Fernand de la scarlatine. Une morte aujourd'hui le sauvait, que la mère jalouse ne chasserait pas... Pendant cinquante ans, la mère avait répété : « Que deviendrais-tu sans moi ! » Hélas, elle était devant ses yeux comme si elle n'était plus, et sans elle, malgré elle peut-être, il avait reconquis la paix. »

finir par *épuisement*. C'est heureusement le cas le plus fréquent. Il faut d'ailleurs tenir compte de l'*habitude* qui finit peu à peu par l'émousser. Souvent, il se produit en ce cas une « décristallisation », comme on a dit[1], qui fait que l'*enchantement* de la passion s'évanouit tout à coup et que les illusions qu'elle a engendrées se dissipent. — 2° La passion peut finir *par transformation* en une autre qui conserve avec elle un fond commun (c'est ainsi que de grands pécheurs deviennent de grands saints, que l'amour humain se change en amour de Dieu, ou qu'une passion se transforme en son contraire : l'amour en haine, le fanatisme religieux en fanatisme anti-religieux, la passion des plaisirs en ascétisme), — 3° ou encore par *substitution* d'une passion entièrement nouvelle (en réalité, il y avait, en ce cas, coexistence de plusieurs tendances différentes ; celles qui ont été refoulées, peuvent se réveiller[2]). — 4° La passion peut encore se terminer *par la folie*, dont elle est d'ailleurs fort voisine, — 5° ou enfin *par la mort* : les cas de suicides passionnels ne sont pas rares.

43. Le problème de la mémoire affective. — Un dernier problème psychologique se pose au sujet des états affectifs : peuvent-ils revivre dans la conscience comme y revit l'image d'une perception ou un souvenir intellectuel? autrement dit, existe-t-il une *mémoire affective?*

Le problème ne se pose guère au sujet des états affectifs élémentaires. Il semble bien en effet que nous puissions ressentir à nouveau et même évoquer à volonté, avec son ton affectif propre, une sensation telle que la sensation de faim, celle d'un mal de dents, etc.

La question a été beaucoup plus discutée pour les états affectifs

---

1. Dans *Le dieu nu* de R. Margerit, Bruno s'aperçoit soudain qu'il n'aime plus Jacqueline : « Étrange *décristallisation* de l'amour à son déclin. Alors que d'abord il ajoute chaque jour de nouveaux charmes à une créature, allant jusqu'à faire pour nous de ses défauts d'adorables vertus, plus tard il la dépouille jour par jour de ses grâces les plus réelles et un temps arrive où ses qualités mêmes deviennent les pires défauts. Cette alchimie cruelle avait commencé, je crois, peu après que mon amour et mon désir eussent atteint leur paroxysme dans la chambre où j'attendais Jacqueline. Le point de rupture se situe exactement, me semble-t-il, à l'instant où j'ai senti que Jacqueline se faisait de Marité un rempart contre moi... Jamais depuis ce moment Jacqueline n'était redevenue ce qu'elle avait été pour moi. Elle ne possédait plus de *mystère* et elle n'avait pas remplacé par l'attachement de la chair cet attrait dont elle se dépouillait. Je la connaissais, je l'estimais, la plaignais, et ne l'admirais plus. Chaque jour, malgré moi, je m'éloignais un peu plus d'elle. »

2. Ribot cite le cas du poète italien Alfieri qui eut jusqu'à 27 ans la passion des voyages, des femmes et des chevaux, puis se fit auteur tragique et fut possédé jusqu'à 52 ans par la passion de l'étude : « Brusquement, dit un biographe, il sortit du monde pour entrer en littérature comme, en un siècle de religion, il fût entré au couvent. » Il mourut à force d'avoir étudié et travaillé.

complexes étudiés dans ce chapitre. — *A*. Examinons d'abord *les faits*. On peut, avec J.-P. SARTRE, distinguer plusieurs cas.

« Hier, un geste gracieux d'Annie a provoqué en moi un élan de tendresse. Sans doute, ma tendresse peut, en renaissant, faire renaître irréellement le geste tout chargé d'affectivité. Sans doute aussi je puis faire renaître irréellement *et* le geste *et* la tendresse, qui garderont tous deux leur date et leur " absentéisme ". Mais il se peut aussi que je reproduise le geste *pour faire renaître* la tendresse. En ce cas, ce que je vise n'est pas la tendresse d'hier, ni non plus le geste d'Annie pour lui-même ; je veux ressentir une tendresse réelle, présente, mais analogue à celle d'hier. Je veux pouvoir, comme on dit très justement dans le langage courant, " retrouver " mes sentiments d'hier. » — (Cf. aussi chap. III, *exercice* 7).

Dans une première série de cas, c'est un état actuel, une sensation, un geste qui fait renaître le sentiment passé. C'est ainsi, dit PIÉRON, qu'« une odeur rare évoque une émotion délicate » laquelle à son tour réveille des souvenirs oubliés. On a vu (t. I, § 125, note : citation de Mauriac) qu'une sensation actuelle peut être volontairement provoquée en vue de « recréer l'atmosphère » d'un souvenir ; or cette atmosphère est essentiellement affective. Souvent c'est, inversement, le souvenir représentatif qui fait revivre le sentiment ancien : tels ROUSSEAU retrouvant, au souvenir d'une punition injuste subie dans son enfance, sa « première émotion » ; — SULLY-PRUDHOMME évoquant l'image de sa mère et se sentant alors « redevenir en quelque sorte enfant » ; — Eugénie de GUÉRIN éprouvant plus vivement encore qu'autrefois la douleur de la mort de son frère :

« C'est bien vouloir s'enivrer de tristesse de revenir sur ce passé, de feuilleter ces papiers, de rouvrir ces cahiers pleins de lui. O puissance des souvenirs ! Ces choses mortes me font, je crois, plus d'impression que de leur vivant, et le ressentir est plus fort que le sentir. »

Dans d'autres cas, c'est le sentiment ancien qui s'éveille le premier et qui suscite *ensuite* les souvenirs représentatifs. Parfois ce sentiment est encore évoqué par une sensation actuelle, mais qui, de toute évidence, ne suffit pas à l'expliquer. Tels sont les nombreux exemples, devenus presque classiques, cités par Marcel PROUST, où, à propos de la saveur d'une madeleine trempée dans du thé, d'arbres ou de clochers aperçus dans la campagne, du pied posé sur des pavés inégaux, du bruit d'une cuiller heurtant une assiette, l'écrivain ressent toujours, comme un sentiment « isolé, sans la notion de sa cause », *la même félicité* qu'il avait éprouvée autrefois dans des cas semblables. Tel est encore, chez le même écrivain, le cas de Swann qui, réentendant la « petite phrase » de la sonate de Vinteuil, sent renaître en son âme, avec tous les souvenirs du temps où il était aimé d'Odette, l'impression vivante de son bonheur d'antan. — Parfois enfin, le sentiment semble reparaître de lui-même, à l'état pur, sans être suscité par un état présent, mais au contraire en contraste avec celui-ci :

« Soudain, lui qui croyait ne plus se souvenir fut assailli de tout un flot de douceurs. Elles le pénétrèrent d'une joie qui lui fit monter les larmes aux yeux. Il eut la perception nette d'une entente délicieuse entre son âme d'autrefois et son âme triste et déçue d'aujourd'hui. Il connut dès lors la douceur de la résurrection intime et la négation du total oubli. »

Berlioz lui aussi a affirmé la persistance des sentiments anciens dans un état d'âme tout opposé et « la réalité de leur coexistence dans un cœur qui ne sait oublier ». Tels sont enfin, plus prosaïquement, les cas où nous nous éveillons, le matin, avec un sentiment de joie ou au contraire de crainte, dénué lui aussi de la notion de sa cause, et qui se justifie *seulement ensuite* par la notion de ce que nous avons à faire dans la journée. Ces sentiments « purs », désintellectualisés sont assez fréquents dans le *rêve* où revivent souvent des désirs et des craintes de l'état de veille avec un contexte représentatif tout autre.

B. Demandons-nous maintenant comment ces faits peuvent être *interprétés*. La grande objection qu'on a opposée à l'existence de la mémoire affective, c'est que les sentiments qui paraissent ainsi revivre, sont en réalité des sentiments *nouveaux* provoqués, soit par la représentation, soit par l'état corporel auquel l'état affectif est toujours plus ou moins lié. Mais, si cette explication peut paraître plausible pour la première série d'exemples allégués, encore se concilie-t-elle mal, d'abord, avec ces témoignages dont les auteurs déclarent revivre effectivement *le même* sentiment ou *la même* émotion qu'autrefois : Rousseau nous dit que « son pouls s'élève encore » au souvenir de l'injustice ancienne ; Sully-Prudhomme sent « son cœur d'aujourd'hui participer à sa tendresse ancienne » pour sa mère. De toute façon, l'explication ne saurait valoir pour la seconde série d'exemples, où le sentiment réapparaît le premier, avant la représentation qui l'avait primitivement provoqué. Certes, dans les exemples cités par Proust, on peut dire que c'est le sentiment du « temps retrouvé » qui provoque dans tous les cas « la même » impression de bonheur ; mais Proust explique ce bonheur lui-même en disant : « L'être qui goûtait en moi cette impression, la goûtait *en ce qu'elle avait de commun* dans un jour ancien et maintenant dans ce qu'elle avait d'extra-temporel. » Il y a donc bien un élément commun entre le sentiment actuel et le sentiment ancien, et cela paraît suffisant pour nous permettre d'affirmer qu'il existe une mémoire affective[1]. On ne saurait, en effet, exiger de celle-ci plus qu'on n'exige de la mémoire représentative. On a vu (t. I, chap. IX) qu'un souvenir, même intellectuel, n'est jamais absolument identique à l'état ancien, ce qui serait d'ailleurs incompatible avec la loi de mobilité perpétuelle de la conscience : le souvenir est toujours plus ou moins reconstruit ou tout au moins reconstitué. Tout le paradoxe du souvenir est justement d'être un état présent qui *participe* au passé, ou réciproquement. Or, comme le montre bien l'exemple de J.-P. Sartre cité plus haut, c'est précisément le cas du souvenir affectif qui est bien le sentiment ancien redevenu « réel, présent » tout en étant libéré de son attache au passé et pourtant « analogue » à celui d'autrefois.

44. Problèmes moraux. — Comme pour les états affectifs élémentaires (§ 32), la Psychologie peut aider à résoudre certains problèmes moraux touchant les états complexes.

A. D'abord en ce qui concerne la ***valeur*** de ces états. L'*émotion*, étant un désordre et côtoyant le pathologique, ne saurait être regardée comme bonne. Le *sentiment* est plus normal et les sentiments supérieurs sont un facteur important de l'éducation de la volonté (§ 59). Mais il convient de se souvenir que le sentiment est impulsion plutôt que régulation, et l'on verra que, du point de vue moral, il ne saurait être en nous l'élément directeur. Nous avons dit enfin que la *passion* implique toujours un déséquilibre à la fois de l'intelligence, de la sensibilité et de la volonté. Quelles qu'aient pu être les apologies des romantiques en sa faveur, elle paraît donc peu conciliable avec les conditions de la vie morale, qui exige au contraire maîtrise de soi et équilibre[2].

B. Ensuite en ce qui concerne les ***moyens d'action*** dont nous pouvons disposer dans les trois cas. 1° L'*émotion* fait irruption brusquement : nous ne pouvons donc que peu de chose contre elle. Toutefois, comme elle dépend en partie de *dispositions* émotives, on peut éviter de développer ces dispositions, chez l'enfant en particulier : il est absurde, par exemple, d'obliger un enfant peureux à aller seul dans l'obscurité. Une fois l'émotion survenue, n'oublions pas qu'elle est

---

1. Bien entendu, il s'agit ici de la *mémoire élémentaire* définie au § 146 du tome I.
2. Un supérieur de l'Oratoire, le P. Senault, a composé un traité *De l'usage des passions* (1641) qui débute par une « apologie des passions contre les stoïciens », et Descartes écrit, dans ses *Passions de l'âme* « qu'elles sont toutes bonnes de leur nature et que nous n'avons rien à éviter que leurs mauvais usages ou leurs excès ». Mais, comme nous l'avons déjà dit, il ne faut pas oublier qu'au XVIIe siècle, le mot *passions* avait un sens beaucoup plus large qu'aujourd'hui. Ce qui caractérise la passion au sens moderne c'est précisément, comme on l'a dit, qu'elle « exagère ».

étroitement liée aux réactions *organiques* et qu'en maîtrisant ces réactions, ce qui est toujours possible dans une certaine mesure, nous pouvons parvenir à dominer l'émotion elle-même. Enfin, quand nous nous sentons entraînés par celle-ci, observons le précieux précepte de DESCARTES[a] : si les actes auxquels elle nous pousse souffrent quelque délai, « il faut *s'abstenir d'en porter sur l'heure aucun jugement* ». — 2° Pour les *sentiments*, le problème est plus complexe. On a vu que le facteur essentiel est ici l'élément *intellectuel.* Par suite, selon que tel sentiment nous paraît souhaitable ou condamnable, arrêtons notre esprit sur les idées dont il se nourrit ou bien écartons-les.

Beaucoup de mystiques ont développé en eux le sentiment religieux en méditant, par exemple, la Passion du Christ. On développera le sentiment patriotique en réfléchissant aux idées qui constituent le patrimoine moral de la nation et sa raison d'être dans le monde. On nourrira sa reconnaissance envers un bienfaiteur en pensant (ce qu'en général nous ne faisons guère) à tout ce qu'on lui doit. Inversement, nous empêcherons un sentiment de rancune de se développer dans notre cœur en évitant de penser sans cesse (ce que nous faisons au contraire habituellement en pareil cas) aux torts que la personne qui en est l'objet a pu avoir envers nous.

N'oublions pas enfin que les grands sentiments sociaux ou idéaux se développent normalement dans une atmosphère *sociale*, et notamment dans les fêtes, cérémonies, commémorations qui nous font communier avec autrui. — 3° Quant à la *passion*, nos moyens d'action doivent être surtout *préventifs.* Puisqu'elle prend naissance dans des moments de dépression ou d'abdication de la volonté, tenons-nous en garde contre elle en de telles circonstances, et surtout évitons le désœuvrement, fuyons le laisser-aller de l'esprit et cette rêverie vague qui n'est qu'abandon du contrôle sur nous-mêmes. Une fois la passion constituée, il est bien difficile de lutter contre elle *directement* puisqu'elle asservit notre volonté et obnubile notre intelligence. Au reste, nul n'ignore que plus on essaye d'écarter une idée fixe, même la plus innocente, plus on la renforce et plus elle nous obsède : or on a vu que la passion est parente de l'idée fixe. C'est donc *indirectement* qu'il faut lutter contre la passion, soit en « changeant d'air » comme on dit (c'est pourquoi les voyages sont ici parfois efficaces), soit en nous efforçant de rétablir en nous l'équilibre psychique par des dérivatifs, en essayant de nous intéresser à autre chose : le sport est souvent le meilleur remède à certaines passions.

Exercices. — 1. *Analysez la tonalité affective générale de votre conscience à trois moments différents, par exemple après le réveil, après un travail, après une promenade.* — 2. *Distinguer et classer les différents sens du mot* joie *dans les citations suivantes* : « Cette joie sensible qu'elle avait à croire » (Bossuet), « Les cœurs sont saisis d'une joie soudaine par la grâce inespérée d'un beau jour d'hiver » (Id.), « Il trépigne de joie » (Boileau), « Cette joie intérieure et spirituelle dont Dieu remplit une âme qui le cherche » (Bourdaloue), « Mon père a un peu trop aimé la joie » (Marivaux), « La plus grande joie, elle est de donner le bonheur » (Duhamel). — 3. *Comparer avec la joie passive cette sorte de béatitude que nous procurent certains rêves où, comme l'observe Bergson, « nous n'imaginons [pourtant] rien que de très ordinaire. »* — 4. *Expliquer, dans les citations suivantes, les expressions en italique* : « Je suis si aise que je suis *hors de moi* » (Sévigné), « Elle était *hors des gonds* » (Flaubert), « Je me livre en *aveugle* au *transport* qui m'entraîne » (Racine), « Si tu connaissais tes péchés, tu *perdrais cœur* » (Pascal), « Laissons-nous aller aux choses qui *nous prennent par les entrailles* » (Molière), « Je faillis *tomber de mon haut* à un compliment de cette nature » (Retz), « *Je tombais des nues*, j'étais ébahi, je ne savais que dire » (Rousseau), « *Remettez-vous*, mon frère, et ne vous fâchez pas » (Molière), et les expressions populaires : « Se faire du *mauvais sang* », « Une peur *bleue* », « Se fâcher *tout rouge* », « L'esprit *bat la campagne* ». — 5. *Commenter cette définition d'Alain* : « La peur est proprement l'attente d'on ne sait quelle action que l'on va avoir à faire. » — 6. *Et celle-ci de P. Janet* : « La jalousie est la perte de la joie, si d'autres la partagent. » — 7. *Distinguer et classer les différents sens du mot* sentiment *dans les phrases suivantes* : « L'ouïe est celui de tous les sentiments qui plus vivement émeut l'âme » (Amyot), « On se forme l'esprit et le sentiment par la conversation » (Pascal), « Cet avis tombait dans le sentiment des autres académiciens » (Pellisson), « Les grands se gouvernent par sentiment : âmes oisives sur lesquelles tout fait d'abord impression » (La Bruyère), « En baignant son visage, Mes pleurs du sentiment lui rendirent l'usage » (Racine), « J'ai un sentiment clair de ma liberté » (Bossuet), « Ce ne sera donc [le son] qu'un sentiment ou une modification de l'âme » (Malebranche), « Je distingue entre connaître par idée et connaître par sentiment intérieur » (Id.), « Tout était sentiment en elle, jusqu'à ses pensées » (Bonne de Staal), « Il faut écorcher un moscovite pour lui donner du sentiment » (Montesquieu), « Il me fallait des romans à grands sentiments » (Rousseau), « Le fanatisme et tous les sentiments sont des forces vives » (Balzac), « Elle confondait les sensualités du luxe avec les joies du cœur, l'élégance des habitudes et les délicatesses du sentiment » (Flaubert), « La méthode expérimentale s'appuie successivement sur les trois branches de ce trépied immuable : le sentiment, la raison et l'expérience » (Cl. Bernard), « Si la religion a sa base dans le sentiment tout nu, comporte-t-elle vérité ou erreur? » (Boutroux). — 8. *L'émotion à la source de la passion d'après ces quatre vers de Racine* (*Phèdre aperçoit pour la première fois Hippolyte*) : « Je le vis, je rougis, je pâlis à sa vue ; Un trouble s'éleva dans mon âme éperdue ; Mes yeux ne voyaient plus, je ne pouvais parler ; Je sentis tout mon corps et transir et brûler. » — 9. *Étudier la genèse de la jalousie passionnelle chez le Pozdnichev de Tolstoï dans* La Sonate à Kreutzer. — 10. *Pouvez-vous citer, soit dans votre expérience personnelle, soit dans la littérature, des exemples de mémoire affective?*

Exposés oraux. — 1. *Joie active et joie passive d'après* Janet[k], t. I, 1re partie, chap. III, et t. II, 2e p., chap. IV. — 2. *L'amour et la haine* d'après Janet[l], 2e p., chap. II, et Lagache[o]. — 3. *Du bon usage des « passions »* d'après Descartes[a].

Discussions. — 1. *L'esprit et le corps dans l'émotion.* — 2. *Valeur de la passion.*

Lectures. — *a.* Descartes, *Les Passions de l'âme* (1649). — *b.* Darwin, *L'Expression des émotions*, Reinwald, 1874. — *c.* A. Mosso, *La Peur* (1886), Alcan, 1908. — *d.* *Ribot, *Psych. des sentiments*, 1re p., chap. VII-XIII, et 2e p., chap. I-XI, et *e.* **Essai sur les Passions*, Alcan, 1907. — *f.* F. Rauh, *De la Méthode dans la psych. des sentiments*, Alcan, 1899. — *g.* *W. James, *Théorie de l'émotion*, Alcan, 1902. — *h.* H. Piéron, *La théorie des émotions et les données actuelles de la physiologie*, dans le *J. de Psychologie*, 1907, p. 439. — *i.* *Larguier des Bancels, *Introd. à la Psychologie*, Payot, 1921, chap. VII. — *j.* H. Wallon, *L'Enfant turbulent*, Alcan, 1925. — *k.* P. Janet, *De l'Angoisse à l'extase*, Alcan, 1928, t. II, et *l.* **L'Amour et la haine*, Maloine, 1932. — *m.* *Ch. Blondel, *Introd. à la psych. collective*, A. Colin, 1928, 2e p., chap. III. — *n.* Renée Dejean, *L'Émotion*, Alcan, 1933. — *o.* G. Davy, *Les Sentiments sociaux et moraux* ; L. Dugas, *Les Passions* ; et D. Lagache, *L'Amour et la haine*, dans le *Nouveau Traité* de Dumas, t. VI, Alcan, 1939. — *p.* J.-P. Sartre, *Esq. d'une théorie des émotions*, Hermann, 1939. — *q.* L. Dupuis, *Les Aboulies sociales*, Alcan, 1940. — *r.* M. Pradines, *Traité de Psych. générale*, t. I, 2e p., section IV. — *s.* *G. Dumas, *La Vie affective*, P. U. F., 1948, chap. II-IX. — *t.* J. Maisonneuve, *Les Sentiments*, P. U. F., 1948. — *u.* K. Goldstein, *La Structure de l'organisme*, Gallimard, 1951, p. 247-261. — *v.* J.-A. Rony, *Les Passions*. P. U. F., 1961. — *w.* J. Cazeneuve, *Psychologie de la joie*, M. Brient, 1964. — *x.* Dr Marcel Eck, *L'homme et l'angoisse*, Fayard, 1964.

chapitre V

L'HABITUDE

SOMMAIRE

45. Classification des habitudes. — Le langage courant nomme *habitudes* des modes de comportement et des phénomènes en apparence assez différents. Nous ne commencerons donc pas par une définition préalable, mais nous essaierons de distinguer et de classer les différentes espèces d'habitudes.

A. Au point de vue de leur *contenu*, on peut distinguer : 1° des habitudes purement *organiques* ou **accoutumances** : nous nous « habituons » à un climat, aux hautes altitudes, à un mode d'alimentation, à un médicament, voire à un toxique ; dans un ordre déjà un peu plus complexe, nous nous habituons à un excitant sensoriel : nos yeux « s'habituent » à la grande lumière ou à l'obscurité ; le paysan, brusquement transporté de son village tranquille à la ville, est d'abord incommodé par le bruit : peu à peu il finit par « ne plus l'entendre » ; — 2° des ***habitudes motrices,*** où le corps joue encore un grand rôle, mais où parfois l'esprit intervient, à des degrés d'ailleurs très divers : tantôt l'habitude est acquise machinalement et indépendamment de la volonté, comme dans les tics, gestes familiers, etc. ; tantôt elle exige un apprentissage, souvent complexe, comme par exemple l'habitude d'écrire à la machine, de monter à bicyclette, de conduire une automobile, un avion ou une machine quelconque, de jouer d'un instrument de musique, etc. ; — 3° des ***habitudes mentales*** : ce sont surtout des habitudes de *l'intelligence*, telles que l'habitude d'appliquer les règles de l'orthographe ou du calcul, celle de résoudre un certain type de problèmes, de penser avec ordre ou de laisser vagabonder son esprit, etc. ; les « aptitudes » telles que l'aptitude aux mathématiques, aux langues étrangères, aux « affaires » sont faites en grande partie d'habitudes de ce genre ; l'association des idées (voir t. I, chap. XII) est une sorte d'habitude mentale ; mais il y a aussi des habitudes *du cœur* : habitude de se laisser émouvoir facilement ou bien de maîtriser ses sentiments, de s'épancher librement ou au contraire de ne pas se livrer[1], et même des habitudes *de la volonté*, comme de savoir prendre une décision ou bien d'hésiter sans cesse, voire des habitudes proprement *morales*, telles que l'habitude de l'équité, du respect de la parole donnée, etc., chez l'honnête homme, l'habitude du sacrifice chez le soldat, le sauveteur, etc. ; — 4° enfin des ***habitudes sociales,*** telles que les « usages », les habitudes professionnelles, etc., qui ajoutent aux précédentes l'action d'un certain « modelage » social. Ce modelage s'exerce jusque sur notre pensée, notre tournure d'esprit et même notre attitude extérieure : « Le maçon montre, même en son repos, le geste lent et assuré, formé par la masse de l'objet sur lequel il travaille ; le juge montre l'ennui et la défiance ; le militaire se donne importance » (ALAIN).

B. D'un autre point de vue, on a distingué des ***habitudes spéciales*** et des ***habitudes générales.*** Les premières consisteraient à répéter, sans changement, un acte toujours le même, par exemple à jouer un certain morceau de piano. Les secondes s'étendraient à tous les actes analogues *dans un même genre* et seraient capables d'innovation : ce serait par exemple l'habitude de jouer du piano. Telles seraient encore « l'habitude du métier » chez un ouvrier habile qui applique son savoir-faire même « dans les cas imprévus qui se présentent à lui » ou encore « l'habitude des planches » chez un acteur. La possession d'une langue est déjà une habitude générale, puisqu'elle permet « de faire, à chaque instant, des combinaisons nouvelles de mots et des applications nouvelles des règles de la syntaxe » (EGGER[d]) ; mais « l'habitude des langues » est plus générale encore. — Cette distinction n'a cependant pas une valeur absolue. A dire vrai, l'*habitude a toujours quelque chose de « général »*, du moins au sens le plus large qu'on peut donner à ce mot ; et le propre de l'habitude est précisément de créer cette disposition générale. Même une habitude dite « spéciale » consiste à répéter le même acte dans des conditions *qui ne sont jamais identiquement les mêmes* et, par suite, elle innove

1. Benjamin CONSTANT, *Adolphe* : « Je contractai l'habitude de ne jamais parler de ce qui m'occupait, de ne me soumettre à la conversation que comme à une nécessité importune et de l'animer alors par une plaisanterie perpétuelle qui m'aidait à cacher mes véritables pensées. »

toujours si peu que ce soit : un même morceau de piano peut être joué sur un mouvement différent, avec des nuances nouvelles, etc.

C. Enfin Maine de Biran[a] avait distingué des ***habitudes passives*** où le sujet se bornerait à *subir* une impression à laquelle il deviendrait de moins en moins sensible, tels le citadin qui « n'entend plus » les bruits de la ville, l'ouvrier des fabriques de parfums qui ne « sent plus » les odeurs, etc., et des ***habitudes actives*** où interviennent l'esprit et la volonté et dans lesquelles la perception devient plus distincte, le mouvement plus facile et plus prompt. — Mais cette distinction n'a pas plus de valeur absolue que la précédente. Comme l'a remarqué Lachelier[k], les habitudes que Maine de Biran appelle *passives*, « sont actives à leur manière, mais d'une activité purement vitale : ce sont celles d'un organe, d'un tissu vivant qui, sous l'influence d'excitations répétées, se monte peu à peu au *ton* de l'excitant extérieur et par suite réagit de moins en moins ou a besoin, pour réagir autant, d'excitations de plus en plus fortes ». Dans les *accoutumances*, l'organisme réagit de façon tout à fait active : il s'adapte aux hautes altitudes où l'oxygène est plus rare, en multipliant ses globules rouges ; il s'immunise lui-même contre les agents pathogènes par la phagocytose, les défenses humorales, la sécrétion d'anti-toxines. Les *rythmes vitaux*, tels ceux du jour et de la nuit[1], sont en somme des accoutumances, mais qui forment transition avec les habitudes motrices puisqu'ils consistent en *actions*. Chez l'homme, on verra (§ 47 *fin*) que l'activité, même psychique, intervient presque toujours.

46. Définition générale de l'habitude. — Tout ceci nous montre que les phénomènes que le langage courant englobe sous le nom d'*habitudes*, ne sont pas aussi « hétéroclites » (Burloud) qu'on a bien voulu le dire[2]. L'habitude est bien une disposition *générale* à l'égard de tous les stimulants de même espèce, et une disposition relativement *permanente* qui est, comme disait Aristote, un état

---

1. Exemples : des Papillons de nuit se tiennent en repos le jour et entrent en activité, même tenus en boîte close, au crépuscule ; — certains vers plats des plages bretonnes, les *Convoluta*, sortent du sable à marée basse et y rentrent à marée montante ; ils manifestent la même périodicité en aquarium.

2. M. Pradines[l] déclare qu'on entend par *habitudes* « trois ordres de faits très différents, qu'il est impossible d'envelopper dans la même explication » : 1° les habitudes dites *passives* qui, « si elles le sont vraiment », se bornent à « l'action mécanique d'un agent externe sur un corps qui réagit lui-même mécaniquement » ; 2° les habitudes *conservatrices*, qui se contentent de développer dans l'être ses *aptitudes* sans en créer de nouvelles ; 3° les habitudes *réformatrices* ou *créatrices*, dans lesquelles seules « se révèle une véritable *acquisition* ». Mais le même auteur reconnaît une « forme commune de toute habitude » : le *frayage*, et parle de l'*automatisme* comme d'un « fonds commun et inaliénable de toute habitude, fût-elle de l'ordre le plus haut ».

stable[1] (et non une modification passagère) et qui constitue comme une « seconde nature ». Aucune habitude non plus n'est tout à fait passive. L'habitude est toujours une *réactivité* acquise, grâce à laquelle l'être tolère certaines impressions ou accomplit certains actes sans trouble ni effort, avec plus de facilité qu'auparavant. Il nous semble donc qu'on définira convenablement l'habitude en disant que c'est *une disposition permanente, acquise par un être vivant, à réagir de telle sorte qu'il supporte sans trouble une impression ou accomplit sans difficulté un acte, auxquels il n'était pas adapté primitivement.*

47. La formation des habitudes et le « learning ». — Le premier problème qui peut se poser, est donc de savoir comment cette disposition s'acquiert.

A. Méthodes d'étude. — Après avoir fait l'objet de discussions purement théoriques, ce problème est entré dans le domaine des ***recherches expérimentales,*** notamment depuis l'invention par l'Américain Thorndike (1898) de la méthode du *labyrinthe* appliquée aux animaux. Un animal est placé dans un labyrinthe, plus ou moins compliqué selon l'espèce étudiée (fig. 10), et à travers lequel il doit trouver soit l'issue, soit l'endroit où est disposé un appât. Il s'égare d'abord dans les voies en impasse, mais la répétition entraîne peu à peu la diminution des erreurs « jusqu'à production d'un acte précis et rapide » (H. Piéron[e]). On a employé également la méthode de la *boîte d'épreuve* (*puzzle box*) que l'animal doit apprendre à ouvrir (à l'aide de dispositifs plus ou moins compliqués) pour y trouver de la nourriture ou bien dans laquelle il est lui-même enfermé. Dans tous ces cas, on peut tracer la *courbe d'apprentissage* en portant en abscisses le nombre de répétitions et en ordonnées le nombre d'*erreurs commises* (que l'on voit rapidement diminuer). — Cette étude du *learning* a été étendue à l'homme, chez qui on l'a appliquée à l'apprentissage d'actes automatiques en vue d'isoler, autant que possible, l'habitude à l'état pur : apprentissage de listes de chiffres ou de syllabes sans signification, de mots d'une langue étrangère, de l'habitude dactylographique, etc. Il y a alors avantage à porter en ordonnées, sur la courbe d'acquisition, au lieu du nombre d'erreurs, le nombre d'*actes réussis* à chaque répétition (fig. 11).

B. Loi générale. — L'examen de ces courbes d'apprentissage permet de mettre en évidence une ***loi générale de la formation des habitudes,***

1. C'est ce qu'exprime le mot grec ἕξις (par opposition à διάθεσις, modification passagère) qui se retrouve dans les termes médicaux *cachexie*, fièvre *hectique* et que traduit exactement le latin *habitus*, façon dont un être se trouve (*se habet*), manière d'être.

chez l'animal comme chez l'homme. Elles rappellent en effet la courbe des réactions physiologiques que nous avons déjà rencontrée (voir ci-dessus fig. 1). La courbe en S révèle ici l'existence d'une période de mise en train où les progrès sont relativement lents, puis d'une phase où les progrès deviennent beaucoup plus accusés et où l'ascension de la courbe s'accélère, enfin d'une période d'état où le

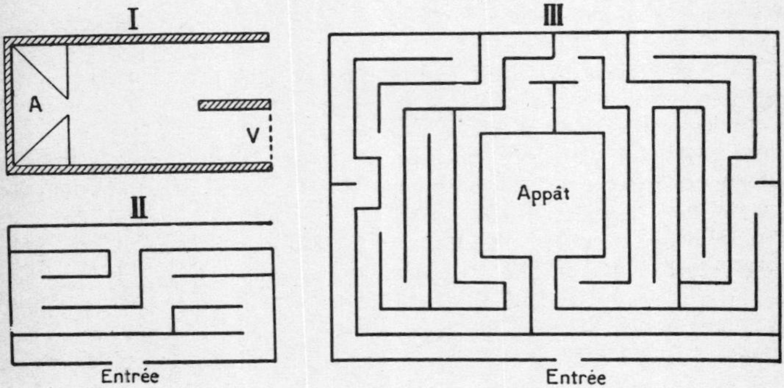

Fig. 10. — DIVERS TYPES DE LABYRINTHES pour l'étude de la formation des habitudes chez les animaux.

I, *Labyrinthe de Yerkes pour expériences sur l'écrevisse : placé dans le compartiment* A, *l'animal est arrêté par une plaque de verre* V *s'il s'engage vers la droite ; les choix heureux qui lui permettent d'éviter l'impasse s'élèvent de 50 p. 100 au début à 90 p. 100 au bout de 60 essais.* — II, *labyrinthe de Yerkes pour expériences sur la souris : l'animal effectue le passage sans erreur au bout de 11 essais.* — III, *labyrinthe de Porter, dit « Hampton Court », pour expériences sur le rat blanc : ce labyrinthe qui comporte 7 impasses et exige 34 rotations de 90 ou de 180°, est parcouru sans erreur au bout de 9 essais effectués à deux jours d'intervalle chacun.*

maximum est atteint et où les progrès sont inappréciables. C'est qu'en effet, entre l'*adaptation biologique* et l'*acquisition des habitudes*, « il n'y a pas de différence profonde, la complexité seule varie » (PIÉRON[e]). C'est ce que révèle aussi la comparaison des courbes d'acquisition chez l'homme et chez l'animal : « A la poursuivre dans le détail, dit LARGUIER DES BANCELS, on s'assurerait que les habitudes humaines n'ont rien de spécifique et qu'elles représentent, au même titre que celles des animaux supérieurs, le jeu d'une fonction dont on découvre le germe aux degrés les plus humbles du monde des vivants. » Ceci suffit déjà à nous montrer qu'il y a, à la base de l'habitude, un phénomène d'ordre *biologique.*

C. Différents facteurs. Essayons maintenant de préciser le rôle des différents facteurs dans l'acquisition de l'habitude. — 1° Il va de soi qu'il faut mettre au premier rang la ***répétition*** de l'acte[1] : « Est habituel, dit Aristote, ce qu'on fait pour l'avoir déjà fait souvent... Or *souvent* est bien près de *toujours*, et c'est pourquoi l'habitude ressemble à la nature : car la nature, c'est *toujours.* » Le rôle de la répétition a cependant été contesté. Reprenant une idée de Leibniz, plusieurs auteurs ont objecté que l'habitude doit exister, au moins virtuellement, *dès le premier acte* ; car, si celui-ci ne laissait aucune trace, le second n'en laisserait pas davantage, et ainsi de suite. On a allégué aussi les cas où « un choix fortuit (par exemple celui d'une place dans une bibliothèque, d'un portemanteau sur un mur) détermine ensuite le même choix à la seconde occasion, et parfois à toutes les suivantes » (Lalande[k]). Mais le premier argument est sans valeur : comme l'a rétorqué Rauh[k], il y a là « une application à la psychologie d'une prétendue nécessité logique qui peut fort bien ne correspondre à rien de réel ». Le second fait état de phénomènes très réels, mais qui ne sont pas des habitudes proprement dites (si je reprends la même place la seconde fois, c'est que je m'y suis trouvé bien la première et que je n'ai aucune raison d'en chercher une autre).

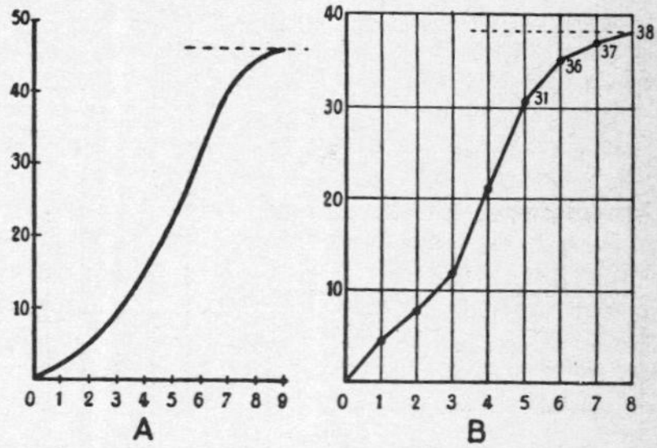

Fig. 11. — Courbes d'acquisition des habitudes.

(D'après Henri Piéron, dans le *Nouveau Traité de Psychologie* de Georges Dumas, P. U. F. éd.)

A, *courbe du progrès dans la copie dactylographique d'une phrase à rythme imposé (expériences de H. Piéron).* — B, *courbe du progrès de la mémorisation de 46 mots japonais par un sujet de langue anglaise (expériences de C. Guillet). — En abscisses : le numérotage des épreuves. En ordonnées : en* A, *le nombre de frappes correctes ; en B, le nombre de mots répétés.*

2° Il est plus intéressant de remarquer que la répétition, à elle seule, ne suffit pas. La loi énoncée par Jost en 1897 et confirmée depuis

1. Dans le cas des accoutumances, il s'agit plutôt d'une *prolongation* de l'influence première. Mais, comme le remarquait A. Lemoine, la prolongation n'est en somme qu'une répétition ininterrompue.

par de nombreuses expériences[1] pose que, « pour retenir une série de chiffres, de syllabes, de mots, etc., le nombre des lectures nécessaires est moins grand quand on laisse entre elles un certain *intervalle* que si elles sont très rapprochées ». Il faut donc ***espacer les répétitions*** et il existe un *intervalle optimum* pour lequel ce nombre est le plus petit, ce qui s'explique par le fait que « tout progrès acquis nécessite une certaine ***maturation*** avant que d'autres puissent survenir » (Piéron)[2].

L'existence de ce phénomène de maturation a été mise en évidence par les expériences du psychologue américain E.-J. Swift sur l'habitude dactylographique et par celles du psychologue français B. Bourdon. Les premières ont montré que, même après une interruption de 84 jours, le sujet non seulement conserve en grande partie le bénéfice du premier apprentissage, mais parvient très rapidement à dépasser ses meilleurs résultats antérieurs. Les secondes ont permis de noter, après des interruptions de vingt à trente jours, d'étonnants progrès « effectués en l'absence de tout exercice nouveau, les exercices anciens n'ayant achevé que dans cette période de repos l'organisation définitive de leurs acquisitions » (Piéron). — C'est ce que manifeste aussi l'expérience journalière : « On s'acharne vainement à apprendre à nager ; puis on renonce pendant des mois, des années même, et l'on se trouve un jour tout surpris de savoir faire ce dont on se croyait incapable » (Id.).

3° Quand il s'agit d'acquérir des habitudes utiles, la répétition, même ainsi ménagée, ne suffit encore pas : il est nécessaire, en outre, de ***graduer la difficulté.*** Dans les accoutumances, il s'agit surtout d'un *dosage* de l'influence subie : une variation brusque produirait une désadaptation capable en certains cas d'entraîner la mort, tandis que, si la variation s'opère graduellement, l'organisme s'adapte peu à peu, comme il arrive dans le « *mithridatisme* » ou accoutumance aux toxiques. Dans les habitudes motrices ou mentales, la graduation de la difficulté exige le plus souvent une *décomposition* de l'acte en gestes élémentaires, non seulement parce que ces derniers sont plus faciles, mais aussi parce qu'il est nécessaire de *briser les automatismes anciens* pour y substituer des automatismes nouveaux, donc de ***dissocier*** des gestes qui étaient jusque-là étroitement unis les uns aux autres : c'est ainsi que le pianiste ou même le dactylographe doivent

---

1. Notamment les expériences de Piéron en 1913, d'où il résulte que, pour retenir une liste de vingt chiffres, l'intervalle *optimum* est de 20 minutes à 24 heures ; il faut alors en moyenne 4,5 répétitions. Il en faut 5 avec des intervalles de 10 minutes, 6 avec des intervalles de 5 minutes, 7,5 avec des intervalles de 2 minutes et 11 avec des intervalles de 30 secondes.

2. Cette constatation entraîne la condamnation de la méthode du *bourrage* dont usent certains candidats à la veille des examens, d'autant plus qu'« à l'inverse de l'influence utile du repos, on note une influence nuisible de la fatigue, qui empêche le progrès et ne permet pas d'acquisition mnémonique durable » (Piéron).

apprendre à rendre leurs deux mains indépendantes l'une de l'autre, que le nageur de crawl doit dissocier les mouvements lents des bras des battements rapides et continus des jambes, etc. Quelques expériences très simples peuvent montrer combien cette *dissociation* nous est souvent difficile (voir *Exercice* 3).

4° Comment s'opère cette dissociation? Selon certains auteurs qui ont surtout étudié le comportement animal, elle s'effectuerait de façon purement mécanique, par le procédé ***des essais et des erreurs*** (Jennings), décrit au tome I, § 158. L'animal procéderait absolument au hasard, par *essais* aveugles et incoordonnés. Mais peu à peu les *erreurs* s'élimineraient d'elles-mêmes. En effet, en présence d'une boîte d'épreuve par exemple, l'animal procède souvent par gestes tout à fait quelconques : le chien donne un coup de patte au hasard, griffe le grillage, etc.; et l'on a observé que le *tout jeune* enfant ne s'y prend guère autrement. — On a conclu de là que l'habitude résultait d'une sorte de *montage* pièce à pièce de mouvements élémentaires, certains ont même dit : d'une « cascade de réflexes ». Cette conception purement mécaniste a été combattue par les psychologues gestaltistes. « Si l'acte se modifie dans les *essais* successifs, dit P. Guillaume[1], c'est parce que l'organisation de la perception elle-même a été modifiée. Le changement de l'acte dépend toujours d'un remaniement structural de la perception. » L'apprentissage créerait ainsi une ***forme dynamique*** faite d'un ensemble de rapports entre la perception et les réactions correspondantes. De fait, on a constaté, d'une part que les essais *contraints*[1] ne donnent aucun résultat, d'autre part que l'animal placé dans un labyrinthe esquisse dès les premières épreuves des réactions organisées, ébauche des itinéraires, semble s'orienter d'après certains schèmes. Chez l'homme surtout, le schème finit par « se confondre avec la perception même de la situation, qui est celle d'***un tout organisé*** », et ainsi l'acte lui-même « se déclenche comme un tout » (Guillaume[1]). Des expériences ont montré, par exemple, que, dans l'apprentissage des réceptions télégraphiques, le progrès est plus rapide pour la réception des mots que pour celle des lettres isolées, beaucoup plus rapide pour la réception de phrases entières que pour celle des mots isolés et surtout que, dans le troisième cas, il s'élève beaucoup plus haut que dans les deux autres où il devient rapidement stationnaire. Toutefois les mêmes réserves doivent être faites ici sur le Gestaltisme qu'à propos des autres

---

1. « On a voulu apprendre à des rats le parcours d'un labyrinthe en les tenant en laisse pour les empêcher d'entrer dans les impasses. Il est impossible par ce procédé de mener l'éducation jusqu'au bout : il faut, à la fin, des *essais libres* où des erreurs sont commises » (Guillaume[1]).

fonctions mentales (voir le tome I, § 82). Ces ensembles structurés que constituent les actes habituels, ne sont pas des « formes » toutes faites et immuables : ils ne se *construisent* que peu à peu au cours de l'apprentissage, et ils sont aussi capables de se modifier, notamment pour s'appliquer aux cas particuliers. Comme l'observe M. PRADINES[j], toute habitude est *plastique* par définition puisqu'elle est acquise : « Toute habitude est passage d'une nature première à une nature seconde et, même au terme du passage et dans ce qu'on a quelquefois appelé la période d'état de l'habitude, le caractère d'acquisition reste toujours impliqué. »

5° Ceci nous amène à poser la question des facteurs proprement ***psychiques*** dans la formation de l'habitude. Les behavioristes ont nié le rôle de ces facteurs. Mais il est bien évident que, même chez l'animal, aucun apprentissage ne peut réussir sans quelque motivation ***affective*** : découverte de l'issue ou de l'appât dans les expériences du labyrinthe ou de la boîte d'épreuve, récompense ou châtiment dans le dressage, etc. Au reste, la *loi de l'effet* (§ 6) s'applique à l'acquisition de l'habitude comme aux autres réactions et, en ce sens, comme le dit M. PRADINES, « l'habitude ne travaille jamais utilement que sur le canevas de la nature, c'est-à-dire du plaisir et de la douleur ». — Quant à l'***intelligence,*** il est incontestable qu'elle intervient dans une certaine mesure chez les animaux supérieurs (tome I, § 158), précisément ceux chez lesquels on peut observer la formation d'habitudes proprement dites. On constate souvent chez eux dans la courbe d'apprentissage une ascension brusque : c'est que l'animal a « compris » ce qu'on exigeait de lui. L'intelligence substitue alors « à une acquisition aveugle et lente une compréhension plus ou moins immédiate » (PIÉRON[e]). A plus forte raison, chez l'homme, intervient-elle presque toujours : « Chez l'homme, la mémoire mécanique s'accompagne toujours de quelque logique ; la façon de se représenter la tâche, la comparaison des résultats avec la fin visée, l'attitude mentale au moment de l'acquisition et pendant la période de maturation, la mesure du progrès, l'adaptation intelligente à l'apprentissage, les procédés ingénieux interviennent même dans l'apprentissage mécanique de syllabes dénuées de sens » (DELACROIX). — Ajoutons enfin la « volonté d'apprendre », l'attention et l'***effort.*** L'expérience montre que ce dernier est plus productif que la répétition machinale, par exemple dans l'apprentissage d'un texte à réciter : la « méthode globale » donne de meilleurs résultats que la fragmentation en passages très courts, à la fois parce qu'elle met en jeu des « structures » intelligentes et parce qu'elle exige plus d'effort et plus de concentration d'esprit.

48. Les effets de l'habitude. — Le second problème est celui des *effets* de l'habitude. Ces effets pourraient se résumer d'un mot : l'***automatisme,*** à condition d'entendre celui-ci dans son sens plein. L'habitude est un *automatisme secondaire et acquis* qui vient se superposer à l'automatisme primaire et naturel de la tendance.

A. Malheureusement on fait généralement de ce terme d'automatisme un synonyme de ***mécanisme*** pur. Or c'est là incontestablement un des aspects de l'habitude (encore faut-il préciser : de l'habitude *une fois constituée*). Mais, on le verra plus loin, ce n'est que l'un de ses aspects. — 1° Ce caractère mécanique de l'habitude se manifeste d'abord par le fait qu'elle constitue un *enchaînement d'actes*, étroitement ***soudés*** les uns aux autres, ainsi que nous l'avons déjà constaté dans l'instinct (c'est par là en effet que l'instinct se rapproche le plus de l'habitude, et tous deux de l'*activité conservatrice*). L'habitude apparaît ainsi comme une « impuissance à suspendre ou à retenir un mouvement commencé », impuissance qui se manifeste extérieurement par « la concaténation des actes dans un ordre rigoureux de succession ». Nous en avons donné quelques exemples à la fin du § 8. — Les Cartésiens avaient cru pouvoir expliquer ce caractère par un phénomène de ***frayage*** grâce auquel les « esprits animaux », en repassant par les mêmes chemins, « ouvriraient davantage » ces petits canaux que sont les nerfs et y entreraient désormais plus facilement, à peu près, dit Bossuet, comme « l'eau facilite son cours en coulant ». Il va de soi que cette interprétation ne saurait être maintenue aujourd'hui. Mais la notion d'un frayage (*Bahnung*) des voies nerveuses, réintroduite en Physiologie par Exner en 1894, est loin d'être abandonnée. Elle s'est précisée grâce aux travaux de L. Lapicque qui l'a définie comme un ***aiguillage chronaxique,*** une adaptation réciproque des neurones au niveau de leurs synapses dans laquelle l'action des centres supérieurs vient superposer à la « chronaxie de constitution » des éléments nerveux une « chronaxie de subordination ».

2° Le caractère mécanique de l'habitude se marque encore par la *disparition de la conscience.* Il est classique de dire que l'habitude « émousse la sensibilité ». Mais il y aurait peut-être lieu d'introduire ici une distinction. Maine de Biran[a], distinguant, comme on l'a vu (§ 45), entre les habitudes passives et les habitudes actives, avait admis que les premières qui se bornent à la *sensation,* laissent celle-ci s'évanouir de plus en plus dans l'inconscience, tandis que les secondes, faisant appel à la *perception,* rendent celle-ci plus vive et plus fine. Or c'est presque exactement le contraire qui est vrai : « Ce qui est affaibli, dit V. Egger[k], quand une même sensation est fréquemment répétée, ce n'est pas la *sensation* elle-même, c'est la *perception* dont la sensation est l'occasion... Si le fait habituel est objet d'attention à chaque répétition, l'attention maintient la conscience du fait habituel à un niveau constant. » Je passe tous les jours devant l'église Saint-Germain-des-Prés pour aller à mon travail : je finis par « ne plus la voir », c'est-à-dire que je n'y fais plus attention. Mais voici qu'on a dressé des échaufaudages le long du clocher au sommet duquel des ouvriers travaillent dans des conditions particulièrement difficiles pour refaire la toiture. Maintenant, je regarde, chaque fois que je passe devant, pour constater les progrès du travail exécuté. Même remarque pour l'exemple des bruits de la rue, cité au début. Il semble qu'il en soit autrement, il est vrai, pour les sens *affectifs* : le goût, l'odorat, les sens thermiques, le sens de la douleur. Mais ici joue la *loi de relation* (t. I, § 73 *C*) et d'autre part, comme le dit Guillaume, une adaptation physiologique se produit (par exemple, aux températures), qui amortit progressivement les effets de l'excitant extérieur. C'est le même phénomène qui a lieu dans l'ordre des *sentiments* : un objet d'art trop souvent aperçu, un morceau de musique trop souvent entendu n'excite plus en nous le même intérêt, et « la satiété croissante diminue son attraction actuelle » (Guillaume[1]). La *passion* elle-même peut s'évanouir par épuisement (§ 42).

B. Mais déjà se manifeste, dans ces derniers traits, un autre aspect de l'habitude : elle est aussi *adaptation* et cette adaptation aboutit à une *spontanéité* nouvelle, surajoutée à la spontanéité naturelle. C'est ici que se révèle l'autre sens du terme *automatisme*, trop souvent méconnu. Il ne faut pas oublier qu'étymologiquement le mot *automate* signifie : « qui a en lui-même le principe de ses mouvements ». Leibniz dit que « chaque corps organique est une espèce d'automate naturel » et que l'âme est « un automate spirituel ». — Est-ce à dire que, comme on le prétend parfois, l'habitude *crée une tendance?* « L'habitude, écrit A. Burloud[9], ne crée pas seulement la tendance, d'une représentation ou d'une perception, à ramener l'image ou la réaction qui lui fut associée. Elle crée également les talents, les méthodes, les pouvoirs de former des combinaisons nouvelles dans un certain genre, toutes sortes de tendances novatrices, générales, ordinatrices ou informatives[1]. » Il semble qu'il y ait là une méprise et qu'on attribue ici à l'habitude un dynamisme et un pouvoir novateur qui ne viennent pas d'elle : « L'habitude, affirme M. Pradines[i], est incapable de créer des tendances » et, quand elle paraît le faire, elle se contente, en réalité, de « faciliter la satisfaction d'une tendance qui

1. Il faut tenir compte ici du sens, à notre avis, excessivement large que l'auteur donne au mot *tendance* (voir p. 23 , note 2).

lui préexiste ». Elle se greffe, comme l'observe également P. Guillaume[1], sur un besoin antérieur, sur une « tendance instinctive plastique » dont elle n'est, à vrai dire, qu'une « forme spécialisée ».

C'est ainsi que le besoin acquis qui résulte de l'heure, de la fréquence, de la composition même de nos repas, n'est « que le besoin instinctif précisé dans le *rythme* et la *qualité* de ses satisfactions ». Même les besoins factices qu'on prétend créés tout entiers par la répétition des actes, tel le goût du tabac, de l'alcool, etc., sont « une forme spécialisée d'un besoin général d'excitants (ou de calmants) organiques, universel sous des formes variées chez toutes les populations humaines » (Guillaume[4]).

A plus forte raison en est-il ainsi des habitudes motrices et mentales. Il existe chez nous tous un *besoin de mouvement* (§ 19 *B*), mais, chez l'un, il se déterminera sous la forme du goût du sport (et de *tel* sport) ; chez Kant, il s'était cristallisé dans l'habitude de faire chaque jour une petite promenade, toujours la même. Il existe de même chez tous un *besoin d'exercice intellectuel*, mais tel se contentera, pour le satisfaire, de son « mot croisé » quotidien, voire hebdomadaire, tandis que, chez tel autre, il deviendra la passion de la recherche scientifique ou de la méditation philosophique. « La vérité est que l'habitude organise simplement les ressources de l'être. Sans " disposition à agir ", l'homme n'agirait pas. Quand il contracte une habitude, il met en œuvre les tendances qu'il trouve préformées en lui-même. Il les combine et les systématise » (Larguier des Bancels).

Ceci posé, il faut reconnaître que cette systématisation ***facilite*** singulièrement l'exécution de l'acte quel qu'il soit. Les accoutumances rendent l'organisme capable de supporter *sans troubles* de nouvelles conditions de milieu qui, au début, surtout si elles sont intervenues brusquement, l'avaient proprement déséquilibré. Les habitudes motrices permettent d'accomplir *sans effort* des actes souvent complexes dont les éléments *se lient d'eux-mêmes et de mieux en mieux* les uns aux autres, alors que primitivement chacun d'eux exigeait réflexion et tâtonnements plus ou moins maladroits. Non seulement la *précision* et la *rapidité* des gestes sont ainsi augmentées, mais une ***économie*** s'y trouve réalisée. Il est remarquable en effet qu'au commencement de l'apprentissage le débutant dépense en général beaucoup plus d'énergie qu'il n'est nécessaire : l'enfant qui apprend à écrire, appuie très fort sur sa plume, contracte son bras, son épaule, toute une moitié du corps, tire la langue et fait des grimaces ; le danseur novice, le cavalier novice font preuve de la même raideur et ressemblent l'un à un robot aux gestes saccadés, l'autre à un mannequin attaché sur son cheval. L'habitude ***élimine les gestes inutiles*** et cette élimination n'est possible que grâce à certains phénomènes d'*inhibition* (*Exercice* 4). Elle atteint ainsi à une souplesse, à une aisance, à un « naturel » qui constituent un véritable progrès. — Il n'en est pas autrement, dans l'ordre intellectuel, pour les ***habitudes mentales***. On sait (t. I, § 143) que certains penseurs ont insisté sur l'obligation qui s'impose à l'*inventeur*, en tout ordre d'idées, de briser les systèmes anciens. Mais les mêmes ont aussi mis en lumière l'utilité, pour atteindre ce but, de certains automatismes mentaux :

« Organiser l'automatisme dans le connu, écrit Éd. Le Roy, pour obtenir une aisance, une promptitude, une souplesse, une liberté d'effort indispensables à l'énorme condensation de travail que suppose toute œuvre de synthèse créatrice..., contracter des habitudes intellectuelles, monter par avance des mécanismes logiques prêts à jouer d'eux-mêmes au premier besoin, schématiser des ensembles de pensées en visions sommaires, voilà ce qu'il faut pour que notre force mentale reste disponible et se puisse appliquer entière au travail d'invention. Ici comme ailleurs la liberté se fait avec de l'automatisme. »

Nous touchons ici à l'effet le plus intéressant de l'habitude : c'est qu'elle est ***facteur de progrès.*** Loin de s'opposer aux adaptations nouvelles, elle en est la condition nécessaire. Ainsi que le suggère M. Pradines, c'est surtout en ce sens large que l'habitude peut se définir comme « une activité de *frayage* », non pas seulement frayage des voies nerveuses comme il a été dit plus haut, mais, de façon plus générale, ***diminution de l'effort,*** aplanissement des difficultés, et ceci du fait que cette activité est « enrichie d'une organisation entre présent et passé » (Pradines), qui cependant, ajouterons-nous, n'*utilise du passé que ce qui convient au présent.* « Activité conservatrice » donc, mais corrigée par une activité de *dissociation* et de *sélection.*

En ce sens, l'habitude est bien une structure de comportement *organisée* et qui ***innove*** jusqu'à un certain point. L'adaptation qu'elle réalise, remarque P. Guillaume[1], « n'est pas formée de la réponse primitive » comme il arrive dans le réflexe conditionné auquel on a voulu la ramener. « L'enfant qui s'est brûlé, disait Koffka, apprend non à retirer la main, mais à craindre le feu », et de même le joueur de tennis n'envoie pas son coup de raquette à l'endroit où la balle n'est pas encore arrivée, le chasseur ne tire pas avant le passage du gibier. Il y a ici instauration d'une activité *nouvelle*, et non pas déclenchement d'une activité ancienne par simple anticipation d'un signal.

49. Problèmes moraux. — L'habitude pose certains problèmes moraux concernant soit sa valeur, soit les moyens que nous pouvons employer quand nous voulons nous en libérer.

A. On méconnaît souvent la ***valeur morale*** de l'habitude. Ce que nous venons de dire de son rôle pratique et intellectuel peut cependant s'étendre à son rôle moral. L'acquisition de bonnes habitudes constitue une sorte de *capital moral* qui est la condition de tout progrès ultérieur et l'on verra (§ 59) que jusque dans l'éducation de la volonté, l'automatisme ne doit pas être dédaigné. Au reste, par l'un de ses aspects au moins, la moralité est *équilibre*, et la vertu (chap. XVIII) a pu être définie par Aristote « l'habitude du bien ». — Il va de soi cependant qu'en morale moins qu'ailleurs l'automatisme peut être une fin en soi : ce ne peut être qu'un *moyen* ou une *étape*. La vertu qui ne serait que rigorisme sans âme ou observance littérale et mécanique des règles dégénérerait bien vite en *pharisaïsme* (*Ibid.*, § 170) et, à côté de l'équilibre, la moralité implique toujours l'*inquiétude* qui la pousse à se dépasser sans cesse (chap. XV et XVII). Ajoutons enfin que l'habitude n'a de valeur que dans la mesure où elle est vraiment notre œuvre. Or, dans notre monde moderne, beaucoup d'hommes se laissent imposer leurs habitudes *du dehors* : « Leur volonté est composée d'instincts et de réflexes qu'ils suivent en automates aveugles. Ils n'ont qu'un seul système d'habitudes ; et ce système, ils ne l'ont pas fait, ils l'ont laissé se faire » (LE ROY).

B. Aussi bien devons-nous être toujours prêts à nous ***libérer*** d'une habitude lorsqu'elle devient desséchante et tyrannique. Or, si pénible qu'elle soit parfois, cette libération est possible. « Un jugement bien trompeur, dit ALAIN, c'est que nos habitudes sont nos maîtresses et que, dès qu'elles nous tirent et nous appellent par de petits mouvements, nous ne pouvons absolument pas leur résister... La guérison des habitudes funestes consiste à faire voir, par l'expérience, que l'habitude tire toute sa force de ce faux jugement... Il suffit de se croire esclave pour l'être en effet. » La première condition pour nous défaire d'une habitude qui nous paraît nuisible, c'est donc de le *vouloir* effectivement et, pour cela, de *croire* en notre propre pouvoir. Or, puisque l'habitude a été *acquise*, elle peut aussi être détruite. Les moyens pour y parvenir résultent de sa structure même. Puisqu'elle est enchaînement d'actes soudés entre eux, il faut : 1° éviter les occasions capables de ***déclencher*** cette succession d'actes : si je veux me délivrer de l'habitude de fumer, j'éviterai d'avoir à ma portée un paquet de tabac ; 2° briser cet enchaînement en ***rompant*** brutalement avec l'habitude en question ; comme l'observe W. JAMES, la méthode du « sevrage progressif » est dangereuse parce qu'elle favorise trop les rechutes[1] ;

1. Il va de soi cependant qu'en certains cas cette méthode est inévitable. On sait que les gens qui usent de stupéfiants, doivent subir une cure de désintoxication progressive. Leibniz rapporte que saint François Borgia, avant d'entrer chez les Jésuites, était accoutumé à boire largement et qu'il se délivra peu à peu de cette habitude « en faisant tomber chaque jour une goutte de cire dans le bocal qu'il avait coutume de vider ».

3° ne tolérer précisément ***aucune rechute*** : ici, dit James, « toute faute ressemble à la chute d'une pelote de fil qu'on est en train d'enrouler soigneusement, une défaite annule cent victoires » ; au contraire « on sera surpris de voir comment un désir meurt vite d'inanition quand on ne le nourrit *jamais* ».

50. Problème métaphysique. — On a soulevé enfin, à propos de l'habitude, un problème métaphysique.

A. On a vu ci-dessus (§ 48 *A*) que les Cartésiens avaient interprété l'habitude de façon purement ***mécaniste.*** Descartes la compare aux « plis qui sont dans un morceau de papier ou dans du linge » et qui font « qu'il est plus propre à être plié derechef comme il a été auparavant ». Bossuet rappelle que « le bois se plie peu à peu et semble s'accoutumer à la situation qu'on veut lui donner », que « le fer même s'adoucit dans le feu et sous le marteau ». Après eux, beaucoup d'auteurs ont ramené l'habitude aux phénomènes de la matière brute. « L'habitude est inertie », dit Aug. Comte ; car l'*inertie* est persistance dans le mouvement comme dans le repos. Léon Dumont[c], reprenant cette thèse, rappelle « qu'un vêtement, après avoir été porté, se prête mieux aux formes du corps, qu'une serrure joue mieux après avoir servi ». Le psychologue van Biervliet, dans une étude sur la mémoire, déclare que les déformations imprimées du dehors aux corps solides nous montrent que « le corps solide retient », qu'il « prend un aspect nouveau, contracte une habitude ». D'autres ont invoqué des analogies plus savantes : la persistance du passé que l'on observe dans la déformation des ressorts ou dans l'*hystérésis* magnétique (aimantation rémanente), ou le phénomène d'*autocatalyse* par lequel une réaction chimique se catalyse elle-même. — Mais toutes ces analogies sont déficientes. Il y a certes dans l'habitude une part d'automatisme, de mécanisme même. Mais, comme l'observe pertinemment M. Pradines, « *un automate ne peut pas se créer des automatismes* » et, par suite, l'automatisme de l'habitude *constituée* doit « avoir sa source dans l'action d'une force toute différente de celle qui se manifeste dans son effet ». Descartes et surtout Malebranche[1] l'avaient parfaitement compris.

B. Aussi plusieurs auteurs ont-ils présenté une conception résolument *anti-mécaniste.* On a vu (§ 45 *C*) que Maine de Biran avait affirmé que, *lorsqu'elle est active*, l'habitude accroît la perception sensible et crée une tendance nouvelle, tandis que l'effet contraire

1. « Si les animaux agissent d'une manière qui marque intelligence, c'est que, Dieu les ayant faits pour les conserver, il a formé leurs corps de telle façon qu'ils évitent machinalement tout ce qui est capable de les détruire » (Malebranche, *Rech. de la Vérité*, VI, II, chap. VII).

se produit si elle se forme passivement. S'appuyant sur cette prétendue loi, F. Ravaisson[b] (1813-1900) a, dans une thèse célèbre, proposé une interprétation de l'habitude qu'il a rattachée à toute une métaphysique **vitaliste** (voir t. I, § 344). Ravaisson donne de l'habitude trois définitions successives. Au sens le plus large, elle est, dit-il, « manière d'être générale et permanente ». L'habitude *acquise* est « la conséquence d'un changement ». Enfin, plus spécialement, c'est « l'habitude contractée, par suite d'un changement, à l'égard de ce changement même qui lui a donné naissance » ; en ce sens, elle n'est pas seulement un état, mais une *disposition.* Or cette disposition ne fait qu'un avec la nature, qui elle-même ne fait qu'un avec la vie. Dès le premier degré de la vie, la continuité ou la répétition d'un changement modifie la disposition de l'être à l'égard de ce changement. Mais elle peut la modifier de deux façons. Si l'être vivant reçoit ce changement d'ailleurs que de lui-même, c'est-à-dire s'il est passif, « il en est toujours de moins en moins altéré ». Si au contraire ce changement a « son origine en lui », c'est-à-dire s'il a été actif, « plus encore il le produit et semble tendre à le reproduire ». Ainsi, « le changement qui lui est venu du dehors lui devient de plus en plus étranger ; le changement qui lui est venu de lui-même lui devient de plus en plus propre. ***La réceptivité diminue, la spontanéité augmente*** ». Or « le caractère de la nature, qui fait la vie, est la prédominance de la spontanéité sur la réceptivité ». Loin donc d'être pur mécanisme, l'habitude « se développe dans la direction même de la nature », c'est-à-dire de la vie, laquelle, tout en subissant l'influence du dehors, « la surmonte et en triomphe sans cesse ». — Plus nettement **spiritualiste** est l'interprétation de J. Chevalier[h]. Car, par delà la « descente de la matière » le long du temps qui la dégrade, par delà même « l'ascension de la vie », il distingue la « transcendance de l'esprit » qui surmonte en quelque sorte le temps, et il situe l'habitude dans cette triple perspective. La matière n'est capable d'habitudes qu'en ce sens qu'elle subit l'*usure* du temps ; mais, si elle peut acquérir des *états*, elle n'acquiert jamais d'*aptitudes.* C'est au contraire ce que réalise la vie : « C'est là que mord l'habitude, entendue dans son sens plein comme la faculté d'actualiser et de mettre en jeu une aptitude de l'être. » Chez l'homme enfin, l'habitude vient conspirer avec cette tendance à se dépasser qui fait partie de sa nature même : elle lui permet de transcender l'espace et le temps où il est pourtant plongé, en consolidant ses créations passées de manière à rendre possibles les créations nouvelles de son esprit : « La volonté s'incarne dans l'habitude, comme la pensée s'exprime dans les mots. »

Il est trop clair que ces théories débordent de beaucoup le problème de l'habitude et impliquent toutes des postulats philosophiques plus ou moins discutables. Si, comme on l'a déjà dit, le mécanisme pur paraît aujourd'hui insuffisant, la théorie de RAVAISSON[b] — outre qu'elle repose sur une double erreur psychologique ; car, on l'a vu ci-dessus, il est faux, à strictement parler, que l'habitude émousse la sensibilité et il est également faux qu'elle crée une tendance — est liée à un *vitalisme* dont nous avons montré (tome I, § 347) le caractère équivoque, et celle de J. CHEVALIER[h], en situant le règne de l'esprit dans le prolongement direct de la vie organique, tombe sous le coup de critiques analogues (t. I, § 347 *H*). — Au reste, en replaçant plus modestement le débat sur le plan d'une théorie de l'habitude, nous apercevons que les deux doctrines, mécaniste et vitaliste, ne font qu'interpréter, en la poussant à la limite, la *dualité* inhérente au phénomène que nous étudions. L'habitude est bien un automatisme, mais, comme le dit M. PRADINES[j], c'est « un automatisme vital », donc à la fois « capable de monter en nous des mécanismes » et de les dépasser pour les adapter à des conditions nouvelles. L'action humaine est faite précisément de cette dialectique qui consiste à utiliser son passé, mais sans en rester esclave et en allant toujours au delà.

SUJETS DE TRAVAUX

Exercices. — 1. *Étudiez sur vous-même comment s'est formée une habitude :* a. *involontairement* ; b. *volontairement.* — 2. *Avez-vous constaté sur vous-même le phénomène de « maturation » signalé p.* 94 ? — 3. *Pour vous rendre compte de la difficulté qu'il y a à briser les associations sensitivo-motrices anciennes, exercez-vous :* a. *à tracer un cercle régulier sur une feuille de papier que vous dissimulerez à vos yeux par un écran et que vous regarderez seulement dans un miroir placé en face de vous* ; b. *à repasser avec un crayon sur une étoile à six branches dans les mêmes conditions.* — 4. *Expliquez ce texte* : « Le phénomène de facilitation, de frayage des voies nerveuses qui est à la base de tous les phénomènes d'habitude, doit consister moins dans l'établissement d'une connexion ou d'une syntonie entre deux voies que dans l'inhibition active exercée sur toutes les voies qui, si elles entraient en jeu, troubleraient la réaction et détruiraient l'effet utile » (CHEVALIER[h], *commentant* SHERRINGTON). — 5. *Commenter ce jugement d'*ALAIN : « On met communément l'habitude trop bas. J'y vois une souplesse étonnante, bien au-dessus d'un mécanisme obstiné qui chercherait toujours les mêmes chemins. Par la puissance de l'habitude, on voit le danseur ou l'escrimeur se tirer des embarras soudains avant que le jugement les ait mesurés ; mais il y a aussi, dans ceux qui ont pratiqué ces exercices, une aisance et une liberté de mouvements qui font que le jugement est aussitôt suivi d'exécution. » — 6. *Méditer ce conseil de* TOSCANINI *à ses élèves* : « Ne jouez jamais *comme d'habitude*. Désapprenez, et recommencez. »

Exposés oraux. — 1. *La formation des habitudes motrices chez les animaux,* d'après Piéron, liv. II, chap. III, ou Woodworth, *Psych. expérimentale,* P. U. F., 1950, chap. XXIX. — 2. *Les théories de Maine de Biran et de Ravaisson sur l'habitude.*

Discussions. — 1. *Habitude et inertie.* — 2. *Habitude et morale.*

Lectures. — *a.* Maine de Biran, *Mémoires sur l'habitude,* 1800 et 1801, éd. Tisserand, t. II. — *b.* Ravaisson, *De l'Habitude* (1838), rééd. P. U. F., 1958. — *c.* Léon Dumont, *De l'Habitude,* dans la *R. Ph.,* t. I, 1876, p. 321. — *d.* V. Egger, *L'Habitude générale,* dans la *Rev. des Cours et Conférences,* mars 1901 et mai 1905. — *e.* H. Piéron, *L'Évolution de la mémoire,* Flammarion, 1910, liv. II, chap. III ; et *f.* **L'Habitude et la mémoire,* dans le *Nouveau traité* de Dumas, P. U. F., 1934, t. IV, p. 67. — *g.* A. Burloud, *La Pensée conceptuelle,* Alcan, 1927. — *h.* Jacques Chevalier, *L'Habitude, essai de métaphysique scientifique,* Boivin, 1929. — *i.* P. Guillaume, *La Formation des habitudes* (1936), rééd. P. U. F., 1947 (avec un chap. sur *Les aspects affectifs de l'habitude*). — *j.* M. Pradines, *Traité de Psych. générale,* P. U. F., 1943, t. I, p. 88-125. — *k.* *Divers, article *Habitude,* dans le *Vocabulaire philosophique* de Lalande, 9e éd., P. U. F., 1962.

chapitre VI

LA VOLONTÉ

SOMMAIRE

51. Du désir à l'acte volontaire. — On a vu (§ 24 et 40) comment le *désir*, par la représentation préalable de l'objet et de la satisfaction espérée, peut dégénérer en *passion*. Supposons maintenant, au contraire, une attitude mentale où le sujet, au lieu de laisser libre cours à ses états spontanés, les contrôle et les gouverne. L'imagination, au lieu de se donner carrière et de vagabonder dans l'illusoire, va se trouver freinée par le *sens du réel*. Le désir, au lieu de rester isolé et de se développer en marge de la conscience totale, va être confronté avec l'*ensemble* de la personnalité : avec nos autres désirs et aussi avec nos idées, nos souvenirs, nos sentiments, nos croyances morales (fig. 12). Dès lors, l'*acte volontaire* devient possible. Il est donc faux de dire, avec Condillac, que la volonté est « un désir absolu » ou, tout au moins, prédominant, ou, avec Ch. Bonnet, que le désir est « une volonté exaltée ». Non seulement il arrive souvent (non pas *toujours* cependant, comme on le dit parfois en se plaçant à un point de vue moral plutôt que psychologique) que la volonté aille *contre* le désir primitivement le plus impérieux. Mais, même lorsqu'elle va *dans le même sens* que le désir, c'est seulement après que celui-ci a été reconnu juste, bon ou raisonnable, après qu'il a été, si l'on peut ainsi parler, « homologué » par notre personnalité tout entière et notamment par notre raison : d'où ce sentiment de ***liberté*** que nous éprouvons dans l'acte volontaire (voir le chap. XXIV), tandis que nous avons l'impression d'être *esclaves* du désir « absolu », isolé. On aperçoit dès lors quelle est la condition pour que l'on s'élève du désir, qui est pure *impulsion*, à l'acte volontaire, qui est *maîtrise de soi* : il faut que le désir ait été ***inhibé***, que nous lui ayons fait marquer au moins un ***temps d'arrêt***, au lieu de passer immédiatement du désir à l'acte ; cette inhibition, ce coup de frein n'est possible que grâce à une attitude de ***synthèse*** mentale, de rassemblement de toutes nos ressources spirituelles, qui est, en somme, fort analogue à l'*attention* (tome I, § 51).

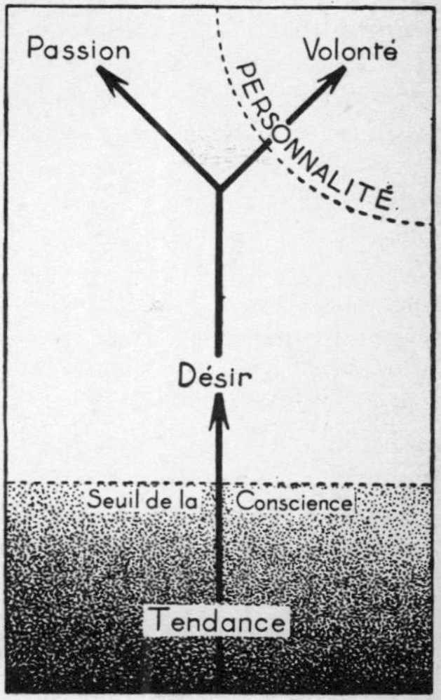

Fig. 12. — De la tendance à la passion et à la volonté.

M. Pradines a même contesté que l'acte volontaire fût dans le prolongement du désir et il est allé jusqu'à affirmer « l'exclusion mutuelle du désirer et du vouloir ». — Cette thèse nous paraît excessive. Nous en retiendrons cependant l'idée que « l'acte volontaire est une autre manière de mettre en jeu les tendances ». Ce facteur nouveau, c'est, selon Pradines, « l'*idée* d'un résultat que provoquent inévitablement certaines causes ou moyens. La volonté apparaît lorsque l'*idée des buts* et la *science des moyens* se substituent aux stimulations de l'automatisme, de l'affection ou de la routine associative ». Elle se définit donc « par un but et par des moyens. Le but est le concept d'une opération, dont aucun animal n'est capable ; les moyens sont des *causes* efficaces, notions dont l'invention appartient à l'homme », tandis que le désir ne considère souvent même pas les moyens à employer.

52. Le développement de la volonté chez l'enfant. — C'est ce processus qu'on peut fort bien observer chez l'enfant. Le désir marque déjà chez lui un progrès sur les premières réactions, qui sont purement réflexes et automatiques. Il apparaît, par un mécanisme du type des « essais et erreurs » (§ 47 *C*), lorsqu'une réaction manque son but, lorsque par exemple la main ne réussit pas à saisir un objet. C'est alors aussi qu'apparaît l'*effort*, qui est donc une réaction à un échec, en vue d'une réadaptation de l'acte. Mais cet effort ne s'exerce, en général, chez l'enfant qu'en vue d'un *intérêt* actuel, en vue d'atteindre une fin qui sollicite *affectivement* son activité. En revanche, l'enfant reste longtemps incapable de cette *inhibition* qui nous a paru être la condition de l'acte volontaire : il est soumis tout entier au désir le plus fort ou au caprice, c'est-à-dire au désir qui passe (c'est très improprement qu'on le qualifie alors de «volontaire» ; l'enfant capricieux est têtu, ce qui est tout différent, car il est incapable de surmonter le désir actuel). Au reste, il vit dans l'instant présent ou dans un temps indifférencié (t. I, § 149) : d'où le caractère incoordonné, versatile de ses conduites. — La volonté se manifeste d'abord chez lui, lorsque s'impose à lui la nécessité du choix et qu'apparaît la recherche des moyens à employer pour réussir. Alors se marque forcément un *arrêt* temporaire, qui peut d'ailleurs dégénérer en hésitations et en agitations. La volonté intervient à ce moment comme un effort pour résoudre une contradiction pratique : elle introduit une « force additionnelle » qui privilégie l'un des éléments en conflit et le fait triompher des autres, en allant même parfois (c'est alors que l'effort volontaire est maximum) dans le sens de « la plus grande résistance » à vaincre (William JAMES[c]). Elle exige donc une *coordination* interne qui, de fait, va de pair avec la constitution de la personnalité.

53. Analyse psychologique de l'acte volontaire. — On voit ainsi que la structure psychologique de l'acte volontaire est fort complexe. Les anciens psychologues en avaient fait un véritable drame qui se jouerait en quatre actes. Le premier serait la *conception du but.* Si le désir implique déjà une représentation préalable, à plus forte raison l'acte volontaire suppose-t-il que l'on se représente clairement ce que l'on veut : « Rien, dit GUILLAUME, ne caractérise mieux la volonté, au sens précis du mot, que la réalisation d'un acte qui a été représenté avant d'être exécuté. » Viendrait ensuite la *délibération*, c'est-à-dire une discussion avec soi-même où l'on « pèse », comme on dit, le pour et le contre, où l'on suppute le bien-fondé de tel ou tel projet. C'est à cette phase qu'interviendraient les *motifs*, c'est-à-dire les éléments d'ordre intellectuel, les raisons pour ou contre telle solution, et les *mobiles*, c'est-à-dire les éléments d'ordre affectif et actif. Le troisième acte serait la *décision*, caractérisée par le *fiat* volontaire, c'est-à-dire par l'intervention propre de la volonté qui tranche le débat. Enfin l'*exécution* serait l'application pratique, la traduction en actes de la décision. — Il va de soi que cette analyse était fort artificielle, et Ch. BLONDEL[e] écrivait ironiquement qu'à lire de telles descriptions « il prend envie de prier par une annonce à la quatrième page des journaux ceux qui ont jamais de cette façon choisi leur profession ou décidé un voyage de bien vouloir se faire connaître ». Non seulement en effet cette analyse morcelle en actes successifs un processus essentiellement continu ; mais, ainsi détachées de l'ensemble psychologique dont elles font partie, la conception du but et la délibération apparaissent comme des phénomènes plutôt intellectuels que volontaires, et l'exécution semble une sorte de dénouement facultatif. L'action de la volonté se concentrerait donc dans la seule décision, indûment isolée de l'ensemble. La délibération surtout a paru quelque chose d'artificiel. Elle peut manquer chez les volontés fortes. Dans l'*Horace* de Corneille, Curiace lui-même s'écrie, tout comme Chimène dans *Le Cid* :

Je n'ai point consulté pour suivre mon devoir.

Certains philosophes contemporains vont jusqu'à soutenir que la délibération, lorsqu'elle existe, est un leurre : « La délibération volontaire, affirme J.-P. Sartre, est toujours truquée. » Quand elle intervient, la décision serait déjà prise au fond de nous-mêmes et nous ne ferions que la « justifier » par des motifs de mauvaise foi.

Cette dernière critique nous paraît cependant excessive. Ainsi que l'admet P. Ricœur[1] qui distingue, non plus des *phases*, mais des *aspects* de l'acte volontaire, la *décision* qui est l'un de ces aspects (à côté du *mouvement* qui est manifestation de son efficacité par le corps, et du *consentement* qui est acquiescement à la nécessité), peut être effectivement fondée sur des *motifs* qui répondent à un authentique souci de légitimité (et non plus seulement de légitimation) de l'acte : « Il est de l'essence de la volonté de se légitimer dans des motifs qui font apparaître des valeurs pour moi. »

En réalité, comme nous l'avons dit plus haut, dans la volonté, c'est la personnalité tout entière qui intervient. Évoquant donc ici ce qui a été dit (t. I, § 24) de la complexité de la personne humaine, nous essaierons de faire la part, dans notre analyse de l'acte volontaire, des différentse composantes du psychisme humain.

54. Conditions physiologiques. — La volonté est essentiellement tournée vers l'*action* : la décision volontaire n'est pas simple jugement théorique, mais déjà orientation pratique, engagement et même action ébauchée. Or c'est avec ***le corps*** que nous agissons. La volonté dépend donc de certaines conditions physiologiques.

Un être dont l'organisation nerveuse serait telle qu'elle ne lui permettrait que la réaction immédiate du *réflexe* simple, serait incapable d'activité volontaire. Si l'homme est capable de volonté, c'est d'abord

parce qu'il possède un système nerveux extrêmement complexe, aux connexions multiples, aux centres hiérarchisés qui permet l'***inhibition des réflexes élémentaires*** par les centres supérieurs et, par suite, l'action différée et la coordination des impulsions. On a vu (§ 48 *fin*) que c'est déjà cette *inhibition* qui permet, dans l'habitude, la dissociation et l'élimination des gestes inutiles et l'organisation de systèmes d'actes adaptés. Au contraire, la maladie, en détruisant l'activité des centres supérieurs, libère souvent des réactions normalement inhibées[1].
lement inhibées[1].

Toutefois, si l'acte volontaire dépasse le réflexe et l'automatisme, il les *utilise* et il serait impossible sans eux. Ravaisson remarquait que, « dans le mouvement, si c'est la volonté qui pose le but dans l'espace et détermine la direction, ce n'est pas la volonté réfléchie qui combine et concerte la production même du mouvement ». G. Dumas observe de même que les réactions volontaires sont toujours des réactions *globales* et qui ne sont voulues par nous que « dans leur résultat final », et non dans le détail de leur mécanisme neuro-musculaire que nous ignorons le plus souvent. Si cela est possible, c'est justement parce qu'il existe dans notre corps des ***automatismes,*** les uns héréditaires, les autres acquis (habitudes), tout montés par avance et qui forment des systèmes relativement indépendants, de telle sorte qu'il suffit, pour les déclencher, d'une représentation-signal à laquelle nous n'accordons qu'un consentement de principe. S'il fait trop chaud dans la pièce où nous nous trouvons, l'idée : il faut ouvrir la fenêtre, ou : il faut fermer le radiateur, ne surgit qu'un instant dans notre esprit et suffit à commander toute la suite de nos gestes.

Mais notre corps n'intervient pas seulement dans l'acte volontaire comme organe de l'action. Il est aussi à la *source de nos impulsions et de nos affections* et, comme le dit P. Ricœur[1], en tant qu'origine du *désir* et en tant que sujet d'*affects*, il « nourrit en quelque sorte la motivation ».

55. Facteurs affectifs et actifs. — Ce serait en effet une erreur de penser, comme ont semblé le faire la plupart des philosophes classiques, que la volonté constitue une faculté *à part.* Elle est bien plutôt *le pouvoir de coordination de toutes nos forces psychiques* en vue de l'action et elle ne serait rien si ces forces n'existaient déjà à l'état spontané. Parmi ces forces il convient de placer d'abord les ***tendances,***

1. Un cas bien connu est celui du « signe de Babinski ». Chez l'adulte normal, l'excitation de la plante du pied provoque le fléchissement des orteils, tandis que, chez le nouveau-né, les orteils se mettent en extension. Or ce dernier « signe » reparaît chez l'hémiplégique.

les ***désirs*** et les ***sentiments.*** En ce sens, il est bien vrai que, comme l'a soutenu encore P. Ricœur[1], la *volonté s'enracine dans l'involontaire*, cet involontaire étant à la fois « l'involontaire de motivation » (disons plutôt : d'impulsion), celui du désir, « l'involontaire de motion ou d'action », celui de la médiation corporelle, et « l'involontaire de situation », celui de « la nécessité que nous sommes » et par rapport à laquelle la volonté est consentement, adoption active. Le ***désir,*** on l'a vu, n'est pas la volonté, mais, en dépit de la thèse contraire de Pradines, il en est la condition et le principe. De fait, les personnes que l'on qualifie d'« apathiques », c'est-à-dire celles qui ont peu de désirs et chez qui les tendances sont peu actives, sont en général des caractères mous, « sans ressort », à volonté faible. De même, le ***sentiment*** est un des mobiles les plus puissants de la volonté : « Ce sont, a dit Ribot, les sentiments qui mènent l'homme. » Le philosophe italien Rignano a même soutenu que « la volonté n'est pas autre chose qu'une tendance affective inhibitrice des autres en ce qu'elle est à plus longue portée ». Ainsi, « l'homme haletant et suant d'une longue course qui court avidement boire à la fontaine, n'accomplit ancun " acte de volonté " ; ce terme s'applique plutôt à la conduite de l'homme prudent qui s'abstient de satisfaire sa soif ardente par crainte de plus grands maux à venir ». Cette interprétation a l'avantage d'attirer l'attention sur un aspect assez fréquent de l'acte volontaire comme *solution d'un conflit de tendances* et il est bien vrai que, pour *tenir en suspens*, comme il a été dit au § 51, une tendance ou un désir, il faut une autre tendance ou un autre désir. Mais le conflit resterait sans solution s'il n'intervenait aussi un acte de *synthèse* mettant en jeu la personnalité tout entière (§ 58).

56. Facteurs intellectuels. — Le désir est déjà une forme quelque peu *intellectualisée* de l'activité, puisqu'il implique une représentation préalable de l'acte. Mais la volonté, en tant qu'activité délibérée, l'est bien plus encore. Certes, ainsi que nous l'avons remarqué (§ 53), la délibération peut manquer. Mais c'est qu'il s'agit alors d'une volonté *confirmée* et passée, en quelque sorte, à l'état d'habitude. Loin d'être, comme l'a soutenu Sartre[1], quelque chose d'artificiel, la délibération est bien un caractère essentiel de l'acte volontaire en tant qu'il se distingue de tous les modes *impulsifs* de l'activité en se référant à des *représentations*, à des *idées*. Et ces

---

1. Cette élimination de l'élément intellectuel a entraîné Sartre à une conception de la *liberté* que nous discuterons au chapitre XXIV, et qui confond la liberté avec l'impulsion.

représentations qui interviennent dans l'acte volontaire ne sont pas quelconques. SCHOPENHAUER[1] avait déjà remarqué que, tandis que l'animal ne vit que dans le présent et se laisse déterminer par l'impression du moment, l'homme peut s'affranchir du présent dans ses déterminations, et cela « grâce aux notions *abstraites* » ; c'est ainsi qu'il peut agir « au nom de certaines maximes » en négligeant les circonstances accidentelles et qu'il a « le pouvoir de choisir réellement entre divers motifs, car ce n'est qu'*in abstracto* que plusieurs motifs peuvent être présents ensemble dans la conscience ». Vouloir, dit de même Ch. BLONDEL[e], c'est, en somme, ***agir par concepts.*** Ce qui, même chez les âmes simples, même dans la masse, fait que certaines obéissances passives sont bel et bien des volontés, « c'est qu'elles ont pour armature des concepts capables de s'appliquer à une série indéfinie de situations et d'embrasser tout l'ensemble de la conduite humaine. Entre l'animal le plus fidèle et l'héroïne d'*Un Cœur simple* de Flaubert, c'est la présence ou l'absence de tels concepts qui fait l'irréductible différence ». Le désir, lui, est le plus souvent guidé, parfois fasciné par une *image*, c'est-à-dire par une représentation sensible et particulière. La volonté a pour armature des concepts plus ou moins abstraits et généraux, tels que ceux de l'intérêt, du bonheur et, à un niveau supérieur, le concept du Devoir et ceux des grandes valeurs morales, l'Honneur, la Famille, la Patrie, la Justice, etc.

Certains philosophes sont même allés jusqu'à présenter une théorie purement *intellectualiste* de la Volonté. C'est ainsi que, pour SPINOZA, « la volonté et l'entendement sont une seule et même chose ». De même, pour l'école intellectualiste de HERBART, le désir n'est que la représentation franchissant le seuil de la conscience et s'imposant à elle, et la volonté que le désir accompagné de la représentation de sa réalisation. Mais c'est que, pour les uns et les autres comme nous l'avons vu à propos de la croyance (t. I, § 178 *A*) et de l'affectivité (§ 38 *B*), les représentations sont de véritables *forces* : pour Spinoza, les idées s'imposent par leur évidence propre et pour Herbart, les représentations sont les seules forces agissantes de l'âme. Or ceci est fort contestable. S'il existe bien, comme a dit le philosophe FOUILLÉE, des « idées-forces » qui meuvent puissamment la volonté, ce ne sont pas, en général, des idées purement abstraites comme, par exemple, les idées scientifiques ; ce sont des idées *liées à des sentiments* et qui sont comme enrobées dans une gangue *affective*, telles que les idées morales, politiques, religieuses, et l'on va voir d'ailleurs que ces idées ne viennent pas seulement de la conscience *individuelle.*

---

1. Arthur SCHOPENHAUER, philosophe allemand, 1788-1860.

57. Facteurs sociaux. — Ainsi que l'a montré Ch. BLONDEL[e], ces idées, ces concepts qui forment l'armature de la volonté, nous viennent le plus souvent du milieu *social*, de l'***éducation***, de la ***tradition***. Chez la très grande majorité des hommes, dit Blondel, « l'activité volontaire tient ses caractères les plus essentiels du système de concepts et d'impératifs que la *collectivité* leur impose ». Déjà, chez l'enfant, la volonté commence par être obéissance aux *ordres* reçus des parents, des aînés, des éducateurs, avant d'être *autonomie*, obéissance à une loi qu'on se donne à soi-même (§ 58). Chez l'adulte même, les idées dont nous parlions ci-dessus se présentent appuyées de tout le prestige de la *tradition*, de toute la puissance des sentiments qu'elles véhiculent avec elles et qui viennent parfois du plus lointain des âges. On comprend dès lors qu'elles soient capables de compenser victorieusement la force des désirs les plus énergiques. Ce sont elles qui constituent cette « force additionnelle » à laquelle fait allusion William JAMES[c].

C'est ce qu'a bien montré Edmond JALOUX dans son roman *Au-dessus de la ville* où il met en scène une jeune fille, Constance, hésitant à quitter son frère malade, l'écrivain Armand Vautier, qu'elle a soigné jusque-là avec dévouement, pour épouser le jeune homme qu'elle aime. Son frère vient de l'exhorter (plus ou moins sincèrement) à suivre son inclination : « Constance se retira, troublée par ces paroles. Les grands spectres brandis par les hommes des cloîtres et ressuscités par l'art magique de Vautier : Devoir, Sacrifice, surgissaient devant elle, tous farouches, menaçants, agitant des lois, des règles, des usages millénaires. " Je ne pense qu'à moi, disait l'enfant, je suis une égoïste ! " Pour lutter contre ces ombres terribles, elle n'avait que son pauvre amour éclos du matin, sa frêle aspiration personnelle à l'harmonie du monde. Rien, en somme, si l'on songeait aux vieilles puissances en jeu. »

58. Volonté, attention, personnalité. — Toutefois, ces divers facteurs ne constituent encore que les éléments de l'activité volontaire. La volonté est ailleurs : elle est, dit Fr. PAULHAN[d], « une synthèse », et cette activité de synthèse n'est pas, ainsi qu'on l'a déjà dit (t. I, § 51), foncièrement différente de l'attention. Il est tout à fait inexact, en effet, de comparer, comme on le fait parfois, la volonté à une balance qui penche nécessairement du côté du poids le plus lourd, c'est-à-dire du « motif prédominant ». Ainsi que l'observait déjà RIBOT[a], « le motif prépondérant n'a d'efficacité qu'autant qu'il est *choisi*, c'est-à-dire qu'il entre à titre de partie intégrante dans la somme des états qui constituent le *moi* à un moment donné ». Autrement dit, il n'y a pas de motif prédominant *en soi*. Dans le plateau de la balance, un poids a toujours la même force. Au contraire, dans l'acte volontaire, on ne peut toujours prévoir quel motif l'emportera ;

car une représentation ne devient puissante que grâce à l'*attention* que nous lui donnons. Par exemple, si nous pensons vaguement l'idée du Devoir, elle demeurera bien faible en présence du désir qui nous sollicite, peut-être avec toute la chaleur de l'instinct ou de l'affectivité. Elle deviendra très forte au contraire, si nous faisons en sorte qu'elle évoque en nous toutes sortes *de résonances morales*, *de souvenirs*, *de sentiments*, qui viendront la vivifier et la renforcer : il suffirait, dans certains cas, que nous pensions à la peine que nous ferons à nos parents en agissant mal, pour que nous conservions la maîtrise de nous-même. MALEBRANCHE disait que la faute originelle de l'homme avait été la « distraction ». Entendons par là qu'au lieu de se « recueillir » (t. I, § 51 *C*), de faire appel à ses ressources spirituelles, d'être vraiment lui-même, et lui-même tout entier, l'homme consent parfois à rester le jouet du désir qui passe, à se laisser étourdir par la première image de plaisir qui s'introduit du dehors. — L'acte volontaire est, au contraire, celui qui fait intervenir ***toute notre personnalité,*** et c'est pourquoi il est avant tout *synthèse.* Au lieu de résulter de l'état, peut-être passager (caprice), du *moi* présent, il met en jeu également le *moi passé* (le souvenir d'une faute ou d'une erreur passée peut nous empêcher de la commettre à nouveau) et, en tant qu'il comporte prévision, il s'oriente vers l'avenir. « Le trait dominant du contrôle volontaire est que l'action y est déterminée par la vie passée, et non pas seulement par la situation présente : les actes volontaires d'un homme sont l'expression de son *moi* ; il les régit en être doué de personnalité » (WARREN). C'est pourquoi aussi les hommes supérieurs, les personnalités fortes (qui sont d'ailleurs généralement doués d'une haute puissance d'attention) font autre chose que d'obéir simplement aux « impératifs collectifs ». Ils conquièrent l'***autonomie*** (du grec *autos*, soi-même, et *nomos*, loi : le caprice au contraire est sans loi), la faculté de se gouverner eux-mêmes et d'obéir, non certes à leurs caprices, mais aux ordres qu'ils se donnent à eux-mêmes. C'est qu'ils se sont fait leur propre loi en repensant, d'une manière qui leur est personnelle, les idéaux collectifs et, au besoin, en les transformant pour les dépasser. La volonté est alors à la fois puissance de ***rupture*** et puissance de ***synthèse*** : toutes les grandes « conversions » morales ont consisté à rompre avec le passé pour atteindre à un niveau plus élevé (comparer avec ce qui a été dit de l'invention, t. I, § 143).

Ceci nous explique que l'action volontaire soit à la fois une action ***en prise sur le réel*** et une action ***novatrice.*** Nous avons déjà remarqué (t. I, § 45) que le désir peut, dans bien des cas, demeurer dans le domaine de « l'imaginaire ». La volonté au contraire s'oriente vers l'action *effective* ; elle considère les *moyens*, et non seulement le *but* ;

elle fait partie de ces « conduites expérimentales » (JANET) qui savent s'adapter au *réel* et se modifier, le cas échéant, selon les possibilités qu'il nous offre. Mais, en même temps, elle cherche à le dépasser et c'est pourquoi elle *innove* : un acte authentiquement volontaire est toujours dans une certaine mesure une invention ; il rompt avec l'habitude et la routine ; et cela est vrai même de nos actes les plus humbles : « Pour écrire de notre écriture habituelle, il n'y a pas besoin de volonté ; mais, pour écrire un jour plus fin ou plus gros, il en faut un peu. Parler sur notre ton ordinaire, cela se fait tout seul : parler plus bas pour ne pas fatiguer un malade, cela est l'effet de notre volonté » (MÉLINAND[1]). A plus forte raison, dans les grandes « conversions » auxquelles nous faisions allusion ci-dessus, ce caractère *novateur* est-il évident.

59. L'éducation de la volonté. — La culture de la volonté est donc une œuvre de longue haleine et qui met en jeu quantité de facteurs.

A. Dans la mesure où il existe des conditions physiologiques de la volonté, il est nécessaire d'abord de maintenir l'***organisme,*** par une hygiène et des exercices appropriés, dans cet état de fonctionnement normal et harmonieux qui est la condition de toute volonté bien équilibrée : l'homme qui est l'esclave de ses nerfs ou de son foie, ne saurait être une volonté forte.

B. Il y a encore quelque chose d'organique dans l'activité volontaire, en ce sens qu'elle repose sur un fonds de ***bonnes habitudes*** (§ 54). Pour que la volonté puisse s'appliquer à des tâches de plus en plus hautes, il est nécessaire que certaines conduites élémentaires (habitudes d'ordre, de tempérance, de respect de la personne d'autrui, etc.) ne soient plus remises en question. L'*automatisme* est, ici comme ailleurs (§ 48 *B*), la condition du progrès ; mais il va de soi qu'il n'est pas une fin et qu'il doit être dépassé.

C. En vue précisément de se libérer de l'automatisme, il y a lieu de développer en soi la ***puissance d'inhibition.*** W. JAMES[c] conseille, à ce propos, de « maintenir vivante en soi la faculté de l'effort en la soumettant chaque jour à un petit exercice sans profit » et de pratiquer, gratuitement, sans autre but que l'exercice même de la volonté, « le renoncement dans les petites choses ». Se priver de fumer pendant toute une journée est un acte sans grande portée apparente : il peut contribuer cependant à nous maintenir capables de *briser* la tyrannie de l'habitude (voir § 49 *B*). « Toute force psychologique, écrit Jules

---

1. Camille MÉLINAND, philosophe français, 1865-1951.

Payot[b], est dangereuse pour notre volonté si elle agit dans le même sens que la paresse, et avantageuse si elle agit en sens contraire. »

D. Un élément important est, on l'a vu, l'élément ***intellectuel, représentatif.*** Il faut s'habituer à *voir clairement le but* : « Il est certain, écrit Descartes, que d'une grande lumière dans l'entendement suit une grande inclinaison dans la volonté. » Les volontés faibles sont souvent des esprits confus ou brouillons, qui ne savent même ce qu'ils veulent. Mais il ne suffit pas de voir le but, *il faut songer aux moyens.* On verra bientôt que les volontés faibles sont souvent aussi celles qui visent trop haut. A. Maurois rapporte ce mot de Saint-Évremond sur Catilina : « Esprit trop vaste pour se fixer à des desseins proportionnés aux moyens de les faire réussir. » Au contraire, ajoute le même écrivain, « quand un grand homme d'action conçoit parfaitement son objectif *et les moyens qu'il emploiera pour l'atteindre,* on peut presque dire qu'il l'a atteint. Nos idées peuvent devenir des faits ».

E. Dans le même ordre d'idées, il faut développer en soi la ***puissance d'attention,*** dont on a vu d'ailleurs combien elle est liée de près à la volonté. On s'habituera donc à fixer *rapidement* et *fortement* son attention. On fuira au contraire la rêverie vague, le vagabondage mental, la dispersion d'esprit (c'est une habitude déplorable, par exemple, que de travailler en écoutant un poste de radio ou en pensant à autre chose).

F. On n'oubliera pas non plus que le ***sentiment*** est un des moteurs les plus puissants de la volonté. On cultivera donc en soi les sentiments nobles et élevés. On s'efforcera de conserver intacte une certaine faculté d'enthousiasme, et l'on se tiendra en garde contre ce scepticisme dissolvant et cette attitude blasée qui aboutissent à l'impuissance de la volonté.

G. On se souviendra enfin que, comme l'a montré Ch. Blondel , la volonté a quelque chose de ***social.*** Il sera donc bon de s'attacher à *un grand idéal humain* et de l'entretenir vivant en soi par l'action collective, le travail en équipe, les cérémonies et fêtes où s'exaltent les grands sentiments dont il vient d'être question. On veillera cependant avec le plus grand soin à ne jamais abdiquer, dans cette adhésion, son autonomie ni son jugement propre.

60. Les troubles de la volonté. — Beaucoup de conditions seraient donc requises pour que la volonté fût parfaite. Aussi bien celle-ci apparaît-elle comme un idéal plus que comme une réalité. En fait, la volonté humaine est sujette à bien des ***défaillances,*** voire à des insuffisances nettement ***pathologiques.***

A. Les défaillances de la volonté. 1° On a vu que, parmi les conditions de l'acte volontaire, l'une, fondamentale, est l'*inhibition*. Or il peut y avoir, en certains cas, ***excès d'inhibition***. Parmi ces « inhibés », on peut, avec Mme FAVEZ-BOUTONIER[h], ranger *l'idéaliste* chez qui la recherche d'un idéal inaccessible « sert de prétexte pour écarter toute possibilité d'action »[1] ; le *logicien* dont la logique impitoyable « démontre à l'avance l'inanité de toute entreprise » ; le *pessimiste* pour qui « tout est vain, rien n'est efficace » ; le *prisonnier volontaire* qui se dresse des barrières, matérielles ou morales qui ne sont en réalité que « le système de défense à l'abri duquel il peut se donner l'illusion de vouloir » ; l'*ironiste* qui a besoin, pour agir, de « ne pas avoir l'air de se prendre au sérieux » ; et enfin l'*ennemi du temps* qui tantôt « a le temps devant lui » et diffère, parfois toute sa vie, d'agir, tantôt « est l'homme toujours en retard et qui n'a jamais le temps de rien faire » (voir *Exercice* 6). — 2° L'***automatisme*** est un des instruments de la volonté, mais il peut envahir toute la vie de l'homme. C'est ce qui arrive chez les *routiniers* qui « tournent dans le même cercle, font les mêmes choses, n'ont ni le désir ni le goût ni le pouvoir de chercher du nouveau » (MALAPERT). — 3° RIBOT a imputé certaines défaillances de la volonté à ***« un affaiblissement général de la sensibilité »***, dû lui-même à une « dépression dans le *tonus* vital ». Ce qui fait alors défaut, selon lui, c'est « la possibilité d'être ému ». Mais, comme l'a montré P. JANET à propos des psychasthéniques, il s'agit bien moins en pareil cas d'une disparition totale de la sensibilité que d'une incapacité de « s'élever à ce niveau psychologique où les sentiments personnels ont un sens » (BOUTONIER[h]). — 4° La volonté, avons-nous dit, implique des éléments intellectuels. Mais, chez les *hésitants*, les *irrésolus*, ***l'excès de réflexion*** peut aussi la débiliter. C'est ainsi qu'on a dépeint l'intellectuel « incapable de se décider et d'agir » parce qu' « en présence d'une résolution à prendre, il voit avec perspicacité toutes les raisons pour ou contre » (Lucien POINCARÉ). Dans son *Journal intime*, l'écrivain suisse AMIEL se plaint d'avoir « la terreur de l'action », et cela vient, dit-il, « du développement excessif de la réflexion qui a réduit à presque rien la spontanéité, l'élan, l'instinct et par là même l'audace et la confiance ». — 5° La volonté comporte aussi des ***éléments sociaux***. Aussi est-elle presque nulle chez ceux que Ch. BLONDEL appelle les *réfractaires*, ceux qui vivent en marge de la société, chez les *irréguliers* qui n'ont jamais su s'astreindre à une occupation suivie ; elle demeure faible chez ceux qui n'ont pas de *tâche sociale* bien définie : « L'homme du monde, inhabile à toute profession et l'homme de peine, ignorant de toute technique, sont, dans la société moderne les deux grands débiles de la volonté » (BLONDEL[e]). Mais la volonté peut aussi demeurer déficiente par *excès d'intégration au groupe*. Tels sont les « dépendants » dont parle J. BOUTONIER[h] : le *soumis* qui « ne s'émancipe jamais de sa famille » et qui « recule effrayé à la moindre audace », n'osant

---

1. « L'homme qui ne réussit pas », dit le psychologue américain Kurt LEWIN, est parfois « celui qui place son but trop bas, au-dessous même de ce qu'il a déjà obtenu. » Mais c'est bien souvent aussi celui qui « se fixe un but très au delà de ses possibilités. Cette dernière conduite, ajoute-t-il, est assez fréquente ; elle se traduit alors par la proclamation ostentatoire de buts élevés sans efforts sérieux pour les atteindre. Il peut se faire aussi que l'individu poursuive à l'aveuglette son but idéal en perdant de vue ce qui est réalisable dans sa situation présente. Concevoir des buts élevés et y demeurer fidèle, mais avoir en même temps le sens du réel et maintenir le plan de l'action prochaine dans les limites du possible, tel est, semble-t-il, un des principaux objectifs en même temps qu'un critère d'un bon moral ».

rien changer à ses traditions ; le *révolté* qu'il ne faut pas confondre avec le réfractaire et qui est un « dépendant » à sa manière, en ce sens qu'il se borne à prendre le contrepied de ses anciennes attitudes ; celui chez qui *alternent l'obéissance et la révolte*, ce qui ne fait que traduire ses « vaines et pitoyables tentatives pour se libérer de lui-même » ; le *révolté verbal*, proche parent du « rouspéteur » et qui finit comme lui par se soumettre, mais en s'insurgeant en paroles contre ses propres décisions ; enfin le *forçat du vouloir* qui ne sait vouloir que « forcé et sous la pression des circonstances », tels ces écrivains (Nerval, Baudelaire, etc.) qui ne travaillent que harcelés par leurs éditeurs. — 6° Mais le cas le plus fréquent est sans doute celui des *instables*, des *incohérents*, de ceux qui, comme l'enfant, demeurent esclaves de leurs *caprices*, et cela par **insuffisance des facultés de synthèse et d'inhibition**. Tels sont ces « déréglés » (J. Boutonier[h]) : le *passionné du vouloir* qui « n'hésite jamais », mais qui est en réalité un inquiet, incapable de modifier sa décision quand les circonstances l'exigent ; le *chimérique* qui « se satisfait de rêves » et dont la volonté « n'embraye pas sur le réel » ; l'*inconstant*, « incapable de persévérer dans ce qu'il entreprend » et que la nouveauté attire toujours ; l'*incorruptible* enfin dont l'intransigeante volonté oppose aux événements une « détermination rigide » et qui, au fond, a trop « peur de mal faire pour oser changer d'avis ».

B. Les maladies de la volonté. Au delà de ces défaillances de la volonté, il y a lieu de placer les cas proprement **pathologiques**, les « maladies de la volonté » jadis étudiées par Ribot[a], qui les avait classées en deux groupes : les impuissances à vouloir *par défaut d'impulsion* ou **aboulies** proprement dites, et les impuissances à vouloir *par excès d'impulsion*. Cette classification a été contestée par Mme Boutonier[h] qui voit plutôt dans le premier cas un *excès d'inhibition*, celle-ci étant non un simple arrêt, mais un **freinage** de l'action, qui peut aussi bien l'empêcher de commencer. — Nous croyons cependant que la distinction de Ribot n'est pas sans fondement. Le Pr H. Baruk[f] a montré qu'il y a, à la base de l'acte volontaire, « une incitation psychique initiale » qui semble « en rapport avec l'activité cérébrale entière, avec des fonctions générales de synthèse ». Or *c'est cette incitation qui fait défaut chez l'aboulique*, d'où « un engourdissement psychique particulier ». — D'autre part, il y a lieu de tenir compte, dans l'interprétation des aboulies, de la considération des **niveaux de comportement** introduite par P. Janet et sur laquelle nous avons si souvent insisté (voir notamment § 13). « Le mot *aboulie*, dit Janet, quand il est employé d'une manière précise, ne désigne pas la suppression d'une action d'un degré quelconque ; il désigne exactement la suppression de l'action *réfléchie*, l'impossibilité de donner à l'acte la forme d'une *décision*, c'est-à-dire d'une volonté ou d'une croyance arrêtées après délibération. Le plus souvent, il y a en même temps chute au degré inférieur, exagération de l'impulsion ou de la suggestion. » On constate en outre chez les psychasthéniques une impuissance à s'élever de la *décision* à l'*exécution*. « Certains sujets n'hésitent pas pour voir le bon parti et pour l'adopter » ; mais, au moment de l'exécution[1], quand il s'agit non plus de formules abstraites, mais d'**actes réels**, « ils sont pris de doutes, d'hésitations », parfois de scrupules étranges. Une malade de

---

1. Dès 1850, le psychiatre belge Guislain écrivait : « Les malades savent vouloir intérieurement, mentalement, selon les exigences de la raison. Ils peuvent éprouver le désir de faire, mais ils sont impuissants à faire convenablement. Leur volonté ne peut franchir certaines limites » (cité par Ribot[a]).

Janet « reste une heure devant une porte à se demander si elle veut entrer et à peser les arguments pour et contre ; elle discute longuement pour savoir si elle veut ou non allumer une lampe ; elle se demande avec anxiété " si elle est dans la bonne voie, dans la voie morale " quand il s'agit de l'acte le plus insignifiant ». Ces troubles de l'action volontaire coïncident presque toujours avec les *pertes du réel* dont il est question, t. I, § 106 *B*. Ce qui prouve qu'en pareils cas ce n'est pas toute action qui est abolie, mais l'action proprement *volontaire*, c'est que ces malades retrouvent leur faculté d'agir sous forme d'un élan instinctif dans certaines circonstances d'urgence ou sous le coup d'une émotion forte[1]. — Mais il existe aussi des malades par « excès d'impulsion », comme disait RIBOT[a], ou plutôt par *carence de l'inhibition*. Dans son *Roman russe*, E.-M. DE VOGÜÉ remarque que, « dans nos cerveaux mieux gouvernés, ces larves de cauchemar (que sont les impulsions) n'arrivent presque jamais à la vie de l'action », tandis que, dans les cerveaux russes, elles aboutissent fréquemment à l'acte, et il cite à l'appui ce passage de TOLSTOÏ : « Quand la pensée ne contrôle plus chaque impulsion de la volonté, je comprends l'enfant inexpérimenté qui, sans hésitation, sans peur, avec un sourire de curiosité, allume et souffle le feu sous sa propre maison, où dorment ses frères, son père, sa mère, tous ceux qu'il aime tendrement. Sous l'influence de cette éclipse temporaire de la pensée, un jeune paysan de dix-sept ans contemple le tranchant fraîchement aiguisé d'une hache, sous le banc où dort son vieux père : soudain il brandit la hache et regarde avec une curiosité hébétée comment le sang coule, sous le banc, de cette tête fendue. »

Comme les simples défaillances de la volonté, ces cas pathologiques nous paraissent confirmer notre interprétation de la volonté comme une ***fonction de synthèse*** capable ***d'actions réfléchies où s'équilibrent impulsion et inhibition***.

SUJETS DE TRAVAUX

Exercices. — 1. *Étudier l'emploi du mot* vouloir *dans les citations suivantes* : « Qui veut également tout ce qu'on lui propose Dans le secret du cœur souvent veut autre chose » (CORNEILLE), « M. de Beaufort et Mme de Montbazon ne voulaient proprement rien à force de tout vouloir » (RETZ), « La profonde obscurité du cœur de l'homme qui ne sait jamais ce qu'il voudra, qui souvent ne sait pas bien ce qu'il veut » (BOSSUET), « Vouloir est une action par laquelle nous poursuivons le bien et fuyons le mal » (LEIBNIZ), « J'ai toujours la puissance de vouloir, non la force d'exécuter » (ROUSSEAU), « Je ne veux pas d'un monde où tout change, où tout passe » (LAMARTINE), « ...La fatale option qu'on appelle un vouloir » (SULLY-PRUDHOMME), « Vouloir véritablement, c'est vouloir ce qu'on ne veut pas » (RENOUVIER), « L'analyse à laquelle nous recourons [à propos du *cogito*] est moins une preuve dialectique qu'un élan incoercible et pourtant consenti de notre volonté, à la fois voulante et voulue, malgré les apparences qui opposent

1. RIBOT[a] cite le cas d'un aboulique total qui recouvra son énergie pour porter secours à une femme écrasée et qui fut guéri à la suite de l'émotion que lui causèrent les journées de juin 1848.

parfois une volition verbale à une volition réelle » (Maurice BLONDEL). — 2. *Que pensez-vous de cette opinion du philosophe italien B. Croce :* « L'intention et la volition coïncident complètement : cette distinction, suggérée d'ordinaire par le désir de justifier l'injustifiable, est tout à fait arbitraire »? — 3. *Observez ce qui se passe dans votre esprit quand vous dressez un plan d'action, par exemple pour l'emploi de vos vacances.* — 4. *Analysez la délibération volontaire telle qu'elle est décrite dans les stances du* Cid, *dans le monologue d'Auguste de* Cinna, *dans la « tempête sous un crâne » des* Misérables (1re p., l. VII, chap. III). — 5. *Analysez la mise à exécution d'une de vos décisions : est-elle toujours conforme à ce que vous aviez projeté ?* — 6. *Commentez cet aveu d'Amiel :* « J'aime à être dispensé, par le hasard ou par l'impossible. Le *trop tard* est d'intelligence avec mon apathie et je ne redoute qu'en apparence de voir partir sans moi le steamer, le wagon, l'occasion et l'allégresse » *et cet autre de Jean Cocteau :* « J'ai une crainte superstitieuse de la mise en marche, que j'ai toujours peur de mal engager. Cela me donne une paresse et ressemble à ce que les psychiatres appellent angoisse de l'acte » (cités par G. BERGER, *Traité pratique d'analyse du caractère*).

Exposés oraux. — 1. *Le « fiat » volontaire et l'effort dans la volonté,* d'après W. JAMES*. — 2. *Les phases de l'évolution de la volonté,* d'après J. BOUTONIER*, chap. II, § *C*. — 3. *L'éducation de la volonté,* d'après J. PAYOT*.

Discussions. — 1. *Est-il vrai que la délibération est toujours « truquée »* (voir § 53) ? — 2. *Volonté et impératifs sociaux (cf. ce texte de Mme Boutonier :* « La théorie de Ch. Blondel [cf. § 57] considère comme normale, définitive et universelle une forme de la volonté qui certes existe, mais correspond selon nous soit à un arrêt du développement personnel, soit à une composante nullement exclusive de la volonté).

Lectures. — *a.* *Th. RIBOT, *Les Maladies de la volonté,* Alcan, 1883, nombreuses rééd. — *b.* *Jules PAYOT, *L'Éducation de la volonté,* Alcan, 1894, rééd. — *c.* *W. JAMES, *Précis de Psychologie,* Rivière, 1909, rééd. 1949, chap. XXVI. — *d.* Fr. PAULHAN, *La Volonté,* Doin, 1910. — *e.* *Ch. BLONDEL, chap. Les *Volitions,* dans le *Nouveau Traité* de Dumas, P. U. F., 1939, t. VI, p. 317. — *f.* H. BARUK, *Le Problème de la volonté,* dans le *Journal de Psych.,* 1939, p. 397. — *g.* Léon DUPUIS, *Les Aboulies sociales,* P. U. F., 1940. — *h.* *Juliette BOUTONIER. *Les Défaillances de la volonté,* P. U. F., 1945. — *i.* Paul RICŒUR, *Philosophie de la Volonté,* 3 vol., Aubier, 1960. — *j.* Paul DIEL, *Psychologie de la motivation,* P. U. F., nouv. éd., 1962. — *k.* FRAISSE et PIAGET, *Traité de Psychologie expérimentale,* fasc. V : *Motivation et Personnalité,* par NUTTIN, FRAISSE et MEILI, P.U.F., 1963.

chapitre VII

LE MOI ET SA VIE INTIME

SOMMAIRE

61. Le moi et le monde extérieur. — Nous avions déjà noté l'existence, en nous, d'un « courant de conscience » qui se développe dans la « durée » pure (t. I, § 37) et de modes de pensée : inconscient primitif, égocentrisme enfantin, « pensée de rêve », conscience simple et purement associative (tome I, § 39-43), antérieurs à la distinction nette du sujet et de l'objet et à la prise de conscience claire du monde extérieur. L'étude de la perception (chap. V et VII du tome I) nous a montré d'autre part, d'abord que la conscience de l'*objet* comme tel, le sentiment explicite du *réel* ne sont pas des données premières, mais des acquisitions dont on peut retracer la genèse, ensuite qu'il y a corrélation entre le sujet et l'objet à tel point que lorsque, chez certains malades, la conscience de l'objet s'obnubile (t. I, § 110), la conscience que le sujet prend de lui-même s'affaiblit parallèlement : ces malades auxquels le monde extérieur apparaît comme « étrange », « bizarre », « irréel » sont aussi ceux qui déclarent se sentir « autres » ou « étrangers » à eux-mêmes (§ 79). Tout ceci ne nous laisse-t-il pas présumer que la personnalité vraie, le *moi* devenu pleinement conscient de lui-même n'est pas plus une donnée immédiate de l'expérience intérieure que l'*objet* ou le *réel* de l'expérience externe ? Certes, comme nous l'avons vu dans la description du « courant de conscience », il n'est pas d'« état de conscience » qui ne fasse partie d'un *moi*. Mais ce *moi* n'est pas encore un moi qui se *pense* lui-même ; c'est un moi qui « se laisse vivre » selon l'expression de Bergson ou qui « se laisse être au monde sans l'assumer activement » comme dit M. Merleau-Ponty ; c'est donc un moi non encore structuré ou organisé et qui reste très loin de cette synthèse supérieure qu'est la personnalité proprement dite. Si l'on s'y trompe parfois, c'est que l'on confond *personnalité* et *individualité*. La notion d'*individu* ou d'*individualité* est une donnée de la vie organique (t. I, § 273), en ce sens que tout être vivant forme un tout *indivisible* et *original*. L'homme est un individu par son corps, son tempérament et son « naturel », c'est-à-dire par sa constitution physiologique propre et par la forme que celle-ci impose à ses dispositions psychiques. Mais la *personnalité* est tout autre chose : son étude se placera au chapitre VIII, au niveau des fonctions de régulation et de synthèse de la vie psychique. — Ici nous étudierons seulement le moi *vécu*, celui qui est encore, en grande partie, le reflet de l'individualité.

62. Le moi de la Psychanalyse. — Il nous faut revenir d'abord sur la description qui a été donnée du moi par la Psychanalyse et spécialement par son fondateur S. Freud (fig. 13). Il est incontestable que, si aventureuse qu'elle soit par certains côtés, cette description, en mettant en relief l'action en nous des ***forces inconscientes***, « a modifié profondément l'image traditionnelle de l'homme, et cela d'autant plus que cette mise en relief a surtout placé à l'avant-plan les besoins dits *inférieurs* » (J. Nuttin), d'autant plus aussi que la Psychanalyse, primitivement orientée vers l'étude et surtout le traitement des cas pathologiques, a ensuite tendu de plus en plus à effacer toute limite entre le *pathologique* et le *normal*, si bien que « l'homme normal fut annexé, lui aussi, au domaine de la psychologie profonde » (Id.). — On considérait jusqu'ici, dit Freud lui-même, que tout ce qui est psychique est conscient, et réciproquement[1] : or c'est ce que « nie énergiquement » la Psychanalyse ; pour elle, « la conscience ne constitue pas l'essence du psychique ».

A. Tout au contraire, le fond de la personnalité est constitué, selon Freud[e et f], par un ensemble de forces inconscientes qu'il appelle des « instincts » et qui constituent le ***soi*** ou le ***ça*** (allemand : *Es*). Sur la nature de ces instincts, Freud a varié. Il avait d'abord distingué l'*instinct sexuel* et l'*instinct du moi* (*Ichtrieb*) en mettant

1. Il importe cependant d'insister sur le fait que ce n'est pas Freud qui, comme beaucoup semblent le croire aujourd'hui, a « découvert » l'inconscient.

d'ailleurs fortement l'accent sur le premier. Pour lui, l'instinct sexuel se confond avec la *libido*, c'est-à-dire avec la recherche du plaisir sensuel en général ; il comprend même tout ce qui se rattache à la tendresse et aux témoignages d'affection. Aussi Freud a-t-il pu soutenir, d'une part, que la sexualité existe déjà chez le tout jeune enfant, par exemple quand il éprouve du plaisir à sucer son pouce (stade « oral »), d'autre part, que l'*instinct du moi* peut se rattacher lui aussi à la *libido*, celle-ci étant d'abord dirigée vers le moi propre sous la forme du *narcissisme* avant de devenir la libido « objectale », c'est-à-dire tournée vers un objet extérieur. — Dans ses derniers ouvrages, les deux instincts fondamentaux deviennent l'*Erôs* ou instinct d'amour, qui englobe la sexualité, l'amour et la conservation de soi, l'amour « objectal » et la conservation de l'espèce, qui est donc conservateur et constructeur, et l'*instinct de mort* qui est destructeur et qui, dirigé d'abord vers le moi lui-même, se manifeste ensuite au dehors sous forme d'*agressivité*. Toutes les *pulsions* organiques qui agissent à l'intérieur du *soi* résultent de la fusion, en proportions variables, de ces deux instincts fondamentaux. Elles tendent uniquement à leur satisfaction, ***sans tenir compte du réel***. Le *soi* est « retranché du monde extérieur ».

(Phot. Roger Viollet.)

Fig. 13. — SIGMUND FREUD. 1856-1940.

B. La seconde instance psychique est le ***moi***, qui n'est pas autre chose que la partie du soi qui a été modifiée par le contact avec l'extérieur ou la « réalité ». « L'intérieur du moi, qui comprend avant tout les processus cogitatifs [intellectuels], possède la qualité de *préconscience* », c'est-à-dire qu'il s'agit de processus inconscients en principe, mais « capables de devenir conscients ». Il est important de noter en effet qu'à l'origine selon FREUD[1], le *soi* (ou le *ça*), « englobait tout... Le moi s'est développé à partir du *ça* sous l'influence persistante du monde extérieur ». Le rôle du moi consiste à « intercaler, entre l'exigence instinctive et l'acte propre à la satisfaire, une activité intellectuelle ». Le jugement, écrit Freud, nous montre « la naissance d'une fonction intellectuelle à partir du jeu des impulsions instinctives primaires » ; et sa polarité correspond à l'opposition des deux instincts fondamentaux : « L'affirmation, comme succédané de l'union au *moi*, à l'Erôs ; la négation, conséquence de l'expulsion hors du *moi*, à l'instinct de destruction. »

C. Il existe enfin un troisième secteur de la personnalité que Freud a appelé le ***moi-idéal*** ou ***sur-moi.*** Ce sur-moi qui « surveille le moi, lui donne des ordres, le dirige et le menace de châtiment » exactement comme les parents dont il a pris la place », qui, dans son rôle de justicier, nous apparaît comme notre *conscience*, est un substitut du pouvoir du *père* dont l'image, avec celle de sa toute-puissance, de ses exigences et de sa sévérité, a hanté l'esprit de l'enfant : c'est donc une formation d'origine *sociale*. C'est ce *sur-moi* qui élève à un niveau supérieur nos besoins organiques et est donc la source de la ***sublimation,*** c'est-à-dire de la transposition de la *libido* sur le plan spirituel, et Freud s'est efforcé d'expliquer ainsi bien des œuvres littéraires ou artistiques, voire, dans ses derniers livres, la religion elle-même.

C'est aussi le sur-moi qui exerce la fonction de ***censure*** sur les désirs, souvenirs, sentiments indignes de parvenir à la conscience, notamment les désirs et images sexuels, et les ***refoule*** dans l'inconscient. FREUD[f] avait d'abord attribué cette double fonction au *moi* préconscient : « Durant son développement, écrivait-il, le moi jeune et faible a repoussé dans l'inconscient certains contenus qu'il avait déjà intégrés et s'est comporté de la même façon à l'égard de nombre d'impressions nouvelles qu'il aurait pu recueillir, de sorte que ces dernières, rejetées, n'ont pu laisser de traces que dans le *ça.* C'est cette partie du ça que nous avons appelée le *refoulé.* » Mais, par la suite, Freud a considéré la censure et le refoulement comme des processus *inconscients*, émanant principalement du *sur-moi.* — Le résultat du refoulement est, on le sait, la formation de ces ***complexes*** qui existent en nous à l'état latent et qui, bien souvent, nous gouvernent sans que nous nous en rendions compte. On a vu (t. I, § 42) comment ces complexes font parfois irruption dans notre comportement sous forme d'*actes manqués* (lapsus, oublis, maladresses diverses, etc.) et comment ils sont, d'après Freud, à l'origine de nos ***rêves*** et aussi des maladies mentales.

63. Les limites de la Psychanalyse. — La Psychanalyse a **assurément apporté à la connaissance du moi humain une contribution capitale en poussant celle-ci** ***en profondeur,*** **en nous révélant**

sous le revêtement du moi rationnel et volontaire, ***tout un fond d'irrationnel et d'instinctif,*** qui nous gouverne parfois plus puissamment que les idées claires. Nous porterons également à son actif cette notion d'une région inférieure du moi — le *soi* ou le *ça* — qui demeure ***enfermé dans sa propre sphère,*** en marge du réel, notion qui se rapproche de celles de l'*autisme* et de l'*égocentrisme* dont nous avons montré ci-dessus l'importance (voir t. I, § 40 *fin*).

Ceci posé, il faut se hâter d'ajouter que, telle que l'a exposée FREUD, la Psychanalyse contient des thèses inacceptables. — 1° De cette *région inférieure du moi* qu'elle nous a, en partie, révélée, elle nous présente un ***tableau excessivement simplifié*** et, en définitive, ***faussé*** en réduisant toutes ces tendances, si variées et si riches, qui constituent la nature humaine (chapitre II), à deux « instincts » fondamentaux, d'ailleurs fort mal définis. Encore a-t-on vu que Freud, tout en se défendant de soutenir un « pansexualisme » absolu, a en fait ramené ces deux instincts à des manifestations plus ou moins directes de la ***sexualité,*** celle-ci comprenant même des éléments d'*agressivité.* Certes Freud lui-même a déclaré qu'il employait le mot *sexualité* « en un sens beaucoup plus large que l'usage ne le requiert », nullement comme synonyme de *génitalité.* Mais, comme le remarquait Claparède (cité par BLONDEL[1]), élargir ainsi le sens du terme, c'est « ne plus savoir ce que parler veut dire » (cf. *Exercice* 2). N'est-il pas arbitraire d'y englober tous les sentiments tendres, et qu'y a-t-il de « sexuel » dans la tendance du nouveau-né à sucer son pouce?

2° Tort plus grave encore : le freudisme a ***faussé la notion que nous pouvons nous faire de la personnalité humaine*** en s'efforçant de la réduire, au moins en dernière analyse, à ce fond instinctif ainsi grossièrement déformé. De même que le *moi* s'est développé à partir du *soi*, le *sur-moi* lui-même, selon Freud, a son origine dans le « complexe d'Œdipe » (crainte du père) et les formes supérieures de la spiritualité humaine : l'art, la littérature, la morale — « l'impératif catégorique de Kant [voir chapitre XV] est l'héritier direct du complexe d'Œdipe », — la religion même ne sont que des « sublimations » de la *libido.* Le refoulement, d'abord considéré comme conscient, a été attribué ensuite à l'inconscient. N'est-ce pas là méconnaître cette notion des *niveaux* de comportement et des *plans* de conscience que nous avons reconnue si essentielle? Il n'est donc pas surprenant que le freudisme ait méconnu en même temps le rôle des facteurs *culturels* et *sociaux* dans l'évolution du psychisme.

3° Du point de vue *moral* enfin, il n'était sans doute pas inutile de nous faire savoir qu'il existe au fond de nous-mêmes tout un monde de pulsions instinctives qui, de soi, échappent au contrôle de la raison et de la volonté. Mais il eût fallu ajouter que ce monde du psychisme inférieur ne peut s'intégrer à la personnalité vraie que *moyennant un tel contrôle*, dans lequel Freud a dénoncé au contraire la source principale des névroses ! On s'explique que certains auteurs, et non des moindres, aient cru par suite devoir dénoncer les ***dangers moraux*** de la Psychanalyse ainsi comprise, d'autant plus qu'on en a tiré parfois des applications bien imprudentes (tome I, § 307).

64. L'évolution de la Psychanalyse. — Au reste, les *développements ultérieurs* de la Psychanalyse ont élargi son horizon et l'ont, en grande partie, libérée du dogmatisme freudien (voir tome I, *ibid.*). Non seulement Alfred ADLER (1870-1937) et Carl Gustav JUNG (1875-1961) ont mis l'accent, non plus sur la sexualité, mais le premier sur la « volonté de puissance » et le ***complexe d'infériorité*** qui résulte de ses échecs, le second sur « l'inconscient collectif » constitué par les ***archétypes*** ou images ancestrales, que figurent parfois les symboles mythologiques, de sorte que, grâce à eux, « la Psychanalyse semble avoir dépassé le stade d'un *pansexualisme* qui eût pu naître dans l'imagination d'un obsédé » (LHERMITTE). Mais, en Amérique, l'école de la *psychodynamic personality analysis* a restauré la notion de ces facteurs sociaux, ethnologiques, historiques, *culturels* en un mot, qui avaient été si étrangement méconnus par Freud (voir BASTIDE[m]).

Cette école a posé la notion de la *personnalité de base* (voir DUFRENNE[o]), façonnée par les conditions du milieu et la structure de l'organisation sociale, et sur laquelle vient se greffer le *caractère*, c'est-à-dire ce qui constitue l'originalité de l'individu (A. KARDINER, R. LINTON, etc.). Elle a établi, comme l'avaient déjà fait l'ethnologue B. MALINOWSKI et le psychanalyste Erich FROMM, que le « complexe d'Œdipe », loin d'être universel, *dépend de certaines situations sociales et familiales* : il n'existe pas chez les Orientaux ni, chez nous, dans les classes populaires. On a vu au t. I, § 34, comment Margaret MEAD a montré que même les différences psychologiques entre les sexes se trouvent sous l'influence du genre de vie social.

Ainsi, le rapport si arbitrairement posé par Freud se renverse : loin de tout expliquer dans le psychisme humain par certains « instincts » de base, on en vient à admettre qu'au contraire ce sont ces tendances fondamentales qui sont souvent « modelées » par l'ambiance sociale. — Toutefois, il nous semble que, même ainsi conçue de façon plus large, ***la Psychanalyse n'est pas et ne peut pas être une théorie de la personnalité totale*** : elle est seulement, ainsi que Freud lui-même l'avait reconnu dans un écrit de 1923, une « science de l'inconscient », une psychologie du *soi*, c'est-à-dire des régions les plus inférieures du moi.

65. Le moi des rêves. — Une autre instance qui nous permettra de pénétrer dans ces régions inférieures est celle du ***rêve.*** Le rêve en effet n'est pas un simple défilé d'images qui se dérouleraient au hasard dans notre conscience pendant le sommeil. Il a sa structure propre ; il est même capable, on le verra, d'invention et de composition, et nous aurons à étudier ses procédés et son architectonique. C'est même, comme l'a observé J.-P. SARTRE[l], ce qui le distingue des *visions hypnagogiques* que nous avons étudiées au tome I (§ 106 *A*) : « Une image hypnagogique est isolée, coupée des autres images ; les visions préoniriques sont sans passé, sans avenir, il n'y a *rien* derrière elles ou à côté d'elles. » Un rêve, au contraire, c'est toute une *action* ou tout au moins un *spectacle*, que nous vivons, qui a un avant et un après, qui comporte souvent plusieurs scènes. C'est pourquoi on peut dire qu'il existe un ***moi onirique,*** un ***moi des rêves,*** et l'étude de ce *moi* fait donc partie de la connaissance de soi.

66. La matière des rêves. — Les rêves sont essentiellement faits d'images (tome I, § 122), de représentations sensibles analogues aux sensations de l'état de veille, mais généralement beaucoup plus floues et beaucoup plus mouvantes. Il semble que la prédominance appartienne de beaucoup aux images *visuelles*, celles-ci étant cependant le plus souvent assez pauvres en couleurs : sauf exception, ce sont des visions « dont la coloration se rapproche plutôt de celle que nous offre un tableau de Carrière que de l'éclat dont s'enrichit une toile de Delacroix » (LHERMITTE[k]). Les images *auditives* sont moins fréquentes, mais ne sont pas exclues : nous pouvons, par exemple, entendre en rêve la voix d'une personne connue. Assez rares sont les images du *goût* et de l'*odorat* : Brillat-Savarin, l'auteur de la *Physiologie du goût* (1825), soutenait même que, « si l'on rêve d'un parterre de fleurs ou d'un repas, on voit les fleurs sans en sentir le parfum, les mets sans les savourer ».

D'où viennent ces images ? La pensée du dormeur n'est pas complètement isolée de son *corps* ni du *monde extérieur*. Aussi *sensations internes* et même *externes* sont-elles à l'origine de nombreux rêves.

Exemples de rêves provoqués par les sensations internes. BACON remarquait que les hypocondriaques rêvent qu'ils sont sur mer, ballottés par les flots. Une gêne de la respiration provoque des cauchemars. Les personnes qui, à la suite de privations, souffrent de la faim ou de la soif, rêvent de repas pantagruéliques ou de boissons rafraîchissantes. La *position générale du corps* donne lieu à des rêves fort curieux par la *transposition analogique* qui s'y opère. Un dormeur rêve qu'il cherche en vain à égaliser deux piles de pièces d'or : il s'aperçoit, en s'éveillant, qu'une de ses jambes étant retenue par la couverture, ses deux pieds ne pouvaient se placer au même niveau. Un autre qui a les bras croisés au-dessus de la tête, rêve de croix, de carrefours à angle droit, de bancs aux pieds croisés. Les *rêves de chute* ou *de vol* ont probablement leur origine dans le fait qu'étant couchés, nous ne sentons plus le poids de notre corps sur la plante des pieds ou que nos sensations labyrinthiques sont modifiées. — Ce sont le plus souvent ces sensations internes qui expliquent les rêves dits *prémonitoires.* Les exemples abondent : A. de Villeneuve rêve qu'il est mordu à la jambe par un chien ; quelques jours après, cette jambe est envahie par un ulcère. C. Gesmer se croit piqué au côté gauche par un serpent ; peu après, au même point, se développe un anthrax, dont il meurt (d'après Ribot). Teste, médecin de Louis-Philippe, rêve qu'il est frappé d'apoplexie ; trois jours après, il succombe à une attaque. Une jeune fille a des cauchemars où elle se voit entourée de flammes et de sang ; un an après, on lui découvre une insuffisance cardiaque grave et progressive (d'après Lhermitte*). Dans tous ces cas, un mal préexistant, mais qui n'est pas perçu à l'état de veille, est ressenti sourdement pendant le sommeil et détermine le rêve.

Exemples de rêves provoqués par les sensations externes. Les *contacts* éprouvés par le dormeur provoquent parfois des rêves étranges : tel Descartes qui, piqué par un insecte, rêve qu'il a la poitrine traversée par une épée ; tels cet autre dont la tête est serrée par un bonnet de nuit et qui se sent scalpé par les Peaux-Rouges, cet autre encore qui, ayant les pieds contre une cruche d'eau chaude, croit se promener sur le cratère d'un volcan. Les *odeurs* sont pareillement évocatrices : un dormeur à qui l'on fait respirer un flacon d'eau de Cologne, rêve qu'il se trouve dans une parfumerie du Caire. Les sensations de *l'ouïe* sont à la source de nombreux rêves. On frappe des pincettes avec des ciseaux : le dormeur croit entendre un bruit de cloches, qui devient bientôt le son du tocsin, et rêve finalement des émeutes de juin 1848. Bergson* raconte qu'il se voit en songe à la tribune, haranguant une assemblée, qui devient houleuse et bientôt le conspue : au moment où il s'éveille, il réussit à saisir la coïncidence des cris : « A la porte ! à la porte ! » de son auditoire imaginaire avec les « Ouâ, ouâ » très réels d'un chien qui aboie dans la cour. Même les sensations *visuelles*, si faiblement qu'elles se produisent à travers les paupières closes, provoquent des rêves de feu ou de sang quand une lumière subite apparaît dans la chambre ou que le soleil y pénètre à travers des rideaux rouges, des rêves poétiques ou tendres lorsque c'est la clarté lunaire qui frappe les yeux. Beaucoup d'auteurs ont fait jouer un rôle capital aux *phosphènes.* Bergson y voit la « matière sensible » du rêve : une lueur verte parsemée de points blancs devient, en rêve, une pelouse parsemée de fleurs ou un tapis de billard avec ses billes.

Parfois le rêve fait surgir des *impressions sensorielles récentes* auxquelles nous n'avions pas prêté attention à l'état de veille, parfois aussi des *visions de notre enfance* — « ce sont, dit Maine de Biran, les souvenirs ou les tableaux de la première jeunesse qui se retracent souvent dans nos songes avec toute la vivacité et la réalité du senti ment qui les accompagne et qui leur donne tant de charme », — ce qui pose l'important problème, sur lequel nous reviendrons, de la **mémoire** dans le rêve.

Impressions récentes. — Maury[a] cite l'image d'un « monsieur à cravate blanche, à chapeau à larges bords » qui lui apparaissait dans ses rêves. Un jour, il rencontre effectivement cet inconnu dans la rue : il le croisait presque chaque jour sans y faire attention. — Un autre voit en rêve deux lézards auxquels il donne à manger des feuilles d'*asplenium*, plante qui pousse sur les murailles. Bientôt, c'est toute une procession de lézards qui se dirige vers le mur, attirée par cette plante. Plus de dix ans après, il retrouve celle-ci dans un herbier qu'il avait constitué peu avant son rêve et, un autre jour, il aperçoit dans un magazine datant de la même époque une gravure représentant des lézards en troupe dans une forêt.

Visions d'enfance. — Maury[a] rêve qu'il joue, étant enfant, auprès d'un pont et qu'il y voit un homme en uniforme qui lui dit son nom. Renseignements pris auprès d'une vieille domestique, il apprend que, dans son enfance, il avait effectivement joué au bord de la Marne, près du pont de Trilport, et que le garde du port portait le nom en question. — Freud[e] voit en rêve un petit homme borgne, gros, la tête enfoncée dans les épaules, qui lui rend un service. Sa mère lui révèle que cet aspect correspond à celui d'un médecin qui l'avait soigné à l'âge de trois ans.

Toutes ces représentations ont un caractère **hallucinatoire.** Si étranges que soient souvent les images et les scènes du rêve, *nous les prenons pour réelles* ; nous croyons voir, entendre, toucher des objets ou des personnages semblables à ceux de l'état de veille. Remarquons toutefois, avec J.-P. Sartre[l], qu'il n'y a pas, à proprement parler, dans le rêve d'acte d'*affirmation* des images oniriques : « Si la conscience les affirmait comme réalités, elle se constituerait par rapport à elles comme conscience percevante », et l'illusion s'évanouirait. Le rêve est, comme on le verra, un état d'*indifférence* au réel.

67. La structure des rêves. — Étudions maintenant non plus la matière du rêve, son contenu, mais sa *structure*, sa *forme*. — *A*. Le premier caractère qui nous frappe, est son **incohérence.** En rêve, *tout est possible* ; les invraisemblances les plus criantes ne nous arrêtent pas : les choses, les lieux, les personnes sont en même temps eux-mêmes et autres qu'eux-mêmes et parfois se transforment les uns dans les autres. Peut-être même nos rêves sont-ils, en eux-mêmes, *beaucoup plus absurdes encore que nous ne les voyons, étant éveillés.* M. Foucault[g], s'étant astreint à noter ses rêves aussitôt que possible après le réveil, s'aperçut que ceux qu'il notait ainsi étaient d'une incohérence folle, tandis que, s'il ne pouvait les noter que plus tard dans la journée, ils étaient en général beaucoup plus raisonnables. Il apparaît donc que le *moi de la veille* organise le rêve selon sa logique propre et fait disparaître les incohérences que le *moi du sommeil* accepte parfaitement. En réalité, comme le dit Bergson[c], « dans le rêve, nous devenons *indifférents* à la logique, mais non pas *incapables* de logique » : il arrive que nous *raisonnions* tout en dormant et il semble alors que « la faculté de raisonner s'amuse à contrefaire le raisonnement normal ».

B. De même, les cadres de l'***espace*** et du ***temps*** qui d'ailleurs sont liés à notre perception normale du réel (t. I, § 93), se trouvent, en rêve, perturbés et comme désarticulés.

J. Lhermitte[a] rappelle le célèbre *Rêve de d'Alembert* de Diderot où Mlle de Lespinasse déclare avoir eu en rêve l'impression que son corps devenait « immense » tandis qu'on lui cite un autre cas où le sujet se sentait devenir « aussi menu qu'une aiguille » (t. I, § 96 *B*). Quant au *sentiment du temps*, tout ce qu'on peut dire, c'est qu'il est, en rêve, fort capricieux. De certaines observations, il résulte que les images se déroulent parfois dans l'esprit du dormeur à peu près à la même vitesse que le feraient les événements représentés, tandis que, dans d'autres cas, des faits qui exigeraient un temps très long, semblent s'y *contracter* en une vision quasi-instantanée. Tel est le cas du célèbre rêve du guillotiné, raconté par Maury[a1]. Il est probable qu'en pareil cas encore, dans un flux d'images oniriques incoordonnées et qui ont dû apparaître *simultanément*, le *moi de la veille* met de l'ordre en les distribuant selon des relations d'*avant* et d'*après*.

C. Certains rêves reposent sur des *associations purement verbales*. Maury[a] raconte ainsi un de ses rêves qui commence par un *pèlerinage* et qui se continue par une visite à un certain M. *Pelletier*, chimiste, qui lui fait cadeau d'une *pelle* de zinc.

D. Le rôle des éléments ***affectifs*** dans le rêve a été très discuté. Certains psychologues (Vaschide) ont affirmé « l'émotivité intense » du rêve. D'autres au contraire (Rignano) ont caractérisé le rêve par la disparition de l'affectivité. Il règne, en vérité, ici la même ambiguïté qu'à propos des éléments précédents. Il n'est pas douteux que l'atmosphère onirique soit le plus souvent fortement chargée d'affectivité (sentiments de joie, de bonheur, ou bien de crainte, voire de terreur ou d'angoisse). Ce sont des situations affectives qui forment, soit le ***point de départ*** du rêve, soit le ***thème architectonique*** de sa construction, comme dans les deux exemples suivants.

Un sentiment général de fatigue est au point de départ de ce rêve de Ribot : « Une route sans bornes s'étendait devant moi, des montagnes abruptes surgissaient sans cesse, mes yeux se fatiguaient à découvrir la ville désirée ; enfin, pour me renseigner, il me fallait parler une langue étrangère que je possède très mal. » — Un autre a fait une excursion haras-

---

1. L'auteur s'est couché, quelque peu fiévreux. Pendant son sommeil, la flèche de son lit se détache et lui tombe sur le cou. Il s'éveille aussitôt, comme en témoigne une personne assise à son chevet. Il a eu le temps cependant de faire un rêve où il se voit vivant sous la Terreur, assistant à des scènes de massacres, dénoncé comme suspect, comparaissant devant le Tribunal révolutionnaire, condamné à mort, montant dans la charrette fatale et finalement traîné jusqu'à la guillotine dont le couperet lui tombe sur la nuque.

sante dans des rochers de la vallée du Danube et, le soir de son retour, sa propriétaire lui annonce une augmentation de loyer. D'où deux sentiments désagréables, qui se conjuguent pour former le thème d'un rêve où le dormeur se voit obligé d'aller chercher dans la vallée du Danube de gros rochers pour les apporter à sa propriétaire » (Kretschmer).

Mais l'affectivité du rêve est une affectivité, en quelque sorte, désincarnée : elle ne résulte pas *d'un contact ou d'un heurt avec le réel,* comme l'affectivité vraie (ce qui explique l'opinion de Rignano). Comme l'a dit Bergson[c], ***« dormir, c'est se désintéresser »,*** c'est laisser se relâcher cette « attention à la vie » qui caractérise l'état de veille. C'est pourquoi les sentiments éprouvés en rêve sont, selon une remarque de J.-P. Sartre[l], « des sentiments imaginaires, qui ne " prennent " guère plus le dormeur que ce qu'on a coutume d'appeler les *abstraits émotionnels* ».

68. Les procédés de la pensée onirique. — Quant aux procédés de ce qu'on pourrait appeler la « fabulation » onirique (t. I, § 40), Freud[d] en a indiqué trois, qu'on peut dans une certaine mesure considérer indépendamment de l'interprétation générale qu'il a donnée du rêve. Le premier est la ***dramatisation,*** qui consiste dans la transposition de la pensée abstraite en images, surtout visuelles, en scènes plus ou moins organisées, composées, où nous sommes tantôt simples spectateurs, tantôt acteurs. Un autre procédé est le ***déplacement,*** qui remplace un élément du rêve par une allusion ou qui transporte l'accent psychique d'un élément sur un autre, de sorte qu'un élément insignifiant peut y devenir très important. Le troisième est la ***condensation,*** par laquelle le contenu du rêve se trouve réduit, abrégé, alors que les éléments qui lui ont donné naissance sont beaucoup plus riches et divers. Cette condensation se produit souvent par *fusion* : plusieurs objets ou personnages se trouvent fondus en un seul qui présente alors des traits empruntés aux uns et aux autres.

D'une façon générale, il y a dans le rêve ***symbolisation,*** c'est-à-dire substitution au « contenu latent » du rêve de symboles imagés qui en constituent le « contenu manifeste ». On verra bientôt comment Freud et ses disciples ont entendu cette distinction et dans quelles exagérations ils sont tombés. La *symbolisation* n'en reste pas moins, en dépit de ces interprétations risquées, un des procédés fondamentaux de la pensée onirique, comme le montre bien notamment le rêve de Kretschmer.

69. La nature du rêve. — De nombreuses théories se sont efforcées d'expliquer la nature du rêve.

Rappelons seulement qu'Alfred MAURY[a] avait déjà noté la parenté de la pensée onirique avec celle de l'aliéné, en ce sens que l'une et l'autre présentent un phénomène de *scission de la personnalité* : le rêve serait ainsi aussi cohérent *en son genre* que la pensée éveillée ; — qu'Ed. CLAPARÈDE[h] avait proposé une théorie *fonctionnelle* du rêve, celui-ci étant une sorte de jeu, de récréation de l'esprit, dont le rôle serait de « donner libre essor à des tendances que ne satisfont pas les conditions terre à terre de notre existence réelle » ; — qu'YVES DELAGE[i] enfin avait vu dans le rêve une « pensée errante » où ce qui reparaît, ce n'est pas ce qui nous a préoccupés à l'état de veille, mais les mille petits faits *qui y sont passés inaperçus* (cf. le rêve de Maury, p. 129 , premières lignes). comprimés qu'ils étaient « sous le poids d'événements plus graves ».

Nous insisterons davantage sur deux théories plus générales, où d'ailleurs ces indications peuvent venir s'intégrer et qui pourront nous éclairer sur les rapports du rêve avec la vie intime du moi : celle de Freud et celle de Bergson.

A. FREUD[d et e] a eu le mérite d'affirmer que le rêve n'est pas un quelconque défilé d'images incohérentes, mais qu'***il a un sens.*** Deux traits, selon lui, le caractérisent. 1° Il est « *le gardien du sommeil* ». L'état du sommeil est en effet un état d'égoïsme « sans bornes et sans scrupules » où le moi se trouve « débarrassé de toute entrave morale » et où l'intérêt se trouve « tout à fait détaché du monde extérieur ». La vraie cause du rêve n'est pas dans les excitations, internes ou externes, subies par le dormeur ; elle est dans « l'intention de continuer à dormir » et dans la nécessité de préserver le sommeil contre tout ce qui pourrait venir le troubler. — 2° C'est pourquoi le rêve est toujours la ***réalisation d'un désir.***[1]. Ceci peut se constater directement, soit dans nos rêves éveillés, dans la rêverie, qui satisfont toujours un désir de façon imaginaire, soit dans les rêves d'enfants : tel le fameux rêve d'Hermann, le petit neveu de Freud, qu'on avait chargé d'offrir à son oncle un panier de cerises et qui aurait beaucoup préféré les manger ; le lendemain, l'enfant raconte qu'en rêve « Hermann a mangé toutes les cerises ». Chez l'adulte, les choses ne sont pas si simples : même pendant le sommeil, la fonction de *censure* n'est pas totalement abolie. Aussi empêche-t-elle de se manifester clairement à la conscience du dormeur des désirs qui, sans être *toujours* des désirs sexuels, sont cependant « des tendances répréhensibles, indécentes au point de vue éthique, esthétique et social » et

1. On a objecté à cette thèse le cas des rêves *pénibles* ou *angoissants*. Freud a répondu : 1° que la tendance primitive peut elle-même avoir un caractère pénible que sa réalisation imaginaire ne suffit pas à faire disparaître ; 2° que l'angoisse peut résulter du conflit entre la censure et la tendance première. — Malgré tout, Freud nous paraît généraliser abusivement.

qui semblent « remonter d'un véritable enfer ». Ces désirs ne s'y réalisent donc que sous une forme *voilée*, à travers ces ***symboles*** dont il a été question ci-dessus et grâce à tous ces procédés décrits au § 68, auxquels il faut ajouter une *élaboration secondaire* destinée à « transformer en un tout à peu près cohérent les données les plus immédiates du rêve ». Celui-ci apparaît ainsi comme « un compromis » entre les exigences du *soi* inconscient et du *moi* préconscient (ou du *sur-moi*), et, par suite, son « contenu manifeste » et son « contenu latent » ne coïncident jamais, le second seul ayant nécessairement un sens. Dans l'interprétation des *symboles*, destinés à masquer ce contenu latent, Freud et ses disciples ont d'ailleurs fait preuve d'une virtuosité, souvent du plus mauvais aloi : « ils ont déformé de la manière la plus caricaturale les données oniriques en voulant que celles-ci traduisent presque toujours des objets de caractère érotique » (Lhermitte[k]). — Quoi qu'il en soit, le rêve nous permettrait ainsi, selon Freud[d], de pénétrer, non sans détours, il est vrai, dans la zone la plus intime du moi et de remonter jusqu'à cette « phase infantile » où se sont créés la plupart de nos complexes : « L'interprétation des rêves, écrit-il, est la *via regia* qui conduit à la connaissance de l'inconscient dans la vie mentale. »

B. Pour Bergson[c] (1859-1941) aussi, le rêve révèle un « moi profond ». Mais celui-ci est conçu de façon toute différente. Il est constitué, non pas comme chez Freud par des « instincts » fondamentaux, mais par un ensemble mouvant de « souvenirs purs » qui vivent en nous sans rapport avec l'action présente et qui se conservent « dans les plus obscures profondeurs » de la conscience « à l'état de fantômes invisibles » (t. I, chap. IX). Ce passé nous demeure presque tout entier caché parce qu'il est ordinairement inhibé par les nécessités de l'action. Mais « supposez qu'à un moment donné *je me désintéresse* de la situation présente, de l'action pressante, de ce qui concentrait sur un seul point toutes les activités de la mémoire ». Le sommeil provoque un détachement de ce genre. Que se passe-t-il alors? « Ces souvenirs immobiles, sentant que je viens d'écarter l'obstacle, de soulever la trappe qui les maintenait dans le sous-sol de la conscience, se mettent en mouvement. Ils se lèvent, ils s'agitent, ils exécutent, dans la nuit de l'inconscient, une immense danse macabre. Et, tous ensemble, ils courent à la porte qui vient de s'ouvrir. Ils voudraient bien passer tous. Ils ne le peuvent pas, ils sont trop. De cette multitude d'appelés, quels seront les élus? » On le devine sans peine : parmi ces « souvenirs-fantômes », seuls réussiront à s'incarner ceux « qui pourront s'assimiler la poussière colorée [phosphènes] que j'aperçois, les bruits du dehors et du dedans que j'entends, etc., et qui, de plus, s'harmoniseront avec l'état affectif général que mes impressions organiques composent. Quand cette jonction s'opérera entre le souvenir et la sensation, j'aurai un rêve ». Ainsi, le « moi des rêves », c'est « la totalité de [notre] passé » ; c'est « la vie mentale tout entière, moins l'effort de concentration », d'attention à l'action présente. C'est ce qui explique que ce dont nous rêvons généralement, ce sont ces « incidents insignifiants » dont a parlé Delage. Ainsi, le rêve « n'est guère qu'une résurrection du passé » ; il coïncide avec la « mémoire pure » (t. I, § 129), c'est-à-dire avec la vraie spiritualité : car « le souvenir pur est une manifestation spirituelle », il est « déjà l'esprit » et c'est là que l'on peut « saisir l'esprit sous sa forme la plus palpable »[1].

C. Nous avons rapproché ces deux conceptions de Freud et de Bergson, bien qu'elles diffèrent l'une de l'autre sur des points essentiels, parce qu'elles reposent, malgré tout, sur un postulat commun, à savoir que *le rêve nous ferait connaître notre moi authentique* (nous retrouverons d'ailleurs ce postulat un peu plus loin chez certains auteurs qui s'inspirent, non plus de la psychologie, mais de l'ethnologie). Or nous pensons qu'il y a lieu de s'élever contre un tel postulat, non seulement parce qu'il est *psychologiquement faux*, mais aussi parce qu'il aboutit, sur le plan philosophique, à un *spiritualisme à rebours* (t. I, § 347 *H*) et, sur le plan pratique, à une *pédagogie dangereuse* qui assigne pour unique but à l'éducation d'assurer à l'enfant, sous prétexte d'*authenticité*, « le développement intégral » de ses tendances dites « profondes ». On a trop joué sur l'équivoque de ce dernier terme[2]. Pourquoi notre vrai *moi* serait-il situé dans ces « profondeurs » obscures des instincts ou des images de rêve, plutôt que dans ce qui constitue *la réaction propre de notre personnalité : la pensée claire, la raison et la volonté* (cf. § 76-78) ? Pourquoi placer la spiritualité dans ces états essentiellement troubles que beaucoup d'auteurs ont rapproché de la *folie* (tome I, § 41 *B*) et qui ne sont, comme nous l'avons remarqué, qu'un retour à la *confusion primitive de l'objectif et du subjectif?* On a vu (tome I, § 130) combien il est discutable que le « moi profond » tel que le définit Bergson[b] coïncide avec la *mémoire* vraie, alors qu'au contraire, selon P. Janet, « le

1. Ces derniers textes sont extraits de *Matière et Mémoire*.
2. Il y a une *ambivalence* du mot *profond* comme, en latin, du mot *altus*. La profondeur peut être vers le bas : un « sentiment profond » est celui qui plonge ses racines jusqu'au plus intime de notre *individualité* (§ 61), dans les régions obscures du subconscient. Mais, quand on dit « une idée profonde », la profondeur est vers le haut ; elle consiste alors à « pénétrer fort avant *dans la connaissance des choses* » (Littré) et à nous faire apercevoir une multitude de rapports. En ce second sens, la profondeur n'exclut pas la clarté : Malebranche, par exemple, est un philosophe profond, mais clair.

rêve est un acte élémentaire, un acte primitif, qui se place au niveau mental où il n'y a pas mémoire ». La *prise de conscience du passé comme tel* qui, on l'a vu (tome I, § 126), constitue la mémoire, est impossible dans le rêve parce que celui-ci est un état d'*indifférence* : indifférence au réel, indifférence à la contradiction, indifférence aux cadres structurants de l'espace et du temps. Non pas que la pensée onirique soit une pensée entièrement amorphe : nous avons déjà repoussé cette idée (§ 65). Mais quelle est donc alors la structure du « moi des rêves » ? J.-P. Sartre[1] nous paraît avoir donné ici les indications les plus pertinentes en la rattachant à la structure de « l'imaginaire ». Le rêve, dit-il, est « une conscience qui ne peut sortir de l'attitude imageante » ; c'est « un imaginaire clos » ; ce n'est pas « la fiction prise pour la réalité », c'est « l'odyssée d'une conscience vouée par elle-même, et en dépit d'elle-même, à ne constituer qu'un monde irréel ». C'est pourquoi le dormeur n'est pas seulement spectateur : presque toujours, il joue un rôle dans son rêve. C'est pourquoi aussi le symbolisme du rêve s'explique tout autrement que l'avait cru Freud : si la conscience ne saisit ses propres désirs que sous forme de symboles, c'est qu'elle est ici « dans l'incapacité de saisir quoi que ce soit de réel sous sa forme de réalité : elle a entièrement perdu la fonction du réel et tout ce qu'elle sent, tout ce qu'elle pense, elle ne peut le sentir ni le penser autrement que sous la forme imagée ». C'est pourquoi enfin il n'y a pas de *souvenirs* dans le rêve : « il n'est pas question ici de cadres sociaux » et l'on sait que la mémoire a besoin de tels cadres (t. I, § 131). Bref, « le rêve est une expérience privilégiée qui peut nous aider à concevoir ce que serait une conscience qui aurait perdu son "être-dans-le-monde" et qui serait privée, du même coup, de la catégorie du réel » (Sartre[1]). — Loin de nous faire connaître notre moi authentique, le rêve nous présente donc un moi *dépouillé de tout ce qui fait notre personnalité vraie*, du sens du réel, de la raison et de la volonté.

70. Le moi « prélogique ». — De certaines études ethnologiques ou sociologiques, on a tiré également cette notion d'un ***fond existentiel, irrationnel du moi,*** qui aurait été recouvert par les apports de la civilisation moderne. Comme on l'a vu au tome I, § 215 et 305, Lucien Lévy-Bruhl (1857-1939) a mis en lumière l'existence, dans les sociétés archaïques, d'une « mentalité primitive » qu'il avait d'abord conçue comme un stade d'évolution de l'esprit humain et qu'il avait qualifiée de « prélogique », en ce sens non pas du tout qu'elle serait sans logique propre, mais qu'elle serait « indifférente à l'exigence logique », indifférente à la contradiction et « aux incompatibilités les plus évidentes, les plus criantes », indifférente enfin à l'explication par le « comment », telle que nous l'entendons (nous avons déjà constaté cette « indifférence » dans le rêve). La force de l'exigence logique (que le primitif ne méconnaît pas de parti pris quand il l'aperçoit, mais que le plus souvent il n'aperçoit pas) est contrebalancée, et au delà, par la ***participation***, dont l'essence est que « toute dualité s'y efface et qu'en dépit du principe de contradiction, le sujet est à la fois lui-même et l'être dont il participe ». LÉVY-BRUHL avait cependant précisé dès son premier livre : *Les Fonctions mentales dans les sociétés inférieures* (1910), que le « besoin de participation » est loin, même dans nos sociétés, d'être entièrement supplanté par le besoin logique (voir tome I, § 56). Par la suite, il a même renoncé à cette épithète de *prélogique* et en est venu à admettre (cf. tome I, § 305) que la mentalité « mystique » (ou plutôt mythique) comme il l'a aussi appelée, était, non pas tant un moment historique du développement de l'esprit qu'une *structure* « plus marquée et plus facilement observable chez les "primitifs" que dans nos sociétés, mais *présente dans tout esprit humain* ». — C'est précisément l'interprétation qu'a proposée aussi l'anthropologiste néerlandais G. VAN DER LEEUW (1890-1950). Il existe selon lui plusieurs structures de l'existence humaine : « L'esprit humain participe, à tour de rôle, de toutes ces structures, parfois simultanément, quoiqu'à des degrés différents. » La « primitivité » est une de ces structures. Elle se caractérise non seulement par l'indistinction presque totale du *sujet* et de l'*objet*, mais par l'idée qu'« entre les êtres, si différents les uns des autres à nos yeux, existe *une identité fondamentale* » : d'où la *participation*. Mais la primitivité n'est pas propre aux « primitifs » ; elle est « répartie sur toutes les races, toutes les parties du monde, toutes les époques ». La différence entre mentalité « primitive » et mentalité « moderne » n'est pas « une différence entre deux hommes » : ***« Le désaccord est dans chaque homme. »*** L'*enfant*, d'abord, vit dans un monde qui, comme celui du primitif, est « un monde enchanté », un monde de mythes où la fantaisie se mêle à la réalité et où se retrouvent souvent des traits de pensée magique ; l'*aliéné*, lui aussi, le schizophrène notamment, a une expérience où toute ligne de démarcation se trouve abolie entre le subjectif et l'objectif (t. I, § 40, 41, 106 *B*). L'adulte normal même conserve « toutes sortes d'éléments de la mentalité primitive » et qui « ne sont pas seulement des rudiments d'un stade de développement antérieur ». Ce sont ces éléments « alogiques » qui, selon VAN DER LEEUW, nous permettent de comprendre les hommes de civilisations différentes de la nôtre, et notamment les Orientaux ; ce sont eux qui sont à la base de la fantaisie, de la poésie et surtout du *rêve*. Par le sommeil, nous rentrons en effet dans « l'indissociation originelle », où n'existe pas encore, comme dit Jaspers, « la scission sujet-objet ». Ainsi, « *les songes nous ramènent à notre vrai moi*, au point où nous vivons encore *dans* les choses, comme font le rêveur, le poète, l'enfant » et, à ce titre, la conscience du rêve « n'est pas d'une valeur moindre que la conscience en éveil ». — On aperçoit nettement ici la tendance à privilégier le « moi des profondeurs » par rapport au moi conscient. La *description* si probe et si scrupuleuse de Lévy-Bruhl se mue chez van der Leeuw en une ***valorisation*** de l'irrationnel : ce que le premier avait nommé *prélogique*, le second le qualifie d'*alogique*, et les éléments les plus troubles du moi deviennent pour lui la base de toute communion spirituelle et la source de la culture. Or van der Leeuw lui-même reconnaît qu'à mesure que régresse la « mentalité primitive », la *conscience de soi* progresse. Ce n'est donc que sous l'influence d'une philosophie *irrationnaliste* qu'il en vient à exalter le *moi* de la mentalité « primitive » au détriment du *moi* conscient ; il est de toute évidence qu'un jugement de valeur fort discutable se substitue ici à la description psychologique. Il est tout aussi arbitraire d'attribuer au moi inférieur la capacité de « comprendre » des pensées différentes de la nôtre : la véritable communication des consciences s'établit, non *par en bas*, mais *par en haut* (voir ci-dessous les § 89-90 et le § 179). Il est arbitraire enfin de considérer la *poésie* elle-même comme l'expression du chaos intérieur et de la subconscience, à moins d'admettre avec les surréalistes (A. Breton, P. Éluard) qu'elle est essentiellement « l'assimilation continue de l'irrationnel » et la « débâcle de l'intellect » : on a vu au t. I, § 136, que beaucoup de poètes l'ont conçue tout autrement.

71. Les bas-fonds du moi. — A force de sonder le tréfonds de l'âme humaine, la Psychologie contemporaine a fini par s'apercevoir que, dans ce tréfonds, il y a pas mal de bas-fonds : bas-fonds des *instincts* élémentaires et des « complexes », voire de certaines déviations instinctives — Freud[a] n'est-il pas allé jusqu'à dire que l'enfant lui-même est un « pervers polymorphe »? — bas-fonds de l'*irrationnel* — Bergson[b] n'a-t-il pas écrit que, sous « la toile habilement tissée de notre moi conventionnel », ce que nous découvrons, c'est « une absurdité fondamentale », un objet d'une « nature extraordinaire et illogique »? — bas-fonds de la *démence* — un éminent psychiatre n'affirme-t-il pas que « la folie est contenue dans l'homme : elle est ce qui reste quand l'humanité s'est retirée » (J. Delay) ? Admettons qu'il en soit bien ainsi et que non seulement l'enfant, mais l'être d'instinct, le primitif, l'aliéné même ne soient pas en dehors de nous, mais *en* *nous*. Encore ne faudrait-il pas outrer et, par suite, fausser cette constatation en omettant de préciser que ce qu'on nous décrit ainsi, c'est, comme disait MAURY[a], le moi « dans sa nudité et sa misère natives », c'est-à-dire le moi *amputé de tout ce que lui apportent la vie en société et surtout les disciplines de la raison et de la volonté*, amputé en somme de tout ce qui fait de lui une **personne.** On va voir (chap. VIII) que celle-ci se développe, non en continuité, mais *en antithèse* avec ce moi dit « profond » par toute une série de différenciations successives. Mais surtout il faut se garder de transformer la constatation en apologie. Sous l'influence d'une philosophie d'importation étrangère, on en est venu parfois chez nous à exalter, non seulement « l'esprit d'enfance » — ce qui appellerait déjà des réserves, — mais à faire le panégyrique du primitif qui, nous dit-on, communie mieux que nous avec l'essence même des choses (voir *Discussion* 2), voire parfois de l'aliéné qui, lui du moins, n'aurait pas l'esprit « vicié » par le rationalisme[1] ! Laissons ces attitudes, plus littéraires que philosophiques, à ceux qui aiment à brandir les « vipères » des bas-fonds comme des menaces ou des trophées de victoire. S'il est vrai que le *moi* humain est plus complexe et moins pur qu'on ne le croyait jadis (tome I, § 23), s'il nous apparaît un peu aujourd'hui comme un champ de bataille où se livrent combat des forces de nature bien diverse, ce n'est pas une raison pour capituler sans combattre et pour renoncer à la vieille conception *humaniste* qui place l'essence de l'homme dans ses sommets et non dans ses bas-fonds.

SUJETS DE TRAVAUX

Exercices. — 1. *Commenter l'emploi qui est fait du terme* moi *dans les phrases suivantes* : « Ce serait cesser d'être moi, Que de cesser d'avoir ma dame » (DESPORTES, 1600) ; « Le moi est haïssable » (PASCAL) ; « Mais, moi, qui suis-je?... Une chose qui pense » (DESCARTES) ; « Toutes ces choses [ce qui concerne sa fille] composent mon vrai moi » (SÉVIGNÉ) ; « Comme le moi ainsi réfracté [par le « désir de distinguer »] et par là même subdivisé, se prête infiniment mieux aux exigences de la vie sociale en général et du langage en particulier, elle [la conscience] le préfère et perd peu à peu de vue le moi fondamental » (BERGSON) ; « C'est le *je* qui est conscient, tandis que le *moi* n'est qu'un des différents objets dont il a conscience » (JAMES) ; « De quel droit ce moi, s'il n'est que mon *moi*, se prévaudra-t-il pour franchir les bornes de l'individualité à laquelle il est réduit et s'ériger en sujet universel? » (BRUNSCHVICG, à propos de Descartes) ; « Un homme se sent exister comme conscience avant toute philosophie... Appelons *je*

---

1. Ce qui est d'ailleurs une erreur : il existe ce qu'on a appelé, assez improprement, il est vrai, un « rationalisme morbide » (voir t. I, § 203 *C*).

cette conscience susceptible de peine et de satisfaction. A ce *je* s'oppose le *moi*, comme la pensée de lui-même à lui-même... Quand je cherche à me connaître, je trouve *moi*, qui n'est jamais qu'un aspect de ce que je suis » (LE SENNE) ; « C'est le christianisme qui a révélé la valeur absolue du *moi* humain » (ID.) ; « Le moi ne peut résider que dans l'acte même par lequel il se fait. Il faut donc que le moi soit une liberté » (LAVELLE). — 2. *Que pensez-vous de ce jugement de Jung :* « Le concept de sexualité chez Freud est d'une extensibilité indéfinie ; il est tellement vague et imprécis que l'on peut y faire entrer tout ce que l'on veut »? — 3. *En analysant l'un de vos rêves, essayez d'y retrouver les procédés indiqués au* § 68.

Exposés oraux. — 1. *Les théories du rêve* (d'après LHERMITTE[k], etc.). — 2. *Le névrosé, l'enfant et le primitif* (d'après R. BASTIDE[m], chap. VIII). — 3. *Les deux aspects du moi selon* BERGSON[b]. — 4. *La « mentalité primitive »*, d'après VAN DER LEEUW, *L'homme primitif et la religion*, P. U. F., 1940, chap. I. *Discussion.* — 5. *Les « sentiments de participation » et les « pratiques magiques » chez l'enfant* (d'après PIAGET, *La Représentation du monde chez l'enfant*, Alcan, 1938, p. 116-156).

Discussions. — 1. *Le moi « profond » est-il notre vrai moi ?*. — 2. *Discuter cette appréciation de* Maurice BEDEL *sur les noirs d'Afrique* : « Ces hommes connaissent mieux que nul d'entre nous l'âme des choses... Leur univers n'a pas subi les lois stérilisantes de la logique ; ils n'ont eu ni un Descartes ni un Kant pour les enfermer dans les barrières de la raison... Les noirs sont portés à préférer la ligne courbe à la ligne droite, l'ovale au cercle et, en général, le biais à la franche rectitude. »

Lectures. — *a.* Alfred MAURY, *Le Sommeil et les rêves* (1862), 4e éd., Didier, 1878. — *b.* *BERGSON, *Les Données immédiates de la conscience*, Alcan, 1888, chap. II ; et **c.* *Le Rêve* (1901), dans *L'Énergie spirituelle*, Alcan, 1919, IV. — *d.* FREUD, *La Science des rêves* (1899), trad. nouv., P. U. F., 1950 ; *e.* *Introd. à la psychanalyse* (1916), trad., Payot, 1921 ; et **f.* *Abrégé de psychanalyse* (1938), trad., P. U. F., 1951. — *g.* Marcel FOUCAULT, *Le Rêve*, Alcan, 1906. — *h.* CLAPARÈDE, *Sur la fonction du rêve*, dans la *R. Ph.*, mars 1916. — *i.* Yves DELAGE, *Le Rêve*, Alcan, 1919. — *j.* Ch. BLONDEL, *La Psychanalyse*, Alcan, 1924. — *k.* *J. LHERMITTE, *Les Rêves*, P. U. F., 1941. — *l.* SARTRE, *L'Imaginaire*, Gallimard, 1948, p. 205-226. — *m.* Roger BASTIDE, *Sociologie et psychanalyse*, P. U. F., 1950. — *n.* *LHERMITTE, BOUTONIER, etc., *Réflexions sur la psychanalyse*, Bloud et Gay, 1950. — *o.* M. DUFRENNE, *La Personnalité de base*, P. U. F., 1953. — *p.* Daniel LAGACHE, *La Psychanalyse*, P. U. F., 1955.— *q.* A. CUVILLIER, *Le Primitif est-il en nous ?* et *La Connaissance de l'homme*, dans *Partis Pris sur l'Art, la Philosophie, l'Histoire*, A. Colin, 1956, p. 201-213. — *r.* J. A. HADFIELD, *Rêves et cauchemars*, trad. fr., Plon, 1962. — *s.* C. G. JUNG, *Dialectique du moi et de l'inconscient*, trad. fr., P. U. F., 1964, et *t.* *L'homme et ses symboles*, éd. de Port-Royal, 1964. — *u.* Divers, *Le Narcissisme*, no spécial de la *Revue française de Psychanalyse*, sept.-déc. 1965.

chapitre VIII

LA PERSONNALITÉ ET LE CARACTÈRE

SOMMAIRE

72. La personnalité. — Nous venons d'étudier le moi et sa vie intime, en tant que spontanéité pure. Mais la *personnalité*, ainsi que nous l'avions déjà remarqué (§ 61), se présente avec de tout autres caractères.

A. Les philosophes classiques ont longtemps défini la personnalité par l'***identité personnelle.*** Nous nous reconnaissons *le même* dans l'enfant que nous nous souvenons d'avoir été : il y a *continuité* entre notre *moi* d'hier et celui d'aujourd'hui. Le *moi* ou le *je* (nous verrons plus loin qu'il y a peut-être lieu de distinguer) est le sujet *constant* de nos divers états de conscience. — Ce sujet constant est aussi un sujet ***un***. Quelle que soit la diversité des états : sentiments, émotions, désirs, idées, etc., qui occupent notre conscience à un moment donné, ils se rattachent tous à un même centre de conscience, ils font partie d'une même *unité* mentale. — Cette description classique appelle cependant quelques réserves.

B. D'abord, comme l'ont fait remarquer bien des philosophes contemporains, cette identité et cette unité n'ont rien d'absolu. L'identité personnelle n'exclut pas une certaine ***mobilité.*** Nos états d'âme sont dans un *flux* perpétuel : c'est le « courant de pensée » de

W. James, la « durée concrète » de Bergson (t. I, § 37). « Il n'y a pas, écrit ce dernier, deux moments identiques chez un être conscient. Prenez le sentiment le plus simple, supposez-le constant, absorbez en lui la personnalité tout entière : la conscience qui accompagnera ce sentiment ne pourra rester identique à elle-même pendant deux moments consécutifs, puisque le moment suivant contient toujours, en sus du précédent, le souvenir que celui-ci lui a laissé. » D'autre part, l'unité du *moi* n'exclut pas davantage la **multiplicité** de nos états de conscience. Chacun de nous est à la fois « unité multiple et multiplicité une » (Bergson[b]). A un moment donné, j'éprouve à la fois des sensations internes qui viennent de mon corps, des sensations externes (visuelles, auditives, etc.) qui viennent du dehors ; ma conscience est occupée par une idée à laquelle je fais attention, mais qui évoque autour d'elle une multitude d'idées connexes, tandis que telle préoccupation, relative par exemple à ce que je vais avoir à faire demain, y subsiste à l'arrière-plan et comme en sourdine. — Ainsi, *identité malgré le changement, unité malgré la multiplicité,* tel semble être tout le paradoxe de la personnalité.

C. Toutefois, à y regarder de plus près, on s'aperçoit que ce paradoxe est déjà, en quelque mesure, celui de l'individualité. Un organisme vivant, lui aussi, change sans cesse : car la vie est essentiellement changement, et pourtant il demeure, en un sens, *le même.* Il est constitué aussi par une multitude d'organes et de fonctions, et cependant il est un, il forme un tout solidaire. Où se trouve donc la caractéristique propre de la personnalité? On peut déjà remarquer que le langage courant n'emploie pas les deux termes *individu* et *personne* avec la même signification : tandis que le premier a parfois un sens péjoratif, le second implique une nuance de respect. C'est qu'en effet la notion de personne se situe, non plus sur le plan biologique comme la première, non plus même sur le plan du *moi* spontané et simplement *vécu,* mais sur celui des synthèses supérieures de la vie psychique et même aux confins du domaine moral : la personne est une **valeur** et, comme toutes les valeurs, elle est plutôt une « conquête » qu'une donnée première.

73. Le moi de l'enfant. — Pour comprendre comment s'opère cette « conquête », voyons d'abord d'où elle part : autrement, examinons le *moi* de l'enfant. Nous verrons que, loin d'être dans le prolongement direct du *moi* intime, la personnalité se développe *en antithèse avec lui* par toute une série de différenciations. Comme on l'a déjà vu, l'enfant part d'un état de **syncrétisme,** c'est-à-dire de *confusion primitive,* qui se manifeste ici :

1° comme une confusion du moi **avec le non-moi,** avec l'univers extérieur : nous avons assez insisté (t. I, § 40 et 102) sur cet *égocentrisme* de l'enfant qui fait qu'à ce stade « les choses sont centrées autour d'un moi qui croit les diriger en s'ignorant lui-même comme sujet » (PIAGET) pour n'avoir pas à y revenir ; notons seulement que J. Piaget a relevé chez l'enfant des « sentiments de participation » et des « pratiques magiques » qui rapprochent, en apparence, sa pensée de celle du primitif (voir le § 70), mais qui s'expliquent surtout, d'une part, par son *réalisme*, d'autre part, par l'influence de l'entourage qui, en général, répond immédiatement à ses désirs et lui donne ainsi l'habitude du commandement ;

2° comme une confusion du *moi* **avec autrui** : l'enfant croit volontiers que sa propre pensée est présente à celle d'autrui, à celle de sa mère, en particulier, à qui « son petit doigt dit tout » ; il se confond parfois avec les autres, tel le petit garçon de L. W. STERN qui, à la naissance d'une sœur, lui cède avec sa place de « petit dernier » toute sa personnalité et se prend lui-même pour sa sœur aînée avec laquelle il ne sait plus, pendant quelques jours, comment se comporter ; c'est pourquoi aussi l'enfant ne parle pas en vue de communiquer sa pensée ou de s'informer de celle d'autrui : son dialogue est toujours un « monologue » ; c'est, en particulier, à cette « confusion entre le moi et l'autre » qu'il faut rapporter la prétendue tendance à l'imitation (§ 20 *D*) : par exemple, « le son qu'entend l'enfant, provoque en lui le mouvement nécessaire à sa continuation, sans que l'enfant fasse la différence entre le son indépendant de lui et le son produit par lui » (PIAGET);

3° comme une confusion du *moi* **avec « le sujet »** au sens philosophique de ce terme, avec l'être connaissant considéré, non dans ses particularités individuelles, mais en tant que sujet universel soumis aux lois de la raison : l'enfant n'a pas plus la notion du *vrai* impersonnel que de l'objectivité ; le vrai se confond pour lui avec ce qu'il désire ; il fait de la *fabulation*, c'est-à-dire qu'il invente des récits fictifs dont il est lui-même en partie dupe, et commet ainsi des mensonges apparents, bien qu'il n'ait pas l'intention de tromper ; enfin il n'a aucun souci de la cohérence logique, passant sans scrupule d'une assertion à une autre qui la contredit ;

4° comme une confusion du *moi*, en tant que pure *existence* psychique, **avec le « je »,** c'est-à-dire avec le moi qui a *pris conscience* de sa propre existence (JAMES) : c'est l'absence de cette prise de conscience qui explique l'indifférence de l'enfant aux contradictions internes de son *moi*, son instabilité affective aussi bien qu'intellectuelle, et la façon dont il parle de lui-même à la troisième personne vers l'âge de 2 à 3 ans.

74. Du moi corporel au moi spirituel. — L'intuition du *moi* se présente d'abord comme celle du ***moi physique,*** du corps. Encore cette intuition est-elle loin d'être primitive : l'enfant au berceau saisit aussi bien son propre pied qu'un doigt étranger sans faire de différence entre l'un et l'autre ; il traite encore ses membres, sa main gauche, ses jambes et ses pieds, comme des objets extérieurs et ce n'est guère, comme on l'a déjà dit (t. I, § 104 *A*), qu'après dix-huit mois qu'il commence à considérer son propre corps comme un objet parmi les autres et « l'image de son corps », comme a dit J. Lhermitte[1], mettra encore longtemps à se préciser. Toutefois les sensations relatives au corps se distinguent des autres par des caractères bien remarquables : 1° elles ont un caractère *affectif* très prononcé, surtout celles qui proviennent de l'appareil digestif ; le corps est d'abord sujet de plaisir ou de douleur ; 2° elles sont relativement *stables* (les sensations externes peuvent changer brusquement du tout au tout, par exemple quand on transporte l'enfant dans une autre pièce ou quand on tire un rideau devant son lit ; au contraire l'enfant voit et touche sans cesse ses mains, ses pieds ; il éprouve des sensations organiques qui restent sensiblement les mêmes) ; 3° enfin, lorsqu'il touche une de ses mains avec l'autre main, l'enfant fait l'expérience de la *double sensation de même ordre* qui présente ce caractère tout à fait particulier que le senti s'y confond avec le sentant. Plus tard encore, une étape importante est franchie lorsque, par l'expérience du mouvement volontaire, l'enfant prend conscience de son corps comme d'un ensemble d'instruments *dont il est maître,* qui dépend de lui (à l'inverse des choses extérieures qui s'imposent à lui). Un peu plus tard, il s'aperçoit que ce corps est *un instrument d'action* sur le monde extérieur (par exemple, en déchirant du papier, en faisant du bruit) et il prend ainsi conscience de lui-même comme d'une *cause* agissante. Selon J. Château, l'élément principal du *plaisir du jeu* est précisément, pour l'enfant, cette épreuve de son propre pouvoir, ce sentiment de son propre *moi* comme cause.

Toutefois, certaines expériences, celle de la *douleur physique* en particulier, montrent bien vite à l'enfant que ***le corps, lui aussi, est en un sens une chose*** qui s'impose à lui, dans certains cas, avec la même nécessité, la même brutalité que les objets extérieurs. Tel est le cas de l'enfant de Duhamel qui, commençant à souffrir des dents, s'écrie : « Je ne veux pas ! je ne veux pas avoir mal aux dents ! » D'où l'idée d'un *moi* spirituel, relativement indépendant du corps.

75. Le rapport avec autrui et l'avènement du « je ». — Mais l'enfant est encore loin de prendre claire conscience de ce *moi* spirituel.

Il y a d'abord dans la pensée une *adhérence à soi* qui fait que l'enfant ne sait pas encore se distinguer de ses états vécus et qu'il ignore le subjectif comme tel : le « je » est absorbé dans le « moi ». C'est par le rapport avec autrui qu'il est amené petit à petit à un changement de perspective : il expérimente les sentiments *des autres* à son égard avant de prendre conscience des siens et en ce sens ***« nous avons la notion de la pensée d'autrui avant d'avoir celle de notre pensée propre »*** (GUILLAUME). On a insisté avec raison sur l'importance du ***regard*** dans le rapport avec autrui (§ 86). En particulier, le regard d'autrui, dans certains cas, *me fait prendre conscience de moi-même.* Par exemple, dit J.-P. SARTRE, j'ai accompli un geste maladroit ou vulgaire ; tant que je me crois seul, « ce geste colle à moi », je le *vis* simplement sans le juger. Mais, voici que j'entends des pas : quelqu'un m'a vu ! C'est alors que j'ai honte de mon geste et que je deviens ***objet*** pour moi-même parce que j'ai été objet pour quelqu'un qui m'a regardé : « Autrui est le médiateur indispensable entre moi et moi-même : j'ai honte de moi *tel que j'apparais* à autrui » (SARTRE).

Pour l'enfant, c'est surtout quand il s'aperçoit qu'il n'est pas compris par autrui, qu'il effectue une sorte de retour conscient vers sa propre pensée. Vers l'âge de 3 ans, se produit la ***crise de négativisme*** par laquelle son *moi* se pose en s'opposant systématiquement à celui d'autrui par la désobéissance et la contradiction.

Les psycho-sociologues américains ont mis en lumière le rôle de ces *rapports avec autrui* et celui des *symboles sociaux* dans la formation de la personnalité : G.-H. MEAD (1863-1931) montre que, déjà dans le jeu libre, l'enfant apprend à « jouer le rôle de l'autre » (il s'amuse à imiter ses parents ; il est un policier, un Indien, un cheval même, etc.) et que plus tard, dans le jeu réglementé, il s'élève jusqu'au rôle de « l'autre généralisé », c'est-à-dire de n'importe quel autre (au base ball, par exemple, il doit connaître le sens des attitudes de tous les autres joueurs et calquer sa propre attitude sur toutes les leurs) : le *moi* est alors « l'ensemble organisé des attitudes des autres que l'on s'attribue à soi-même » (MEAD). Les gestes significatifs, le langage surtout favorisent cette ***socialisation du moi.***

Une transformation plus importante encore s'effectue dans la personnalité de l'enfant à ***l'âge scolaire.*** C'est alors qu'il se sent, pour la première fois (car, dans la famille, les relations sont trop exclusivement affectives pour jouer ce rôle), *intégré dans un groupe.* Non seulement, en effet, les relations avec ses camarades multiplient et diversifient le rapport avec autrui. Mais, à l'école, l'enfant se trouve soumis à une règle *impersonnelle* ; il se sent tenu à certaines conduites ; il a une certaine place, un certain rôle dans la classe. Or, comme l'a encore montré

MEAD, cette notion du ***rôle social*** joue un rôle capital dans la constitution de la personnalité. C'est alors que commence le stade du « personnage » et c'est alors aussi que l'intelligence proprement logique s'éveille chez lui : la rationalisation va de pair avec la socialisation.

C'est à partir de là que (vers 12 ans), la prise de conscience du *moi* devient possible et qu'apparaît le ***je***, c'est-à-dire (selon la terminologie de James), *la personnalité consciente d'elle-même*, qui par suite se distingue nettement de tout ce qui n'est pas elle, qui entre en possession de son passé et de ses aspirations et qui devient soucieuse de cohérence interne et d'objectivité. Cette prise de conscience s'accentuera, à l'âge de la puberté, par la ***crise d'originalité*** où l'adolescent, maintenant situé dans le groupe social, éprouve le besoin de s'en distinguer, de même que l'enfant de 3 ans s'opposait aux individus de son entourage. Il y a là, on le voit, une sorte de développement « dialectique » qui aboutit à la ***personne*** proprement dite.

76. Société et personne. — *A*. Les indications qui précèdent, montrent combien il est artificiel d'opposer, ainsi que le fait encore trop souvent une philosophie d'inspiration romantique, *société* et *personne*. Comme on l'a vu au chapitre VII, on a souvent cherché l'essentiel de la personnalité dans certains états dits « profonds » (voir p.134 , note 2) parce qu'ils échappent à la conscience claire, à toute détermination précise et, par suite, à l'expression verbale. Tel est le « moi fondamental » de BERGSON[b], qu'il oppose au « moi superficiel », fait d'idées claires qui flottent à la surface de notre personnalité « comme des feuilles mortes sur l'eau d'un étang ». Le « moi fondamental », au contraire, est fait d'états confus, infiniment mobiles et inexprimables parce que le langage les dépouillerait de leur originalité et de leur vie. Qu'il existe en nous de tels états, c'est ce que nous avons amplement constaté en étudiant ce que nous avons appelé la « vie intime » du moi. Mais nous avions alors (§ 71) posé la question de savoir ***si c'est là que réside notre véritable personnalité***. Or, sur ce point, moralistes et psychologues sont à peu près unanimes :

« Le *moi profond*, écrivait le moraliste Gustave BELOT (1858-1929), est relativement fragmentaire... C'est là qu'on rencontre, au lieu de l'harmonie et du consensus, les incohérences, les contradictions, les obscures batailles de la vie intérieure », et aussi « les impressions fugaces, les représentations instables, dont l'état de somnolence et de rêverie nous donne communément une certaine expérience ». Dans un sens analogue, J. PIAGET observe qu'« il existe des adultes restés égocentriques dans leur manière de penser... Inadaptés à la vie courante, ils semblent plongés dans une vie intérieure d'autant plus intense. Sont-ils pour cela plus conscients d'eux-mêmes? Il n'est pas difficile de voir, au contraire, qu'il est une certaine manière de vivre en soi-même qui développe la richesse des sensations inexprimables, des images et des schémas personnels, en appauvrissant l'analyse et la conscience de soi ».

Le *moi profond* n'a ni le caractère d'*unité* ni celui de *continuité* ni celui de *haute conscience* qui sont les caractéristiques de la personnalité vraie. C'est précisément la *vie en société* et la *discipline* qu'elle nous impose, qui confèrent peu à peu ces caractères au flux inconsistant de nos états internes : « C'est un lieu commun du romantisme, écrit J. Nogué, que d'affirmer que la société brise la personnalité. Ce pourrait être vrai si la personnalité consistait surtout à témoigner sans cesse d'une originalité désordonnée, si elle n'était que caprice. Mais, si au contraire la personnalité doit se définir comme la rectitude d'une énergie tendue à travers toute la vie, il faut dire que la société impose à notre activité une constance et une permanence dans son effort qui finissent par lui modeler un caractère désormais ineffaçable. » Il y a donc dans la conception du *moi profond* une erreur, et qui est grave, sur le véritable sens de la vie spirituelle (cf. t. I, § 347 *H*) : « Notre vie secrète, écrit Brunschvigg, n'est pas nécessairement une vie profonde. Le repliement sur nous-même qui devait multiplier les jouissances comme les richesses de la vie intérieure, ne conduira qu'à une culture du moi tout artificielle et toute stérile si elle est détournée des principes de communion, des valeurs d'universalité, auxquels est suspendu le développement de la vie spirituelle. » Il ne faut donc pas s'étonner que bien des psychologues aient soutenu que la personnalité est *un produit social.* Le sociologue Durkheim avait déjà montré qu'il y a en elle, si paradoxal que cela paraisse, un élément *impersonnel* et il rappelait que, pour un philosophe classique comme Kant, l'essentiel de la personnalité est la raison, c'est-à-dire quelque chose d'universel. Le point de vue sociologique permet ainsi de résoudre le problème soulevé par les empiristes, notamment J. S. Mill : comment une série d'états de conscience toujours changeants et fuyants (§ 72 *B*) peut-elle se connaître elle-même *en tant que série*, comme formant un *moi?* C'est, répond M. Halbwachs, qu'au delà de ces états il existe en nous, construit par le groupe, « un ***moi social*** fait tout entier de représentations collectives, qui pénètre la masse de nos états et leur constitue comme un cadre stable : tel est le fondement du moi réel, de la personnalité véritable ».

77. Du « personnage » à la personne. — L'ethnologie a d'ailleurs établi que « c'est par l'aspect ***personnage*** que l'homme a accédé à la notion de ***personne*** ». Le sens primitif de ***persona***, en latin, c'est ***masque de théâtre***; et, de fait, dans toutes les sociétés archaïques, et jusque dans les formes anciennes des sociétés les plus civilisées, la personne, c'est d'abord le ***rôle*** (voir t. I, § 34) que joue l'individu aussi bien dans la vie familiale que dans les fêtes et cérémonies et dans toute la vie des groupes sociaux et religieux. Mais ici, il est nécessaire de distinguer entre *deux types de structure sociale.*

A. Dans les sociétés archaïques, la cohésion ne se maintient que par l'absorption presque totale de l'individu dans le groupe (§ 23). L'unanimité y est faite de l'*inconscience* collective ; le « je » est absorbé dans le « nous » ; et, comme l'a dit G. Belot, personne « n'a réellement pensé ce que tout le monde admet ». Dans de telles sociétés, la personne se réduit, en effet, au *personnage*, c'est-à-dire à un système de relations sociales (le plus souvent socio-religieuses) où l'individu n'est situé que par le *rôle* qu'il y joue. C'est ce qu'a montré aussi M. Leenhardt[a] pour la personnalité mélanésienne : « Il n'y a, écrit-il, dans la société primitive ni personne ni individu. L'individu, en tant que tel, est un être perdu, n'ayant plus de lien avec un groupe social. La personne est diffuse dans le groupe » et sa structure est essentiellement religieuse ; c'est alors, comme l'avait dit Durkheim, le corps seul qui fait office de « principe d'individuation », qui *singularise* le personnage en chaque individu, du moins à partir du jour où l'indigène a pris conscience de son corps.

B. D'un autre type sont les sociétés comme les nôtres dont la structure a été profondément modifiée par la différenciation sociale et la division du travail. Certes l'élément *impersonnel* dont parlait Durkheim, est toujours important : notre personnalité n'est-elle pas faite avant tout de notre nom, des idées, croyances, principes directeurs que nous avons reçus, en majeure partie, du milieu social et que bien souvent nous nous sommes bornés à assimiler et à repenser quelque peu? Comme l'a montré J. Maisonneuve, le « personnage » peut assumer jusque dans nos sociétés des fonctions multiples : outre celle du *rôle social* que nous venons d'indiquer, le personnage peut répondre aussi à un *idéal du moi* ; il peut jouer le rôle de *masque* (au sens de déguisement ; c'est le cas du pharisaïsme, exemple : Tartuffe) et cette attitude réagit jusque sur le sentiment que nous avons de notre propre personne : « Nous sommes si accoutumés à nous déguiser aux autres, disait La Rochefoucauld, qu'enfin nous nous déguisons à nous-mêmes. » Le personnage peut enfin servir de *refuge* ou, si l'on veut, d'échappatoire à soi-même (tel celui qui s'absorbe dans ses obligations professionnelles). — Malgré tout, ces sociétés plus souples, plus articulées, où règne ce que M. Pradines a appelé le « principe de réciprocité », facilitent davantage, quoi qu'on en dise souvent, l'***émergence de la personnalité individuelle*** et la prise de conscience de soi. Durkheim lui-même a reconnu expressément cette marche des sociétés modernes à l'*individualisme* ou plutôt au *personnalisme*.

Dans les sociétés archaïques, écrit-il dans ses *Leçons de sociologie*, « ce qui avait du prix aux yeux de tous, c'étaient les croyances collectives, les aspirations collectives, les traditions communes et les symboles qui les exprimaient... Absorbé par la société, l'individu en suivait docilement les impulsions... Mais plus on avance dans l'histoire et plus on voit les choses changer. D'abord perdue au sein de la masse sociale, la personnalité individuelle s'en dégage. L'individu acquiert des droits de plus en plus étendus à disposer de lui-même, des choses qui lui sont attribuées, à se faire sur le monde les représentations qui lui paraissent les plus convenables, à développer librement sa nature... Toute entreprise pour asseoir les institutions sociales sur le principe opposé ne peut avoir que des succès d'un jour. Car on ne peut pas faire que l'individu ne soit pas devenu ce qu'il est, c'est-à-dire un foyer autonome d'activité, un système imposant de forces personnelles dont l'énergie ne peut pas plus être détruite que celle des forces cosmiques ».

Il n'est pas jusqu'au *progrès technique* qui n'ait pu exercer ici quelque influence. Dans *Technique et Civilisation*, L. Mumford, rappelant la légende de Narcisse, montre quel a été, à cet égard, le rôle du développement de l'industrie du verre aux XVIe et XVIIe siècles :

« Le monarque le plus puissant du XVIIe siècle créa une vaste Galerie des glaces ; le miroir se répandit d'une pièce à l'autre de la maison bourgeoise. La conscience de soi, l'introspection, la conversation devant un miroir se développèrent avec l'objet lui-même... L'emploi du miroir marque le commencement de la biographie introspective dans le style moderne, c'est-à-dire non pas un moyen d'édification, mais la peinture du moi, de ses profondeurs, de ses mystères, de ses dimensions intimes. »

78. La conquête de la personnalité. — Mais cette émergence de la personnalité ne requiert-elle, comme semblerait le suggérer ce qui a été dit jusqu'ici, que des conditions *organiques* et *sociologiques?* Certains psychologues ont semblé l'admettre : « Le propre du psychologique, écrivait Ch. Blondel[m], est d'assurer en nous la fusion, avec le social, de l'individuel et de l'organique. » Mais il y aurait là une erreur ou du moins une vue très incomplète qui laisserait échapper ce qu'il y a d'*essentiel* dans la personnalité. Celle-ci, comme l'attention et la volonté (§ 58) qui sont ses fonctions propres, est une ***synthèse***, et le propre d'une synthèse est d'être *créatrice*, de *dépasser les éléments dont elle est constituée* : « Notre personnalité, écrit L. Brunschvicg[h], ne nous est pas plus donnée du dedans qu'elle ne nous est imposée du dehors. Elle est liée à l'effort de coordination, constitutif de l'intelligence, qui prend également pour objet les faits immédiatement appréhendés dans la conscience et les signes par lesquels nos

semblables s'offrent à notre interprétation. » Éléments organiques, éléments sociaux de la personnalité ne sont, en effet, que des données. Mais la personnalité vraie se situe bien au delà. Même « la continuité psychique, dit BACHELARD, n'est pas une donnée : c'est une œuvre ». Et en effet la ***continuité personnelle*** est tout autre chose que ce vague flux des états « profonds » qui, comme nous l'avons vu (§ 76), comporte pas mal de discordances et de contradictions internes. Elle est, en quelque mesure au moins, *cohérence rationnelle* et, comme l'a dit aussi J. NABERT, elle est « beaucoup plus l'œuvre de l'intelligence qu'une donnée immédiate de la conscience ». — On a vu comment la personnalité se *construit* progressivement chez l'enfant. Ce serait une erreur de croire que cette œuvre de la formation de la personne s'arrête avec l'adolescence. Par delà l'*individualité* organique, par delà le *personnage* social, la ***personne*** est essentiellement faculté de *renouvellement*, *ouverture*, *disponibilité*, mais aussi et en même temps *coordination* et *unité* sans cesse accrues. L'adulte a donc à continuer, mais de façon plus lucide, par une prise de conscience plus claire, le travail de soi sur soi commencé dès l'enfance. Dans cette œuvre, l'***attention*** en tant que faculté de synthèse, la ***raison*** en tant que faculté d'ordre, ont leur rôle à jouer : « L'aptitude à faire attention, écrit D. PARODI, voilà la source originelle, le noyau vivant du moi. » — « L'individu est une personne, dit de même A. LALANDE, s'il est capable de prendre conscience de la façon dont il agit, et de savoir pourquoi il agit de telle ou telle manière, c'est-à-dire de se décider non par instinct, par impulsion ou d'une manière moutonnière, mais en pouvant rendre raison de sa conduite — *car la notion de raison me paraît tout à fait inséparable de celle de personne* — devant toute autre personne impartiale et susceptible de comprendre ce dont il s'agit. » On l'a dit en effet à juste titre, : il ne s'agit pas seulement d'*être soi*, mais bien d'être maître de soi : « *Être soi* est une expression équivoque et peut vouloir dire accepter sa nature ou plutôt la subir. Mais accepter d'être ce qu'on est naturellement ou ce qu'on est devenu, c'est renoncer à se connaître, à se juger, à se faire » (DUGAS[d]). Or la ***maîtrise de soi*** ne s'acquiert et ne se conserve que par la lutte constante contre les forces *intérieures* d'inertie qui risquent de dégrader notre volonté en automatisme, aussi bien que contre les contingences *extérieures* qui menacent sans cesse de nous disperser et de nous asservir. De même, il ne s'agit pas seulement d'*accepter* ce que nous apportent le milieu social, l'éducation, la tradition : il s'agit d'intégrer à soi-même ces « valeurs d'humanité que chacun de nous reçoit du passé à titre de produits morts et qui doivent renaître en chacun par un progrès de réflexion » (BRUNS-

CHVICG[g]). Cette « maintenance » de soi est plus que jamais nécessaire dans notre monde moderne où, en dépit de l'évolution sociologique signalée à la fin du § 77, la personne humaine se heurte à des puissances nouvelles, et colossales cette fois, celle de la machine, celle des masses, celle de la propagande, celle de l'uniformisation et de la standardisation générales qui atteignent parfois jusqu'à l'*habitus* corporel, jusqu'au visage même[1] ! D'où, pour l'homme moderne, un danger de *régression* à un nouveau primitivisme sous la forme d'une dépersonnalisation qui ne lui laisserait plus ni pensée propre ni volonté autonome.

79. Les troubles de la personnalité. — Rien ne montre mieux, comme le remarque JANET[f], que « la personnalité est quelque chose de complexe, de surajouté », que les troubles qu'elle présente et qui prouvent « qu'elle peut disparaître tout en laissant subsister des fonctions élémentaires parfaitement correctes ».

A. On a beaucoup insisté autrefois sur les ***dédoublements de la personnalité*** ou *personnalités alternantes* qu'on avait cru observer chez certains malades (voir JANET[e]). A la suite d'une syncope par exemple, le sujet se trouve dans un état psychique tout différent de sa personnalité normale : son caractère est changé ; souvent il a perdu le souvenir de sa vie antérieure ; ses idées, ses croyances ne sont plus les mêmes. La vie du sujet est alors faite d'alternances d'*états premiers* et d'*états seconds*, qui tantôt s'ignorent, tantôt se connaissent et même se jugent réciproquement : « Cette brave femme n'est pas moi, elle est trop bête », dit une malade de JANET en parlant d'elle-même à l'état premier. RIBOT[a] a décrit le cas d'un sujet présentant jusqu'à six personnalités alternantes. Même en éliminant les cas de supercherie et de simulation, on a reconnu que ces phénomènes sont, en grande partie, artificiels et créés, à son insu, par les suggestions du médecin lui-même. « Il y a seulement chez ces malades des changements brusques, sans transition suffisante, qui les font passer d'une activité ralentie à une activité plus grande ou inversement », ce qui donne « l'apparence » de deux personnalités séparées (JANET[e]).

B. Un cas relativement fréquent, au contraire, est celui de la ***dépersonnalisation,*** c'est-à-dire d'une *désorganisation* plus ou moins complète de la personnalité. Ce trouble se traduit d'abord par des ***sentiments d'étrangeté du moi,*** qui marquent un « fléchissement de la synthèse » mentale. « Le sujet a l'impression qu'il n'est plus normal, il ne se sent pas en train, il lui semble qu'il est diminué, qu'il n'a plus son tonus habituel et cette impression provoque en lui une gêne devant les autres personnes : c'est dire que le malaise prend très vite une coloration sociale » (BARUK[r]). JANET a cité des quantités de cas de ce genre où le sujet déclare se sentir « bizarre », « drôle », « pas naturel » : il lui semble que sa personnalité a perdu toute

1. Un « esthéticien » (maquilleur) proposait aux élégantes, en 1952, de leur faire des « yeux d'ibis », des « sourcils ailes de mouette » et une « bouche douce colombe ». Pauvre temps, où une assemblée de femmes finirait par ressembler à un musée ornithologique !

consistance, qu'il est « comme un papillon » qui ne peut se poser nulle part. Amiel exprime souvent des sentiments de ce genre : « Mon moi particulier, comme une goutte d'eau dans une fournaise, s'évapore... Je flotte, je suis comme si je n'étais point... Je suis fluide. » — Cet état s'accentue souvent sous la forme d'un sentiment d'*irréalité du moi* (E. Kraft) ou, comme le dit H. Baruk, de *disparition du sentiment de la vie*, et ce sentiment coïncide avec le sentiment d'irréalité du monde extérieur décrit au tome I, § 106 *B*. La raison de cette disparition est ce *sentiment du vide* décrit par P. Janet[e] et qui indique « une certaine dépression, une certaine diminution des forces psychologiques, un rétrécissement de l'esprit ». C'est une indifférence affective, une disparition des « sentiments régulateurs de l'action » (§ 38 *D*) : le malade ne sait plus éprouver aucune joie ni aucune douleur et, de ce fait, ne se sent plus un être agissant ou, du moins, ses propres actes lui paraissent *étrangers* à lui-même. C'est le *sentiment du miroir* que décrit un des malades du Dr Baruk[r] : « Chaque acte est décomposé, on se voit agissant, on se sent penser. La synthèse ne se fait plus, il n'y a plus de présent composé du passé et de l'avenir. » Parfois le sujet a l'impression d'*être agi* du dehors ; le sentiment de l'identité personnelle fait place à un sentiment de dédoublement : « C'est comme s'il y avait en moi deux personnes », dit l'un. « Ma vraie personne pleure à côté de moi », dit un autre. K. Jaspers cite dans sa *Psychopathologie* le cas d'un malade cultivé évoluant vers la schizophrénie qui se plaint qu'on lui « tire ses pensées au dehors » et qu'on lui en insinue d'autres, « par voie électrique », à l'aide d'un appareil spécial, le poussant par exemple à commettre des crimes ; il finit par écrire au procureur pour lui demander de lui « faire rendre de nouveau ses pensées ». D'où souvent un *sentiment d'influence* : une malade se plaint d'avoir été « envoûtée » par ses voisins ; beaucoup ont l'impression « que leur volonté est totalement annihilée » (Baruk[r]). Une forme fréquente est le sentiment d'*évasion de la personnalité* : le sujet déclare alors qu'on a lui « volé sa pensée », voire ses fonctions organiques (un voisin lui a « pris sa digestion et son appétit ») ou encore qu'on « devine ses pensées », même les plus intimes, et qu'il vit comme « dans une maison de verre ». Parfois la dépersonnalisation s'accompagne d'*idées délirantes*, généralement à forme mégalomaniaque : le sujet se croit tel personnage célèbre ou bien le Messie ou Dieu le Père. Chez les *schizophrènes* (cf. t. I, p. 151), il se produit une véritable dissociation de la personnalité, ainsi que le montre le hors-texte face à la p. 154.

C. Nous arrivons ainsi au cas le plus grave : la *dissolution totale* ou même la *destruction* de la personnalité. Janet cite une malade qui déclare « ce pauvre *moi* disparu depuis trois ans », une autre qui affirme « qu'elle est morte, qu'elle est dans le tombeau », et ce sentiment s'accompagne souvent d'un sentiment de *mort*, de *néant* de tout l'entourage (tome I, § 106 *B*). « Chez les déments, la désorganisation s'organise : ils sont doubles, se croient doubles, agissent comme doubles » et, à la différence des précédents, ils n'en souffrent pas : « Il leur semble aussi naturel d'être doubles qu'à nous d'être simples » (Ribot[a]). Enfin la *destruction de la personnalité* peut aussi être réalisée artificiellement : le Pr Baruk[r] s'est élevé avec vigueur contre certains procédés tels que la *narco-analyse* ou la *psychochirurgie frontale* qui s'attaque aux lobes préfrontaux (t. I, § 29 *B*) et, sous prétexte soit de guérir certaines douleurs rebelles ou certaines anxiétés, soit de provoquer certains « aveux spontanés », en viennent à créer de véritables « psychoses expérimentales » et, en somme, à annihiler la personnalité.

Ce qui se dégage de cette étude, c'est que les troubles de la personnalité s'accompagnent, à des degrés divers, d'un trouble général, non pas des fonctions élémentaires, spontanées, mais *des fonctions supérieures* de l'esprit : troubles du sens du réel, troubles de la mémoire et du sens du temps, troubles des sentiments complexes en tant qu'ils commandent l'action, troubles même, comme l'a montré H. Baruk, de la conscience morale. Ils constituent une véritable ***régression*** de la vie psychique à un stade que nous appellerons *pré-personnel* et où l'on a pu relever (G. van der Leeuw) une « analogie frappante » avec la mentalité primitive, caractérisée par une confusion radicale du sujet et du réel, une absence de coordination et de maîtrise de soi et une entière soumission à l'émotivité. Les faits pathologiques confirment donc notre interprétation de la personnalité comme une ***synthèse psychique supérieure,*** « conquise » par l'homme sur la spontanéité de la conscience dite « profonde ».

80. Le caractère et les caractères. — La personnalité, telle que nous venons de la décrire, se confond à peu près avec « le caractère », dans le sens où l'on dit : avoir ***du*** caractère ». Le caractère se définit alors par la puissance de la volonté et la maîtrise de soi. On l'a parfois opposé, en ce sens, à l'*intelligence.* Il est certain que l'intelligence, en tant que faculté d'invention et d'adaptation aux circonstances nouvelles (tome I, § 167), requiert une certaine *souplesse*, tandis que le caractère implique constance dans les actions, fidélité à soi-même, et par suite quelque *rigidité.* Et c'est pourquoi l'on voit des gens très intelligents, « trop intelligents », manquer totalement de caractère : ils « s'adaptent » trop facilement, tandis que d'autres, qui ont « du caractère », manquent du sens des opportunités et, en ce sens, ne sont pas « intelligents ». Il va de soi cependant que cette opposition n'a rien d'absolu : on peut être intelligent tout en restant fidèle à ses principes et en refusant de transiger quand l'honneur l'interdit, et l'on peut avoir du caractère sans tomber dans l'obstination têtue et aveugle : c'est une question de juste équilibre.

Mais le mot « caractère » a un autre sens, plus général : tout homme a ***un*** caractère, bon ou mauvais, vague ou bien marqué, même l'inconstant « dont le changement d'humeur est la loi » (G. Berger°). Mais comment, en ce second sens, définir le caractère ? C'est, dit-on, « l'ensemble des manières habituelles de sentir et de réagir qui distinguent un individu d'un autre » (Lalande) ou encore : « l'ensemble, parfois la synthèse, des dispositions stables d'un individu » (Burloud[i]). Ce dernier auteur va jusqu'à dire : « Le caractère n'est pas toute la personnalité, mais ce qui la singularise ou l'individualise. » A ce compte, aucune classification des caractères ne serait possible : car il n'est pas de science du singulier, les particularités de chacun variant à l'infini. D'autres ont réservé le nom de *caractère* aux dispositions *innées* de notre personnalité : « Par *caractère*, écrit R. LE SENNE (fig. 14), on entend le noyau de dispositions foncières, reçues de l'hérédité, congénitales, qui constitue la substructure somato-psychologique d'un individu », et bien souvent l'on ajoute que ce fonds inné est immodifiable. Tout ce qui a été dit dans le présent chapitre, du développement de la personnalité chez l'enfant et de sa « conquête » chez l'adulte, nous invite à rejeter cette manière de voir. « Chacun de nous a une histoire qui nous a faits ce que nous sommes » (G. BERGER[1]) et il n'y a pas lieu, à notre avis, d'étrécir le sens du mot *caractère* au point de lui faire désigner ce que *nous aurions été*, abstraction faite de cette histoire. Nous n'avons pas à «nous confondre avec notre nature» (Berger[1]) et notre vrai *moi* n'est pas nécessairement celui de nos instincts (§ 78). Nous définirons le caractère comme ***un type de structure*** psychique, que cette structure soit innée ou acquise.

Fig. 14. — RENÉ LE SENNE
1882-1954.

Né à Elbeuf, René Le Senne entra à l'École Normale Supérieure en 1903. Il soutint en 1930 sa thèse sur Le Devoir, *mais commença dès cette date à s'intéresser aux études sur le caractère. Professeur à la Sorbonne en 1942, il dirigeait, outre la collection « Caractères », la collection « Logos » et, en commun avec Louis Lavelle, la collection « Philosophie de l'Esprit ». La philosophie devait être, à ses yeux, une « description de conscience » aboutissant à ce qu'on a appelé un « spiritualisme existentiel ». A la spontanéité naïve de la conscience qu'il nomme le* je, *s'oppose le* moi *« comme la pensée de lui-même à lui-même ». Mais il faut distinguer le* moi *de la détermination et le* moi *de la valeur, le premier « cerné de faits, de concepts, de qualités, de choses », le second qui « se conçoit, ainsi que le veut l'idéalisme absolu, comme contenant en lui-même l'univers entier ». Au reste, la valeur ne provient pas de nous : elle émane de la Valeur absolue, c'est-à-dire de Dieu, mais « toute valeur déterminée est l'actualisation de l'Absolu comme valeur dans une expérience ». C'est pourquoi la caractérologie est l'aboutissement de la Philosophie de l'Esprit : l'étude concrète de l'esprit doit aboutir à celle des esprits dans ce qu'ils ont « de solide, de permanent, de résistant au changement », et qui est précisément le caractère.*

81. La Caractérologie.

— La Caractérologie est donc essentiellement une *typologie*, une classification des types psychiques. Depuis longtemps d'ailleurs, on avait cherché à classer ces types. Parfois, on s'était fondé sur la distinction des divers *tempéraments*, c'est-à-dire des types physiques. Telle est la célèbre classification « humorale », inspirée d'Hippocrate, en *sanguins*, *bilieux* (ou colériques), *lymphatiques* (ou flegmatiques) et *mélancoliques* (ou nerveux). — De nos jours, on a renouvelé cette classification en tenant compte, soit de la forme générale du corps, elle-même en rapport avec la prédominance de certaines fonctions (types *morphologiques*[1]), soit de l'importance des diverses *sécrétions endocriniennes* (qui exercent notamment une grande influence sur l'émotivité). D'autres se sont appuyés sur la *pathologie mentale* : ainsi A. Delmas et M. Boll prennent pour base les quatre « constitutions psychopathiques » du Pr Dupré et y font correspondre respectivement : à la constitution *cyclothymique* (alternances d'excitation et de dépression), l'*activité* ; à la constitution *hyperémotive* (impressionnabilité), l'*émotivité* ; à la constitution *paranoïaque* (délire des grandeurs), l'*avidité* ou l'*ambition* ; à la constitution *mythomaniaque* (fabulation, désir de paraître), la *sociabilité*. D'autres se sont fondés sur des critères purement psychologiques. C'est ainsi que beaucoup d'auteurs sont partis de la classification traditionnelle des fonctions mentales et, selon la prédominance de l'une ou de l'autre, ont distingué des *sensibles*, des *intellectuels* et des *actifs* en introduisant d'ailleurs dans ces trois classes de multiples subdivisions : Malapert[c], par exemple, compte six genres principaux : les *apathiques*, les *affectifs*, les *intellectuels*, les *actifs*, les *tempérés* et les *volontaires*. Mais on a reproché à toutes ces classifications de partir de cadres théoriques et artificiels.

La Caractérologie a pris une forme plus objective grâce aux enquêtes du psychologue hollandais G. Heymans (1858-1930) et du psychiatre Wiersma, qui ont permis d'établir les types caractériels sur des données chiffrées[2]. Selon Heymans, il y aurait deux propriétés fondamentales du caractère : l'*émotivité* (affectivité) et l'*activité*. A leur tour, ces dispositions peuvent être *primaires*, c'est-à-dire spontanées, naturelles, mais plus ou moins fluctuantes ; ou bien il y a *secondarité*, c'est-à-dire retentissement plus profond et plus prolongé, d'où plus

1. Cette théorie a pris une forme plus particulière dans la *morphopsychologie* du Dr Louis Corman qui classe tempéraments et caractères d'après les formes du visage (voir son *Manuel de Morphopsychologie*, 1948). — Aux États-Unis, W.-H. Sheldon a présenté, par la méthode des corrélations (t. I, § 309), un tableau des correspondances entre types morphologiques et types caractérologiques : voir là-dessus Palmade[n].

2. Ces enquêtes ont porté : 1° sur l'analyse de 110 exemples historiques ; 2° sur celle de 2 523 sujets individuels, obtenue grâce à des questionnaires envoyés en 1905 à 3 000 médecins hollandais. Les travaux de Heymans ont été connus en France grâce aux ouvrages de R. Le Senne, notamment de son important *Traité de caractérologie*. Des recherches plus récentes ont été effectuées, à l'aide de nouveaux questionnaires, en France par Gaston Berger et en Belgique par R. Troisfontaines.

GUIZOT :

« Enrichissez-vous. »

CHATEAUBRIAND :

« Mon humeur était impétueuse, mon caractère inégal. »

NAPOLÉON :

« On prétend que vous voudriez prendre la place de Dieu le Père. — Je n'en voudrais pas, c'est un cul-de-sac. »

FONTENELLE :

« Il a de la cervelle à la place du cœur »

(Mme de Tencin).

D'ALEMBERT :

« Je ne suis propre qu'à l'étude, à la retraite et à la société la plus bornée et la plus libre. »

STENDHAL :

« L'amour a toujours été pour moi la grande affaire, ou plutôt la seule. »

DIDEROT :

« J'avais en une journée cent physionomies diverses. »

MICHEL DE L'HOSPITAL :

« Je sais mourir, mais non me déshonorer. »

Fig. 15 à 22. — QUELQUES TYPES DE CARACTÈRES.

(Références p. 159.)

Types caractériels			Formules	Exemples
Inaffectifs purs (E'A'I')		*amorphes*	E'A'I'P	Louis XV.
		apathiques	E'A'I'S	Louis XVI.
Inaffectifs-actifs (E'AI')		*spontanés*	E'AI'P	Louis XI, Mazarin, Talleyrand.
		flegmatiques	E'AI'S	Franklin, Washington, ***Guizot***, Joffre.
Affectifs (EI')	*non-actifs*	sensibles (nerveux)	EA'I'P	Mozart, *Chateaubriand*, Byron, **Chopin**, Musset, Verlaine.
		sentimentaux	EA'I'S	Rousseau, Kierkegaard.
	actifs	impulsifs	EAI'P	Beaumarchais, Mirabeau, Danton, G. Sand, Gambetta.
		passionnés	EAI'S	Condé, Marat, Monge, *Napoléon*, Beethoven, Foch, Mussolini.
Intellectuels (I)	*non-actifs* (E'A')	amorphes	E'A'IP	Montaigne, La Fontaine.
		apathiques	E'A'IS	Bayle, ***Fontenelle***.
	actifs (E'A)	spontanés	E'AIP	Francis Bacon, Anatole France.
		flegmatiques	E'AIS	Leibniz, Locke, Hume, *D'Alembert*, Kant, Sainte-Beuve, Taine, Bergson.
	affectifs (EA')	sensitifs	EA'IP	***Stendhal***, Baudelaire.
		méditatifs	EA'IS	Malebranche, Maine de Biran, Vigny, Amiel.
Complets (EAI)		*impulsifs*	EAIP	***Diderot***, Benj. Constant, Lamennais, Hugo, Proudhon, Nietzsche, Péguy.
		passionnés	EAIS	Pascal, Bossuet, Newton, Ampère, Michelet.
		équilibrés	EAIS[2]	***M. de L'Hospital***, Descartes, Spinoza, Montesquieu, Buffon, Gœthe.

de cohérence et d'intégration. De là huit types caractériels.

Désignons l'émotivité par E et l'activité par A, la non-émotivité par E' et la non-activité par A', la primarité par P et la secondarité par S. Nous aurons les huit combinaisons suivantes (exemples historiques cités par Heymans) : 1. les *amorphes*, E'A'P' (ex. : La Fontaine) ; 2, les *apathiques*, E'A'S (Louis XVI) ; 3. les *sanguins*, E'AP (F. Bacon, Mazarin, Montesquieu, Talleyrand) ; 4. les *flegmatiques*, E'AS (Morus, Locke, Hume, Buffon, Franklin, Kant, Stuart Mill, Darwin, Taine) ; 5. les *nerveux*, EA'P (Byron, E. Poë, Musset, Dostoievski) ; 6. les *sentimentaux*, EA'S (Malebranche, Rousseau, Robespierre, Biran, Kierkegaard, Amiel) ; 7. les *colériques*, EAP (Mirabeau, Danton, Shelley, W. Scott, Proudhon, George Sand, Hugo, Gambetta) ; 8. les *passionnés*, EAS (Michel-Ange, Pascal, Racine, Newton, Marat, Napoléon, Michelet, Flaubert, Carlyle, Pasteur, Nietzsche, Zola).

Outre les rapprochements souvent bien arbitraires (par exemple, Malebranche et Rousseau, Biran et Kierkegaard) qu'elle contient, outre l'inconvénient qu'il y a à reprendre les termes de la classification « humorale » (par exemple, « sanguin » qui ne convient nullement à ce qu'il désigne), cette classification présente un grave défaut. Se fondant sur le principe discutable que le caractère est ce qui « singularise » la personnalité dès la naissance, regardant d'autre part avec l'anti-intellectualisme allemand (KLAGES) la *vie intellectuelle* comme « parasitaire », elle élimine celle-ci des éléments fondamentaux du caractère. Or, si l'intelligence *vise* à l'impersonnel, elle est bien cependant, comme le dit R. MAISTRIAUX[u], une « propriété constitutive du caractère ». Il existe d'ailleurs des « espèces et variétés d'intelligences » (MENTRÉ) ; il y a des « esprits logiques » et des « esprits faux » (PAULHAN), des esprits « géomètres » et des esprits « fins » (PASCAL), des esprits « analytiques » ou « synthétiques » et des esprits « intuitifs » ; il y a des intelligences « qui cherchent l'identique » et d'autres qui « soulignent les différences » (LE SENNE), des intelligences « concrètes » et des intelligences « abstraites » ; il y a des attentifs et des distraits, des esprits profonds et des esprits superficiels. D'autres facteurs encore peuvent intervenir. C'est ainsi qu'aux facteurs distingués par Heymans, Gaston BERGER[o] ajoute :

1° deux facteurs complémentaires : la *largeur du champ de conscience* qui tient au plus ou moins grand nombre de représentations qu'un individu peut avoir dans l'esprit à un même moment[1], et la *polarité* qui réside dans l'opposition du type autoritaire du lutteur (type Mars) et du type séducteur de celui qui cherche à plaire (type Vénus) ; une femme peut d'ailleurs être du type Mars (ex. : George

1. MALEBRANCHE remarquait qu'il y a beaucoup de gens qui ont « l'esprit petit », c'est-à-dire qui « n'ont pas la liberté de penser à plusieurs choses en même temps ».

Sand) et un homme du type Vénus (ex. : Musset) ;

2° quatre « facteurs de tendance » : l'*avidité*, les *intérêts sensoriels* (le Gide des *Nourritures terrestres*), la *tendresse* et la *passion intellectuelle.* Si l'on combinait tous ces facteurs, on arriverait à une classification évidemment très fragmentée ; et d'autre part, comme le remarque le même auteur, les différentes composantes du caractère peuvent avoir toutes une intensité moyenne : « On aurait tort alors de penser qu'il s'agit d'un type banal ou indéterminé. Le caractère d'un *équilibré* est aussi bien défini et il n'est pas moins intéressant que celui d'un passionné extrême ou d'un nerveux hypersensible » (BERGER[l]). — Nous proposons donc, à titre de simple esquisse d'un cadre possible, le tableau ci-dessus où nous modifions certaines dénominations manifestement impropres (telles celles de « sanguin » ou de « colérique ») et où nous désignons chaque type à l'aide des formules de Heymans en y réintroduisant le facteur intellectuel (I = intellectuel ; I' = non-intellectuel) et en désignant l'équilibre par le symbole S^2.

SUJETS DE TRAVAUX

Exercices. — 1. *Essayez de distinguer dans votre personnalité* : a. *ce qui peut être attribué à l'hérédité* ; b. *ce qui semble être dû à l'action des différents milieux auxquels vous êtes ou avez été mêlé* ; c. *ce que vous pensez être votre œuvre.* — 2. *Réfléchissez sur cette pensée de P. Valéry* : « Nous ne connaissons de nous-même que celui que les circonstances nous ont donné à connaître. » — 3. *Étudier l'emploi du mot* personne *et de ses dérivés dans ces citations* : « Se croire un personnage est fort commun en France » (LA FONTAINE), « Il remplit parfaitement le personnage du meilleur fils qui fut jamais » (SÉVIGNÉ), « Il n'est occupé que de sa personne » (LA BRUYÈRE), « L'esclave n'est pas une personne dans l'État » (BOSSUET), « En disant que l'âme de l'homme est immortelle, on fait subsister ce qui fait que c'est la même personne, laquelle garde ses qualités morales, en conservant la conscience ou le sentiment réflexif de ce qu'elle est... Mais cette conservation de la personnalité n'a point lieu dans l'âme des bêtes » (LEIBNIZ), « Dans le cours ordinaire des actions de la vie, l'homme est, pour ainsi dire, rendu à lui-même ; il quitte le personnage et ne montre plus que sa personne » (MASSILLON), « La personnalité repose essentiellement sur la mémoire » (Ch. BONNET), « L'archevêque d'Upsal est la seconde personne du royaume ; quiconque est la seconde veut toujours être la première » (VOLTAIRE), « Le personnage d'une femme n'est que de se défendre » (FONTENELLE), « La personnalité, ce sentiment si naturel, devient atroce dans un homme public, sitôt qu'elle est passionnée » (MARMONTEL), « Ce caractère si dur, si personnel, si haineux » (STAËL), « Une telle absence de personnalité ne s'était peut-être jamais rencontrée ; sa journée se passait sans qu'il en prît aucun moment pour lui-même » (ID.), « Tout ce qui porte atteinte à la personnalité humaine fait [travaille] pour la cause de Spinoza » (COUSIN), « La personne nous offre à un degré éminent le caractère d'individualité qui appartient aux êtres » (RENOUVIER), « Un être personnel, c'est un être capable de mettre sur tout ce qu'il fait une marque qui lui est propre, qui est constante » (DURKHEIM), « L'unité du moi est bien plus grande que celle du personnage... Le moi n'admet plus la subdivision en personnages multiples » (Pierre Janet). — 4. *Étudiez sur vous-même en quoi consiste la* maîtrise de soi. — 5. *Étudiez les principaux traits du caractère d'un de vos amis et essayez de le classer dans le tableau de la* p. 156 . — 6. *Commenter cette confession d'une romancière contemporaine* : « J'ai été réduite à l'intelligence ; elle ne m'était pas naturelle » (Paule Régnier, *Journal*).

Exposés oraux. — 1. *Le sentiment du moi et la « personnalité sociale »*, d'après P. Janet[f] 2e partie. — 2. *Les troubles de la personnalité*, d'après Ribot[a] et Baruk[r], 1re partie, chap. I-III. — 3. *La classification des caractères*, d'après Palmade[n] et Le Senne[p], 1re partie.

Discussions. — 1. *Que pensez-vous de cette déclaration d'André Gide* : « Je possédais le don précieux de n'être pas trop entravé par moi-même »? *Comparez avec cette affirmation de Valéry* : « Il y a de la victime dans le bourreau et du bourreau dans la victime, du croyant dans l'incroyant et de l'incroyant dans le croyant. Il y a de quoi passer de l'un à l'autre ; et c'est peut-être cette puissance de transformation qui est l'essence du véritable Moi. » — 2. *Est-il possible d'être entièrement sincère envers soi-même?*

Lectures. — *a*. Ribot, *Les Maladies de la personnalité*, Alcan, 1884. — *b*. *Bergson, *Essai sur les données immédiates de la conscience*, Alcan, 1888, chap. II. — *c*. P. Malapert, *Le Caractère*, Doin, 1902. — *d*. L. Dugas, *L'Éducation du caractère*, Alcan, 1912. — *e*. *P. Janet, *Les Névroses*, Flammarion, 1919, p. 256 ; et *f*. *L'Évolution psychologique de la personnalité*, Chahine, 1929. — *g*. *L. Brunschvicg, *De la Connaissance de soi*, Alcan, 1931 ; et *h*. **Héritage de mots...*, P.U. F., 1945, chap. VI. — *i*. J. Lhermitte, *L'Image de notre corps*, Nouv. Revue Critique, 1939. — *j*. *A. Burloud, *Le Caractère*, P. U. F., 1942. — *k*.* M. Nédoncelle, *Personne humaine et nature*, P, U. F., 1943, nouvelle édition, Aubier, 1963. — *l*. H. Wallon, *Orig. du caractère chez l'enfant*, P. U. F., 1949. — *m*. G. Poyer, chap. sur *Les Caractères*, et *Ch. Blondel, chap. sur *La Personnalité*, dans le *Nouveau Traité* de Dumas, P. U. F., 1949, t. VII, p. 39 et 97. — *n*. *Guy Palmade, *La Caractérologie*, P. U. F., 1949. — *o*. Gaston Berger, *Traité pratique d'analyse du Caractère*, P. U. F., 1950. — *p*. *R. Le Senne, *La Destinée personnelle*, Flammarion, 1951. — *q*. M. Leenhardt, *La Propriété et la Personne dans les sociétés archaïques*, dans le *Journal de Psych.*, juill.-sept. 1952, p. 278. — *r*. H. Baruk, *La Désorganisation de la personnalité*, P. U. F., 1952. — *s*. M. Dufrenne, *La Personnalité de base*, P. U. F., 1953. — *t*. Karen Horney, *La Personnalité névrotique de notre temps*, Arche, 1953. — *u*. R. Maistriaux, *L'intelligence, propriété constitutive du caractère*, dans la revue *La Caractérologie*, 1960, nº 2. — *v*. *Ivan Gobry, *La personne*, P. U. F., 1961. — *w*. J. Nuttin, *La structure de la personnalité*, P. U. F., 1967.

(*Références des figures 15 à 22 page* 155 .)

Guizot, par C. Jacquaud (Musée de Versailles), phot. Giraudon. — Chateaubriand, par Girodet (Musée de Versailles), phot. Giraudon. — Napoléon, par David, phot. Bulloz. — Fontenelle, par Greuze (Musée de Versailles), X Phot. — D'Alembert, par Quentin-Latour (Musée du Louvre), phot. Giraudon. — Stendhal, par Sodermark (Musée de Versailles), phot. Giraudon. — Diderot, par Van Loo (Musée du Louvre), phot. Giraudon. — Michel de L'Hospital (Musée Condé, Chantilly), phot. Giraudon.

chapitre IX

LA RECONNAISSANCE D'AUTRUI
NOTIONS DE PSYCHOLOGIE SOCIALE

SOMMAIRE

82. L'isolement du moi. — La Psychologie a longtemps pris pour point de départ une sorte de ***solipsisme*** primitif (du latin *solus*, seul, *ipse*, moi-même). Chaque esprit, chaque conscience personnelle semble, en un sens, isolé : je suis seul à ressentir mes propres états d'âme et je ne pénètre pas non plus directement dans l'intimité de la conscience d'autrui : « C'est tout un monde, dit le *Fantasio* de MUSSET, que chacun porte en lui, un monde ignoré qui naît et meurt en silence. » C'est un fait que LEIBNIZ a transposé sur le plan métaphysique en imaginant un monde d'esprits qu'il appelle des *monades* et dont aucun n'aurait de « fenêtre » sur le monde extérieur (voir tome I, § 113 *A*). Si l'on admet un tel point de départ, la connaissance et même l'existence d'autrui deviennent un problème. Ce serait seulement par une sorte de *transfert* et de *projection* hors de nous d'une vie intérieure semblable à la nôtre, voire par une sorte de raisonnement par analogie, que nous imaginerions autrui. La conscience d'*autrui* serait alors dérivée de la conscience de *soi*. — Mais on a vu (§ 75) que la conscience de soi implique au contraire une sorte d'écho de la conscience d'autrui. Aussi la Psychologie contemporaine pose-t-elle tout autrement le problème et admet-elle qu'il existe ***une expérience directe d'autrui.***

83. L'expérience implicite d'autrui. — Cette expérience directe existe déjà, sous forme *implicite* (c'est-à-dire enveloppée dans la réaction même du sujet, sans qu'il y ait prise de conscience claire ni surtout analyse de la situation) même aux niveaux inférieurs de la vie psychique. Elle existe par exemple *chez l'animal* : « Elle lui permet de " reconnaître ", sans l'avoir jamais connu, non seulement l'aliment dont il a besoin, mais des êtres animés avec lesquels il doit avoir des relations complexes. L'ennemi, la proie, les petits, le partenaire sexuel, le *socius*, le commensal, le parasite, l'auxiliaire ont pour lui d'emblée une valeur biologique très précise, non qu'il aperçoive en eux autre chose que ce que ses sens lui montrent, mais parce que ces perceptions induisent chez lui des comportements spécifiques... Un animal comprend les dispositions de ses congénères ou d'autres animaux ; leurs attitudes, leurs cris, leur comportement émotionnel ont pour lui une valeur expressive immédiate et claire ; il discerne la provocation, la menace, l'invitation au jeu, à la coopération, à la pariade... Les animaux sociaux dans leur coopération si différenciée, se règlent sur des signes imperceptibles pour nous » (P. GUILLAUME[e]). A plus forte raison, l'*enfant* distingue-t-il presque immédiatement les *personnes* des *objets* qui l'entourent et, chez lui, cette « psychologie implicite » peut être poussée très loin : « L'enfant sent très vite, même chez des personnes qui ne lui sont pas familières, l'indifférence, la curiosité, l'ironie, la froideur, la bienveillance, la bonté, la faiblesse, la fermeté, la dissimulation, l'embarras, l'émotion... Il sent très bien la possibilité ou l'impossibilité de faire céder une autre personne à sa volonté, d'insister, de séduire, de flatter, de menacer, d'obtenir un avantage, un abandon des prétentions manifestées. Et sans doute le souvenir de succès et d'échecs dans des tentatives antérieures est-il un facteur de cette connaissance... Mais, avant que l'expérience ne soit tentée (elle ne le sera jamais avec certaines personnes), l'expression du visage d'un inconnu, son allure, son geste, le ton de sa voix induit déjà l'attitude de l'enfant » (P. GUILLAUME[e]).

84. Le « langage » émotionnel. — Un des principaux instruments de cette communication élémentaire des consciences est certainement ce qu'on appelle le « langage émotionnel ». H. WALLON[b] (1879-1962) définit l'émotion (p. 65) un comportement élémentaire caractérisé par une interpénétration étroite de la sensibilité et du mouvement. Les réactions émotionnelles (cris, tremblements, pâleur, rougeur, gestes divers) constitueraient une sorte de « langage » bien antérieur au langage parlé et qui, beaucoup plus que celui-ci, réalise déjà une sorte de communication directe : « L'émotion établit une communication immédiate des individus en dehors de toute relation intellectuelle. Elle est le seul moyen d'expression dont le nourrisson dispose vis-à-vis de son entourage ; elle est le lien des actions grégaires ; elle est d'utilisation rituelle dans les sociétés primitives ou dans les rassemblements religieux pour donner corps et force aux réalisations ou aux transports collectifs » (WALLON[b]).

85. Les formes de la sympathie et l'expérience d'autrui d'après Max Scheler. — On a vu (§ 20 *A*) qu'il existe, notamment dans les foules, un mode élémentaire de communication entre les consciences qui est plutôt contagion des émotions que sympathie véritable, mais aussi que ce *consensus* psychique peut s'élever dans certains cas jusqu'à une authentique communion spirituelle.

S'inspirant des principes du fondateur de la Phénoménologie, E. HUSSERL (1859-1938), qui avait dénoncé « l'illusion solipsiste », Max SCHELER[a] (1873-1928) a établi entre les « formes de la sympathie » des distinctions devenues presque classiques et qui vont de la « contagion » affective dont il vient d'être question, jusqu'à la sympathie véritable et jusqu'à la communion des âmes dans l'amour. Aux yeux de Scheler, la contagion affective, celle qui règne dans les foules, « n'a absolument rien à voir avec la sympathie : il n'y a là ni *intention* affective à l'égard de la joie ou de la souffrance d'autrui, ni participation à ses expériences internes ». C'est une pure « contamination » — comme, par exemple, celle de « la gaieté qui règne dans une brasserie ou dans une fête et qui se transmet instantanément à toute personne venant du dehors » ou encore « la contagion du rire à laquelle succombent principalement les enfants ». Cette contagion est une simple reproduction inconsciente des sentiments manifestés par autrui qui deviennent alors les sentiments propres du sujet « contaminé » (exemple : la peur dans la panique). Le cas limite de cette contagion affective est, selon Scheler, la *fusion affective* ou *sentiment d'unité* dans lequel un *moi* s'identifie complètement avec un *moi* étranger. Scheler cite de nombreux exemples de ce phénomène : les cas les plus typiques, selon lui, sont celui de la mère qui s'identifie avec les impulsions instinctives de son enfant, celui de l'enfant qui s'identifie avec les personnages de son jeu, celui du primitif qui s'identifie avec son totem ou de l'initié des mystères antiques qui s'identifie avec le dieu, sans parler de nombreux cas pathologiques.

Tout autre chose est la véritable ***sympathie*** ou « participation affective » qui est un acte « intentionnel » (au sens étymologique du terme), c'est-à-dire tendant vers autrui comme tel. Il y a lieu de distinguer trois phénomènes distincts : 1° le fait d'être *émus ensemble*

(*Miteinanderfühlen*) ; par exemple, si des parents sont devant le corps de leur enfant mort, « ils éprouvent en commun *la même* douleur » ; chacun n'a pas un sentiment de douleur séparé ; il s'agit d'un seul et unique sentiment de douleur éprouvé en commun par tous deux à la fois, et tout à fait différent par exemple du sentiment de l'ami qui vient leur exprimer « la part qu'il prend » à leur douleur ; — 2° le fait de « prendre part » à la joie ou à la douleur de quelqu'un *comme étant celle d'autrui* (*Mitgefühl*), l'écho affectif, dans lequel les consciences communiquent tout en conservant leur hétérogénéité ; une telle sympathie « implique l'*intention* de ressentir la joie ou la souffrance qu'accompagnent les faits psychiques d'autrui » et qui ne survient pas seulement « en présence ou à la vue de la souffrance d'autrui, mais est encore capable de " penser " cette souffrance et de la penser en tant que fonction affective » ; — 3° cet écho affectif suppose une *compréhension* affective (*Nachfühlen*) qui en est d'ailleurs indépendante, car je puis fort bien par exemple « comprendre » l'angoisse mortelle d'un homme qui se noie sans pour cela éprouver quoi que ce soit qui ressemble à cette angoisse. — Enfin, au delà de la sympathie, se trouve l'***amour***, qui a pour caractéristique de porter sur des *valeurs* (ci-dessous § 90 et 122).

Ces diverses formes de la sympathie ainsi que l'amour des personnes mettent directement notre *moi* en rapport avec autrui. Il y a donc, comme l'avait dit Scheler, une « évidence du *toi* », qui n'est ni moins — ni plus — immédiate que celle de soi-même, mais qui prime la perception des objets extérieurs.

86. Le regard. — Cette ***intuition d'autrui*** nous est d'ailleurs déjà donnée dans la perception elle-même, en particulier dans celle du *regard* : « C'est l'unité expressive du regard qui m'apprend que tel ou tel individu est disposé à mon égard amicalement ou inamicalement ; et je le sais, avant même d'avoir aperçu la couleur de ses cheveux ou de sa peau, la forme de ses yeux, etc. » (Scheler). Bien mieux, le regard crée entre deux personnes à la fois une *communion* et une limitation réciproque. « Dès que les regards se prennent, l'on n'est plus tout à fait *deux* et il y a de la difficulté à demeurer seul » (P. Valéry). Nous surprenons parfois dans un regard un sentiment secret que ne traduisaient ni l'attitude extérieure ni le langage ni même l'intonation. En certains cas, le regard engendre une sorte de *complicité* : lors d'une discussion, il nous arrive de lire dans le regard d'une autre personne une approbation muette de l'opinion que nous venons d'exprimer, comme aussi quelquefois un reproche ou une réserve ; de même, si quelqu'un a formulé un jugement qui nous paraît faux, voire ce que nous jugeons être une sottise, il nous est agréable de lire dans le regard d'une tierce personne un étonnement, une ironie ou une protestation qui révèle une réaction analogue à la nôtre. Et que de nuances dans ces regards que le nôtre rencontre !

« Regards francs et regards voilés ; regards aimants et regards de bravade ; regards durs et bons regards ouverts qui nous soutiennent comme un constant encouragement ; regards espiègles, pétillants, malicieux ou narquois ; regards joyeux, et douloureux, regards angoissés ; regards extatiques ; regards humides d'adolescentes ; regards perçants des gens d'expérience ; regards lumineux de vieillards candides... C'est un éclair du regard qui décèle la compréhension chez l'auditeur ; et plus peut-être encore que la voix, c'est l'art de capter, d'embrasser en un faisceau le regard d'auditeurs multiples, de l'interpréter, de le dominer, qui fait la " psychagogie " du grand orateur, tout comme il contribue au don du commandement » (P. M. Schuhl[f]).

Mais les regards qui « s'échangent », comme on dit si bien, réalisent aussi, selon la remarque pertinente de Valéry, une *limitation* mutuelle et comme une « transposition de deux destinées ». Ils disent : « Tu n'es pas *moi* puisque tu me vois et que je ne me vois pas. Ce qui me manque, c'est moi que tu vois. Et à toi, ce qui manque, c'est toi que je vois. » J.-P. Sartre a montré que le *regard d'autrui* nous révèle parfois ainsi à nous-mêmes (voir § 75).

87. Limites de l'expérience directe d'autrui. — La Psychologie confirme ces inductions phénoménologiques : « Se demander, écrit P. Guillaume[e], quand et comment l'enfant découvre que les autres hommes ne sont pas de purs automates inconscients, mais ont une vie intérieure semblable à la sienne, c'est poser un problème tout à fait factice. Cette découverte de la personne d'autrui n'a jamais eu lieu ; l'assimilation du moi et des autres hommes n'a pas succédé à un solipsisme originel ; l'enfant n'en a jamais douté : la question était résolue avant d'être posée. » — Toutefois il ne faudrait pas se faire d'illusion sur la *sûreté* ni l'*étendue* d'une telle communication des consciences. Scheler[a] lui-même remarque « qu'à la suite d'un certain nombre d'actions accomplies par quelqu'un qui venait de me parler et dont j'avais cru percevoir les sentiments et les intentions, je puis être forcé d'arriver à la conclusion que je l'ai mal compris ou qu'il a fait preuve à mon égard de simulation ». ***Ici pas plus qu'ailleurs, on ne peut se fier à l'expérience prétendue immédiate*** (cf. t. I, § 58, et ci-dessous chap. XIV) : « L'intuition, dit Guillaume[e], si elle est souvent pénétrante, n'est jamais infaillible ; elle subit non seulement l'influence des éléments critiques, mais celle des éléments parasites qui leur sont associés accidentellement et qui contribuent à l'impression globale. Elle juge les gens sur la mine, elle ne sépare pas les événements de leur ambiance accidentelle et de leur cadre ; enfin et surtout, elle reste entachée de subjectivité, car dans ce contexte mal limité qui décide de la qualité de l'impression, il faut compter les dispositions durables et momentanées du sujet, son humeur, ses passions. » — A plus forte raison, lorsqu'il s'agit de « comprendre » autrui, risquons-nous de commettre souvent bien des contresens : « La compréhension, dit SCHELER[a], en tant que compréhension de l'acte et de son *sens* objectif, n'est autre chose qu'une participation d'un être spirituel à la vie d'un autre être spirituel. » Or c'est justement cette « participation » qui peut se révéler illusoire. Il est peu d'expériences plus douloureuses, et cependant plus fréquentes, que celle qui consiste à croire qu'on est en parfaite communion d'âme avec une autre personne et à apercevoir tout à coup, comme dit Ald. HUXLEY, « un abîme béant » qui nous sépare d'elle et qui nous révèle que nous nous étions complètement mépris. Même le regard peut tromper : quand mon chien me regarde dans les yeux, je crois discerner dans son regard une profondeur de sentiments humains dont son « âme » de chien est probablement fort incapable. — En réalité, il n'est point, ici comme ailleurs, de compréhension sans une certaine intervention de l'*intelligence.* La ***pitié,*** par exemple, comme le dit fort bien Scheler, n'est pas simple contagion de la douleur d'autrui. Mais, pour qu'elle puisse devenir autre chose, pour qu'elle soit véritable compassion à cette douleur *comme étant celle d'autrui*, il faut que nous *imaginions* ce qu'il souffre. Si l'enfant nous semble parfois insensible, « sans pitié », c'est précisément parce qu'il ne sait pas toujours *imaginer* les souffrances d'autrui et celles qu'il peut lui-même causer. La pitié n'est donc pas aussi « instinctive » qu'on le dit parfois. Ce qui est spontané, c'est une sorte de sympathie où se mêlent à la fois sympathie-contagion et sympathie-communion : nous souffrons de voir souffrir, mais l'égoïste se détournera de cette souffrance qui lui fait mal. Il faut, de plus, un effort pour comprendre autrui, et cet effort est, en partie au moins, d'ordre intellectuel ainsi que le montre ROUSSEAU dans son *Essai sur l'origine des langues* : « Comment nous laissons-nous émouvoir à la pitié? en nous transportant hors de nous-mêmes, en nous identifiant avec l'être souffrant. Nous ne souffrons qu'autant que nous jugeons qu'il souffre ; ce n'est pas dans nous, c'est *dans lui* que nous souffrons. Qu'on songe combien ce transport suppose de connaissances acquises. Comment imaginerais-je des maux dont je n'ai nulle idée? Comment souffrirais-je en voyant souffrir un autre, si je ne sais pas même qu'il souffre, si j'ignore ce qu'il y a de commun entre lui et moi? Celui qui n'a jamais réfléchi ne peut être ni clément, ni juste, ni pitoyable. »

88. La communication médiate. — Outre la communication directe, il existe d'ailleurs une communication médiate, indirecte, *par l'intermédiaire des signes et du langage.* Le « langage » émotionnel dont il a été question au § 84, ne constitue d'abord, chez l'enfant, qu'un ensemble de réflexes. Mais ces réflexes, par exemple le cri, deviennent des ***signes*** lorsqu'ils sont employés *intentionnellement* comme moyens de communication avec autrui (t. I, § 196). C'est donc ***la relation avec autrui*** qui, des réactions du « langage » émotionnel, fait des signes proprement dits. Chez l'adulte, les réactions qui accompagnent les émotions peuvent être employées volontairement et deviennent alors la ***mimique*** : un homme victime d'une injustice peut mimer la colère, alors qu'il conserve son sang-froid, et ceci en vue de signifier à autrui son indignation. Il y a eu d'ailleurs, avant le langage parlé, un ***langage par gestes*** qui existe encore chez certaines peuplades et qui, au lieu d'être comme chez nous un simple auxiliaire de la parole, constituait le moyen d'expression principal et se suffisant à lui-même. Il reste quelque chose de ce « langage d'action », non seulement dans nos gestes, mais dans ce que G. Dumas a appelé la ***mimique vocale*** (t. I, § 192). Quant au ***langage parlé,*** il constitue évidemment le moyen de communication le plus courant. Mais on a souvent signalé son imperfection dès qu'il s'agit de traduire ce qu'il y a d'original, de proprement individuel dans nos sentiments. Que de malentendus qui rendent les âmes opaques les unes aux autres et qui résultent souvent d'un mot mal compris, d'une expression à laquelle les deux interlocuteurs ne donnent pas le même sens !

89. La communication sur le plan des valeurs. — Il existe d'ailleurs d'autres modes d'expression qui permettent aux consciences de communiquer et même de *communier* sur un plan supérieur, celui des *valeurs*. Tel est, par exemple, ***l'Art,*** qui institue parfois une union qu'on peut appeler, avec R. Le Senne, « le concert des esprits » : « Du chant populaire à l'art de la IXe Symphonie, du *Messie* ou des *Béatitudes*, le chœur qui, comme dans la tragédie antique, permet toutes les combinaisons entre la liberté des solistes et la sympathie du peuple, manifeste, en les ennoblissant, les mouvements de la douleur et de la joie dans une communauté fraternelle. » L'Art réalise donc bien une *communion* puisque, sans effacer les originalités individuelles, il ramène « vers l'universalité émotionnelle de la condition humaine ». La ***Religion*** établit entre les âmes une communion plus intime encore puisqu'elle englobe tous les aspects de la spiritualité : accord des intelligences dans la foi commune, fusion des cœurs dans l'amour, collaboration des volontés dans les actes. Le corps lui-même y est intéressé grâce aux rites et aux cérémonies célébrées en commun. — Enfin on peut observer qu'il existe une communion des esprits, non pas seulement sur le plan instinctif ou affectif, mais sur le plan ***rationnel.*** Les modes de communication des consciences tels qu'ils sont décrits par Scheler, c'est-à-dire sous la forme surtout affective, « préparent sans doute l'assimilation des esprits et des volontés ; ils ne peuvent l'achever et la consolider s'il ne s'y joint la réflexion, l'entente délibérée, le consentement explicite ». Autrement, ils nous laissent « encore en partie étrangers et obscurs les uns aux autres ». En ce sens, la vraie communion des esprits « ne s'achève que par la rationalité » (G. BELOT). A. LALANDE lui aussi remarque que « la raison est *communauté* », caractère d'ailleurs lié à son caractère normatif (t. I, § 217) : « elle s'exprime par une législation spontanée, théorique et pratique, lien des hommes en tant que " semblables ", non en tant qu'échangistes, exploitants et exploités, en cellules différenciées d'un organisme collectif ». C'est en ce sens aussi que MALEBRANCHE, dans son *Traité de Morale*, distingue deux sortes de sociétés entre les hommes : une société « de commerce », toute temporelle, qui ne subsiste que « dans une communion de biens particuliers et périssables », et une société « de religion », qui est une société des esprits, « réglée par la Raison » et qui unit les hommes dans la communion des biens éternels.

90. L'amitié et l'amour. — Il y a ainsi toute une hiérarchie des formes de la communion entre les consciences depuis la *sympathie* qui peut être parfois toute passagère et superficielle, jusqu'à l'amour. Dans l'intervalle, se trouve l'***amitié*** qui est durable et qui réalise cette *fusion des consciences* qu'a illustrée le mot célèbre de Montaigne à propos de son amitié avec La Boëtie : « Si l'on me presse de dire pourquoi je l'aimais, je sens que cela ne se peut exprimer qu'en répondant : " Parce que c'était lui, parce que c'était moi. " » L'amitié a été célébrée par la plupart des moralistes anciens (Aristote, Épicure, Cicéron). Elle est en effet, comme a dit LACORDAIRE, « le don complet de soi-même » : elle est confiance, *ouverture* totale d'une conscience à une conscience et, en ce sens, elle est déjà en germe dans la perception même d'autrui : « Si elle est, la perception du *toi* ne peut qu'être bilatérale ; car, afin que je perçoive une personnalité, il faut que cette personnalité s'ouvre à moi, il faut au moins qu'elle ne se refuse pas et que je puisse entrer dans son jaillissement intérieur » (NÉDON-

CELLE[f]). — Quant à l'***amour***, nous avons déjà remarqué (§ 85) avec Scheler qu'il se caractérise par sa fonction *valorisante*. Sans doute, il y a lieu de distinguer, dans l'usage courant du mot *amour*, bien des sens différents. Mais ces divers sens peuvent, nous semble-t-il, se ramener à trois fondamentaux :

1° ou bien l'amour s'adresse directement à *la valeur elle-même* : c'est en ce sens qu'on parle de l'amour de Dieu, de l'amour de la Patrie, etc. La *charité*, au sens chrétien du terme, est cet amour sublimé sur le plan de la transcendance (§ 175-176) ;

2° ou bien l'amour s'adresse, en tant que sentiment vivant et agissant, à d'*autres individus* : tel est l'amour paternel, maternel, fraternel, conjugal, et même l'amour-amitié. Il a alors pour objet la valeur de la personne et il tend toujours à « élever la personne aimée au plus haut degré de valeur positive possible », à considérer ce qu'il y a de meilleur en elle (§ 122) ;

3° ou bien, enfin, il s'agit de l'amour, au sens le plus ordinaire du terme, de l'*amour sexuel*. Même en ce sens, nous avons remarqué (§ 19 *A*) que l'amour ne se confond pas avec l'instinct[1], et d'ailleurs certains philosophes contemporains, même très spiritualistes, comme Scheler lui-même (cf. aussi Jean GUITTON, *Essai sur l'amour humain*), ont admis que, jusque dans les illusions de l'amour physique, il y a « l'expérience d'une réalité supérieure » et que l'âme peut « sublimer ce qui vient des sens ». Quoi qu'il en soit, il est certain que, dans tout amour pour une personne donnée empiriquement, « nous nous formons une image idéale de sa valeur » (Scheler).

91. La solitude. — A l'opposé de ces sentiments de communion, il semble qu'il y ait lieu de placer la solitude. Et, de fait, il y a une solitude qui est ***échec de la communion*** (GUSDORF[h]) entre les consciences. La haine, la jalousie, l'envie et aussi le désespoir (§ 37) *isolent* celui qui en est animé. « L'enfer », ce n'est pas « les autres », comme le dit SARTRE dans *Huis-clos* ; c'est au contraire le *moi* replié dans son orgueil et son ressentiment et refusant les valeurs de communauté. On a vu, en effet, que la personne est faite, en grande partie, de ces valeurs qu'elle puise dans la vie en société (§ 76) et que, loin de diminuer le *moi*, l'expérience d'autrui, en tant que préalable à la prise de conscience de celui-ci par lui-même (§ 75), l'étend et l'enrichit. La vie

1. C'est l'instinct qui aboutit à ce que D. LAGACHE, dans son étude sur la *Jalousie amoureuse*, appelle « l'amour captatif », celui qui prétend *posséder* autrui comme un *objet*. L'amour captatif s'oppose à « l'amour oblatif », où l'amant s'offre à l'être aimé pour être en quelque sorte possédé par lui et surtout à « l'amour-communion », celui dont il est question ci-dessus et où les deux partenaires se considèrent comme parties d'un tout qui les dépasse l'un et l'autre.

sociale n'est pas une mutilation ni un asservissement du moi et, comme le dit SPINOZA, « l'homme qui est conduit par la raison, est plus libre dans la Cité où il vit selon la loi commune, que dans la solitude où il n'obéit qu'à lui-même ».

Mais la solitude peut être aussi tout autre chose. C'est un fait que toutes les âmes soucieuses de spiritualité ont toujours recherché la solitude. Ce n'est point parce que, comme le dit, non sans quelque amertume, l'auteur de l'*Imitation* rappelant un passage de Sénèque, « chaque fois que l'on va dans la compagnie des hommes, on en revient moins homme qu'on n'était ». C'est parce qu'au delà des valeurs de communauté, toujours plus ou moins déterminées par les contingences, il y a *les valeurs universelles* (cf. § 128 *fin*), il y a *la valeur en soi*. Être seul avec soi-même, c'est se retrouver en présence de ces valeurs fondamentales, en présence de « l'unique nécessaire ». Une telle solitude avec soi-même est aux antipodes de la solitude desséchée qui s'est coupée de toute communion spirituelle. En ce sens, il y a bien, comme le dit L. LAVELLE[d], une « séparation qui unit ». Car ce serait une erreur de croire que la communion doive détruire en nous ce qui fait « l'inimitable singularité de toute existence individuelle ». La solitude, accompagnée de la méditation silencieuse, nous permet de nous retremper dans cette singularité « qui exprime la part d'absolu dont chaque être est, pour ainsi dire, porteur », et ainsi, « c'est l'être le plus personnel et le plus solitaire qui est capable d'accomplir l'acte de communion le plus désintéressé et le plus pur ». D'autre part, si la solitude peut être parfois « une tentation », le sage, lui, « ne cherche en elle qu'une sorte d'exercice spirituel qui doit prouver sa valeur et sa fécondité dans ces relations avec le dehors qu'elle avait paru abolir. Alors seulement nous apprenons à vivre comme nous imaginons qu'il fallait vivre quand nous étions seul. Si dans la solitude nous formons l'idée d'une société parfaite avec nous-même, avec l'univers et avec tous les êtres, c'est le retour dans le monde qui, par une sorte de paradoxe, en interrompant cette solitude, la réalise et l'oblige à porter son fruit » (LAVELLE[d]). En ce sens, ***solitude et communauté sont complémentaires l'une de l'autre.***

92. De l'Interpsychologie à la Psychologie sociale. — Jusqu'ici nous avons étudié les rapports avec autrui indépendamment des groupes à l'intérieur desquels ils s'établissent. Contrairement en effet à ce qu'affirment certaines doctrines contemporaines, l'homme n'est pas *tout entier* social (t. I, § 35). Non seulement il peut se libérer de l'emprise du social *par en haut*, par la conquête de l'autonomie personnelle (§ 78), mais il échappe aussi au social *par en bas*, par ce fonds psycho-organique, plus ou moins commun à tous les hommes, qui fait que, mis en présence de son semblable, il éprouve vis-à-vis de lui de l'attrait ou de la répulsion, de la sympathie ou de l'antipathie, de la pitié ou de l'envie, de la haine ou de l'amour (§ 20, 83, etc.) C'est, à ce point de vue de la ***Psychologie inter-mentale*** ou ***Interpsychologie*** que se sont placés, en France, Gabriel Tarde (1843-1904) et, en Amérique, la plupart des psycho-sociologues qui ramènent tous les rapports sociaux à des *interactions* (compétition, conflit, adaptation, coopération, etc.) entre individus. — Mais la ***Psychologie sociale proprement dite*** est tout autre chose. Elle implique la notion des *groupes sociaux* et de la *pression*, du *modelage* qu'ils exercent, en tant que groupe, sur l'individu. Ce point de vue a été, en France, celui d'Émile Durkheim (1858-1917) qui avait introduit la notion d'une « conscience collective » propre à chaque groupe (§ 95). On verra que certains sociologues américains tels que Ch. Cooley (1864-1929), l'Anglais MacDougall (1871-1938) se sont rapprochés de cette manière de voir, et nous avons dit (t. I, § 34) comment les travaux des ethnologues ont mis en lumière le « modelage » de l'individu par le groupe. — Nous nous placerons successivement aux deux points de vue indiqués.

93. Les attitudes envers autrui : la Sociométrie. — Du point de vue interpsychologique, une notion fondamentale est la notion d'***attitude***, à tel point qu'elle a souvent servi en Amérique à définir la psychologie sociale tout entière. Mais il y a lieu ici aussi de distinguer, avec Kimball Young, la relation de personne à personne « en dehors de toutes formes codifiées de comportement », des attitudes proprement sociales et collectives que nous étudierons plus loin et qui impliquent « des habitudes standardisées et des idées communes au groupe ». En ce sens, on peut, avec Young lui-même, définir l'attitude « *une prédisposition psycho-motrice à l'action* ». Une attitude, dit dans le même sens O. Klineberg, est ce qui « prépare l'individu à une certaine réaction (*response*) ». C'est donc une structure complexe et durable de facteurs affectifs, perceptifs, cognitifs et de motivations, qui incite l'individu à agir d'une certaine manière.

A. On a vu (§ 83) qu'il existe, même chez l'enfant, même déjà chez l'animal, une sorte d'expérience implicite et directe d'autrui qui entraîne certaines attitudes à son égard. — 1° Si l'on en croyait la Psychanalyse, les attitudes de base vis-à-vis d'autrui seraient toujours des attitudes d'***hostilité*** se manifestant notamment par la jalousie agressive, l'*instinct agressif* étant d'ailleurs, selon certains, en rapport étroit chez l'enfant avec « l'aptitude à mordre et à mâcher des aliments solides » (J. Boutonier). De même, J.-P. Sartre pose que « l'essence des rapports entre consciences n'est pas la communauté, c'est le *conflit* ». Ce conflit s'affirme déjà dans le *regard* d'autrui qui me transforme en objet (§ 75) : « Autrui me regarde et, comme tel, il détient le secret de mon être, il sait ce que je suis ; ainsi le sens profond de mon être est hors de moi : autrui a barre sur moi... Nous éprouvons notre insaisissable *être-pour-autrui* sous la forme d'une *possession* : je suis possédé par autrui. » Ni l'amour — où « chacun veut que l'autre l'aime, sans se rendre compte qu'aimer c'est vouloir être aimé » — ni même la haine — qui échoue à supprimer les autres consciences — ne réussissent à surmonter le dilemme : « transcender l'autre ou se laisser transcender par lui ». — 2° Il s'en faut cependant que l'attitude fondamentale envers autrui soit toujours une attitude d'hostilité. Psychanalyse et Existentialisme ont ici « noirci » exagérément la nature humaine. Certains psychanalystes (Flügel), reprenant les analyses de Freud, se sont appliqués à établir que rien dans l'analyse de l'être humain ne justifie un tel pessimisme, et l'on sait comment Scheler a montré qu'il existe dans l'âme humaine une faculté de **sympathie** spontanée (§ 85), préalable à toute vie sociale. Ces « instincts de sympathie » ne sont pas moins puissants que les « instincts de défense » (De Greef), et l'on peut constater chez le tout jeune enfant des élans d'affection, de tendresse même à l'égard d'un autre enfant de son âge qui ne s'accompagnent d'aucune arrière-pensée d'agressivité. — 3° Il faut reconnaître toutefois l'existence chez l'être humain d'une « volonté de puissance » (Nietzsche), c'est-à-dire du désir d'un *surplus de force*, qui peut s'affirmer par le besoin de **dominer** autrui et la tendance à l'utiliser comme instrument. C'est le rapport du *Maître* à l'*Esclave* tel que le décrit Hegel : le plus fort asservit le plus faible, il fait de lui une chose analogue aux réalités matérielles et il puise dans cette domination un sentiment plus vif de son moi[1]. — 4° Il ne faut pas confondre avec cette attitude l'**ascendant personnel** qui permet à un individu de s'imposer *moralement* aux autres. Le chef, l'éducateur, le médecin même ont besoin d'un tel ascendant, qui dépend parfois d'éléments quasi-impondérables : « Un de nos confrères, chargé de la psychothérapie dans un sanatorium, écrit le Dr Logre, obtenait par son regard profond, ses silences

1. Jusqu'au jour, ajoute Hegel, où l'Esclave, en transformant le monde des choses par le travail, accédera à son tour à la conscience de soi et deviendra le véritable agent du progrès, — idée que reprendra Karl Marx.

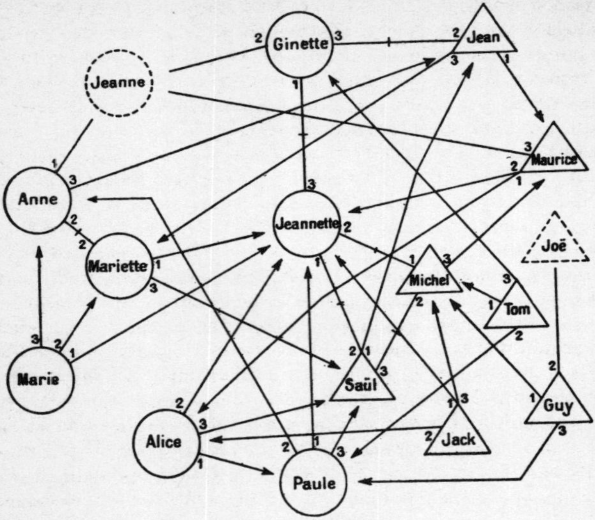

Fig. 23. — Un sociogramme.

(D'après Helen Jennings, *Sociometry in group relations*, American Council of Education.)

Ce sociogramme figure les choix préférentiels dans un groupe d'enfants très jeunes, où les relations de sexes n'entrent pas en cause. Les triangles représentent les garçons, les cercles les filles (en lignes interrompues pour les absents). Les flèches (ou les lignes non terminées pour les absents) indiquent les choix en un seul sens, par exemple de Paule à Jeannette. Les choix réciproques sont symbolisés par une ligne continue, barrée d'un petit trait perpendiculaire. Les chiffres indiquent l'ordre de préférence. On voit qu'ici c'est Jeannette qui, de beaucoup, réunit le plus de suffrages.

entrecoupés de brèves paroles, des résultats auxquels n'atteignent pas toujours les procédés scientifiques les plus modernes », à tel point qu'on l'avait surnommé « le grand sorcier ».

B. Ces différentes attitudes créent entre les individus des ***affinités*** et des ***tensions,*** des relations ***attractives*** et ***répulsives,*** qui peuvent être étudiées pour elles-mêmes. C'est ce qu'a tenté de faire la ***Sociométrie,*** créée en Amérique par le psychiatre J. Moreno. Dès 1921, Moreno avait remarqué, en observant les jeux des enfants dans les jardins de Vienne, que certains d'entre eux restent isolés, que d'autres constituent de petits groupes sélectifs, que d'autres enfin se mêlent à l'activité de l'ensemble. Ce fut le point de départ d'une série de recherches qui prétendent aboutir à une *mesure* des rapports interindividuels et des processus relationnels à l'intérieur des groupes. La vie sociale est considérée comme un ensemble de phénomènes de « gravitation », c'est-à-dire d'attractions et de répulsions, dans lesquelles joue un facteur que Moreno a appelé le « télé » (du grec *tèlé*, loin). C'est ce facteur qui pousse les individus à constituer des « configurations », qu'on peut représenter par des « sociogrammes » (fig. 23). « L'atome social » est alors, non pas, à proprement parler, l'individu, mais le réseau formé par l'ensemble de ces attractions et répulsions autour de lui. Outre les *tests de choix* et de *configuration* (voir t. I, § 297), la sociométrie a employé la méthode du *psychodrame* où l'individu mis sur une scène de théâtre, extériorise en actes (et non plus seulement en paroles comme dans l'interrogatoire psychanalytique) les sentiments qui le guident dans ses rapports avec autrui. — Les prétentions de cette école sont fort ambitieuses. Non seulement elle vise à faire œuvre proprement sociologique en saisissant les groupes sociaux « à l'état naissant ». Mais elle prétend aussi à des applications pratiques telles que la *sélection des chefs*, la *direction de l'opinion*, etc. En réalité, comme l'a montré le sociologue Fl. ZNANIECKI (1882-1958), elle repose sur ce postulat que « la structure réelle et dynamique de la société humaine, telle qu'elle se manifeste dans des interdépendances spontanées entre les individus, jouit d'une primauté originelle par rapport aux groupements structurés ou aux institutions établies », ce qui est fort discutable. Elle est capable cependant de révéler « les variantes que l'initiative des individus brode sur les modèles culturels » et elle a rendu des services pour déceler les affinités et les tensions qui peuvent exister à l'intérieur d'une classe d'élèves, d'une équipe sportive, d'une escadrille d'aviateurs, etc.

94. L'action mentale sur autrui. — Sur un autre plan, plus intellectuel, l'Interpsychologie peut étudier les différentes formes sous lesquelles s'exerce l'***action d'un esprit sur l'esprit d'autrui.*** On peut en distinguer au moins quatre.

A. Nous pouvons d'abord vouloir ***convaincre*** autrui, c'est-à-dire l'amener à notre manière de voir en lui fournissant des *preuves*, en lui présentant une *démonstration* en règle. C'est la forme la plus *logique*, la plus *objective*, la plus *purement intellectuelle* de l'action sur l'esprit d'autrui. Est-ce la plus puissante? Nous avons fait observer bien souvent que l'homme n'est pas une intelligence pure et que l'adhésion à un jugement n'est pas déterminée uniquement, en général, par des motifs intellectuels (tome I, § 178). Que de fois ne nous est-il pas arrivé, dans une discussion, de reconnaître que, sur le plan logique, notre interlocuteur a raison et de sentir pourtant au fond de nous-même quelque chose qui résiste ou, tout au moins, qui nous maintient dans l'indifférence, qui empêche les arguments de pénétrer dans la partie vivante de notre pensée !

B. « L'art de ***persuader,*** dit Pascal, consiste autant en celui d'agréer qu'en celui de convaincre. » Or, pour « agréer », il faut « avoir égard à la personne à qui on en veut ». Une *démonstration,* en effet, est impersonnelle : on ne « démontre » pas un théorème de géométrie de façon différente selon la personne à qui l'on s'adresse, tandis que *persuader,* c'est s'insinuer, en quelque sorte, dans l'intimité de la pensée de l'autre ; et, pour cela, il faut connaître d'abord, comme le dit Pascal, « quels principes il accorde », c'est-à-dire quelles sont ses idées, ses croyances, son orientation intellectuelle, mais aussi et surtout « quelles choses il aime », c'est-à-dire quels sont ses sentiments, ses aspirations, ses désirs. Au lieu de s'adresser à l'intelligence et à la raison, la persuasion s'adresse surtout « à la personnalité affective » (Dumas) et, pour réussir parfaitement en ce domaine, il faudrait « connaître tout ce qui se passe dans le plus intérieur de l'homme, que l'homme même ne connaît presque jamais » ; et c'est pourquoi, alors que la démonstration relève du pur « esprit de géométrie », la persuasion, pour reprendre encore le langage pascalien, met en jeu « l'esprit de finesse », c'est-à-dire ici un tact psychologique, un sens des nuances qui permet de deviner les sentiments d'autrui, de pressentir quels sont les arguments qui auront prise sur lui. C'est dire que la logique de la persuasion n'est pas la logique rationnelle, mais cette « logique des sentiments » dont il a été question t. I, § 203. Il va de soi que, comme le reconnaît Pascal, cette « voie par où les opinions sont reçues dans l'âme », est d'ordre inférieur. « La persuasion, écrit G. Dumas, est le procédé du chef de parti, de l'orateur, de l'apôtre qui veulent répandre leurs croyances politiques ou religieuses ; et, comme ce sont les procédés nécessaires de toute conviction et de toute croyance qui cherchent à se communiquer, on les voit utilisés par les aliénés qui répandent leurs convictions délirantes aussi bien que par les normaux » (t. I, § 203 *C*).

C. Convaincre, — le mot lui-même le dit, — c'est, en un sens, imposer une opinion ; persuader, c'est la faire accepter. Il est un troisième procédé, plus discret, plus respectueux, en apparence du moins, de la liberté d'autrui : c'est de ***suggérer*** ce que l'on veut faire croire. La suggestion[1] consiste à déposer simplement dans l'esprit d'autrui, par

1. Nous prenons ici ce terme au sens usuel, non au sens technique et semi-pathologique où il désigne l'action d'*imposer* une idée à la personnalité subconsciente du sujet, de telle sorte qu'elle s'y développe sans participation de sa volonté et en marge de sa conscience claire (par exemple, la suggestion hypnotique). Un sens intermédiaire est celui de la « pression morale » (Binet) qu'exerce par exemple un orateur sur son auditoire par ses gestes, l'autorité de sa voix, etc...

une allusion fugitive, un geste, voire un simple jeu de physionomie, le germe d'une opinion, d'un scrupule, d'un acte, qui s'y développera de lui-même, de telle sorte que le sujet aura l'illusion de n'avoir subi aucune influence extérieure et croira penser ou agir de lui-même. C'est donc, en réalité, le mode d'action le moins loyal.

D. Un quatrième mode d'action, très voisin de la suggestion, avec la différence que celle-ci y est souvent involontaire, est ce qu'on a appelé la ***contagion mentale***[1]. Certains états d'imagination, de sentiment, d'émotion, certains actes peuvent se propager d'individu à individu par cette sorte de « sympathie » élémentaire dont nous avons parlé au § 20 *A*. — Malebranche avait fort bien analysé cette « communication contagieuse des imaginations fortes ».

Il nous décrit un berger racontant le soir, devant son foyer, à sa femme et à ses enfants « les aventures du sabbat ». Son imagination étant quelque peu « échauffée par les vapeurs du vin », il en parle « d'une manière forte et vive ». Son auditoire est éminemment réceptif « pour entendre parler d'un sujet si nouveau et si terrible » ; au reste, « les hommes s'attachent à tout ce qui est extraordinaire » ; d'ailleurs « c'est un mari, c'est un père qui parle de ce qu'il a vu, de ce qu'il a fait ; pourquoi ne le croirait-on pas ? » ; enfin il « le répète en différents jours ». La mère et les enfants se couchent sous cette impression : dans leur sommeil, ils voient « comme présents tous les mouvements de la cérémonie... Ils se lèvent, ils s'entre-demandent et s'entre-disent ce qu'ils ont vu. Ils se fortifient de cette sorte les traces de leur vision ; et celui qui a l'imagination la plus forte, persuadant mieux les autres, ne manque pas de régler en peu de nuits l'histoire imaginaire du sabbat » (*Rech. de la Vérité*, liv. II, 3e partie).

Ces phénomènes de contagion mentale sont particulièrement fréquents dans les ***foules*** ; car, ainsi que nous l'avons déjà remarqué (§ 20), la foule proprement dite n'est pas une société : c'est une désagrégation du groupe social.

95. La Psychologie du groupe et la notion de « conscience collective ». — Plaçons-nous maintenant au second des deux points de vue que nous avions distingués et, au lieu de considérer les interrelations individuelles, considérons le ***groupe social*** en lui-même. Ce n'est pas d'hier qu'on a constaté qu'un groupe a toujours un certain « esprit de corps », une certaine « mentalité collective ».

Vers 1880, le sociologue français Espinas (1844-1922) définissait la société « une conscience vivante ». Même les sociologues américains Giddings, Small, Ellwood parlaient, le premier (vers 1896) d'une « conscience d'espèce » se traduisant par l'adhérence à un groupe et se prolon-

---

1. Ici encore il est nécessaire de distinguer la contagion normale de la contagion telle que l'entendent les aliénistes et les psychiatres et qui est « la contamination d'un sujet sain, ou réputé tel jusque-là, par un sujet malade » (Dumas).

geant dans les sociétés organisées en un véritable « esprit social » (*social mind*), le second (vers 1900) d'une « conscience commune », le troisième (vers 1912) d'une « vie mentale collective ». En 1920, MacDougall écrivait dans son *Esprit de groupe* (*group mind*) : « La société a une vie mentale qui n'est pas la simple somme des vies mentales des unités qui la composent, prises à titre d'unités indépendantes, et une connaissance complète de ces unités... ne pourrait jamais nous permettre d'inférer la nature de sa vie prise comme un tout ».

Mais c'est surtout Durkheim[1] qui a illustré cette thèse en posant la notion d'une ***conscience collective*** propre à chaque groupe social. Cette conscience collective ne serait pas le simple total des consciences individuelles des participants ; elle constituerait une réalité psychique *sui generis* tout aussi distincte de celles-ci qu'un composé chimique est distinct de ses éléments ou un organisme des cellules et des tissus qui le composent (cf. t. I, § 299 *A*). Cette conception de Durkheim a été souvent mal comprise. On l'a parfois accusé de faire de la conscience collective une sorte d'*entité* métaphysique ; mais lui-même avait bien pris soin de préciser que la conscience collective ne doit pas être « hypostasiée », qu'elle n'a « rien de substantiel ni d'ontologique ». Sans doute, elle est « tout autre chose que les consciences particulières » ; mais, en somme, elle n'est « réalisée que chez les individus ». En effet, « en même temps qu'elle est transcendante par rapport à nous, la société nous est immanente, et nous la sentons comme telle. En même temps qu'elle nous dépasse, elle nous est intérieure, puisqu'elle ne peut vivre qu'en nous et par nous ». Autrement dit, il y a dans toute conscience personnelle « deux consciences » qui d'ailleurs, tout en étant distinctes, « se pénètrent de tous côtés » : l'une « qui nous est commune avec notre groupe tout entier, qui, par conséquent, n'est pas nous, mais la société vivant et agissant en nous », l'autre « qui ne représente au contraire que nous dans ce qui fait de nous un individu ». En ce sens, l'existence d'une *conscience collective* nous paraît indiscutable ; car nous avons eu maintes fois l'occasion de constater, en accord d'ailleurs avec notre idée des différents *plans* de conscience, qu'il y a en nous des ensembles de représentations, de souvenirs, de sentiments, de tendances et d'aspirations, qui ne s'expliquent pas par notre nature psycho-organique d'individu, mais par les apports de la vie en société, par le fait du groupement social et par la structure et les modalités diverses de ce groupement.

Ceci est tellement vrai que même les psycho-sociologues américains qui ont souvent rejeté cette notion de *conscience collective* et qui ont prétendu en revenir au point de vue (qui était en somme celui de Tarde) de simples *inter-relations* entre les consciences individuelles, ont été forcés d'adopter des hypothèses de travail équivalentes. C'est ainsi que Krech et Crutchfieldr, après avoir posé en principe « qu'il n'y a rien en psychologie sociale qui ne soit logiquement explicable sur le plan de la psychologie individuelle »[1], s'empressent d'ajouter quelques pages plus loin : « Il est néanmoins difficile, dans la pratique, de s'en tenir à ce plan » et il est, en définitive, préférable « de travailler au niveau des groupes, considérés comme des touts ». On a vu d'ailleurs — et nous y reviendrons — à quel point la notion des *rôles sociaux* et celle des *modèles* (patterns) *culturels* ont fini par s'imposer, même aux U.S.A. (t. I, § 34), et comment un psychologue tel que G.-H. Mead en était venu à définir le *moi* comme un système d'attitudes sociales intériorisées (§ 75).

96. Les attitudes sociales et collectives. — Une partie des difficultés auxquelles s'est heurtée la notion de *conscience collective* vient de ce que le psychisme collectif a été interprété par Durkheim en fonction de la Psychologie de son temps, qui était presque exclusivement une Psychologie de conscience, et non, comme celle d'aujourd'hui, une Psychologie de la conduite. Or la conscience collective est faite, non seulement de *représentations collectives* — certains auteurs tels que le publiciste américain Walter Lippmann ont insisté sur ces *stéréotypes*, ces « images dans notre tête », à travers lesquels nous pensons le monde, — non seulement d'*émotions* et de *sentiments collectifs*, — Lévy-Bruhl a montré le caractère émotif de la mentalité primitive et nous avons remarqué nous-mêmes (§ 56) que les « idées forces » sont celles qui sont douées d'un fort coefficient affectif, — mais aussi d'*actions* et de *dispositions à l'action*. Or ces dispositions à l'action, ce sont, comme il a été dit § 93, des *attitudes*. Mais il ne s'agit plus seulement ici d'*attitudes inter-individuelles*. Au reste, des études faites à propos de la Sociométrie ont montré qu'il est « impossible de séparer les attitudes inter-individuelles des étalons et des normes qui régissent les systèmes sociaux » (Znaniecki). D'où la notion d'**attitude sociale** que W. I. Thomas[2] définissait, dès 1918,

---

1. Cette prise de position théorique n'est pas sans conséquences graves au point de vue pratique. Ainsi que l'écrit très bien G. Gurvitch, « l'interprétation exclusivement psychologique des « attitudes sociales » a conduit les savants américains à l'idée plutôt naïve que les antinomies et les conflits sociaux résultent surtout des « attitudes perverses » ; ils ont ainsi été conduits à l'illusion qu'il suffisait pour obtenir des résultats appréciables de changer les attitudes par le moyen de sermons lénifiants..., par exemple pour modifier l'attitude des blancs à l'égard des noirs dans les États du Sud..., des différents groupes d'émigrés les uns à l'égard des autres, on encore des ouvriers et des patrons dans une entreprise, on celle enfin du peuple allemand à l'égard des autres nations ».

2. Sociologue américain (1863-1947), auteur, avec Znaniecki, d'une célèbre étude sur le *Paysan polonais*, qui a marqué une date dans la sociologie américaine.

« la contrepartie individuelle d'une valeur sociale », chaque valeur correspondant à un certain groupe et possédant une signification (*meaning*) commandant l'activité des membres du groupe. Mais la notion d'***attitude collective*** est encore autre chose. Quoique cette notion, pourtant centrale, soit « assez floue dans l'esprit de la plupart des auteurs américains » et « qu'on ne voie pas clairement si la réalité qu'elle désigne est d'ordre psychologique ou d'ordre sociologique » (Girod[s]), il semble qu'il faille entendre par là les attitudes « qui se développent chez l'individu par voie d'expériences faites dans les groupes ». G. Gurvitch les définit « des dispositions qui poussent les groupes, les *Nous* à l'intérieur des groupes et les sociétés entières à réagir communément, à se conduire d'une certaine façon et à assumer des rôles sociaux particuliers ». Mais il y a plus : loin de tendre à s'émanciper, comme le dit ce dernier auteur, des slogans et des modèles sociaux, les attitudes collectives prennent souvent la forme du « comportement conformisant » (*conforming behavior*). Or « on ne peut parler de conformité s'il n'y a pas de règle, pas de norme à quoi se conformer. Comme psychologues sociaux, nous devons prendre en considération le problème de la *règle* ou *norme* du groupe en question si nous ne voulons demeurer dans la confusion » (M. Sherif, cité par Girod[n]). De fait, l'étude précise des attitudes a montré que celles-ci se réfèrent le plus souvent *à des modèles ou des « stéréotypes » préexistants, dictés par l'influence du milieu*, et que d'ailleurs l'action réelle ne s'y conforme pas toujours[1]. La Sociométrie elle-même a dû reconnaître que le *tèlé* (§ 93 *B*) joue souvent, non en vertu de préférences individuelles, mais parce qu'on se représente le partenaire dans un *rôle social* et elle a dû superposer à la méthode du *psychodrame* celle du *sociodrame*, destinée à révéler les attitudes dictées par ces rôles, tels que ceux du mari et de la femme, du patron et de l'ouvrier, de l'homme blanc et du noir, etc. Elle a ainsi constaté que, par exemple, les préjugés raciaux, si virulents aux États-Unis, ne se manifestent *qu'à partir d'un certain âge et sous l'influence du milieu social.* — Ainsi se trouve confirmé le principe énoncé par Durkheim[l] : « La cause déterminante d'un fait social doit être cherchée parmi les faits sociaux antécédents, *et non parmi les états de la conscience individuelle.* » En énonçant cette formule, Durkheim, dit R. Girod[s], posait « de manière sans doute définitive un principe fondamental de la sociologie », mais aussi, ajouterons-nous, de la psychologie sociale : car, tout en recon-

1. Vers 1934, un sociologue américain ouvrit une enquête pour savoir si, au cours d'un voyage dans le Far-West, il serait admis en compagnie de deux Chinois : l'enquête donna 90 p. 100 de réponses négatives. Or, au cours du voyage qui eut lieu réellement, 10 p. 100 seulement des établissements refusèrent de le recevoir.

naissant que les faits sociaux « consistent en des façons de penser et d'agir », il maintenait que « leur élaboration n'a pas pour substrat l'individu, mais *la société* en tant qu'elle produit des représentations collectives par lesquelles elle traduit la façon dont elle se pense dans ses rapports avec les objets qui l'affectent » (Girod).

97. Imitation, mode et coutume. — C'est pourquoi il est impossible de ramener, comme le voulait Tarde[m], la psychologie sociale tout entière à l'***imitation,*** conçue comme une extension à autrui de l'imitation de soi par soi (§ 20 *D*). L'imitation, selon Tarde, pouvait être, soit *logique*, par exemple lorsqu'une innovation est adoptée parce qu'elle est jugée utile, soit le plus souvent *extra-logique.* Elle irait alors : 1° *du dedans au dehors* : ainsi l'esprit d'une religion se propage avant ses rites ; au XVIe siècle, la littérature de l'Espagne pénètre en France avant ses modes de toilette ; 2° *du supérieur à l'inférieur :* sous l'ancien régime, la province imite le roi et la cour ; de nos jours, l'ouvrier imite le bourgeois. — Mais, en réalité, loin de constituer le phénomène social fondamental et de tout expliquer, comme le voulait Tarde, dans le domaine social, l'imitation elle-même, tout en étant d'apparence inter-individuelle, suppose des conditions sociales préalables, à savoir un milieu qui exerce une certaine *pression* sur l'individu. On imite ce qui « s'impose », ce qui a du *prestige*, et il n'est pas difficile de reconnaître là l'action propre du groupe social.

Selon Tarde[o], l'invention qui est toujours d'origine individuelle, se propage par imitation et devient la *mode*, qui serait donc l'imitation du présent, dans l'espace ; et la mode, à son tour, se consoliderait dans la *coutume*, qui serait donc l'imitation du passé, dans le temps : « L'homme n'échappe à la coutume que pour y retomber. » Mais il y a là des phénomènes beaucoup plus complexes. — ***La mode*** est certes plus *variable* que la coutume : c'est un phénomène périodique, elle est sans cesse en devenir. C'est pourquoi elle n'existe guère dans les sociétés primitives où tout, même le vêtement, est de coutume et plus ou moins lié aux obligations religieuses. Elle n'en a pas moins tous les caractères du *social.* Goblot[o] a montré qu'un de ses caractères les plus frappants est « la *domination* » : « Nous ne sommes pas du tout libres de nous habiller comme il nous plaît » et, dans certains milieux, le « jugement de mode » est plus impérieux que le jugement de moralité. La mode s'étend d'ailleurs à tout, non seulement au vêtement, mais à l'art, au langage, aux idées et aux sentiments, voire aux attitudes philosophiques. D'autre part, elle est caractéristique de *certains groupes.* Il ne faut pas la confondre avec le *goût*, qui est plus personnel. Elle est à la fois, dit GOBLOT°, *barrière* en ce sens qu'elle sert à distinguer les rangs sociaux, et *niveau* en ce sens qu'elle distingue, non des individus, mais des *classes sociales*, et une classe ne se défend pas moins « contre le mérite personnel qui la dissout » que « contre la vulgarisation qui la confond ». La mode dépend de « l'individu qui donne le ton » : mais cet individu ne saurait être quelconque ; il lui faut une certaine notoriété ou un certain rang.

Quant à la **coutume,** son caractère obligatoire est encore plus accentué : « Où que je veuille donner, disait MONTAIGNE, il me faut forcer quelque barrière de la coutume, tant elle a soigneusement bridé toutes nos avenues. » Appuyé sur le prestige du passé et sur l'inertie propre aux masses, la puissance de la coutume se renforce encore du fait que, sans se confondre tout à fait avec la tradition, elle apparaît comme une *valeur par elle-même*. Dans certains milieux, il suffit de dire : « Cela ne se fait pas » pour prononcer une condamnation péremptoire. Dans les sociétés archaïques, « la coutume de la tribu est la norme absolue, indiscutée et indiscutable, le tabou auquel les membres du groupe se soumettent aveuglément » (A. LODS). PASCAL lui-même n'est pas loin de cet état d'esprit lorsqu'il dit que la coutume doit être suivie, non parce qu'elle est juste, mais « parce qu'elle est coutume ». D'ailleurs, la coutume tend ainsi à se cristalliser en institution, surtout quand elle prend la forme de la *coutume juridique*, laquelle est bien près de la loi. Toutefois, sous la « croûte de la coutume » (*cake of custom*), comme a dit un sociologue anglais, fermente toujours la vie collective du groupe et, bien qu'elle soit beaucoup plus consolidée que la mode, la coutume elle-même n'est pas immuable.

98. Tradition et opinion. — La coutume, disions-nous, est proche de la **tradition.** Dans celle-ci cependant, le caractère valorisant est plus marqué encore. La tradition implique toujours l'idée d'une valeur ou tout au moins d'une convenance, tandis que la coutume n'est bien souvent que l'usage social préétabli : si c'est une ***coutume*** de donner des étrennes à son concierge, c'est une ***tradition*** de présenter ses vœux de nouvel an à ses parents, à ses supérieurs et à ses amis. La tradition prend même souvent, notamment dans la tradition religieuse ou nationale, le caractère d'un *dépôt* sacré que chaque génération transmet aux suivantes et qui assure la continuité de la vie du groupe. Cette transmission s'opère à la fois par la voie *orale*, par la voie *écrite* et aussi en *actes*, notamment dans la vie professionnelle (procédés techniques, tours de main) et jusque dans l'art. Mais il y a lieu d'insister surtout sur la transmission intellectuelle des *croyances*, *idées*, *représentations collectives*. Dans les sociétés primitives, les *mythes* et *récits* sont transmis aux jeunes gens dans les cérémonies d'initiation qui durent souvent plusieurs jours. Dans les sociétés plus évoluées, c'est l'*enseignement*, civil ou religieux, qui joue ce rôle. L'*histoire* elle-même, en même temps qu'elle tend chez les modernes à devenir un savoir objectif (t. I, § 288), est aussi — et c'est ce qui fait son caractère ambigu — la tradition devenue consciente, la transmission aux jeunes générations de la représentation qu'un peuple se fait de son passé.

Par rapport à la tradition, l'**opinion** représente un phénomène d'individualisation et, si l'on peut ainsi parler, de décristallisation. « Bien avant d'avoir une opinion générale et sentie comme telle, les individus qui composent une nation ont conscience d'avoir une tradition commune et sciemment se soumettent aux décisions d'une raison jugée supérieure. » L'opinion est donc, comme la mode, un phénomène propre aux sociétés évoluées. Il s'en faut cependant que ce soit un fait purement individuel. Certes il existe une ***opinion privée*** dans la mesure où l'individu est devenu capable de juger par lui-même (t. I, § 177). Mais l'opinion, même privée, répond toujours « à une question sociale » ; au fond, « la fonction même d'opiner est déjà de nature sociale » (J. STŒTZEL[q]). Nous avons montré (t. I, § 176) combien l'opinion de l'individu est influencée par l'ambiance du groupe. Surtout, il faut distinguer de l'opinion privée l'***opinion publique.*** De nombreuses méthodes ont été inventées aux États-Unis pour l'étudier : méthode « extensive » des sondages (G. Gallup), méthodes « intensives » telles qu'observation directe ou observation de masse, étude de « cas personnels » (correspondances, biographies), méthodes sociométriques, *interviews* ou questionnaires adressés à des individus choisis d'après une méthode d'*échantillonnage*, etc. Ces méthodes ont permis de mettre en évidence le caractère nettement ***social*** de l'opinion publique : elles montrent en effet, d'une part, qu' « interrogés en tant que membres d'un groupe social, les sujets donnent des réponses toutes différentes de celles qu'on obtient d'eux à titre privé », d'autre part, que, dès qu'il s'agit de questions intéressant les valeurs admises par le groupe, les opinions, au lieu de se répartir au hasard selon les lois du calcul des probabilités, accusent une fréquence particulière (qui se traduit par une « courbe en J » : t. I, fig. 76 et § 298) en faveur de la défense de ces valeurs. Ceci révèle « certaines tendances déterminées à l'avance » (STŒTZEL[q]), autrement dit : une certaine *pression sociale* qui s'exerce, de façon diffuse, sur la pensée des individus. Au reste, même lorsqu'elle n'est pas liée à un groupe organisé, l'opinion a pour substrat un groupe dispersé, instable, non structuré, mais qui n'en a pas moins une existence implicite : le ***public,*** et par suite il faut lui reconnaître, « comme au public lui-même, une permanence, une durée qui dépassent les fluctuations ou même les apparitions ou disparitions individuelles » (Id.). Si l'on en croit l'historien Paul Lacombe (1839-1919), sa « puissance contraignante » est « en raison inverse de l'étendue du milieu » et, dans un petit groupe tel qu'un village, un homme « mis au ban de l'opinion » peut difficilement être protégé contre ses réactions : « Ce paria est plus battu et surtout plus volé que le législateur, dans sa sphère élevée et lointaine, ne l'imagine » (Lacombe).

99. Du « On » au « Nous » différencié. — L'importance que prennent, dans les sociétés différenciées, la mode et l'opinion, nous amène à considérer les *transformations* qui peuvent s'opérer dans la psychologie du groupe. Nous avons déjà signalé (§ 77, et tome I, § 36, 177, etc.) que la conscience individuelle, d'abord absorbée dans la conscience collective, s'en dégage peu à peu, à mesure que la société se complique et se différencie. Dans la « communauté » primitive, le *Nous* collectif est, selon l'expression d'un sociologue allemand (Th. Geiger), « non un pluriel, mais un singulier » : c'est une « fusion des hommes dans l'être ». On pourrait, avec les philosophes existentiels, le désigner par le pronom impersonnel *On* qui marque bien le caractère anonyme et irresponsable de cette existence collective[1]. C'est sous cette forme que la « conscience collective » pèse le plus lourdement sur la conscience individuelle, bien que le plus souvent celle-ci ne sente guère cette pression ou, comme disait Durkheim, cette « contrainte ». A ce propos, certains sociologues ont distingué différents types de groupement ou, plus exactement, différentes ***formes de sociabilité.*** Le sociologue allemand Tönnies avait, dès 1887, posé la célèbre distinction entre la *Communauté*, mode d'union reposant sur l'existence et le sentiment, et la *Société*, qui aurait pour base la volonté réfléchie et le choix, chacun de ces deux types pouvant se présenter tantôt sous la forme *coopération*, tantôt sous la forme *domination*, celle-ci, dans le cas de la Société, étant fondée sur un libre contrat (ci-dessous § 179). En 1909, Cooley opposait les *groupes primaires* (ainsi nommés parce que ce sont les premiers avec lesquels l'enfant se trouve en contact) dont le type est la *famille* et qui sont des groupes d'*intimité* et d'*affection* où les relations sont directes et

1. Il ne faut cependant pas confondre le *On*, tel que le décrit par exemple Heidegger, avec le « sujet collectif » des sociologues. Lui-même a indiqué la différence : le *On*, base de « l'existence inauthentique » et du « bavardage quotidien », « appartient comme phénomène originel à la structure positive de l'existant humain », et il est absurde de croire, selon Heidegger, que ce mode d'existence pourrait être éliminé grâce à un état de civilisation supérieure. Toutes les civilisations ont leurs modes d'existences inauthentiques et authentiques.

« face à face » (ci-dessous § 182), aux *groupes secondaires*, plus étendus et à contacts plus indirects et plus hiérarchisés. Plus récemment, G. Gurvitch a proposé une classification fort complexe des différentes *formes de sociabilité* (t. I, § 295 *B*). Ces « formes » qui ne doivent être confondues ni avec les types de groupements particuliers ni avec les phases historiques de développement de la société globale, seraient « les multiples manières d'être lié par le tout et dans le tout », antérieurement à tout groupe organisé. Sous la sociabilité organisée où s'exerce la contrainte sociale, la sociabilité *spontanée* se présenterait, tantôt comme une sociabilité par *fusion*, tantôt comme une sociabilité par *interdépendance* et *opposition*. La première revêtirait trois formes principales où l'intensité de la *fusion* serait en raison inverse de la force de la *pression*. Ce seraient : 1° la *masse* où la fusion est la plus faible et la pression la plus forte ; 2° la *communauté*, qui est intermédiaire ; 3° la *communion*, qui réalise la fusion parfaite des consciences en un *Nous* et où la pression existe à peine. Tout groupe, même une foule ou un groupe organisé, pourrait participer plus ou moins de ces trois formes de sociabilité.

Mais toutes ces distinctions paraissent bien arbitraires. On a fait observer par exemple que la parfaite communion ne se réalise guère qu'entre deux personnes, tandis que « les *Nous* sont le plus souvent constitués par plus de trois personnes » (Maisonneuve) et que d'ailleurs ces êtres collectifs sont souvent remplis d'oppositions internes. Mais l'erreur capitale et qui vicie toute cette construction consiste ici à prétendre isoler les *formes de sociabilité* de la *structure* des groupes réels : « Jamais les rapports, si purement interindividuels qu'ils puissent parfois apparaître, ne sont purs rapports d'individus à individus en milieu pour ainsi dire éthéré et dont on puisse négliger l'action » (G. Davy). Ces rapports, ainsi que nous l'avons suggéré (§ 92), engagent toujours un groupe ou une pluralité de groupes ; or « la vie en groupe est immédiatement et nécessairement structurée..., la société est un phénomène de structuration » (Id). Par suite, ***les transformations de la psychologie du groupe sont fonction des transformations de sa structure.*** Durkheim avait parfaitement montré dans sa *Division du travail social* comment la différenciation des sociétés tend à développer les rapports de *coopération* aux dépens des rapports de pure *contrainte* et à faire émerger ainsi la personnalité individuelle d'abord absorbée dans le groupe (§ 77). C'est ainsi que la conscience collective passe de la forme du « On » où la personnalité est noyée, à celle d'un véritable « Nous », fait de la *convergence consciente et voulue des âmes individuelles* (cf. ci-dessous § 208 à propos de la nation). Comme l'écrit J. Piaget, « on ne peut s'empêcher de voir dans l'histoire des sociétés une sorte d'émancipation graduelle des individus... Plus la société est complexe, plus la personnalité est autonome et plus importants sont les rapports de coopération entre individus égaux ». On aboutirait ainsi à distinguer, dans les rapports sociaux, « deux types extrêmes : les *rapports de contrainte* dont le propre est d'imposer de l'extérieur à l'individu un système de règles à contenu obligatoire, et les *rapports de coopération* dont l'essence est de faire naître, à l'intérieur même des esprits, la conscience de normes idéales commandant à toutes les règles » (Piaget). Gardons-nous cependant d'opposer de façon trop radicale ces deux types : de même qu'en Morale obligation et autonomie, devoir et bien sont deux aspects complémentaires et inséparables (voir § 163), la coopération libre implique toujours discipline et « soumission à un ordre voulu comme indépendant de soi » (DAVY[p]).

SUJETS DE TRAVAUX

Exercices. — 1. *Commenter ces deux réflexions de* L. LAVELLE[d] *: a.* « Il est naturel que je connaisse les autres mieux que moi-même, qui suis tout occupé à me faire » ; *b.* « Il y a une émotion inséparable de la rencontre de tout homme que nous trouvons sur notre chemin. Et c'est une émotion pleine d'ambiguïté, mêlée de crainte et d'espérance. Que se passe-t-il derrière ce visage qui ressemble au nôtre et que nous voyons, tandis que nous ne voyons pas le nôtre? ». — 2. *Étudier les divers sens du mot* communication *dans ces phrases :* « Selon amitié qui appartient à communication de nature humaine, un ami se doit éjouir du bien de l'autre » (ORESME, vers 1370), « Toute étrangeté est ennemie de communication et société » (MONTAIGNE), « Pour marque de la communication qu'il a avec Dieu... » (PASCAL, à propos du miracle), « Pour l'être [sociables], ce n'est pas assez d'être rassemblés dans une ville, il faut se communiquer avec politesse ; cette communication adoucit partout les amertumes de la vie » (VOLTAIRE). — 3. *Essayez d'analyser les raisons qui font que telle personne vous a été, soit de prime abord, soit après expérience, sympathique ou antipathique.* — 4. *Quels points communs et quelles différences voyez-vous entre la sympathie* (pour *quelqu'un*) *et la pitié?* — 5. *Comparer ces jugements sur la solitude :* « Nul n'est moins seul que le solitaire qui médite dans sa cellule » (Guillaume de SAINT-THIERRY, vers 1140) ; « Il faut savoir se donner des heures d'une solitude effective si l'on veut conserver les forces de l'âme » (BOSSUET) ; « Cette tristesse vient de la solitude du cœur qui se sent fait pour les autres et qui ne les trouve pas » (MONTESQUIEU) ; « Je suis devenu solitaire ou, comme ils disent, insociable et misanthrope parce que la plus sauvage solitude me paraît préférable à la société des méchants » (ROUSSEAU). — 6. *Pascal a remarqué :* « On se persuade mieux, pour l'ordinaire, par les raisons qu'on a soi-même trouvées que par celles qui sont venues dans l'esprit des autres. » *Expliquez pourquoi.* — 7. *Commentez ce passage d'une lettre de Diderot* (*à Necker, 12 juin 1775*) *:* « L'opinion n'est à son origine que l'effet d'un petit nombre d'hommes qui parlent après avoir pensé et qui forment sans cesse, en différents points de la société, des centres d'instructions d'où les erreurs et les vérités raisonnables gagnent de proche en proche jusqu'aux derniers confins de la cité, où elles s'établissent comme des articles de foi. » — 8. *Étudiez l'emploi de* on *et de* nous *dans les phrases ou expressions suivantes :* On rapporte que..., Nous, les exploités..., Nous, les jeunes..., « Tout le monde s'intéresse dans cette affaire [Fouquet] : on ne parle d'autre chose, on raisonne, on s'attendrit, on espère, on craint, on est accablé » (SÉVIGNÉ). « Le *je* est presque aussi scrupuleusement banni de la scène française que des écrits de Port-Royal, et les passions humaines n'y parlent jamais que par *on* » (ROUSSEAU), « Rome autrefois nous [les descendants des Gaulois] trompa, nous désunit, nous enchaîna » (VOLTAIRE), « On ne lit, on ne veut lire que de l'anglais : c'est un moyen infaillible de se corrompre le goût » (Ch. COLLÉ, 1780), « Nous sommes ici par la volonté du peuple » (MIRABEAU), « On n'est pas sérieux, quand on a dix-sept ans » (RIMBAUD), « Nous, les petits, les sans-grade... » (E. ROSTAND).

Exposés oraux. — 1. *Exposé plus complet de la théorie de Scheler sur la sympathie* (d'après SCHELER[a], 1re partie, chap. II et VI). — 2. *La théorie de l'amitié d'après* MALEBRANCHE, *Traité de Morale*, 2e partie, chap. XII et XIII. — 3. *Le regard*, d'après SCHUHL[g]. — 4. *La notion d'attitude*, d'après GIROD[s], chap. I. — 5. *« L'art de persuader » et son application à l'apologétique religieuse*, d'après PASCAL.

Discuter *:* 1. *Cette opinion de* DUPRÉEL *:* « L'amour consiste essentiellement à *ne pas proportionner* son attachement au mérite de l'objet aimé... Aussi longtemps que nous mesurons notre attachement à un être à l'exacte estimation de sa valeur telle que tout autre pourrait la faire raisonnablement, nous ne l'aimons pas véritablement, ou notre amour est décidément bien peu profond... Ce n'est pas là un défaut de l'amour ; au contraire, c'est la source de sa valeur irréductible et spécifique » ; — 2. *La notion de « conscience collective »* (§ 95).

Lectures. — *a.* Max SCHELER, *Nature et formes de la Sympathie*, 2e éd., 1923, trad. fr., Payot, 1928. — *b.* H. WALLON, *Les Origines du caractère chez l'enfant*, Boivin, 1934. — *c.* Martin BUBER, *Le Je et le Tu*, Aubier, 1938. — *d.* *L. LAVELLE, *L'Erreur de Narcisse*, Grasset, 1939. — *e.* P. GUILLAUME, *Introduction à la Psychologie*, Vrin, 1942. — *f.* M. NÉDONCELLE, *La Réciprocité des consciences*, Aubier, 1942. — *g.* P. M. SCHUHL, *Remarques sur le regard* (1948) dans *Le merveilleux*, Flammarion, 1952, XXV. — *h.* G. GUSDORF, *Traité de l'existence morale*, A. Colin, 1949, 2e partie, chap. I. — *i.* L. LAVELLE, *Conduite à l'égard d'autrui*, A. Michel, 1957. — *j.* M. CHASTAING, *L'existence d'autrui*, P. U. F., 1951. — *k.* G. BERGER, V. JANKÉLÉVITCH, G. BASTIDE, etc., *La présence d'autrui*, P. U. F., 1957. — Spéc. sur les § 92 et suiv. : *l.* DURKHEIM, *Les Règles de la méthode sociologique* (1895), rééd. P. U. F., 1960. — *m.* G. TARDE, *L'Opinion et la Foule*, Alcan, 1901. *n.* *Ch. BLONDEL, *Introd. à la Psychologie collective*, A. Colin, 1928. — *o.* *E. GOBLOT, *La Barrière et le Niveau*, Alcan, 1930. — *p.* *G. DAVY, *Les Sentiments sociaux et moraux*, dans le *Nouveau Traité* de Dumas, t. VI, P. U. F., 1943. — *q.* J. STŒTZEL, *Théorie des Opinions*, P. U. F., 1943. — *r.* KRECH et CRUTCHFIELD, *Théorie et problèmes de Psych. sociale* (1948), trad. fr., P. U. F., 1952, 2 vol. — *s.* R. GIROD, *Attitudes collectives et rela-*

tions humaines, P. U. F., 1953. — *t.* *J. Maisonneuve, *Psychologie sociale*, P. U. F. (1951), rééd. P. U. F., 1960. — *u.* Chaix-Ruy, *Psych. sociale et sociométrie*, A. Colin, 1960. — *v.* J. Stœtzel, *Psychologie sociale*, Flammarion, 1963. — *w.* Fraisse et Piaget, *Traité de Psychologie expérimentale*, fasc. IX : *Psychologie sociale expérimentale*, par de Montmollin, Lambert, Pagès, Flament, et Maisonneuve, P. U. F., 1963. — *x.* Ariane Lévy-Schoen, *L'image d'autrui chez l'enfant*, P. U. F., 1964.

chapitre X

L'ACTION TECHNIQUE MÉTIERS, OUTILS, MACHINES

SOMMAIRE

100. La Technique. — Nous avons déjà parlé de la Technique (tome I, § 4). Mais il nous faut y revenir : l'homme, en effet, ne se trouve pas seulement en rapport avec ses semblables : il est aussi en rapport avec des *choses*, et la Technique est justement l'ensemble des procédés que l'homme met en œuvre pour agir sur ces choses et les transformer de façon à les adapter à ses besoins. Mais l'action technique n'a pas seulement des fins pratiques et utilitaires. Elle peut être considérée comme l'une des premières manifestations culturelles de l'homme ; car l'intelligence humaine a été pratique avant d'être proprement logique et désintéressée, ainsi que nous l'avons montré au tome I, § 159. Il s'en faut, en effet, que les primitifs ignorent la technique, ainsi qu'on l'a dit parfois : « Bien loin d'ignorer la notion de *technique*, les primitifs l'élargissent au-delà du possible ; mêlée de magie et de religion, elle devra, au contraire, se rétrécir, devenir à la fois plus positive et plus étroite, plus humble, pour donner des résultats effectifs » (J. SOUSTELLE). Dans ces sociétés, les gestes de l'artisan sont des gestes consacrés, dont l'exécution s'accompagne le plus souvent de formules magiques, d'incantations religieuses, etc. : ce sont de véritables *rites*. La magie, dit Marcel MAUSS[b], est « une ébauche de technique » : sans doute, c'est « la technique la plus facile » ; ses rites sont des rites sans effets, c'est un *opus inoperans*. Mais, si rudimentaire et illusoire qu'elle soit, les techniques efficaces n'auraient pu se développer sans elle. Cette technique primitive se trouve ainsi liée à toute la vie sociale. Elle est aussi, comme l'indique encore Mauss, proche parente de l'*art* : celui-ci vise, comme elle, à *fabriquer*, à créer un objet, et cet objet doit présenter des qualités d'unité, d'équilibre, de rythme, que l'on retrouve dans l'objet fabriqué par la technique. Enfin la technique a pu conduire à la *science*, mais, ici encore, — il convient d'y insister, — moyennant un décalage, un changement d'orientation qui, au besoin d'action sur les choses, substituera le besoin de comprendre (voir tome I, § 238).

101. Les métiers. — La technique s'est spécialisée dans des *métiers* particuliers : c'est le phénomène de la division du travail professionnelle dont il sera question au § 189. Le métier a eu longtemps, lui aussi, un caractère semi-religieux ou magique. A Rome, « la corporation était un collège religieux : chacune d'elles avait son dieu particulier dont le culte, quand elle en avait les moyens, se célébrait dans un temple spécial » (Durkheim). Même chez nous, au Moyen Age, « la corporation unissait par des liens étroits les gens du même métier. Assez souvent, elle s'établissait dans la paroisse ou dans une chapelle particulière et se mettait sous l'invocation d'un saint qui devenait le patron de toute la communauté » (E. Levasseur). Les procédés de fabrication constituaient des traditions scrupuleusement observées et des secrets jalousement gardés : le *Livre des métiers* d'Étienne Boileau (1268) nous apprend que, lors de sa réception, le nouveau « maître » devait jurer de ne pas révéler ces secrets. Avec l'avènement de l'industrialisme et les oppositions de classes qu'il a développées, le métier a perdu cette étroite cohésion qu'il avait autrefois et il a cessé d'être ce « milieu moral » dont parle Durkheim dans *La Division du Travail social.* Mais l'interdépendance des métiers a fait naître une « solidarité organique » dans la société, qui pourrait être un principe de vie morale (cf. ci-dessous § 178).

102. Outils et machines. L'industrie. — *A.* — Les premiers métiers furent d'abord manuels : la main fut le premier outil. « L'organe moteur qui caractérise l'homme, écrivait Maria Montessori (1859-1952), c'est la main au service de l'intelligence pour la réalisation du travail... La main est cet organe dont la structure fine et compliquée permet à l'intelligence de se manifester, à l'homme de prendre possession du milieu, de le transformer et, guidée par l'intelligence, de remplir sa mission dans le cadre de l'univers. » Le philosophe grec Anaxagore a dit : « L'homme pense parce qu'il a une main. » Et de même Henri Focillon[f] : « L'esprit fait la main », c'est-à-dire qu'il l'a

« dégagée peu à peu du monde animal » ; mais, réciproquement « la main fait l'esprit ». Notre représentation des objets est calquée sur leur usage manuel (voir t. I, § 83 *C*) et nos concepts sont le plus souvent, selon l'expression d'un auteur américain (H. Cushing), des *manual concepts*. La main fut aussi un instrument à compter : « La main mettait devant les yeux l'évidence d'un nombre mobile, accru ou diminué selon le repli des doigts. Longtemps l'art de compter n'eut pas d'autre formule. » Qu'on songe enfin au rôle de la main dans l'art, chez le dessinateur, le graveur, l'orfèvre, l'enlumineur, et surtout chez le sculpteur (tome I, § 78 *C*). On peut dire que l'artiste « qui coupe son bois, bat son métal, pétrit son argile, taille son bloc de pierre » est, de nos jours, encore, à notre âge mécanique, un « survivant acharné des âges de la main » (H. Focillon[f]).

B. — On voit ainsi que la main fut le premier ***outil.*** Ce qui distingue en effet l'outil du simple *instrument* que manie déjà l'animal, c'est qu'il est d'usage *général*, tandis que l'instrument sert seulement à un emploi particulier : en ce sens, la main était déjà un outil. Sous ses premières formes d'ailleurs, « l'outil ne fait qu'un avec l'ouvrier ; il est la continuation, la projection au dehors, de l'organe ; l'ouvrier s'en sert comme d'un membre prolongé sans penser presque jamais à en remarquer la structure ni à chercher comment ses diverses parties s'adaptent si bien à leur but » (A. Espinas[a]). — Remarquons cependant que l'outil proprement dit est aussi un objet *fabriqué*, façonné en vue d'une fonction déterminée et, ainsi, il implique l'intelligence de certains rapports, comme on l'a vu t. I, § 159. On sait que Bergson a vu dans la *fabrication des outils* la démarche originelle de l'intelligence. De fait, l'outillage de l'homme préhistorique, en particulier de celui de l'âge néolithique, révèle déjà une ingéniosité et une finesse de fabrication remarquables. La métallurgie et le machinisme ne feront, plus tard, « qu'amplifier, en les portant à la semi-industrialisation, puis à l'industrialisation, les techniques » déjà affirmées à cet âge (A. Leroi-Gourhan[g]).

C. — « Quant à la ***machine,*** elle est une projection non plus des parties terminales des membres, mais de l'articulation qui unit les membres entre eux et au tronc et leur permet, en jouant les uns sur les autres, d'exécuter des mouvements déterminés à l'exclusion des autres mouvements. Une machine est un ensemble de pièces rigides ou élastiques articulées de telle sorte que, quand on applique une force à l'une des parties du système, il se produit dans une autre partie un mouvement, le seul possible, et précisément adapté à un but utile. Il semble que là se révèle l'intention de l'agent, que la puissance d'adaptation et de combinaison propre à l'homme doit se saisir dans cet agencement et s'exalter de son succès » (ESPINAS[a]). Et pourtant, ajoute le même auteur, « la projection des articulations organiques (machines) s'est opérée sans une conscience beaucoup plus nette que celle des organes eux-mêmes (outils)... Les premières machines paraissent avoir été offertes aux dieux et consacrées au culte avant d'être employées à un effet utile. » Tels étaient notamment ces automates que les Grecs appelaient des *thaumata* c'est-à-dire des merveilles, mais qui semblent avoir eu surtout leur place dans les temples. Peu à peu cependant et, à vrai dire, fort lentement, l'emploi des machines devait s'étendre, du moins chez les peuples les plus avancés en civilisation, et, en même temps, se séculariser, se mettre au service des besoins humains.

On peut d'ailleurs distinguer deux sortes de machines : 1° les machines purement *mécaniques* qui se bornent à utiliser l'énergie qu'on leur fournit au point de départ et qui seraient théoriquement capables de fonctionner indéfiniment, si l'on fait abstraction des pertes par frottement, échauffement, etc. ; 2° les machines *thermodynamiques* (dont le type est la machine à vapeur), *électriques*, *nucléaires*, qui peuvent produire une quantité bien supérieure de travail, mais en produisant elles-mêmes l'énergie qu'elles consomment. C'est de ces dernières surtout que l'on peut dire, avec G. SIMONDON[k] : « La machine est ce par quoi l'homme s'oppose à la mort de l'univers ; elle ralentit, comme la vie, la dégradation de l'énergie et devient stabilisatrice du monde... Œuvre d'organisation, d'information, elle est, comme la vie et avec la vie, ce qui s'oppose au désordre, au nivellement de toutes choses tendant à priver l'univers de pouvoirs de changement. »

D. — Ce qui caractérise précisément le développement de l'***industrie*** dans les temps modernes, c'est l'usage généralisé de la machine, le *machinisme*, la substitution, comme on a dit, de la « machinofacture » à la manufacture. C'est alors que l'homme prend vraiment conscience des actions mises en jeu dans les machines qu'il invente et qu'il devient, selon le mot de DESCARTES, comme « maître et possesseur de la nature », qu'il la plie à ses propres besoins, qu'il la recrée, en quelque sorte, selon ses propres exigences. Mais, en même temps, il se transforme lui-même : « Cette merveille, l'outil ; cette double merveille, le composé d'outils : la machine ; cette triple merveille, le composé de machines : l'industrie, ont élevé l'homme au-dessus de lui-même, mais en même temps l'ont sorti de lui-même... Dans l'art pratique, l'homme fait reculer ses limites. Il progresse dans la nature, en même temps qu'au-dessus de *sa* propre nature parce qu'il l'ajuste à *la* nature.

Il s'identifie à l'ordre mécanique, physique et chimique des choses. Il crée et en même temps il se crée lui-même, il crée à la fois ses moyens de vivre, des choses purement humaines et sa pensée inscrite dans ces choses » (Marcel MAUSS[b]).

Les réalisations techniques de l'industrie moderne présentent d'ailleurs un autre caractère sur lequel G. BACHELARD[d] a attiré l'attention : « L'industrie moderne, remarque-t-il, n'individualise pas l'objet qu'elle crée. Étrange création où le général prime le particulier ! A certains égards, la fabrication en série est une application de la cause formelle aristotélicienne. C'est là que la *forme* est réellement agissante, qu'elle organise une matière... Le Musée des « modèles » d'une fonderie ou d'une verrerie est une véritable collection d'Idées platoniciennes. Il est la réserve des genres, l'histoire esthétique de la fabrication... A la mathématisation progressive de la technique correspond ainsi une esthétique occasionnelle dont la vraie force réside dans les *formes* de plus en plus rationnellement appropriées à la matière et à l'action. »

E. — Une nouvelle étape a été franchie de nos jours. Jusqu'ici, la machine était dirigée par l'homme ; tout au moins demandait-elle une surveillance directe et constante de sa part. Or l'homme aujourd'hui a appris à la machine à se diriger elle-même. C'est l'âge de la ***cybernétique*** et de l'***automation,*** c'est-à-dire d'une mécanisation poussée à l'extrême et où le contrôle de la machine est confié à celle-ci. Ainsi, la mécanisation s'est étendue aux opérations intellectuelles elles-mêmes et nous avons aujourd'hui des machines à calculer, des machines, nous dit-on, qui « se souviennent », qui « raisonnent », qui « induisent » et qui « choisissent ». N'oublions pas cependant que « la machine autoréglée ne peut supplanter l'esprit humain » et que « tous les raisonnements et tous les choix opérés par ces machines ne sont que des mécanismes encadrés par une pensée humaine encadrante » (A. REYMOND). La machine, quoi qu'on en ait dit, ne « pense » pas : c'est l'homme qui pense et qui la construit, l'agence de telle sorte qu'en effectuant certaines opérations elle paraît « penser ». Comme le remarque G. SIMONDON[k], « les capacités de la machine ne sont que celles qui ont été mises en elle par son constructeur. »

Même les « machines à traduire » (fig. 24) qu'il vaudrait mieux nommer des « traductrices automatiques », ne sont que des calculatrices électroniques, et c'est quand celles-ci ont apparu (en 1946), qu'on a songé à les faire servir à la traduction d'une langue dans une autre. Cela nécessite d'ailleurs toute une préparation qui incombe aux linguistes et qui consiste en études comparatives portant à la fois sur le lexique et sur la structure des langues. C'est à cette condition seulement que « la machine peut rendre dans une langue, correctement, c'est-à-dire en respectant grammaire et syntaxe, des suites de phrases écrites dans une autre langue » (E. DELAVENEY[1]). C'est dire qu'ici encore — et il convient de le rappeler pour répondre à « la mystique des cerveaux électroniques et de la cybernétique » (ID.), « aucune machine n'est capable de choix ». C'est l'homme, seul, qui choisit.

FIG. 24. — LA « MACHINE A TRADUIRE ».

L'ordinateur I.B.M. 704, le plus puissant d'Europe, sait traduire comme il sait calculer.

103. Conséquences de l'évolution de la technique. — Cette évolution de la technique et ce développement du machinisme ne sont cependant pas sans présenter quelques dangers. Non seulement l'homme en est venu ainsi à perturber l'ordre de la nature et à inventer de redoutables moyens de destruction dont on ne peut, hélas ! être sûr que sa sagesse lui interdira l'emploi. Mais le travail humain lui-même, jusque dans le domaine intellectuel, a fini par s'automatiser au point de dégénérer, selon le mot d'un psychanalyste américain, en un véritable « robotism » et par se fragmenter en menues tâches parcellaires qui en font, comme a dit G. FRIEDMANN[j], un « travail en miettes » qui aboutit à « l'éclatement des tâches » et à la « dégradation de l'apprentissage ». D'autre part, « le technicien, voyant essentiellement dans l'homme un *instrument*, s'ingénie à ce que tout soit pour lui préparé à l'avance, afin qu'il fonctionne le plus rapidement et le plus efficacement » sans même avoir besoin de réfléchir (cf. chap. XXI, § 189 et 190). C'est pourquoi philosophes et sociologues sont loin aujourd'hui de l'optimisme que professait Marcel Mauss : « Le développement technique et le progrès de la division du travail, dans tous les domaines, écrit P. FOUGEYROLLAS, font que seul un nombre restreint de spécialistes est capable de comprendre pleinement les processus mis en œuvre dans un savoir-faire déterminé. Non seulement le public utilise les techniques les plus modernes ou en bénéficie sans savoir en quoi consistent les processus qu'elles comportent, et sans pouvoir, le plus souvent, acquérir un tel savoir, mais les spécialistes eux-mêmes en sont réduits à la même ignorance pour toutes les techniques n'appartenant pas à leur spécialité. La technicisation du monde a pour contrepartie inévitable une certaine extension de l'ignorance humaine ».

A quelles conditions cependant la Technique, comme le veut G. SIMONDON[k] (cf. tome I, § 4), pourrait-elle être réintégrée dans la culture ? « La culture est déséquilibrée, écrit cet auteur, parce qu'elle reconnaît certains objets, comme l'objet esthétique, et leur accorde droit de cité dans le monde des significations, tandis qu'elle refoule d'autres objets, et en particulier les objets techniques, dans le monde sans structure de ce qui ne possède pas de significations, mais seulement un usage, une fonction utile. Devant ce refus défensif, prononcé par une culture partielle, les hommes qui connaissent les objets techniques et sentent leur signification cherchent à justifier leur jugement en donnant à l'objet technique le seul statut actuellement valorisé en dehors de celui de l'objet esthétique, celui de l'objet sacré. Alors naît un technicisme intempérant qui n'est qu'une idolâtrie de la machine et, à travers cette idolâtrie, une aspiration technocratique au pouvoir inconditionnel. »[1] Le « robot » devient alors comme le double de l'homme. Mais « le robot n'existe pas, il n'est pas une machine, pas plus qu'une statue n'est un être vivant. » En fait, d'ailleurs, ajoute G. SIMONDON[k], « l'automatisme est un assez bas degré de perfection technique ». Le vrai perfectionnement des machines

1. [Sur ce danger de la *technocratie*, voir ci-dessous le § 205.]

n'est pas là : il est « dans le fait que la machine, aujourd'hui du moins, « recèle une certaine marge d'indétermination », ce qui la rend sensible aux « informations », plus ou moins imprévisibles, qui viennent de l'extérieur. « C'est grâce à cette marge primitive d'indétermination que la même machine peut extraire des racines cubiques ou traduire un texte simple, composé avec un petit nombre de mots et de tournures, d'une langue en une autre. »

Ainsi, l'homme qui peut réaliser la prise de conscience de cette nouvelle réalité technique n'est ni l'ingénieur spécialisé ou l'industriel qui ne voient que son rendement utilitaire, ni même le savant qui n'aperçoit dans un « objet technique » que l'application d'une loi théorique. Ce serait plutôt « l'ingénieur d'organisation qui serait comme le sociologue et le psychologue des machines, vivant au milieu de cette société d'êtres techniques dont il est la conscience responsable et inventive ». Le remède serait donc dans une extension de la culture qui réintroduirait « la conscience de la nature des machines, de leurs relations mutuelles et de leurs relations avec l'homme, et des valeurs impliquées dans ces relations ».

De toute façon, la *spécialisation* excessive, qu'elle soit d'ordre technique ou même d'ordre scientifique, demeure le grand danger. C'est ce que faisaient observer deux savants qui ont collaboré à l'ouvrage sur *La méthode dans les sciences modernes* de Fr. Le Lionnais : Albert Portevin y signalait la « transposition » d'un domaine dans un autre comme un des éléments féconds de la recherche scientifique et technique et ajoutait qu'en préconisant ainsi la transposition « on se prononce implicitement comme préconisant la culture générale et les connaissances encyclopédiques » contre « la spécialisation à outrance développée à l'extrême aux États-Unis et dans la recherche atomique », tandis qu'un ingénieur général de l'Air, Pierre Vernotte, stigmatisait « le ridicule de bien des scientifiques d'aujourd'hui, ... ces pauvres gens qui se croient sans préjugés parce qu'ils en ont adopté d'autres, ... qui s'imaginent dominer de très haut les problèmes physiques, alors que peut-être ils les escamotent au nom de leurs principes : principes dont le caractère inadmissible ne peut que leur échapper, puisque, n'ayant aucun esprit philosophique, ils prêtent à un simple énoncé physique une valeur absolue qu'ils étirent même jusqu'à la métaphysique ! ».

SUJETS DE TRAVAUX

Exercices. — 1. *Commenter cette définition :* « Cette suite d'opérations définies, d'actes coordonnés qui aboutissent à une transformation désirable des choses qui nous entourent, c'est-à-dire du « milieu » initial, représente ce que les hommes appellent des *procédés* techniques ou plus simplement des *techniques* » (DUCASSÉ[h]). — 2. *Commenter l'emploi du mot* main *dans les phrases suivantes :* « La main est le plus sûr et le plus prompt secours [pour « pourvoir au commun besoin » des naufragés] » (LA FONTAINE) ; « Nous-mêmes, à ne considérer que la partie matérielle de notre être, nous ne sommes au-dessus des animaux que par quelques rapports de plus, tels que ceux que nous donnent la langue et la main » (BUFFON) ; « La main a cet avantage qu'elle ne peut manier un objet qu'elle ne remarque l'étendue et l'ensemble des parties qui le composent » (CONDILLAC) ; « On y reconnaît toujours la main du maître » [dans une œuvre d'art] (ROUSSEAU) ; « La main est l'outil qui nous sert à saisir les objets » (J. MACÉ) ; « La main est action : elle prend, elle crée et parfois on dirait qu'elle pense » (FOCILLON). — 3. *Faire de même avec le mot* outil *:* « Laissons le luth, la lyre et les outils divers » (M. RÉGNIER) ; « La science est un outil de merveilleux service » (MONTAIGNE) ; « L'intelligence, envisagée dans ce qui en paraît être la démarche originelle, est la faculté de fabriquer des objets artificiels, en particulier des outils à faire des outils, et d'en varier indéfiniment la fabrication » (BERGSON) ; « Les premiers outils ne sont qu'un prolongement du bras, un renforcement et une spécialisation de la main » (DUCASSÉ[h]) ; « L'outil n'est ni cause ni effet, et dans la chaîne : force — outil — action mécanique — matière, il n'est qu'un témoin intermédiaire » (LEROI-GOURHAN[g]). — 4. *Même exercice avec le terme* machine *:* « [Les Cartésiens] disent que la bête est une machine » (LA FONTAINE) ; « La machine d'arithmétique fait des effets qui approchent plus de la pensée que tout ce que font les animaux ; mais elle ne fait rien qui puisse faire dire qu'elle a de la volonté comme les animaux » (PASCAL) ; « Toute machine suppose combinaison, arrangement de parties tendantes à un même but » (DIDEROT). — 5. *Préciser la différence entre l'*outil *et la* machine.

Exposés oraux. — 1. *L'origine de l'outil et de la machine*, d'après ESPINAS[a], liv. II, chap. I (spéc. p. 84-89). — 2. *La « structure technique des sociétés humaines »*, d'après LEROI-GOURHAN[g], I, pages 23-42.

Discussions. — 1. *Qui a raison, de* MONTESQUIEU *qui affirme :* « Les machines qui simplifieraient la manufacture, c'est-à-dire qui diminueraient le nombre des ouvriers, seraient pernicieuses », *ou de* CONDORCET *qui remarque :* « On croyait ces machines nuisibles précisément par le même principe qui les rend si utiles, parce qu'elles font plus de travail avec moins de bras »? — 2. *La technique est-elle, ou non, favorable à la culture?*

Lectures. — *a.* A. ESPINAS, *Les Origines de la Technologie*, Alcan, 1897. — *b.* Marcel MAUSS, *Technologie*, dans *Divisions de la Sociologie*, Année Sociologique, 1924-1925, p. 117-123 ; et *c. Les techniques du corps*, dans le *Journal de Psychologie*, mars-avril 1935. — *d.* G. BACHELARD, *Essai sur la connaissance approchée*, Vrin, 1928, chap. IX : *Connaissance et Technique.* — *e.* M. SCHUHL, *Machinisme et Philosophie*, P. U. F. 1937. — *f.* H. FOCILLON, *Éloge de la main*, dans *La vie des formes*, P. U. F., éd. de 1939, pages 135 et suiv. — *g.* A. LEROI-GOURHAN, *Évolution et Technique :* I. *L'homme et la matière* ; II. *Milieu et techniques*, A. Michel, 1943 et 1945. — *h.* P. DUCASSÉ, *Histoire des techniques*, P. U. F., 1945. — *i.* Lewis

Mumford, *Technique et Civilisation*, éd. du Seuil, 1950. — *j*. J. Fourastié, *Machinisme et bien-être*, éd. de Minuit, 1951. — *k*. G. Friedmann, *Le Travail en miettes*, Gallimard, 1956. — *l*. G. Simondon, *Du mode d'existence des objets techniques*, Aubier, 1958. — *m*. É. Delavenay, *La machine à traduire*, P. U. F., 1959. — *n*. J. M. Auzias, *La Philosophie et les techniques*, P. U. F., 1965.

chapitre XI

L'ACTION ESTHÉTIQUE
L'ART : CRÉATION ET CONTEMPLATION

SOMMAIRE

104. Qu'est-ce que l'Esthétique : métaphysique du Beau ou philosophie de l'Art? — Le mot *esthétique* (du grec *aisthèsis*, sensation) signifie étymologiquement : théorie de la sensibilité. C'est en ce sens que l'a pris Kant dans sa *Critique de la Raison pure* où il intitule « Esthétique transcendantale » la théorie des principes *a priori* de la connaissance sensible : l'espace et le temps (§ 278 *A*). Toutefois, dans sa *Critique du Jugement* (1790), Kant applique aussi ce terme au jugement de valeur relatif au Beau : le « jugement de goût ». Dès 1750, un disciple de Wolff, A.-G. Baumgarten (1714-1762) avait, dans son *Æsthetica*, défini l'Esthétique comme une théorie du Beau, la beauté étant, disait-il, la perfection saisie par la voie des sens. C'est cette dernière acception qui a prévalu.

L'Esthétique a été longtemps rangée parmi les « sciences normatives » à côté de la *Logique* et de la *Morale* (t. I, § 16) : on verra en quel sens elle peut l'être encore. Ses jugements, comme les jugements logiques ou moraux, sont en effet des *jugements de valeur*. Elle aurait ainsi pour objet de faire la théorie de ces jugements, d'énoncer en conséquence les ***normes générales du beau*** (la critique d'art ou la critique littéraire jugeant au contraire les œuvres prises individuellement). Mais cette définition enveloppe quelque ambiguïté. De telles normes ne peuvent, semble-t-il, être établies que si l'on s'appuie sur une certaine conception du Beau. L'Esthétique a donc été d'abord une ***Métaphysique du Beau*** : elle cherchait à définir l'essence même du Beau et, en cela, comme on va le voir, elle s'inspirait de PLATON.

A. On sait (t. I, § 190) que, selon PLATON, l'Idée est une réalité substantielle, une essence intelligible, dont tout ce qui existe n'est que la copie. De même, la beauté sensible n'est, à ses yeux, qu'*un reflet de la Beauté intelligible, de l'Idée du Beau.* Dans le *Banquet*, il décrit comment, par la dialectique de l'Amour, l'âme s'élève de la beauté des corps à la beauté spirituelle, de celle-ci à la beauté des sciences et de là enfin à « la Beauté éternelle, incréée et impérissable, qui n'a rien de sensible, mais qui existe absolument par elle-même et en elle-même et de laquelle participent toutes les autres beautés ». PLOTIN définira de même le Beau comme la *Forme* qui domine la matière et lui impose sa propre unité, et saint Augustin affirmera que « les belles conceptions qui de l'âme vont aux mains de l'artiste, ont pour origine la Beauté qui est au-dessus de toutes les âmes ». Cette inspiration platonicienne se retrouvera au XVIIe siècle dans l'*Essai sur le beau* (1741) du P. ANDRÉ qui essaie de concilier saint Augustin et Descartes. Mais, à côté du *Beau essentiel,* il fera une place au *beau naturel* qui dépend d'un libre décret divin, et au *beau arbitraire* qui ne dépend que de l'homme. — Après Kant, on reviendra au dogmatisme avec HEGEL (*Esthétique*, 1842) qui, tout en définissant autrement l'Idée absolue (tome I, § 115 *B* et 190 *D*), verra lui aussi dans le beau *la manifestation sensible de cette Idée.* SCHOPENHAUER au contraire s'éloignera profondément du platonisme en faisant consister la substance même du monde dans une « poussée aveugle et irrésistible », une sorte d'instinct qu'il appelle *Volonté.* Mais il voit dans les Idées les divers degrés d'objectivation de la Volonté universelle. Or le rôle de l'art est, selon lui, de « reproduire les Idées éternelles qu'il a conçues par le moyen de la contemplation pure, c'est-à-dire l'essentiel et le permanent de tous les phénomènes du monde » et ainsi, de *nous libérer de l'impulsion du désir,* d'*affranchir la connaissance du vouloir-vivre,* et il cite comme exemple « ces merveilleux peintres hollandais qui ont contemplé d'une intuition si objective les objets les plus insignifiants » et dont les œuvres, leurs tableaux d'intérieurs notamment, sont « une preuve impérissable de sérénité d'esprit ».

B. KANT avait cependant ouvert une tout autre voie. Dans sa *Critique du Jugement*, il s'était efforcé de déterminer, non l'*essence* du Beau, mais les principes *a priori* du ***jugement esthétique*** et il les avait ramenés à quatre. Le beau se définissait alors : 1° du point de vue de la qualité (t. I, § 211), comme *ce qui est l'objet d'une satisfaction désintéressée* ; 2° du point de vue de la quantité, comme *ce qui plaît universellement sans concept* ; 3° du point de vue de la relation, comme *la forme de la finalité d'un objet perçue sans représentation de fin* (puisqu'il est désintéressé) ; 4° du point de vue de la modalité, comme l'*objet d'un jugement nécessaire, mais d'une nécessité purement subjective* (puisque sans concept). L'Esthétique de Kant était donc, comme l'était aussi sa Morale, ***formaliste,*** c'est-à-dire qu'elle cherchait à définir le beau par sa forme, non par son contenu ou son essence, et ce formalisme était un formalisme ***critique*** qui cherchait dans la nature même de nos facultés le fondement de ces rapports formels.

C. Toutefois, si le beau n'est ni un donné supra-sensible ni non plus quelque chose de donné dans la nature, on verra qu'il n'est pas davantage une pure forme *a priori* de nos jugements ni une simple création de l'esprit. Certes, ***le beau est une valeur*** et nous savons que les valeurs sont choses d'esprit (t. I, § 18) ; mais elles se *déterminent* dans leur application au réel. Le beau est le résultat d'un rapport *dialectique* entre l'homme et la nature, d'une *action créatrice* de l'homme à partir du donné naturel, à l'aide de procédés techniques qu'il élabore lui-même, et c'est cette action qui s'appelle l'*Art.* L'esthétique apparaît ainsi comme une ***philosophie de l'Art,*** non comme une Métaphysique du Beau. Elle ne prétend pas construire *a priori* les normes du Beau, ni les imposer à l'Art du dehors. Participant au caractère *réflexif* de toute discipline philosophique (t. I, § 19), elle cherchera à tirer ces normes de l'activité esthétique elle-même, celle des artistes et des écrivains, tout comme la Morale cherche à dégager les normes de la conduite de notre vie morale effectivement vécue.

105. Classification des arts. — Comment classer les différents arts? On pourrait être tenté de le faire d'après les *sens* auxquels ils s'adressent. Mais un tel principe de classification serait bien insuffisant : où classerait-on par exemple la danse?

A. Kant a distingué trois espèces de Beaux-arts : 1° les Arts *parlants* qui sont l'*Éloquence* et la *Poésie* ; — 2° les Arts *figuratifs* qui expriment les idées de façon sensible et qui sont : *a.* la *Plastique* qui comprend elle-même la *Sculpture* (laquelle figure des objets pouvant exister dans la nature) et l'*Architecture* (laquelle présente des objets possibles seulement par l'art), et *b.* la *Peinture* ou art de l'*apparence sensible* qui comprend la *Peinture proprement dite* et l'*Art des jardins* ; — 3° les Arts du *« jeu des sensations »* qui sont la *Musique* ou art du « jeu artificiel des sensations auditives » et le *Coloris* ou art du « jeu artificiel des sensations visuelles ». Kant ajoute à cette liste les arts composites tels que le *Théâtre*, le *Chant*, l'*Opéra*, la *Danse*, etc.

B. Schopenhauer, sur la base des conceptions indiquées ci-dessus, hiérarchise les arts comme les *Idées* elles-mêmes, Au plus bas degré, vient l'*Architecture* qui nous donne l'intuition d'Idées qui ne sont que les plus bas degrés de l'objectivation de la Volonté, celles des qualités de la matière telles que la pesanteur, la cohésion, la résistance : déjà cependant l'intérêt esthétique s'y manifeste par la lutte entre la pesanteur (qui manifeste l'effort de la matière pour adhérer au sol) et la résistance (qui l'élève au-dessus du sol par des colonnes, des piliers, etc.). Ensuite viennent les *Arts plastiques* : la *Sculpture* qui révèle la structure dynamique de la forme *humaine* (d'où sa prédilection pour le nu) et où la grâce se joint à la beauté, et la *Peinture* qui, surtout dans la peinture d'histoire, a pour objet principal le *caractère*. La *Poésie* vise elle aussi à l'intuition des Idées, mais par l'intermédiaire des concepts exprimés par les mots : la Poésie lyrique exprime « le calme inébranlable de l'âme » qu'éprouve le poète en contemplant la nature, en contraste « avec le trouble de sa volonté toujours maladive et avide », tandis que la Tragédie, « le plus élevé des genres poétiques » nous révèle « le côté terrible de la vie » en nous montrant « la volonté en lutte avec elle-même dans toute l'épouvante d'un pareil conflit ». Enfin, au sommet de tous les arts et en dehors d'eux se place la *Musique* qui est « complètement indépendante du monde des phénomènes » et qui exprime avec vérité « l'être, l'essence du monde », à savoir, par delà les Idées, la Volonté elle-même : c'est une « langue universelle » qui exprime les sentiments, la joie en soi, la douleur en soi, dépouillés de leurs motifs.

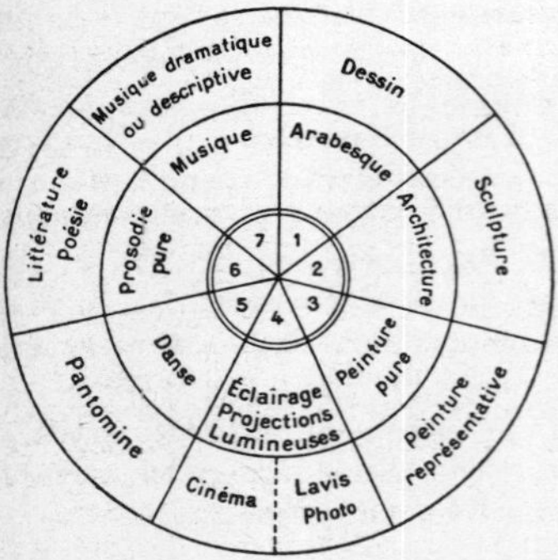

Fig. 25. — Schéma du système des beaux-arts.
(D'après Étienne Souriau, *La Correspondance des Arts*, Flammarion, éd.)

C. Certains esthéticiens ont utilisé le cadre tracé par Kant lorsqu'il distingue l'*espace* et le *temps* comme formes *a priori* de la sensibilité. Telle était déjà la distinction faite par Lessing (1760) entre la *Plastique*, spatiale et statique, et la *Poésie*, temporelle et dynamique. L'Américain Green (1940) distingue six arts majeurs répartis en trois classes : 1° trois Arts *abstraits* : la Musique (temps), l'Architecture (espace), la Danse (espace et temps) ; 2° deux Arts *représentatifs* : Sculpture et Peinture, qui évoluent dans l'espace ; 3° un Art *symbolique* : la Littérature, qui utilise le temps.

D. L'esthéticien français Ch. Lalo* (1877-1953) a élaboré « une classification structurale » inspirée de la *Psychologie de la Forme*. Il distingue sept *supra-structures* spécifiques, que les différents arts ajoutent aux « structures » naturelles et qui sont : 1° celles de l'*audition* (Musique orchestrale et chorale) ; 2° celles de la *vision* (Peinture, Vitrail, Projections lumineuses) ; 3° celles du *mouvement*, soit *corporel* (Ballet d'opéra), soit *extérieur* (jets d'eau, cascades, etc.) ; 4° celles de l'*action* (Théâtre) ; 5° celles de la *construction* avec matériaux *bruts* (Architecture), *vivants* ou représentant des êtres vivants (Sculpture) ou enfin *végétaux* (Art des jardins) ; 6° celles du *langage* (Poésie) ; 7° celles de la *sensualité* (Érotisme, Gastronomie). Dans chacune de ces classes, la forme « prégnante » ou optima (indiquée entre parenthèses) peut être modifiée par suppression ou addition d'éléments. Ainsi, dans le Théâtre, il peut y avoir *suppression* de la voix (pantomime, cinéma muet) ou même de la vie (marionnettes) ou *addition* de la musique et du chant (opéra, opéra-comique).

E. Enfin un autre esthéticien français, É. SOURIAU* a proposé une classification qui nous paraît mieux systématisée, en se fondant à la fois : 1° sur les « sensibles propres » à chaque groupe d'arts ; 2° sur la distinction d'arts « du premier degré » et d'arts « du second degré ». — 1° Du premier point de vue, on peut distinguer, non pas tant des *sensations*, que des « *qualia* sensibles », des « essences pures », des « qualités génériques et absolues » qui sont des données *artistiquement prédominantes* dans tel ou tel art. É. SOURIAU en compte sept : les *lignes* (1), les *volumes* (2), les *couleurs* (3), les *luminosités* (4), les *mouvements* (5), les *sons articulés* (6), les *sons musicaux* (7). — 2° D'autre part, il existe, dans chacun des 7 secteurs ainsi déterminés, un art du *premier degré* qui est *non-représentatif* en ce sens que les données phénoménales y sont « organisées directement en choses, en êtres » qui « se confondent entièrement avec l'œuvre elle-même » de telle sorte qu'« un seul univers est présent » (telles sont l'Architecture, la Danse, la Musique), et un art du *second degré* qui est *représentatif* et où l'organisation porte « non pas directement sur les phénomènes, mais sur des entités seulement soutenues, suggérées, proposées à titre de discours par ces apparences », de sorte qu'au delà de la forme primaire, « il s'y trouve tout un autre jeu d'organisations morphologiques ». Ainsi, un dessin au trait figurant un cube en perspective a pour forme primaire un ensemble de droites dans le plan, mais suggère la représentation de la forme cubique. En distribuant arts du premier et arts du second degré dans les 7 secteurs indiqués ci-dessus, les premiers dans le cercle intérieur, les seconds dans le cercle concentrique, on obtient, comme le montre la figure 25, un schéma dont l'intérêt est de montrer « toutes les relations qui constituent organiquement le système des beaux-arts » et qui permettent toutes les *correspondances* des arts, par exemple celle des deux arts du même secteur, celle de tous les arts compris dans un même anneau, celle qui réalise les œuvres de synthèse telles que le Théâtre ou les « arts mineurs », jusqu'à cette correspondance supérieure où « toutes les grandes œuvres de l'art viennent à certains égards communier ».

106. Les différentes conditions de l'activité esthétique. — Ces classifications, leur richesse et leur variété, suffisent à montrer, d'une part, que l'œuvre d'art met en jeu, plus ou moins et à des niveaux divers, *toutes les composantes du psychisme humain* (t. I, § 25), d'autre part, qu'il s'y surajoute souvent, à côté des facteurs proprement esthétiques, des éléments *anesthétiques*, c'est-à-dire esthétiquement neutres.

A. Du premier point de vue, il sera commode d'analyser successivement les conditions physiologiques, les conditions sociologiques et les conditions proprement psychologiques de l'œuvre d'art. On verra d'ailleurs que l'œuvre d'art elle-même se situe au delà de cet ensemble de conditions.

B. Du second point de vue, nous aurons à tenir compte du fait que, comme le dit Ch. LALO*, « la vie collective [notamment] impose à la pensée esthétique une foule de conditions anesthétiques dont celle-ci opère une synthèse supérieure », telles que : conditions matérielles, particulièrement apparentes dans l'Architecture, mais communes, en réalité, à tous les arts ; influence des traditions de métiers ; action des différents groupes sociaux.

107. Les conditions psycho-physiologiques. — Nietzsche a dit que l'Esthétique n'était qu'une Physiologie appliquée. Sans doute y a-t-il là une grosse exagération. Mais il est bien vrai que, pas plus que toute autre, l'activité esthétique de l'homme n'est une activité « désincarnée » : elle plonge ses racines dans notre nature organique.

A. La sensibilité. Et d'abord dans notre nature ***sensible.*** Nous avons dit qu'il existe chez l'homme un véritable *besoin d'exercice des sens* et que, chez l'enfant, ce besoin présente déjà un caractère désintéressé (§ 19 *B*) ; et ce ne sont pas seulement, comme l'a cru Victor Cousin, la vue et l'ouïe qui intéressent ainsi l'Esthétique, mais, à des degrés divers, *tous les sens* (t. I, § 78 *C*). Le *goût* même n'est-il pas, pour certains disciples de Brillat-Savarin ou de Vatel, un sens esthétique, et le Des Esseintes de Huysmans, préludant à « l'art » des confectionneurs de cocktails, ne se jouait-il pas des harmonies gustatives sur son « orgue à liqueurs »? Quoi qu'il en soit, il y a bien, comme nous l'avons dit, une *sensualité esthétique* de l'œil, de l'oreille, du toucher, etc. Il est impossible de faire abstraction dans l'art et dans le sentiment esthétique, de cet élément *sensible* et même sensuel. Comme l'observe H. Delacroix[1], « lorsque Schopenhauer nous dit que la vision charmante du nuage, du ruisseau, de la glace n'est pas autre chose que l'aperception de l'élasticité, de la pesanteur, de la cristallisation, ou que, si nous regardons un arbre en artiste, ce n'est pas lui que nous considérons, mais son Idée, est-ce qu'il n'oublie pas précisément ce qu'il y a de plus aigu dans l'impression esthétique? Rien de plus important que la figure du nuage, le remous et l'écume du ruisseau, la dentelle de la glace ». — L'abbé Bremond a montré, dans son étude sur la *Poésie pure,* que la « magie suggestive » d'un vers tient plus à sa sonorité propre et à son harmonie qu'à sa valeur intelligible. On a d'ailleurs noté (t. I, § 141 *A* et 145 *fin*) l'importance des éléments sensibles dans la création esthétique et la valeur qu'attachait Valéry au « saint langage », en tant que matière sur laquelle œuvre le poète.

B. L'Esthétique expérimentale. On s'explique que de nombreux auteurs se soient efforcés, en s'attachant à l'étude de ces éléments sensibles, de constituer une ***Esthétique expérimentale.*** C'est ainsi que Fechner, créateur de la Psychophysique (t. I, § 73), s'est efforcé de déterminer quelle est la proportion entre les côtés d'un rectangle qui paraît la plus agréable, et cela par trois méthodes : 1° en présentant à un grand nombre de sujets dix rectangles de carton de proportions diverses et en leur demandant de choisir celui qui leur plaisait le plus ; 2° en priant le sujet de *construire* lui-même le rectangle le plus agréable à l'œil ; 3° par *observation* des objets usuels, par exemple du format des livres. En dressant la courbe de fréquence des résultats, il constata que le rectangle le plus souvent choisi était celui dont les côtés étaient dans le rapport 1/1,618 (c'est-à-dire à peu près 13/21 ou 21/34) qu'on appelle la ***« section d'or »***. Le petit côté divisé par le plus grand y est égal au quotient du grand par la somme des deux autres $\left(\frac{a}{b} = \frac{b}{a+b}\right)$, ce qui semble confirmer la vieille idée philosophique que le beau est « l'unité dans la diversité ».

Une autre tentative, plus intéressante, est celle de Pius Servien[1] pour constituer une méthode capable d'« aborder scientifiquement l'étude des faits esthétiques » et cela par la notation numérique des ***rythmes,*** c'est-à-dire de « suites de nombres entiers où se découvre une loi simple ». L'auteur, à la fois savant et poète, a réussi non seulement à dégager de la musique « un réseau de constantes et d'invariants qui forment la trame de l'art des sons », mais à retrouver dans la poésie et jusque dans la prose (celle d'*Atala* par exemple) un « langage lyrique » fait de ces rythmes qui dominent tout ce qui est art.

C. L'art et le jeu. Un autre aspect de l'activité esthétique qui peut la rattacher à la composante physiologique de la nature humaine, est celui par où elle s'apparente au ***jeu.*** Nous avons déjà dit (§ 22 *C*) qu'*en un sens l'art est un jeu.* Il a du moins avec le jeu ce caractère commun d'être ***désintéressé*** (cf. § 14), de ne viser aucune fin utilitaire. C'est sur ce caractère que s'était appuyé le poète allemand Schiller pour faire dériver l'art du jeu, et cette thèse a été longuement développée par Spencer dans ses *Principes de psychologie.* Comme nous l'avons aussi observé (*ibid.*), cette thèse a pour elle le fait que la *danse*, qui peut être considérée comme un moyen terme entre « l'activité de jeu » et l'art proprement dit, est très répandue dans les sociétés primitives. Elle est liée à la fois à la musique et au chant, à la pantomime et aux arts de la parure ; et, d'autre part, la danse est par excellence le domaine du rythme.

D. Beauté et sexualité. — Enfin le rôle évident que joue l'*amour* dans l'art a amené certains auteurs à rattacher l'esthétique à la ***sexualité.*** Darwin avait vu dans les caractères esthétiques des animaux une manifestation de la *sélection sexuelle*, forme particulière de la « sélection naturelle » (t. I, § 278 *B*) qui ferait que seuls les mâles les plus beaux trouveraient à se reproduire : d'où la parure des animaux mâles, notamment chez les oiseaux, les chants du rossignol, les danses ou parades d'amour des coqs de bruyère, etc. Mais cette conception n'est qu'un des éléments les plus aventureux et les plus discutés des théories darwiniennes. — A peine plus sérieuse est la thèse freudienne selon laquelle « l'idée du beau trouve sa source dans l'excitation sexuelle et, originairement, le beau ne désigne pas autre chose que ce qui excite sexuellement ». On sait comment FREUD et ses disciples ont prétendu expliquer par le refoulement de la *libido* et la sublimation des obsessions sexuelles ou des souvenirs d'enfance les œuvres d'art et les œuvres littéraires, les contes, les légendes, etc. (§ 62 *C*).

108. Limites de l'Esthétique physiologique. — Il convient cependant de ne pas exagérer le rôle des éléments psycho-physiologiques dans l'activité esthétique. — Que la matière de l'art soit d'abord et primordialement une matière *sensible*, c'est incontestable. Toutefois, s'il n'y a « ni peinture invisible, ni statues impalpables, ni musiques inouïes, ni poèmes ineffables », il y a pourtant, comme le dit É. SOURIAU°, « de l'ineffable en poésie » comme il y a « de l'invisible en peinture » ; et d'ailleurs, même sur ce plan de l'apparence sensible, « l'œuvre d'art n'est pas faite avec des sensations » au sens physiologique du terme, mais bien avec des qualités sensibles, avec ces ***qualia*** dont il a été question ci-dessus. C'est une remarque analogue que nous avions notée (t. I, § 78 *C*) chez PRADINES lorsqu'il nous fait observer que, pour devenir esthétique, la sensation doit être, en quelque sorte, détachée de l'objet et devenir elle-même objet. C'est en ce sens surtout peut-être que « l'attention esthétique, attachée à la pure qualité de la sensation, apparaît évidemment comme un jeu » (Pradines). La sensation ne devient matière esthétique qu'après avoir subi une ***purification,*** un dépouillement *qui la libère des interprétations utilitaires de la vie courante*, comme chez ce peintre Elstir dont parle Marcel PROUST et qui, « par retour sincère à la racine même de l'impression », recrée « ces illusions d'optique qui nous prouvent que nous n'identifierions pas les objets si nous ne faisions pas intervenir le raisonnement ». C'est qu'en effet l'art ***transpose, transfigure*** le monde sensible, et il en est de celui des sons et des bruits comme de celui des formes et des couleurs. Romain ROLLAND a dit de Beethoven : « Chez lui, tout bruit, tout mouvement devenait musique et rythme. » — Les mêmes réserves seraient à faire sur les essais d'*esthétique expérimentale* comme sur la théorie qui fait dériver l'art du jeu. « Il est probable, remarque LALO, que les hommes sont également sensibles partout à certaines impressions élémentaires comme celles de la *symétrie* ou de la *section d'or* », mais « la pratique de l'art montre irrécusablement qu'elles ne deviennent esthétiques qu'en se transformant profondément » et surtout en « s'incorporant dans une technique socialement organisée et consentie ». — Quant aux rapports de l'*art* et du *jeu*, nous avions déjà indiqué, à ce sujet, quelques précisions nécessaires (§ 22 *C*). Non seulement, l'art (comme le jeu lui-même l'est, à vrai dire, le plus souvent) est tout autre chose qu'une dépense libre et effrénée d'activité ; c'est une extériorisation *socialisée*, *disciplinée*, soumise à certaines règles, comme on l'a indiqué au t. I, § 142. Mais surtout il est **créateur,** il produit des **œuvres,** et son rêve, comme disait Th. Gautier, « se scelle dans le bloc résistant ». D'où l'obligation pour lui de *compter avec le réel* et de se rapprocher du *travail* (t. I, § 145 *B*). — Mais la thèse la plus fausse est assurément celle qui prétend rattacher l'art à la *sexualité*. « Les chansons ou les dessins des peuples vraiment primitifs sont parmi les moins érotiques que l'on connaisse. L'intérêt sexuel n'apparaît que chez des peuples plus développés » (Lalo[d]). C'est qu'en effet l'art est, lorsqu'il traite de l'amour, une *discipline* ou une sorte de *dérivatif social* de l'instinct sexuel, comme il est une discipline du jeu. Freud lui-même ne l'a-t-il pas reconnu lorsqu'il écrit dans son *Abrégé de psychanalyse* : « Une grande partie de notre trésor de civilisation, si hautement prisé, s'est constituée *au détriment* de la sexualité et pour l'effet d'une *limitation* des pulsions sexuelles »? En réalité, ces pulsions, ces instincts, ces tendances, pour devenir matière esthétique, doivent subir la même *purification*, la même *transposition* que la sensibilité. Un psychanalyste l'a reconnu : « La beauté peut appartenir à tout ce qui est objet de quelqu'une de nos tendances, mais à la condition expresse que cette tendance se détache dans une certaine mesure de cet objet et que, cessant de le poursuivre, elle le contemple... *Le beau, c'est le désirable lorsqu'il cesse d'être désiré pour être, avec quelque recul, contemplé* » (Ch. Baudouin[k]). Schopenhauer nous semble ici beaucoup plus près de la vérité que Freud, lorsqu'il dit que l'art, c'est la libération à l'égard du désir (§ 104).

109. Les conditions sociales. — On s'est préoccupé de bonne heure des rapports de l'art et de la vie sociale, mais surtout pour étudier l'influence morale et sociale de l'art. Le point de vue inverse, celui du conditionnement social de l'activité esthétique, apparaît cependant dans le livre de Mme de Staël, *De la Littérature considérée dans ses rapports avec les institutions sociales* (1800). Taine, dans sa *Philosophie de l'art* (1865), s'efforce d'expliquer toute œuvre d'art comme un produit de la *race*, du *milieu* et du *moment*, tandis que Guyau, dans *L'art au point de vue sociologique* (1889), tout en appliquant au sentiment esthétique son critérium de l'exaltation de l'instinct de vie (voir § 162), y montre en même temps un sentiment social puisque l'art tend à faire coïncider la vie individuelle avec la vie universelle. Avec Tarde et Wundt, domine le point de vue interpsychologique. C'est seulement vers la fin du XIXe siècle qu'on a cherché à montrer en quel sens l'art peut être dit, selon le mot de Bonald, « l'expression de la société ».

A. Les origines de l'art. On s'est d'abord appliqué à établir les *origines sociales* de l'art. Mais, tandis que les uns cherchaient ces origines dans la **technique,** les autres les ont vues dans la *religion.* D'Alembert avait déjà dit que « l'idée de la mesure fut apprise non par le chant des oiseaux, mais par le bruit des marteaux, frappés en cadence par des ouvriers ». S'appuyant sur l'étude des sociétés primitives, l'économiste Karl Bücher (1895) remarque que le travail, si difficile aux primitifs, est facilité lorsqu'il est rythmique ; le rythme devient encore plus nécessaire quand le travail est collectif : d'où le rôle des chants et de certains joueurs d'instruments. « Il est très difficile, écrit le sociologue Marcel Mauss, de distinguer les phénomènes esthétiques des phénomènes techniques », d'abord parce que les uns et les autres visent à la *fabrication*, ensuite parce que, « dès qu'apparaît la plastique, on voit surgir des notions d'équilibre, donc de *rythme* ; et dès qu'apparaît la rythmique, l'art apparaît ». — D'autres ont vu l'origine de l'art dans la **religion.** Ce fut notamment la thèse de Durkheim : « C'est des mythes et des légendes, affirmait-il, qu'est sortie, avec la science, la poésie ; c'est de l'ornemantique religieuse et des cérémonies du culte que sont venus les arts plastiques. » Bien des faits semblent effectivement venir à l'appui de cette opinion, à tel point qu'un éminent préhistorien, l'abbé Breuil, a pu écrire : « Si les idées magiques ou religieuses n'avaient permis d'insérer dans les plus graves préoccupations de la vie réelle l'art né pour lui-même, celui-ci, trop faiblement greffé sur les occupations essentielles de la vie quotidienne, aurait risqué de demeurer embryonnaire. »

Les danses primitives sont le plus souvent des *danses sacrées.* La gamme avait un sens magique dans les écoles hindoues, chinoises, pythagoriciennes. Le chant est d'abord une incantation et le vers, *carmen*, un « charme » c'est-à-dire une formule magique. On sait que le *dithyrambe* du culte dyonisiaque fut, en Grèce, l'origine de la tragédie, dont le nom d'ailleurs (*tragos*, bouc) évoque encore l'idée de l'animal qu'on y sacrifiait. Au reste, « tout sacrifice est par lui-même et par ses péripéties un *drame.* Presque toujours, dès qu'on remonte assez haut dans l'histoire d'un théâtre quelconque, on trouve à son origine la représentation de quelque légende religieuse » (Lalo[a]). On a déjà dit (t. I, § 5) que la plupart des préhistoriens sont aujourd'hui d'accord pour admettre que les représentations d'animaux qu'on trouve dans les grottes préhistoriques, étaient en rapport avec des croyances religieuses ou avec des pratiques magiques (envoûtement du gibier).

B. Caractère social de l'art. Laissant cependant de côté les hypothèses, toujours aventureuses, sur les « origines », rendons-nous compte que l'art est ***social,*** non pas accidentellement ou accessoirement, mais, comme l'a fortement marqué P. Francastel[t], essentiellement : « *L'art, le mode figuratif, est aussi naturel et nécessaire aux sociétés que le langage discursif ou écrit* », et « une forme de civilisation se décrit aussi bien par la manière dont on danse ou dont on chante que dont on écrit ou dont on prie. » En ce sens, l'art est un *témoin* et son témoignage, celui des anciennes iconographies comme aujourd'hui celui du cinéma, nous révèle, souvent dans ce qu'elles ont de plus secret, les « grandes formes de la sensibilité collective » (Francastel). L'œuvre d'art est donc sociale, non seulement en ce sens qu'elle n'est créée qu'à travers et pour une société, mais en ce sens aussi qu'elle ne peut être comprise que par la ***signification*** que lui prête le groupe ou l'époque où elle a vu le jour. C'est ainsi que, comme l'a montré Émile Mâle, l'art du moyen âge est rempli de *symboles* qu'il faut savoir interpréter pour le comprendre. La société, a-t-on dit, est *créatrice de sensibilité formelle* et, comme nous l'avions remarqué pour la perspective (t. II, § 93), cette sensibilité aux formes varie avec les sociétés considérées : « Prenons, écrivait Lalo, les groupements de faits esthétiques tels que nous les offre l'histoire : il n'y a pas de *section d'or* qui tienne, il est évident que l'arc ogival par exemple fut la forme préférée par tous les artistes créateurs et par leur public pendant plusieurs siècles depuis le XIIe, méprisée au contraire par eux depuis le XVIe et qu'aujourd'hui si un architecte ou un dessinateur s'avise de l'employer encore, il n'est plus pour nous qu'un copiste. »

C. L'art et les groupes sociaux. Si maintenant l'on se demande de quels ***groupes*** l'art est l'expression, il faut se garder de simplifier exagérément le problème. Assez rare est le cas, signalé par P. Francastel[t], « d'un art produit par et pour un groupe social restreint », comme il arriva par exemple à l'époque carolingienne où la culture eut un caractère ésotérique, où les manuscrits étaient enluminés dans les *scriptoria* monastiques, les édifices construits sinon par les clercs, du moins sous leur contrôle et leur direction. Le plus souvent, il y a lieu de distinguer « le milieu *producteur* de l'œuvre d'art » et « les *destinataires* du message ». L'artiste lui-même fait partie d'un groupe social qui l'imprègne de ses traditions et de sa vision du monde. Parfois même c'est toute une ambiance sociale qu'il exprime : c'est ainsi qu'on a pu montrer combien l'art de Corneille est « lié à l'existence, au début du XVIIe siècle, d'une classe sociale encore dominante, la noblesse » (BÉNICHOU), dont il exprime les problèmes et les cas de conscience. « Le génie esthétique d'un peuple, écrit de même LALO[c], dépend en grande partie des rapports de ce peuple avec son aristocratie économique, et de cette aristocratie avec son élite artistique. » Mais il s'en faut qu'il y ait toujours harmonie entre ces différents groupes et les artistes ne sont pas toujours à l'unisson de leurs commanditaires.

Ainsi, « l'étude de l'art chrétien de la fin du XVIe et du XVIIe siècles révèle l'existences d'une transaction entre les goûts de la foule laïque et les vœux des commanditaires de la Réforme catholique ». Si celle-ci a renoncé à l'ascétisme d'un Loyola pour s'appuyer sur la culture gréco-latine et la mythologie, c'était là « une concession faite à une exigence partie non du cercle des réformateurs, mais des masses qu'il fallait retenir » (FRANCASTEL[f]). De même, « les braves bourgeois hollandais furent indignés de voir ce qu'ils étaient devenus dans la *Ronde de Nuit* de Rembrandt. Il ne les avait pas trompés certes ; seulement au lieu de leur prodiguer le fard qu'ils attendaient, il leur avait littéralement volé leur âme et l'avait emportée comme une proie dans son monde à lui » (NÉDONCELLE[e]).

La production esthétique a d'ailleurs sa sociologie : « Les ***styles*** ou les ***écoles*** d'art constituent autant de vastes organisations collectives et immatérielles qui ont leur vie à elles dans la conscience commune, leurs lois et leur évolution, leur naissance, leur maturité et leur déclin. » Les ***académies*** ont répondu d'abord « au besoin de dégager les personnalités originales » et leur ont permis de s'affranchir de la tyrannie et de la routine des corporations de métiers. Mais elles se laissent le plus souvent gagner par l'esprit de tradition et n'exercent plus alors qu'une influence *conservatrice* et même retardatrice . « L'Académie française a de tous temps exercé avec beaucoup de suite cette fonction très sociale d'être en retard d'une demi-génération sur son époque » (LALO[c]).

Si maintenant nous regardons du côté des *destinataires* de l'œuvre d'art, nous nous trouvons en présence d'un autre groupe, diffus celui-là, mais très réel : le ***public.***

« C'est un public bourgeois de marchands et de propriétaires terriens qui a demandé aux peintres hollandais du XVIIe siècle leurs portraits de famille ou de corporations, leurs scènes de genre populaires, leurs marines ou leurs paysages sans apparat. A la même époque, des aristocraties et des cours mondaines, guerrières ou religieuses réclamaient en France, en Espagne et en Italie des peintures militaires, mythologiques ou pieuses »

(LALO[c]). Mais c'est aussi le public qui dispense les *sanctions* esthétiques, à savoir « le succès et l'insuccès, l'admiration et le ridicule, la gloire et l'oubli ». Notre notion de la valeur esthétique est toujours fonction de cette représentation d'un public, au moins *idéal*, « non pas toujours sous la forme d'un succès *actuel*, mais toujours d'un succès *possible* » (ID.). Paul VALÉRY lui-même écrit : « La considération du *lecteur le plus probable* est l'ingrédient le plus important de la composition littéraire ; l'esprit de l'auteur, qu'il le veuille, qu'il le sache, ou non, est comme *accordé* sur l'idée qu'il se fait nécessairement de son lecteur. »

110. Limites de l'Esthétique sociologique. — Si le point de vue sociologique vient utilement compléter le point de vue psychophysiologique, il doit cependant être encore dépassé. — D'abord, on observera que la plupart de ces conditions sociales de l'œuvre d'art sont, comme on l'a dit (§ 106), « anesthétiques », c'est-à-dire qu'elles expliquent les circonstances de l'œuvre, non l'œuvre elle-même. D'autre part, si une forme d'art « exprime » toujours plus ou moins la société où elle est née, il s'en faut que le rapport entre l'une et l'autre soit simple. Certes, il se peut que l'art, principalement sous l'influence des classes dirigeantes, « reflète » l'état social existant. Mais il se peut aussi qu'il l'exprime de façon *négative*, en quelque sorte, en le *retournant* : l'art est souvent une « évasion » !

LALO[c] remarque que la « littérature idéaliste, fade et quintessenciée des *cours d'amour* du moyen âge est celle de générations brutales », que la Révolution s'est déroulée « au milieu des pastorales poétiques, musicales et plastiques », que « la France foncièrement pacifique de la Restauration et de Louis-Philippe mit toute son ardeur dans le bouillant romantisme » et que la troisième République, laïque et démocratique, « restera caractérisée dans l'histoire par une littérature néo-catholique très militante, par l'ouverture des premiers *salons religieux* et *ateliers d'art sacré* » et par « le succès des œuvres hermétiques et raffinées des symbolistes, décadents, debussystes », etc.

A plus forte raison, les théories qui prétendent établir une filiation directe et simple de l'art par rapport à la *technique* ou à la religion soulèvent-elles bien des objections. « Il y a de la technique dans l'art écrit M. MAUSS, mais l'objet esthétique se reconnaît à la présence d'une notion plus compliquée que la seule notion d'utilité. » LALO[c] qui a beaucoup insisté sur ce rôle de la technique, précise cependant que l'art, « dès qu'il est lui-même », se distingue essentiellement du métier, et « dans les périodes anciennes où les arts et les métiers ont été le mieux joints, les meilleurs résultats se sont produits *malgré* cette jonction et non *à cause* d'elle ». — La même objection vaut contre la thèse des origines *religieuses* de l'art.

« La religion engendre l'art? rétorquait G. Belot. Mais c'est à condition que s'introduise la liberté des formes, la spontanéité créatrice, l'inspiration originale, personnelle, sincère, c'est-à-dire l'art lui-même ; à condition que soient rejetées les conventions hiératiques, les règles imposées par la tradition ; à condition que soient bannies les préoccupations parénétiques ou apologétiques. » Lalo[c] remarque dans le même sens que ce fut l'œuvre des corporations laïques de contrebalancer le misonéisme traditionnel en intronisant à l'église des formes d'art nouvelles, *qui furent alors dénoncées comme trop profanes* : tel l'art roman, contre lequel tonnaient du haut de la chaire saint Bernard et d'autres Pères des XIe et XIIe siècles ; telle « la féconde polyphonie flamande qui aboutit à Palestrina, coupable de supplanter le chant grégorien archaïque ».

Il y a en effet une *différence de perspective* essentielle entre l'Art et la Religion : « Le vrai croyant ne voit pas la beauté des images pieuses, il ne voit que leur piété » (Lalo[b]). L'art n'a véritablement pris naissance que du jour où l'homme a su apprécier la beauté de l'œuvre pour elle-même, comme une fin autonome, indépendante de sa valeur édifiante ou de son pouvoir magique. Il se peut d'ailleurs, comme on l'a dit au tome I, § 5, que cette émancipation du sentiment esthétique se soit produite dès les âges préhistoriques : « Il n'est pas possible, écrit M. Boule[1], que telle figure, gravée avec un souci des formes, une sûreté et une délicatesse de burin vraiment extraordinaire, n'ait pas été exécutée avec amour par son auteur, et celui-ci n'a pu arriver à une telle perfection, à une telle maîtrise qu'après des études désintéressées. » Mais ceci nous amène à considérer de tout autres conditions de l'œuvre d'art.

111. Conditions psychologiques : la création esthétique. — Comme toutes les productions supérieures de l'esprit humain, l'art met en jeu l'homme tout entier, ce qu'il y a de plus « profond » et ce qu'il y a de plus élevé, ce qu'il y a de plus spontané et ce qu'il y a de plus discipliné en lui.

A. Facteurs spontanés. Depuis Platon qui faisait de l'inspiration un *enthousiasme* (possession divine) ou un *délire* jusqu'à Bergson qui rapproche le sentiment esthétique de l'*hypnose* — l'objet de l'art serait « d'endormir les puissances actives ou plutôt résistantes de notre personnalité », — le mysticisme esthétique a privilégié le rôle de l'***inspiration***, du ***rêve***, de l'***intuition*** rebelle à toute analyse, dans la création de l'œuvre d'art. L'école allemande de l'*Einfühlung* a mis à la base de celle-ci une sorte de ***sympathie*** au sens étymologique du mot, une communion, un transfert de vie *affective* en autrui et

1. Marcellin Boule, paléontologiste français, 1861-1942.

même dans les choses. D'autres enfin ont prétendu rapprocher *génie* et *folie* (tome I, § 136). — Certes, les éléments affectifs jouent dans la création esthétique un grand rôle (t. I, § 141 *B*). Mais l'on pourrait dire du sentiment ce qui a été dit ci-dessus de la sensation : il ne devient matière esthétique qu'à condition de se réfléchir et de se transformer. Thomas MANN a écrit : « Le sentiment chaud et cordial est toujours banal et inutilisable... L'artiste est perdu quand il devient l'homme et commence à sentir » (cité par DELACROIX[t]). On a vu d'autre part (t. I, § 144) ce qu'il convient de penser du rôle de l'*inspiration* et de l'*intuition*. Quant au *rêve*, il n'est jamais, dit H. DELACROIX, « qu'une ébauche lointaine ». A plus forte raison et malgré tout ce qu'il peut y avoir, jusque dans l'état mental du schizophrène (t. I, fig. 25), de virtualités esthétiques, le *désordre* des états pathologiques est-il incompatible avec la création poétique ou artistique (t. I, § 136 et 138). En réalité, la psychologie de l'œuvre d'art est bien plus complexe que ne le laissent supposer ces théories.

B. Facteurs volontaires. Elle fait appel notamment, comme on l'a vu à propos de l'invention, aux fonctions les plus hautes de la vie mentale. Loin d'être pur *rêve*, l'art est essentiellement ***création disciplinée*** et, par conséquent, ***technique.***

Il n'est donc pas ***imitation*** ni ***copie*** des beautés de la nature. C'est au contraire (§ 113 *B* et 114) la nature que nous considérons, quand nous lui attribuons une valeur esthétique, comme un produit de l'art. « Toute peinture, disait VINCI, est chose mentale. » L'art est re-création, transformation de la nature et, dans cette transformation, c'est toute une vision personnelle du monde qui intervient.

Mais l'art n'est pas non plus simple ***expression*** de la subjectivité du *moi* intime. A. MALRAUX[r] le fait observer, même pour notre art d'aujourd'hui qui, dit-il, ne tient pour valables que les formes hétérogènes à celles de l'apparence sensible : « Le style de l'hétérogène n'est pas plus limité à la conséquence d'une expression particulièrement puissante de l'individu qu'à celle d'une vision particulièrement aiguë... Notre art est *la création d'un monde étranger au réel*, il n'en est pas l'expression. » — C'est ici qu'il convient de préciser le rôle de la ***personnalité*** dans l'œuvre d'art. « L'œuvre, a-t-on dit, exprime la personne, mais elle n'exprime pas la personne de son auteur... Ce que je trouve de Sophocle et de Racine dans leur théâtre, c'est ce qu'ils ont réussi à faire d'eux-mêmes en l'écrivant... L'essence de l'œuvre " met entre parenthèses" l'histoire vécue de l'auteur » (NÉDONCELLE[v]). En un sens voisin, LALO[b] avait écrit : « La prétendue *personnalité* dont on a voulu faire l'essence de l'œuvre d'art, n'est qu'une façon supérieure de comprendre la technique, de l'incarner en soi, d'identifier à elle son activité et sa pensée. »

Encore est-il nécessaire d'ajouter que cette ***technique*** esthétique diffère profondément de la technique utilitaire en ce qu'elle est, ainsi que le dit MALRAUX, une technique de « création d'un monde irréel ». On a déjà noté (t. I, § 137) que l'imagination enfantine a quelque chose de poétique en ce qu'elle *transfigure* le monde réel. L'art crée lui aussi un ***monde de formes*** qui, comme l'a exposé H. FOCILLON[n], en viennent à vivre d'une vie indépendante, un monde qui a son *espace* et son *temps* propres, tantôt contractés (comme dans les trois unités classiques), tantôt dilatés, mais toujours différents, ainsi que l'a montré Ch. LAPICQUE[u] pour la peinture, de ceux de la perception et de l'action. D'où cette ***illusion*** dont s'accompagne l'art, illusion analogue à celle qui se rencontre déjà dans le jeu (§ 14 *B*), mais ici illusion *recherchée* et *voulue* et surtout illusion ***créatrice*** qui, en s'incarnant dans une œuvre, en revêtant une forme sensible et matérielle, est obligée, contrairement à celle du rêve et même du jeu, de s'astreindre à la ***discipline*** d'une technique appropriée. C'est ainsi que l'activité esthétique est à la fois « activité de suggestion ou d'illusion, de luxe, de discipline » (LALO[b]).

112. La contemplation esthétique. — On vient d'analyser la *création* esthétique. Mais que dire de la *contemplation* esthétique ? Faut-il l'opposer comme un état passif à l'activité de l'esprit dans la création ?

Le sens commun semble bien près d'accepter une telle opposition, et certains auteurs sont même allés plus loin dans cette voie. C'est ainsi que, selon SCHOPENHAUER, l'objet beau agit comme un « charme » qui nous libère de la « Volonté », c'est-à-dire du vouloir-vivre, et nous affranchit du désir pour nous élever jusqu'à la contemplation des pures Idées (au sens platonicien du terme). C'est alors « le ravissement de l'intuition, la confusion du sujet et de l'objet, l'oubli de toute individualité » ; c'est « la béatitude, la sérénité d'âme qui cause une connaissance affranchie de tout vouloir » (*Le Monde comme volonté*, liv. III, § 38 et 43). « On doit se placer en face d'un tableau comme en face d'un prince, attendre qu'il veuille bien vous parler et vous dire ce qui lui plaira ; il ne faut, dans aucun des deux cas, prendre soi-même le premier la parole, car on risquerait alors de n'entendre que sa propre voix » (*Ibid.*, suppl., chap. XXXIV). BERGSON[a] reprend, en partie, cette conception quand il dit que « l'objet de l'art est d'endormir les puissances actives ou plutôt résistantes de notre personnalité » et qu'on retrouve dans les procédés de l'art, « sous une forme atténuée, raffinés et en quelque sorte spiritualisés, les procédés par lesquels on obtient ordinairement l'état d'hypnose ».

Cette thèse est cependant fort discutable, et Bergson nous paraît mieux inspiré lorsque, quelques lignes plus bas, il reconnaît que l'émotion esthétique admet, sinon des « degrés d'intensité », du moins des modalités différentes : « Tantôt, dit-il, le sentiment suggéré (car le sentiment, pour revêtir un caractère esthétique, doit être suggéré, et non pas causé) interrompt à peine le tissu serré des faits psychologiques qui composent notre histoire ; tantôt il en détache notre attention sans toutefois nous les faire perdre de vue ; tantôt enfin il se substitue à eux, nous absorbe et accapare notre âme entière. » Schopenhauer lui-même déclare qu'il y a un « concours du spectateur » qui est « nécessaire à la jouissance esthétique » et qu'il faut « que tout lecteur d'un poème ou tout spectateur qui contemple une œuvre d'art, contribue par ses propres ressources à mettre au jour cette sagesse de la nature » qui s'exprime dans de telles œuvres (suppl., chap. XXXIV).

Il semble bien en effet que, loin de commencer toujours par l'effacement du moi, la contemplation esthétique exige bien souvent une intervention *active* du spectateur : « Dans certains états esthétiques tout au moins et particulièrement peut-être chez certains sujets, le contemplateur est tout chargé de son histoire, de ses aptitudes et de ses habitudes affectives, de ses tendances et de ses rêves, tout animé aussi de la vie étrangère, qui le stimule, s'enrichissant d'elle et l'enrichissant ». Ainsi s'exprime H. Delacroix[1]. Rappelant ensuite la distinction du philosophe allemand Müller-Freienfels entre le pur « contemplateur » (*Zuschauer*) qui « à aucun moment ne s'oublie » et qui reste extérieur à l'œuvre, et le « participant » (*Mitspieler*) qui, par exemple, au théâtre, s'identifie avec les personnages, Henri Delacroix remarque que, si « chez beaucoup de gens, la contemplation esthétique dévie en contemplation de soi-même », il en est d'autres chez qui elle aboutit à « ce résultat merveilleux » que le spectateur n'existe plus, mais bien l'objet, l'œuvre qui la provoque. Il y a donc ici plusieurs formes ou plusieurs degrés : « L'état esthétique encadré dans le sentiment du moi, l'état esthétique affranchi du sentiment du moi, l'invasion étrangère, l'extase où semblent disparaître aussi bien le sujet que l'objet de la contemplation. » Dans cette extase, fréquente notamment en musique, on peut dire que « l'œuvre est oubliée et pourtant présente : l'extase reste orientée vers elle et gravite autour d'elle ».

Quelle que soit sa forme, cependant, la contemplation esthétique n'est jamais purement passive. Qu'il s'agisse de *sympathiser* soit avec le mouvement de l'œuvre, soit avec l'intention et la vision de l'artiste, par une intuition qui, selon la définition de Bergson citée au t. I, § 326, cherche à « se transporter à l'intérieur de l'objet pour coïncider avec ce qu'il a d'unique », ou bien de *comprendre* celui-ci, au sens diltheyen du terme (*Ibid.*, § 292, note), il est toujours nécessaire que le spectateur fasse effort pour sortir de soi, pour recréer, dans une certaine mesure, l'œuvre elle-même en utilisant ses propres ressources et ainsi peut-être la transfigurer.

SUJETS DE TRAVAUX

Exercices. — 1. *Appréciez ce jugement (J. Romains) :* « Il n'y a pas tout à fait œuvre d'art là où il n'y a pas un objet, quelque chose de concret, qui existe entre certaines limites de temps ou d'espace, qui en éprouve la résistance, qui les remplit. » — 2. *Cet autre d'André Gide :* « Le classicisme tend tout entier vers la litote. C'est l'art d'exprimer le plus en disant le moins : c'est un art de pudeur et de modestie. » — 3. *Commenter ces deux textes :* « Contempler, c'est recréer ; c'est cesser d'être soi pour vivre la vie de la chose... La contemplation esthétique apparaît donc comme une poursuite incessante du Moi par lui-même, à travers le monde des choses auxquelles il distribue ses états d'âme par une décision libre et presque arbitraire » (V. FELDMAN[m]) ; « L'idéal de la contemplation esthétique, comme de toutes les formes de culture, c'est de révéler à chacun sa propre capacité d'invention et sa vocation personnelle » (L.-M. MORFAUX, dans BOULAY[ad]).

Exposés oraux. — 1. *Le jugement esthétique*, d'après KANT (*Critique du Jugement*, 1re partie). — 2. *Le rôle des rythmes dans l'art*, d'après P. SERVIEN[l]. — 3. *Ce que pourrait être une sociologie du cinéma* (voir l'article de G. FRIEDMANN et E. MORIN, dans la *Revue internationale de Filmologie*, avril-juin 1952).

Discuter : — 1. *cette opinion d'Alain :* « C'est Kant qui a vu juste, et non Platon : on peut définir le jugement esthétique, mais non le beau » ; — 2. *les diverses classifications des arts ;* — 3. *ce jugement du peintre Carrière :* « C'est à ce qui est permanent chez l'homme que l'artiste doit s'adresser. »

Lectures. — *a.* *BERGSON, *Les Données immédiates de la conscience*, Alcan, 1889, chap. I. — *b.* *Ch. LALO, *Les Sentiments esthétiques*, Alcan, 1910 ; *c. L'Art et la vie sociale*, Doin, 1921 ; *d. La Beauté et l'instinct sexuel*, Flammarion, 1921 ; *e.* **Notions d'Esthétique*, P. U. F., 1925 ; *f. L'expression de la vie dans l'art*, Alcan, 1933 ; et *g. Esq. d'une classif. structurale des beaux-arts*, dans le *Journal de Psych.*, t. XLIV (1951), p. 9. — *h.* ALAIN, *Système des beaux-arts*, Gallimard, 1920. — *i.* H. DELACROIX, *Psych. de l'Art*, Alcan, 1927 ; et *j.* **Les Sentiments esth. et l'art*, dans le *Nouveau Traité* de Dumas, t. VI, p. 253, P. U. F., 1939. — *k.* Ch. BAUDOUIN, *Psychanalyse de l'Art*, Alcan, 1929. — *l.* P. SERVIEN, *Les Rythmes comme introd. physique à l'esthétique*, Boivin, 1930. — *m.* V. FELDMAN, *L'Esth. française contemporaine*,

Alcan, 1936. — *n.* H. Focillon, *La Vie des Formes*, Alcan, 1939. — *o.* *Étienne Souriau, *La Correspondance des arts*, Flammarion, 1947 ; et *p. Problèmes de l'Esthétique*, dans l'*Encycl. fr.*, XIX, 1957. — *q.* Lydie Krestovsky, *La Laideur dans l'art*, Seuil, 1947. — *r.* A. Malraux, *Psych. de l'Art*, Skira, 1947-1950, 3 vol. — *s.* Alfred Stern, *Philos. du rire et des pleurs*, P. U. F., 1949. — *t.* P. Francastel, *Art et Sociologie*, dans l'*Année sociologique*, 3e série, t. II, P. U. F., 1949, p. 491. — *u.* Ch. Lapicque, *Sur l'espace, le corps, le temps et la peinture*, dans *Deucalion*, nº 3 (1950), p. 173. — *v.* M. Nédoncelle, *Introd. à l'Esthétique*, P. U. F., 1953. — *w.* M. Dufrenne, *Phénoménologie de l'expérience esthétique*, P. U. F., 1953, 2 vol. (à consulter). — *x.* R. Bayer, *Essais sur la méthode en Esthétique*, Flammarion, 1953 ; et *y. Traité d'Esthétique*, A. Colin, 1956. — *z.* A. Silbermann, *Introduction à une Sociologie de la Musique*, P. U. F., 1955. — *ab.* B. Teyssèdre, *L'Esthétique de Hegel*, P. U. F., 1958. — *ac.* *J.P. Weber, *La Psychologie de l'art*, P. U. F., 1958. — *ad.* Daniel Boulay (et collaborateurs), *Les grands problèmes de l'Esthétique*, nº spécial de la revue *As. fi. de Phi.*, juin-oct. 1961. — *ae.* C. Schuwer, *Les deux sens de l'art*, P. U. F., 1962. — *af.* Roger Caillois, *Esthétique généralisée*, Gallimard, 1964. — *ag.* Étienne Souriau, *Le sens esthétique des animaux*, S.P.D.G., 1965. — *ah.* Maurice Merleau-Ponty, *L'Œil et l'Esprit*, Gallimard, 1966. — Consulter en outre la *Revue d'Esthétique*, P. U. F. (depuis 1948).

chapitre XII

LE BEAU ET LES VALEURS ESTHÉTIQUES LA NATURE ET L'ART

SOMMAIRE

113. L'Esthétique normative et les valeurs esthétiques. — 114. La nature et l'art. — 115. Les « catégories » esthétiques : le beau, le sublime et le joli, le poétique et le gracieux. — 116. Les valeurs négatives : le risible, le comique et le laid. — 117. Les fonctions de l'Art.

113. L'Esthétique normative et les valeurs esthétiques. — Les considérations développées à la fin du § 111 laissent entrevoir en quel sens une Esthétique *normative* est possible, sans tomber pour cela dans la prétention absurde de vouloir régenter l'art. LALO[c] a montré comment une Esthétique sociologique permet déjà de déterminer ce qui est *normal*, en art, pour un contexte de civilisation donné[1] et même de « conjecturer ce qui est *idéal* dans ces mêmes conditions, c'est-à-dire ce qui sera normal dans un moment prochain ou probable de l'évolution, pour l'époque ou le groupe considérés ». Ne serait-il pas possible cependant de dépasser ce relativisme un peu limité et, sans en revenir à une métaphysique du beau, d'essayer de tirer de nos analyses de l'activité esthétique quelques vues générales sur les ***valeurs esthétiques*** fondamentales, étant bien entendu que, comme toutes les autres (voir § 135), ces valeurs se *déterminent* de façons différentes selon qu'elles prennent corps dans telle ou telle *situation* de temps, de lieu, d'ambiance sociale ? De ce point de vue, les valeurs esthétiques seraient celles où se réalise une ***harmonie*** —

1. Ainsi « il y a des raisons de juger qu'une épopée est normale aux temps primitifs de l'*Iliade* ou de la *Chanson de Roland* ; qu'elle est de valeur ambiguë dans l'époque déjà mûrie de l'*Énéide* ; qu'elle est anormale et laide comme une monstruosité ou une maladie esthétique, tout au moins une survivance, à l'âge littéraire de la *Pucelle* de Chapelain ou de la *Henriade* de Voltaire » (LALO[e]).

intéressant à la fois l'intelligence *et les sens*, car « le plan de l'apparence sensible reste constitutif dans toute œuvre d'art » (SOURIAU[a]) — entre les différentes conditions de l'activité esthétique : « harmonie à la fois *numérique* et *physique*, *physiologique* et *psychologique* », harmonie des impressions *subjectives* avec « un consentement *collectif* et une évolution historique ou sociologique » (LALO[b]) ; ajoutons encore : harmonie du *rêve* et du *réel* ainsi transfiguré, de l'*intime* et de l'*universel*, réussite enfin de la *technique* adoptée et perfection de la *forme* réalisée, chacune dans sa perspective propre.

A. Une telle conception autorise certains ***jugements de valeur*** selon que l'harmonie entre tous ces éléments est plus ou moins bien réalisée ou selon que l'un d'entre eux se trouve sacrifié ou exagéré. Elle peut nous amener par exemple à faire des réserves sur l'exagération du *romantisme* qui ne voit dans la poésie qu'un « cri du cœur », c'est-à-dire l'élément purement subjectif, — plus encore sur la déviation du *surréalisme* qui se donne pour but « l'exhibition des rouages automatiques de l'inconscient », — comme aussi sur certaines formes d' « art abstrait » lorsqu'elles méconnaissent ce « primat de l'épiderme » qui consiste en ce que « chaque art doit rester fidèle à sa sensorialité propre » (NÉDONCELLE[v]). De même enfin, s'il y a dans tout art une *illusion* semi-consciente qui le rapproche du jeu, cette illusion n'est que la conséquence ou le reliquat de l'activité esthétique. « Chaque fois au contraire que l'illusion est cultivée pour elle-même, la beauté véritable s'enfuit » (ID.), comme il arrive dans ces raccourcis, ces trompe-l'œil, ces effets recherchés de perspective qui dénotent plus de virtuosité technique que d'art proprement dit.

B. Les mêmes principes nous permettent d'expliquer comment l'homme peut trouver des beautés *dans la nature*. On a souvent remarqué que l'admiration des ***beautés naturelles*** est, en général, beaucoup plus tardive que celle des œuvres de l'art humain. L'enfant, le primitif, l'homme peu cultivé y sont ordinairement peu sensibles. C'est que, comme le dit LALO[c], « la nature n'a de valeur esthétique que lorsqu'elle est vue à travers un art, traduit dans le langage des œuvres familières à un esprit façonné par une technique ». De là le sentiment de l'enfant qui trouve belle une pierre bizarrement découpée, donnant l'apparence d'avoir été « bien travaillée » (comme dit Homère des belles armures et des belles statues). De là aussi ces expressions naïves de l'admiration populaire : « Un cou d'albâtre » ou, en présence d'une fleur : « On dirait du velours » ou encore celles, plus savantes, des gens cultivés devant un paysage : « C'est un Corot ! » ou devant un bel enfant : « C'est un vrai Murillo ! »

114. La nature et l'art. — Cela nous amène à dire quelques mots du problème des rapports entre la nature et l'art. Les écoles réalistes n'ont voulu voir dans l'art qu'imitation ou même copie de la nature. Mais, ainsi que le remarque H. DELACROIX[1], « l'art est création, et non pas copie d'une réalité... La nature n'est jamais copiée servilement et sans recours à l'imagination de l'artiste ». On peut même dire que l'art consiste à recréer la nature, à la transformer selon la représentation que l'artiste s'en fait (cf. ci-dessus § 111). Celui-ci part d'une vision personnelle qu'il s'est construite, et c'est cette vision qu'il projette dans son œuvre. « Le monde esthétique, l'artiste ne le trouve qu'en le construisant ; et il le construit en construisant à cet effet des instruments et des symboles » (Delacroix). Nulle part, et pas plus dans la nature qu'ailleurs, le beau n'est du *donné* ; c'est toujours de l'*imaginé* et de l'*élaboré*. « S'il arrive, dit André MALRAUX[2] dans sa *Psychologie de l'Art*, que l'artiste fixe un instant privilégié il ne le fixe pas parce qu'il le reproduit, mais parce que, l'ayant *réduit*, il l'a métamorphosé. Un coucher de soleil admirable, en peinture, n'est pas un beau coucher de soleil, mais un coucher de soleil d'un grand peintre. »

Autrement dit, « il n'y a pas de valeurs d'art dans la nature, mais une possibilité permanente et subjective d'expérience du beau ». La beauté de la nature n'est pas autre chose que « l'expérience ouverte », et cette expérience, chacun la fait selon son tempérament et sa vision propres. Il n'y a pas, comme dit Raymond BAYER, qu'une seule « bourse des valeurs » dans la nature : « Les sites romantiques, le jardin à la française sont autant d'assonances à des états d'âme. Un artiste, comme Monet ou d'autres, fait surgir d'un paysage banal pour tout autre œil, une analyse profonde. Tout spectacle offre l'occasion de cette dialectique ».

N'oublions pas, en effet, que le jugement esthétique est un jugement de valeur. Or, faut-il le répéter? les valeurs sont choses d'esprit. C'est l'esprit qui met de la beauté dans la nature. C'est tellement vrai qu'il faut déjà une certaine éducation du goût pour découvrir cette beauté. La nature est belle, du moins pour une conscience naïve, quand elle apparaît plus ou moins comme le produit d'une technique réussie, ainsi que le montrent les exemples cités ci-dessus § 113 *B*. La nature est alors, à nos yeux, l'artiste suprême (certaines langues ont un même mot, par exemple *künstlich* en allemand, pour dire à la fois *artistique* et *artificiel*). Mais « c'est l'art qui nous porte à croire à la nature artiste ».

115. Les « catégories » esthétiques : le beau, le sublime et le joli, le poétique et le gracieux. — Toutefois cette *harmonie* que nous retrouvons jusque dans la nature, peut se réaliser sous bien des *formes* et à bien des *niveaux*, de sorte qu'on peut distinguer différentes « catégories[1] » esthétiques.

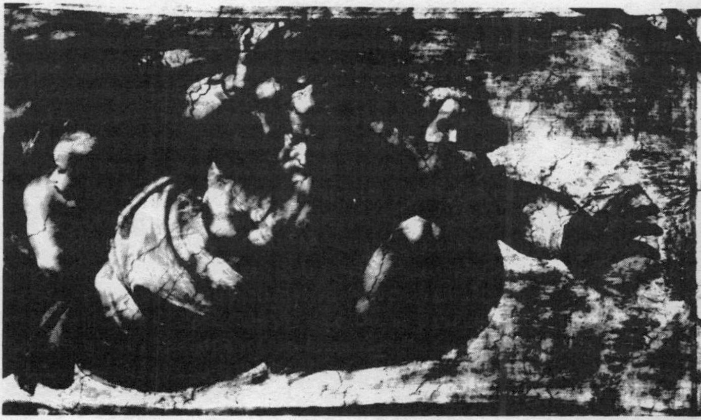

(Phot. Anderson.)

Fig. 26. — LE SUBLIME.

L'Éternel séparant les eaux de la terre,
fresque de la Chapelle Sixtine, par MICHEL-ANGE.

Lorsque cette harmonie est réalisée dans l'*équilibre* parfait de toutes nos facultés en même temps que dans la plénitude d'une réussite technique dont les moyens sont assez simples pour ne plus se laisser apercevoir, nous sommes en présence du ***Beau.*** C'est pourquoi le Beau se rencontre surtout dans les époques *classiques*[2]. Car, ainsi

1. L'expression est de Ch. LALO* qui a proposé un tableau, malheureusement assez arbitraire, de ces « catégories esthétiques » selon que l'harmonie y est *possédée* ou *cherchée* ou *perdue* dans l'ordre de nos trois facultés : l'*intelligence* (beau, sublime, spirituel), l'*activité* (grandiose, tragique, comique) et l'*affectivité* (gracieux, dramatique, humour). Elle avait été employée antérieurement par Victor BASCH (cf. A. SOURIAU*P).

2. H. FOCILLON* a distingué, dans la « vie des formes », différents *âges* des styles : l'âge « expérimental » ou *archaïsme*, où le style cherche à se définir dans une « unité massive » ; l'âge *classique* (voir ci-dessus) ; l'âge du « raffinement » où les parties de l'ensemble commencent à manifester leur indépendance (par exemple l'art *rayonnant* dans le gothique) ; enfin l'âge *baroque* où les formes se libèrent totalement (par exemple

que le dit H. Focillon[n], le classicisme (qu'il ne faut pas confondre avec l'académisme) est « le point de la plus haute convenance des parties entre elles », il est « stabilité, sécurité », non pas monotone application des *règles*, mais « pleine possession des formes » où « la vie perpétuelle des styles atteint et rejoint le style comme valeur universelle ».

Fig. 27. — Le poétique.
Vue prise à Narni, par Corot.
(G. Bazin, *Corot*, éd. P. Tisné.)

Le charme de la rivière au cours sinueux qui coule doucement entre les rives couvertes de buissons, le brouillard argenté des paysages de Corot, les lointains, tout, jusqu'aux ruines du pont romain, contribue à donner à ce paysage un caractère poétique.

Le beau peut se *majorer* dans le sublime, se *rapetisser* dans le joli. On a donné bien des définitions du **sublime.** Kant y voit un sentiment parent de celui du beau, mais où intervient l'idée de l'infini et où se produit par suite un conflit entre l'entendement et les sens. Scho-

---

l'art *flamboyant*). — Lalo[e] a formulé une « loi des trois états » esthétiques : chaque style traverserait trois périodes dont l'*âge classique*, avec pureté des goûts, probité des techniques, clarté des compositions, serait le centre, et les âges *pré-classique* et *post-classique*, les deux extrémités avec abus des mélanges, complication des effets, goût douteux.

PENHAUER le définit comme le résultat d'un effort par lequel l'individu, en présence d'objets hostiles (un orage, un pays sauvage, par exemple), s'élève au-dessus du vouloir-vivre pour les contempler avec sérénité. Nous dirons plus simplement que le sentiment du sublime implique *la notion de quelque chose qui nous dépasse*, mais avec la conscience d'un élan, d'un soulèvement intérieur qui nous tire vers en haut, nous exalte et nous invite, malgré la distance qui nous en sépare, à communier avec cet objet transcendant (fig. 26). — Au contraire, le ***joli*** est une forme *inférieure* du beau. C'est le beau *dans les petites choses*, dans les arts mineurs. Il n'atteint pas à l'harmonie, à la régularité parfaites du beau : c'est ainsi qu'une femme peut être « jolie » sans être « belle » ; et, loin d'éprouver un sentiment d'infériorité, voire parfois d'angoisse comme en présence du sublime, nous *sourions* au joli et le contemplons avec une complaisance quelque peu condescendante.

Plus complexes sont le poétique et le gracieux. Dans le ***poétique***, domine une certaine *fraîcheur de sensibilité* (sensibilité aux rythmes, à la musique du vers chez un Verlaine, aux parfums chez un Baudelaire ; tempérament de « voyant » d'un Hugo et surtout d'un Rimbaud) qui *laisse cependant les images dans l'imprécis et le flou* et *ouvre ainsi à l'imagination et au rêve des perspectives indéfinies*, telle « la chanson grise où l'indécis au précis se joint », telle la poésie vaporeuse de Lamartine. Le *lyrisme* est, en général, plus poétique que l'épique et, dans le lyrisme lui-même, sont surtout poétiques les thèmes qui fournissent à la pensée un aliment qui lui permet de se développer sans contrainte. Le *sentiment* est plus poétique que l'intelligence : celle-ci n'est poétique, comme le remarquait HEGEL, « qu'autant qu'elle se tient entre le monde de la pensée et le monde de la perception » ; la science même peut être poétique quand, évoquant l'idée d'infini, elle ouvre à notre esprit des horizons illimités (t. I, § 245). Dans l'espace, les *lointains* (fig. 27), le ciel étoilé, la mer ; dans le temps, l'*avenir* et même le *passé*, quand il est vu à distance, imaginé plutôt que connu (d'où la poésie des ruines), tout ce qui *commence* et tout ce qui *finit*, le printemps et surtout l'automne, l'aube et surtout le crépuscule ont en nous une résonance poétique.

Le ***gracieux*** est surtout dans le mouvement lorsque celui-ci s'accomplit *avec aisance et sans heurts*. Un geste est gracieux quand il donne l'impression de s'effectuer *sans efforts, sans rupture avec ceux qui précèdent, tout en laissant pressentir ceux qui suivront*, telles les évolutions et les pauses de cette danseuse, « divine dans l'instable », que nous décrit P. VALÉRY dans *L'Âme et la Danse*, et qui nous laissent dans l'attente charmée de ce qui va advenir (fig. 28).

C'est pourquoi, comme l'a noté R. BAYER[ai] « la grâce naît vraiment, épanouie de manière indiscutable, sous l'influence du ***ralenti***». Tel le saut à la perche au ralenti du cinéma : « Voici l'homme au-dessus de la barre : il contourne avec précaution l'obstacle, s'attarde à le frôler, le passe avec complaisance. Il redescend sans heurt, s'étend peu à peu avec sûreté et nonchalance, allonge alors sa silhouette, se pose, touche terre sans effort... Une telle modification du rythme du mouvement paraît plonger le corps humain dans un fluide nouveau où il prend, pour chaque acte, exceptionnel rebondissement » (BAYER).

Phot. Sougez.

Fig. 28. — LE GRACIEUX.

Danseuse grecque (Musée du Louvre.)

Cette figurine de Tanagra fait penser à cette danseuse, « excellente dans l'imminence », dont parle Paul Valéry dans L'Ame et la Danse. *La danseuse semble s'arrêter, mais déjà un nouveau mouvement s'esquisse : « Instant absolument vierge. Et puis, instant où quelque chose doit se rompre dans l'âme, dans l'attente, dans l'assemblée... Quelque chose doit se rompre... Et cependant c'est aussi comme une soudure. »*

Il y a ainsi dans la grâce une « esthétique du *discret* » qui bannit toute brusquerie et toute insistance, sans préjudice d'une certaine *vigueur* grâce à laquelle elle domine les oppositions et « se déprend des paralysies initiales » (BAYER[a.f]). Une forme même est gracieuse dans la mesure où elle évoque un mouvement facile et continu : une ligne onduleuse est gracieuse, une ligne brisée ne l'est pas du tout. Et de même, la musique : la « musique douce », voire celle de Mozart est plus gracieuse que la musique à grand fracas de Wagner.

116. Les valeurs négatives : le risible, le comique et le laid.

— L'art comporte aussi des valeurs négatives. Le ***risible*** est une de ces contre-valeurs. Le rire peut avoir bien des causes et bien des formes. Sans parler du rire purement réflexe du chatouillement, il y a le rire de la détente nerveuse, le rire du triomphe, le rire de la délivrance, le rire de la surprise, etc. Il y a en outre un « rire social »

(DUPRÉEL), qui est tantôt « rire d'accueil », tantôt « rire d'exclusion » (à l'égard de l'étranger). Beaucoup d'auteurs ont vu dans le rire une *sanction* ou tout au moins une *brimade sociale* (on verra plus loin comment Bergson a interprété cette idée). Mais le rire a aussi un rôle destructeur, il tend à *dévaloriser*, à *détruire des valeurs* : l'inférieur tourne en ridicule son supérieur, l'homme sans goût rit du beau qu'il ne sait pas sentir, le sot rit de ce qu'il ne comprend pas ; la caricature politique (qu'on songe à Charles X transformé en « pieu monarque », à Louis-Philippe transformé en poire) vise à dégrader l'adversaire. Ce rôle du rire a été particulièrement mis en lumière par A. STERN[s], Ch. LALO[ak], D. VICTOROFF[ai], etc...

Le **comique** a été souvent confondu avec le risible. Mais le comique de Molière est plutôt triste, et nous venons de voir que le rire peut être provoqué par bien d'autres choses que le comique. Le comique a une valeur esthétique, mais une valeur d'*antithèse*, et c'est pourquoi, tout en le distinguant du risible, nous le classons parmi les valeurs négatives. Certains auteurs sont allés jusqu'à soutenir que tout *contraste* est comique, ce qui est assurément excessif : car il peut y avoir des contrastes pénibles, dramatiques, voire tragiques. Quel est donc le principe de l'antithèse comique ? Selon une théorie célèbre de BERGSON[ag], le comique serait ***« du mécanique plaqué sur du vivant »***.

C'est ainsi qu'il y a un *comique de gestes* : les attitudes, gestes, mouvements du corps humain sont comiques « dans l'exacte mesure où ce corps nous fait penser à une simple mécanique » ; de même, « est comique tout incident qui appelle notre attention sur le physique d'une personne alors que le moral est en cause » ou encore celui qui fait « qu'une personne nous donne l'impression d'une chose » (par exemple, quand elle est tombée par terre). Il y a un *comique de situation*, dont les procédés reviennent toujours à une « mécanisation de la vie » : répétition, inversion (les deux sauvetages de Perrichon), interférence des séries (quiproquos), et un *comique de mots* qui consiste, par exemple, à « insérer une idée absurde dans un moule de phrase consacré » (les mots de Joseph Prudhomme), à « entendre une expression au propre alors qu'elle est prise au figuré », à « concentrer l'attention sur la matérialité d'une métaphore », etc. Il y a enfin et surtout un *comique de caractère* dans la mesure où le caractère représente quelque chose de *rigide*, de *tout fait*, une sorte de « raidissement contre la vie sociale » : en ce sens, « un vice souple est moins facile à ridiculiser qu'une vertu inflexible » (celle d'Alceste, par exemple, dans le *Misanthrope*). BERGSON[aj] remarque à ce propos que ce n'est pas l'*individualité* qui est comique : tout personnage comique est un *type* et la comédie est le seul de tous les arts qui vise au général. En ce sens, le rire du comique est « une espèce de brimade sociale » : il châtie une raideur, un manque de souplesse, qui est suspect à la société.

Cette théorie de BERGSON[aj] appelle bien des réserves, d'abord parce que Bergson confond en partie le risible et le comique, ensuite parce que l'interprétation paraît trop étroite à de certains égards, trop large à de certains autres. Trop étroite, car ce n'est pas seulement le mécanique plaqué sur le vivant, mais tout aussi bien le *vivant plaqué sur le mécanique* qui peut prendre une valeur comique ; tels certains dessins animés du cinéma où des objets inertes deviennent comiques en prenant vie. Trop large, car il s'en faut que le mécanisme de la *répétition*, par exemple, soit toujours comique par lui-même. Enfin il est surprenant de voir Bergson, qui a tant insisté sur l'effet « mécanisant » de la vie sociale, faire ici de la société le défenseur de la souplesse et de la vie. Le ridicule est bien souvent, au contraire, dans la vie sociale, *la sanction d'un manque de conformisme* : la plupart des innovations, dans le domaine de la mode ou de l'art et même dans celui de la science, sont d'abord tournées en dérision.

Il convient d'élargir le point de vue de BERGSON, et pour cela de distinguer le *comique* du *risible*. É. SOURIAU[al] a soutenu qu'il y a plutôt **opposition** entre l'un et l'autre. Le comique résulterait d'une ***révision réflexive du rire,*** destructeur de valeurs, ***sur le plan proprement esthétique.*** Aux conditions purement négatives du rire l'art comique ajoute la présence d'une valeur positive, de sorte qu'il y a une « promotion » de l'un à l'autre. Le rire était relatif à la situation propre du sujet : « Le comique, en tant que valeur d'art, est absolument objectif. Il est inhérent à la structure de l'univers de l'œuvre et oppose spécifiquement celui-ci, en tant qu'il est libératoire, *à un univers possible où les mêmes données seraient tragiques* » (SOURIAU[al]). Cette interprétation nous paraît renfermer une large part de vérité. Qu'on songe par exemple aux comédies de Molière et combien il s'en faudrait de peu pour que les situations qu'elles traitent, devinssent tragiques (voir *Exercice* 7) ! Mais Molière les *transpose* dans un autre univers, dans une autre perspective, et en fait des situations comiques.

Nous n'insisterons pas sur la ***laideur*** qui est l'antithèse directe du beau. On peut la définir, avec LALO[e], le résultat d'une *technique manquée* : « Une désharmonie s'étale à la place où l'on attendait, où *devrait* être l'harmonie. » Nous remarquerons seulement qu'il peut y avoir une ***esthétique du laid,*** comme par exemple dans les portraits de nains ou d'infirmes de Ribera ou de Velasquez ou dans certaines scènes d'horreur de Goya, dans la mesure où ce résultat a été *recherché* ou donne l'impression de l'avoir été, précisément parce qu'il s'agit alors d'une technique réussie. On a même remarqué (L. KRESTOVSKY[q]) que notre littérature et notre art contemporains semblent se complaire dans le *monstrueux*, le *démoniaque* et l'*automatique*, mais qu'en renversant les anciennes idoles, ils tendent à recréer une sorte de poétique et qu'une laideur totale, ainsi approfondie, tend à nous faire retrouver une beauté d'un ordre nouveau.

117. Les fonctions de l'Art. — Il est à peine besoin de poser la question des fonctions de l'Art : car l'Art a sa fin *en lui-même*, qui est créer de la beauté. Si on lui en assigne une autre, il risque de dégénérer.

A. On peut dire cependant que l'Art a une ***fonction sociale.*** On a vu (§ 109 *B*) qu'il fait partie intégrante de la civilisation et qu'en ce sens il est l'expression du groupe au même titre, au moins, que n'importe quelle autre de ses activités. Les productions de l'art créent ainsi, dans une société, une *communauté de culture* qui renforce l'unité sociale. Mais le danger est ici que l'art se dégrade en instrument de *propagande* : s'il a conservé une haute tenue tout en jouant un rôle, comme le rappelle P. FRANCASTEL[1], « dans l'action politique d'un Périclès, d'un Louis XIV, d'un Urbain VIII », il risque de s'avilir misérablement dans un régime totalitaire qui ne respecte plus ses fins propres.

B. L'Art a-t-il une ***fonction morale ?*** Il l'a incontestablement en tant qu'il est activité spirituelle et qu'il va ainsi dans le même sens que la moralité : c'est surtout dans cette *convergence* qu'il faut chercher son rôle éthique. Mais ici aussi il y aurait danger à le subordonner directement à des fins qui ne sont pas les siennes : « l'art édifiant » n'a généralement produit que des œuvres médiocres. C'est même peut-être faire preuve d'un optimisme excessif que de croire que le beau s'accorde toujours avec le bien.

On peut, à cet égard, distinguer, avec LALO, cinq rôles différents de l'activité esthétique. Elle peut être simple *redoublement*, ou encore *idéalisation* de la vie réelle ; dans ces deux premiers rôles, on peut admettre qu'elle doit, en règle générale, s'efforcer d'être *morale*. Mais elle est aussi un *luxe* de la vie sérieuse, un délassement ou une évasion. Elle peut même (c'est la doctrine de l'*art pour l'art*) s'ériger en *technique* autonome, cultivant pour elle-même la vie des formes. Dans ces deux nouveaux rôles, elle échappe aux impératifs éthiques, elle est *amorale*. Un cinquième rôle enfin est celui que lui avait assigné ARISTOTE d'être une « purgation » (*catharsis*) des passions, thèse qui a été reprise de nos jours par la Psychanalyse (§ 107) : « L'auteur met dans son œuvre les sentiments qu'il veut chasser de sa vie et qui l'obséderaient dangereusement s'il ne s'en débarrassait par là : ainsi opère tout rêve ou tout délire selon Freud » (LALO[2]). Dans ce dernier rôle, l'art est franchement *immoral*. Toutes les œuvres ne doivent donc pas être jugées selon le même étalon et l'on peut reconnaître la valeur esthétique de certaines hardiesses tout en maintenant qu'elles ne sauraient être proposées à n'importe qui sans discernement.

C. Faut-il parler des rapports de l'Art avec la ***Logique ?*** Il serait évidemment absurde de chercher ici des correspondances trop étroites : quoi qu'en ait dit Boileau, le beau ne se confond pas avec le vrai, et l'Art ne procède pas uniquement de l'intelligence pure qui est seule à la base de la Logique. Il n'est pas exclu toutefois qu'une œuvre d'art, par son unité et son harmonie, donne satisfaction à notre intelligence comme à nos autres facultés, et réciproquement les rapports logiques ont bien leur esthétique propre : ne qualifie-t-on pas d'« élégante » une démonstration mathématique particulièrement simple et ingénieuse et n'a-t-on pas dit de la science qu'elle est « l'esthétique de l'intelligence » (t. I, § 245) ?

D. Il y a enfin des affinités incontestables entre l'Art et la ***Religion.*** Sans doute, comme pour la morale, une subordination trop étroite de celui-là à celle-ci serait périlleuse : on sait assez que « l'art de Saint-Sulpice », comme on l'a appelé, n'a guère de valeur esthétique. Toutefois, dans la mesure où l'Art, comme nous l'avons dit, crée un monde différent du monde réel et libéré des contingences de ce dernier, il nous invite à nous élever vers une *perfection* transhumaine et l'on a pu lui reconnaître, en ce sens, un aspect *eschatologique*[1] : « Il anticipe sur un univers définitif où il se transporte et nous transporte... Les artistes sont en quête d'un ordre transcendant et se transportent d'un bond au terme qui, d'après eux, donnera un sens à leur vie et à toute vie. Ils ne voient pas Dieu, mais ils entrevoient un monde en Dieu et ils entreprennent de le réaliser ici-bas » (NÉDONCELLE*).

SUJETS DE TRAVAUX

Exercices. — 1. *Commentez l'emploi des mots* beau *ou* beauté *dans les expressions suivantes* : « Ou qu'un beau désespoir alors le secourût » (CORNEILLE), « Un beau visage est le plus beau de tous les spectacles » (LA BRUYÈRE), « Au nom d'une amitié si constante et si belle » (RACINE), « L'incomparable beauté d'une âme que vous avez toujours habitée » (BOSSUET, à Dieu), « Un beau désordre est un effet de l'art » (BOILEAU), « Voltaire n'est pas beau, il n'est que joli » (MONTESQUIEU), « Il est plus aisé de

1. *Eschatologie* (grec : *eschatos*, dernier ; *logos*, étude) : doctrine des fins dernières de l'homme et de l'univers.

faire une belle action qu'une belle page » (DIDEROT), « Il est beau de périr dans des desseins si grands » (VOLTAIRE), « Ce qui fait l'intérêt et la beauté des choses, c'est le cachet de l'homme qui y a passé, aimé, souffert » (RENAN), « Le plaisir du beau n'est pas un plaisir à l'état pur et brut : c'est une *délectation* » (R. BAYER), « L'œuvre belle n'existe qu'en raison de ce qui la fait elle-même, de ce qui crée son unicité ; sa beauté la qualifie en tant qu'être individuel » (H. GOUHIER). — 2. *Commenter ces deux jugements sur la grâce :* « La grâce en peinture, en sculpture consiste dans la mollesse des contours, dans une expression douce » (VOLTAIRE), « La grâce n'appartient qu'aux natures délicates » (DIDEROT). — 3. *Avez-vous éprouvé parfois le sentiment du* sublime? *Analysez ce que vous avez alors ressenti.* — 4. *Analysez quelques situations ou quelques mots comiques* (voir des exemples dans BERGSON[ag] et LALO[ah]). — 5. *Quelle différence faites-vous :* a. *entre le* sublime, *le* grandiose *et le* tragique ; b. *le* joli, *le* mignon *et le* coquet ; c. *le* gracieux, *l'*élégant *et le* charmant ; d. *le* comique, *l'*humoristique *et le* spirituel ; *e. le* laid, *le* monstrueux *et le* grotesque? — 6. *Commentez ce jugement d'Alain :* « Il y a une belle vengeance dans le rire contre le respect qui n'était pas dû... Rien ne réconcilie mieux l'esprit et le corps, car dans les mouvements du sublime le corps est toujours timide un peu. » — 7. *Méditez ce jugement d'A. France :* « Le comique est vite douloureux quand il est humain. »

Exposés oraux. — 1. *Art, métier et technique*, d'après LALO[c], chap. I, et BAYER[y], liv. II, 2e section, chap. I. — 2. *En quoi le beau, comme valeur, se distingue-t-il à la fois du vrai et du bien*? (d'après BAYER[y], p. 105-114). — 3. *L'esthétique du rire*, d'après LALO[ah].

Discuter : — 1. *le tableau des « catégories » esthétiques proposé par* LALO[e] (voir ci-dessus p. 219, n. 1) ; — 2. *le rôle attribué à la poésie par* André BRETON *dans cette phrase :* « Le poète à venir surmontera l'idée déprimante du divorce irréparable de l'action et du rêve. »

Lectures. — Les mêmes, et avec les mêmes références, que pour le chapitre précédent. En outre, sur le gracieux : *ai.* R. BAYER, *Esthétique de la grâce*, Alcan, 1933, 2 vol., — et sur le comique : *aj.* BERGSON, *Le Rire, essai sur la signification du comique*, Alcan, 1900. — *ak.* Ch. LALO, *Esthétique du Rire*, Flammarion, 1949. — *al.* Et. SOURIAU, *Le Risible et le Comique* dans le *J. de Psych.*, t. XLI (1948), p. 145. — *am.* D. VICTOROFF, *Le Rire et le risible*, P. U. F., 1953. — *an.* M. DUFRENNE, *Le poétique*, P. U. F., 1963. — *ao.* E. SOURIAU, *Poésie et pensée implicite*, dans la *R. Phi.*, juill.- sept.1964. — *ap.* Anne SOURIAU, *La notion de catégorie esthétique*, dans la *Revue d'Esthétique*, juill.-déc. 1966, p. 225. — *aq.* L. LAVELLE, *Science, esthétique, métaphysique*, A. Michel, 1967, 2e partie.

chapitre XIII

L'ACTION MORALE ET LA CONSCIENCE
MORALITÉ ET INSTITUTIONS

SOMMAIRE

118. Les Mœurs. — La moralité se présente à nous sous un double aspect. Nous avons remarqué que, dans toutes les sociétés, même les plus « primitives », il existe des règles d'action collectives qui empêchent l'homme de se laisser aller à ses instincts et qui gouvernent sa conduite. Ces règles se concrétisent dans des coutumes, des pratiques, des *institutions* même (au sens que les sociologues donnent à ce terme : cf. tome I, § 294), et dont l'ensemble constitue ce que nous appellerons ***les mœurs*** d'une société donnée. En ce sens, on peut dire avec Durkheim que « chaque société a sa morale ». Chaque civilisation — on pourrait presque dire : chaque groupe social — a ses conceptions sur le bien et le mal, sur le juste et l'injuste, sur les fins de la famille, de la profession, de la société civile (tribu, cité ou nation), sur la destinée de l'homme, et les obligations qu'elles nous imposent, conceptions qui, en dépit des variations individuelles, présentent dans une société donnée, à une époque donnée, une certaine homogénéité et dont les institutions, coutumes, règles juridiques, jugements moraux des écrivains, etc., sont l'expression.

Il y a lieu de remarquer que les mœurs ne doivent être confondues ni avec de simples ***habitudes*** individuelles ni avec les ***instincts*** qui règnent dans les « sociétés » ou communautés animales telles que les sociétés d'insectes[1] :

1° les habitudes varient d'*individu à individu* ; elles expriment le comportement personnel d'un homme. Les instincts sont *spécifiques*, communs à toute une espèce (et cette notion d'*espèce* est une notion biologique). Les mœurs, nous l'avons dit, sont propres à un *groupe social* et varient souvent de groupe à groupe ;

2° les uns et les autres présentent une certaine stabilité, mais pas de la même façon. L'habitude est certes un état *durable*, à tel point qu'elle constitue souvent comme « une seconde nature » : nous pouvons cependant nous en libérer ; on peut changer d'habitudes. L'instinct est à peu près fixe : on a souvent fait observer que les abeilles d'aujourd'hui font leur miel exactement de la même façon que celles dont Virgile, au premier siècle avant notre ère, décrit le comportement dans ses *Géorgiques*. Les mœurs ont une *stabilité relative* : un peuple n'en change pas du jour au lendemain (sauf dans le cas d'un grand bouleversement social) ; mais elles évoluent ; elles ont une *histoire*, comme tout ce qui est social : A. Bayet a pu faire une histoire de la morale en France et montrer qu'elle n'était déjà plus à l'époque gallo-romaine ce qu'elle était à l'époque gauloise ;

3° enfin, si les mœurs exercent sur nous une certaine contrainte comme l'habitude et l'instinct, cette contrainte n'est pas du même ordre. Dans les deux derniers cas, il y a contrainte parce qu'il y a automatisme, et c'est pourquoi l'on parle de la *fatalité* de l'instinct et de la *tyrannie* de l'habitude : c'est la nature qui impose l'instinct à l'animal et c'est la routine qui asservit l'homme à l'habitude, mais celui-ci peut en changer sans éprouver de résistance de la part du milieu social. Il n'en va pas de même des mœurs : ces règles d'action sont des règles *sanctionnées* (§ 155) ; il peut y désobéir, mais à ses risques et périls. D'ailleurs, c'est beaucoup moins, dans bien des cas, la crainte de ces sanctions qui l'empêche de les enfreindre, qu'un *sentiment intérieur*, un scrupule qui lui interdit de le faire ; il se sent, non pas contraint, mais ***obligé*** (§ 137) de s'y conformer. — Et ceci nous amène au second aspect, beaucoup plus *intérieur*, plus *profond* et plus *personnel*, de la moralité, mais qui, on vient de le voir, existe déjà à quelque degré dans les mœurs : c'est celui que représente ***la conscience morale***.

1. Par conséquent, lorsqu'on dit « les *mœurs* des abeilles » ou « les *mœurs* des termites », le mot est pris en un sens tout autre que celui dans lequel nous le prenons ici.

119. De la conscience psychologique à la conscience morale. — La conscience psychologique présente une multitude de degrés (t. I, chap. III) D'abord purement spontanée, elle n'est encore, à ce niveau, que l'esprit *vivant* ses propres modifications sans les réfléchir : sensation, sentiment, image, simplement *éprouvés* sans plus. Avec la conscience réfléchie, l'esprit devient *spectateur de soi* : il se dédouble en sujet et objet, le « je » se distingue de ses états vécus. Mais l'esprit peut faire davantage : il peut s'ériger en ***juge de soi*** et de ses actes. Il se produit alors un changement de perspective : il ne s'agit plus seulement de s'observer ou de se connaître, il s'agit de *s'apprécier*, de porter sur soi-même un *jugement de valeur*. Cette nouvelle attitude constitue ***la conscience morale.*** Nous aurons à nous demander au nom de quel principe l'esprit peut ainsi s'ériger en juge. Recherchons pour le moment comment s'opère le changement de perspective. La loi est ici la même que pour la conscience psychologique. On a vu que celle-ci obéit à une « loi de l'obstacle » : la conscience ne s'éveille qu'en présence d'une difficulté, lorsque l'automatisme ne suffit plus. De même, dans la vie morale, il y a un état d' « innocence » antérieur à la distinction du bien et du mal. C'est le ***conflit*** qui fait naître la conscience en l'inquiétant : conflit entre le fait et le droit, entre la faute et la règle, ou conflit entre règles opposées. « Dans une société, écrit E. Dupréel[h], où des règles instinctives ou machinales ont établi, à la longue, l'entière compatibilité mutuelle de ses membres, des conflits ne surgissent que par la violation de ces règles. C'est donc l'infraction, la faute, qui déclenche un processus de réaction au bout duquel la règle est discernée, reconnue et devient elle-même un facteur distinct dans l'activité sociale. Le plus décisif des progrès, l'avènement de la conscience morale proprement dite a pour condition le désordre. » C'est sans doute ce que veut nous signifier la Bible lorsqu'elle dit que l'homme n'a pu goûter aux fruits de l'arbre de la connaissance du bien et du mal que par une transgression de l'interdit.

120. Nature de la conscience morale. — Ces simples remarques nous permettront de passer rapidement sur un problème qui a été très discuté.

A. Certains auteurs ont admis que la conscience morale est une faculté ***innée*** et irréductible. C'est ainsi que Jean-Jacques Rousseau, dans une célèbre apostrophe de *L'Émile*, s'adresse à la conscience comme à un « instinct divin », une « immortelle et céleste voix ». De même, les « sentimentalistes » anglais, Shaftesbury (1671-1713), Hutcheson (1694-1747), affirment l'existence d'un *sens moral* qui nous permettrait de saisir de façon immédiate, surtout affective, les qualités morales. Quant à Adam Smith (1723-1790), il ramène l'approbation morale à la *sympathie* que nous ressentons avec les sentiments d'autrui. — Mais, si l'on a bien compris que la conscience morale se situe à un niveau psychologique élevé, celui de la personnalité, on aperçoit l'insuffisance de cette thèse. La conscience n'est pas pure spontanéité, pure nature : on vient de voir qu'elle suppose l'expérience préalable du conflit. C'est pourquoi nous voyons tous les partisans de l'innéisme introduire dans leur doctrine quelque correctif qui en modifie le sens.

Certes, Rousseau déclare que « les actes de la conscience ne sont pas des jugements, mais des sentiments », et sa tirade de *L'Émile* se termine par une critique lancée à « une raison sans principe ». En ce sens, il semble se rallier à une doctrine de « l'intériorité pure » qui « ne tend à rien de moins qu'à une satisfaction du cœur, aussi détachée de l'action, et spécifiquement de l'action morale, qu'elle est dédaigneuse du raisonnement philosophique » (Brunschvicg*). Mais il y a peut-être là, comme R. Derathé l'a montré, une simplification abusive de la pensée de Rousseau. Celui-ci déclare en effet que « la raison n'a d'autre fin que ce qui est bien ». Sa vraie pensée paraît avoir été que seule l'impulsion vers le bien est innée en nous et que d'ailleurs la raison a besoin de ces sentiments spontanés, issus de la nature, pour la guider, mais que la conscience morale ne se développe qu'avec la raison : « La conscience, écrit-il dans la *Lettre à Chr. de Beaumont*, ne se développe et n'agit qu'avec les lumières de l'homme. Ce n'est que par ses lumières qu'il parvient à connaître l'ordre, et ce n'est que quand il le connaît que sa conscience le porte à l'aimer. » Il avoue d'ailleurs qu'on peut confondre les impulsions des sens avec les inspirations du cœur : « La conscience, écrit-il, est la voix de l'âme ; les passions sont la voix du corps », ce qui implique que « la conscience s'oppose comme *valeur* à la manière dont elle peut se proposer comme fait » (Le Senne†). — De même, nous voyons Shaftesbury admettre la nécessité d'une certaine « réflexion » et Hutcheson celle d'une « expérience » qui nous instruit des résultats de nos actes, tandis qu'Adam Smith précise que la sympathie n'est un critérium sûr qu'à condition que nous nous posions en *spectateurs impartiaux* de notre conduite comme de celle d'autrui. La conscience n'est donc pas tout entière « innée ».

B. Tout aussi insuffisante est la thèse des philosophes qui admettent une ***genèse*** de la conscience morale à partir d'un état d'*indifférence* ou d'*amoralité* primitif. Selon Stuart Mill, c'est l'expérience qui, enseignant à l'homme qu'il peut avoir besoin de ses semblables, lui permet de passer peu à peu de l'égoïsme originel, d'abord, à un altruisme intéressé, puis, — par le même phénomène de transfert du sentiment qui fait que l'avare, d'abord amoureux de son or pour les satisfactions qu'il peut lui procurer, finit par l'aimer pour lui-même, — à l'altruisme proprement dit et au désintéressement. D'autres voient dans la conscience un produit de la coutume (Hobbes) ou de l'éducation (Helvétius) ou encore un résultat de l'évolution (Spencer). Ces auteurs méconnaissent, en général, que, si la nature n'est pas la moralité, elle contient pourtant des éléments qui, transposés sur un autre plan, pourront contribuer à la constitution de la conscience morale. Tels sont ces sentiments de sympathie, de bienveillance, de pitié, sur lesquels les sentimentalistes anglais ont mis l'accent et qui font que la nature, sans être essentiellement bonne comme l'a soutenu Rousseau, n'est pas non plus totalement ni même proprement égoïste comme l'a prétendu J. Stuart Mill. Au reste, ainsi que l'ont observé les sociologues, l'homme, du fait même qu'il a toujours vécu en société, possède un certain sens de la solidarité et de la discipline nécessaire à la vie du groupe et qui lui permet de dépasser les instincts élémentaires.

L'analyse des éléments de la conscience morale va mettre en lumière son double caractère : de *dépasser* la pure spontanéité de la nature et d'être cependant déjà *appelée par la nature.*

121. Éléments actifs de la conscience morale. — L'étude psychologique des tendances montre que l'activité humaine, loin d'être tout entière tournée vers le *moi*, comporte une multitude de formes où elle tend vers un *objet* qui la dépasse[1]. L'étude de l'acte volontaire montre de même comment cette activité tend, par son propre mouvement, à s'organiser, d'abord en admettant la médiation d'un élément représentatif, et c'est le *désir*, ensuite et surtout en se coordonnant à l'ensemble de la personnalité, et c'est la *volonté* proprement dite. Celle-ci est d'ailleurs commandée par des concepts qui, comme ceux du Devoir, de l'Honneur, etc., sont souvent des idées morales. — Toutefois ce serait une erreur de croire qu'il y ait *continuité* entre la tendance naturelle et la ***volonté morale*** : celle-ci se détache de la tendance, non pas toujours pour s'y opposer, mais pour la régler et l'ordonner à une fin supérieure. Ce serait une autre erreur de croire que la volonté soit essentiellement morale *par elle-même.* La coordination supérieure qu'elle exige, n'est pas nécessairement mise au service du bien : un égoïste froid et lucide peut être parfaitement maître de soi, et sa volonté peut être appliquée à refréner les sentiments généreux aussi bien qu'à résister aux séductions de la sensualité. Il n'est même que trop vrai qu'il peut y avoir une volonté franchement mauvaise, consciemment tournée vers le mal,

1. C'est ce qu'il y aurait de vrai dans l'opinion de M. Pradines, selon laquelle toutes nos tendances seraient spontanément *altruistes.* Mais l'*objet* vers lequel s'oriente une tendance, n'est pas nécessairement un *autrui*, et une tendance relative à autrui peut être hostile tout autant que bienveillante.

et qui est bien pourtant une volonté en ce sens qu'elle n'agit pas par impulsion, mais de propos délibéré et en coordonnant ses moyens d'action. La volonté n'est proprement *morale* que lorsqu'elle est orientée vers certaines ***valeurs.***

122. Éléments affectifs de la conscience : les sentiments moraux. — On a vu ci-dessus qu'il existe dans l'âme humaine des sentiments qui sont des germes de moralité. Mais, sous leur forme spontanée, ce ne sont encore, comme les tendances, que des impulsions de la nature. Les sentiments proprement moraux sont d'une tout autre espèce. Tel est ce sentiment que les Grecs appelaient ***aidôs,*** ce qui signifie à la fois *pudeur morale*, *honte*, *respect* et aussi *honneur* : chez Homère, c'est l'*aidôs* qui ramène le guerrier fuyard au combat ; chez Hésiode et Théognis, c'est l'*aidôs* qui s'oppose à la violence et à l'injustice. Kant considère le ***respect*** comme l'unique sentiment moral : « Deux choses, écrit-il, emplissent mon âme d'un respect presque religieux : le ciel étoilé au-dessus de nos têtes et la loi morale au fond de nos cœurs » ; du devoir comme loi de la raison, le respect s'étend aux *personnes* en tant que capables de se déterminer d'après cette loi, mais il ne s'adresse ni aux choses ni aux êtres vivants dénués de raison. Solov ev place la pudeur, en tant que désaveu de l'acte dont on a honte, parmi « les données primordiales de la moralité ». Mais tous ces sentiments, loin d'être purement spontanés, impliquent une retenue, un souci d'un certain ordre de choses qui dominent, soit l'injuste force, soit les réactions de l'instinct, soit même les impulsions du sentiment, et l'on verra que cet ordre ne peut être que celui des ***valeurs.*** Il en est de même des sentiments du *remords* et du *repentir*. Ils sont tous deux bien différents du *regret*, qui n'est que la douleur causée par un *échec*, par une occasion manquée, cette occasion pouvant d'ailleurs être une occasion de mal faire. Le ***remords*** est déjà tout autre chose : il implique la notion d'une *faute* et non plus seulement d'un échec. « Dans le remords, la faute passée me dévore comme un renard que le jeune spartiate cachait sous sa tunique. Elle n'est pas moi, mais c'est moi qui l'ai introduite dans ma vie, et maintenant malgré la haine qu'elle m'inspire je ne puis m'en débarrasser : elle est mienne et se nourrit de moi » (R. Troisfontaines). Dans le ***repentir,*** il y a encore quelque chose de plus : la conscience réussit à se détacher de la faute commise. « De même qu'en gravissant une montagne nous voyons le sommet se rapprocher et la vallée sombrer au-dessous de nous et que nous vivons ainsi deux images déterminées par l'acte de gravir, notre personne, par l'acte de repentir, s'élève et aperçoit à la fois l'ancienne structure de son moi au niveau inférieur »

(Scheler). Cette différence de niveau est le signe très net de l'intervention d'une **valeur.** A ces sentiments s'opposent ceux de la *satisfaction de conscience*, de la ***joie morale,*** de l'*enthousiasme moral*, mais ils présentent les mêmes caractères. De même que le remords n'est pas le regret, la satisfaction de conscience n'est pas le simple sentiment d'une réussite, mais celui d'une réussite d'un certain genre, dans un certain ordre qui nous élève au-dessus de nous-mêmes. Durkheim a fortement marqué ce caractère du sentiment moral en montrant que, si la fin morale présente toujours un certain caractère de *désirabilité*, « la désirabilité particulière à la vie morale ne ressemble pas à la désirabilité des objets auxquels s'attachent nos désirs ordinaires... Même quand nous accomplissons l'acte moral avec une ardeur enthousiaste, nous sentons que nous sortons de nous-mêmes, que nous nous dominons, que nous nous élevons au-dessus de notre être naturel, ce qui ne va pas sans une certaine tension, une certaine contrainte sur soi ». — Il en est de même encore du sentiment de l'***amour*** en tant que sentiment moral. Malebranche avait déjà distingué un « amour d'instinct » qui nous porte vers ce qui, croyons-nous, peut nous causer du plaisir, et un « amour de choix » qui est un amour éclairé, qui naît « d'une lumière pure, et non d'un sentiment confus tel qu'est le plaisir » : c'est de cet amour de choix, qui est aussi un amour « d'estime » (§ 131) qu'on aime le vrai bien. Max Scheler interprète tout autrement ce sentiment (ci-dessus, § 85), mais il le distingue nettement, lui aussi, de la simple sympathie. C'est, dit-il, « un mouvement dans lequel tout objet individuel et concret où s'incarnent des valeurs, est élevé aux plus hauts degrés des valeurs qui lui sont accessibles ». Ainsi, l'amour que nous pouvons avoir pour un malfaiteur ne sera jamais sympathie avec ses mauvais sentiments, mais contact avec ce qu'il peut présenter de qualités positives, élevées à leur forme la plus haute. — On peut ranger enfin parmi les sentiments moraux le sentiment de l'***honneur*** et le sentiment de la ***dignité personnelle,*** le premier n'étant qu'une forme plus socialement déterminée du second. On a dit que l'honneur est « la réfraction du devoir à travers les milieux sociaux » : il repose en effet sur certaines valeurs reconnues par un groupe, généralement corporatif, encore que celles-ci puissent être déformées par l'optique particulière propre à ce groupe. Le sentiment de la dignité personnelle est plus individualisé, mais il ne se confond pas avec le sentiment de l'individualité : la preuve en est que, par dignité personnelle, l'individu peut renoncer à la satisfaction de ses désirs ou rompre avec une passion dont il a le sentiment qu'elle le dégrade. — On le voit donc : les sentiments moraux sont autre chose que de pures impulsions du cœur ; ils impliquent tous un dépassement de la spontanéité naturelle que seule la notion de ***valeur*** (§ 128) sera capable de nous expliquer.

123. Éléments intellectuels de la conscience. — Il serait tout à fait arbitraire de réduire la conscience morale à ses éléments affectifs ; on a vu (§ 120) que Rousseau à qui l'on a souvent prêté cette thèse, admet au contraire que la conscience ne se développe qu'avec la raison. Et en effet, du fait même qu'elle prend naissance à la suite d'un *conflit* (§ 119), la conscience enveloppe nécessairement des éléments intellectuels : elle se manifeste par la ***réflexion*** morale, et cette réflexion aboutit à des ***jugements*** qui ont un caractère spécial : ce sont des *jugements de valeur* (§ 119), c'est-à-dire des jugements estimatifs, appréciatifs. Elle s'exprime aussi dans des idées, des ***concepts,*** tels que ceux du Bien moral, du Devoir, du Droit, de la Justice, etc., que l'on peut regarder comme les « catégories » de l'action morale, et qui sont ce qui *valorise* la volonté. Le philosophe RENOUVIER[a] a bien mis en lumière, au début de sa *Science de la Morale*, un caractère de ces concepts : « La Morale, écrit-il, et les Mathématiques ont cela de commun que, pour exister à titre de sciences, elles doivent se fonder sur de purs concepts. L'expérience et l'histoire sont plus loin de représenter les lois de la Morale que la nature ne l'est de réaliser exactement les idées mathématiques. » Sans accepter intégralement le parallélisme, un peu artificiel, qu'établit Renouvier entre la Morale et les Mathématiques, nous devons reconnaître que les concepts moraux ont bien, *même dans leur représentation courante*, le caractère ***idéal*** qu'il leur attribue. Le Droit peut être foulé aux pieds : il ne perd pas pour cela son caractère sacré. Le Devoir peut être enfreint : il n'en reste pas moins la norme suprême de l'action humaine. Tout comme les notions mathématiques (t. I, § 249 *B*) gardent leur valeur même si rien d'identique ne leur correspond parfaitement dans la réalité empirique. Rappelons enfin qu'ainsi que l'a montré A. LALANDE, la ***Raison*** est essentiellement *normative*, constitutive de valeurs et *hiérarchisante* et qu'ainsi elle a un rôle éminent à jouer dans notre vie morale (§ 132). On s'explique dès lors que KANT ait identifié la conscience avec la « raison pratique », c'est-à-dire la raison appliquée à la conduite de la vie.

124. Valeur de la conscience morale. — Quelle valeur convient-il d'attribuer aux indications de la conscience ? Si l'on en croyait les théoriciens de l'innéité, on pourrait s'y fier d'une façon absolue. Rousseau lui-même, après avoir qualifié la conscience d'« instinct divin », l'invoque comme le « juge ***infaillible*** du bien et du mal ».

Malheureusement, bien des faits nous empêchent d'adopter cette solution.

1° Parfois la conscience elle-même hésite et se trouble : ce sont les *cas de conscience* (§ 136)

2° D'autre part, la conscience morale *varie*. PASCAL, après Montaigne, s'est plu à mettre en relief ces variations, non seulement du droit, mais aussi de la « loi naturelle » : « On ne voit rien de juste ou d'injuste qui ne change de qualité en changeant de climat... Vérité en deçà des Pyrénées, erreur au delà... Le larcin, l'inceste, le meurtre des enfants et des pères, tout a eu sa place entre les actions vertueuses. » Il serait facile de mettre des exemples précis sous chacune de ces allégations.

3° Disons plus : la conscience morale peut commettre des *erreurs* caractérisées, et c'est fermer les yeux sur un des drames de la condition humaine que de méconnaître qu'on peut parfois faire le mal avec une bonne conscience, en toute sincérité, en croyant bien faire.

Il serait certes facile d'exploiter ces faits dans le sens d'un ***scepticisme*** total à l'égard de la conscience humaine, et ils l'ont été en effet (Montaigne, Pascal, Voltaire) : « Rien, suivant la seule raison, dit Pascal, n'est juste de soi. » Ce serait pourtant là un contresens. 1° On verra plus loin comment s'expliquent et peuvent se résoudre les *cas de conscience* (§ 136). — 2° Les *variations* de la conscience morale ne s'effectuent pas au hasard. La science sociologique des mœurs (§ 127) a établi que les idées morales d'une époque sont toujours plus ou moins en rapport avec la structure sociale. D'ailleurs, si la conscience morale n'est pas un instinct inné, mais une formation supérieure comme la raison, la personnalité, etc., il est parfaitement normal qu'elle évolue comme celles-ci et qu'elle participe à leur caractère de perpétuel inachèvement. — 3° Enfin, s'il est vrai que la conscience peut *errer*, elle n'en est pas moins le guide immédiat auquel nous devons nécessairement nous référer sans cesse dans la conduite de notre vie. C'est pourquoi les théologiens professent qu'il faut toujours agir selon sa conscience, « même erronée » : en effet, dit l'un d'eux, « il n'est pas permis d'avoir la volonté de mal faire ; or celui qui agirait contre sa conscience, même erronée, aurait par là même la volonté de mal faire » (J.-B. BOUVIER, 1824). Bien entendu, il faut se hâter d'ajouter que *nous sommes responsables de notre conscience elle-même*, puisqu'elle est notre œuvre, et des erreurs qu'elle peut commettre. Nous l'avons dit ci-dessus : il n'y a aucune raison pour mettre la réflexion morale en dehors de la conscience. En même temps que nous avons le devoir d'obéir à notre conscience, nous avons donc aussi celui de réfléchir, celui de nous informer, de consulter des personnes susceptibles de nous éclairer, bref, d'*éduquer* notre conscience.

125. Le problème de l'intention. — Ceci nous amène à examiner le délicat problème de la valeur de l'intention. Il convient d'abord de remarquer que la prise en considération de l'intention dans l'appréciation morale de l'acte caractérise une conception de la moralité quelque peu évoluée. Dans les conceptions primitives, seules semblent compter la matérialité de l'acte et sa conformité ou sa non-conformité à la règle sociale. Aujourd'hui, au contraire, le Code lui-même distingue par exemple entre l'homicide par imprudence, le meurtre ou homicide avec « intention de donner la mort » et l'assassinat ou meurtre avec préméditation. Il semble donc que l'évolution de la moralité se soit faite dans le sens d'une ***spiritualisation,*** d'une ***intériorisation.*** — Mais en résulte-t-il qu'on doive juger de la valeur de l'acte *uniquement* d'après ce critère intérieur et que l'intention seule compte ? Ce serait accepter la fameuse maxime : *la fin justifie les moyens.* Or cette maxime est inacceptable. D'abord, il va de soi qu'il doit y avoir *homogénéité entre la fin poursuivie et les moyens employés* : or cette condition n'est pas réalisée quand on prétend, par exemple, faire le bonheur de l'humanité par la violence, ou encore dans le « mensonge pieux ». Elle ne l'est pas non plus quand le moyen est bon et la fin condamnable : par exemple, quand on dit la vérité à quelqu'un en vue de lui nuire. D'autre part, il ne faut pas oublier que la morale est, avant tout, la règle de l'action humaine ; or, l'homme étant un être *social,* cette action se déroule nécessairement dans des cadres sociaux et en rapport avec l'action d'autrui. Par suite, elle ne saurait obéir à la seule considération de la fin subjectivement visée, et l'intention droite ne saurait avoir pour objet une seule valeur, purement intérieure, mais à la fois tout ce ***système de valeurs*** — dont beaucoup sont sociales — qu'on appelle le *Bien moral* (§ 138 *fin*). Lorsqu'un acte *heurte une de ces valeurs fondamentales,* il est permis de penser que l'intention elle-même se trouve viciée par quelque côté. Ou bien elle n'est pas suffisamment *éclairée* : c'est que, comme il a été dit ci-dessus, nous avons négligé de réfléchir ou de nous informer. Ou bien elle demeure superficielle et reste à l'état de simple *velléité* : c'est en ce sens qu'on dit que « l'enfer est pavé de bonnes intentions » ; ce sont des intentions qui n'aboutissent pas, qui ne se prolongent pas en actes : or l'intention véritable, comme le dit KANT, n'est pas « un simple vœu, mais l'appel à tous les moyens dont nous pouvons disposer ». Ou bien enfin l'intention manque de vigilance : c'est le cas des fautes « par imprudence » ; un automobiliste roule à une vitesse excessive dans une rue passante ; un campeur négligent laisse un foyer mal éteint dans une forêt : l'un et l'autre risquent des accidents graves pour autrui et leur responsabilité proprement morale se trouve engagée ; car, s'ils n'ont pas eu l'intention de faire le mal, ils n'ont pas suffisamment eu celle de l'éviter. Au fond, dans tous ces cas, l'intention bonne n'est pas **entière** et, par suite, manque d'authenticité. On peut utiliser ici une distinction établie par R. Le Senne qui remarque que l'*intention* n'est que l'adaptation à une situation particulière et déterminée d'une orientation générale de la conduite, d'une *visée.* L'intention ne vaut que dans la mesure où elle est en parfaite harmonie avec cette *visée.*

C'est pourquoi on ne peut accepter la doctrine de la « direction d'intention », critiquée à juste titre dans la *VII*[e] *Provinciale* : si l'on en croit Pascal, un acte serait licite, selon certains casuistes, dès que son auteur dirige son intention vers les conséquences heureuses ou permises, en l'écartant des conséquences mauvaises ; ainsi, un fils pourrait désirer la mort de son père pourvu qu'il dirige son intention vers l'entrée en possession de l'héritage paternel, non vers la mort elle-même. Il est trop évident qu'une telle attitude implique une *duplicité* de conscience ; car elle consiste à disjoindre fictivement deux séries de conséquences que l'on sait fort bien être inséparables dans la réalité.

126. Les facteurs objectifs de la moralité. — Cette discussion nous laisse entrevoir que la conscience, en tant qu'intériorité pure, n'est pas le tout de la moralité. Il y a même, ainsi que l'observe G. Belot[d], quelque pharisaïsme à juger de la valeur de nos actes uniquement de ce point de vue : « Pour savoir si la moralité est satisfaite, nous sommes habitués à *regarder en dedans*, et ce que nous cherchons dans la moralité, c'est une sorte de perfection interne, moins que cela, une sorte de satisfaction de nous-mêmes, alors qu'une telle satisfaction ne peut attester que l'étroitesse du champ de notre conscience, la brièveté de nos vues, l'absence d'objectivisme de notre volonté et de notre pensée morale » (cf. *Exercice* 3). Pascal lui-même écrivait : « Pour reconnaître si c'est Dieu qui nous fait agir, il vaut bien mieux s'examiner par nos comportements au dehors que par nos motifs au dedans. » En tant qu'elle englobe la réflexion morale, la conscience doit nécessairement prendre en considération certains critères objectifs, en particulier les répercussions sociales de nos actes. D'autre part, on a vu que la moralité n'a pas seulement une existence dans la conscience individuelle : elle a aussi une existence *sociale* dans les *mœurs* (§ 118). C'est cet aspect social de la moralité qu'a privilégié la Morale sociologique ou, plus exactement, *sociologiste.* de Durkheim. Il nous faut maintenant exposer et examiner cette conception.

127. La morale sociologiste.[1] — L'école sociologique (Durkheim[c], Lévy-Bruhl[b]) s'est efforcée de constituer une Morale qui ne serait qu'une application de la ***Science des mœurs,*** c'est-à-dire de cette partie de la *Sociologie* qui étudie objectivement les faits moraux. — *a*) On a vu (tome I, § 299 *A*) que, selon l'idéalisme sociologique que professait Durkheim, la société est surtout une *réalité spirituelle* : « Par cela seul qu'elle prend conscience de soi, elle enlève l'individu à lui-même et elle l'entraîne dans un cercle de vie supérieure. Elle ne peut pas se constituer sans créer de l'idéal. » En ce sens, il existe bien une réalité morale en dehors des consciences individuelles, et aussi en dehors des consciences des philosophes qui cherchent à l'exprimer.

Cette *réalité morale* se traduit d'abord dans les institutions, dans les lois : il est certain, par exemple, que la structure juridique de la famille, dans une société donnée, nous instruit de la conception qu'on se fait, dans cette société, du lien familial, des devoirs et droits réciproques des époux, des parents, des enfants, etc. Mais ce n'est pas tout : « Les proverbes, les maximes, les usages non codifiés sont autant de sources d'informations. Les œuvres littéraires, les conceptions des philosophes, des moralistes nous renseignent sur les aspirations qui sont seulement en train de se chercher et nous permettent de descendre plus bas dans l'analyse de la conscience commune jusque dans ces fonds où s'élaborent les courants obscurs et encore imparfaitement conscients d'eux-mêmes ». Ainsi, « l'idéal peut s'incorporer au réel... Ce n'est pas un simple futur vers lequel on aspire. Il est à sa façon ; il a sa réalité ». Par suite, « la science en peut être faite, ... la pensée distincte a prise sur lui comme sur le reste de l'univers ». — L'objet de la « science des mœurs » sera précisément de rechercher : « 1° comment ces règles morales se sont constituées historiquement, c'est-à-dire quelles sont les causes qui les ont suscitées et les fins utiles qu'elles remplissent ; 2° la manière dont elles fonctionnent dans la société, c'est-à-dire dont elles sont appliquées par les individus » (Durkheim).

b) Comme toute science, la « science des mœurs » pourra donner lieu à des ***applications pratiques*** (c'est ce que Lévy-Bruhl[b] a appelé « l'art moral rationnel »). Durkheim[c] prévoit en effet plusieurs cas où la science des mœurs peut nous amener à « rectifier » la morale régnante.

---

1. Nous disons : *sociologiste,* et non : *sociologique* ; car il y a lieu de distinguer le Sociologisme durkheimien qui est une *théorie philosophique,* de la Sociologie proprement dite à laquelle d'ailleurs l'école durkheimienne a apporté des contributions capitales.

1° D'abord, il peut arriver « que, par l'effet d'une tourmente passagère, quelqu'un des principes fondamentaux de la morale s'éclipse pour un moment de la conscience publique ». Celle-ci, par exemple, peut « perdre de vue les droits sacrés de l'individu ». La science des mœurs peut, non seulement en appeler de la conscience **temporairement** troublée à la permanence du principe, mais montrer comment celui-ci est en rapport avec des conditions essentielles et toujours actuelles de notre organisation sociale. — 2° Il peut se faire, en second lieu, qu'à côté de la morale constituée des tendances nouvelles se fassent jour. La science des mœurs nous permettra de discerner si ces idées nouvelles sont en rapport avec des changements réels survenus dans les conditions de l'existence collective, de telle sorte que les idées qui s'y opposent, n'étant plus que des **survivances**, sont devenues surannées. Ainsi, elle peut « nous aider à déterminer l'idéal vers lequel nous tendons confusément », donc « à trouver le sens dans lequel nous devons orienter notre conduite ». — 3° De façon plus générale enfin, elle nous permettra de distinguer le **normal** du **pathologique** : « Il y a un état de santé morale que la science seule peut déterminer avec compétence et, comme il n'est nulle part intégralement réalisé, c'est déjà un idéal que de chercher à s'en rapprocher. » Un fait social (institution, coutume, règle collective, etc.) est normal *pour un type social déterminé* et *à une phase déterminée de son développement* quand il est *général* dans ce type, et cela parce qu'il est en harmonie *avec les conditions générales de la vie collective* dans ces conditions. C'est ainsi que Durkheim signalait l'état des fonctions économiques qui, à l'époque où il écrivait, échappaient à toute directive centralisatrice, comme « un phénomène morbide » dans nos sociétés où toutes les autres fonctions sociales sont plus ou moins contrôlées par l'État.

Ce sociologisme moral a eu le mérite de mettre en lumière le caractère **idéal** de la réalité morale, de sorte que celle-ci se trouve ainsi située, comme il se doit, sur un tout autre plan que celui de la vie biologique ou même de la psychologie individuelle. Toutefois : 1° en faisant de cet idéal moral un *donné* social, une sorte de *fait* qui émane de la vie en société, ne retombe-t-il pas dans l'erreur, fort grave, qui confond *ce qui est* avec *ce qui doit être*, le *fait* avec la *valeur?* — 2° sans doute, cela s'explique ici par une *valorisation* de la société, considérée non plus comme un simple organisme, mais comme une réalité spirituelle, *source de toutes les valeurs* ; mais on verra que c'est justement ce point de vue qui est inacceptable, parce qu'il aboutit presque à *diviniser* la société (§ 137 *B* 2°) ; — 3° il n'est même pas évident que la moralité soit *purement ni essentiellement sociale* ; l'aspect *intérieur* et *individuel* de la moralité ne doit pas être négligé ; on a vu que l'évolution (et sans doute peut-on dire : le progrès) de la moralité a consisté en grande partie dans l'*intériorisation* des valeurs morales (§ 125). Il s'en faut d'ailleurs que Durkheim[c] ait entièrement méconnu l'aspect intérieur — et, par suite, individuel — de la moralité. « Il y a en chacun de nous, écrivait-il, une vie morale intérieure, et il n'est pas de conscience individuelle qui traduise exactement la conscience morale commune. » Il n'a cessé d'affirmer qu'« il n'est pas de loi mieux établie » de l'évolution sociale que l'émergence progressive de la personnalité individuelle, et il a expressément reconnu (voir § 159 *B*) que, dans certains cas, nous pouvons « nous considérer comme fondés à nous rebeller », par nos actes comme par nos idées, contre l'opinion morale courante. N'est-ce pas reconnaître que la *moralité* vraie n'est pas toujours en accord avec les *institutions* existantes, mais qu'elle réside avant tout dans les exigences de la conscience ?

SUJETS DE TRAVAUX

Exercices. — 1. *Distinguer et classer les différents emplois des mots* mœurs *et* morale *dans les textes suivants :* « Il est bon de savoir quelque chose des mœurs des divers peuples afin de juger des nôtres plus sainement » (DESCARTES) ; « La vraie morale se moque de la morale, c'est-à-dire que la morale du jugement se moque de la morale de l'esprit, — qui est sans règles » (PASCAL) ; « Nos fausses pénitences qui ne sont suivies d'aucun changement dans nos mœurs » (BOSSUET) ; « Il ne faut pas être étonné si les législateurs de Lacédémone et de Chine confondent les lois, les mœurs et les manières ; c'est que les mœurs représentent les lois, et les manières représentent les mœurs » (MONTESQUIEU) ; « La morale qui se propose de régler les mœurs est à proprement parler la science de l'homme » (ROLLIN) ; « Nous n'avons pas encore de système tant soit peu complet de morale » (Ch. BONNET) ; « Nous entendons ici par mœurs ce qui est, dans l'ordre des faits coutumiers et instinctifs, le corrélatif de la morale dans l'ordre des idées » (COURNOT) ; « Pour chaque peuple, à un moment donné de son histoire, il existe une morale » (DURKHEIM[e]) ; « La moralité déborde la morale : s'il y a quelque part un saint parfait, il n'y a plus besoin de règles » (LE SENNE[j]) ; « L'homme se fait en choisissant sa morale » (SARTRE). — 2. *Commenter cette réflexion d'un sociologue :* « La morale ne s'épanouit que dans une culture plus ou moins intellectualisée ; le sauvage et l'homme simple ne connaissent que les mœurs telles que les ancêtres les ont transmises » (J. HÆSÆRT). — 3. *Que pensez-vous de cette opinion d'André Gide :* « Supprimer en soi l'idée de *mérite* ; il y a là un grand achoppement pour l'esprit »? — 4. *Analyser les causes psychologiques de cette erreur que signale Bourdaloue :* « Rien n'est plus aisé que de se faire une fausse conscience ou selon ses désirs ou selon ses intérêts... D'où vient cela? De l'ascendant malheureux que notre cœur prend insensiblement sur notre esprit pour nous faire juger des choses, non selon ce qu'elles sont, mais selon ce que nous voulons ou voudrions qu'elles fussent. »

Exposés oraux. — 1. *Le sentiment de l'honneur* (voir VIGNY, *Serv. et grandeur militaires* ; RENOUVIER[a], tome I, chap. XXXVI ; L. JEUDON, *La morale de l'honneur*, Alcan, 1911 ; etc.). — 2. *La doctrine de la « direction d'intention »* (voir PASCAL, *VII*e *Provinciale* ; HAMELIN, *Élém. princ. de la représentation*, 2e éd., p. 455 ; et RAUH, *Expérience morale*, 5e éd., p. 69). — 3. *La « science des mœurs »*, d'après LÉVY-BRUHL[b].

Discuter *ces appréciations* : 1. *de B. Jacob :* « La moralité la plus haute est celle qui, toutes choses égales par ailleurs, a pour point de départ un irrespect universel » (*Bull. Soc. fr. de Philos.*, 1906, p. 157) ; — 2. *de Spinoza :* « Le repentir n'est pas une vertu... Celui qui se repent de son acte, est deux fois malheureux ou impuissant » (*Éthique*, IV, prop. 54) ; — 3. *de G. Gusdorf :* « L'entreprise sociologique n'est qu'un nouveau nom pour la prétention métaphysique de dépossession de l'homme. »

Lectures. — *a.* Renouvier, *Science de la Morale*, Ladrange, 1869 notamment t. II, chap. XXX. — *b.* L. Lévy-Bruhl, *La Morale et la Science des mœurs*, Alcan, 1903. — *c.* *E. Durkheim, *La détermination du fait moral*, dans le *Bull. de la Soc. fr. de Philos.*, séance du 11 fév. 1906, ou dans *Sociologie et Philosophie*, P. U. F., 1924, rééd. 1963, partie II. — *d.* G. Belot, *Études de Morale positive*, Alcan, 1924, tome I. — *e.* L. Brunschvicg, *Le Progrès de la Conscience dans la philosophie occidentale* ; et *f.* **De la Connaissance de soi*, Alcan, 1927 et 1931. — *g.* *D. Parodi, *Les Bases psychologiques de la vie morale*, Alcan, 1928. — *h.* E. Dupréel, *Traité de Morale*, Vrin, 1932, spéc. t. II, chap. V à VIII. — *i.* *G. Davy, *Les Sentiments sociaux et les Sentiments moraux*, dans le *Nouveau Traité de Psychologie* de G. Dumas, Alcan, 1939, tome VI, p. 153. — *j.* R. Le Senne, *Traité de Morale générale*, P. U. F., 1942, 2e partie, § 1 et 2. — *k.* M. Pradines, *Traité de Psychologie générale*, P. U. F., 1946, tome III, p. 242-265. — *l.* G. Madinier, *La Conscience morale*, P. U. F., 1954. — *m.* G. Bastide, *Traité de l'action morale*, P. U. F., 1962, 2 vol. — *n.* Alain, *Esquisses* : t. II, *La conscience morale*, P. U. F., 1964. — *o.* Jacques Henriot, *Existence et obligation*, P. U. F., 1967.

chapitre XIV

LES VALEURS ET L'EXPÉRIENCE MORALE

SOMMAIRE

128. La notion de Valeur. — L'analyse de la conscience morale nous a permis de prendre conscience d'un caractère fort important des réalités morales : c'est qu'elles ne se situent pas sur le plan empirique ou naturel, mais qu'elles constituent un autre ordre. Cet ordre, c'est celui des ***valeurs.***

A. Le premier caractère des valeurs est précisément, en effet, leur ***transcendance*** par rapport à l'ordre des simples faits. « Une réalité, écrivait G. Belot dans le *Vocabulaire philosophique* de Lalande, est transcendante par rapport à une autre quand elle réunit les deux caractères : 1° de lui être supérieure ; 2° de ne pouvoir être atteinte à partir de la première par un mouvement continu. » Or nous avons constaté notamment : 1° que tous les éléments de la conscience impliquent un *dépassement* : soit des tendances naturelles, soit de la sensibilité spontanée, soit des simples jugements de réalité ; — 2° que, si l'ordre de la nature prépare ou annonce l'ordre des valeurs morales, il y a cependant *discontinuité* de l'un à l'autre, de même que, si une méthode *positive* comme celle de la « science des mœurs » peut apporter une contribution utile à la Morale, la méthode *réflexive* qui lui convient est d'un tout autre ordre. Les valeurs transcendent donc l'ordre des faits comme l'*idéal* transcende le *réel*, comme *ce qui doit être* transcende *ce qui est*. Parler, comme certains auteurs contemporains, de la pure « facticité » des valeurs (c'est-à-dire de leur existence à titre de simples faits), c'est proprement les nier.

B. Il s'en faut en effet que les valeurs s'imposent à la conscience de l'extérieur, comme une réalité foncièrement étrangère ou une chose matérielle. Les valeurs, nous l'avons déjà remarqué, sont essentiellement choses *d'esprit*. C'est pourquoi, en même temps que transcendantes, les valeurs peuvent être dites ***immanentes***, en ce sens du moins qu'elles répondent à certaines exigences de la conscience, à certaines *aspirations* de notre esprit et qu'ainsi elles peuvent être objet d'amour, d'enthousiasme et de dévouement. — Certains sont même allés, sous l'influence de la philosophie allemande, jusqu'à réduire les valeurs à de simples objets de *désir* ou jusqu'à poser la *sensibilité* comme fondement de leur appréciation. « La valeur d'une chose, écrit Ehrenfels (1859-1932) est sa désirabilité... C'est le rapport qui existe entre un objet et un sujet et qui nous fait comprendre que le sujet désire effectivement l'objet. » — D'autres, comme Max Scheler, au lieu de réduire les valeurs à de simples rapports, en font des *essences idéales*, des qualités irréductibles (§ 131), qui ne peuvent être saisies que par une intuition de l'ordre du sentiment, une intuition « émotionnelle » : tels seraient le sacré, le juste, le beau, le noble, l'agréable, etc. — D'autres enfin, s'inspirant d'un point de vue *existentialiste*, reprochent à Scheler d'avoir admis que les valeurs « sont originairement distinctes de l'organisme » (Gusdorf[h]). Selon eux, les valeurs ont au contraire « leur fondement dans la sphère des instincts » : il y a des « valeurs biologiques », comme par exemple de conserver son être, de manger, de s'abriter, de se reproduire. Aussi les valeurs s'expriment-elles d'abord dans la vie personnelle « sous la forme de désirs, de pulsions injustifiables ». Tout au plus y a-t-il « une seconde naissance des valeurs » lorsqu'elles passent « de l'ordre biologique à l'ordre sensori-moteur », mais uniquement « pour acquérir par là leur indispensable expression » par le langage. La valeur devient ainsi un simple *fait* de l'existence humaine : elle n'est plus « ce qui est digne d'être recherché », elle est « ce qui est recherché, en fait, par l'individu d'une manière originaire, ce qui se trouve en nous à l'état d'intention ». Elle est le « principe d'orientation immanent de *toute* activité ». Elle se trouve « partout présente dans la condition humaine » en tant que « structure de réalité immanente à notre action », et les valeurs morales sont « des promotions de l'existence humaine dans son intégralité » (GUSDORF[g]).

Mais, quelle que soit la forme qu'on lui donne, cette thèse de la *pure immanence* de la valeur est gravement exagérée. Elle méconnaît, dans le premier cas (Ehrenfels), que la *désirabilité* des fins morales présente des caractères tout à fait spéciaux (§ 122) ; dans le second (Scheler), que l'*affectivité*, étant sans règle, ne peut être le fondement de l'appréciation des valeurs (§ 131) ; dans le troisième (Gusdorf), que, la valeur étant *ce qui doit être* par différence avec *ce qui est*, c'est, en vérité, la *nier* que de la ramener à « ce qui est recherché en fait » et que ce n'est que par une véritable adultération de cette notion qu'on peut parler de « valeurs biologiques ». Comme l'a remarqué É. BRÉHIER[i], dans le cas des valeurs authentiques (le Beau comme le Bien), le désir ne part pas du sujet qui apprécie, encore moins de l'être organique, mais *de la valeur elle-même* qui nous adresse un appel, exerce sur nous une attraction, nous invite à nous hausser jusqu'à elle, sur un plan supérieur. Du côté du sujet, au contraire, on ne rencontre parfois qu'absence de désir et de sentiment : « Combien de fois arrive-t-il que nous ne sentions pas comme belle une chose que nous savons et jugeons belle ! Combien de fois la consigne du devoir et le mécanisme de l'action remplacent-ils le désir du bien moral et de la vertu ! » Pour la même raison, il est impossible de considérer l'*agréable*, ainsi que le fait SCHELER, comme une *valeur*, même inférieure. L'agréable, remarque avec raison G. GUSDORF[h], ne coïncide même pas « avec l'utilité organique ». A plus forte raison n'est-ce pas une valeur. C'est la loi de toute tendance et, par conséquent, du désir, même coupable, ou de la passion, même pervertie, d'engendrer, lorsqu'ils se satisfont, un état agréable, un plaisir ou une joie. — L'aspect d'*immanence* de la valeur doit donc toujours être conjugué avec sa *transcendance*. Il y a là une « réciprocité de perspectives » que l'analyse de la joie morale (§ 122) nous avait déjà laissé entrevoir et que nous retrouverons dans les deux idées, complémentaires et non opposées, du Devoir et du Bien.

C. Troisième caractère : les valeurs sont ***hiérarchiques*** : elles s'étagent les unes par rapport aux autres en un système ordonné et cohérent, en une « table des valeurs ». Un des progrès de la conscience morale a consisté précisément dans la reconnaissance de cette hiérarchie, tandis que les codes moraux archaïques (*Livre des Morts* des Égyptiens, par exemple) nous montrent des valeurs d'importance très inégale placées sur le même plan. Les valeurs ont aussi un caractère de ***polarité***. Leur hiérarchie est doublement orientée, en un sens positif et en un sens négatif. A chaque valeur s'oppose une contre-valeur : de même qu'au *vrai* s'oppose le *faux* et au *beau* le *laid*, au *bien* s'oppose le *mal*. Entre ces deux pôles, les valeurs s'étagent en gradation ascendante ou descendante ; un acte moral peut être plus ou moins méritoire, une faute plus ou moins grave.

D. Enfin les jugements de valeur ont un caractère ***synnomique*** (du grec *syn*, ensemble, et *nomos*, règle), c'est-à-dire qu'ils sont « conçus par ceux qui les énoncent comme valables en droit *pour tous les autres esprits* avec lesquels ils peuvent entrer en société » (LALANDE[g]). — Ce caractère est souvent méconnu de nos jours. SCHELER soutient qu'il existe des « essences strictement individuelles » et que telles sont le plus souvent les valeurs morales : « Selon ces valeurs absolument singulières, chaque personne doit, pour être morale, agir d'une façon différente de celle des autres. » Plus récemment, sous l'influence de l'existentialisme sartrien selon lequel « il n'y a pas de morale générale », on a été jusqu'à soutenir que chacun se crée ses propres valeurs de façon arbitraire et valable pour lui seul. C'est ainsi que Raymond POLIN[m] conclut sa *Création des valeurs* en disant : « Il appartient à chaque homme de choisir l'orientation et la portée de sa propre transcendance et de décider, dans une incertitude essentielle, au delà de toute détermination, de ses valeurs et de ses actions. Or la structure de l'acte de transcendance est essentiellement subjective. » De même, G. GUSDORF (voir § 130) affirme « le pouvoir discrétionnaire de la personne sur sa propre destinée ». — Reconnaissons que les valeurs, étant d'ordre spirituel, *doivent toujours être assumées librement par l'individu*. En ce sens, il existe une *précarité* essentielle des valeurs (DUPRÉEL) ; car, objet d'un libre choix, elles sont toujours menacées par des choix qui peuvent leur être contraires. Mais cette précarité n'enlève rien à leur *consistance* qui en fait des objets d'adhésion commune. A. LALANDE[g] remarque avec raison que même l'individualiste qui ne reconnaît comme valeur que « l'unique », cherche à faire accepter son opinion : « Plaider contre le conformisme, c'est vouloir convaincre les hommes de s'y soustraire et, par conséquent, tendre à les réunir sur de nouvelles normes. » Ainsi NIETZSCHE qui veut détruire les « anciennes tables » de valeurs, y oppose dans son *Zarathoustra* des « tables nouvelles ». Si l'on disait, comme certains : « Chacun sa vérité », il n'y aurait plus de vérité. De même, si je dis : « Chacun sa morale », il n'y a plus de morale. Quand je dis qu'une chose est *bonne*, j'entends bien en effet qu'elle l'est, non seulement pour moi, mais pour quiconque, se trouvant *dans des conditions analogues*, juge sainement. Toute valeur authentique est d'abord valeur de communauté et il est de l'essence des valeurs de tendre, au moins à la limite, à l'*universalité*. J.-P. SARTRE[l] lui-même, tout en soutenant que le *choix*, sans être « gratuit » au sens gidien (puisque l'homme est toujours « engagé » dans une situation) est cependant une *création* entièrement « libre », est amené à reconnaître qu'« il n'est pas un de nos actes qui, en créant l'homme que nous voulons être, ne crée en même temps une image de l'homme tel que nous estimons qu'il doit être » et ainsi qu'il y a bien « une universalité de l'homme », mais une universalité « perpétuellement construite ».

129. L' « expérience morale ». — En étudiant les grandes conceptions de la vie morale (chap. XVII), nous verrons que les *systèmes* moraux mutilent, en général, la réalité morale dont ils n'expriment le plus souvent qu'un aspect : ils ont donc quelque chose d'unilatéral. D'autre part, ces systèmes apparaissent comme des constructions *conceptuelles*, un peu artificielles, en marge de la moralité vécue, de l'expérience même des valeurs. On comprend dès lors que, par opposition à ce qu'il pouvait y avoir d'étroit et d'arbitraire dans les « théories », d'autres penseurs aient fait appel à l'***expérience effective de la vie morale concrète.*** Mais ces tentatives de retour à l'expérience immédiate ne pouvaient elles-mêmes faire autrement, à moins de cesser d'être philosophiques, que de s'exprimer, se définir, se systématiser et, en définitive, de se constituer, elles aussi, en théories, parfois tout aussi arbitraires et unilatérales que celles auxquelles elles s'opposent. Aussi est-il nécessaire d'analyser avec soin les caractères qu'elles attribuent à l'expérience des valeurs et les facteurs qu'elles y discernent. Nous ne suivrons pas ici l'ordre chronologique. Nous commencerons par les théories qui nous paraissent les plus éloignées de l'expérience morale authentique, pour terminer par celles qui s'en rapprochent le plus.

130. « L'existence morale » et l'homme total. — *A*. Peut-on d'abord identifier l'expérience morale avec l'existence humaine prise dans sa totalité ? C'est ce qu'a soutenu G. GUSDORF[h] dans sa théorie de ***l'existence morale.*** L'homme moderne, dit cet auteur, vit dans un état de crise perpétuelle ; il est tiraillé en des sens divers, dépossédé de lui-même et a ainsi perdu « le sens de son unité ». La Morale doit s'efforcer de le lui rendre en procédant à « un regroupement totalitaire de l'homme en situation dans l'espace et dans le temps ». Or les Morales intellectualistes, se présentant comme des Morales de l'universalité et de l'éternité, n'ont fait que « dépersonnaliser » l'homme et l'exiler de sa situation concrète. Les Morales métaphysiques placent le Bien « dans un arrière-monde » et, chez Kant (cf. ci-dessous § 160), « l'impératif catégorique ne peut sauver son universalité que par son absence à ce monde difficile et urgent où tous les hommes doivent prendre parti dans l'immédiat au mieux des circonstances et d'eux-mêmes ». La Morale sociologiste elle-même, tout en se prétendant indépendante des systèmes, n'était « qu'un nouveau nom pour la prétention métaphysique de dépossession de l'homme ». A ces « Morales abstraites », il convient de substituer une ***Morale concrète*** qui tienne compte du « caractère historique, dramatique de l'expérience vécue », qui soit « une morale du temps présent » et qui pose en principe « le pouvoir discrétionnaire de la personne sur sa propre destinée ». Le moraliste se bornera à « aider les hommes à prendre conscience des conditions concrètes de leur existence » de façon à permettre à chacun de « devenir ce qu'il est ». Il définira « certaines constantes de l'expérience et certains styles de vie ». Mais il « n'imposera pas une solution » ; il « emploiera l'indicatif plutôt que l'optatif » (il n'est plus question, bien sûr, de l'impératif !) et, respectant le caractère fondamental d'« intériorité » de l'existence morale, il laissera le sujet libre de faire son choix à l'aide des « matériaux » qu'il lui aura ainsi fournis, ce choix restant « l'apanage et le devoir de l'homme concret » (GUSDORF[h]).

B. Cette conception de « l'existence morale » repose **sur tout un système de postulats qui nous paraissent fort discutables :**

1° un *anti-intellectualisme* qui transfère à « nos capacités d'amour, d'intuition, de sympathie » les fonctions de connaissance qui appartiennent en propre à l'intelligence et qui refuse à celle-ci la « compréhension », non seulement d'autrui (voir tome I, § 292), mais même de l'univers ; d'où une *méconnaissance du rôle de l'intelligence dans la vie morale* et de l'attitude *réflexive* (t. I, § 19) de la pensée morale : s'il est un faux intellectualisme qui prétend déduire la moralité ou la construire *a priori*, le rôle de l'intelligence est bien, en revanche, de *penser* la moralité, de la *systématiser* et de la *fonder* ;

2° une psychologie qui, sous le prétexte d'une conception unitaire de l'être humain, méconnaît la *complexité* de sa nature et les contradictions internes qu'elle recèle et qui ne voit, par suite, dans la *personne*, qu'une efflorescence des instincts, et non un dépassement, une conquête sur les instincts ; d'où l'insuffisance de la formule nietzschéenne : « devenir ce que l'on est » dont nous avons déjà dénoncé l'équivoque ;

3° une conception purement *intérieure* de la moralité dont nous avons aussi signalé les dangers (§ 126) ;

4° plus généralement, un *subjectivisme* qui dénie aux valeurs toute objectivité autre qu'une objectivité *par en bas*, si l'on peut ainsi parler, puisqu'elle situe « le foyer commun » de ces valeurs « au niveau de la réalité biologique, principe de nos instincts et de notre affectivité » (GUSDORF[h]), la « conscience discursive » étant responsable de la diversification et de l'intellectualisation de ces « intentions primitives » ; or nous avons vu que, si toute valeur doit certes être *assumée* par un choix personnel, les valeurs n'en sont pas moins « synnomiques » (§ 128 *D*), à tel point qu'on peut dire avec A. LALANDE[g] : « Une valeur devient d'autant moins valeur qu'elle est plus parfaitement individuelle » ;

5° enfin et surtout, une conception des *valeurs* sur laquelle nous avons déjà formulé nos réserves (§ 128 *B*) et qui, de fait, enlève au *choix* personnel tout critère et tout fondement. Si les valeurs ne sont qu'une « promotion de l'existence humaine », si par suite « les conditions de la vie morale se confondent avec les conditions mêmes de la vie psychologique », comme ces conditions sont multiples et comme la pure existence est divisée contre elle-même, au nom de quoi la conscience personnelle pourra-t-elle *choisir* entre les différentes orientations possibles de cette existence ? Pourquoi, par exemple, si les valeurs ont « leur fondement dans la sphère des instincts », nous dire que « la valeur morale s'affirme dans le dépassement de l'égoïsme biologique, dans le renoncement et le sacrifice » ? Il ne suffit pas d'ajouter que l'existence humaine doit être prise « dans son intégralité » et que la moralité implique « la recherche de l'unité personnelle » (on ne voit d'ailleurs pas pourquoi : du point de vue de *l'existence* pure, une vie éruptive et incohérente vaut bien une vie unifiée) : une telle intégration suppose un principe de *hiérarchisation* ; or nous avons déjà remarqué (§ 121) qu'il n'y a pas de commune mesure entre la tendance et la volonté proprement morale et que l'unité du *moi* peut parfaitement se réaliser sur un tout autre plan que celui de la moralité, par exemple sur celui de l'égoïsme conscient, voire de la volonté délibérée du mal. Comme l'écrivait autrefois D. ROUSTAN[e], « vaut-il la peine de réclamer pour notre volonté le pouvoir de faire triompher ses préférences si la valeur se confond avec l'existence même ? » Il n'y a plus alors qu'à se fier à la pure spontanéité instinctive[1], et c'est, à notre avis, par une pure inconséquence que l'on en vient à reconnaître que la moralité implique le « désir d'un ordre, d'une cohérence, d'une intelligibilité intrinsèque du comportement humain » et qu'en dépit du caractère spécifiquement personnel de l'existence, « il ne saurait y avoir en définitive qu'une seule vérité morale » qui assure, « par delà les limitations de l'expérience, l'unité des intentions humaines ». N'est-ce pas admettre un principe de rationalité supérieur à l'existence elle-même et en revenir à l'universalisme d'abstraction (une « nature humaine ») qu'on avait d'abord banni ?

131. L'expérience morale d'après Max Scheler : rôle du sentiment — *A*. Le philosophe allemand Max SCHELER (1873-1928) avait proposé une théorie qui donne aux valeurs plus de consistance, mais qui en fait des objets d'expérience purement affective (§ 128 *B*). D'après la Phénoménologie de Husserl, nous pouvons avoir l'expérience immédiate, l'*intuition* de certaines ***essences*** idéales et extra-temporelles. Selon la théorie de SCHELER, les ***valeurs*** en général, et les valeurs morales notamment, sont de ces essences. Ce sont des qualités irréductibles qui sont l'objet d'expérience affective, « émotive ». Elles sont *irrationnelles*, *alogiques*, en ce sens qu'elles sont sans caractère significatif : ainsi un nouveau-né peut parfaitement éprouver, ressentir la bonté de sa mère sans être capable d'en pénétrer la signification. Ces *a priori* affectifs se disposent par degrés en un ordre hiérarchique, à la fois selon leurs « supports », des *choses* aux *personnes* et, selon leurs qualités, des « valeurs sensibles » telles que l'*agréable*, à la valeur supérieur du *sacré* ou du *divin*, en passant par les « valeurs vitales » et les « valeurs spirituelles ». Il y a autant d'espèces de valeurs morales qu'il y a de rangs dans cette hiérarchie : il y a ainsi des morales de l'*agréable*, du *vital*, du *spirituel*, du *divin*.

---

1. Beaucoup plus cohérente, du point de vue « existentiel », nous paraît être la tentative esquissée dès 1894 par Jean WEBER[a] en fonction de la conception bergsonienne de la liberté. Cette conception nous montre en effet que chacun de nos actes est « nouveauté absolue » et que notre liberté est totale : « La spontanéité est libre, plus libre même que nous ne le voudrions, libre malgré nous ; mais elle est folle, comme le génie. » Dès lors, « nous n'avons pas de donnée plus haute que la réalité : *il n'y a pas de raison d'être supérieure à l'existence* ». Et ainsi, « la réalité ne connaît d'autre valeur que celle du fait », et, par suite, « le succès, pourvu qu'il soit implacable et farouche, pourvu que le vaincu soit bien vaincu, détruit, aboli sans espoir, le succès justifie tout ». En un mot, « chacun est à soi-même la loi la plus haute, ...le fait est tout ». L'auteur concluait à « un amoralisme supérieur » et dénonçait la morale comme « le plus insolent empiètement de l'intelligence sur la spontanéité ». — S'il était conséquent avec lui-même, l'existentialisme aboutirait en effet à un pur immoralisme. De fait, SARTRE nous dit que, puisque « choisir d'être ceci ou cela, c'est affirmer en même temps la valeur de ce que nous choisissons », « nous ne pouvons jamais choisir le mal : ce que nous choisissons, c'est toujours le bien ». N'est-ce pas effacer toute distinction entre le bien et le mal ?

L'expérience morale s'étage en une pluralité de couches superposées dans les actes de ***sentiment pur*** qui saisissent les valeurs à l'état isolé, les actes de ***préférence*** qui saisissent leur hiérarchie, les actes de ***sentiment éprouvé en commun*** ou de ***sympathie*** qui saisissent le moi affectif d'autrui, et enfin les intuitions de l'***amour*** qui actualisent les valeurs les plus élevées (§ 122). L'amour est, selon Scheler, le véritable fondement de l'expérience morale : « L'acte de l'amour ne suit pas le sentiment pur des valeurs et l'acte de préférence : il les précède comme un pionnier et un guide. » L'amour nous permet, en outre, de saisir la personnalité totale des autres individus et aussi les personnalités collectives des groupes. Car l'expérience morale présente, chez Scheler, cette particularité qu'elle peut être, non seulement individuelle, mais aussi ***collective*** : ce peut être, par exemple, celle par laquelle se crée, dans la « sympathie », la *communauté* morale de tout un peuple.

B. Nous pourrions reprendre ici toutes les objections que nous avons déjà élevées (§ 120 *A*) contre les thèses qui font de la conscience morale une *intuition* pure. Mais la thèse se trouve ici aggravée du fait que l'intuition morale est présentée comme purement ***affective***. De là, l'erreur déjà signalée (§ 128 *B*) qui consiste à ériger l'*agréable* en valeur. De là aussi, la tentative faite pour constituer une table unique des valeurs *sans réserver une place spéciale aux valeurs morales* et la méconnaissance de ce qui fait la spécificité propre de la moralité. De là encore les erreurs que dénonce G. Gurvitch[f] : « Pour sauver la vie d'un enfant, je me vois dans la nécessité de détruire un tableau précieux. Selon l'analyse de Scheler, il y a là un acte amoral, puisque les valeurs du spirituel sont plus hautes que celles du vital ! » C'est qu'en effet le sentiment est absolument incapable de servir de critère et de règle : « La sensibilité, dit Bréhier, n'est pas une norme, mais elle a une norme » ; et cette norme, elle la reçoit des éléments rationnels, par lesquels d'ailleurs elle cherche toujours à se « justifier ». Nous reviendrons à propos de la morale bergsonienne (§ 162 *C*) sur cette indétermination de l'élément affectif. Or, chez Scheler comme chez Bergson, l'intuition affective ne se détermine qu'après coup intellectuellement, de sorte que l'élément intellectuel apparaît comme parasitaire.

Scheler lui-même reconnaît que le sentiment pur, le sentiment éprouvé en commun par exemple, est aveugle pour les valeurs. Seul *l'amour* tendrait vers des valeurs positives. Mais d'où tiendrait-il ce privilège si ce n'est précisément des éléments intellectuels qui le déterminent ? Chez un Malebranche au contraire, comme l'a bien observé L. Lavelle[o] dans son *Traité des valeurs*, la préoccupation de la valeur ne se dissociait pas de la préoccupation de la vérité. « Celui qui voit les rapports de perfection, écrit MALEBRANCHE, voit les vérités qui doivent régler son estime et par conséquent cette espèce d'amour que l'estime détermine. » C'est dire, ajoute Lavelle, « que la valeur se définit *non point par ce qui est aimé, mais par ce qui est digne de l'être*, quel que soit le rôle que le sentiment soit appelé à jouer pour le reconnaître ».

SCHELER prétend aussi que l'amour rend clairvoyant. Nous avons déjà critiqué cette idée. Mais elle est peut-être plus dangereuse encore au point de vue moral qu'au point de vue intellectuel. L'amour humain, en effet, est préférentiel : isolé du souci de la vérité, il nous rend injustes, ou trop indulgents, ou trop sévères ; il nous éloigne de cette attitude du *spectateur impartial* (§ 120) que les sentimentalistes eux-mêmes ont reconnue nécessaire à la saine appréciation morale. C'est pourquoi le sentiment, sous toutes ses formes, peut faire commettre bien des erreurs : il peut inspirer de très belles actions et de magnifiques dévouements, mais il peut aussi être la source de maints entraînements irréfléchis. Et ceci est encore plus vrai dans le cas, prévu par Scheler, où il se présente sous forme d'**expérience collective** : « Quand je demande à l'histoire, écrivait DAUNOU, quels ont été les effets de cet enthousiasme qui précède les méthodes exactes, et qui les exclut, elle l'accuse de la plupart des erreurs et des malheurs du monde. C'est par lui que les prestiges passent pour des réalités, les déviations pour des découvertes et les pas rétrogrades pour des marches triomphales. » — Concluons donc que le sentiment ne peut servir de critère à l'expérience morale. Il peut et doit être *inspirateur* : c'est un mobile, une force d'impulsion nécessaire. Mais il ne saurait être *régulateur* : « Quoiqu'on puisse se laisser animer par le sentiment, disait MALEBRANCHE, il ne faut jamais s'y laisser conduire. »

132. L'expérience morale d'après Frédéric Rauh : rôle de la raison. — *A*. Le philosophe français Frédéric RAUH[b] (fig. 29) [voir aussi Roustan[e]] avait donné, avant Scheler, une interprétation de l'expérience morale qui, bien qu'encore un peu vague, était sur certains points plus satisfaisante. Une première différence est que, tandis que, pour Scheler comme d'ailleurs pour Bergson, l'expérience morale se prolonge directement en expérience religieuse, RAUH[b] affirme « l'indépendance de la morale ». Mais, si sa conception de l'expérience morale s'oppose à toute transcendance *religieuse*, elle s'oppose aussi, et non moins nettement, à toute Morale purement *théorique*, à toute déduction *abstraite* : « Si l'on entend par *théorie*, écrit-il, une doctrine telle qu'on puisse déduire logiquement ou plutôt idéologiquement telle croyance morale ou encore la position d'un dogme moral immuable, la cience doit avant tout s'en affranchir », ce qui n'empêche d'ailleurs que les théories puissent être utiles « comme moyen de suggestion et surtout d'épreuve ». Mais « un principe n'est valable pour une conscience morale que du jour où il se dégage pour elle de l'action ou au contact de ceux qui agissent ». C'est cette ***action*** qui constitue l'expérience morale : « Une doctrine morale ne vaut que si elle a été vérifiée dans et par l'action, au contact du milieu qu'elle concerne. » En ce sens, une croyance morale « ne se prouve pas, elle s'éprouve ». Ainsi, ce qu'il convient d'opposer aux concepts métaphysiques ou aux théories abstraites, « ce n'est pas l'intuition pure, c'est l'idée expérimentale ». Sans doute, RAUH parle-t-il souvent d'un « sentiment *immédiat* de l'idéal ». Mais il précise aussi que l'expérience morale est une véritable ***expérimentation,*** analogue à l'expérience scientifique : « De même que la science expérimentale ne s'apprend qu'au laboratoire, l'analyse de la croyance morale, du mode d'action de l'honnête homme nous révélera les règles pratiques de l'action morale. » Il ne s'agit donc pas de consulter simplement la conscience : « Comme il y a une vérité scientifique objective, il y a une vérité morale objective. Cette vérité est celle que, dans des conditions déterminées d'expérience, tout homme raisonnable reconnaîtrait comme accessible sinon à tous, au moins à celui qui vit dans ces conditions » ; et ainsi, « le critère définitif en matière d'idéal, c'est la conscience intérieure ***rationnelle*** ».

Fig. 29. — FRÉDÉRIC RAUH. 1861-1909.

Voici ce qu'écrivait, deux jours après la mort du maître, un des élèves de Rauh : « Les élèves de M. Rauh ne reverront plus le visage crispé et la voix émouvante de celui qui s'est épuisé à leur communiquer son ardeur... Ah ! qu'il était vivant, courageux et sincère ! Il ne suffit pas de dire qu'il vivait sa pensée. Il la nourrissait vraiment de sa substance. Il faisait passer en elle tout ce qu'il y avait en lui de chaleur et de passion. Il l'arrachait du plus profond de lui-même. Que c'était beau de le voir qui cherchait, tâtonnait, peinait, jusqu'à ce qu'il eût rencontré le réel..., c'est trop peu dire : jusqu'à ce qu'il se fût violemment cogné au réel. Il se donnait ainsi et s'épuisait chaque jour » (Henri FRANCK).

Le désintéressement, l'impartialité ne sont rien d'autre, au fond, que la rationalité : « Ce qui caractérise l'honnête homme, c'est de se placer, pour savoir ce qu'en somme il veut faire, dans une attitude impartiale, impersonnelle. Il juge en sa propre cause comme en celle d'autrui. Cela s'appelle *être raisonnable* », et RAUH va même jusqu'à écrire : « Le sentiment de la rationalité est le même quand j'affirme un devoir d'humanité et quand j'affirme la loi d'attraction. Ce devoir s'impose comme une vérité aussi bien que les lois mêmes de la nature. » Enfin RAUH, comme Scheler, admet que l'expérience morale peut être ***collective*** aussi bien qu'individuelle : « On peut caractériser la conscience d'une société comme celle d'un individu. » Il importe surtout que l'individu conserve le contact avec les grands idéaux collectifs de son époque : « Le véritable honnête homme a présents à l'esprit, non seulement tout le contenu de sa propre conscience, mais toute la conscience contemporaine, tous les types moraux actuellement vivants. » La morale est donc essentiellement ***actuelle*** : « *Celui-là seul est homme qui vit la vie de son temps... La matière de la réflexion morale, c'est le journal, la rue, la vie, la bataille au jour le jour.* » Toutefois, il ne s'agit nullement ici, comme pour Scheler, d'une expérience immédiate, ni principalement émotive. Les méthodes *objectives* préconisées par les sociologues ont ici leur place : « Une bonne statistique de la population, des maladies produites par l'alcoolisme instruit davantage que des analyses littéraires de l'âme française. » Ce sont ces méthodes qui permettront d'atteindre la moralité, non dans les doctrines, mais dans l'expérience collective vécue : « En ce sens, les sociologues ont raison de chercher à connaître la conscience morale spontanée d'une société, non par les systèmes philosophiques ou sociaux qui peuvent la méconnaître, mais par les institutions, les coutumes, l'expression inconsciente d'un idéal. »

B. On a sans doute remarqué, dans ces conceptions de RAUH, des directions assez divergentes. Nous croyons que RAUH n'a réussi ni à donner à sa pensée une parfaite unité, ni à découvrir un critère de l'expérience morale vraiment décisif (cf. § 133). Ce que nous retiendrons surtout de ses idées, c'est le rôle qu'il attribue à la ***Raison*** dans l'expérience morale. Peut-être même va-t-il trop loin en ce sens : il est excessif d'assimiler la rationalité du Devoir à celle d'une loi naturelle, comme la loi de l'attraction. Cette dernière est rationnelle en ce sens qu'elle est l'interprétation correcte, valable pour la raison, de *faits* expérimentaux ; mais elle s'impose elle-même comme une sorte de grand *fait*. Tout autre est le caractère de l'expérience morale qui — RAUH[5] lui-même l'a dit expressément — « n'est pas une expérience d'un fait, mais de véritables idéaux ». C'est toute la différence, sur laquelle nous avons déjà insisté, entre le *fait* et la *valeur*. Si ***la Raison a un rôle dans la vie morale,*** il est donc autre, bien qu'analogue, que dans la science. *Quel est-il exactement ?*

1° La raison, avons-nous affirmé, est essentiellement la ***faculté de l'ordre.*** Comme telle, elle transcende l'ordre des faits ou de la nature : elle introduit dans le chaos de nos instincts et de nos tendances une *unité*, une *cohérence* qui est la condition de la maîtrise de soi et la base de cette harmonie intérieure qui était l'idéal du « sage » antique. « Vivre d'accord avec soi-même », telle était la maxime des premiers Stoïciens. Il y a là un aspect de la moralité qui lui est tellement essentiel que nous avons vu l'existentialisme moral lui-même (§ 130 *fin*) obligé de faire une place, contrairement à ses prémisses, à ce désir d'ordre, de cohérence, d'intelligibilité. Et, de fait, si nous comparons la « vie droite » de l'honnête homme avec l'inconséquence de celui qui est le jouet de ses caprices et de ses passions, nous voyons se manifester chez le premier un « besoin de rester constamment d'accord avec soi » qui, au fond, est « l'essence même de la Raison » (PARODI). Que cet idéal de cohérence, d'harmonie intérieure n'exprime qu'un aspect, trop exclusivement *statique*, de la vie morale, c'est ce que nous verrons bientôt (§ 163 *fin*). Mais il suffit d'introduire ici la distinction qu'a faite André LALANDE entre la « raison constituée » et la « raison constituante » pour apercevoir qu'il n'y a pas là une objection irréfragable. Cette faculté est, en même temps, ***hiérarchisante*** ; et nous montrerons, à propos des conflits de devoirs, combien ce caractère est important : le rôle de la Raison est ici de mettre chaque chose (et chaque valeur) à sa place. C'est la même fonction enfin qu'accomplit la Raison quand elle constitue ces *concepts idéaux* qui ont amené RENOUVIER (§ 123) à mettre la Morale en parallèle avec une science rationnelle comme les Mathématiques.

2° Un autre caractère de la Raison que RAUH a bien mis en lumière, est de tendre à l'***universalité.*** De là cette tendance à l'*universalisation* des valeurs, cette attitude d'*impartialité*, qui caractérisent les jugements moraux, à tel point que KANT a pu donner (§ 160) cette volonté d'universalisation comme un des critères de la moralité.

3° Enfin la Raison peut être caractérisée comme un ***effort vers la pensée claire*** par opposition à la pensée confuse. La psychologie de la volonté nous a montré que l'acte volontaire se caractérise par la conception claire du but et des moyens requis pour l'atteindre. C'est pourquoi, sans aller jusqu'à dire, avec SOCRATE, que toute faute est une erreur ou une ignorance ou, avec DESCARTES, qu'« il suffit de bien juger pour bien faire », on doit affirmer l'intérêt qu'il y a, même du point de vue moral, à se faire sur les problèmes humains des notions aussi claires et distinctes que possible : « Travaillons à bien penser, écrit PASCAL : voilà le principe de la morale. »

133. Critique de l'expérience immédiate. — Nous pouvons maintenant nous faire une idée plus juste de ce qu'on doit appeler « l'expérience morale ». Le tort de beaucoup de doctrines — c'était déjà celui des doctrines du « sens moral » (§ 120 *A*) et de la « morale ouverte » de Bergson (§ 162 *B*) — a été d'y voir une expérience ***immédiate,*** intuitive. RAUH lui-même oppose l'expérience morale à la réflexion qui, dit-il, « ne crée rien », qui « n'est qu'un instrument de connaissance ». Or nous avons déjà dénoncé l'équivoque de cette notion d'*immédiat* : « Il arrive, écrit G. DAVY, que l'on prenne pour simple et immédiat ce qui est, en réalité, complexe... N'en est-il pas fréquemment, sinon toujours, ainsi des sentiments moraux? » André DARBON[d] (1874-1943) exprime la même opinion. Des philosophies inspirées de la Phénoménologie allemande nous invitent, dit-il, à « nous replonger dans le vécu », à « ressaisir toutes les valeurs par intuition immédiate ». Théories séduisantes, mais qui renferment une grande part d'illusion ! Partout en effet, dans la Science, dans l'Art, l'expérience est « une expérience mûrie et pensée ». La science dépasse de beaucoup nos simples intuitions sensibles ; l'art musical n'est pas « la première musique que nous entendons chanter en nous ». Ainsi, « *on ne peut ramener l'expérience à l'immédiateté ; on ne le peut dans aucun domaine* » et, au fond, « l'immédiat que nous pouvons atteindre n'est jamais un véritable immédiat ». Pourquoi en serait-il autrement de l'expérience morale? « L'homme d'expérience, dans l'ordre moral, ce n'est pas l'innocent qui obéit sans discernement aux premiers mouvements de la nature, mais celui qui, ayant beaucoup vécu avec les hommes et ayant pensé sa vie, s'est arrêté, après des détours et des repentirs, mais avec une ferme décision, dans la conscience de son véritable bien. L'expérience morale n'est pas un commencement ; elle est plutôt une fin » (DARBON[d]).

D'autre part, les théoriciens de l'existence ou de l'expérience morale ont eu le tort, en général, d'opposer cette expérience immédiate à toute ***justification rationnelle,*** en particulier par des *principes abstraits*. Or, ainsi que le remarquait dès 1919 D. PARODI[c] (et ceci est encore plus vrai aujourd'hui) : « L'abstraction est fort mal vue par nos philosophes les plus illustres[1]... Mais il se pourrait bien que l'abstraction fût une condition inévitable de l'exercice de la pensée dans tous les ordres... Qu'est-ce qu'un débat d'ordre moral,

---

1. [Allusion, alors, à BERGSON.]

sinon l'effort pour définir aussi clairement que possible les diverses raisons qui peuvent recommander telle action ou en détourner, et cela en les considérant d'abord chacune en elle-même et abstraction faite de toutes les autres, quitte à rechercher ensuite comment elles se modifient, se neutralisent ou s'accordent une fois rapprochées à nouveau... Se rire des principes abstraits et des raisons d'ordre général, prétendre saisir d'emblée ce qu'il y a d'unique dans chaque conjoncture, d'inassimilable à la raison dans chaque décision, c'est favoriser toutes les équivoques, tous les sophismes du cœur, de l'égoïsme, de l'amour-propre, de la passion. L'intuition est sans critère pour se justifier, s'imposer à autrui, se défendre contre soi-même ; elle ne se mesure qu'à son intensité seule qui ne lui donne de valeur que pour qui la ressent et au moment où il la ressent » (PARODI[c]).

Sur ce point, il faut reconnaître que F. RAUH[b], en rapprochant l'expérience morale de l'expérimentation scientifique, en lui attribuant un caractère rationnel, en maintenant l'existence d'une « vérité morale objective », a su éviter l'illusion de « l'expérience » purement intuitive. Est-il parvenu cependant à fournir de la vérité de l'expérience morale *un critère suffisamment décisif ?* Sa conception semble encore trop proche d'un empirisme qui frise parfois le pragmatisme, bien qu'il ait fait lui-même des réserves sur cette dernière doctrine, pour qu'on puisse répondre affirmativement. Dire que l'expérience morale est liée à « l'action », qu'on ne peut éprouver les principes moraux « que dans la conduite, qu'en agissant », c'est fort bien. Mais *quel sera le critère de l'action réussie ?* Nous retrouvons ici la même difficulté que nous avons déjà rencontrée à propos de la théorie de « l'existence morale » (§ 130 *B*). Dans le domaine scientifique, l'expérience possède un critère objectif. Faut-il voir dans ce « *sentiment* de rationalité » qu'invoque Rauh, celui de l'expérience morale ? Ce serait un critère encore bien subjectif.

134. L'expérience morale collective. — Aussi bien, l'expérience morale ne saurait-elle, ainsi que l'ont reconnu RAUH et même, en un sens, SCHELER, rester purement individuelle. La confrontation de l'expérience intime de la conscience avec celle de la *conscience d'autrui* et surtout avec les grands *idéaux collectifs* peut déjà nous préserver des illusions d'une expérience trop subjective. Comme l'écrit DARBON, « l'expérience morale est une expérience collective des générations » et, pour se targuer d'expérience morale, il faut avoir « beaucoup vécu avec les hommes ». Mais, ainsi que le précise RAUH, cette expérience doit être une expérience « critique », c'est-à-dire dans laquelle l'esprit, au lieu de se laisser emporter par le torrent des passions collectives

(§ 131 *fin*), demeure capable de « juger ». Peut-être même faut-il aller plus loin : Rauh lui-même, tout en reconnaissant le bien-fondé d'une certaine information sociologique, semble en avoir restreint exagérément la portée. Il est très légitime d'être surtout préoccupé, comme lui, par le *présent*, par l'*actuel*. Mais le présent peut-il se comprendre (et même se vivre) pleinement si on le détache du passé ? N'est-il pas nécessaire de l'intégrer dans ***cette immense expérience collective de l'humanité en quête de ses propres valeurs*** dont la science sociologique des mœurs (§ 127) nous présente le tableau ? Et n'y a-t-il pas là un complément et un élargissement indispensables de cette expérience toujours limitée, toujours fragmentaire, toujours partielle et partiale qui s'effectue dans l'intimité de la conscience individuelle ?

135. La détermination des valeurs. — On aperçoit ainsi la solution d'un problème trop négligé par les théoriciens de l'expérience morale : celui de la *détermination des valeurs*, et l'on voit en même temps comment répondre à l'argument des sceptiques fondé sur les variations de la conscience (§ 124). Nous avons déjà remarqué que ces variations s'effectuent, non au hasard, mais en liaison avec l'évolution de la structure sociale. C'est en effet à l'intérieur de celle-ci (c'est-à-dire en fonction des conditions réelles de l'existence humaine) que s'effectue *la détermination* des exigences de la conscience. Ces dernières se résument, au fond, en une exigence de *spiritualisation*, sur le plan purement humain de la conduite de l'homme. De cette exigence fondamentale, la conscience s'efforce d'incarner ce qu'elle peut dans chaque ***situation*** sociale particulière, tandis que la raison s'applique à *coordonner* le tout, à *hiérarchiser* les valeurs et à *universaliser* celles qui n'avaient d'abord été reconnues qu'avec une extension restreinte. Soit par exemple le principe de la *dignité de la personne humaine*. Il n'est rien d'autre, en dernière analyse, que celui de la valeur de l'esprit. Mais, dans les sociétés fortement stratifiées, comme les sociétés à base de castes, il n'est guère appliqué qu'aux individus des classes supérieures : les autres sont des « parias », sans valeur personnelle et sans droits. Dans l'antiquité classique, il vaut pour les hommes libres, mais ne s'oppose pas à une institution comme l'esclavage qui nous paraît aujourd'hui sa négation même. Son universalisation est fonction de l'effacement des distinctions sociales et du développement de la division du travail. Autre exemple : le *respect de la femme* n'interdit pas, dans certaines sociétés, sa demi-claustration dans le gynécée, ni même chez nous, à une époque récente, son entière subordination à l'homme à qui, dans la famille, elle doit

« obéissance ». Pour nous, il semble requérir l'égalité des droits, non seulement dans la famille, mais même dans la vie publique. On pourrait multiplier les exemples. — *La véritable expérience morale est celle de cet incessant effort pour incarner les valeurs dans l'existence réelle (c'est-à-dire sociale) de l'homme, pour définir aussi clairement que possible leurs exigences dans chaque situation concrète, pour les coordonner enfin en un système hiérarchique et cohérent.*

136. Les conflits de devoirs (cas de conscience). — Les mêmes considérations nous permettent de résoudre, *dans la mesure où il peut l'être par la Morale théorique*, le célèbre problème des « cas de conscience ».

Précisons d'abord qu'il n'y a proprement *cas de conscience* que lorsqu'il y a ***conflit de devoirs.*** Si au contraire c'est un simple intérêt qui se trouve en conflit avec un devoir, la solution peut certes être pénible, elle peut créer des drames intérieurs sur le plan *pratique* ; mais, sur le plan *théorique*, elle ne saurait faire de doute : car un intérêt, comme tel, n'est pas une valeur ; il doit donc obligatoirement céder devant le devoir. — Mais *comment peut-il exister des conflits de devoirs ?* Si les devoirs étaient la valeur à l'état pur, on ne s'expliquerait pas qu'elle fût ainsi divisée contre elle-même. Dans une conception comme celle de KANT où la moralité est identique à la rationalité (§ 160), les conflits de devoirs ne s'expliquent guère. Si au contraire on tient compte de la détermination des valeurs en fonction de leur *incarnation sociale* et de leur *codification par la raison*, de tels conflits sont concevables. C'est d'ailleurs aussi ce qui fournit le principe de leur solution. Nous disons : *le principe* ; car il est bien évident que chaque cas de conscience est, par définition, un cas d'espèce et qu'il appartient à la volonté libre de chacun d'assumer la responsabilité de la décision. La Morale théorique ne peut qu'indiquer ici des *directives générales* en fonction desquelles cette décision sera prise. Ces directives sont de deux espèces :

1° Eu égard à leur détermination sociale, les valeurs morales s'échelonnent en fonction de l'***extension des cercles sociaux*** correspondants. On peut donc poser en principe que, toutes choses égales par ailleurs, les devoirs envers la famille priment les devoirs de conservation individuelle, les devoirs envers la patrie priment les devoirs envers la famille, etc...

2° Eu égard à leur codification rationnelle, les valeurs s'étagent en une ***hiérarchie*** (§ 128 *C*) qui établit entre elles un ordre de prévalence selon qu'elles se rapprochent plus ou moins de la valeur fondamentale : celle de la vie spirituelle. C'est ainsi que le devoir de conservation individuelle passe au second plan quand il s'agit de sauver la dignité de la personne : car, en tant qu'être spirituel, celle-ci représente une valeur d'universalité qui dépasse de beaucoup celle de l'individu. Dans certains cas l'individu peut se trouver délié de ses devoirs envers l'État si celui-ci impose un régime qui viole les droits essentiels de la personne. Inversement, il y a des circonstances où la Patrie incarne des valeurs si hautes que, si ces valeurs sont menacées, elle devient presque un absolu. Dans *La Vallée heureuse* de Jules Roy, on voit un Français, pendant l'occupation allemande, engagé dans la R. A. F. et qui a reçu l'ordre de venir bombarder le territoire de son pays : « Chevrier risquait de tuer sa mère et de raser son village natal si l'ennemi prenait la fantaisie d'y enterrer un poste de commandement ou un parc d'artillerie. » Et pourtant, ajoute l'auteur, « Chevrier ne regrettait pas de venir attaquer son pays ». Il s'agit en effet d'un « combat contre la tyrannie » et il faut « détruire l'ennemi à tout prix ». D'ailleurs, l'aviateur se sent en communion avec les combattants de la Résistance qui, en France, « minent les ponts, incendient les wagons d'essence et impriment des journaux clandestins ». Il est à remarquer en effet qu'en pareil cas l'individu, tout en prenant ses responsabilités, ne juge pas d'un point de vue purement individuel et subjectif, mais au nom de valeurs qu'il sait ressenties également par d'autres, de valeurs de communauté.

SUJETS DE TRAVAUX

Exercices. — 1. *Étudier le tableau des valeurs proposé par* G. Gusdorf[h], p. 98-99. *Le comparer avec les différents types de valeurs distingués par* C. Bouglé[i], chap. I. — 2. *Commenter ce texte de* L. Lavelle[o] : « Le terme même de valeur accuse déjà une subordination du corps à l'esprit qui seul est capable de donner une valeur même au corps, ce qui suffit à montrer que l'expression « valeur de fait » n'a proprement aucun sens, si le fait ne reçoit jamais sa valeur que de l'esprit qui, au moment où il s'en empare, lui donne une consécration qui le transfigure. » — 3. *Faire de même avec cet autre texte de* R.-E. Lacombe : « Les valeurs qui fondent ma vie présente, je les considère non pas [ainsi que le veut J.-P. Sartre] comme posées arbitrairement par un acte de ma liberté, qu'un autre acte de liberté pourrait annuler, mais comme ayant un fondement qui, en un certain sens, s'impose à ma volonté » (*R. Ph.*, 1963, p. 43). — 4. *Déterminer les différents sens du mot* expérience *dans les phrases suivantes :* « La haute vaillance Dont je ne fais ici que trop d'expérience » (Corneille), « Celui qui a eu l'expérience d'un grand amour néglige l'amitié » (La Bruyère), « Par expériences incontestables, j'entends principalement les faits que la foi nous enseigne et ceux dont nous sommes convaincus par le sentiment intérieur que nous avons de ce qui se passe en nous » (Malebranche), « Le mystique fait des expériences : cela signifie qu'il a conscience de passer par certains états d'âme subjectifs » (Boutroux), « Une expérience religieuse ayant ses caractères distincts est une chose qui se constate » (W. James), « *Expérience pure*, tel est le nom que je donnais au flux immédiat de la vie qui nous fournit les matériaux plus tard mis en œuvre par notre réflexion. C'est seulement pour les enfants nouveau-nés ou les adultes dans un état à demi comateux... qu'on peut parler d'expérience pure » (Id.), « Il y aurait une dernière entreprise à tenter : ce serait d'aller chercher l'expérience à sa source ou plutôt au-dessus de ce *tournant* décisif où, s'infléchissant dans le sens de notre utilité, elle devient proprement l'expérience *humaine* » (Bergson), « La notion générale de l'expérience [dans les civilisations d'Occident] est surtout *cognitive*. On ne saurait l'appliquer telle quelle à l'expérience des primitifs qui est surtout *affective* » (Lévy-Bruhl), « Le plus souvent, dans la philosophie contemporaine, ...ce qu'on attend d'elle [l'expérience intérieure], c'est qu'elle produise une sympathie de la conscience avec une réalité profonde dont nous ne percevons, dit-on, que l'écorce » (J. Nabert), « Aux expériences fondamentales de la solitude, de l'échec, de la faute, se rattachent la plupart des sentiments qu'engendre l'expansion du moi » (Id.), « L'expérience est un mode de connaissance où l'objet est donné en original ; en ayant l'expérience d'autrui, nous disons qu'il est lui-même devant nous » (Husserl), « Un esprit entre dans la philosophie quand il s'aperçoit que tout ce qui est à connaître se donne essentiellement à lui dans son expérience, au moment où il est comme à tout moment » (R. Le Senne), « Une expérience peut être saturée de préjugés » (G. Marcel). — 5. *Chercher des exemples de conflits de devoirs (par exemple, si un de vos camarades était justement accusé d'un délit, quelle serait votre attitude en pareil cas?).*

Exposés oraux. — 1. *L'expérience morale et ses conditions collectives* d'après Darbon[d], chap. V et VI. — 2. *Valeur et détermination* d'après Le Senne, *Obstacle et Valeur*, Aubier, 1934, chap. IV, et *Traité*, passim.

Discussion. — 1. *Discuter la conception de la valeur impliquée dans ce texte de* G. Gusdorf[h] *:* « La notion de valeur doit être comprise dans son sens le plus général. La personne sollicite du milieu la satisfaction d'exigences extrêmement diverses, des plus primitives aux plus raffinées. Il faut que soient satisfaits les besoins organiques de nourriture, de boisson. Il faut que soit assuré un confort minimum dans l'existence. Mais à ces réclamations frustes s'en ajoutent de plus élevées. » — 2. *Sentiment et raison dans la vie morale. Que penser de ce jugement de Montesquieu :* « Chose singulière : ce n'est presque jamais la raison qui fait les choses raisonnables et on ne va presque jamais à elles par elle »?

Lectures. — *a.* Jean Weber, *Une étude réaliste de l'acte et ses conséquences morales*, dans la *R. M. M.*, sept. 1894, p. 531. — *b.* *Fr. Rauh, *L'Expérience morale*, Alcan, 1903, rééd. 1951. — *c.* *D. Parodi, *Le Problème moral et la pensée contemporaine*, Alcan, 3e éd., 1930, 1re partie, § 3, et 2e partie, § 3, 5 et app. : *le Rationalisme moral.* — *d.* A. Darbon, *Une Philosophie de l'expérience*, P. U. F., 1946, 2e partie, chap. III. — *e.* *D. Roustan, *La Morale de Rauh*, dans *La Raison et la Vie*, P. U. F., 1946, p. 121. — *f.* G. Gurvitch, *Morale théorique et Science des mœurs*, P. U. F., 2e éd., 1948, chap. II à IV. — *g.* *A. Lalande, *La Raison et les Normes*, Hachette, 1948, chap. IV et VI. — *h.* G. Gusdorf, *Traité de l'existence morale*, A. Colin, 1950. — (Spéc. sur le problème des *valeurs*) *: i.* C. Bouglé, *Leçons de Sociologie sur l'évol. des valeurs*, A. Colin, 1922. — *j.* E. Bréhier, *Doutes sur la philos. des valeurs*, dans la *R. M. M.*, 1939, p. 399. — *k.* D. Parodi, *La conduite humaine et les valeurs idéales*, P. U. F., 1939. — *l.* J.-P. Sartre, *L'existentialisme est un* *humanisme*, Nagel, 1946. — *m.* R. Polin, *La création des valeurs*, P. U. F., 1944. — *n.* R. Daval, *La valeur morale*, P. U. F., 1950. — *o.* — L. Lavelle, *Traité des Valeurs*, P. U. F, 1951, 2 vol. — *p.* *R. Ruyer, *Philosophie de la valeur*, A. Colin, 1952. — *q.* P. Césari, *La valeur*, P. U. F., 1957. — *r.* R. Mehl, *De l'autorité des valeurs*, P. U. F., 1957. — *s.* *Paul Combès, *Valeur et liberté*, P. U. F., 1960.

chapitre XV

LE DEVOIR, LE BIEN ET LE DROIT

SOMMAIRE

137. Le Devoir et l'obligation morale. — Nous avons vu (§ 128 *A*) que la valeur morale implique un certain caractère de *transcendance* par rapport à nos tendances, nos désirs spontanés et, d'une façon générale, aux simples faits. En tant que telle, elle *s'impose* à notre volonté, elle la domine, elle lui sert de norme : c'est l'idée du Devoir.

A. Emm. Kant[1] a défini le Devoir comme un ***impératif catégorique.*** Expliquons d'abord cette formule.

1° Le Devoir est un *impératif*, c'est-à-dire qu'il se présente à la conscience comme un commandement. Il suppose donc une autorité supérieure, une transcendance : c'est celle de la valeur. Mais, en tant que réalité spirituelle, la valeur ne saurait s'imposer à nous comme une chose. C'est pourquoi l'impératif moral n'est pas une *contrainte* à laquelle nous serions forcés de nous soumettre. C'est une *obligation* à laquelle nous devons obéir, mais qui nous laisse *libres*.

2° Kant ajoute que le Devoir est un impératif *catégorique*. Il veut dire par là que le Devoir commande *sans condition* et il l'oppose ainsi aux impératifs *hypothétiques*, toujours subordonnés à une condition empirique. Ainsi, la prudence me dit : *si* tu veux en être bonne santé, sois tempérant ; l'habileté me dit : *si* tu veux être bien considéré, sois bienfaisant. Le devoir m'ordonne, au contraire, sans condition : sois tempérant, sois bienfaisant. « Fais ce que dois, advienne que pourra », telle est sa formule.

B. Comment, maintenant *justifier* ce double caractère du Devoir ? Comment expliquer, en même temps, la transcendance de la valeur qui s'exprime dans cette notion ? Trois interprétations sont ici possibles.

1° La première, la plus ancienne, est l'interprétation ***théologique*** : le Devoir est un *commandement divin*. La transcendance de Dieu explique alors le caractère impératif du Devoir. Mais, pour être recevable philosophiquement, cette interprétation exige d'être précisée. La volonté de Dieu ne saurait être considérée, ainsi que certains théologiens n'ont pas craint de le soutenir (§ 159), comme *arbitraire*. Leibniz qui relève cette opinion chez certains théologiens calvinistes, déclare qu'à son avis elle déshonore Dieu. Quel motif l'homme aurait-il d'ailleurs d'obéir à Dieu ainsi dépouillé de sa perfection essentielle ? Uniquement, semble-t-il, la pensée des châtiments qu'entraînerait la désobéissance. Dès lors, fondé sur la crainte, l'impératif du Devoir cesserait d'être catégorique : il n'aurait plus rien de moral. « Dieu même, disait Bossuet dans sa controverse avec Jurieu, a besoin d'avoir raison » et Malebranche, lui aussi, critiquait ces théologiens qui, séparant artificiellement la volonté de Dieu de son essence, « craignent, disait-il, de rendre Dieu impuissant à force de le faire sage[1] ». L'interprétation théologique ne se soutient donc qu'à

1. « Ils mettent Dieu, ajoutait-il, au-dessus de toute raison : selon eux, il n'en suit aucune, il fait absolument tout ce qu'il lui plaît ; et de cela précisément et uniquement

condition (et c'est d'ailleurs la thèse traditionnelle) d'identifier Dieu avec l'*Être parfait* (c'est-à-dire avec le Bien et la Valeur absolus) auquel sa propre essence interdit de vouloir le mal. « La volonté de Dieu, enseigne saint Thomas, est son essence même » : par suite, Dieu agit toujours selon la loi éternelle, qui n'est autre que la Raison, impliquée dans cette essence. Obéir à cette loi, c'est obéir à la Valeur elle-même. De cette controverse[1], nous retiendrons surtout que la notion du Devoir ne saurait être isolée de celle du Bien.

2° Une seconde interprétation est celle du sociologisme (§ 127). Dans le monde de l'expérience, dit DURKHEIM[m], on ne connaît qu'un sujet qui possède une réalité spirituelle plus complexe que l'individu : c'est *la société.* Ce serait cette transcendance morale de la société source de toutes nos valeurs, riche de toutes nos traditions, qui expliquerait le caractère *impératif* du Devoir : « La société nous commande parce qu'elle est extérieure et supérieure à nous ; la distance morale qui est entre elle et nous fait d'elle une autorité devant laquelle notre volonté s'incline. » Remarquons, en passant, que l'interprétation sociologiste explique en même temps le caractère de *désirabilité* des fins morales : car toutes ces valeurs, toutes ces traditions, qu'incarne la société et qui, en un sens, nous dépassent, ont été cependant incorporées à nous-mêmes par l'éducation, et il n'est pas surprenant que nous les retrouvions en nous. Mais l'interprétation sociologiste explique-t-elle aussi bien le caractère *catégorique* du Devoir ? Le même problème se pose ici que pour l'interprétation précédente. Comme celle-ci, elle suppose en effet un premier devoir, qui est ici d'obéir à la société. Or ce devoir ne peut se justifier qu'à condition de *valoriser* et presque de *diviniser* la société elle-même. C'est précisément ce que fait DURKHEIM[e] en la désignant comme la source de toutes les valeurs. Or il déclare lui-même que la société réelle est « pleine de tares et d'imperfections ». Il ne peut donc s'agir que d'une société *idéale*, qui est elle-même valeur beaucoup plus que réalité de fait.

3° La troisième interprétation est celle de KANT[l] lui-même : c'est

---

que quelque chose lui plaît, il est juste, sage et bon de l'exécuter, — principes certainement qui renversent la religion de fond en comble. »...Et aussi la morale !

1. Elle n'est d'ailleurs pas sans analogie, sur le plan théologique, avec celle qu'a soulevée, sur le plan philosophique, l'*existentialisme* contemporain. Pour celui-ci, l'*existence* prime l'*essence*, et la liberté de l'homme n'est rien d'autre que cette indétermination de son essence : « L'homme, dit J.-P. SARTRE, existe d'abord et se définit après : il est ce qu'il se fait. » Dieu, disaient de même les théologiens volontaristes, existe d'abord, et le Bien n'est rien d'autre que ce qu'il décrète arbitrairement. Dans un cas comme dans l'autre, on enlève à la morale tout fondement.

l'interprétation ***rationaliste.*** Selon KANT, la loi morale, le Devoir est la loi même de la Raison ; or il y a, selon lui, une hétérogénéité radicale entre la Raison et tous les mobiles sensibles et subjectifs auxquels aussi notre volonté est soumise. C'est à cause de ces « entraves subjectives » que la loi de la Raison prend pour la volonté humaine la forme d'un *impératif.* Le caractère *catégorique* de cet impératif s'explique ici aisément : n'étant autre que la loi même de la Raison, le Devoir relève de la seule nécessité rationnelle, sans subordination à un but quelconque ; ce caractère rationnel suffit à la justifier. « La Raison, écrit PASCAL lui-même (qui est pourtant bien loin du rationalisme), nous commande bien plus impérieusement qu'un maître ; car, en désobéissant à l'un, on est malheureux, et, en désobéissant à l'autre, on est un sot. »

La solution kantienne nous paraît la plus satisfaisante, mais à condition d'être harmonisée avec une conception plus juste de la Raison. La Raison n'est pas aussi étrangère que l'a cru Kant à l'expérience et aux éléments empiriques de la nature humaine. Si elle les domine, c'est en tant qu'elle est *l'esprit lui-même* comme faculté d'ordre, comme puissance normative, constitutive de valeurs. Ainsi comprise, cette solution n'exclut d'ailleurs, ni tout point de vue sociologique — car, si elle n'est pas la *source* des valeurs, la société est bien leur agent de *détermination* et de *transmission* (§ 135) — ni non plus tout recours métaphysique : on reviendra sur ce dernier point aux § 231-233.

138. Le Bien moral. — Le Devoir n'exprime qu'un des aspects de la valeur morale. En même temps que transcendante, celle-ci exerce sur nous un ***attrait,*** elle répond à certaines aspirations immanentes à la conscience. Cet autre aspect de la valeur, c'est le ***Bien.*** — Le Bien moral doit d'abord être distingué du *Bien métaphysique* ou Bien *absolu,* du Bien *en soi,* quoique, nous le verrons plus loin (§ 161 *A*), certains philosophes l'aient identifié à celui-ci. C'est ainsi que, pour PLATON, le Bien est l'Idée suprême, celle qui est « au-delà de l'être en dignité et en puissance », mais à laquelle tous les êtres intelligibles doivent leur existence et leur essence et qui est « la cause de tout ce qu'il y a de beau et de bon ». Pour ARISTOTE, le Bien est la *fin* de toute activité dans l'univers. Pour MALEBRANCHE, c'est l'Ordre, l'ensemble des « rapports de perfection », c'est-à-dire la hiérarchie des valeurs. — Mais il faut surtout distinguer le *Bien moral* du *Bien sensible.* Sur le plan empirique, le seul Bien immédiat, c'est le *plaisir* ; le seul Mal immédiat, la *douleur.* Même un moraliste aussi austère que MALEBRANCHE l'affirme contre les Stoïciens qui affectaient d'être impassibles et qui niaient orgueilleusement que la douleur fût un mal : « Il faut dire les choses comme elles sont, écrit-il : le plaisir est toujours un bien » en ce sens que « le plaisir rend heureux celui qui en jouit, du moins dans le temps qu'il en jouit » ; mais « il n'est pas toujours avantageux de jouir du plaisir et il est quelquefois avantageux de souffrir la douleur ». C'est que l'un et l'autre ne sont que la réaction immédiate de la sensibilité à la tendance satisfaite ou contrariée. L'***hédonisme*** pur (du grec *hédoné*, plaisir) qui fait du *plaisir* le souverain bien, ne tient pas compte de ce caractère, propre à l'être humain, d'être capable par la volonté d'*organiser* sa vie et de ne pas demeurer à la merci du premier désir qui passe. — Un progrès s'accomplit avec l'***eudémonisme*** (du grec *eudaimôn*, heureux) qui substitue le *bonheur* au plaisir comme fin de la vie humaine. Cela suppose que l'homme ne vit plus seulement dans l'instant, qu'il est capable de prévoir, de réfléchir et, par suite, de renoncer, le cas échéant, à certains plaisirs. Mais cette organisation réfléchie de la vie peut très bien ne se situer encore que sur le plan de la sensibilité et de l'intérêt. Il existe même des conceptions étroites du bonheur qui ne sont guère inspirées que par la prudence égoïste et la peur de souffrir. — Pour *valoriser* le bonheur, il faut changer de perspective. Les eudémonistes de l'antiquité l'ont généralement fait résider dans la vertu : « Seul, disaient les Stoïciens, le sage est heureux. » Ce changement de perspective nous amène au ***Bien moral.*** Il ne s'agit plus ici d'une simple satisfaction empirique : c'est la valeur elle-même. Observons toutefois que le Bien ne réside pas en une valeur unique. En tant que hiérarchiques (§ 128 *C*), les valeurs forment *un système* : « Dès que nous prétendons juger la valeur d'une action, c'est que nous essayons de la faire entrer dans un système. Est appelé *bon* ce qui s'intègre, *mauvais* ce qui ne peut s'intégrer à l'ensemble déjà constitué ou admis » (Belot). Ce ***système des valeurs morales,*** c'est le Bien.

Des deux notions du Devoir et du Bien, les Moralistes ont privilégié, tantôt l'une, tantôt l'autre, le plus souvent (et l'on verra pourquoi : § 163 *A*) celle du Bien. D'où deux types de conceptions morales : les *Morales de l'Obligation* et les *Morales du Bien*, un troisième type s'efforçant de faire la synthèse (chap. XVII). Mais on verra — et ce qui a été dit dans ce chapitre même suffit à le faire pressentir — que les deux notions sont, en réalité, complémentaires (§ 163).

139. Le Mal moral. — A l'idée du Bien, s'oppose celle du Mal. On peut faire ici les mêmes distinctions qu'à propos du Bien. « On peut, dit Leibniz (*Théodicée*, 1re Partie, § 21, éd. Aubier, p. 121), prendre le mal métaphysiquement, physiquement et moralement. Le mal métaphysique consiste dans la simple imperfection, le mal physique dans la souffrance, et le mal moral dans le péché. » Nous avons surtout à nous occuper ici du mal moral. Quelques considérations sur les autres aspects du mal peuvent cependant nous être utiles.

A. Le mal métaphysique n'est rien d'autre que l'imperfection inévitable des êtres finis. Seul Dieu, en tant qu'Être « parfait », c'est-à-dire qui possède la plénitude de l'être (voir tome I, § 354), est entièrement exempt de ce mal. Mais la « condition humaine » est celle d'un être fini, limité et, en un sens, contingent. De là, beaucoup de nos insuffisances, de nos « manques », de nos impuissances : nous ne pouvons tout connaître ; notre intelligence ne peut tout comprendre ; notre volonté, ambitieuse, mais débile, ne réussit pas à atteindre ses fins, à réaliser tout le bien que notre esprit aperçoit cependant parfois comme désirable. De là aussi cette inquiétude qu'a si bien décrite Malebranche (*Textes*, I, p. 219-220) et qui vient de ce que « le vide des créatures » ne peut remplir « la capacité infinie » d'un cœur qui se sent appelé à une destinée qui le dépasse (voir chap. XXVI). Cette finitude de l'homme, ce « mal métaphysique » est, en grande partie, responsable du mal moral ; car ce sont souvent ces insuffisances de notre intelligence et surtout ces défaillances de notre volonté qui sont à la source de nos fautes, de nos erreurs dans l'action.

B. Il en est de même, en partie aussi, du *mal physique*, c'est-à-dire de la souffrance : seul un Être parfait (au sens métaphysique) peut jouir de la parfaite béatitude. La question peut cependant se poser ici de savoir si la souffrance est véritablement un mal. Certains auteurs n'ont pas craint de faire l'apologie de la douleur (cf. ci-dessus § 32 *C*) et les Stoïciens sont allés jusqu'à nier que la douleur fût un mal. Mais il y a là de graves exagérations qui méconnaissent la véritable condition de l'homme. En un sens, comme le dit Malebranche (*Textes*, I, p. 228), « la douleur est toujours un mal », ce qui ne signifie pas que nous devions toujours la fuir. Au lieu de nier sa réalité, ainsi que l'ont fait les Stoïciens, il est plus raisonnable de reconnaître « que la douleur est un fait véritable, qu'étant donné les lois de l'organisation et de la vie et nos facultés et leurs bornes et leurs aspirations infinies, le plaisir et la douleur suivent fatalement » (*Textes*, I, p. 230-232). C'est pourquoi la souffrance ne saurait jamais être *recherchée* pour elle-même, ce qui serait une attitude pathologique et même peut-être une perversion, mais tout au plus *acceptée* comme une technique de purification (*Ibid.*, p. 232-233).

C. Nous arrivons enfin au *mal moral.* Celui-ci peut être défini comme une dérogation à l'ordre des valeurs ou, comme dit Malebranche (*Textes*, II, p. 162), à la hiérarchie des perfections. Mais cette définition a besoin d'être précisée. Il est nécessaire, en effet, de savoir où réside essentiellement ce mal : est-ce dans la violation même des règles qui expriment cet ordre ou cette hiérarchie, ou bien dans l'intention qui préside à l'Acte ? Autrement dit, le mal moral se définit-il objectivement, ou bien par l'état du sujet ? Certes, le mal se trouve déjà dans l'acte même lorsque celui-ci heurte des valeurs méconnues. Mais, ainsi que l'observe J. Nabert[n] dans son analyse de « l'expérience de la faute » (*Textes*, II, p. 134-135), cette expérience « ne coïnciderait pas, sous tant d'aspects, avec l'histoire de la conscience de soi, si, tout en étant relative à des valeurs morales, elle n'avait pas des racines plus profondes ». Ces racines semblent bien être, par delà l'acte lui-même et ses motifs avoués, dans une causalité secrète que la conscience n'atteint pas d'emblée : « elle voit bien le mal qui est dans son action ; elle ne parvient pas à atteindre le mal qui est dans sa causalité et sans lequel le mal qui est dans son action ne se fût pas produit. » C'est seulement grâce à la réflexion sur la faute que la conscience en viendra à discerner, derrière l'initiative coupable, « la complicité secrète d'un passé plus lointain ». C'est ainsi que la faute devient *péché* : elle le devient « au moment où elle n'est plus éprouvée comme transgression d'une règle, mais comme diminution de l'être même du moi. Ce qui compte, ce n'est plus la gravité de la faute, mais la négation par le moi de la loi spirituelle qui fait le fond de son être ». C'est pourquoi Leibniz a raison de dire que le mal moral est dans le péché. C'est bien là, en effet, qu'est le mal essentiel ; car alors « le non-être de la faute communique avec un non-être essentiel qui passe les actions du moi individuel sans en atténuer la gravité pour la conscience ». Toutefois, « si, par complaisance et défaillance, le moi a activé, en quelque sorte, le non-être auquel il participe, il ne s'est point exclu par là d'une relation à un principe opposé qui n'est pas moins constitutif de son être. Par cette double relation que l'expérience de la faute et la réflexion sur la faute lui permettent de pressentir, la conscience ne peut plus séparer son être propre du mouvement incessant où elle se tend vers l'une ou vers l'autre, sans jamais toucher ou le fond de la misère ou le sommet de la pureté ». La réflexion discerne ainsi dans l'acte « une causalité qui a accepté de se faire complice de ce qui, dans le moi lui-même, ne cesse de faire opposition à une parfaite transparence de la conscience à soi. L'espérance se mêle à une perception plus aiguë par le moi de ce qu'il y a dans son passé qui atteste, en outre de son acte propre, une relation à un fond plus obscur d'où proviennent sans trêve de nouvelles difficultés ou de nouvelles résistances... Son présent s'ouvre maintenant sur des possibilités d'action dont elle n'attend point qu'elles annulent son passé, mais qu'elles se convertissent en liberté » (NABERT[n])[1].

140. La notion de Droit. — Une autre notion, corrélative, dans une certaine mesure, de celle de Devoir, est la notion de Droit. LEIBNIZ a défini le Droit un ***pouvoir moral.*** — *A.* Comme ***pouvoir,*** le Droit s'oppose, en un sens, au Devoir. Celui-ci, en tant qu'obligation, marque en effet des *limites* à notre activité. Le Droit, au contraire, lui *ouvre* les voies, et ce pouvoir présente un aspect positif et un aspect négatif. Sous l'aspect *positif*, il nous permet d'agir, il nous ***autorise*** : c'est ce que nous exprimons par la locution « avoir le droit ***de...*** ». C'est alors une simple faculté qui nous est laissée. Mais parfois ce pouvoir va plus loin : il nous habilite à revendiquer, à exiger, au besoin par la contrainte, ce qui nous est dû. Non certes que, dans une société organisée, chacun soit autorisé à se faire justice soi-même. Mais ce qui est de droit est ***exigible,*** par exemple, par le recours aux tribunaux. C'est ce qu'exprime la locution « avoir droit ***à...*** ». Sous l'aspect *négatif*, le Droit se présente comme une *barrière* qui s'oppose aux empiètements d'autrui : en ce sens, « mon droit » désigne la sphère dans laquelle je puis agir librement sans que mon activité puisse être entravée par les autres.

B. Mais le pouvoir que me confère le Droit n'est pas un pouvoir quelconque : c'est un pouvoir ***moral.*** Nous prendrons ici ce terme dans le sens où il s'oppose à « physique » : ce n'est pas un pouvoir matériel ; je *peux* faire matériellement quantité de choses que je n'ai pas le *droit* de faire. C'est donc un pouvoir ***idéal*** et qui demeure intact même s'il n'est pas reconnu, même s'il est foulé aux pieds. Nous reconnaissons là ce caractère des notions morales qui les faisait comparer par RENOUVIER (§ 123) aux notions mathématiques. On verra que ce caractère est très important.

---

1. Nous laissons de côté ici le « problème du mal », celui qui consiste à concilier l'existence du mal avec la conception théiste d'un Dieu bon et tout-puissant. Mais les indications données ci-dessus permettent d'esquisser une solution : 1° Le « mal métaphysique », c'est-à-dire la finitude de l'homme, explique en partie le mal physique et même le mal moral : être créé, appelé à l'existence par un libre décret de l'Être éternel et infini, l'homme ne saurait prétendre s'égaler à celui-ci ni revendiquer ses privilèges. 2° Le mal moral est la rançon de la liberté humaine. Si l'homme ne pouvait pécher, il ne pourrait non plus mériter. — On pourra consulter là-dessus SERTILLANGES[o] (selon qui la privation, qui fait du mal un mal véritable, ne relève que de l'homme) et les ouvrages d'É. BORNE, Th. RUYSSEN, etc. cités p. 281.

141. Droit moral et droit positif. — La définition que nous venons de formuler, s'applique surtout au ***droit moral,*** celui que nous trouvons dans notre raison et notre conscience. Mais ce « pouvoir moral » qu'est le Droit, doit, comme toutes les autres notions morales (§ 135) s'incarner et se déterminer dans l'existence sociale de l'homme. Il devient alors le Droit au sens *juridique* du terme, le droit dit ***positif*** (c'est-à-dire : établi). Dans les sociétés peu évoluées, le droit positif se présente à peu près exclusivement sous la forme de traditions et de coutumes, souvent à caractère religieux. Mais le *droit coutumier* fait place peu à peu au *droit écrit* : celui-ci n'est d'abord qu'une simple rédaction des coutumes ; puis il devient l'objet d'une création consciente, et enfin d'une systématisation rationnelle, d'une codification. Même sous cette forme, le Droit, en tant que règle sociale, conserve un caractère idéal qui fait que la définition donnée pour le Droit moral vaut aussi pour lui.

142. La théorie du Droit naturel. — Les théoriciens *rationalistes* ont présenté le Droit comme un attribut appartenant essentiellement à la personne humaine de par *sa nature d'être raisonnable.* Celle-ci lui conférerait une *dignité* éminente, incommensurable avec la nature des êtres empiriques : animaux ou choses. Universel et immuable, ce ***droit naturel*** ne serait rien d'autre que la raison commune à tous les hommes en tant qu'elle gouverne leur conduite ; et c'est lui qui aurait engendré les différentes formes du droit positif. — Cette conception, déjà indiquée par Cicéron lorsqu'il définit le droit « la règle suprême inscrite dans la nature », a surtout été développée, à partir du XVIe siècle, par les juristes qui font la théorie du « droit des gens », c'est-à-dire du droit international : GROTIUS (1583-1645) donne du droit naturel cette définition : « Une règle suggérée par la droite raison, selon laquelle nous jugeons qu'une action est morale ou injuste d'après sa conformité à la nature raisonnable. » Au XVIIIe siècle, KANT enseigne que le Droit n'est pas un fait empirique, mais une idée « supérieure et antérieure aux faits », qui a son fondement rationnel *a priori* dans la liberté humaine : le Droit est alors « la somme des conditions sous lesquelles la volonté de chacun peut être liée à la volonté d'autrui selon une loi générale de liberté ». C'est cette même notion du droit naturel universel et « imprescriptible » qui est à la base de la *Déclaration des Droits de l'Homme* de 1789, comme aussi de la *Déclaration universelle des Droits de l'Homme* de 1948. — On verra bientôt qu'il y a beaucoup à retenir de cette conception. Mais elle est trop évidemment liée à la théorie de la Raison une et immuable, qui est celle du Rationalisme classique, pour que nous n'ayons pas quelques réserves à faire, non sur cette conception même, mais sur ses fondements philosophiques. On verra d'ailleurs qu'*historiquement* il s'en faut que le droit ait toujours été conçu ainsi.

143. Le Droit et la force. — Par souci de réalisme, certains auteurs ont pris une position directement opposée à la précédente et ont voulu ramener le droit à la ***force.*** C'était déjà, si l'on en croit Platon dans le *Gorgias*, la thèse de certains sophistes grecs, comme Calliclès. Dans les temps modernes, certaines considérations de Nietzsche (1844-1900), exaltant la « volonté de puissance » aux dépens des faibles, sont bien proches de ce point de vue. Sur le plan empirique, certains *évolutionnistes* ont prétendu fonder un « droit du plus fort » sur une conception pseudo-scientifique de la « lutte pour la vie ». Sur le plan métaphysique, les doctrines *panthéistes* ont toujours eu tendance à identifier le Droit et la force ou, du moins, à considérer celle-ci comme la manifestation empirique de celui-là. C'est ainsi que Spinoza, divinisant la Substance universelle, identifie le Droit avec les lois naturelles et en vient à dire que « chaque individu possède autant de droit qu'il a de puissance ». De même, le philosophe allemand Hegel, regardant toute l'histoire comme le développement logique (dialectique) de l'Idée absolue, en conclut que « tout ce qui est réel est rationnel » et que, par suite, si, à un moment donné, un peuple devenu le plus fort domine le monde, c'est qu'il incarne en lui l'Idée et donc possède tous les droits. Son disciple Max Stirner (1806-1856) applique la même thèse à l'individu : « Celui qui a la force, a le droit... Le tigre qui m'attaque a raison ; et moi qui l'abats, j'ai aussi raison. »

Discussion. Cette théorie est inacceptable. 1° Remarquons d'abord que, sous prétexte de réalisme, elle trahit, en vérité, la nature et l'histoire même du Droit. *Même dans les sociétés inférieures, il s'en faut que la force soit l'unique loi.* Bien au contraire, il règne dans ces sociétés certaines croyances, certaines traditions, certains interdits surtout, grâce auxquels un ordre proprement *social* et *humain* vient se superposer à l'ordre des simples rapports de force. On rapporte qu'en Nouvelle-Zélande, lorsqu'un indigène Maori voulait s'absenter, il lui suffisait d'attacher la porte de sa demeure avec un ligament de lin : elle était désormais *tabou* et personne n'eût osé y porter la main. Est-ce là le signe de la force ? Certes, il s'est produit, au cours de l'histoire, bien des violences, bien des usurpations, et il faut avouer que ces actes de force ont parfois fini par se faire reconnaître comme « le droit ». Ainsi que l'écrit Pascal, « ne pouvant faire que ce qui est juste fût fort, on a fait que ce qui est fort fût juste ». Mais il est très remarquable que ces transformations ne se sont jamais opérées sans une ***valorisation*** de la force. Aucun pouvoir n'a jamais dit : « Obéissez-moi, simplement parce que je suis le plus fort. » On invoque toujours des justifications ou tout au moins des prétextes, qui, légitimes ou non, sincères ou hypocrites, sont malgré tout comme un hommage que la force matérielle rend au droit. L'expression qu'emploie Stirner est ici bien caractéristique : pourquoi dire que le tigre qui m'attaque « a raison », du moins tant qu'il est le plus fort ? Si la force se suffit à elle-même, il lui est superflu de paraître ainsi invoquer quelque chose qui la dépasse. — 2° D'autre part, le Droit, c'est ce qui, dans la société, marque la limite du licite et du défendu ; c'est donc un *ordre*, sinon immuable, du moins relativement stable. Or rien n'est plus changeant que la force : le plus faible aujourd'hui sera le plus fort demain. Réduire le droit à la force aboutit donc à une doctrine d'*anarchie* : « Sitôt que c'est la force qui fait le droit, dit ROUSSEAU[a], l'effet change avec la cause : toute force qui surmonte la première succède à son droit. Sitôt qu'on peut désobéir impunément, on le peut légitimement. » — 3° Enfin il est bien clair que cette théorie aboutit à la *négation* pure et simple du Droit. On a vu (§ 140) que l'essence même de celui-ci est d'être un pouvoir « moral », c'est-à-dire idéal. Le ramener à un simple pouvoir physique, c'est se refuser à admettre au-dessus des rapports de force un ordre idéal qui les dépasse : c'est nier le droit.

144. Le Droit et le besoin. — D'autres auteurs ont cherché à fonder le droit sur ***le besoin.*** Telle est la théorie du philosophe anglais Thomas HOBBES. Selon lui, l'homme, à l'état de nature, n'est mené que par l'instinct de conservation et il a droit à tout ce dont il a besoin pour se conserver. Ce droit est illimité et absolu. Mais il est pratiquement vain. Car tous les hommes, ayant les mêmes besoins, deviennent ainsi les ennemis les uns des autres : « L'homme est un loup pour l'homme », et l'état de nature est un état de « guerre de tous contre tous ». La raison amène les hommes à abdiquer leurs droits naturels entre les mains d'un souverain capable d'imposer la paix par la contrainte : le *Léviathan*, c'est-à-dire l'État tout-puissant dont le décret fixe seul les limites du juste et de l'injuste. — C'était également sur la notion du besoin qu'était fondée la théorie allemande de « l'espace vital » : un peuple a droit à tout l'espace que requièrent sa vitalité et son expansion. — Certains théoriciens sociaux, enfin, ont adopté comme principe de la répartition des biens la formule : « A chacun selon ses besoins. »

Discussion. Cette thèse est moins brutale que la précédente et présente même, à première vue, certains aspects de vraisemblance. N'est-il pas juste, par exemple, dans la rémunération du travail, de tenir compte des besoins effectifs du travailleur, selon qu'il est célibataire ou marié, sans enfant ou père de famille nombreuse ? C'est d'ailleurs ce qui a été réalisé en partie grâce aux indemnités pour charges de famille et aux caisses de compensation. Mais il y a loin de là à *fonder* le Droit sur le besoin. 1° Remarquons d'abord que le besoin n'est, en lui-même, qu'un *fait empirique*, comme la force, et qu'il ne saurait donc être érigé en *valeur*. L'apparence contraire vient de ce que nous regardons certains besoins comme essentiels, indispensables à la vie, soit de l'individu, soit de sa famille, soit d'un peuple, et que nous admettons implicitement un « droit à la vie » de la part de ceux-ci, considérés comme sujets de droit. Nous introduisons ainsi *un principe de valorisation*, qui n'était pas inclus dans le simple fait du besoin. — 2° Celui-ci est, en effet, quelque chose d'essentiellement variable et contingent : il est sans règle. Un individu, un peuple peuvent avoir des besoins exorbitants. Il y a donc des besoins *légitimes*, d'autres *illégitimes* : preuve que le besoin ne porte pas *en lui-même* le principe de sa valorisation. — 3° Enfin les besoins des individus comme des collectivités ne sont pas nécessairement harmoniques. S'ils entrent *en conflit* les uns avec les autres, il est trop clair que, puisque l'on ne reconnaît aucune règle supérieure à ces besoins mêmes, la force seule décidera. On retombe ainsi dans la théorie précédente et, de fait, la doctrine de Hobbes aboutit au despotisme ; la théorie de « l'espace vital », à la guerre ; la formule « à chacun selon ses besoins », au système de la « foire d'empoigne ».

145. Le Droit et l'intérêt. — D'autres auteurs ont voulu ramener le droit à ***l'intérêt.*** Dans le cadre de la conception *utilitaire* indiquée au § 161 *B*, Stuart Mill écrit : « Avoir un droit, c'est avoir quelque chose dont la société doit nous assurer la possession. Si on vient me demander pourquoi elle doit nous le garantir, je ne puis donner de meilleure raison que l'utilité générale. » Mais l'auteur le plus représentatif de cette théorie est le juriste allemand R. von Jhering (1872). D'après lui, le Droit est l'expression de l'égoïsme collectif d'un peuple ; comme le montre l'histoire du *droit romain*, ce sont des individus, des conducteurs de peuples qui, plus conscients que d'autres des exigences de l'intérêt commun, ont été, par leur volonté lucide de tout sacrifier à cette loi suprême, les véritables créateurs du droit.

Discussion. Cette thèse soulève les mêmes difficultés que la précédente qui prétendait fonder le droit sur le besoin. Sans doute, elle présente comme celle-ci certaines vraisemblances. On peut dire que plus on étend la sphère à laquelle on applique la notion d'*intérêt*, plus celle-ci *tend* à coïncider avec celle de *Droit* : le Droit ne se confond évidemment pas avec l'intérêt personnel ; mais, à la limite, ne se confondrait-il pas avec l'intérêt général ? Il y a pourtant là une équivoque, que dénonçait déjà Cicéron dans son traité *Des devoirs* : certes, écrivait-il, « rien ne peut être utile qui ne soit en même temps moralement bon ; mais ce n'est pas parce qu'une chose est utile qu'elle est bonne ; c'est au contraire parce qu'elle est moralement bonne qu'elle est utile ». Et en effet : 1° l'intérêt, comme le besoin, n'est qu'une notion *empirique*, incapable de fonder une *valeur*. Quand nous disons : « C'est mon droit », nous entendons bien signifier autre chose que : « C'est mon intérêt. » Même si les deux coïncident (et il faut avouer que c'est surtout en ce cas que nous revendiquons notre droit), nous avons alors le sentiment d'invoquer une règle qui nous dépasse et qui ne saurait se réduire à un calcul purement empirique d'avantages. — 2° La thèse utilitaire ne nous fournit qu'un critère purement *formel*, et il serait nécessaire de lui donner un contenu. Autrement dit, admettons un instant que le droit se confonde avec l'intérêt. Mais avec l'intérêt *de qui ?* La question ne pourrait être éludée que si l'on admettait, un peu trop candidement, avec Stuart Mill que l'intérêt général n'est qu'une somme d'intérêts particuliers[1]. Or l'expérience ne nous montre que trop les conflits possibles entre l'intérêt particulier et l'intérêt général, entre les intérêts des divers groupes, etc Force nous est bien de poser ici la même question que pour le besoin. En cas de *conflit*, à qui appartiendra la décision ? Si l'on refuse de s'en remettre à la pure et simple force, — solution à laquelle aboutit en effet Jhering quand il écrit : « Le droit est la politique de la force » et qu'il affirme « la suprématie de l'État sur le droit », — il faudra bien ***valoriser*** certains de ces intérêts au nom d'un principe qui leur soit supérieur. Si par exemple, en cas de conflit entre l'intérêt de classe et l'intérêt national, je fais passer celui-ci au premier rang, il est bien évident que c'est parce que j'attribue à la nation une *valeur* supérieure à celle de la classe. Ce serait l'inverse dans le cas contraire. — 3° Enfin l'interprétation utilitaire n'explique même pas les *origines* du droit. La Psychologie montre que la mentalité utilitaire, loin d'être primitive, implique tout un calcul, donc un certain déve-

1. Ceci implique une conception *individualiste* de la société, conçue comme un simple *total* d'individus. Et c'est en effet la conception de Stuart Mill : « Les êtres humains en société n'ont pas d'autres propriétés que celles qui dérivent des lois naturelles de l'individu. » Mais ceci est faux : on a vu au chapitre XXIV du tome I que les groupes sociaux ont leur spécificité propre.

loppement de l'intelligence *positive* et qu'elle est le fait de sociétés économiquement très évoluées. Les règles de Droit sont d'abord enveloppées de toute une atmosphère mystico-religieuse, et c'est seulement *après coup* qu'on cherche à les justifier par leur utilité (à peu près comme les gens qui croient expliquer les règles d'abstinence du carême en alléguant leur utilité pour la santé au début du printemps !).

146. Conception sociologiste du Droit. — Les sociologues de l'école durkheimienne ont vu dans le Droit, comme dans toutes les autres valeurs morales, un ***produit social.*** Et, de fait, l'étude objective de l'évolution du droit nous le montre confondu d'abord, en une sorte de syncrétisme, avec l'ensemble des règles sociales, avec les coutumes, les rites religieux, etc. ; se différenciant ensuite en coutume proprement juridique, puis en droit écrit ; s'*individualisant* enfin et se *spiritualisant* progressivement, c'est-à-dire que, d'une part, le sujet de droit qui primitivement est le groupe (d'où un droit purement *statutaire*, déterminé uniquement par le rang social), devient la personne individuelle (d'où substitution du droit *contractuel* au droit *statutaire*) et que, d'autre part, la littéralité des formules juridiques qui primitivement semblent opérer par elles-mêmes comme des formules magiques, fait place à la considération primordiale des *intentions*, des dispositions *subjectives* de l'individu. C'est alors « en prenant pour temple le for intérieur de l'individu » que le droit acquiert « sa nature morale ». Ce serait donc la société, source de toutes les valeurs (§ 127), qui serait notamment la source du Droit, lui-même système de valeurs reconnues et consacrées comme idéales. La théorie sociologiste concilierait donc ainsi le *réalisme* et l'*idéalisme* juridiques : « A l'idéalisme *a priori* des valeurs innées et inscrites sur les tables du droit naturel, elle oppose celui des valeurs acquises au fur et à mesure de ce long progrès historique qui a nom *civilisation*... Droit de la personnalité et de la nationalité, inviolabilité de la justice, respect de la promesse, voilà, si ce ne sont pas de beaux instincts innés, autant de conquêtes pénibles et lentes de l'humanité sur elle-même » (G. Davy[c]).

Discussion. Il y a, croyons-nous, beaucoup à retenir de cette thèse, qui explique bien certains caractères du Droit et surtout son évolution. Mais nous aurions à faire ici les mêmes réserves que nous avons déjà faites (§ 137 *B*) à propos du sociologisme moral en général. La société est bien plutôt l'instrument de la *détermination* des valeurs (§ 135) que leur source.

147. Le fondement du Droit. — La solution du problème doit être cherchée dans les idées indiquées à la fin du § 137 : c'est ***l'esprit, en tant que faculté d'ordre et puissance normative, c'est-à-dire en tant que Raison,*** qui est la véritable source des valeurs. Il est donc aussi la source et le fondement du Droit. Mais, tandis que le Devoir n'est autre que la valeur en tant qu'elle nous *oblige*, et le Bien la valeur en tant qu'elle nous *attire*, le Droit est la valeur en tant qu'elle nous ***autorise,*** en tant qu'elle ***légitime*** notre action et rend ses conditions *moralement* (et socialement) *exigibles* (voir fig. 30) ; et, par suite, il n'est pas étonnant que son évolution se soit faite dans le sens de la reconnaissance de la ***dignité de la personne humaine,*** incarnation de la spiritualité. En ce sens, on peut même soutenir que les groupes sociaux ne valent, ne sont *sujets de Droit*, que dans la mesure où ils sont les instruments indispensables (et tel est, en effet, le cas de la famille, de la patrie, etc.) du développement spirituel de l'homme. Contrairement aux théories totalitaires ou communautaires, leur droit n'est jamais un droit absolu, mais toujours subordonné à leur fonction spiritualisante. Il n'en est pas moins vrai que, tout en ayant son fondement dans la nature spirituelle de la personne, le Droit, comme toutes les valeurs morales, *se détermine* en fonction de l'histoire. « Une déclaration des droits de l'homme, écrit J. Maritain[1], ne sera jamais exhaustive et définitive : elle sera toujours fonction de l'état de la conscience morale et de la civilisation à une époque donnée de l'histoire. »

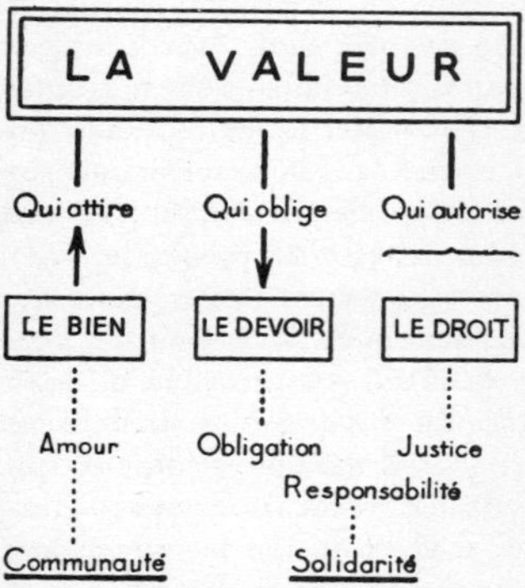

Fig. 30. — Les Concepts fondamentaux de la Morale.

148. Droit abstrait et droit réel. — A cet égard, il y a lieu de revenir sur la distinction, indiquée au § 140, entre le Droit considéré comme simple principe *autorisant* (avoir *le droit de...*) et le Droit entendu comme pouvoir réel d'*exigibilité* (avoir *droit à...*). La première conception aboutit à une notion tout *abstraite* du Droit à laquelle on a souvent reproché — c'est notamment la critique qu'ont adressée la plupart des écoles socialistes à la Déclaration de 1789 — d'être purement théorique et quelque peu illusoire. Suffit-il par exemple de poser, pour chaque individu, *le droit* de développer au maximum ses facultés, si la société n'aide pas les jeunes gens méritants, mais issus de familles pauvres ou même modestes, à faire les études ou l'apprentissage nécessaires à la réalisation de leurs capacités ? Suffit-il de proclamer la liberté de la presse et le droit, pour chaque tendance politique ou culturelle, d'exprimer son opinion, si, dans notre monde moderne, les conditions de la publication d'un journal sont telles que seules certaines tendances disposent des capitaux nécessaires ? N'est-il pas vain de déclarer la propriété « un droit inviolable et sacré » alors que les conditions techniques de la grande production ont provoqué un véritable divorce de la propriété et du travail (§ 192) et qu'en fait, la propriété (celle du moins qui confère une autorité réelle dans la vie réelle : la propriété des instruments de production) est le privilège d'un petit nombre ? « Que deviendrait un malade, écrivait Louis BLANC dès 1849, si, au lieu de lui fournir tout ce qui peut lui rendre la santé, on se contentait de proclamer qu'il a *le droit* d'être guéri ? » C'est pourquoi on peut observer, dans nos conceptions actuelles, une tendance à évoluer de la notion du *droit abstrait* vers celle d'un *pouvoir réel*, doté de ses moyens effectifs d'exercice. La *Déclaration universelle des Droits de l'Homme* de 1948 pose, en ce sens, que « toute personne a *droit à* l'éducation » et que l'éducation, au moins élémentaire, doit être gratuite ; que « toute personne a *droit à* la liberté d'opinion *et d'expression* » ; que « toute personne a droit au travail, ...aux repos et aux loisirs, ...à un niveau de vie suffisant » ainsi qu'« à la sécurité sociale ».

149. Devoir et Droit. — Le Devoir et le Droit représentant deux aspects complémentaires de la valeur, on peut poser en principe que ces deux notions sont ***corrélatives,*** et ceci en deux sens distincts. *a.* Du moins dans le domaine des devoirs de justice, tout droit d'un *ego* suppose le devoir *réciproque* d'un *alter* : « Le Droit est, de son espèce, revendicable sur quelqu'un ; il est un *crédit* et, par conséquent, suppose le *devoir* ou *débit* de quelqu'un. Inversement, on ne saurait définir un devoir... et ne pas attribuer en même temps un *crédit* à celui vis-à-vis de qui le *débit* existe » (RENOUVIER[b]). *b.* Pour le sujet, pour l'*ego* lui-même, *tout droit implique un devoir* : car le droit, s'attachant essentiellement à la personne, est, de sa nature, universel et, par suite, si je m'attribue un droit, je me reconnais *ipso facto* l'obligation de le respecter chez autrui. « Le droit, écrit R. LE SENNE[d], est légitime où la personne est capable d'assumer l'envers comme l'endroit de ses droits, c'est-à-dire ce par quoi ils lui imposent des charges comme ce par quoi ils lui procurent des avantages. » Inversement, *tout devoir implique pour moi-même un droit* : car toute obligation suppose la possibilité d'y satisfaire. Si, par exemple, j'ai le devoir de me cultiver, la société doit m'en faciliter les moyens. — Toutefois, la corrélation entre droit et devoir *n'est pas parfaite*. 1° Ce qui a été dit ci-dessus ne s'applique qu'aux devoirs de justice (§ 177). Mais les devoirs improprement dits *larges*, ceux qu'on appelle les devoirs « de charité », ne correspondent pas à des droits réciproques *juridiquement déterminés*, de la part d'autrui. De même, les devoirs *envers soi-même* (chap. XVIII) ne sauraient que très artificiellement être mis en correspondance avec des droits réciproques : « Il n'y a pas là une seconde personne qui puisse réclamer de la première, en un cas spécial, l'exécution d'une promesse et constituer l'existence du droit en face du devoir » (Renouvier). 2° Inversement, *le droit déborde parfois le devoir*. Entre l'obligatoire et l'interdit, il y a l'*autorisé*, le *licite*, et c'est justement le domaine du droit. Par exemple, une fois mon travail terminé, j'ai le droit de prendre des loisirs et de me distraire honnêtement ; mais on ne saurait dire que c'est un devoir. Il est extrêmement important pour la liberté de l'individu de maintenir, dans la vie sociale, cette zone intermédiaire entre le commandé et le défendu. Il est dangereux d'aller, comme L. de Bonald ou comme Aug. Comte (§ 159 *B*), jusqu'à nier l'idée de Droit, sous prétexte que celle-ci implique l'individualisme. L'imprudente formule : « L'homme n'a que le droit de faire son devoir » a toujours été celle des régimes autoritaires ; elle aboutit pratiquement à un totalitarisme où l'individu se trouve absorbé dans la communauté. Il faut poser, au contraire, *le devoir, pour les individus comme pour les peuples, de défendre leur droit*. Si l'on conteste cette obligation, c'est que trop souvent on confond le droit avec l'intérêt. Mais, nous l'avons montré, tout droit véritable est une ***valeur***. Ne pas défendre son droit, c'est laisser périmer cette valeur, le plus souvent par négligence, par mollesse ou par lâcheté.

SUJETS DE TRAVAUX

Exercices. — 1. *Imaginer des exemples des différents emplois dont est susceptible le verbe* devoir, *pour désigner notamment :* une obligation morale, une obligation professionnelle, une obligation juridique, une dette (au propre ou au figuré), une obligation logique, une nécessité de fait, un futur incertain, un présent probable, une pure supposition. — 2. *Critiquer ce texte de* Bossuet (IVe Avertiss. aux protestants, § L et LI) : « Si le ministre [Jurieu] y avait fait quelque réflexion, il aurait songé que l'origine de la servitude [esclavage] vient des lois d'une juste guerre où le vainqueur, ayant tout droit sur le vaincu, jusqu'à pouvoir lui ôter la vie, il la lui conserve[1]... Le droit de servitude est véritable parce que c'est le droit du vainqueur sur le vaincu ». — 3. *Commenter les différents emplois du mot* droit *dans les phrases suivantes :* « ...Rome est dessous vous par le droit de la guerre » (CORNEILLE), « Chacun a le droit de défendre ses biens » (PASCAL), « J'ai sur lui de véritables droits Que je saurais sauver du caprice des lois » (RACINE), « Le droit n'est autre chose que la raison même » (BOSSUET), « L'idée de la propriété remonte au droit du premier occupant » (ROUSSEAU), « Le droit naturel se lie à la morale » (Ch. BONNET), « La défense est de droit, la vengeance est infâme » (M.-J. CHÉNIER), « Il usait du droit de la force avec autant d'assurance que s'il avait connu le droit divin, le droit politique et le droit civil » (RAYNAL), « Le but de toute association politique est la conservation des droits naturels et imprescriptibles de l'homme » (DÉCL. 1789), « Le droit considéré d'une manière abstraite est le mirage qui, depuis 1789, tient le peuple abusé » (L. BLANC), « Le droit est un principe, l'utilité n'est qu'un résultat » (B. CONSTANT), « Les auteurs qui ont traité du *droit naturel* [au sens de Hobbes] ont pris souvent leur point de départ dans l'homme *à l'état sauvage*... Ils attribuent à l'homme ainsi placé dans l'indépendance un *droit* sans limites sur toutes choses... Je ne puis admettre l'utilité d'employer [ainsi] le mot *droit* et d'en défigurer la signification pour rendre une idée aussi simple que celle de *puissance* » (RENOUVIER), « Le droit de punir qui n'appartient pas à un particulier, appartient à l'État » (Th. STEEG), « Le droit est découvert par arguments et preuves, par la pensée, non autrement » (ALAIN), « Toute personne a droit à un niveau de vie suffisant pour assurer sa santé, son bien-être et ceux de sa famille » (DÉCL. 1948). — 4. *Étudier les divers sens attribués au mot* droit *dans les controverses de 1848 sur le « droit au travail »* (consulter A. MENGER, *Le droit au produit intégral du travail*, Giard, 1900).

Exposés oraux. — 1. *L'obligation morale d'après* KANT[l] *et* DURKHEIM[m]. — 2. *L'idée du « droit naturel » au XVII[e] siècle* d'après Paul HAZARD, *La crise de la conscience européenne*, tome II, p. 43. — 3. *Idéalisme et réalisme juridiques*, d'après G. DAVY[c]. — 4. *Comparer la* Déclaration des Droits de l'Homme *de 1789 avec celle de 1948*[f].

Discussion. — *En quel sens peut-on parler d'un droit « naturel »?*

Lectures. — *a.* *J.-J. ROUSSEAU, *Du Contrat social* (1762), éd. Beaulavon (Rieder) ou Halbwachs (Aubier), liv. I, chap. I à VI. — *b.* RENOUVIER, *Science de la Morale*, liv. III, 2[e] section, et liv. IV, 1re section. — *c.* *G. DAVY, *Le Droit, l'Idéalisme et l'Expérience*, Alcan, 1922. — *d.* *R. LE SENNE, *Traité de Morale générale*, p. 602-607. — *e.* A. CUVILLIER, *Manuel de Sociologie*, chap. IX, § 163 à 168 et 171 à 173. — *f.* U. N. E. S. C. O., *Autour de la nouvelle Déclaration des Droits de l'Homme*, Sagittaire, 1949. — *g.* DURKHEIM, *Leçons de Sociologie, physique des mœurs et du droit*, P. U. F., 1950, leçons XV à XVIII. — *h.* H. LÉVY-BRUHL, *Aspects sociologiques du Droit*, Rivière, 1955. — *i.* A. CUVILLIER, *Sociologie et théorie du droit*, in *Sociologie et problèmes actuels*, Vrin, 2e éd., 1961, § II. — *j.* B. TABBAH, *Droit politique et humanisme*, Libr. gén. de Droit, 1955. — *k.* *H. BATIFFOL, *La Philosophie du droit*, P. U. F., 1960. — *k bis.* Jacques HENRIOT, *Existence*

1. [Bossuet accepte l'étymologie qui fait du mot latin *servus*, esclave, un dérivé de *servare*, conserver, accorder la vie sauve.]

et obligation, P. U. F., 1967. — (Spéc. sur le devoir et l'obligation morale) : *l.* *KANT, *Fondements de la Métaphysique des mœurs* (1785), introd. et trad. V. Delbos, Delagrave. — *m.* É. DURKHEIM, *Sociologie et Philosophie*, P. U. F., 1924, rééd. 1961. — *n.* J. NABERT, *Éléments pour une Éthique*, P. U. F., 1943, rééd. Aubier, 1962. — (Sur le mal) : *o.* A.-G. SERTILLANGES, *Le problème du mal*, Aubier, 2 vol., 1948 et 1951. — *p.* Étienne BORNE, *Le problème du mal*, P. U. F., 1958. — *q.* P. RICŒUR, *Finitude et Culpabilité*, Aubier, 1960, spéc. t. II : *La symbolique du mal.* — *r.* Th. RUYSSEN, *« Problème » ou « mystère » du mal*, dans la *R. Ph.*, janv.-mars 1965.

chapitre XVI

LA RESPONSABILITÉ ET LES SANCTIONS

SOMMAIRE

150. La notion de Responsabilité. — Analysons la notion de Responsabilité comme nous avons fait ci-dessus celle de Droit et demandons-nous ce que c'est que *se reconnaître responsable* d'un acte. Il semble que ce soit : 1° ***s'en avouer l'auteur*** (au moins au sens du mot latin *auctor*, instigateur : car le vrai responsable peut être l'instigateur plutôt que l'exécutant matériel) ; ceci nous montre que la responsabilité suppose la notion de *l'identité personnelle* : si je me reconnais l'auteur d'un acte qui a peut-être été accompli il y a un an, c'est que je me considère comme étant *le même* qu'à cette date ; — 2° c'est aussi ***en accepter les conséquences,*** qu'elles en découlent soit moralement, soit socialement, c'est-à-dire les ***sanctions.*** Ces deux idées de *Responsabilité* et de *Sanction* sont intimement liées. — On peut faire, à propos de la Responsabilité, la même distinction qu'à propos du Droit (§ 141). La Responsabilité peut être surtout intérieure et, par suite, *morale* : elle se traduit subjectivement, dans l'intimité de la conscience, par la « sanction morale » (§ 155). Mais elle peut aussi se traduire *objectivement* par les règles, coutumières ou légales qui, dans une société donnée, déterminent le sujet passible de la sanction.

151. Les théories de la Responsabilité. — Les interprétations qui ont été données de la notion de responsabilité, sont sensiblement parallèles à celles qui ont été données du droit.

A. A la théorie du « Droit naturel », correspond une théorie ***idéaliste*** qui considère la Responsabilité comme un attribut essentiel de la personne humaine lié à son caractère raisonnable. Ce caractère fait d'elle une cause ***libre,*** donc responsable. — Comme la théorie du « Droit naturel », cette conception de la Responsabilité est peut-être juste en soi. Il est très vrai que, pour nous, la liberté est bien la condition de la responsabilité, et la loi elle-même excepte de la responsabilité les cas de démence et ceux où il y a eu « force majeure », contrainte par une force à laquelle on ne peut résister. Mais d'abord il serait nécessaire de préciser cette notion de ***liberté*** : on verra (chapitre XXIV) qu'un libre arbitre absolu, loin de fonder la responsabilité, la rendrait incompréhensible. D'autre part, cette interprétation n'explique pas les variations de la responsabilité, les façons très différentes dont elle s'est déterminée au cours de l'histoire (§ 152).

B. Aux théories « réalistes » qui prétendent fonder le Droit sur la force, le besoin ou l'intérêt, correspond la conception ***empiriste*** de la responsabilité telle qu'elle a été développée, par exemple, par les criminologistes italiens de la fin du XIXe siècle (Lombroso, Ferri, etc.). Il ne s'agit plus ici de fonder la responsabilité sur la liberté. Bien au contraire, l'acte délictuel ou criminel apparaît comme rigoureusement *déterminé,* comme la *résultante* de certaines conditions, surtout physiologiques pour Lombroso (tares héréditaires : théorie du « criminel-né »), surtout sociales pour Ferri (misère, absence d'éducation). La Responsabilité n'est plus alors que le rapport nécessaire qui relie le crime aux causes qui l'ont déterminé. — Cette conception soulève les mêmes difficultés que les théories réalistes du Droit. D'abord, sous prétexte de réalisme, ne dissolvent-elles pas la notion de Responsabilité comme celles-ci ruinent la notion de Droit ? D'autre part, ce *positivisme* juridique est peut-être moins conforme encore à l'histoire de la notion de Responsabilité que la théorie précédente. Quelles qu'aient été ses variations, cette notion a toujours impliqué, non un rapport purement positif de cause à effet, mais une idée de culpabilité, c'est-à-dire un *jugement de valeur.* On verra enfin que cette théorie aboutit à une conception inacceptable de la sanction.

152. Évolution de la Responsabilité. — L'étude objective de la Responsabilité telle qu'elle s'exprime, au cours de l'histoire, dans les coutumes et dans les règles du droit pénal, montre qu'elle est conçue comme *collective* avant de l'être comme individuelle et que, sous ses formes archaïques, elle n'implique pas nécessairement l'intervention consciente et volontaire du sujet responsable. La *matérialité* de l'acte compte parfois plus que l'*intention* et, en fait, les aliénés, les enfants, les animaux, les choses mêmes ont été tenus pour responsables : Platon lui-même déclare dans les *Lois* que, « si une chose inanimée tue un homme, le plus proche parent du mort doit prendre pour juge un de ses voisins afin d'écarter la souillure de toute sa famille ». — S'appuyant sur ces faits, certains sociologues comme FAUCONNET[c] (1874-1938) ont admis l'existence, à l'origine, d'une sorte de responsabilité *indéterminée* qui ne ferait que traduire un état d'irritation de la « conscience collective » indignée par le crime, état qui exigerait satisfaction, quitte à se décharger sur n'importe qui. En réalité, même dans les sociétés les plus primitives, il existe des règles très précises, quoique parfois étranges pour nous, qui permettent de *désigner le responsable.* De sorte qu'ici comme à propos des autres interprétations sociologistes, il faut reconnaître que la sociologie nous montre comment s'est *déterminée* peu à peu la notion de responsabilité individuelle, mais non pas quelle est la *source* de la responsabilité. Le véritable fondement de la responsabilité est bien, comme l'a soutenu la théorie classique (§ 151 *A*), ***la nature consciente et libre de l'être spirituel,*** nature qui lui permet d'assumer ses actes *passés* comme véritablement siens et aussi (§ 154) d'orienter ses actes *futurs* selon l'idéal qu'il se fait de lui-même, selon ce qu'il veut être et non seulement selon ce qu'il a été. Mais ce fondement n'a été reconnu qu'à la suite de toute une évolution qui a amené l'*émergence de la personnalité individuelle* au sein du groupe social (§ 135).

153. Responsabilité collective et Responsabilité individuelle. — Il est donc facile de comprendre pourquoi l'individu, après avoir été tenu pour responsable uniquement en tant que *membre du groupe* (d'où les coutumes telles que la *vendetta*), l'est devenu *à titre personnel*, en tant qu'*agent conscient et libre.* En résulte-t-il qu'aucune forme de responsabilité *collective* ne soit plus aujourd'hui admissible ? Certes, il ne saurait être question d'en revenir à la responsabilité communautaire des groupes indifférenciés, celle par exemple qui rend tous les membres d'une famille responsables d'une faute commise par l'un d'eux. Il s'est produit, en effet, dans l'évolution des groupes sociaux, une transformation de structure, d'où résulte que la personne individuelle, d'abord absorbée dans le groupe, s'en dégage peu à peu et que l'unanimité collective, dans les groupes plus évolués, est faite de la convergence *consciente* et *voulue* des consciences individuelles orientées vers un but commun. Cette « personne morale » qu'est le groupe n'en a pas moins sa réalité propre (t. I, § 294), quoiqu'elle soit faite désormais de ce *consensus* des volontés individuelles ; et par suite une nation qui s'est rendue coupable de crimes contre l'humanité, une association dont l'activité menace l'indépendance nationale, etc., sont bien responsables *en tant que groupes*, et leurs membres eux-mêmes sont responsables en tant qu'*ils ont participé* à l'action du groupe ou même en tant que, par leur lâcheté, leur insouciance, l'abdication de leur libre arbitre, ils ont, consciemment ou non, *favorisé* cette action. Les juristes eux-mêmes n'hésitent plus guère aujourd'hui à affirmer la responsabilité pénale des « personnes morales ». — Cela ne veut pas dire cependant que selon la formule de certains existentialistes contemporains, « chacun de nous est responsable de tout ». Une telle formule, sous des apparences très nobles, n'est, en réalité, qu'une façon de noyer la responsabilité de chacun dans la responsabilité anonyme de tous. Bien au contraire, les notions de *droit* et de *responsabilité* ne conservent leur sens qu'à condition d'impliquer une *détermination* précise du pouvoir moral et des charges morales de chacun, et l'on a vu (§ 135) que cette détermination est un aspect essentiel de la moralité authentique.

154. Responsabilité rétrospective et Responsabilité prospective. — Le fondement essentiellement ***personnel*** de la Responsabilité nous explique un autre de ses caractères, à savoir sa double orientation. Telle que nous l'avons décrite jusqu'ici, la responsabilité paraît surtout orientée *vers le passé :* nous sommes responsables des actes que nous avons accomplis. Mais nous avons déjà remarqué que la nature de l'être spirituel lui permet aussi d'orienter ses actes *futurs* selon l'idéal qu'il se faisait de lui-même (§ 152) : car la *personne* est essentiellement ouverture vers l'avenir. Dès lors, la responsabilité n'est plus seulement rétrospective ; elle est aussi *prospective* ou, selon le mot de R. Le Senne[d], *proversive.* Le « responsable », c'est alors celui qui *se porte garant* (c'est le sens primitif de *re-spondeo*) de l'exécution d'une tâche, de l'accomplissement d'une mission ou, simplement, de sa fidélité à soi-même, aux valeurs que sa personnalité incarne. C'est en ce sens que le père se sent responsable de l'éducation de ses enfants ; le chef d'entreprise, de la prospérité de sa maison ; l'homme d'État, de la bonne marche des affaires publiques ; et *chaque être humain,* de l'accomplissement de son « métier d'homme ».

155. La notion de Sanction. — On est souvent porté à regarder la sanction comme étant simplement la conséquence *naturelle* de nos actes. C'est en ce sens qu'on a pu parler de *sanctions naturelles* : l'accident est, dit-on, la sanction naturelle de l'imprudence ; la maladie, la sanction naturelle de l'intempérance, etc. Mais cette façon de penser se heurte à une grave difficulté : les lois naturelles ne tiennent pas compte de la *valeur* morale des actes. Il y a longtemps qu'on a remarqué que « le soleil luit pour les bons comme pour les méchants ». La congestion peut frapper aussi bien le sauveteur héroïque qui se jette à l'eau pour venir au secours de quelqu'un qui se noie, que le criminel qui y est tombé en tentant d'y jeter son semblable. Et ceci est vrai des lois psychologiques aussi bien que des lois physiques ou physiologiques : on a dit que le remords était « un instrument de torture à l'usage des honnêtes gens » et, de fait, une conscience scrupuleuse se tourmentera souvent pour une peccadille alors qu'on voit de grands coupables parvenir à une insensibilité morale presque complète. Il est donc impossible de définir la Sanction sans avoir égard à la **valeur** de l'acte, à la **règle** qui le prescrit ou l'interdit. Autrement dit, le lien entre l'acte et la sanction n'est pas *analytique*, mais **synthétique** : ce n'est pas dans la nature empirique intrinsèque de l'acte qu'on peut le découvrir ; il est, en quelque sorte, *surajouté* par l'existence de la Règle morale. Réfléchissons d'ailleurs à l'étymologie : la Sanction, c'est ce qui **consacre** (latin : *sancire*, consacrer) la règle, ce qui la rend *sanctam*, sainte, inviolable. La Sanction n'est donc pas la conséquence *naturelle* de l'acte : elle est la conséquence *de la conformité ou de la non-conformité de l'acte aux valeurs* exprimées par la règle. — Comme la Responsabilité (§ 150), la Sanction peut prendre différentes formes. A la responsabilité intérieure, correspond la **sanction morale,** joie du devoir accompli, voire du sacrifice, ou, au contraire, honte de la faute commise, remords, repentir. Mais, comme on vient de le dire, cette sanction n'existe que pour le sujet *conscient de la règle* et des valeurs qu'elle représente. C'est pourquoi il y a, par exemple, une différence essentielle entre le simple *regret* qui suit l'*échec* et se situe, par conséquent, sur le plan du calcul empirique (un criminel peut *regretter* de n'avoir pas supprimé un témoin gênant), et, d'autre part, le *remords* ou le *repentir* qui sanctionnent la *faute* et se situent sur le plan proprement moral (§ 122). A la responsabilité objective, correspondent les **sanctions sociales** (t. I, § 294) qui présentent elles-mêmes toute une gamme de sévérités diverses selon la gravité de l'acte et qui peuvent être, soit *diffuses* (par exemple, réaction spontanée de l'opinion), soit *organisées* (telles que les sanctions légales : civiles ou pénales).

156. Les théories de la Sanction. — La conception qu'on se fait de la Sanction dépend évidemment de celle qu'on se fait de la Responsabilité (§ 151).

A. A la théorie *idéaliste* de la Responsabilité, correspond la conception de la sanction ***expiation***, c'est-à-dire que la sanction n'a pas pour but la réparation matérielle du dommage causé ni la correction du coupable ni même la protection sociale, mais bien *la restauration d'un ordre idéal de valeurs* qui a été troublé. C'est cette conception qu'exprime Leibniz lorsqu'il écrit dans sa *Théodicée* qu'il existe une justice punitive « qui n'a point pour but l'amendement ni l'exemple ni même la réparation du mal » et qui ne se fonde que sur « la convenance qui demande une certaine satisfaction pour l'expiation d'une mauvaise action ». Cette « convenance » est si bien, à ses yeux, celle d'un ordre idéal à réparer, qu'il lui attribue un caractère esthétique : elle contente, dit-il, « les sages qui la voient, comme une belle musique ou bien une bonne architecture contente les esprits bien faits ». — On verra plus loin comment cette conception peut s'interpréter. Mais, ainsi présenté, il faut avouer que le lien qu'elle établit entre la sanction et l'acte est peu clair. Comment, par exemple, une souffrance infligée au coupable peut-elle réparer l'ordre des valeurs qui a été violé ?

B. A la théorie *réaliste* ou *empiriste* de la Responsabilité, correspond une conception purement ***positive*** de la sanction, dont la fonction serait, non plus de punir, mais, selon les cas, soit de mettre le criminel *hors d'état de nuire* (cas des « criminels-nés » de Lombroso, qui sont inamendables), soit d'*intimider* ses imitateurs possibles (cas de la peine « exemplaire »), soit enfin et surtout d'*amender* et de *rééduquer* le coupable lorsque c'est possible (fonction « pédagogique » de la peine). — Il est certain que l'évolution de la pénalité s'est faite, en grande partie, dans le sens indiqué par cette théorie. Dans le domaine des sanctions civiles, beaucoup de *juristes* admettent qu'à l'idée de faute considérée comme « un fait de volonté », doit être substituée l'idée de « faute objective » réduite à « un rapport de causalité entre le dommage réalisé et une activité considérée comme constitutive de risques » (Saleilles). Mais, du point de vue *moral*, il est impossible, on l'a vu, de définir la sanction sans tenir compte de la *valeur morale* de l'acte. De fait, quelles qu'aient pu être les différentes formes prises, au cours de l'histoire, par la sanction (§ 157), il a toujours fallu que celle-ci apparût comme ***juste***, du moins selon les idées morales de l'époque.

157. Évolution de la Sanction et de la pénalité. — L'évolution de la Sanction est évidemment parallèle à celle de la Responsabilité. A la responsabilité collective, correspondent les sanctions *collectives*. De même que la responsabilité a eu d'abord un caractère très matériel, de même la sanction se présente d'abord sous la forme de la loi du *talion* : œil pour œil, dent pour dent. Quand le talion fait place à la *composition pécuniaire*, la somme versée est d'abord proportionnelle, non au dommage causé, mais, conformément à l'esprit du droit statutaire, au *rang social* de la personne lésée. Enfin le droit pénal primitif est souvent *cruel*, et les peines affectent parfois la *personne physique* du coupable (châtiments corporels, pilori, etc.). — Si l'évolution s'est faite dans le sens d'une *individualisation de la pénalité*, à tel point que certains juristes (SALEILLES[b]) ont préconisé l'adaptation de la peine à chaque cas individuel et à la nocivité propre du coupable (et non plus, comme l'édicte le Code, à la nature de l'acte), c'est que la dignité de la personne individuelle a été de plus en plus reconnue comme la valeur fondamentale. Si la pénalité s'est *adoucie*, si les peines frappant la personne physique du coupable tendent à disparaître et si certains réclament l'abolition de la peine de mort, c'est que, comme on l'a vu, le rôle de la sanction est essentiellement de « consacrer » la règle, de la rendre, autant que possible, inviolable, et qu'il y aurait une sorte de contradiction à ce qu'un châtiment *destiné à assurer le respect de la personne humaine* dégradât, même en la personne du coupable, la valeur qu'il s'agit de préserver. Comme l'écrivait RAUH, « il est probable que, si la société décidait d'arracher les ongles aux voleurs, cela diminuerait le nombre des vols. Elle ne le veut pas cependant. C'est qu'il y a un idéal, celui de la dignité humaine, qu'elle met au-dessus de sa sécurité purement matérielle ». Il doit y avoir ici *homogénéité* entre la sanction et la valeur que cherche à consacrer la règle comme, d'une façon plus générale, entre le moyen et la fin de l'action morale (§ 163). Enfin, si à la peine proprement punitive tend à se substituer la sanction *rééducative*, c'est que l'homme a pris conscience, en même temps que de la valeur de la personne, des conditions *sociales* de son développement : l'individu n'est pleinement responsable que dans la mesure où la société a veillé à son éducation ; si elle ne l'a pas fait, c'est à elle à réparer cette carence.

158. Rôle moral de la Sanction. — Est-ce à dire que la Sanction doive jamais, comme l'a soutenu GUYAU[a] (§ 162 *A*), perdre son rôle proprement *moral* et que sa fonction soit uniquement de *préservation sociale* ? Nous ne le croyons pas : car, ainsi qu'il a été dit (§ 125 et 135), la morale, tout en ayant un caractère idéal, n'est rien d'autre que la règle de la conduite dans les conditions concrètes (c'est-à-dire sociales) de l'existence humaine ; elle est donc *médiation* entre le pur idéal de la valeur et les multiples contingences dont il faut tenir compte quand il s'agit d'incarner cet idéal dans le réel humain. Ainsi, *c'est précisément parce que la règle morale ou la règle de droit ont un caractère idéal, qu'elles doivent être sanctionnées.* Une règle qu'on pourrait impunément violer ou fouler aux pieds, ne tarderait pas à tomber en désuétude. Par suite, si, sur le plan purement rationnel, on peut reconnaître que l'idée d'une sanction-expiation est peu claire, sur le plan de l'expérience morale concrète au contraire elle se justifie facilement.

SUJETS DE TRAVAUX

Exercices. — 1. *Distinguer de façon précise le concept de* responsabilité *des concepts voisins tels que* : causalité, culpabilité, habilité pénale, imputabilité, nocivité, etc. — 2. *Si une faute avait été commise dans un groupe social (famille, classe d'élèves, assoc. sportive ou autre, nation) dont vous faites partie, dans quelle mesure estimeriez-vous votre responsabilité engagée ?* — 3. *Étudier les divers emplois du mot* mérite (*absolument ou avec complément, au sens moral ou social ou religieux, etc.*) *et essayer d'en tirer une conclusion.*

Exposés oraux. — 1. *L'histoire de la responsabilité*, d'après FAUCONNET[c], 1re partie (*les* sujets *responsables, les* situations *génératrices de responsabilité, etc.*). — 2. *Les conditions psychologiques de la responsabilité morale* (v. FAUCONNET[c], chap. IX ; LE SENNE[d], p. 580 ; etc.). — 3. *Les différents rôles possibles de la sanction* (voir SALEILLES[b], p. 232 et passim ; FAUCONNET[c], p. 180 ; etc.).

Discussions. — 1. *Est-on responsable de ses pensées ?* — 2. *Pourquoi une faute doit-elle être punie ?* — 3. *Faut-il rééduquer le coupable ou le « punir » ?*

Lectures. — *a.* GUYAU, *Esquisse d'une Morale sans obligation ni sanction* (1884), Alcan, 8e éd., 1907. — *b.* R. SALEILLES, *L'individualisation de la peine* (1898), rééd. P. U. F., 1946. — *c.* P. FAUCONNET, *La Responsabilité, étude de sociologie*, Alcan, 1920. — *d.* *LE SENNE, *Traité de Morale*, p. 576-585. — *e.* Léon HUSSON, *Les Transformations de la Responsabilité*, P. U. F., 1947. — *f.* *A. CUVILLIER, *Manuel de Sociologie*, chap. IX, § 169 chapitre XVII

LES GRANDES CONCEPTIONS DE LA VIE MORALE

SOMMAIRE

159. Les Morales de l'Obligation pure. — Si l'on isole la notion du Devoir de celle du Bien, le Devoir devient *l'obligation pure*, sans justification, donc, à la limite, *irrationnelle* ; c'est aussi la pure *transcendance* qui s'impose du dehors à la volonté humaine, comme une sorte de fait. Trois formes de cette conception sont possibles, qui correspondent aux trois interprétations du Devoir (§ 137 *B*).

A. Nous avons déjà signalé, à ce propos, l'interprétation de certains théologiens qui sont allés jusqu'à faire du Devoir un ***commandement divin entièrement arbitraire.*** Autrement dit, le Bien n'aurait pas d'essence déterminée : il ne serait tel que parce que Dieu l'a ordonné, et par suite, « les choses étant bonnes parce que Dieu veut qu'elles soient telles, il ne les voudrait plus ou les voudrait autrement, que cela même deviendrait le bien »[1]. Si Dieu, par exemple, avait voulu l'homicide ou le mensonge, ç'auraient été des biens. C'est ainsi que Pierre d'Ailly (1350-1420) écrit : « Rien n'est péché en soi, mais seulement parce que cela est défendu par la loi divine » et le chancelier Gerson (1362-1429) : « Dieu ne veut pas certaines actions parce qu'elles sont bonnes ; mais elles sont bonnes parce qu'il les veut, de même que d'autres sont mauvaises parce qu'il les défend. [2] » — Descartes lui aussi semble parfois soutenir ce *volontarisme* pur lorsqu'il

1. Nous empruntons ce raccourci, comme les citations de Pierre d'Ailly et de Gerson, au *Dictionnaire de théologie catholique*, t. VI, col. 1323.

2. On a parfois attribué la même opinion à Duns Scot. Mais, en réalité, Duns Scot soutient que la volonté divine se confond avec l'intuition du Bien : « La volonté infinie, écrit-il, ne peut pas ne pas être bonne », et il admet que « Dieu est en quelque sorte lié par les commandements du Décalogue qui correspondent à une absolue nécessité » (Gilson).

déclare qu'on ne saurait assujettir Dieu à la nécessité du vrai et du bien comme à «la loi du Styx», c'est-à-dire à la fatalité et que «toute la règle du vrai et du bien dépend de sa toute puissance». Mais Descartes déclare aussi que nous ne devons « concevoir aucune préférence ou priorité entre l'entendement et la volonté » de Dieu, et on a pu montrer que l'opposition apparente se résout, chez lui, dans l'idée de *perfection*[1] (voir § 137 *B*, 1°).

B. Ce sont encore des morales de l'obligation pure que les ***Morales de la tradition.*** PASCAL en donne peut-être la formule la plus nette quand il écrit : « La coutume fait toute l'équité, par cette seule raison qu'elle est reçue» et quand il blâme Montaigne d'avoir dit que la coutume doit être suivie parce qu'elle est raisonnable et juste : « La coutume ne doit être suivie que parce qu'elle est coutume», de même qu'« il faut obéir aux supérieurs, non parce qu'ils sont justes, mais parce qu'ils sont supérieurs ». L'ordre social, de même que l'ordre moral, apparaît ainsi comme un *donné* auquel l'homme n'a qu'à se soumettre sans lui demander ses titres.

C'est ce thème du *donné* qu'on retrouve, avec de nombreuses variantes, chez tous les théoriciens « traditionnalistes » tels que BURKE (1729-1797) en Angleterre et, en France, les « théocrates » Joseph DE MAISTRE (1753-1821) et Louis DE BONALD (1754-1840). D'où une sorte de *physicisme* qui fait dire par exemple à de Maistre qu'il y a des lois qui gouvernent le monde humain comme il y en a qui régissent le monde physique et qu'il est aussi absurde à un peuple de demander une constitution politique à des législateurs qu'à un malade de demander une constitution physique à son médecin. De même, de Bonald déclare qu'il existe une seule constitution de société politique comme une seule de société religieuse, la monarchique : « L'une et l'autre, dit-il, résultent nécessairement de la nature des êtres qui composent chacune des deux sociétés, aussi nécessairement que la pesanteur résulte de la nature des corps. » Ces doctrines sont *pessimistes*, *autoritaires* et *anti-individualistes* : « L'homme, en sa qualité d'être à la fois moral et corrompu, juste dans son intelligence et pervers dans sa volonté, doit nécessairement être gouverné », écrit de Maistre, et l'on connaît ses apologies du bourreau et de la guerre, sa thèse de la suprématie du pouvoir spirituel sur le pouvoir civil. De Bonald soutient de même que « l'homme n'existe que pour la société » et dénonce le caractère « funeste » de l'idée de *droit* : « Dans la société il n'y a pas de droits, il n'y a que des devoirs. »

Ces conceptions se retrouvent, atténuées par le point de vue relativiste, dans le ***positivisme*** d'Aug. COMTE. Pour lui aussi, il existe des « lois naturelles qui régissent le développement de la société », mais ces lois n'ont pas le caractère transcendant que leur attribuaient les théocrates, et l'idée d'*ordre* se trouve corrigée ici par celle de *pro-*

---

1. Voir BOUTROUX, *Des vérités éternelles chez Descartes.*

grès. On a pu dire cependant que « la morale de Comte peut être présentée comme la forme positive de la morale de l'ordre universel » (L. Lévy-Bruhl). Comte privilégie en effet le point de vue du *social* jusqu'à dire que l'individu n'est qu'une abstraction et que toute la morale peut se résumer dans la formule : « Vivre pour autrui. » Il dénonce lui aussi le caractère « anarchique » de l'idée de *droit* qui, dit-il, est « fausse autant qu'immorale parce qu'elle suppose l'individualité absolue ». — La morale **sociologiste** qui fait de la société la source des valeurs (§ 127 et 137 *B* 2°), se rapproche de la morale positiviste et on l'a parfois accusée d'aboutir à une sorte de conformisme et à la justification du « pouvoir absolu de l'État ». Il est certain que le sociologisme a privilégié lui aussi le point de vue du social au point de soutenir que « la morale commence là où commence la vie en groupe » (Durkheim) et qu'il a parfois semblé prêcher une sorte d'acceptation passive de la morale établie : « Sauf les cas anormaux, dit Durkheim, chaque société a, en gros, la morale qu'il lui faut » et la morale d'une société, à un moment donné, dit Lévy-Bruhl, est « précisément aussi bonne et aussi mauvaise qu'elle peut être ». Mais on a vu : 1° que Durkheim admet que, dans certains cas, on peut avoir à « rectifier » la morale établie (§ 127) ; 2° qu'il fait une place à l'idée de *désirabilité* à côté de celle d'*obligation* (§ 137). D'autre part, ici le point de vue du *social* est fortement tempéré par l'idée de l'évolution historique des sociétés, et Durkheim a explicitement marqué que la loi fondamentale de cette évolution est précisément, par suite du développement de la différenciation sociale, l'émergence graduelle de la *personnalité individuelle*, seule valeur aujourd'hui reconnue de tous, de sorte que « l'individu devient davantage un facteur indépendant de sa propre conduite » et que nous pouvons même « nous considérer dans certains cas comme fondés à nous rebeller contre l'opinion morale » régnante et à nier les idées que nous savons surannées, « non seulement théoriquement, mais par des actes ».

Ces réserves faites, on peut dire que toutes les Morales dont nous venons de parler, sont, en somme, des ***Morales de l'obéissance.*** Or l'obéissance n'a rien de moral par elle-même : elle peut même être crime ou lâcheté. Encore faut-il savoir *à qui* l'on obéit et *pourquoi* l'on obéit, sinon la moralité ne serait plus qu'abjuration de la liberté, et capitulation de la volonté devant un Devoir tout tracé à l'avance. Ces morales ne font qu'exagérer et fausser, en l'isolant de l'aspect complémentaire, l'aspect *transcendant* et *obligatoire* de la moralité.

160. La Morale kantienne. — La troisième interprétation de la notion de Devoir est l'interprétation **rationaliste** qu'en a donnée

Kant[b]. La morale de Kant est essentiellement une morale du Devoir. Mais Kant s'est efforcé de rationaliser cette notion et, s'il reconnaît la transcendance du Devoir, il *l'intériorise* en la ramenant à la transcendance, dans l'être humain, de la Raison par rapport aux mobiles empiriques. — Tout, dans la nature, obéit à des lois. Mais l'homme seul est capable d'agir d'après la *représentation* de ces lois. Cette représentation entre en conflit, chez lui, avec les « entraves subjectives » qui viennent de ces mobiles empiriques, tels que ceux de la sensibilité, de l'intérêt, de la prudence, etc. : et c'est ce qui explique que la loi de la raison prenne pour lui la forme d'un ***impératif,*** c'est-à-dire d'un commandement et, en somme, d'une « contrainte ». Mais, comme on l'a vu (§ 137), l'impératif moral a un caractère tout spécial : c'est un impératif ***catégorique.*** Kant, partant de la notion de la « bonne volonté », définit celle-ci, non par son *but* ou son *objet*, non par tel ou tel *bien* qu'elle pourrait viser, mais par « le principe du vouloir », c'est-à-dire l'intention. Or la seule intention proprement morale, c'est celle d'agir, non seulement *conformément* au Devoir, mais ***par pur respect*** pour le Devoir, par la seule représentation de la loi morale, identifiée avec la loi de la Raison. C'est ainsi que l'impératif moral peut demeurer catégorique, c'est-à-dire n'être subordonné à aucune condition d'un objet à atteindre. Kant[b] déduit de là *trois principes* qui ont un caractère purement *formel*, en ce sens que le bien et le mal s'y trouvent définis par leur « forme » (l'intention), et non par leur « matière », non par un contenu déterminé. Ce sont :

1° le principe de l'***universalité*** : *Agis comme si la maxime de ton action devait être érigée par ta volonté en loi universelle de la nature ;* autrement dit, pour qu'un acte soit moral, il faut qu'on puisse, sans contradiction, vouloir en universaliser le principe (par exemple, on ne peut pas raisonnablement vouloir universaliser le principe du mensonge ou de la fausse promesse : car ce serait détruire leur condition même, qui est la confiance) ;

2° le principe du ***respect de la personne humaine*** : la seule fin que la volonté morale puisse se proposer, sans se subordonner à une condition étrangère, est le respect de la Raison, donc de l'être raisonnable, de l'homme : d'où la règle : *Agis de telle sorte que tu traites l'humanité, en ta personne ainsi qu'en celle des autres, comme une fin, et jamais comme un simple moyen* ; autrement dit, la personne, porteuse de la Raison, possède une dignité propre qui fait qu'elle ne peut être traitée comme un simple instrument, ainsi que peut l'être un animal ou une chose ;

3° le principe de l'***autonomie*** : le Devoir n'est pas une loi extérieure à laquelle on se soumet ; c'est une loi que l'homme, en tant qu'être raisonnable, s'impose à lui-même, de sorte que, dans l'acte moral, il est à la fois *législateur et sujet.* — Kant aboutit ainsi à une Morale austère, sévère, rigoriste, à laquelle on a même reproché — non sans quelque exagération, on le verra bientôt (§ 163 *B*) — de ne faire aucune place au sentiment[1].

161. Les Morales du Bien. — A l'opposé des Morales de l'obligation, du Devoir, nous trouvons les Morales du Bien. La plupart des philosophes se sont placés à ce point de vue ; mais les uns ont entendu l'idée du Bien en un sens *métaphysique*, les autres en un sens purement *empirique*.

A. Les Morales du Bien absolu. — Les premiers rattachent le Bien moral à toute une conception de l'univers, à un Bien absolu. Nous prendrons trois exemples : la Morale de Platon, celle de Malebranche, celle de Spinoza.

a. La Morale de Platon. — PLATON se fait une conception *mathématicienne* de l'univers. D'après lui, l'univers est un tout harmonieux, dans lequel règne « la **proportion** géométrique » : c'est là « le divin ». Le bien de l'homme consistera donc à réaliser cette « proportion » à la fois en lui-même et dans la Cité.

En lui-même : Platon compare l'âme humaine à un char traîné par deux chevaux, un cheval noir et vicieux qui symbolise les appétits inférieurs et un cheval blanc, au sang généreux, qui figure les sentiments supérieurs, le conducteur représentant l'intelligence ; la vertu fondamentale que Platon appelle la justice, consiste en une harmonie entre ces trois facultés en proportion de leur dignité, l'intelligence conservant le rôle directeur et les sentiments la prééminence sur les appétits. Dans la Cité : Platon y distingue trois classes correspondant à ces trois facultés, celle des « philosophes », c'est-à-dire des intellectuels, celle des guerriers ou des « gardiens de la cité » qui correspond aux sentiments nobles et celle des artisans qui ne vit que pour le gain et qui correspond aux appétits ; la Cité doit être gouvernée par les philosophes, chacune des deux autres classes étant mise à son juste rang.

b. La Morale de Malebranche. — Chez MALEBRANCHE[a], l'idée importante est celle de l'**Ordre,** défini par les « rapports de perfection » entre les êtres, et la moralité consiste à respecter cette hiérarchie de perfections : l'amour de l'Ordre est « l'unique vertu » ; car l'Ordre est « la loi inviolable des esprits » et « rien n'est réglé s'il n'y est conforme ». Or Dieu est l'Être absolument parfait, « l'Être sans restriction » : l'homme doit donc avoir le sentiment de son néant, de son zéro en présence de cet Infini[2]. Les créatures ont plus ou

1. La Morale kantienne se prolonge dans les « postulats de la Raison pratique » dont il sera question au § 231.
2. Voir ci-dessous tome I, § 354, note.

moins de perfection selon qu'elles participent plus ou moins à la plénitude de l'être. On l'a vu ci-dessus (§ 122) : notre amour pour elles doit être, non un *amour d'instinct*, mais un *amour d'estime* qui tient compte de leur « perfection » ou, comme nous dirions aujourd'hui, de leur valeur : « Une bête est plus estimable qu'une pierre, et moins estimable qu'un homme, parce qu'il y a un plus grand rapport de perfection de la bête à la pierre que de la pierre à la bête et qu'il y a un moindre rapport de perfection entre la bête comparée à l'homme qu'entre l'homme comparé à la bête. » Par suite, « celui qui estime plus son cheval que son cocher ou qui croit qu'une pierre est plus estimable qu'une mouche ou que le plus petit des corps organisés », celui-là pèche contre l'Ordre et tombe dans le dérèglement.

« Il ne faut pas seulement estimer, et donner des marques d'estime aux pauvres et aux derniers des hommes, mais encore aux pécheurs et à ceux qui commettent les plus grands crimes. Leur vie est abominable. Mais leur personne mérite toujours de l'estime : car rien n'est digne de mépris que le néant et le péché, néant véritable qui corrompt la nature, mais qui ne détruit point l'excellence de la personne. » De façon générale, dans nos rapports avec les autres hommes, « il faut consulter la raison qui met chaque chose en son rang et qui ne confond point l'estime qu'on doit aux personnes avec le mépris qu'on doit avoir pour les sottises qu'ils avancent ». Plus délicate est notre attitude envers les autorités : « Rien n'est plus divin que la puissance » ; Dieu, seul *cause* (t. I, § 361), est source de toute puissance ; par suite, « l'obéissance qu'on rend au Souverain n'est due et ne se rapporte qu'à Dieu seul » et ainsi, « il est clair qu'on peut et qu'on doit lui désobéir, lorsqu'il commande ce que Dieu défend ». Quant aux autorités subalternes, « on ne leur doit pas rendre un respect aussi profond ni une obéissance aussi générale qu'au Souverain, de même qu'on ne doit pas obéir au Souverain comme à la Loi et à la Puissance divines ».

c. La Morale de Spinoza. — Pour SPINOZA enfin, qui professe une métaphysique **panthéiste** (t. I, § 355), l'homme n'est qu'*une des multiples déterminations de la Substance unique et infinie*, qui est Dieu. Au-dessus de la morale vulgaire pour laquelle les termes de *bien* et de *mal* sont simplement synonymes d'*utile* et de *nuisible*, il existe donc une sagesse supérieure, fondée sur « l'amour intellectuel de Dieu » et qui consiste, pour l'homme, à s'identifier par sa pensée à la Pensée éternelle et à l'ordre universel, de telle sorte que plus rien ne puisse venir le troubler (*Éthique*, Ve partie).

Toute la puissance de l'homme est dans l'entendement seul et « tout effort dont la raison est en nous le principe n'a d'autre objet que de comprendre ». C'est ainsi que le sage « conscient de lui-même, de Dieu et des choses en vertu d'une certaine nécessité éternelle », ignore le trouble et possède toujours la véritable paix intérieure. Il vit dans la joie, car la joie est précisément le passage à une plus grande perfection, et seule la superstition peut regarder comme salutaires la tristesse, la douleur, qui sont une diminution de notre être. Le sage selon Spinoza n'est donc pas un ascète : « Il est d'un homme sage de se restaurer par des mets et des boissons agréables, pris en quantité modérée, comme aussi d'user des parfums, de l'agrément des plantes verdoyantes, de la parure, de la musique, des jeux, des spectacles et de tout ce dont on peut user sans faire tort à autrui. » Le sage éloigne de sa pensée les idées qui peuvent porter atteinte à son effort naturel pour persévérer dans l'être, et notamment l'idée de la mort : « La sagesse est une méditation, non de la mort, mais de la vie. » Quant aux rapports avec autrui, le sage comprend que, les hommes étant loin de se conduire tous par raison, il a été nécessaire d'établir une société régie par des lois, et ainsi « l'homme dirigé par la raison est plus libre dans la cité où il vit selon le décret commun que dans la solitude où il n'obéit qu'à lui-même ».

Fig. 31. — John Stuart Mill. 1806-1873.

J. Stuart Mill reçut de son père, lui-même économiste et philosophe, une éducation qui fit de lui, dit-il, une « machine à penser : à trois ans, il apprenait déjà le grec ! Le résultat de ce surmenage fut, à l'âge de 20 ans, une crise intellectuelle à la suite de laquelle son état d'esprit se modifia : il comprit la valeur du sentiment, de la poésie, et conçut un utilitarisme plus large que celui de Bentham auquel il s'était jusqu'alors attaché. Il eut toujours une vive sympathie pour la France et les idées libérales : il connut les Saint-Simoniens, Comte, les républicains de 48. Les questions sociales le passionnaient : il écrivit des Principes d'économie politique, *fut membre du Parlement et manifesta des tendances féministes et socialistes.*

Remarquons que ces Morales ne rejettent pas la notion du *bonheur* : ce sont des Morales *eudémonistes* (§ 138). Mais elles l'entendent comme l'état de l'être qui a réalisé son essence ou atteint la fin à laquelle il est destiné. « Le juste, dit Platon, est toujours heureux », même au milieu des pires tourments. « Le désir d'être heureux, dit Malebranche, est le motif naturel de la vertu », mais celle-ci est « dure et pénible ». De même, pour Spinoza, « la béatitude n'est pas la récompense de la vertu, c'est la vertu elle-même ».

B. Les Morales du bien empirique. — D'autres philosophes, au contraire, ont défini le bonheur en fonction d'éléments purement *sensibles.* Tel, dans l'antiquité, Épicure pour qui le bonheur se confond avec le « plaisir stable », celui de l'être en qui les besoins sont apaisés, par opposition avec le plaisir « en mouvement » tel que le conçoivent les hédonistes (§ 138), lequel est toujours mélangé de besoin, c'est-à-dire d'insatisfaction : le sage aura donc le moins de besoins possible. — J. Stuart MILL[c] (fig. 31) ramène de même le bonheur (qu'il identifie avec l'intérêt) à une somme de plaisirs, déterminés à la fois du point de vue de leur *quantité* et de leur *qualité*. Il prétend fonder cette ***Morale utilitaire*** sur l'expérience : « On prouve qu'une chose est bonne en montrant que cette chose est la cause d'une autre acceptée comme bonne sans preuve. » Autrement dit, on peut prouver qu'un *moyen* est bon pour atteindre une *fin* déjà posée, mais « les questions de fins suprêmes ne sont pas susceptibles d'être prouvées directement ». C'est pourquoi Stuart Mill va se résoudre à considérer ces fins elles-mêmes comme un *donné*, en ce sens qu'elles sont *ce que désirent et recherchent effectivement les hommes*. « Les questions se rapportant aux fins pratiques sont celles qui concernent les choses désirables. » Il s'agira donc de constituer une *téléologie*[1] *empirique*, fondée sur la Psychologie. Or celle-ci nous montre, selon J. S. Mill, que « la nature humaine est constituée de façon à ne désirer que ce qui est une partie de son bonheur ou un moyen d'y arriver ». Mais l'expérience montre non seulement que les hommes recherchent toujours leur intérêt ou leur plus grand bonheur, mais que « les juges compétents », c'est-à-dire ceux qui connaissent les uns et les autres, préfèrent toujours les plaisirs nobles aux plaisirs inférieurs. Leur verdict prouve qu'« il vaut mieux être une homme mécontent qu'un pourceau satisfait, être Socrate malheureux plutôt qu'un imbécile content ». L'homme en vient même à apprécier ainsi le *sacrifice* et la *vertu désintéressée*, car rien n'est plus utile que ce désintéressement, à l'intérêt général ; et Stuart MILL déclare que, sur ce point, la Morale utilitaire est en parfait accord avec la « règle d'or de Jésus de Nazareth », c'est-à-dire avec la Morale chrétienne.

C. La Morale du Devoir aboutissait à un pur formalisme. Le mérite des Morales du Bien est, au contraire, de chercher à donner un contenu précis à la moralité et à la fonder en raison. Mais n'est-il pas un peu périlleux de lier la moralité, comme le font les Morales du Bien absolu, à une métaphysique particulière, toujours plus ou moins discutable (§ 231) ? Il est bien plus dangereux encore de ravaler le Bien moral, ainsi que le font les Morales empiriques, au bien sensible, c'est-à-dire à un niveau où il n'est pas encore question de ***valeur*** : l'intérêt ou le bonheur ne sont pas, *par eux-mêmes*, des valeurs (§ 138) et c'est donc compromettre les notions morales que de les rabattre, en quelque sorte, sur le plan purement utilitaire.

---

1. *Téléologie* (du grec *telos*, *teleos*, fin, et *logos*, étude) : théorie des fins.

162. Les Morales du pur élan. — Certains philosophes modernes ont cherché à faire la synthèse des deux points de vue, mais en rejetant au second plan la notion du Devoir et en intériorisant celle du Bien au point de lui retirer toute détermination et d'en retenir seulement cet aspect de la valeur qui fait qu'elle exerce sur nous un *attrait*, qu'elle suscite de notre part un *élan* vers elle (§ 128 *B* et 138). Nous les appellerons les *Morales du pur élan* par opposition aux Morales de la pure obligation.

A. La Morale de J.-M. Guyau. — Telle est la Morale présentée par Jean-Marie GUYAU[d] (1854-1888). Le but de la morale ordinaire, dit Guyau, est de donner à l'homme « le préjugé du bien » : morale *impérative* qui implique l'idée d'*obligation* et s'appuie sur des *sanctions* destinées à la faire respecter. Que la morale courante doive, dans une certaine mesure, conserver cet aspect ; que les sanctions soient nécessaires pour la défense de la société, Guyau ne le nie pas. Mais que ce soient là des idées proprement *morales*, il se refuse à l'admettre. La seule Morale acceptable du point de vue scientifique, sera une **Morale sans obligation ni sanction.** De ce point de vue positif et scientifique où GUYAU prétend se placer, il est en effet impossible de présenter d'emblée à l'individu une *obligation* qui le dépasse. Il est non moins impossible d'ailleurs de lui proposer le *plaisir* comme fin, car « le plaisir n'est pas premier » et « la recherche du plaisir n'est que la conséquence de l'effort instinctif pour maintenir et accroître la vie ». Ainsi, « l'instinct universel de la vie » fournit seul à la Morale une base positive ; il est à la fois « la plus radicale des réalités et l'inévitable idéal ». *Vivre de la vie la plus intense, la plus riche et la plus pleine possible*, tel sera donc pour une Morale scientifique le seul et unique « commandement ». Mais cette plus haute intensité de vie a pour corrélatif nécessaire « sa plus large expansion » : « La vie la plus riche se trouve être aussi la plus portée à se prodiguer... D'où il suit que l'organisme le plus parfait sera aussi le plus sociable et que l'idéal de la vie individuelle, c'est la vie en commun. » L'égoïsme est une mutilation de la vie, « un rétrécissement de la sphère de notre activité », et l'utilitarisme lui-même a quelque chose de mesquin : « C'est comme si on ne voulait pas respirer trop fort de peur de se dépenser. » Au contraire, la vie s'exalte dans le dévouement, le sacrifice, l'amour du risque et dans le plaisir même de la lutte. C'est dans ces dépassements que l'on peut trouver des « équivalents » du Devoir. La Morale de Guyau est, au fond, une morale de l'héroïsme.

B. La Morale bergsonienne. — Henri BERGSON[h] a exposé dans *Les deux Sources de la Morale et de la Religion*, sous une forme plus systématique, une doctrine morale qui, par bien des côtés, s'apparente à celle de Guyau. Son point de départ est, comme celui de Guyau, mais en un sens plus métaphysique, un ***vitalisme*** : « Toute morale, pression ou aspiration, est d'essence biologique », en ce sens qu'elle dérive toujours de « l'élan vital », c'est-à-dire de « l'effort générateur de la vie », de ce « courant spirituel » qui a animé la matière. Il n'y en a pas moins « deux sources » de la morale : car tantôt l'élan vital se cristallise dans une société donnée, tantôt il s'épanouit librement. Dans le premier cas, la moralité se fixe dans les mœurs, les idées, les institutions ; elle prend une allure réglementaire. C'est une ***morale close*** qui est surtout *obligation*, *pression* et qui « pèse sur la volonté à la manière d'une habitude ». Tel serait l'état d'âme d'une fourmi qu'un éclair d'intelligence risquerait un instant de soustraire à son travail, mais qui y serait ramenée par son instinct et se dirait alors : « Il faut parce qu'il faut », ou encore celui d'un somnambule qui, près de sortir de son rêve en action, serait aussitôt ressaisi par l'automatisme. Ce serait alors « l'impératif catégorique » à l'état pur : « Un impératif catégorique est de nature instinctive ou somnambulique. » Dans le second cas, on a affaire à une « morale dynamique », une ***morale ouverte,*** qui n'obéit pas à des normes définies, mais qui est essentiellement *élan*, *aspiration* et qui a à sa base des émotions neuves, non pas dirigées par des idées, mais au contraire « génératrices de pensée » : tel fut, par exemple, le sentiment de la *charité* dans la morale chrétienne. Cette morale ouverte n'est pas, comme on pourrait le croire, dans le prolongement de la morale close, pas plus que les sociétés fermées des insectes ou même les nations humaines, hostiles les unes aux autres, ne peuvent s'élargir en humanité. Il y a là « différence de nature », non « de degré ». La Vie se cristalliserait dans les formes « closes » si elle ne reprenait son élan dans l'âme des « hommes exceptionnels », tels que furent les sages de la Grèce, les prophètes d'Israël, les saints du Christianisme. La morale close était collective, la morale ouverte est individuelle : la première se ramenait à des maximes impersonnelles, la seconde s'incarne dans des personnalités privilégiées qui, beaucoup plus qu'elles ne commandent, exercent un *attrait* par leur exemple : c'est « l'appel du héros ».

C. A notre sens, ces Morales du « pur élan », quelle que soit la générosité de leur inspiration, présentent un danger parce qu'elles méconnaissent ou méprisent un des aspects essentiels de la moralité : l'aspect *obligation.* Déjà Guyau ne nous donnait-il pas une ***esthétique de la vie*** plutôt qu'une véritable Morale ? Les formules auxquelles il aboutissait, comme « vivre sa vie », « vivre d'une vie intense et variée », qu'il interprète, pour sa part en un sens très noble et très élevé, ne sont-elles pas tellement vagues qu'elles puissent servir de paravent à tous les dérèglements moraux ? — Quant à la Morale bergsonienne, elle aboutit, nous semble-t-il, à une double caricature de la Morale du Devoir et de la Morale du Bien. Selon BERGSON[h], la morale close, « en tant que pression, est infra-rationnelle » ; la morale ouverte, « en tant qu'aspiration, est supra-rationnelle ». On se demande alors où est la place de la raison dans la moralité : le seul rôle de l'intelligence semble être, comme dans la tentation de la fourmi, de soustraire l'homme à son devoir ! D'autre part, il est parfaitement faux — et parfaitement inconvenant — de réduire la morale du Devoir à un pur automatisme, analogue, à la limite, à l'instinct d'un insecte : on verra bientôt (§ 163 *B*) que le sentiment du devoir peut être, et est effectivement chez de grandes âmes, tout autre chose ; Bergson lui-même reconnaît que le sens dans lequel il interprète l'impératif catégorique est « fort peu kantien ». Quant à la « morale ouverte », on ne peut même pas la classer parmi les Morales du Bien : c'est en effet un pur élan, qui n'est orienté *vers aucun bien quelque peu défini* ; or le mérite des Morales du Bien résidait précisément dans cet effort de détermination (§ 163 *A*). On peut dire de la « morale ouverte » ce que J. MARITAIN a écrit de la *liberté* bergsonienne : « une spontanéité psycho-motrice qui se pousse d'elle-même dans l'existence, invente et s'engage tout entière sans subir la loi de la raison d'être ; une pure imprévisibilité créatrice ; une contingence absolue gonflée d'impulsions et d'énergie accumulées, bref *une force qui va* ». Ainsi, les Morales du pur élan risquent d'aboutir à un *amoralisme* qui ne reconnaît plus aucune valeur[1]. Dans la vie morale plus qu'ailleurs, il est nécessaire, sous peine des pires erreurs, de voir *où* l'on va et de ne pas se fier à des émotions dont le moindre défaut est d'être elles-mêmes sans règles (§ 131).

163. Les doctrines comme expression des deux aspects de la moralité. — Le tort des doctrines morales a donc été, soit de s'enfermer dans l'un des deux aspects de la moralité, soit d'essayer de les dépasser, mais en les ruinant à vrai dire, l'un et l'autre. Or ces deux notions sont *complémentaires* aussi bien du point de vue théorique que du point de vue pratique.

A. Sur le plan ***théorique,*** la notion de Devoir exprime, comme il a été dit (§ 137), l'aspect ***transcendant*** de la valeur. Mais, si on isole cet aspect, on aboutit à faire du Devoir un commandement « loin de la

---

1. Voir ci-dessus § 130, note.

vie », sans commune mesure avec la nature et sans justification rationnelle. A la limite même, il se suffit, indépendamment de tout contenu déterminé ; car ce qui seul importe, c'est l'obéissance à la règle ou bien l'esprit dans lequel on lui obéit, le respect de la règle. D'où l'*impératif catégorique* et le *formalisme* kantiens. — Le point de vue des Morales du Bien signifie, au contraire, que, malgré sa transcendance, l'***ordre des valeurs doit être fondé en raison,*** soit qu'il vienne s'intégrer dans un ordre général de l'univers, soit qu'il prenne appui sur les principes de la nature humaine. On s'explique sans peine que les philosophes, soucieux de justification rationnelle, aient le plus souvent privilégié ce second aspect. Mais c'est précisément cette justification qu'abandonnent les Morales du pur élan.

B. Sur le plan ***pratique,*** l'idée du Devoir symbolise l'aspect austère, sévère de la moralité ; elle exprime qu'il n'est pas de moralité sans maîtrise de soi et sans un ***effort*** pour s'élever à un niveau supérieur. On a parfois reproché à Kant d'avoir admis une idée utopique en invitant l'homme à *agir par pur devoir.* A notre sens, cette objection est sans fondement : « Il faut, écrit A. DE SAINT-EXUPÉRY, un devoir abstrait et absolu pour exiger d'un homme un sacrifice permanent. Il faut que ce devoir soit abstrait, qu'il n'ait rien d'explicite, pour être à la mesure de la dignité de l'homme qui s'y soumet. On ne peut pas exiger d'un pilote qu'il s'expose à la mort pour le succès d'une entreprise ou pour la satisfaction d'un chef. Non : on monte en avion au milieu de la nuit, même si le temps est à la brume ou à l'orage, parce qu'on *doit* prendre le départ à cette heure-là ; un point, c'est tout. Il faut que cela soit ainsi. » Sans même chercher aussi haut, ne voyons-nous pas que l'honnête homme est précisément celui qui, sollicité par exemple par son intérêt dans des conditions où son acte pourrait nuire à autrui, y renonce par pur devoir? Certes, comme le remarque le psychologue Pierre JANET, « il faut une réserve de forces particulières pour rendre un homme capable d'exécuter un acte de cette manière ». Mais précisément « la morale consiste à faire son devoir, non pas parce qu'il plaît ou parce qu'on a peur du châtiment, mais simplement parce que c'est le devoir ». En ce sens, dit JANET, « Kant a bien compris le caractère essentiel de l'acte moral ». Il s'en faut d'ailleurs que cette austérité de l'obéissance au Devoir exclue nécessairement toute joie. « Ce qu'on ne fait pas avec joie, dit KANT (*Doctr. de la vertu,* Méthod., § 53), mais seulement comme une corvée n'a aucune valeur morale interne pour celui qui obéit ainsi à son devoir. » Il faut reconnaître toutefois que, si l'on considérait exclusivement cet aspect de la moralité, on aboutirait à ce résultat paradoxal que plus un homme a d'efforts à accomplir pour vaincre par exemple ses mauvais penchants, plus sa moralité, s'il y parvient, est élevée. — Dans la perspective de l'idée de Bien, les choses nous apparaissent tout autrement. En tant qu'elle répond à certaines aspirations de notre conscience, la moralité nous apporte aussi calme, sérénité et équilibre. Dans certains cas, l'aspect obligatoire s'efface même complètement : c'est, dit-on, un « devoir » d'aimer ses parents, mais le sentons-nous comme un devoir ? Le travail aussi est un devoir, mais ne peut-on prendre intérêt à son travail et l'aimer ? Dans certaines grandes âmes de sages, de saints, de héros, l'effort a presque disparu ; le Bien : magnanimité, amour d'autrui, don de soi, semble être devenu chez elles aussi « naturel » que chez d'autres la pusillanimité, l'égoïsme et la lâcheté. Le philosophe Victor BROCHARD[f] a observé que, chez les *philosophes* anciens, la notion de Devoir est presque absente ; seule apparaît chez eux la notion du Bien conçu comme équilibre, harmonie, « beauté intérieure de l'âme ». L'idéal moral devient un idéal quasi *esthétique* : le sage antique « sculpte sa statue ». En tous cas, il ne s'agit pas, pour lui, de dépasser la nature, il s'agit de la « suivre » (*sequi naturam*), c'est-à-dire de s'intégrer à l'ordre universel. Cet idéal a certes sa noblesse, mais il nous paraît insuffisant aujourd'hui. Le Christianisme, avec le sentiment de la faute et la notion de l'infini, a apporté à la conscience humaine un élément nouveau : l'*inquiétude*. En un sens, « les scrupules, les luttes intérieures, le tourment d'une perfection indéfinissable sont l'opposé de l'harmonie et de la sérénité où le Grec place son idéal » (BOUTROUX[e]). Les conditions de la vie moderne font d'ailleurs qu'il nous est devenu difficile de nous reposer dans un idéal défini une fois pour toutes. Même les grandes âmes dont il a été question ci-dessus, n'ont-elles pas été souvent des âmes insatisfaites d'elles-mêmes, et la perfection à laquelle elles nous paraissent atteindre n'a-t-elle pas été, pour elles, encore insuffisante et susceptible d'être dépassée ? Tant il est vrai que la notion du Devoir, avec le caractère de *transcendance*, donc de dépassement qu'elle implique, est bien le complément nécessaire de celle du Bien. Les deux notions sont corrélatives (voir fig. 30) parce qu'elles expriment deux aspects inséparables et aussi essentiels l'un que l'autre de la moralité.

SUJETS DE TRAVAUX

Exercices. — 1. *Critiquer la formule de Durkheim* : « La morale commence là où commence la vie en groupe » (cf. § 147). — 2. *Citer des exemples d'application du second principe de la Morale kantienne* : « Agis de telle sorte que tu traites », etc... — 3. *Commenter cette réflexion de* RAUH : « L'intérêt social ne peut être un principe. Pour qu'il y ait intérêt social, il faut qu'il y ait une société. Il y a un devoir au moins dont l'explication échappe toujours à la morale de l'intérêt ; c'est le devoir d'être en société. » — 4. *Commenter cette réflexion de* Boutroux[e] : « Vivre sa vie, quelle qu'elle soit, être tout ce qu'on peut être, se développer en tout sens, au hasard, ne saurait être, aux yeux de la raison humaine, l'idéal ». — 5. *Étudier dans* Bergson[g], p. 84-86, *le rôle attribué par l'auteur à l'intelligence dans la vie morale* (*examiner notamment s'il n'y a pas, dans ce passage, confusion entre le* fondement *et* l'efficacité *de la morale*).

Exposés oraux. — 1. *L'ordre des rapports de perfection*, d'après Malebranche[a], tome I, chap. I-III. — 2. *Exposé plus complet de l'Utilitarisme* d'après Stuart Mill[c]. — 3. *L'idée romantique de la vie chez Guyau, Nietzsche et Bergson*, d'après René Berthelot, *Évolutionnisme et Platonisme*, Alcan, 1908, 2e partie (cf. du même, *Un romantisme utilitaire*, tome II, chap. V). — 4. *Morale du devoir et Morale du bien*, d'après Brochard .

Discussions. — 1. *Discuter cette opinion de R. Le Senne et les rapports qu'elle implique entre le bien et le devoir :* « Si le bien n'était que ce qui plaît, on ne verrait pas comment les hommes eussent été amenés à concevoir le devoir. » — 2. *Le bonheur comme idéal moral ?* — 3. *La véritable attitude morale est-elle la sérénité ou l'inquiétude ?*

Lectures. — *a.* Malebranche, *Traité de Morale* (1684), éd. Joly, Vrin éd., spéc. 1re partie, chap. I et II. — *b.* *Kant, *Fondement de la Métaphysique des Mœurs* (1785), introd. et trad. Victor Delbos, Delagrave. — *c.* *Stuart Mill, *L'Utilitarisme* (1861), classiques Hatier. — *d.* Guyau, *Esquisse d'une Morale sans obligation ni sanction* (1884), Alcan, 8e éd., 1907. — *e.* *Boutroux, *Questions de morale et d'éducation*, Delagrave, 1895, p. 1-98. — *f.* *V. Brochard, *La Morale ancienne et la Morale moderne*, dans *Études de philosophie ancienne et moderne*, Alcan, 1912, p. 489. — *g.* Alfred Espinas, *Descartes et la morale*, Bordas, 1925. — *h.* *Bersgon, *Les deux Sources de la Morale et de la Religion*, Alcan, 1923, chap. I. — *i.* Dupréel, *Traité de Morale*, Vrin, 1932, tome I, 1re partie. — *j.* *A. Cresson, *Le Problème moral et les Philosophes*, A. Colin, 1933. — *k.* Le Senne, *Traité de Morale générale*, P. U. F., 1942, p. 375-515. — *l.* *Fr. Grégoire, *Les Grandes Doctrines morales*, P. U. F., 1955. — *m.* G. Tanesse, *John Stuart Mill et l'Utilitarisme*, Privat, 1965.

chapitre XVIII

LA MORALE ET LA VIE PERSONNELLE
LA VERTU

SOMMAIRE

164. Principe et importance de la Morale personnelle. — En cherchant à déterminer les principes de la vie morale (§ 135, 147, 160, etc.), nous avons posé la *personne humaine* comme la valeur fondamentale. Il existe donc des **devoirs envers soi-même** en ce sens que l'individu a l'obligation d'actualiser cette valeur qui est virtuellement en lui et de s'élever de là à la condition de personne. Tel est le principe de la Morale personnelle. — Nous n'accepterons donc pas cette opinion du sociologisme : « Les devoirs de l'individu envers lui-même sont en réalité des devoirs envers la société » (Durkheim[e] ; — confronter cependant la citation de l'*Exercice 6*). Sans doute, la personnalité ne se développe et ne se réalise pleinement que grâce à la vie en société : même le sage ou le religieux qui se retirent du monde pour s'adonner à la méditation ou à la vie contemplative, utilisent une tradition spirituelle, un système de croyances, etc., qui leur ont été transmis par la société. Comme on l'a vu au § 91, la solitude même peut être communauté. Mais ici la société est plutôt *moyen* que *fin*, puisque, comme il a été dit § 147, la société elle-même ne vaut que dans la mesure où elle est l'*instrument du développement spirituel* de l'homme. Il convient d'ailleurs de remarquer que, par suite de ce mouvement d'***individualisation*** des sociétés modernes que nous avons observé à plusieurs reprises, beaucoup de tâches sociales qui autrefois incombaient aux groupes comme tels, incombent aujourd'hui à l'individu. Autrefois, on mariait d'autorité les enfants, les filles surtout ; aujourd'hui la liberté du choix est reconnue : mais les enfants assument de ce fait une responsabilité qu'ils n'avaient pas à endosser jadis ; car le choix d'un conjoint et la fondation d'une famille sont choses graves. Autrefois, la profession était le plus souvent héréditaire et le fils continuait presque nécessairement le métier du père ; aujourd'hui chacun doit choisir sa voie ; or, selon Pascal, « la chose la plus importante à la vie est le choix du métier ». Autrefois, la structure politique était autoritaire et l'individu n'était guère consulté ; aujourd'hui les États démocratiques font appel au suffrage de tous ; et l'individu endosse de ce fait une responsabilité nouvelle, ne serait-ce que par le choix de ses représentants. Et l'on pourrait multiplier les exemples. C'est pourquoi la ***valeur morale*** de la personnalité individuelle est devenue, même du point de vue social, plus importante que jamais. « Le bon citoyen de la cité moderne doit avant tout être lui-même une personne » ; car « tout ce qui contribue à l'affermissement de la raison, à l'enrichissement de l'esprit, à l'endurcissement de la volonté, contribue aussi au progrès de la cité » (Bouglé[d]).

165. La Vertu. — Cette valeur morale du sujet, lorsqu'elle est constante et confirmée, s'appelle la ***vertu.*** *A.* Comme l'indique l'étymologie (latin : *virtus*, et ancien sens du mot : « les vertus des corps »), la vertu est d'abord ***force,*** mais, comme le dit Renouvier[b], « force renfermant réflexion, délibération et liberté, possession de soi, direction de soi » ; c'est « l'activité devenue un état et comme quelque chose de passif » dans l'agent moral. Cette *force* de la vertu ne se manifeste pas seulement dans la lutte contre les passions et contre la domination des instincts. Le sage, dit Descartes, tâche plutôt à « se vaincre lui-même que la fortune et à changer ses désirs que l'ordre du monde » ; mais il cherche aussi à « faire de son mieux touchant les choses qui lui sont extérieures ». Ainsi, la vertu se manifeste aussi bien dans la rectitude de la volonté agissante qui ne se laisse pas détourner de son but par les circonstances, que dans la maîtrise de soi et l'harmonie intérieure : la vertu véritable est *efficiente.* D'où, comme on le verra, l'importance primordiale du *courage.* — *B.* Cette force est une force ***ordonnée*** : elle est soumise à l'ordre des *valeurs.* C'est en ce sens que Malebranche[a] a pu dire que « l'amour de l'Ordre n'est pas seulement la principale des vertus morales, c'est l'unique vertu ; c'est la vertu mère, fondamentale, universelle ». L'Ordre est en effet hiérarchie de perfections (§ 161 *B*) : et l'action vertueuse est celle qui respecte cette hiérarchie. — *C.* La vertu est aussi ***générosité,*** non au sens vulgaire de libéralité, mais au sens que Descartes donne à ce terme dans son *Traité des Passions.* Cette vertu de « générosité » qui, dit-il, est « comme la clef de toutes les autres vertus », est celle qui fait « qu'un homme s'estime au plus haut point qu'il se peut légitimement estimer » ; et elle consiste, « partie en ce qu'il connaît qu'il n'y a rien qui véritablement lui appartienne que la libre disposition de ses volontés » — car il n'y a en nous qu'une chose qui puisse nous donner juste raison de nous estimer, à savoir précisément l'usage de notre liberté — et « partie en ce qu'il sent en soi-même une ferme et constante résolution d'en bien user ». Autrement dit, la vertu étant une force *ordonnée sur le plan de la valeur*, elle est d'abord respect et estime de cette valeur qui est en nous : la *volonté libre*, expression de notre personnalité spirituelle, et, par suite, de notre *dignité* propre. Ainsi que le remarque encore Descartes, cette « générosité » est également éloignée de l'*orgueil*, qui consiste à s'estimer pour d'autres raisons, quelles qu'elles soient, que celle de cette dignité de la personne, et de l'*humilité vicieuse* qui consiste à se sentir « faible ou peu résolu » comme si on n'avait pas l'usage de sa liberté et à se mettre ainsi dans la dépendance des choses extérieures. — *D.* Enfin la vertu est *constance, persévérance* : elle est l'***habitude du bien.*** Un acte exceptionnel, si héroïque, si admirable soit-il, ne suffit pas à la constituer : « Une hirondelle, dit à ce propos Aristote, ne fait pas le printemps. » La vertu est une *disposition permanente,* d'ailleurs en grande partie acquise : c'est la volonté confirmée dans la moralité.

Parmi les vertus particulières, on peut distinguer : la ***vertu de la volonté*** qui est le *courage,* — la vertu de l'intelligence qui est la *sagesse* ou *prudence,* — et la vertu de la sensibilité qui est la *tempérance*[1].

166. Le Courage. — Le courage peut se présenter sous bien des aspects : quant à sa matière, quant à sa forme et quant à sa source. — *A.* Quant à sa *matière,* on peut distinguer : 1° le ***courage physique*** qui consiste, soit dans le goût de l'effort physique, soit à savoir supporter la souffrance, soit dans le mépris du danger et de la mort

1. Ce sont à peu près les « vertus cardinales » telles que les distinguaient les Anciens. Platon y ajoutait la *justice,* mais au sens large, définie comme l'harmonie des fonctions hiérarchisées selon leur valeur : c'était donc la vertu elle-même en tant que respect de l'Ordre.

(le courage militaire n'en est qu'une forme spéciale) ; — 2° le ***courage intellectuel*** qui est, soit le courage de *rechercher* la vérité, soit celui de *s'avouer* à soi-même la vérité quand elle nous déplaît, soit enfin celui de la *dire* ; il y aurait beaucoup à remarquer surtout sur la première forme : on confond souvent la recherche de la vérité avec celle de la certitude ; c'est une grave erreur : le besoin de certitude est « l'instinct de conservation de la conscience qui veut persévérer dans son être et qui répugne aux aventures de la pensée » ; il faut précisément du courage pour renoncer à la quiétude que nous apporte cet état et pour se mettre à chercher ; car « on a peur de sa peine ; on aime mieux ne pas savoir que de chercher à savoir, ne pas comprendre que de chercher à comprendre ; on répugne à l'effort intellectuel au lieu d'y trouver sa joie » (Goblot) ; — 3° le ***courage proprement moral*** : d'une façon générale, c'est déjà un acte de courage que d'accepter consciemment l'existence avec toutes ses obligations, avec ses joies sans doute, mais aussi avec ses épreuves et ses sacrifices éventuels ; c'est encore la puissance de la volonté qui ne capitule pas devant les sollicitations de la paresse ou de la sensualité ; c'est le courage de reconnaître ses torts quand on en a eu ; c'est enfin le courage de persévérance qui consiste à ne pas se laisser rebuter par les échecs.

B. Quant à sa *forme*, le courage peut être : 1° (du moins en apparence) ***passif*** : c'est alors le courage d'*endurance*, de *patience*, de *fermeté*, celui du soldat qui « tient » sur place, au poste qui lui a été assigné ; — 2° ***actif*** lorsqu'il *s'extériorise en actes* : par exemple le courage du soldat qui part à l'assaut. Il y a un *courage du devoir journalier* qui relève à la fois de l'un et de l'autre.

C. Quand à sa *source*, il y aurait : 1° un ***courage de tempérament*** qui est *spontané*, *irréfléchi* : il peut même parfois résulter de l'ignorance ou de l'inconscience du danger ; la *bravoure* instinctive confine parfois à la *témérité* ; — 2° un ***courage de caractère*** qui est *réfléchi* et *volontaire* : c'est de celui-ci qu'on a dit que le courage ne consiste pas à ne pas avoir peur (la peur est, en certaines circonstances, une réaction émotive naturelle), mais à dompter sa peur ; on connaît le mot de Turenne : « Tu trembles, carcasse, mais si tu savais où je vais te mener tout à l'heure, tu tremblerais bien davantage. »

La valeur morale du courage varie beaucoup selon que l'on considère telle ou telle de ces formes. Le courage vaut surtout : 1° en tant qu'***affirmation de soi,*** de la valeur personnelle : c'est pourquoi le courage de caractère est bien supérieur au courage de tempérament ; de même, le courage dit « passif » est souvent supérieur au courage dans l'action, parce qu'en réalité il réclame plus d'effort que celui-ci et est en même temps plus durable. En ce sens, on peut soutenir que *toute vertu est courage*, car elle exige toujours cette affirmation de soi et cet effort de la volonté[1] ; — 2° en tant que ***dévouement à une valeur qui dépasse l'individu.*** En ce sens encore, toute vertu est courage ; car elle est la reconnaissance d'une transcendance (§ 128 *A* et 229). De là l'importance morale du courage devant la mort, par exemple chez le soldat : car il implique l'acceptation du sacrifice total au service d'une valeur, la Patrie.

167. Le Problème du Suicide. — Nous avons remarqué que c'est déjà un acte de courage que d'*accepter la vie* avec toutes les obligations qu'elle nous impose. Le suicide, au contraire, semble être la fuite devant ces obligations, et c'est pourquoi les moralistes se sont le plus souvent montrés extrêmement sévères à son égard. On est allé jusqu'à dire que « le suicide est à la fois une sottise, une désertion et un crime ». C'est oublier bien légèrement que les Stoïciens qui furent les moralistes les plus austères de l'antiquité admettaient le suicide dans certaines conditions et que, durant la seconde guerre mondiale, sous l'occupation allemande, certains « résistants » ne trouvèrent pas d'autre moyen pour échapper, non pas à la torture, mais au risque de dénoncer leurs camarades, que de se donner eux-mêmes la mort. On ne saurait non plus omettre ce fait que, dans ce qu'on a appelé « l'univers concentrationnaire », il existe des procédés capables de venir à bout des volontés les mieux trempées et qui aboutissent à une véritable déchéance de la personne. Peut-on, en conscience, si l'on admet que la vie individuelle n'est pas tout, condamner ceux qui se refusent à une telle déchéance? Tout ce que l'on peut dire, c'est qu'alors il s'agit bien moins d'un suicide que d'un homicide sciemment perpétré par autrui et que la responsabilité de l'acte n'incombe plus à la victime, mais aux bourreaux[2]. — Reconnaissons d'ailleurs qu'il s'agit ici de circonstances exceptionnelles. Il est bien vrai que, *dans l'immense majorité des cas*, le suicide est une ***abdication de la volonté.*** Les statistiques (enquêtes de Durkheim, Halbwachs, etc. : t. I, § 298 *C*) prouvent que l'élévation du taux des suicides va de pair avec l'*affaiblissement des cohésions sociales*, la *désintégration des groupes*, le *rejet par l'individu de ses obligations envers la collectivité*

---

1. Bien entendu, ici comme partout, la volonté doit être éclairée et, pour avoir valeur morale, doit être unie à l'intelligence. Autrement, le courage pourrait être mis au service du mal.

2. L'Église elle-même qui prohibe le suicide dans tous les cas, a mis sur ses autels sainte Pélagie qui, en 306, se jeta du haut de sa maison pour éviter d'être déshonorée par des soldats qui la poursuivaient. Cf. l'article de Maurice Van Vyve, *La mort volontaire*, dans la *Revue Philosophique de Louvain*, février 1951, où l'on trouvera une assez vive critique des arguments traditionnels contre le suicide.

(diminution de la natalité, augmentation des divorces, etc.). C'est lorsque l'individu perd le sentiment de ses attaches sociales ou bien lorsqu'il en a été frustré, qu'il se dégoûte de la vie. C'est pourquoi ROUSSEAU, s'adressant dans *La Nouvelle Héloïse* au « jeune insensé » que tente le suicide, a raison de dire : « Chaque fois que tu seras tenté de sortir de la vie, dis en toi-même : " Que je fasse encore une bonne action avant que de mourir ! " Puis va chercher quelque indigent à secourir, quelque infortuné à consoler, quelque opprimé à défendre... Si cette considération te retient aujourd'hui, elle te retiendra encore demain, après-demain, toute ta vie. » En ce sens, le suicide est bien, *dans la plupart des cas*, le fruit de l'égoïsme. Rien d'étonnant s'il est aussi, en pareil cas, un fléchissement de la volonté. Il est certain en effet que la volonté a des composantes sociales. Dépouillée de ces composantes, elle ne trouve plus la force de résister aux échecs, aux déceptions, au sentiment des fautes commises, qu'elle devrait au contraire s'efforcer de réparer.

168. La Sagesse. — La *sagesse*, encore appelée par les anciens moralistes la *prudence*, est la ***vertu de l'intelligence.*** Après ce que nous avons dit de la Philosophie en tant que sagesse (voir tome I, § 10) et du rôle indispensable de la *Raison* dans l'expérience morale (§ 132 *fin*), il est inutile d'insister longuement sur l'importance proprement morale qu'il y a pour nous à *cultiver notre intelligence*, à la maintenir *lucide* et capable de *voir clairement le but et les moyens de l'atteindre.* — Mais il nous faut examiner une opinion de RENAN qui semble faire de la vertu quelque chose d'absolument *irrationnel*, non pas une « sagesse », mais une folie : « La signification transcendante de l'acte vertueux, écrit Renan, est justement qu'en le faisant, on ne pourrait pas bien dire clairement *pourquoi* on le fait. Il n'y a pas d'acte vertueux qui résiste à l'examen. Le héros, quand il se met à réfléchir, trouve qu'il a agi comme un être absurde, et c'est justement pour cela qu'il est un héros. » Cette opinion n'est pas sans rapport avec certaines idées contemporaines d'une liberté sans justification et de valeurs créées arbitrairement par l'homme. C'est pourquoi elle mérite d'être examinée. Écartons d'abord le cas de l'*héroïsme* qui est tout différent de celui de la *vertu* et que nous étudierons plus loin : le tort de Renan est en effet de simplifier abusivement la question en ramenant la moralité à un type unique, alors qu'il est peut-être nécessaire d'y distinguer différents plans et différents styles, ce qui explique l'*apparence* d'irrationalité de certains actes. L'action humaine peut en effet être ordonnée *de différents points de vue* qui n'ont pas la même valeur et ne sont même pas tous spécifiquement moraux.

Nous avons vu (§ 138) que la simple notion du *bonheur* ou de l'*intérêt* peut introduire quelque unité dans la conduite et permettre de dépasser le pur désordre et la pure impulsivité. Or on peut déjà remarquer que l'égoïste conscient qui, par une « sagesse » ou une « prudence » *purement utilitaires*, se refuse certains plaisirs, ou plus encore l'homme d'affaires qui, mû uniquement par la notion de l'intérêt (et plutôt parfois celui de l'entreprise qu'il dirige que le sien propre), peine sans trêve et mène une vie austère et sans joie, seront l'un et l'autre jugés « absurdes » par le bon sens vulgaire : « Il est absurde, riche comme il est, dira-t-on par exemple du second, de ne pas se donner du bon temps. » — Un décalage se produira encore lorsqu'on passera du plan *utilitaire* au plan proprement *moral*. En introduisant la notion de *valeur*, le jugement moral se situe, nous l'avons déjà dit bien souvent, dans une tout autre perspective que celle du bonheur empirique ou de l'intérêt bien entendu. Sans être le moins du monde irrationnelle, cette notion de valeur implique de tout autres points de vue que ceux de la raison calculatrice. Aussi l'honnête homme, par exemple, qui refuse par probité ou par simple délicatesse un avantage qui lui est offert, mais qu'il ne pourrait accepter sans risquer de léser quelqu'un, sera-t-il jugé « absurde » par ceux qui ne reconnaissent d'autre loi de la conduite que celle de l'intérêt. Remarquons toutefois qu'il ne s'agit nullement ici d'une *irrationalité* essentielle, mais plutôt *d'un point de vue supérieur qui se substitue à un point de vue trop étroit et trop mesquin.* Comme l'a écrit MÆTERLINCK, « le propre de la véritable sagesse est de faire mille choses que la raison n'approuve pas *ou n'approuve qu'à la longue.* C'est ainsi que la sagesse a dit un jour à la raison qu'il fallait rendre le bien pour le mal et aimer ses ennemis. La raison a fini par l'admettre ». — Nouveau décalage enfin lorsqu'on passe de la *moralité courante*, celle du simple « honnête homme », à la *moralité confirmée*, celle de la *vertu* ou de la *sagesse* proprement dite. Ici encore certaines apparences d'irrationalité peuvent se produire : 1° d'abord, parce que, sans aller jusqu'à l'automatisme, la moralité est devenue en ce cas une « seconde nature » et que l'homme vertueux n'a pas besoin d'avoir sans cesse présents à l'esprit les motifs de sa conduite ; 2° ensuite, parce que ces raisons qui, en réalité, ont été clairement pensées au début (tandis que le simple « honnête homme » n'a pas toujours entièrement élucidé les principes ultimes de sa conduite), sont *d'un ordre supérieur à celles de la moralité courante* : pour le sage, c'est toute une conception métaphysique de l'univers ; pour le saint (ou le croyant vertueux), c'est une foi qui, sans nécessairement contredire la raison, la dépasse ; 3° enfin, parce que cette moralité confirmée, intervenant dans *tous les actes* de la vie, dépasse encore sur ce point la moralité courante qui, il faut bien l'avouer, n'intervient qu'*épisodiquement*, à propos de quelques actes particulièrement importants, dans notre vie. D'où l'impression que pourra avoir même l'honnête homme que cette vertu supérieure « exagère » (intransigeances d'Alceste, impassibilité du sage antique et son indifférence à la douleur, ascétisme du saint et son souci d'une perfection infinie, etc.). Cette différence de point de vue peut aller jusqu'à l'opposition : telle est la vertu qui ne se préoccupe pas (« pas assez », dira la conscience moyenne) du qu'en-dira-t-on ; tels sont le sage qui n'a en vue que la « tranquillité de l'âme », le saint qui, comme Polyeucte, se sent dégagé des devoirs ordinaires d'ici-bas. Ici encore cependant, il est évident que « l'absurdité » d'une telle conduite est toute relative. L'homme vertueux, le sage, le saint ne sont jugés « absurdes » que par ceux qui demeurent placés aux plans inférieurs, et ils se jugeront peut-être tels eux-mêmes si, dans un instant de découragement ou d'*acedia*[1], ils y retombent momentanément. Mais, plus que partout ailleurs, le jugement de Renan paraît ici grossièrement exagéré : ce qui caractérise la vertu, la sagesse, la sainteté même, c'est précisément une *sérénité* telle qu'en général elles ne doutent pas de leur idéal qui est, à leurs yeux, le seul « raisonnable ». On verra d'ailleurs (§ 170) qu'elles peuvent tomber ainsi dans certaines exagérations qui sont de véritables « pastiches de la vertu ».

169. La Tempérance. — La tempérance est la ***vertu de la sensibilité.*** Mais il y a lieu de l'étudier : *A.* par rapport à la sensibilité physique ou *sensualité* ; *B.* par rapport à la *sensibilité morale.* — *A.* Du premier point de vue, la tempérance consiste dans la modération à l'égard des besoins et des plaisirs de la vie corporelle. Ce n'est pas, toutefois, qu'il y ait lieu d'*opposer la vie morale à la vie du corps*, comme on l'a fait trop souvent. L'homme n'est pas un pur esprit, un « ange », et l'on sait assez comment Pascal a jugé ceux qui y prétendent. Il faut prendre l'homme dans son état réel de « composé humain », en tant qu'être à la fois spirituel et corporel. Il n'y a donc pas lieu de mépriser le corps. Bien au contraire, le *respect du corps* est un des éléments du respect de soi-même, et nous savons d'ailleurs qu'un état physique normal est la condition d'une intelligence vive et lucide, d'une volonté énergique et d'une sensibilité équilibrée. En ce sens, on pourrait presque dire qu'il existe un devoir d'être en bonne santé, dans la mesure bien entendu où cela dépend de nous. Mais, d'autre part, certains instincts physiques, violents et envahissants par nature, exigent

---

1. Sorte de sécheresse et de désespoir qui s'empare quelquefois de l'âme du mystique et que l'on rangeait, au moyen âge, au nombre des péchés capitaux.

une ***discipline*** sévère, sans laquelle l'*empire sur soi-même* est impossible. Si l'on en croit la Psychanalyse, ces instincts comportent d'ailleurs des composantes agressives : la haine se cacherait sous l'amour, même le plus normal, lorsqu'il demeure à l'état instinctif. Une *purification*, une *humanisation* des instincts naturels est donc indispensable. — Ici se poserait la question de l'***ascétisme.*** On a souvent entendu par là la recherche de la douleur pour la douleur, les privations, les austérités, les mortifications érigées en fin en soi ; et il n'est pas douteux que, chez certains ascètes, on ne rencontre parfois de telles déviations. Cette interprétation n'en est pas moins une erreur. L'*algophilie*[1], comme telle, est un phénomène pathologique, que l'on ne constate guère que chez les névrosés. La douleur, s'accompagnant toujours d'une dépression, d'une moindre vie, va contre la nature et ne peut être tenue pour bonne que par ceux qui considèrent la moralité sous une forme purement négative, comme une mutilation et non comme une expansion de la vie. En réalité, l'ascétisme authentique, conformément d'ailleurs à l'étymologie du terme[2], est un « exercice » qui n'est qu'un *moyen* en vue d'une élévation à un plan supérieur. Dès qu'on admet que la vie morale, sans être, comme on le dit parfois, *contraire* à la nature, la *dépasse* cependant et se situe au-dessus du plan des instincts et des tendances naturelles comme la *valeur* se situe au-dessus du simple *fait*, on est amené à admettre un minimum de renoncement et de mortification *comme conditions indispensables de cette accession à un niveau plus élevé.* A plus forte raison en est-il ainsi du point de vue religieux. Non que, même du point de vue chrétien, « le fait de souffrir, de par sa nature, puisse rapprocher de Dieu » : une telle conception, assure SCHELER[a], « est infiniment plus hellénique et néo-platonicienne que chrétienne ». Mais, ici plus encore que sur le plan de l'action purement morale, l'ascétisme constitue *une technique d'élévation spirituelle* : il a pour but « d'apprendre à l'homme à supporter le sacrifice de ses biens et de son bonheur à seule fin de le faire quand l'amour l'exige ». Il n'isole donc pas de la communauté, il y ramène, puisque « les vertus dites passives du dévouement, de la patience et de l'humble acceptation de la souffrance demeurent subordonnées aux vertus actives de l'amour agissant » (SCHELER). Loin d'ériger la douleur en fin, l'ascétisme véritable aboutit ainsi à une *joie* supérieure. BOSSUET écrivait à une de ses pénitentes : « Ma sœur, soyez en joie ; là est tout le secret de la vertu. »

B. Mais ce n'est pas seulement sous la forme de la sensualité que

1. Du grec *algos*, douleur, et *philia*, amour : amour de la douleur.
2. Du grec *askein*, s'exercer.

la sensibilité demande à être gouvernée et purifiée : c'est aussi sous celle de l'*émotivité*. Sans doute, de même qu'il est légitime d'user des plaisirs du corps dans de certaines limites et sous des formes qui ne nous dégradent point, de même la littérature et l'art offrent, par exemple, à nos sentiments des occasions de s'épancher, qui, pour être artificielles, n'en sont pas moins licites : les Anciens disaient que la tragédie excite la terreur et la pitié. Mais, de même qu'il y a une intempérance des sens, il y a ***une intempérance du cœur,*** et la vertu exige ici aussi une certaine modération. Il existe un goût des émotions fortes qui fait appel à ce qu'il y a de plus trouble dans notre sensibilité et nos instincts.

PLATON raconte, au IVe livre de la *République*, qu'un Athénien, revenant un jour du Pirée en suivant les Longs Murs, aperçut de loin des cadavres exposés sur le gibet et qu'il sentit à la fois un violent désir de s'approcher pour les voir et une crainte mêlée d'horreur pour un pareil spectacle. « Il résista d'abord et se cacha le visage ; mais, cédant enfin à la violence de son désir, il courut vers ces cadavres, ouvrit les yeux tant qu'il put et s'écria : « Hé bien, malheureux ! repaissez-vous de ce beau spectacle ! » Les Grecs ont appelé *hybris* (violence) cette outrance dans la sensibilité, et ils l'ont sévèrement condamnée comme contraire à cet équilibre de l'âme qui était leur idéal.

De nos jours, la littérature cultive trop souvent cette émotivité grossière, et elle se trouve malheureusement appuyée par une philosophie d'inspiration romantique qui, exagérant délibérément le tragique de la condition humaine, exploitant les vues les plus noires de la Psychanalyse sur les dessous de notre nature, prend pour thèmes de prédilection l'angoisse et le désespoir. Certes, il est bien vrai, nous l'avons dit (§ 163), qu'il existe en nous une *inquiétude* devant la destinée : saint AUGUSTIN avait déjà parlé de cette « inquiétude » du cœur humain et MALEBRANCHE y a consacré une des plus belles pages de sa *Recherche de la Vérité*, mais il y voyait plutôt une imperfection de la volonté, qui est sans limites et qui cherche dans les objets d'ici-bas une satisfaction qu'elle ne pourrait trouver que dans le Bien infini. Aujourd'hui au contraire, cette inquiétude devient une parure (ou une parade) et, comme ce terme d'*inquiétude* ne paraissait pas suffisant, on l'a grossi en celui d'*angoisse* : « Les philosophes contemporains, écrit L. LAVELLE, après s'être quelque temps complu dans l'inquiétude, se servent aujourd'hui du mot *angoisse* pour désigner cette conscience de notre destinée personnelle. » On est allé jusqu'à faire de l'angoisse « une émotion essentiellement humaine » qui s'expliquerait par le principe freudien de « l'ambivalence fondamentale » de nos instincts (J. BOUTONIER), et certains, sous l'influence de S. KIERKEGAARD, l'ont érigée en attitude métaphysique[1]. Or, si l'inquiétude est normale et moralement salutaire, si même on peut admettre, avec R. LE SENNE[h], que l'éducation morale consiste, en grande partie, à « inquiéter » la conscience (cf. § 88), l'angoisse est un phénomène pathologique (voir § 36 *C*) : K. GOLDSTEIN l'a observée chez les blessés du cerveau, et Pierre JANET y voyait « un sentiment caractéristique des états mélancoliques » qui consiste essentiellement en une phobie de l'action ; à la limite, elle amène, disait-il, « l'idée de la mort et les tentatives de suicide ». Loin de cultiver en nous de tels sentiments qui peuvent nous mener au dégoût de la vie, — et c'est déjà les cultiver que de les proclamer normaux, — nous devons y voir une corruption de l'inquiétude morale[2] et nous efforcer de réaliser en nous le même équilibre quant à notre sensibilité morale qu'à l'égard de notre sensibilité physique.

170. Les pastiches de la vertu. — Chacune des vertus que nous avons essayé de définir, ne représente *qu'un aspect* de l'idéal moral. Si on les isole et les pousse à la limite, on aboutit à des pastiches de la vertu qui sont toujours à quelque degré des *attitudes de mauvaise foi.*

A. Le pastiche du courage est la ***témérité*** morale. On connaît le mot de Guillaume le Taciturne : « Il n'est pas nécessaire d'espérer pour entreprendre ni de réussir pour persévérer. » Belle maxime d'homme d'action, mais qui peut être dangereuse du point de vue moral. N'est-il pas nécessaire, de ce point de vue, d'éviter de s'exposer à des échecs ou à des dangers que notre volonté ne pourra peut-être pas surmonter et qui nous laisseront découragés ou diminués ? Le téméraire est précisément celui qui, sous prétexte de courage moral, « ne se mesure point » et, comme certain personnage de La Bruyère, « entreprend au-dessus de son pouvoir, désire au delà de sa portée ». C'est aussi celui qui, sous prétexte de courage intellectuel, affirme brutalement ses opinions ou même ses croyances, sans égard pour celles d'autrui et sans songer qu'une attitude morale est souvent faite de nuances et que c'est un devoir de « ne point scandaliser ».

La témérité morale peut être poussée jusqu'au ***cynisme.*** Il ne faut

1. W. FAULKNER a dit à propos des écrivains de la jeune génération : « L'angoisse qu'ils expriment n'est pas psychique : elle est uniquement physique. Leurs œuvres ne relèvent plus que des reins et des glandes... » Les philosophes endossent donc une grave responsabilité lorsque, sous le nom d'*angoisse*, ils confondent cet état émotif avec l'inquiétude métaphysique.

2. On a voulu parfois couvrir cette attitude d'un manteau de christianisme (notion de la faute, sentiment de culpabilité, etc.). En réalité, il y a là une déformation pessimiste qui est beaucoup plus calviniste ou janséniste qu'authentiquement chrétienne.

pas nécessairement prendre ce terme au sens péjoratif[1]. Le cynisme n'est pas immoral en soi. Au contraire, dans l'histoire de la philosophie grecque, le Cynisme s'est affirmé d'abord comme une exagération intransigeante du moralisme de Socrate. C'est par souci de moralité que le cynique en vient au « mépris des conventions sociales, de l'opinion publique et même de la morale communément admise » (LALANDE). Le cynique est un individualiste qui rejette les obligations de la vie en société et refuse de reconnaître les déterminations inévitables (§ 135) des valeurs. C'est aussi un orgueilleux qui pousse le courage jusqu'à la bravade et même à la provocation.

B. Le pastiche de la sagesse est le **fatalisme.** C'est une attitude de résignation passive qui, sous prétexte de lucidité, affecte de ne pas croire, sinon aux valeurs elles-mêmes, du moins à leur possibilité de réalisation. « Le fataliste qui fait corps avec l'ordre fatal du monde, considère comme la sagesse suprême de se conformer à lui, en esprit et en intention. » Pour lui, « l'*action* transformatrice et créatrice est impossible » (R. POLIN[1]). Se couvrant parfois d'une attitude de désabusement et de fausse humilité, invoquant au besoin des justifications philosophiques (§ 218), il en vient à une acceptation sans courage de tout ce qui est, en alléguant notre impuissance à y changer quoi que ce soit. Pratiquement, il aboutit à une abdication de la conscience devant le réel.

Poussé plus loin encore, le fatalisme deviendrait le **nihilisme** qui va jusqu'à nier les valeurs elles-mêmes. C'est donc l'« état de l'esprit auquel manque la représentation d'une hiérarchie de valeurs, qui se pose la question *à quoi bon ?* et n'y peut répondre » (LALANDE). « En répudiant toutes les valeurs reçues, les hiérarchies de fins, les ordres de normes, il s'efforce d'anéantir toutes les axiologies données et d'adopter une attitude révolutionnaire. Mais le nihiliste prétend retirer à la négation révolutionnaire sa portée constructive et créatrice ; il veut anéantir sans dépasser » (POLIN). Peut-être cependant faut-il distinguer ici, avec NIETZSCHE dans sa *Volonté de puissance*, le nihilisme actif qui est « force violente de destruction » et qui pousse la négation jusqu'à l'*action* gratuite, du « nihilisme fatigué qui n'attaque plus rien » et qui, se contentant de nier les valeurs *en pensée*, se rapproche pratiquement d'une sorte de fatalisme amer et désespéré.

---

1. A. LALANDE (*Vocabulaire*) observe que le terme a presque toujours cette acception péjorative. Au contraire, R. POLIN[1] le prend en un sens plutôt favorable : « Le propre du cynique, écrit-il, c'est d'être une conscience réfléchie, lucide, de lui-même et de son aptitude à se transcender librement. L'invention du nouveau est un acte cynique. »

C. Le pastiche de la tempérance est le ***pharisaïsme***. Ce qui domine en effet dans le pharisaïsme, c'est le souci de la « pureté » morale. C'est l'attitude de ceux qui se prétendent les plus respectueux des valeurs, mais qui, tels les Pharisiens dont nous parle l'Évangile, s'absorbent dans le respect scrupuleux, mais formel de la règle, refusent toute compromission et toute concession et en viennent ainsi à sacrifier l'esprit pour la lettre. Le souci de pureté mène alors à la crainte de se « salir les mains » et au refus hypocrite de toute action concrète. C'est ici que l'orgueil est à son comble, mais en un sens tout opposé au cynisme : le cynique met son orgueil à s'opposer aux normes admises ; le pharisien, tout au contraire, s'enorgueillit de son conformisme et de son observance scrupuleuse des conventions établies, dont il fait autant d'absolus.

Par là, le pharisaïsme est tout près du ***fanatisme*** moral. « Intolérant, passionné pour le triomphe de sa foi, insensible à toute autre chose, prêt à employer la violence pour convertir ou pour détruire ceux qui ne la partagent pas » (LALANDE), le fanatique est, comme l'a dit G. SANTAYANA (1863-1952), « celui qui redouble ses efforts quand il a oublié ses buts ». Chez lui, en effet, la lettre a définitivement remplacé l'esprit. Sa moralité est « une moralité de seconde main » (Santayana) qui prétend imposer des règles dont il ne connaît plus la raison d'être et qui refuse passionnément ce qu'il peut y avoir de sincère et de vrai dans tout idéal autre que celui qui le possède. Il prétend souvent faire le bonheur d'autrui malgré lui et contre lui et, cherchant à établir son despotisme sur les esprits, il nie par son attitude ce qui est l'essence même de la vie spirituelle : l'aspiration spontanée et la libre adhésion. Ici la tempérance dégénère en intempérance morale, en *hybris* de la moralité.

171. Vertu et Héroïsme. — Ces considérations nous montrent qu'il ne faut pas confondre la vertu avec ce qui n'est pas elle. Il ne faut pas, notamment, confondre (comme le fait Renan dans le passage cité § 168) la vertu avec l'héroïsme. Il y a là deux formes très différentes de l'action morale, qui non seulement se distinguent, mais peuvent même parfois s'opposer. *L'acte héroïque* est un acte ***exceptionnel*** et qui dépasse, semble-t-il, les normes ordinaires du devoir ; il implique, selon l'expression d'A. LALANDE[1], des « valeurs supra-normales ». Il s'oppose donc à cette *constance* dans le devoir, à cette *habitude* du bien qu'est la vertu et qui est obéissance aux règles morales ordinaires. Ce n'est pas sans danger. Mais il y a lieu, semble-il, de distinguer deux cas. *A*. Ou bien l'héroïsme est pure *exaltation passionnelle*, pure *impulsion vitale*. Il est alors bien proche de l'*hybris* dont nous parlions ci-dessus et il peut être mis au service du mal comme du bien : on peut se battre héroïquement au service d'une mauvaise cause, ce qui est souvent le cas du fanatisme. Même s'il sert des valeurs authentiques, l'héroïsme ne garantit nullement le respect des autres valeurs : on peut être un « héros » en certaines circonstances et n'être par ailleurs ni un homme vertueux ni même un homme bien recommandable (l'héroïsme des « têtes brûlées »). Au reste, le héros se sent « hors de l'ordre commun », et c'est pourquoi il a parfois quelque dédain pour les règles morales ordinaires. Déjà, après la première guerre mondiale, G. Belot, dans un livre sur *la Conscience française et la guerre*, avait signalé « combien il s'en faut que l'héroïsme [sous la forme, notamment, de l'héroïsme guerrier] coïncide avec les vertus essentielles de la vie normale », et ce serait méconnaître un des drames les plus douloureux de notre époque que d'oublier combien difficilement, après la seconde, certains combattants ou résistants héroïques se sont réadaptés à la vie sociale du temps de paix. Osons même constater que certaines formes d'héroïsme (qui sont pourtant bien de l'héroïsme puisqu'elles impliquent abnégation, don de soi, mépris de la mort) renferment quelques éléments impurs : goût immodéré du risque, affranchissement à l'égard des règles de la vie commune, etc. De cet héroïsme-là, mais de celui-là seulement, on peut dire qu'il est totalement *irrationnel*, parce qu'il est pure passion. — *B*. Ou bien l'héroïsme est un don spontané de soi ***à certaines valeurs.*** Certes, ce don n'est pas toujours réfléchi ni délibéré. Guyau raconte l'acte, « absurde » si l'on veut, de ces ouvriers d'un four à chaux qui, un de leurs camarades étant resté asphyxié au fond du four, s'y précipitèrent l'un après l'autre pour le sauver, mais sans prendre aucune précaution, et y restèrent à leur tour. Guyau lui-même remarque : « Le sentiment d'obligation morale et de solidarité humaine avait perdu *en apparence* sa base rationnelle », et il rapporte cette réponse d'un survivant : « Mes compagnons se mouraient *il fallait* y aller. » Si irréfléchi que soi l'acte, si inutile le sacrifice, il est donc tout à fait faux, même en ce cas, de prétendre, comme le fait Renan, que l'auteur de l'acte héroïque « ne sache pas dire clairement pourquoi il le fait ». Il y avait une idée claire dans l'esprit de ces hommes : c'était celle du *Devoir*. Il est d'ailleurs bien d'autres cas où le sacrifice n'apparaît plus comme inutile ni sans justification : il en est ainsi du patriote qui va peut-être à une mort certaine, mais qui sait parfaitement qu'il se dévoue *pour sa patrie* ; il en est ainsi du martyr qui accepte les tortures (qu'il pourrait peut-être éviter d'un mot ou d'un geste) pour témoigner *en faveur de sa foi*, etc. Il est donc excessif de dire, en pareils cas, que « le héros, quand il se

	INSPIRATION	STYLE	ATTITUDE envers LA NATURE	ATTITUDE envers LA SENSIBILITÉ	ATTITUDE envers AUTRUI	DÉSINTÉRESSEMENT ?
Le Sage	Intellectualisme (§ 132 *B*, 163 *A*, 168)	Équilibre (§ 161 *A*, 163 *B*)	« Suivre la nature » (§ 163 *B*, 229)	Impassibilité (§ 138)	Individualisme (§ 163 *B*)	« La vertu est sa propre récompense » (§ 161 *A*)
Le Héros	Élan instinctif (§ 162)	Exubérance (§ 169 *B*)	Dépassement (§ 171)	Passion (§ 171)	Ultra-individualisme (§ 134, 171)	Générosité (§ 165)
Le Saint	Foi, mystique (§ 175)	Inquiétude d'une perfection illimitée (§ 163 *B*)	Transcendance (surnaturel) (§ 175, 230)	Ascétisme (§ 169)	Communion (§ 179)	Souci du salut (§ 230)

TROIS « STYLES » DE VIE MORALE.

met à réfléchir, trouve qu'il a agi comme un être absurde ». Bien au contraire, il possède une telle ***certitude*** (à défaut peut-être de la sérénité, parfois difficilement compatible avec son état d'exaltation) qu'il répétera volontiers, comme le héros cornélien : « Je le ferais encore... » On peut d'ailleurs remarquer, avec A. LALANDE, que ces « supravaleurs d'action » auxquelles le héros se sacrifie, ne sont que la manifestation d'une raison vivante qui refuse de se cristalliser dans des cadres préétablis, à peu près comme l'invention scientifique, quand elle bouleverse les idées admises, « saute hardiment » à un nouveau type d'intelligibilité.

172. Le Sage, le Héros et le Saint. — En résumé, on peut distinguer trois formes de l'idéal personnel, trois « styles de vie », dont nous avons essayé de fixer les caractéristiques dans le tableau ci-contre. On le commentera à l'aide de ce qui a déjà été dit aux paragraphes indiqués dans ce tableau et en ayant égard, bien entendu, à ce qu'il peut y avoir de trop rigide dans une telle schématisation.

Ces trois conceptions peuvent d'ailleurs dans bien des cas interférer : un sage comme Marc-Aurèle est assez proche de la sainteté chrétienne, et un saint François d'Assise se sent parent de la nature, comme le sage antique : on l'a appelé « l'Orphée du moyen âge » (LAVELLE[k]) ; chez certains saints, les martyrs notamment, il y a du héros. En outre, ces trois conceptions ont quelque chose de commun : c'est qu'elles placent surtout la moralité *dans la valeur intérieure.* Aujourd'hui, au contraire, surtout dans certains pays, il semble qu'on ne voie plus que les valeurs d'action collective : c'est une morale de « masses » et l'on en vient même à méconnaître la valeur de la personne humaine. *Il faut s'efforcer de sauver les valeurs de la vie intérieure,* tout en tenant compte des nécessités de la vie moderne et de l'aspect social de la moralité qu'elle nous impose. C'est pourquoi l'idéal du sage, du héros ou du saint peut toujours nous servir de guide.

SUJETS DE TRAVAUX

Exercices. — 1. *Préciser la distinction, esquissée au* § 165, *entre* sentiment de la dignité personnelle *et* orgueil. — 2. *Quelles distinctions précises y a-t-il lieu de faire entre* courage, bravoure, bravade, constance, énergie, fermeté, hardiesse, ténacité, témérité ? — 3. *Commenter cette réflexion d'Alain :* « La *sagesse* est la vertu propre de l'entendement ; mais il ne faut pas entendre d'après cela qu'elle est le nom commun de toutes les autres vertus. Quand les vertus ne sont que par sagesse, il y manque souvent l'audace et le feu inventeur... Seulement, sans la sagesse, qu'on appellerait aussi bien *prudence,* rien n'arrive à maturité ». — 4. *Essayer de trouver dans la littérature des exemples des cinq attitudes définies au* § 170 *comme « pastiches de* *la vertu»* (voir par ex. : MOLIÈRE, *Le Misanthrope* ; VOLTAIRE, *Candide* ; Alph. DAUDET, *L'Évangéliste* ; TOLSTOÏ, *La Guerre et la Paix, II Napoléon et Alexandre*, § XLVII : « Deux sentiments également puissants engageaient Pierre à persévérer. C'était d'abord le besoin de sacrifice et de souffrance au milieu du malheur commun, besoin sous l'empire duquel il avait été naguère se jeter au plus fort de la mêlée et qui le poussait maintenant hors de sa maison, loin du luxe ...,qui le faisait coucher sur la dure, manger le repas grossier du portier. Le second était ce sentiment indéfinissable, exclusivement russe [?], de mépris pour tout ce qui est conventionnel, artificiel, humain, pour tout ce que la majorité des hommes estime le souverain bien de ce monde» ; Marcelle TINAYRE, *La Maison du péché* ; Fr. MAURIAC, *La Pharisienne*). — 5. *Que pensez-vous de cette attitude de Pascal telle que la dépeint sa sœur Gilberte Périer* (éd. classique Brunschvicg, p. 25-29) : « Il trouvait souvent à redire à des discours que je faisais et que je croyais très innocents. Si je disais quelquefois que j'avais vu une belle femme, il se fâchait... Il ne pouvait souffrir aussi les caresses que je recevais de mes enfants, et il me disait qu'il fallait les en désaccoutumer et que cela ne pouvait que leur nuire »? — 6. *Apprécier l'importance de cette constatation de* DURKHEIM[l] : « Plus on avance dans l'histoire, et plus... la personnalité individuelle, d'abord perdue au sein de la masse sociale, s'en dégage... Plus on va, et plus la dignité de la personne va croissant. Il n'est pas de loi mieux établie. »

Exposés oraux. — 1. *Portrait du sage d'après Épictète et d'après Spinoza : comparer* (voir LE SENNE[h], p. 163 et 200 ; se reporter aux textes). — 2. *Comparer les « quatre saints »* étudiés par LAVELLE[k].

Discussion. — 1. *Bon et mauvais individualisme : valeur morale de l'originalité.* — 2. *Valeur morale de l'ascétisme.*

Lectures. — *a.* *MALEBRANCHE, *Traité de Morale*, spéc. 2e partie, chap. XIV. — *b.* *RENOUVIER, *Science de la Morale* (1869), livr. I, spéc. chap. VII. — *c.* *JACOB, *Devoirs*, Rieder, 1905. — *d.* *BRÉHIER, BOUGLÉ, DELACROIX, PARODI, *Du Sage antique au Citoyen moderne*, Alcan, 1921. — *e.* DURKHEIM, *L'Éducation morale*, Alcan, 1925 (posth.). — *f.* DUPRÉEL, *Traité de Morale*, Vrin, 1932, 1re partie, chap. III, IV, VII à IX, XIV, et 2e partie, chap. IV à IX. — *g.* *Max SCHELER, *Le Sens de la Souffrance*, trad. fr., Aubier, 1936. — *h.* R. LE SENNE, *Traité de Morale générale*, p. 105-304 (portraits moraux) et 484-487 (sur le suicide). — *i.* Raymond POLIN, *La Compréhension des valeurs*, P. U. F., 1945. — *j.* *A. LALANDE, *La Raison et les Normes*, Hachette, 1948, chap. VIII. — *k.* Louis LAVELLE, *Quatre saints*, Albin Michel, 1951. — *l.* DURKHEIM, *Leçons de Sociologie, physique des mœurs et du droit*, P. U. F., 1950, cinquième leçon. — *m.* L. MEYNARD, *Le Suicide, étude morale et métaphysique*, P. U. F., 1954. — *n.* P. MESNARD, *Sagesse, héroïsme et sainteté*, dans *Études philosophiques*, t. XIV, 1959. — *o.* *Fr. HEIDSIECK, *Plaisir et tempérance*, P. U. F., 1962. — *p.* R.-E. LACOMBE, *Angoisse et liberté*, dans *R. Ph.*, janv.-mars 1963, p. 41-58. — *q.* R. SCHAERER, *Le héros, le sage, l'événement*, Aubier, 1964.

chapitre XIX

LES RAPPORTS AVEC AUTRUI : JUSTICE, CHARITÉ, SOLIDARITÉ, COMMUNAUTÉ

SOMMAIRE

173. La Justice. — Du point de vue moral, les rapports avec autrui peuvent se déterminer sous les quatre formes qu'expriment les notions de *justice*, de *charité*, de *solidarité* et de *communauté*. — Étudions d'abord la justice. Il s'agit ici, non de la justice rendue par une autorité sociale (fonction juridictionnelle), mais de la justice en *tant que principe moral* (distinction du juste et de l'injuste). En ce sens, la Justice peut être définie ***le respect et la défense du Droit***.

174. Justice et égalité. — La Justice consistait surtout, en régime de droit statutaire (c'est-à-dire fondé sur le rang social : § 146), dans le respect des inégalités existantes. Toutefois, même à ce stade, elle implique déja l'égalité *à l'intérieur d'une même fraction sociale* : les membres d'une même caste sont des « pairs » (*pares*, égaux entre eux). D'autre part, à mesure que le Droit cessait d'être purement collectif, pour devenir de plus en plus contractuel et fondé sur la valeur de la personne et la volonté de l'individu, il tendait nécessairement à briser les cadres de ces anciennes stratifications et à prendre pour base l'égalité des personnes. C'est pourquoi la notion de Justice nous paraît aujourd'hui liée à celle d'***égalité.*** L'égalité humaine n'est évidemment pas une égalité de fait : les individus humains sont inégaux physiquement, intellectuellement, moralement. Il s'agit d'une égalité *de valeur* entre les personnes. Le Christianisme avait posé la notion d'une égalité de principe entre tous les humains, tous faits

« à l'image de Dieu », rachetés par le sang du même Christ, appelés à la même vocation surnaturelle, et la *Déclaration* américaine de 1776 rattachera explicitement les droits de l'homme à cette idée chrétienne que tous les hommes ont été créés égaux. Le Rationalisme du XVIIe siècle, considérant la Raison comme identique en son essence chez tous les hommes, fournit à cette notion un fondement philosophique : « La nature humaine, écrit MALEBRANCHE[a], est égale dans tous les hommes et faite pour la Raison », et, si les hommes, « quoique naturellement tous égaux », ont cessé de former « une société d'égalité », c'est qu'à la suite du péché, « la force ou la loi des brutes » a remplacé la loi de la Raison. Au XVIIIe, c'est KANT qui, en posant la personne humaine comme fin en soi (§ 160), donne à l'idée d'égalité son meilleur fondement. On peut en effet (et indépendamment même des postulats philosophiques du rationalisme kantien) affirmer que « tous les hommes sont égaux » en ce sens que ***toutes les personnes humaines, possédant une dignité qui leur est propre, sont également des fins en soi, et que ni les inégalités naturelles ni les hiérarchies sociales indispensables ne doivent aboutir à subordonner un être humain aux autres comme un simple moyen l'est à une fin, ni*** *l'empêcher de réaliser, dans la mesure de ses moyens intellectuels et moraux, le plein épanouissement de ses facultés.* — Mais, ce principe une fois posé, il faut tenir compte, comme il a été dit au § 135, de la nécessaire *détermination des valeurs* selon les différentes conjonctures concrètes de l'existence humaine. C'est ici que l'on peut utiliser une distinction qui avait été posée par ARISTOTE entre deux formes de la Justice et que l'on peut interpréter comme suit. Il y a une forme de justice, qu'on appelle la ***justice commutative***[1], celle qui préside aux contrats et aux échanges (latin : *commutare*, échanger), et qui repose sur l'égalité stricte des personnes et l'équivalence des choses échangées. Mais il existe une autre forme de justice, la ***justice distributive,*** celle qui préside à la répartition des dignités, fonctions et avantages sociaux et qui a pour base, non plus l'égalité stricte, mais la *proportionnalité* aux aptitudes et aux mérites personnels[2] de chacun. — Autrement dit, la justice exige toujours *une certaine* égalité, mais cette égalité ne revêt pas toujours la même forme : il y a des égalités justes et des égalités injustes. On verra au chapitre XXI comment, dans le concret, peut s'appliquer ce principe.

1. L'expression vient, en réalité, de saint THOMAS. Chez ARISTOTE, on trouve l'expression de justice *rectificative* pour désigner le redressement des injustices commises soit dans l'ordre civil soit dans l'ordre criminel. Il s'agit d'ailleurs plutôt dans les deux cas, de la justice rendue par une autorité que de la justice comme principe moral.
2. Chez ARISTOTE il s'agissait, conformément aux principes du droit *statutaire* (§ 146), d'une proportionnalité à la «dignité», c'est à dire au *rang social* de chacun.

175. La Charité. — On met souvent en parallèle avec la Justice la Charité, la première étant la forme *intellectuelle*, la seconde la forme *affective, sentimentale*, des devoirs envers autrui. Mais il importe de définir la Charité de façon plus correcte. Au sens propre, la ***Charité*** est l'amour d'autrui : c'est cette *caritas generis humani*, cet amour du genre humain, dont parlait déjà Cicéron, résumant la doctrine des Stoïciens, et que le Christianisme élèvera au rang de vertu théologale en en faisant un corollaire de l'amour de Dieu. Il s'en faut donc que la Charité, au sens chrétien du terme, soit un pur sentiment, un pur élan naturel du cœur. On oublie trop que, dans le Christianisme, ce sentiment est lié à une détermination intellectuelle, à un dogme : celui de la paternité divine et de la fraternité de tous les hommes en Dieu. D'autre part, la Charité ainsi comprise déborde de beaucoup les « devoirs de charité » ou devoirs de bienfaisance avec lesquels on la confond souvent : « Quand je distribuerais tous mes biens aux pauvres, dit saint Paul, si je n'ai pas la Charité, je ne suis rien. » On a reproché à l'assistance publiquement organisée de « faire disparaître la vraie charité au grand détriment des malheureux, et encore plus des heureux de ce monde » (Paul Foulquié). Ce n'était pas l'opinion de saint Augustin, que É. Gilson résume ainsi : « Nous ne devons pas souhaiter qu'il y ait des pauvres afin de pouvoir exercer les œuvres de miséricorde... Les devoirs de charité sont nécessaires à cause des besoins qu'ils soulagent ; mais supprimez la misère, vous rendrez les œuvres de miséricorde inutiles. Et faut-il croire que l'ardeur de la Charité s'en trouverait éteinte ou même amoindrie ? En aucune façon. On aime mieux un homme heureux et à qui l'on ne sait que donner. L'affection qu'on lui porte est pure de toute arrière-pensée ; car, si l'on donne à un pauvre, ce peut être par désir de l'humilier, de le dominer et de se l'assujettir. Ce qu'il faut vouloir pour celui qu'on aime, c'est donc qu'il soit notre égal : *opta æqualem.* » Comme le remarque É. Gilson, cette conception de la Charité, loin de s'opposer à la Justice, l'enveloppe, puisque celle-ci est précisément fondée (§ 174) sur l'*égalité des personnes.*

176. Justice et Charité. — La Justice apparaît toutefois, du point de vue proprement ***moral,*** comme la vertu fondamentale. Bergson a même pu écrire que la notion de justice « englobe la plupart des autres » notions morales. Fondée en effet sur le principe de la dignité de la personne (§ 173), elle s'applique, non seulement à nos rapports avec *autrui* et même avec les *groupes* auxquels nous sommes intégrés (§ 147), mais aussi, en un sens, à la *morale personnelle,* puisque celle-ci repose sur le même fondement : cette ***valeur de la personne***

que nous devons respecter en nous-même comme chez nos semblables. C'est pourquoi, se situant sur le plan *de l'action morale*, c'est-à-dire des *déterminations* qu'imposent à nos actes les conditions effectives de la vie humaine réelle, la Justice peut nous apparaître parfois comme bien rigoureuse et un peu sèche : « Si l'empire de la Justice nous paraît dur, écrit RENOUVIER[b], c'est que nous ne remarquons pas assez combien la règle de la conduite humaine, la Raison, est indispensable et que nous ne savons pas nous rendre compte des désordres qu'entraîne partout et toujours le sentiment pris comme mobile exclusif des actes. » — La Charité proprement dite se situe sur un tout autre plan, à savoir le plan ***religieux*** : elle est, comme dit PASCAL, « d'un autre ordre ». De ce point de vue, elle peut apparaître, elle aussi, comme la vertu fondamentale, et l'on peut dire avec saint AUGUSTIN : « *Dilige et fac quod vis.* Aime, et fais ce que tu veux. » Mais, comme il a été dit ci-dessus, c'est que la Charité *n'est pas pur sentiment.* Si la Charité est amour, dit encore saint Augustin, ce n'est pas n'importe quel amour : c'est celui « par lequel on aime ce que l'on *doit* aimer ». Le sentiment est ici *valorisé* par la notion de la transcendance et même, de ce point de vue, du surnaturel. — Mais, dès que la Charité s'*incarne* en actes, dès qu'elle *se détermine* en fonction des conditions concrètes de l'existence humaine, elle subit la loi de cette détermination et elle tend vers la Justice. C'est ce que signifie la formule, souvent citée, mais souvent mal comprise, de LEIBNIZ : ***« La Justice est une Charité conforme à la sagesse. »*** La sagesse étant la vertu de l'*intelligence* (cf. § 168), il faut entendre par là que la Charité, lorsqu'elle est *intelligente* et *éclairée*, se traduit presque nécessairement en actes de justice. Car, de même qu'on ne peut être vraiment et profondément juste que si l'on est mû par un ardent amour d'autrui, de même celui qui aime ses semblables avec sincérité et discernement se refuse à admettre que leur existence normale puisse dépendre du bon vouloir de quelques privilégiés. Comme dit saint AUGUSTIN, il les « souhaite ses égaux », et il travaille à ce que cette existence soit *socialement* assurée.

177. « Devoirs de justice » et « devoirs de charité ». — Toutefois, ce n'est généralement pas ainsi qu'on entend les rapports de la Justice et de la Charité. Selon certains, « il n'y a pas de droit à la charité, et un miséreux ne peut, sauf le cas de nécessité, obliger *en conscience* un millionnaire à lui venir en aide ». Cette façon de voir provient d'une distinction tendancieuse qui avait été établie par le philosophe Victor COUSIN, dans une brochure publiée en 1848, après les journées de Juin, sous le titre *Justice et Charité*, en vue de combattre les lois sociales. Cousin y distinguait les devoirs de justice qui sont, disait-il, des *devoirs définis*, rigoureusement obligatoires et capables, par suite, de se traduire en règles de droit positif, d'entrer dans la loi, et les devoirs de charité qu'on nomme *devoirs larges* et qui, relevant de la pure morale, étaient selon lui laissés à la libre appréciation de la conscience individuelle. — Mais, *ainsi présentée, cette distinction est insoutenable* et, contrairement à ce qu'on croit souvent, elle n'a rien de chrétien. Il y a évidemment contradiction à parler d'un devoir qui ne serait pas obligatoire (§ 137) et tous les auteurs chrétiens ont soutenu que les devoirs de bienfaisance *obligent en conscience* tout autant que les devoirs de justice. Les Pères de l'Église sont unanimes à dire que les riches ne sont que les intendants des biens d'ici-bas (§ 192) et ont donc le devoir strict de dispenser aux pauvres leur propre superflu[1]. BOSSUET dit que, selon la volonté de Dieu, l'abondance doit suppléer à l'indigence et donner « des assignations » aux nécessiteux sur le superflu des opulents. BOURDALOUE déclare que l'aumône est, pour les riches, « une obligation si étroite » qu'on peut la dire « précepte de droit naturel » et devoir de stricte justice en même temps que de charité. MALEBRANCHE écrit : « Il faut toujours rendre justice avant que d'exercer la charité. » Et, récemment encore (Noël 1947), un prélat proclamait : « La Charité est un bien lorsqu'elle témoigne d'un amour. Elle est un mal quand elle veut dispenser de la justice. Ce qu'attendent tant d'infortunes, ce n'est pas un secours partiel et sans lendemain ; c'est une solution totale et durable : c'est un ordre humain. » — Aussi bien voyons-nous les devoirs de *bienfaisance* (qui sont loin, d'ailleurs, d'épuiser toute l'essence de la Charité) se transformer peu à peu en institutions d'*assurance* et de *sécurité sociale*, auxquelles collaborent d'ailleurs les intéressés eux-mêmes et qui correspondent, pour eux, à de véritables **droits** : *il y a un droit général de l'homme à la vie, il y a un droit des familles nombreuses, il y a un droit des infirmes, des malades, des vieillards, des « économiquement faibles », des accidentés du travail*, etc., et ces droits ont été peu à peu reconnus par la législation, alors qu'autrefois les uns et les autres ne pouvaient compter que sur les secours bénévoles des particuliers ou des institutions d'assistance publiques ou privées. Certes, il est utopique de rêver d'une société si parfaitement juste que la bienfaisance n'aurait plus aucune occasion de s'y exercer Mais les devoirs de bienfaisance n'en doivent pas moins être considérés comme *une forme provisoire des*

1. Saint AMBROISE (comm. du ps. 118) va jusqu'à dire : « La bienfaisance (*misericordia*) est une partie de la justice : de sorte que, si tu veux faire des dons aux pauvres, cette bienfaisance est justice, *hæc misericordia justitia est.* » (cf. p. 329, exercice 4).

devoirs de justice, destinée à pallier temporairement aux injustices de l'état social existant ou aux aléas du sort. La distinction entre devoirs stricts et devoirs larges en tant qu'impliquant ou n'impliquant pas des droits réciproques juridiquement définis n'a donc nullement la portée d'une différence essentielle, ainsi que le prétendait Cousin. Elle correspond seulement à deux degrés de *détermination* (§ 135) plus ou moins précise, au cours de l'histoire, d'une même obligation.

178. La Solidarité. — La Justice institue entre les personnes une *Solidarité* ; la Charité crée une *Communauté*. Certes, il n'existe pas de vie sociale possible sans une certaine « solidarité », sans un minimum de cohésion. Mais, ainsi que l'a montré Durkheim[c], il semble que, dans les sociétés indifférenciées, cette solidarité soit une solidarité *massive* (« mécanique », comme dit assez improprement Durkheim), où le groupe social forme un tout homogène, fondé sur le conformisme le plus absolu, donc sur l'identité des composants, et où l'individu est comme absorbé dans le tout (§ 153). C'est d'ailleurs là le sens étymologique du mot : en latin, *solidus* signifie « massif » (*aurum solidum*, de l'or massif) et, en droit romain, on dit que des débiteurs sont tenus *in solidum* lorsqu'ils sont liés de telle sorte « que chacun, comme le dit encore notre Code Civil, puisse être contraint pour la totalité ». — Mais, à mesure que s'introduisent dans les groupes sociaux la différenciation et la division du travail, la société globale cesse de former un bloc homogène et les rapports sociaux se compliquent. La solidarité devient alors, selon le mot de Durkheim, ***organique***, c'est-à-dire qu'elle est analogue aux interdépendances qui existent, dans l'individualité biologique (t. I, § 273), entre les divers appareils ou systèmes fonctionnels (cf. la fable des Membres et de l'Estomac) et qu'elle est faite de *réciprocités*. Elle repose désormais beaucoup moins sur les ressemblances que sur les différences ; et les éléments composants, sociétés partielles ou individus, acquièrent une certaine autonomie, tout en demeurant subordonnés à l'ensemble. C'est alors que le Droit apparaît, selon la conception kantienne (§ 142), comme l'ensemble des garanties nécessaires pour que la liberté de chacun puisse s'accorder avec celle des autres. La Justice crée, au sein de cette coopération différenciée, ***un système de droits et d'obligations réciproques*** qui est solidarité concertée et organisée et qui, nous l'avons dit, n'est pas moins nécessaire au point de vue moral qu'au point de vue social[1]. Sur le plan spirituel cependant,

1. Le mot *solidarité* est aussi employé pour désigner un ensemble d'obligations, de *devoirs* de solidarité, qui seraient en quelque sorte la synthèse des devoirs de justice et

étant faite de distinctions et de limitations, elle laisse les âmes les unes en dehors des autres.

179. La Communauté. — C'est cette lacune que vient combler la Charité en créant ***une communauté spirituelle*** (cf. fig. 30, page 277). A vrai dire, cette notion de « communauté » présente la même ambiguïté que celle de solidarité. On sait en effet que la *communication des consciences* (ci-dessus chap. IX) peut s'établir sur différents plans. Elle peut notamment s'effectuer, comme il arrive dans les foules, sur le plan du *vital*, de l'*instinctif*, de l'*irrationnel*. C'est en ce sens que l'a souvent entendue la sociologie allemande. C'est ainsi que, dans un livre publié en 1887 et qui a exercé en Allemagne une immense influence, le sociologue Tönnies[i] (1855-1935) opposait la *Communauté* en tant que mode d'union issu du « vouloir essentiel, organique de l'être » et fondé sur l'instinct et le sentiment, à la *Société* en tant qu'issue de la volonté réfléchie et fondée sur la raison calculatrice et la réciprocité escomptée. La première s'exprimerait surtout dans la « communauté de sang », dans la famille et la parenté, mais aussi dans les rapports de voisinage et d'amitié ; la seconde, dans les rapports d'échange et les sociétés commerciales. Par la suite, cette opposition fut exploitée en Allemagne dans le sens qu'on devine, « l'âme » et le « sang » étant opposés, en vue d'exalter les impulsions instinctives et les passions grégaires, à l'intelligence et à la pensée réfléchie. Mais, si la communauté peut ainsi se réaliser *par en bas*, elle peut aussi s'établir ***par en haut*** sur le plan d'une véritable communion *spirituelle* (et non plus *instinctive*), et c'est précisément ce qu'opère la Charité vraie (§ 175). Celle-ci réalise en effet un tel dépouillement de soi que, repoussant les mobiles intéressés, elle fait disparaître les oppositions temporelles qui maintiennent les âmes à distance et entravent la fusion des « moi » en un « nous ». Mais ne nous faisons pas d'illusion sur les conditions d'une telle union : en toute rigueur, elle ne serait possible que dans une société de *purs esprits*, dans cette « société éternelle » dont parle Malebranche et qui, « réglée par la

---

des devoirs de charité et qui résulteraient, dit-on, pour l'individu, soit des interdépendances dans lesquelles il est enserré en tant que membre du corps social, soit de la dette des générations présentes envers celles qui les ont précédées. Vers 1900, le *solidarisme* (L. Bourgeois, C. Bouglé) tenta de donner à cette thèse une apparence de fondement scientifique. Mais un simple *fait* ne saurait suffire à fonder une obligation morale, et d'ailleurs les solidarités de fait sont loin d'être toujours bonnes (en ce sens, la contagion des maladies, la solidarité des malfaiteurs, l'héritage de préjugés ou de coutumes injustifiées que nous transmet le passé, sont aussi des formes de la solidarité). Comme l'a reconnu C. Bouglé, « les conséquences de la solidarité de fait doivent être rectifiées selon les exigences de la conscience morale ».

Raison, soutenue par la foi, subsistante dans la communion des vrais biens », s'oppose, selon lui, à la société d'ici-bas. Dans les conditions effectives de l'existence humaine, elle n'est guère possible que dans deux cas : 1° sur le plan proprement *religieux*, où l'homme s'efforce précisément de se libérer de ses attaches temporelles ; 2° dans cette société d'*intimité* qu'est la famille (chapitre XX) où les affections et les instincts de l'être charnel vont dans le même sens, au lieu de s'y opposer, que les aspirations de l'être spirituel et que l'union des âmes. Partout ailleurs, la confusion des personnes serait dangereuse et la *détermination précise des obligations et des droits de chacun* demeure indispensable. Ainsi que l'écrit R. Le Senne[h], « l'amour est directement bienfaisant par les élans affectifs qu'il suscite ; mais ils ne suffisent pas, du moins dans la condition que nous fait la détermination ». Ici, il s'agit bien moins d'unir que de *délimiter*, bien moins de confondre que, comme disait Proudhon, d'établir « la balance ». C'est dire que dans les rapports sociaux ordinaires, la Solidarité, fruit de la Justice, l'emporte sur la Communauté, fruit de la Charité.

SUJETS DE TRAVAUX

Exercices. — 1. *Commenter cette définition que Proudhon donne de la justice* : « le respect, spontanément éprouvé et réciproquement garanti, de la dignité humaine, en quelque personne et dans quelque circonstance qu'elle se trouve compromise et à quelque risque que nous expose sa défense ». — 2. *Qu'y a-t-il de commun, à votre avis, dans ces différents emplois du mot* « juste » : une balance juste, avoir la voix juste, votre addition est juste, le juste milieu, raisonner juste, un homme juste, le juste salaire, prix calculés au plus juste, une juste récompense, pensée plus brillante que juste, viser juste, « il [Louis XIII] tirait si parfaitement qu'un plaisant, faisant allusion à son surnom [Louis le Juste], disait : juste à tirer de l'arquebuse » (Saint-Foix), « Dieu est juste essentiellement » (Malebranche), « Le juste opposera le dédain à l'absence » (Vigny), « *Ne pas faire de différence*, c'est la même chose qu'être juste » (Lavelle). — 3. *Distinguer et classer les divers sens du terme* solidarité (*ou des termes de même famille*) *dans les phrases suivantes* : « La Société [des Jésuites] est déclarée solidaire du P. La Valette » (Diderot), « Si plusieurs ont emprunté conjointement la même chose, ils en sont solidairement responsables » (Code Civil), « Il existe dans les manifestations des corps vivants une solidarité de phénomènes toute spéciale » (Cl. Bernard), « Constatons l'existence naturelle de la loi de solidarité... La société tout entière n'est qu'un ensemble de solidarités qui se croisent » (Bastiat), « Nous sommes tous unis, égaux et solidaires. Je crois sentir la rose éclore dans mon cœur, Avec le papillon je crois baiser la fleur. Il n'est peut-être pas de peines solitaires, D'égoïstes plaisirs ; tout se lie et se tient » (J.-M. Guyau), « Solidarité-fait, solidarité-devoir, ne confondons jamais l'une et l'autre: ce sont des contraires. Mais il était indispensable de constater la première pour apercevoir la nécessité morale de la seconde » (L. Bourgeois[d]), « Il faut concevoir la solidarité

humaine, non comme une loi fatale de dépendance subie par les individus, mais comme une mutualité réglée par la justice et librement consentie » (BOUTROUX). — 4. *Commenter cette affirmation des Constitutions de Port-Royal* (*p.* 221) : « La justice doit toujours précéder la charité qui, sans elle, est injustice et ne peut rien mériter devant Dieu ».

Exposés oraux. — 1. *Les différentes conceptions de la justice* d'après Fr. RAUH[1]. — 2. *Les deux « justices »* d'après BERGSON, *Les deux sources*, p. 67-80. — 3. *Étudier dans le* Sermon sur l'éminente dignité des pauvres *de Bossuet comment s'y combinent les quatre notions de* justice, *de* charité, *de* solidarité (*le mot n'y est pas, mais l'idée y est en plusieurs passages*) *et de* communauté.

Discussion. — *Justice et égalité.*

Lectures. — *a.* *MALEBRANCHE, *Traité de Morale*, 1re partie, chap. III, et 2e partie, chap. I et VI à VIII. — *b.* RENOUVIER, *Science de la Morale*, liv. I, 3e section. — *c.* DURKHEIM, *De la Division du travail social* (1893), 4e éd., Alcan, 1922, liv. I. — *d.* L. BOURGEOIS, *Esquisse d'une philosophie de la solidarité*, Alcan, 1902. — *e.* *E. GOBLOT, *Justice et Liberté*, Alcan, 1904. — *f.* Fr. RAUH, *Études de Morale*, Alcan, 1911, p. 259 et suiv. — *g.* *DUPRÉEL, *Traité de Morale*, 3e partie, chap. II et III. — *h.* *LE SENNE, *Traité de Morale*, p. 549-551. — *i.* F. TÖNNIES, *Communauté et Société* (1887), trad. Leif, P. U. F., 1944. — *j.* F. HEIDSIECK, *La vertu de justice*, P. U. F., 1959.

chapitre XX

LA MORALE ET LA VIE DOMESTIQUE : LA FAMILLE

— *SOMMAIRE*

180. Notions de Sociologie domestique. — La famille, telle qu'elle est constituée dans nos civilisations, comprend deux groupes sociaux qui s'y confondent : 1° la société *domestique* ou groupe des *parents* ; 2° la société *conjugale* ou groupe des *époux* et de leurs enfants. Si, chez nous, ces deux groupes n'en font qu'un, ou à peu près[1], c'est qu'à nos yeux la parenté se définit surtout par la consanguinité, c'est-à-dire par un lien physiologique. Mais l'étude sociologique de la famille montre que, dans certaines civilisations, la « grande famille » ou groupe domestique déborde de beaucoup la « famille particulière » ou groupe conjugal. Dans ces sociétés, la parenté repose, non sur le lien du sang, mais sur un lien tout idéal : la descendance d'un ancêtre commun, souvent purement mythique, auquel on rend un culte. A Rome même, la parenté, comme l'a montré FUSTEL DE COULANGES[a], était une notion essentiellement religieuse, et la « famille particulière » n'était qu'un des éléments constituants de la « grande famille », de la *gens*, groupe beaucoup plus étendu et qui comprenait tous ceux qui participaient au culte des mêmes ancêtres. Le mariage n'était pas l'acte constitutif de la famille, puisque celle-ci reposait sur une autre base : la perpétuité du culte domestique, pas plus d'ailleurs que le divorce n'en était la dissolution. D'autre part, la « grande famille »

1. Nous disons : *à peu près*. Car, en dehors du sens restreint qui désigne le groupe conjugal, le terme *famille* conserve encore un sens large dans lequel il englobe même, par exemple, des cousins éloignés.

formait une sorte de petit État et avait de multiples attributions : religieuses, juridiques, économiques, etc., que la famille actuelle a perdues. — On peut tirer de ces faits certaines conclusions qui ne sont pas sans intérêt du point de vue moral. D'abord, il est faux que la parenté soit un lien purement physiologique : ***la parenté est une notion morale*** qui implique toutes sortes de croyances, de jugements de valeur et de rapports (religieux, juridiques, moraux) socialement définis. Toute interprétation purement *naturaliste* du fait domestique ne peut qu'en fausser la signification : la famille humaine diffère essentiellement, et non pas seulement en degré, de la famille animale, comme le *culturel* diffère du *naturel*, le *moral* et le *social* du *biologique*, la *valeur* du simple *fait* (v. *Exercice* 2). En second lieu, il n'est pas sans intérêt de constater : 1° que l'évolution de la famille s'est faite dans le sens d'une ***contraction*** du groupe familial, réduit de plus en plus au groupe conjugal ; d'où l'importance de plus en plus grande prise par le ***mariage,*** devenu *l'acte constitutif du groupe familial* ; — 2° qu'il s'est produit une ***individualisation*** des rapports familiaux qui tend à faire reconnaître à chacun des membres de la famille, notamment à la femme et aux enfants, des droits qu'ils ne possédaient pas auparavant et qui appartenaient exclusivement, dans la famille patriarcale, au chef de famille (le *paterfamilias* romain).

181. Fonctions actuelles de la Famille. — Si, *comme groupe domestique*, la famille a perdu beaucoup de ses anciennes fonctions, son rôle *comme groupe conjugal*, est devenu au contraire de plus en plus important. *A.* Comme société domestique, la famille avait autrefois : 1° des fonctions *religieuses* (religion des ancêtres, culte domestique) que, dans nos civilisations, elle a totalement perdues ; — 2° des fonctions *économiques* qui étaient très étendues sous le régime de « l'économie domestique fermée », celui dans lequel le groupe familial produisait tout ce qui était nécessaire à sa propre consommation, mais dont il ne reste plus aujourd'hui que des vestiges, la famille ayant totalement cessé d'être un groupe de production ; encore faut-il remarquer que ces rapports économiques qui subsistent dans la famille (repas en commun, devoir des parents de subvenir aux besoins des enfants, devoir réciproque des enfants à l'égard, le cas échéant, des parents âgés, etc.), y revêtent un caractère *affectif* qu'ils n'ont à aucun degré dans la vie économique ordinaire ; — 3° des fonctions *pédagogiques* qui autrefois s'étendaient à l'instruction, primitivement donnée presque tout entière dans la famille, mais qui, restreintes aujourd'hui à l'éducation (§ 184), demeurent comme telles très importantes.

B. Comme société conjugale, la famille a surtout, sans parler encore de son rôle social (§ 185), un rôle ***moral*** et ***éducatif.*** *L'individu ne peut vivre pleinement que dans la famille,* qui constitue pour lui le seul milieu où puissent se développer normalement *les sentiments les plus forts de l'âme humaine,* ceux qui lient les deux sexes et ceux qui lient parents et enfants : « Dans la douleur comme dans la joie, écrit G. Duhamel, c'est à la paternité que nous devons nos émotions les plus hautes. L'homme qui se refuse à cela, demeure un homme incomplet. Encore aujourd'hui, dans le feu du travail et de l'inquiétude, il suffit que j'entende les cris de mes petits-enfants, sous le toit de ma maison, pour que la confiance et l'espoir me soient aussitôt rendus. » La famille assure le *respect de la dignité humaine,* d'une part en sublimant l'instinct ou la passion au niveau de l'amour, c'est-à-dire la nature au niveau de la moralité et de la valeur, d'autre part en fournissant aux enfants le seul cadre dans lequel puisse commencer à se développer leur personnalité. Mais ici il est nécessaire d'approfondir la nature sociale de la famille.

182. La Famille comme groupe d'intimité. — Comme l'a dit le sociologue Robert-M. MacIver, « c'est à mesure que la famille perdait fonction sur fonction, qu'elle trouvait la sienne propre ». Ni les fonctions religieuses ni les fonctions économiques ni même, en un sens, les fonctions pédagogiques n'appartiennent en propre à la famille : d'autres groupements, églises, groupes économiques, institutions éducationnelles privées ou d'État, se sont constituées pour les remplir. Mais ce qui caractérise *essentiellement* la famille, c'est qu'elle est un « groupe d'intimité », un groupe dans lequel les relations sont ***des relations de personne à personne,*** des relations « face à face » comme a dit un autre sociologue, Ch. Cooley (1864-1929). Dans notre vie moderne, l'individu se trouve, dans la majeure partie de son existence, en rapport avec des étrangers qui n'ont avec lui que des relations *impersonnelles* et qui ne se soucient pas de lui, de ses aspirations, de ses goûts, de ses sentiments. Ce n'est guère que *dans la famille* que ses sentiments de sympathie, son besoin de compréhension et d'affection peuvent trouver un écho chez d'autres qui, conjoint, parents ou enfants, sont vraiment comme une partie de lui-même. C'est dans la famille, écrivait Durkheim, qu'on éprouve cette « douceur incomparable de vivre avec ceux que l'on aime, d'aimer ceux avec qui l'on vit ». Ceci est d'autant plus vrai que les rapports familiaux se sont fortement *individualisés.* Le mariage était beaucoup plus autrefois une union *entre deux familles* qu'*entre deux personnes* qui se sont librement choisies. Dans la Rome antique, dit un sociologue, « les sentiments conjugaux ne jouent qu'un rôle de second plan : la femme considère surtout son mari comme le *paterfamilias* et le mari, de son côté, voit dans sa femme, non point une "moitié" de la famille, mais un de ses éléments parmi beaucoup d'autres » ; quant aux enfants, pouvaient-ils avoir beaucoup d'intimité avec un chef de famille qui avait sur eux droit de vie et de mort ? Si l'on considère au contraire la famille actuelle, on constate qu'« il n'est pas de milieu où la personnalité de chaque homme se trouve plus en relief. Il n'y en a point où l'on considère davantage chaque membre du groupe comme un être *unique en son genre* et auquel on n'en pourrait et on ne conçoit pas que s'en puisse substituer un autre » (Maurice Halbwachs).

183. La Famille comme groupe complet. — En même temps que groupe d'intimité, la famille est un *groupe complet*, c'est-à-dire qu'elle prend l'existant humain ***par tous les aspects de son être***, par son être physique comme par son être social et son être idéal. Par son être physique : car, ainsi que cela a déjà été dit, c'est elle qui élève l'instinct naturel au niveau de la vie morale et proprement humaine. Par son être social : car tout ce que nous faisons au dehors, dans notre vie professionnelle, politique, etc., s'y répercute nécessairement. Par son être idéal : car c'est la famille qui, en même temps qu'elle conserve la tradition nationale, initie l'enfant aux grands idéaux humains, aux grandes croyances morales qui lui préparent une vie spirituelle, et la communauté de ces idéaux et de ces croyances qui s'y trouve presque toujours réalisée, constitue une atmosphère d'union par l'esprit en même temps que par les intérêts et les affections de la chair. En ce sens, on peut dire que la famille exerce « une action régulatrice sur la totalité de notre être » (G. Davy).

184. Vie familiale et Moralité. — De ces caractères, résulte l'importance de la vie familiale pour la moralité. ***L'éducation reçue dans la famille*** est primordiale : elle ne se remplace pas ; et, même dans des pays comme l'U. R. S. S., où l'institution familiale a subi un ébranlement sans précédent, on a fini par reconnaître que, mieux que les crèches, jardins d'enfants ou institutions d'État, la famille est le milieu capable de donner à l'enfant sa première éducation. C'est en effet dans la famille que l'enfant, surtout s'il a des frères et des sœurs (au contraire, l'enfant unique est souvent « l'enfant gâté »), apprend à *tenir compte d'autrui*, à *faire fléchir ses désirs et ses élans spontanés* devant les exigences de la vie en commun, à *s'incliner devant une règle* et à *se plier à une discipline* librement consentie. La Psychanalyse a montré, non sans de graves exagérations, il est vrai (§ 62), que l'enfant n'est pas l'être innocent qu'on s'est plu à célébrer : si une bonne éducation ne vient, dès les premières années, se greffer sur la nature, l'enfant même normalement constitué peut devenir un malfaiteur. *Les enquêtes statistiques prouvent d'ailleurs de façon indiscutable que la quasi-totalité* (88 p. 100) *des jeunes délinquants ou criminels proviennent de familles dissoutes, incomplètes ou dont la situation est, par quelque côté, anormale.* — Réciproquement, la vie normale de la famille n'est possible que *si chacun de ses membres remplit les obligations qui lui sont assignées* du fait de sa situation dans le groupe familial. Plus que tout autre, en effet, celui-ci, en tant que groupe complet, est sensible aux irrégularités qui peuvent se produire dans la conduite de ses participants. Les époux se doivent le respect et la fidélité qu'ils se sont promis en s'unissant, l'entr'aide et la solidarité en toutes les circonstances de la vie, la tolérance affectueuse qui fait supporter sans peine les inégalités de caractère et les variabilités de l'humeur, enfin et surtout l'amour qui crée cette entière *communauté morale* grâce à laquelle les joies et les peines de l'un sont les joies et les peines de l'autre. Les parents doivent à leurs enfants, non seulement les soins et les secours matériels, mais aussi l'éducation et l'exercice d'une autorité qui, tout en étant affectueuse, doit être ferme et exempte de sensiblerie. Les enfants doivent à leurs parents le respect et le dévouement et, tant qu'ils demeurent au foyer, l'obéissance, sans pour cela abdiquer le développement de leur personnalité ni, lorsqu'ils ont atteint l'adolescence, la satisfaction de leurs aspirations légitimes.

185. Le problème de la Natalité. — Mais l'importance morale de la famille ne se limite pas au développement de la personnalité individuelle. La famille a aussi un ***rôle social*** à remplir, et les jeunes gens qui contractent mariage ne doivent jamais oublier que, si leur union doit être fondée sur le libre choix et les inclinations personnelles, la famille a cependant ***des fins supérieures à celles des individus qui la composent.*** Son rôle essentiel est la procréation, l'entretien et la première éducation ***des enfants,*** et la famille qui manque volontairement à ce devoir, est une famille *incomplète*, amputée de ce qui est sa raison d'être ; elle dégénère en un « égoïsme à deux ». — C'est ici que se pose le problème de la *natalité.* L'économiste anglais MALTHUS avait, en 1798, posé cette loi que « la population, *si elle n'est restreinte par aucun frein*, va en doublant tous les vingt-cinq ans ou croît selon une progression géométrique ». Cette loi se vérifie à peu près si l'on considère l'ensemble de la population mondiale. Mais, dans la plupart des pays européens, un phénomène nouveau s'est produit : la *restriction volontaire des naissances* ; d'où, dans tous ces pays, une baisse sensible de la natalité. Malheureusement, ce phénomène de la « dénatalité » *avait commencé en France depuis plus d'un siècle au moins*, de sorte que la France s'est trouvée sur ce point regrettablement en avance sur les autres pays, à tel point que de 1935 à 1945 il y a eu excédent des décès sur les naissances. Le tableau ci-dessous (voir aussi fig. 32) donne une idée de la décroissance de la population française par rapport à l'ensemble de la population mondiale et par rapport à la population européenne :

ANNÉES	POPULATION (en millions d'hab.)			RAPPORT (%)	
	mondiale *(estimation)*	européenne	française	France-Monde	France-Europe
1650	500	100	20	4	20
1750	700	130	21	3	18
1800	900	175	27,5	3	15,7
1850	1 200	270	36	3	13,3
1900	1 600	400	39	2,4	9,7
1950	2 400	550	42	1,75	7,6
1960	3 000	570	46,5	1,55	8,15

Encore l'immigration étrangère est-elle venue combler en partie le déficit de la natalité et, d'autre part, la durée de la vie s'est allongée[1]. Mais il est résulté de là une modification profonde de ***la composition de la population française.*** Actuellement, en France, un habitant sur huit est d'origine étrangère récente (depuis 150 ans) et d'autre part, la « pyramide des âges » (fig. 61) avait vu jusqu'à ces dernières années sa base se rétrécir singulièrement. Les vieillards s'y trouvent proportionnellement en plus grand nombre que dans une population normale : la mortalité y est donc nécessairement plus élevée et la population à la charge de la collectivité augmente par

1. A la fin du XVIIIe siècle, la durée *moyenne* de la vie était d'environ 30 ans. Vers 1940, elle était d'environ 60 ans. Aux États-Unis, elle était en 1947 de 65,2 ans pour les hommes et de 70,6 ans pour les femmes. — Nous empruntons la plupart de ces renseignements à l'excellente brochure de Georges MAUCO et Maurice GRANDAZZI, *La Démographie à l'école*, publiée par l'Alliance nationale contre la dépopulation.

rapport à la population active. Sans insister sur les conséquences militaires, politiques, économiques et financières d'un tel état de choses, il est facile de voir qu'au point de vue proprement moral les conséquences ne sont pas moins graves. Le *vieillissement de la population* entraîne l'affaiblissement de l'esprit d'initiative, la timidité devant

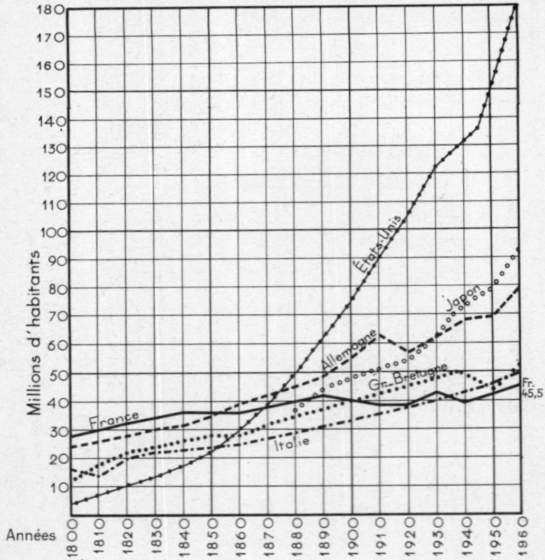

Fig. 32. — La population de quelques grandes puissances de 1800 a 1960.

On constate que la France, qui était au premier rang en 1800, n'était pas loin, vers 1945, d'être au dernier. Depuis lors, une reprise de la natalité s'est affirmée.

l'avenir, la difficulté à s'adapter aux conditions nouvelles du monde moderne et la recherche privilégiée de la sécurité et du confort. Et surtout un pays « de célibataires et de fils uniques », comme on a dit, est presque inévitablement un pays où fleurit l'*égoïsme* et où s'efface le sentiment des *obligations de l'individu envers la société.* Le remède à cet état de choses n'est pas seulement dans la législation et les dispositions d'ordre matériel destinées à favoriser la natalité. Certes, les allocations prénatales, de maternité, de salaire unique et les allocations familiales proprement dites sont justes et nécessaires. Mais elles ne suffisent pas et elles peuvent même donner lieu parfois à de fâcheuses déviations : on a vu des parents peu scrupuleux utiliser pour eux-mêmes ce qui leur est alloué pour élever leurs enfants. Rien ne remplace le *sens moral* et la *notion des devoirs que l'on assume en*

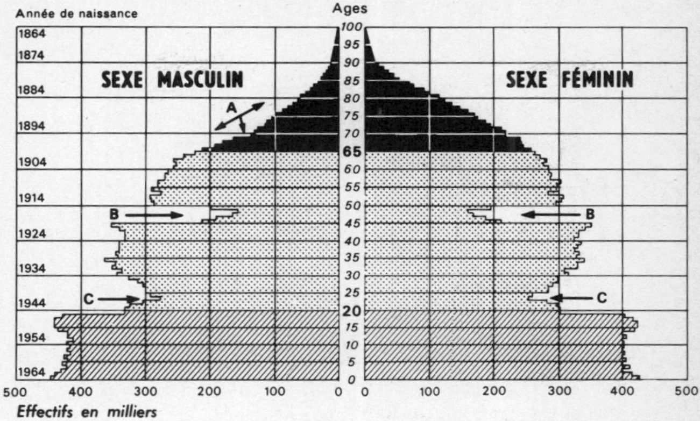

Fig. 54. — PYRAMIDE DES AGES EN FRANCE AU 1er JANVIER 1965.

(Graphique de l'Alliance Nationale.)

En A, dans la partie gauche, brèche correspondant aux pertes militaires de la guerre 1914-1918. En B, des deux côtés, brèches dues aux classes creuses guerre. En C, des deux côtés, brèches dues au déficit des naissances pendant la guerre 1939-1945, ainsi qu'à la dénatalité antérieure. On remarquera la plus grande largeur de la pointe dans la partie droite, marquant la plus grande longévité du sexe féminin.

fondant une famille. Le véritable remède à la dénatalité est que l'individu se libère de cet égoïsme qui n'est, au fond, qu'une « peur de vivre » et qui lui fait préférer aux joies profondes du foyer les satisfactions mesquines d'une prudence à courte vue[1].

---

1. Depuis quelques années, la natalité française a sensiblement remonté (fig. 34). Mais il ne faut pas se faire d'illusions : par suite du vieillissement déjà ancien de la population, même les prévisions démographiques les plus optimistes laissent entrevoir une baisse de la population française vers les années 1980 à 2000. Le problème demeure donc entier.

Qu'on remarque bien d'ailleurs qu'il ne s'agit pas du tout de faire d'une forte natalité une fin en soi. Les statisticiens savent qu'il existe, pour chaque peuple, un *optimum* de population (il est vrai que la France était, jusqu'ici, bien loin de l'avoir atteint), et le dépassement de cet *optimum* constitue, non un bien, mais un danger.

Dès 1935, un diplomate écrivait ces lignes prophétiques : « L'Europe

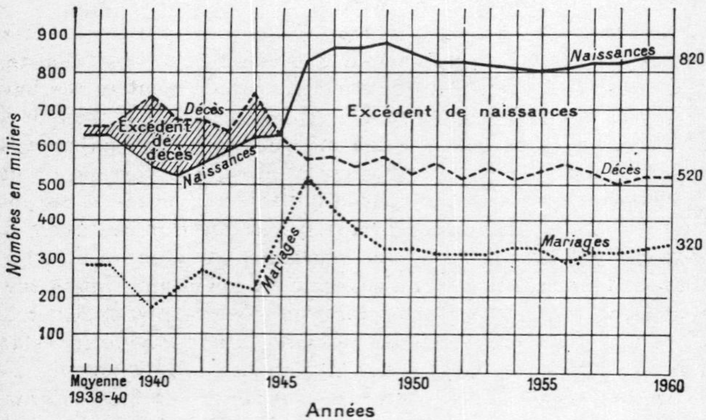

Fig. 34. — Mouvement de la population française de 1938 à 1960.

Dans les années qui ont précédé la deuxième guerre mondiale et jusqu'en 1945, le nombre des décès en France surpassait celui des naissances. Depuis 1945, c'est l'inverse : on voit, d'après le graphique, que cela est dû à la fois à la diminution de la mortalité et à l'augmentation de la natalité. Cette augmentation s'est maintenue malgré la diminution du nombre des mariages après l'augmentation brusque qui avait suivi la guerre. La population française atteint, au 1er janvier 1966, 49 157 000 habitants.

est malade de congestion. Les deux principaux foyers d'émigration, le foyer allemand, le foyer italien, ne peuvent plus évacuer comme autrefois le trop-plein de leur population. L'Europe ne peut plus exporter nulle part l'excédent annuel de sa main-d'œuvre. D'autre part [par suite du développement du machinisme], elle a de moins en moins de travail à répartir... De ces observations, une conclusion s'impose à nous en tant que Français. C'est que notre population relativement faible, notre territoire plein de ressources font et feront de plus en plus de la France une grande tentation » (W. d'Ormesson). L'événement n'a que trop confirmé ces craintes. Mais tous les « foyers d'émigration » sont-ils aujourd'hui éteints ?

Le remède n'est pas tant dans l'existence de familles extrêmement

nombreuses[1] que dans le devoir accepté par *toutes* les familles d'avoir un nombre d'enfants normal. Le mal, c'est là famille sans enfants ou à enfant unique, — manifestation de cet égoïsme dont il a été question ci-dessus.

186. Problèmes juridiques concernant la Famille. — Outre les problèmes proprement moraux, de nombreux problèmes juridiques se posent à propos de la famille. Nous nous bornerons ici à quelques indications très sommaires.

A. ***Le mariage et le divorce.*** Nous avons déjà observé (§ 180) que le mariage n'est devenu que peu à peu ***l'acte constitutif de la famille,*** qui reposait primitivement sur de tout autres bases. « Le mariage, a écrit le sociologue Marcel Mauss, part de presque rien pour aboutir à presque tout. » D'un simple acte privé, formé exclusivement par le consentement des parties, le mariage est devenu un acte civil, réglementé et sanctionné par la puissance publique. C'est pourquoi les juristes ont beaucoup discuté sur la question de savoir si le mariage civil est un ***contrat*** ou une ***institution.*** A la vérité, il est à la fois l'un et l'autre. En tant qu'engagement volontaire, fondé sur le libre choix, il est bien un contrat, mais en même temps il est « un lien formé et maintenu par l'autorité publique au-dessus de la volonté des parties » (Lefebvre[b]). Du point de vue moral, il est, comme a dit F. H. Bradley, « un contrat qui vise à dépasser l'état de contrat » ; car il n'est pas seulement créateur de *solidarité* (§ 178), c'est-à-dire d'équilibre, de droits et d'obligations réciproques, mais bien de *communauté* (§ 179), c'est-à-dire d'une union où chacun « est un avec l'autre, s'identifie pleinement avec la vie et les projets de l'autre ». — Quant au ***divorce,*** sa gravité n'a fait que croître depuis que le mariage est devenu l'acte constitutif de la famille (dans la Rome impériale, le divorce était devenu très fréquent, mais il ne menaçait pas l'existence même de la famille qui, on l'a vu, reposait sur une autre base : le culte domestique). C'est pourquoi *la fréquence des divorces est toujours un symptôme de malaise social et de fléchissement moral.*

Cette fréquence a augmenté à la suite de chacune des deux guerres mondiales, et l'élévation du taux des divorces va de pair avec celui des suicides et la baisse de la natalité ; la plupart des divorces affectent d'ailleurs les ménages sans enfant ou à enfant unique[2]. Deux êtres qui s'unissent dans

---

1. Une enquête récente effectuée par le test *mosaïque* (t. I, § 309) a confirmé ce résultat, que d'ailleurs l'on connaissait déjà : que le niveau intellectuel des enfants de familles nombreuses est, dans l'ensemble, inférieur à celui des autres enfants. Selon le Pr Debré, « l'optimum familial » est de 3 à 6 enfants (voir la revue *Population,* oct.-déc. 1950, p. 619 ; et cf. l'art. de Paul Vincent, même revue, avril-juin 1950, p. 251).
2. Cette loi se vérifie même en U. R. S. S.

le mariage le font, en principe, pour la vie tout entière. Il serait donc désirable que le mariage fût indissoluble. Mais, sur le plan juridique, il est impossible de maintenir cette règle d'une façon rigoureuse. Dès que se pose dans une famille la question du divorce, il est évident que cette communauté morale dont il a été question ci-dessus, a cessé d'exister, et il y aurait cruauté, et souvent plus d'inconvénients *moraux* que d'avantages, à contraindre à vivre ensemble des êtres qui sont déjà moralement séparés. Tout ce qu'on peut demander à la législation, est ici de ne pas trop faciliter le divorce, mais au contraire de le rendre assez difficile pour qu'on n'y ait recours que dans des cas extrêmes, et de veiller à ce que soient sauvegardés l'éducation et les intérêts des enfants.

B. ***La situation juridique de la femme.*** Le Code Civil, inspiré en grande partie du droit romain, faisait de la femme « une éternelle mineure ». Il attribuait au père seul l'*autorité* dans la famille et le pouvoir de disposer de toutes les ressources du ménage ; la mère ne pouvait même pas être tutrice de ses propres enfants. Il y avait là une situation incompatible, d'une part avec *l'égalité morale de l'homme et de la femme* en tant que personnes, d'autre part avec l'évolution de la vie moderne qui appelle souvent la femme *à remplir des fonctions autrefois réservées à l'homme*[1].

Aussi ces dispositions du Code ont-elles été pour la plupart modifiées : une loi de 1907 lui avait déjà garanti, lorsqu'elle travaille, la libre disposition de son salaire ; en 1917, par suite des nécessités créées par la première guerre mondiale, où le père de famille était souvent mobilisé, une autre loi l'admit comme tutrice et membre du conseil de famille ; en 1938, de nombreux articles du Code ont été modifiés et la femme a acquis « le plein exercice de sa capacité civile ». Enfin la loi du 14 juillet 1965, qui est entrée en vigueur le 1er février 1966, a établi l'*égalité juridique des deux sexes* en donnant à la femme le droit de participer à l'administration de la communauté familiale et de disposer librement de ses propres biens.

Tout au plus peut-on faire observer que ***l'égalité des sexes*** n'entraîne pas nécessairement *l'identité des fonctions* : le rôle de la femme sera toujours, dans l'immense majorité des cas, d'administrer le foyer, d'élever les enfants et de veiller à leur éducation ; celui de l'homme, de pourvoir à l'entretien matériel de la famille en exerçant ses activités professionnelles et de prendre, en accord avec sa femme, les décisions majeures qui concernent la vie de la communauté familiale.

---

1. Il y a actuellement en France, sur 7 802 000 femmes qui travaillent au dehors, 3 300 000 femmes mariées (soit 42 p. 100 de la main-d'œuvre féminine). — Aux U. S. A., la proportion est de 53 p. 100 : plus de 8 millions de femmes mariées occupent un emploi. — Il y aurait d'ailleurs erreur à croire qu'il y ait là une totale nouveauté : « Ce serait une illusion d'imaginer la femme du moyen âge confinée à son foyer et ignorant les peines de la vie ouvrière. Elle avait, en ce temps-là, une indépendance économique qu'elle retrouve à peine de nos jours ; elle possédait par exemple en beaucoup de pays la faculté de disposer de ses biens sans l'autorisation du mari » (Georges Renard).

*C. **Les droits de l'enfant.*** Une évolution analogue s'est effectuée dans la législation en ce qui concerne les droits de l'enfant. Dans l'ensemble, l'*intervention de l'État*, en imposant des bornes au pouvoir absolu du père de famille tel qu'il était conçu à Rome, s'est exercée *en faveur de l'enfant*, qu'il s'agisse de la protection des enfants en bas âge, de l'obligation de l'instruction, de la nécessité de demander l'autorisation des parents pour contracter mariage, etc. Il est évident cependant qu'il y a ici *une limite à ne pas dépasser*, d'une part parce que l'intervention de l'État, légitime quand elle libère, deviendrait vite oppressive en s'exagérant, d'autre part parce qu'il ne convient pas d'accorder aux enfants encore trop jeunes une indépendance prématurée. L'autorité de l'État, comme d'ailleurs celle de la famille, n'a ici qu'un but : c'est de mettre l'enfant en mesure de se gouverner lui-même, d'agir comme une *personne*, lorsqu'il aura atteint l'âge nécessaire.

*D. **L'héritage.*** Un dernier problème concerne l'héritage. Il déborde d'ailleurs de beaucoup celui de la famille et se rattache plutôt à celui de la propriété. La plupart des théoriciens traditionnalistes ont cependant considéré l'héritage comme *le fondement nécessaire de la famille*. Thèse bien étrange, puisqu'il en résulterait que les familles pauvres qui ne possèdent pas de patrimoine, n'ont pas d'existence normale ! Ne voit-on pas, au contraire, les questions d'héritage introduire le plus souvent des divisions dans les familles ? Il est certes légitime que le père de famille, qui travaille souvent beaucoup plus pour ses enfants que pour lui-même, puisse leur transmettre les moyens de travailler à leur tour. Mais, si l'on se place *au point de vue de celui qui reçoit*, il paraît peu moral que même des parents éloignés puissent recevoir ainsi une fortune qui leur permette de vivre sans travailler. Au reste, les droits extrêmement élevés que l'État a mis sur les successions et qui équivalent parfois à une véritable expropriation (ils peuvent atteindre 77 p. 100 au troisième degré), ont à peu près résolu le problème.

SUJETS DE TRAVAUX

Exercices. — 1. *Commenter cette définition de Bourdaloue* (vers 1670) : « Qu'est-ce à proprement parler qu'une famille, sinon une forme de royaume où l'on commande et où l'on obéit ? » — 2. *Les différents sens du mot* pater *en latin, par exemple* : Jupiter pater, pater patratus, patres conscripti, pater Æneas, pater cenæ, *etc. Quelle conclusion en tirez-vous ?* — 3. *Les jugements de Molière sur le rôle de la femme dans la société.* — 4. *Comparer la vie de la famille, de nos jours, en milieu rural et en milieu urbain.* — 5. *Commenter ces affirmations de Buffon* (1749) : « Les familles sont généralement plus nombreuses dans le peuple que dans les autres conditions », *et de Mirabeau* (1778) : « Le quart de nos enfants meurt dans la première année, plus d'un tiers périt en deux ans, et au moins la moitié dans les trois premières années. » — 6. *Dresser les courbes, pyramides d'âges et cartes par départements de la situation démographique de la France depuis* 1950.

Exposés oraux. — 1. *La structure de la famille romaine* d'après FUSTEL DE COULANGES[a]. — 2. *Le Play et sa théorie de la famille* (références dans CUVILLIER[f], p. 565). — 3. *L'évolution de la famille moderne* (références *Ibid.*, 182 et 183). — 4. *L'évolution de l'habitat et de l'outillage domestiques*, d'après J. FOURASTIÉ, *Machinisme et bien-être*, Éd. de Minuit, 1951, chap. VI.

Discussions. — 1. Pourquoi *un pays doit-il avoir une forte natalité ?* — 2. *Le problème de l'héritage.*

Lectures. — *a.* FUSTEL DE COULANGES, *La Cité antique* (1864), Hachette, rééd. 1948. — *b.* Ch. LEFEBVRE, *La famille en France dans le droit et dans les mœurs*, Giard, 1920. — *c.* G. DAVY, *La famille et la parenté d'après Durkheim*, dans *Sociologues d'hier et d'aujourd'hui*, P. U. F., 1950, p. 104-158. — *d.* *Alfred SAUVY, *Bien-être et Population*, Éd. Soc. Franç., 1945 ; et *e.* * *La Population*, P. U. F., 1948. — *f.* A. CUVILLIER, *Manuel de Sociologie*, P. U. F., 5e éd., 1963, chap. X. — *g.* INSTITUT NATIONAL D'ÉTUDES DÉMOGRAPHIQUES, *Renouveau des études sur la Famille*, sous la dir. de R. PRIGENT, P. U. F., 1954. — *h.* COLLOQUES DU C. N. R. S., *Sociologie comparée de la famille contemporaine*, 1955. — *i.* Louis J.-M. SAHUC, *Homme et femme*, Bloud et Gay, 1960. — *j.* J.-E. HAVEL, *La condition de la femme*, coll. A. Colin, 1962. — *k.* Jean GAUDEMET, *Les Communautés familiales*, M. Rivière, 1963.

chapitre XXI

LA MORALE ET LA VIE ÉCONOMIQUE : LE TRAVAIL ET LA PROPRIÉTÉ

SOMMAIRE

187. Vie économique et Moralité : le Travail humain. — La vie économique est celle « qui tend à la satisfaction des besoins matériels des hommes vivant en société » (Ch. Gide)[c]. C'est pourquoi on la considère souvent comme étant *étrangère à la vie morale.* C'est là une erreur. On verra plus loin que les conditions de la vie économique moderne soulèvent toutes sortes de problèmes sur lesquelles la Morale a au moins un droit de regard. D'autre part, l'acte essentiel de la vie économique est ***le travail.*** Or il s'en faut que le travail soit un acte purement matériel. Un matérialiste comme Karl Marx l'a fortement marqué : le travail proprement dit « appartient exclusivement à l'homme » parce qu'il suppose à la fois représentation préalable du but, attention et volonté soutenue, ce qui suffit à le différencier de l'activité instinctive de l'animal (voir la citation t. I, p. 526). Le travail, ajoute Marx, n'opère pas seulement un changement de forme dans la matière première : « Il réalise du même coup son propre but, dont il a conscience... L'œuvre exige pendant toute sa durée, outre l'effort des organes qui agissent, une attention soutenue, laquelle ne peut résulter que d'une tension constante de la volonté. » On a vu ci-dessus (chap. I, § 15) que les analyses des psychologues modernes confirment ces indications. C'est ainsi que Pierre Janet caractérise le travail comme le type des conduites *ergétiques,* c'est-à-dire de celles qui exigent une forte adaptation au réel et une grande dépense d'énergie psychique. C'est pourquoi le travail est, dit-il,

« un genre d'action plus difficile et plus rare qu'on ne le croit » et qui existe exclusivement chez l'homme.

C'est en effet, nous explique Pierre Janet, que l'acte du travail appartient à des tendances supérieures qui « jouent un rôle considérable dans la conduite morale ». Sans doute, il y a déjà de l'ordre en puissance dans les tendances à la sympathie, au dévouement, dans la peur de la loi. « Mais ce n'est pas la vraie morale, pas plus que le labour du bœuf n'est le vrai travail [cf. § 137 *A* et 163 *B*]... Bien des faits psychologiques dépendent de cette notion fondamentale du travail : l'attention volontaire, bien différente de l'attention spontanée ; la patience pour supporter l'attente, l'ennui, la fatigue ; l'initiative, la persévérance, l'unité de la vie, la cohérence des actes et des caractères, toutes choses qui ne sont pas seulement des vertus, mais des fonctions psychologiques supérieures » (Janet).

On s'explique ainsi sans peine la ***valeur moralisatrice du travail.*** Le travail exige de nous attention, effort pour adapter de façon précise nos actes à la réalité, soumission à une discipline quotidienne : rien d'étonnant, après ce que nous savons de l'importance morale de ces qualités (§ 163 et 165 *B*, etc.), si *le travail régulier exerce presque toujours une influence moralisante,* tandis que l'oisiveté, que ce soit celle du riche oisif des hautes classes ou celle du vagabond incapable de s'adapter à un travail soutenu, s'accompagne généralement de regrettables tares morales. — Le travail est d'ailleurs *l'acte créateur* par lequel la personnalité de l'individu s'extériorise en une œuvre, si humble soit-elle, et fait ainsi la preuve de son intelligence et de ses capacités. — C'est enfin celui par lequel il se sent *utile à la société.* En effet, dans les groupements à solidarité « organique » (§ 178), par suite de la division du travail et de la spécialisation des tâches, il se crée des interdépendances telles que *chaque profession est comme une fonction de l'organisme social.* Si l'individu prend conscience de ce fait, il comprendra que son travail, quel qu'il soit, est nécessaire à l'ensemble ; il acquerra le respect de sa tâche professionnelle et la notion de sa dignité.

188. Problèmes posés par la vie économique moderne. — Les transformations apportées dans la vie économique moderne par les progrès de la technique posent un certain nombre de problèmes qui, sans être essentiellement d'ordre éthique, ont cependant bien des points de contact avec la morale. 1° Les procédés de la technique moderne, surtout dans l'industrie, aboutissent à une *mécanisation du travail* qui semble difficilement compatible avec ce qui vient d'être dit de son caractère moralisateur. 2° Ils aboutissent d'autre part à une *production en grand,* dont on peut se demander si elle était bien désirable du point de vue moral. 3° Enfin ces transformations techniques ont abouti à un véritable divorce entre la *propriété* et le *tra-*

vail, d'où résulte ce qu'on a appelé la « question sociale » avec les multiples problèmes qu'elle pose.

189. La Mécanisation du Travail. — On confond souvent, sous le nom de ***division du travail,*** des phénomènes extrêmement différents. La division du travail ***professionnelle*** est très ancienne : c'est celle qui aboutit à la différenciation des professions et qui crée cette solidarité dont il a été question § 178 et 187. On peut discuter sur ses bienfaits ou ses méfaits. L'économiste Ch. Gide[c] (1847-1932) a dit que c'était « une solidarité d'infirmes, celle de l'aveugle et du paralytique ». Mais l'idéal de l'homme moderne ne peut être que chacun se suffise économiquement à lui-même. Et, tout compte fait, il semble que *moralement* les effets de la division du travail professionnelle soient plutôt heureux, à condition, bien entendu, que l'individu veuille bien *prendre conscience* des interdépendances qui en découlent, et des obligations qu'elles lui imposent (§ 187 *fin*). — Mais, dans la vie économique moderne, on entend généralement par *division du travail* un phénomène tout différent. Il s'agit alors de la division du travail ***technique,*** c'est-à-dire d'une *décomposition du travail* en gestes élémentaires, qui deviennent de plus en plus automatiques. Dès le xviiie siècle, Ad. Smith montrait que la fabrication d'une épingle exigeait dix-huit opérations distinctes. L'automatisme du travail a été encore accru, d'abord par la substitution de la *machine* au travail manuel, ensuite par l'adoption de *systèmes dits « scientifiques » d'organisation du travail,* tels que taylorisme, fordisme, système Bedaux, travail en série ou à la chaîne, qui n'avaient en vue que le rendement *matériel* sans tenir compte des facteurs *humains* de la production. Smith lui-même avait déjà signalé les conséquences de ces procédés, qui enlèvent au travailleur toute occasion « d'exercer son intelligence ou sa faculté d'invention ». Avec le ***machinisme,*** ces conséquences s'aggravent : le travailleur n'est plus qu'un appendice de la machine, et Taylor répondait un jour à un ouvrier : « Vous n'avez pas à penser : il y a ici d'autres gens qui sont payés pour cela. » — Il est évident que, dans de telles conditions, l'acte du travail se dégrade et perd même le *caractère humain* qui faisait sa valeur morale. Mais ce n'est pas tout : il est inévitable que l'ouvrier se désintéresse d'un travail aussi automatique et aussi parcellaire. Quand on se lamente sur la *décadence*, d'ailleurs très réelle, *de la conscience professionnelle*, il serait bon de prendre conscience d'abord de la distance qui sépare ce travail ingrat de l'ouvrier moderne de celui de l'artisan d'autrefois, lequel pouvait être accompli avec amour parce qu'il avait à y mettre toute son habileté et tout son savoir-faire.

On peut cependant observer, comme le faisait dès 1930 l'industriel américain Ford, que le machinisme présente surtout ces inconvénients *quand il n'est que rudimentaire* : une presse d'imprimerie, une machine à estamper exigent de l'ouvrier un geste monotone et mécanique, s'il est obligé de les alimenter à la main ; mais une machine plus perfectionnée présente elle-même le papier, la matière première à l'impression ou à l'estampage. L'ouvrier devient alors un *surveillant* et un *conducteur de machine*, ce qui exige souvent de sa part des aptitudes variées et même, comme le disait Ford, « une certaine universalité » qui le rend capable d'« exécuter des besognes assez diverses et de les exécuter intelligemment ». C'est ce qu'avait déjà prévu K. Marx lorsqu'il écrivait : « La grande industrie oblige la société à remplacer l'*individu morcelé*, porte-douleur d'une fonction productrice de détail, par l'*individu intégral* qui sache tenir tête aux exigences les plus diversifiées du travail. » Et c'est bien en effet dans cette voie, et non dans le freinage du progrès technique, moins encore dans un retour en arrière comme certains l'ont préconisé (§ 213), que doit être cherchée une solution tenant compte du caractère *humain* du travail.

Le progrès technique doit permettre d'ailleurs en même temps d'*abréger le temps de travail*. Car, s'il ne faut pas dévaloriser l'activité professionnelle de l'homme, ce serait en revanche une illusion de croire *qu'il puisse trouver dans cette activité seule le plein épanouissement de sa personnalité*. Marx lui-même, moins optimiste que dans le passage que nous venons de citer, l'a reconnu dans le tome III du *Capital* : « Le domaine de la liberté, écrit-il, commence seulement là où cesse le travail déterminé par la nécessité et la finalité extérieure ; par sa nature, ce domaine se situe au delà de la sphère de la production proprement matérielle... C'est au delà que commence ce développement des forces humaines qui est à lui-même son propre but... La réduction de la journée de travail est la condition fondamentale. »

Quoi qu'il en soit, on ne saurait méconnaître que notre ***civilisation technicienne*** pose ici *un très grave problème* qu'un sociologue contemporain qui a particulièrement étudié ces « problèmes humains du machinisme industriel », G. Friedmann[k], formulait récemment en ces termes : « L'espèce humaine parviendra-t-elle, et comment, à dominer les techniques, à les faire servir au bien-être des masses, mais aussi à la dignité et à la culture de l'individu ?[1] » Bergson, dans *Les deux sources*, réclamait pour notre civilisation mécanicienne « un supplément d'âme » ; G. Friedmann dit simplement : « un supplément d'humanité » et il lui assigne pour but de « faire bénéficier les valeurs nouvelles de la science et de la technique du legs précieux des civilisations du passé ». Le problème est urgent en effet, si l'on ne veut pas que la Technique divinisée étouffe les valeurs indispensables de ***l'humanisme*** traditionnel (voir cependant § 214).

---

1. Qu'on n'objecte pas qu'un changement de régime social résoudrait tout : « Cinquante heures par semaine de travail sur la chaîne d'assemblage des moteurs dans une usine de tracteurs ou d'automobiles sont-elles, en soi, plus *attrayantes* à Gorki qu'à Detroit ? » (Friedmann.)

190. La grande production. — Le développement de la production moderne pose un second problème touchant sa valeur morale. *A.* Écartons tout de suite une des critiques qui lui ont été adressées. On lui reproche souvent d'avoir inventé des ***procédés de destruction*** qui constituent, en temps de guerre, des armes terribles. Mais c'est oublier : 1° que le problème n'est pas nouveau : le problème de la « bombe atomique » s'est déjà posé, au degré près, mais sous la même forme, lors des inventions de la poudre à canon, de l'artillerie à grande puissance, des armes à tir rapide, de l'aviation de bombardement, des gaz asphyxiants, etc. ; 2° que la technique, pas plus que la science, ne nous indique à quelle *fin* doivent être employés les *moyens* d'action qu'elle nous donne sur la nature ; 3° que ces moyens d'action sont toujours *des armes à double tranchant*, tout comme une simple branche d'arbre peut servir à l'homme de levier pour soulever une grosse pierre aussi bien que de massue pour assommer son semblable : explosifs, toxiques, avions, énergie atomique peuvent être employés à des buts pacifiques et même humanitaires (un toxique peut être un médicament) aussi bien que destructeurs. Ce ne sont ni la science, ni la technique, ni la grande production qui sont ici responsables : ce sont l'immoralité humaine, les convoitises économiques des peuples (ou de leurs dirigeants), leurs appétits de domination et d'impérialisme, qui détournent parfois contre l'homme les inventions du génie humain. — *B.* Un peu plus spécieuse est la critique qui consiste à accuser la grande production d'avoir ***corrompu l'homme,*** soit en lui suscitant des *besoins artificiels*, soit en lui procurant *trop de bien-être* et en le déshabituant de *l'effort.* Pour répondre tout de suite à ce dernier grief, remarquons qu'il n'y a aucun intérêt moral à ce que l'homme dépense son énergie à lutter contre des contraintes matérielles dont il est parvenu à se libérer. La morale n'exige pas que nous regrettions de n'avoir plus aujourd'hui, pour nous procurer de la lumière, qu'à appuyer sur un bouton électrique au lieu de battre longtemps le briquet comme autrefois. L'homme aura toujours à exercer suffisamment sa volonté contre d'autres obstacles et contre ses « ennemis intérieurs » (§ 169) pour qu'il n'ait pas à la laisser s'amollir. Saint Thomas remarque qu'« *un minimum de bien-être matériel est nécessaire à l'exercice de la vertu* ». Et les inventions modernes nous apportent assez d'inquiétudes pour l'avenir pour que nous ne leur reprochions pas le confort qu'elles nous procurent. — Quant aux *besoins artificiels*, il est bien vrai que la grande production, appuyée d'ailleurs par cette autre technique, *la publicité*, en a suscité d'éminemment regrettables. L'alcoolisme en est le plus fâcheux exemple. Mais il en est de plus discutables : faut-il condamner l'usage du tabac?

que penser de ces familles chez lesquelles le cinéma est devenu un besoin si impérieux qu'elles y vont régulièrement quel que soit le film présenté, ou de celles chez lesquelles on entend la radio fonctionner en permanence? faut-il proscrire les «industries de luxe» ? Il va de soi que *tout, ici, est question de mesure.*

Si cette mesure est trop souvent dépassée, c'est que l'homme moderne n'a pas toujours la volonté nécessaire pour se distraire honnêtement sans pour cela *devenir esclave de ses plaisirs.* C'est aussi, il faut bien le dire, parce qu'il y est invité par des gens qui tirent profit de cette faiblesse morale : si les trafiquants d'alcool et les débits de boissons ne réalisaient pas tant de bénéfices[1], si les producteurs de films ne visaient pas avant tout à leur rendement commercial sans avoir égard à leur valeur morale ou esthétique, on ne verrait pas se manifester de ces tentations permanentes. Ce qu'il faut incriminer ici, ce n'est donc pas la production elle-même, c'est un *régime social* fondé exclusivement sur l'appât du gain et la recherche du profit. Le cas des «industries de luxe» est plus délicat encore. Certes, il est scandaleux de voir s'étaler certaines formes insolentes du luxe alors qu'il existe encore tant de misères imméritées. Mais nous ne pensons pas qu'on puisse, avec certains moralistes, condamner le luxe *en principe* et imposer à l'homme un régime spartiate d'où tout superflu serait prohibé. S'il y a un luxe de mauvais goût, il en est un aussi qui est élégance et qualité. L'art lui-même n'est-il pas un luxe ? Ici encore tout est question d'équilibre et de mesure.

191. La liberté économique. — De tous temps, certains problèmes se sont posés concernant la situation du travailleur. Mais ces problèmes sont devenus plus aigus au cours du XIXe siècle et dans la première moitié du XXe, d'abord par suite de l'*abolition* (par Turgot d'abord, puis par la Constituante en 1791) *de toute organisation professionnelle* (corporations, etc.). Ainsi s'instaura le régime du *laisser-faire*, qui fut érigé en doctrine par les économistes dits «libéraux». Ceux-ci prétendirent que la vie économique devait être laissée à elle-même, à ses propres lois, et que toute intervention de l'État ou d'une autorité quelconque en ces matières ne pouvait que fausser le jeu de la ***libre concurrence.*** Nous laisserons de côté ici les arguments d'ordre proprement économique qu'ils faisaient valoir en faveur de leur thèse,

1. On constate en ce moment une dangereuse recrudescence de l'alcoolisme en France. Voici les résultats : le nombre des Français morts d'une cirrhose alcoolique du foie était de 4 000 en 1945 ; il a doublé en 1950. Celui des morts par alcoolisme aigu ou chronique était de 950 en 1945 ; il a été de 4 277 en 1958. La France compte 22 alcooliques p. 1 000 habitants (contre 16 en Suisse, 10 aux U. S. A., 8 en Angleterre). En matière de criminalité, l'alcool était responsable, avant 1939, de 32 p. 100 des cas ; pendant les années de restriction, ce chiffre tomba à 15 p. 100 ; aujourd'hui il sélève à 38 p. 100. Le nombre des alcooliques internés dans les hôpitaux psychiatriques s'élève à 20 p. 100 du nombre total des malades internés dans ces hôpitaux. Les conséquences de l'intoxication alcoolique dépassent d'ailleurs l'individu et s'étendent à la descendance. Selon certaines statistiques, 60 p. 100 des enfants anormaux ou arriérés sont des hérédo-alcooliques.

et nous ne retiendrons que les arguments moraux. Le régime de la libre concurrence est, disaient-ils, le plus favorable au développement de l'*initiative individuelle* et du *sens de la responsabilité* et, par suite, des *valeurs humaines* : « Détruire la concurrence, écrivait BASTIAT, c'est tuer l'intelligence, c'est tuer la pensée, c'est tuer l'homme. » — Il y avait là une vue bien optimiste. En fait, ce qui assure le succès dans un régime de « laisser-faire », ce ne sont pas seulement les qualités morales et intellectuelles. C'est quelquefois tout le contraire. « Le trait distinctif de l'économie contemporaine, écrivait en 1931 le pape Pie XI (encycl. *Quadragesimo anno*), est le fruit naturel d'une concurrence dont la liberté ne connaît pas de limites ; ceux-là seuls restent debout qui sont les plus forts, ce qui souvent revient à dire : qui luttent avec le plus de violence, qui sont le moins gênés par les scrupules de conscience. » Au reste, il ne peut être question de liberté sans limites lorsque ce qui est en jeu, ce sont des éléments humains. ***Le travail ne saurait être assimilé à une marchandise,*** dont le prix serait livré aux fluctuations de l'offre et de la demande. Dans la première moitié du XIXe siècle, le système du « laisser-faire » aboutit à une abominable exploitation, non seulement du travailleur adulte, mais aussi des femmes et des enfants. En 1841, la discussion de la loi sur le travail des enfants dans les manufactures, la première « loi sociale » que nous ayons eue en France, révéla que des enfants de six ans travaillaient jusqu'à douze heures par jour dans les usines pour un salaire quotidien de 50 centimes. Depuis lors, la législation sociale s'est développée, un *Code du Travail* s'est élaboré, un « minimum vital » a été établi et surtout, autorisés par la loi de 1884 à se grouper en *syndicats* professionnels, les travailleurs sont devenus assez forts pour défendre leurs droits et conclure des *contrats collectifs* avec leurs employeurs. Parfois même, la situation se renverse, et ce sont eux qui, par des grèves répétées, font peser sur le fonctionnement de la vie économique des contraintes qui ne sont pas toujours justifiées[1].

192. La Propriété et le Travail. — Mais le problème principal est né des transformations techniques apportées par le développement de la grande industrie et du machinisme. Ceux-ci, exigeant des capitaux considérables, ont eu pour conséquence un véritable ***divorce***

1. Nombre de journées de travail individuelles perdues en France par suite des grèves : en 1947, 22 673 285 ; en 1948, 13 133 313 ; en 1949, 7 129 150 ; en 1950, 11 728 791 ; en 1951, 3 495 476 ; en 1952, 1 732 577 ; en 1953, 9 722 111 ; en 1954, 1 440 145 ; en 1955, 3 078 706 ; en 1956, 1 422 539 ; en 1957, 4 121 317 ; en 1958, 1 137 741 ; en 1959, 1 938 427 ; en 1960, 1 069 958 ; en 1961, 2 600 000 ; en 1962, 1 900 000 ; en 1963, 5 991 000 *(sans compter les grèves du secteur public).*

(Phot. Bibl. Nat.) (Coll. Sirot.)

Frédéric Le Play. 1806-1882. — P.-J. Proudhon. 1809-1865. — Karl Marx. 1818-1883.

Fig. 35, 36, 37. — Trois grands théoriciens sociaux.

entre la propriété et le travail, l'ouvrier ne pouvant plus être individuellement propriétaire des machines, des matières premières, des moyens de transport, en un mot : de ses instruments de travail, comme l'était l'artisan d'autrefois et comme l'est encore le petit propriétaire rural cultivant lui-même sa terre. La « question sociale » comme on l'a appelée, se pose donc surtout, de nos jours, comme celle des rapports entre la propriété et le travail.

A. Le ***droit de propriété*** a subi la même évolution que tous les autres droits (§ 146). D'abord *communautaire,* du moins en ce qui concerne la propriété de la terre (tandis que les choses destinées à l'usage personnel : armes, vêtements, etc., semblent bien avoir toujours été objets d'appropriation individuelle), il s'est *individualisé* au point d'apparaître comme un des droits essentiels de l'homme. Mais alors *plusieurs conceptions sont possibles* : 1° Selon une conception issue du droit romain, la propriété apparaît comme un *droit sans limites* (c'est le *jus utendi, fruendi et abutendi,* droit de *se servir* de la chose, droit de percevoir et d'en garder les *produits,* droit d'en *disposer* absolument en la transformant, en l'aliénant, voire en la laissant improductive, en la dégradant ou même en la détruisant). Elle est alors *exclusive, absolue et perpétuelle* : elle se transmet, même après la mort du titulaire, par l'héritage. Notre Code Civil (article 544) la définit encore « le droit de jouir et disposer des choses de la manière la plus absolue », mais il ajoute déjà cette réserve : « pourvu qu'on n'en fasse pas un usage prohibé par les lois et règlements ». Les économistes libéraux ont tiré de là une conception absolue et individualiste de la propriété, qui ne tenait même pas toujours compte de cette réserve Or il est évident que cette conception peut conduire à des abus. Ainsi, le propriétaire d'une terre à blé a-t-il moralement le droit de la laisser en friche quand la nation, en temps de guerre ou de pénurie, a besoin de blé ? N'y a-t-il pas, d'autre part, des cas où le droit individuel doit s'effacer devant l'intérêt général, et la loi elle-même ne prévoit-elle pas l'expropriation « pour cause d'utilité publique » moyennant indemnité ? En fait, la réserve indiquée par le Code a trouvé de plus en plus d'applications dans notre monde moderne, et l'on sait assez ce qu'est devenue par exemple la propriété des locaux d'habitation. — 2° A l'opposé de la conception individualiste, le *socialisme collectiviste*, sans nier le droit à l'appropriation individuelle des produits du travail et des objets de consommation, préconise la suppression de la propriété individuelle des ***instruments de production*** (capitaux, terres, machines, moyens de transport) et son remplacement par la propriété collective. Déjà développée en France par les Saint-Simoniens qui, dès 1830, réclamaient que « les instruments du travail, terres et capitaux, soient réunis en un fonds social et que ce fonds soit exploité par association et hiérarchiquement », cette doctrine a trouvé surtout son expression dans la théorie de Karl Marx qui s'est efforcé d'établir que, par la concentration progressive des capitaux et des entreprises, le collectivisme était l'aboutissement nécessaire de l'évolution économique. Cette « socialisation » des moyens de production a été réalisée partiellement en U. R. S. S. où l'État, sans assumer directement lui-même la gestion de toute la propriété de l'Union, est *propriétaire du sol, du sous-sol et de tous les instruments de production.* Le danger est ici qu'en conférant à l'État un tel pouvoir économique, on risque de supprimer en même temps toute *liberté individuelle.* Et, pourtant, il semble impossible d'admettre que ceux qui détiennent la propriété des instruments du travail commun s'en servent *comme d'un moyen à des fins personnelles.* — 3° La solution semble donc être : *a.* dans une conception plus juste de la propriété individuelle ; *b.* dans la création d'un secteur réservé à la propriété collective. — *a.* Comme tous les autres droits, le droit de propriété est *limité et subordonné aux intérêts supérieurs de la société.* La notion romaine ne peut guère être maintenue que pour les objets de consommation, c'est-à-dire pour les biens qui sont destinés à l'utilisation directe et à l'usage individuel et familial. Dans tous les autres cas, la propriété individuelle doit être considérée comme ne comportant *pas moins d'obligations que de droits.* Aug. Comte déclarait que la propriété était surtout « une indispensable fonction sociale, destinée à former et à administrer les capitaux par lesquels chaque génération prépare les travaux de la suivante ». Cette notion est d'ailleurs très ancienne : les Pères de l'Église des IVe et Ve siècles[1] posent le principe que les biens de la terre ont été donnés en commun à tous les hommes et que la propriété est donc plutôt une délégation qu'un droit absolu (cf. § 177). Saint THOMAS écrit de même qu'*en ce qui concerne leur usage*, sinon leur possession, l'homme ne doit pas regarder les biens extérieurs comme privés, mais comme communs. Il semble donc qu'il y ait, dans cette conception de la propriété comme ***fonction sociale,*** non pas une nouveauté, mais un retour à une conception traditionnelle que seul l'individualisme des XVIIIe et XIXe siècles avait obscurcie. — *b*. D'autre part, il existe *certaines catégories de biens* pour lesquels on peut soutenir avec raison qu'ils doivent être ***réservés à la collectivité*** « lorsqu'ils en viennent à conférer une puissance économique telle qu'elle ne peut, sans danger pour le bien public, être laissée entre les mains de personnes ou de sociétés privées » (Pie XI) : tels sont les grandes sources d'énergie, les mines, les transports, les assurances, le crédit, etc. Encore doit-on envisager ici un régime de *nationalisation* avec collaboration des usagers, des techniciens et des salariés, plutôt que d'*étatisation*, et la nationalisation « a précisément pour objet d'empêcher les empiètements d'un État qui deviendrait trop autoritaire » (F. PERROUX).

B. Enfin il importe de bien comprendre que le problème de la propriété n'est pas seulement d'ordre matériel : c'est aussi, c'est même surtout un problème d'***autorité.*** Toute la législation issue de 1789 faisait de la propriété, *et non du travail*, l'unique assise de l'ordre juridique, et le Code Civil dans les 1 751 articles de son livre III qu'il consacre aux « différentes manières dont on acquiert la propriété », ne mentionne même pas le travail. La caractéristique du salariat était précisément que le travail, dans la production, demeurait l'*élément subordonné* et n'avait ni aucun droit sur le produit fabriqué ni aucune part à la gestion de l'entreprise. Or, si le travail est, non seulement l'acte proprement humain que nous avons dit, mais, ainsi que n'ont pas craint de le proclamer les papes modernes, « la source unique d'où procède la richesse des nations »[2], est-il juste de le maintenir dans cet état de simple agent d'exécution ? C'est pourquoi la solution dite *paternaliste*, préconisée autrefois par Fr. LE PLAY, c'est-à-dire celle qui fait du *patronage* des « classes dirigeantes » sur « les classes

1. Saint AMBROISE, *De Off.*, I, ch. 28 : « *Natura jus commune generavit, usurpatio jus fecit privatum* : c'est la nature qui a engendré le droit de communauté, l'abus qui a fait le droit de propriété privée. »

2. « *Illud verissimum est, non aliunde quam ex opificum labore gigni divitias civitatum* » (LÉON XIII, encyclique *Rerum novarum*).

vicieuses ou imprévoyantes » (Le Play) la base même de l'ordre social, est aujourd'hui largement dépassée. La propriété privée elle-même ne se justifie pleinement, du point de vue de la pure morale, que *dans la mesure où elle repose sur le travail personnel*, ce qui n'est pas toujours le cas. Il semble légitime, dès lors, de faire en sorte que la propriété cesse d'être la seule source de l'autorité dans la vie économique et que le travail soit admis à participer, dans une certaine mesure, non seulement, comme on l'a préconisé, aux bénéfices des entreprises, mais aussi et surtout à leur *direction* : c'est d'ailleurs ce qui a été réalisé en partie grâce à l'institution des *Comités d'entreprises* (loi du 16 mai 1946). Le travail trouve ainsi sa juste place à côté des représentants du capital et des techniciens.

SUJETS DE TRAVAUX

Exercices. — 1. *Commenter ce jugement de Voltaire* : « Forcez les hommes au travail : vous les rendrez honnêtes gens. » — 2. *Comment comprenez-vous cette parole de Lacordaire* : « Entre le fort et le faible, entre le riche et le pauvre, entre le maître et le serviteur, c'est la liberté qui opprime et la loi qui affranchit » ? — 3. *Quelles conceptions de la propriété se dégagent des phrases suivantes* : « La possession commune de tous est de droit naturel » (Saint Isidore de Séville, cité par Saint Thomas, *Somme théol.*, Ia IIæ, q. 94, art. 5), « Je suis propriétaire de la chose que mon travail a créée » (Locke), « L'esprit de propriété double la force de l'homme : on travaille pour soi et pour sa famille avec plus de vigueur et de plaisir que pour un maître » (Voltaire), « La sûreté de la propriété est le fondement essentiel de l'ordre économique de la société » (Quesnay), « La propriété [est] un droit inviolable et sacré » (Décl. 1789), « Le droit de propriété est celui qui appartient à tout citoyen de jouir et de disposer à son gré de son bien, de ses revenus, du fruit de son travail et de son industrie » (Décl. 1793), « C'est sur le maintien des propriétés que repose tout l'ordre social » (Const. 1795), « L'abus de la propriété doit être réprimé toutes les fois qu'il nuit à la société » (Napoléon), « La propriété est un fait social, soumis, comme tous les autres faits sociaux, à la loi du progrès ; elle peut donc, à diverses époques, être entendue, définie, réglée de diverses manières » (Doctr. saint-simonienne, 1829), « La propriété, c'est le vol... Ni le travail, ni l'occupation, ni la loi ne peuvent créer la propriété... Le possesseur [de la terre] est payé de sa peine et de son industrie par sa récolte, mais il n'acquiert aucun droit sur le fonds... Le propriétaire qui exige une aubaine pour prix de la force productive de sa terre, suppose un fait radicalement faux, savoir : que les capitaux produisent par eux-mêmes quelque chose ; et, en se faisant payer ce produit imaginaire, il perçoit, à la lettre, quelque chose pour rien... La propriété est le droit de jouir et de disposer à son gré du fruit de l'industrie et du travail d'autrui » (P. J. Proudhon), « La propriété, c'est le droit de s'appliquer à soi-même ses propres efforts ou de ne les céder que moyennant la cession en retour d'efforts équivalents » (Bastiat), « Si la fraude et la violence sont quelquefois à l'origine de la propriété, la transmission, pendant quelques années, sous des lois régulières lui rend le caractère respectable et sacré de la propriété fondée sur le travail» (Thiers), « Le travail est le vrai fondement du droit de propriété» (Id.), « La propriété fruit du travail, de l'effort, du mérite personnels ! Parle-t-on de la propriété du petit bourgeois, du petit paysan ? Ou de la propriété bourgeoise des temps modernes ?... Le travail du prolétaire crée-t-il de la propriété à ce prolétaire ? Nullement. Il crée le capital, c'est-à-dire la propriété qui exploite le travail salarié» (K. Marx), « Aucune propriété ne pouvant être créée ni même transmise par son seul possesseur sans une indispensable coopération publique, son exercice ne doit jamais être purement individuel» (A. Comte), « La propriété n'a pas de forme plus féconde que la possession libre et individuelle ; avec ce caractère, elle est le second fondement [la religion étant le premier] de la civilisation moderne» (Le Play), « La propriété privée, même des biens de production, a valeur permanente, pour cette raison qu'elle est un droit naturel, fondée sur la priorité ontologique et téléologique des individus sur la société » (Jean XXIII)? — 4. *Étudier le texte* (Francinet, *livre de lecture courante*) *cité par* Fourastié[l], p. 160-162 ; *en dégager les idées que l'on se faisait sur la condition du travailleur vers 1860.*

Exposés oraux. — 1. *La psycho-sociologie du travail industriel moderne,* d'après Friedmann[k], p. 207-247. — 2. *Le droit de propriété* d'après Durkheim[m], p. 144 à 205.

Discussions. — 1. *Valeur morale de la grande production.* — 2. *Suffirait-il de changer le régime de la propriété pour libérer l'homme ?*

Lectures. — *a.* *F. Rauh, *Études de Morale,* Alcan, 1911, p. 259-372. — *b.* Durkheim, *De la Division du travail social* (1893), 4e éd., Alcan, 1922. — *c.* Ch. Gide, *Cours d'Économie politique,* 10e éd., Sirey, 1925, — *d.* *E. Goblot, *La Barrière et le Niveau,* Alcan, 1930. — *e.* *Ch. Morazé, *Introd. à l'histoire économique,* A. Colin, 1943. — *f.* Daniel Villey, *Petite his, toire des grandes Doctrines économiques,* P. U. F., 1944. — *g.* *B. Nogaro, *Les grands probl. de l'Économie contemp.,* P. U. F., 1945. — *h.* H. J. Laski. *Réflexions sur la Révol. de notre temps,* Seuil, 1947. — *i.* J. E. Hermitte- *Vie économique et sociale de la nation moderne,* Bordas, 1948. — *j.* A. Cuvillier, *Manuel de Sociologie,* chap. VIII et § 172. — *k.* Georges Friedmann, *Où va le travail humain ?* Gallimard, 1951. — *l.* J. Fourastié, *Machinisme et bien-être,* Éd. de Minuit, 1951. — *m.* Durkheim, *Leçons de Sociologie, physique des mœurs et du droit,* P. U. F., 1950, leçons I à III et XI à XV. — *n.* F. Sellier, *Morale et vie économique,* P. U. F., 1954. — *o.* M. Halbwachs, *Esquisse d'une psychologie des Classes sociales,* M. Rivière, 1955. — *p.* Bernard Lavergne, *Individualisme contre autoritarisme,* P. U. F., 1959. — *q.* Simone Weil, *La condition ouvrière,* Gallimard, 1964.

chapitre XXII

LA MORALE ET LA VIE POLITIQUE : L'ÉTAT

SOMMAIRE

193. État et Société. — On emploie quelquefois le mot *État* (par exemple, quand on dit : les grands États de l'Europe), en un sens large, pour désigner la société globale lorsqu'il y existe une différenciation entre gouvernants et gouvernés et, par suite, un pouvoir politique distinct. Mais, le plus souvent, le terme d'***État*** est employé en un sens plus restreint pour désigner ce pouvoir lui-même avec l'ensemble des rouages politiques, administratifs et judiciaires qui le constituent. Autrement dit, dans le premier sens, l'État, c'est l'*organisme social* tout entier, du moins lorsqu'il est parvenu à un degré de différenciation suffisant pour qu'on y puisse distinguer des organes directeurs ; dans le second, ce sont ces *centres directeurs*, c'est en quelque sorte le cerveau de la société. Quel que soit le sens adopté, *il importe de ne pas confondre l'État avec la société.* Même dans le premier sens, toute société n'est pas nécessairement un État : dans les sociétés indifférenciées, le pouvoir politique n'a pas encore d'organes propres, la souveraineté demeure *diffuse* dans l'ensemble du corps social et réside dans les traditions, les idéaux du groupe. Tout au plus, trouve-t-on parfois dans ces sociétés une sorte de conseil des vieillards chargé de *dire* la coutume, la tradition (non : de faire la loi) dans les cas difficiles. A plus forte raison, la société ne doit-elle pas être confondue avec l'État au sens restreint. En ce sens, l'État résulte d'une ***institutionalisation*** progressive de la souveraineté ; il représente alors un *pouvoir de contrainte* qui, dans certains cas, peut même s'opposer à la société vivante. « Il n'est pas exact, écrivait DURKHEIM[l], de dire que l'État incarne la conscience collective, car celle-ci le déborde de tous les côtés. » La confusion de l'État avec la société est à la base des erreurs totalitaires (§ 195 et 203).

194. Les fonctions de l'État. — Les fonctions de l'État ont d'ailleurs varié au cours de son histoire. On peut les classer en troi groupes.

1° L'État a eu autrefois des *fonctions religieuses*. FUSTEL DE COULANGES[a] a bien caractérisé cet état de choses à propos de la « cité antique » : dans ce régime, « l'État était une communauté religieuse, le roi un pontife, le magistrat un prêtre, la loi une formule sainte ». L'État exerçait ainsi sa puissance aussi bien sur la conscience de l'individu que sur son comportement temporel. La différenciation des fonctions amena la distinction du temporel et du spirituel, qui fut consacrée par le Christianisme. Celui-ci, en proclamant qu'il fallait « rendre à Dieu ce qui est à Dieu et à César ce qui est à César », sépara « ce que toute l'antiquité avait confondu » (FUSTEL). La ***laïcité*** de l'État fut, au fond, une conquête du Christianisme[1].

2° Les fonctions dites ***primaires*** de l'État sont ses fonctions essentielles, celles qui résultent de sa nature comme pouvoir de contrainte. On sait que MONTESQUIEU avait distingué trois formes de ce pouvoir : le pouvoir *législatif* qui consiste à faire les lois, le pouvoir *exécutif* qui s'incarne dans le *gouvernement* et qui est chargé de faire exécuter les lois et de veiller à la sécurité intérieure et extérieure de l'État, et le pouvoir *judiciaire* dont la fonction est d'appliquer les lois aux cas particuliers. Mais les juristes modernes contestent *que le « pouvoir judiciaire » soit de même nature que les deux autres*. La source du pouvoir est une : c'est la volonté du « souverain », laquelle s'exprime dans la loi ; et le rôle de la magistrature est d'*administrer* la justice,

1. L'État n'en a pas moins toujours un certain caractère sacré : il est « pétri de sacralité », écrit Luc DE HEUSCH[p] dans *Le pouvoir et le sacré*.

non de créer du droit.

3° Les fonctions ***secondaires*** de l'État sont celles où il agit moins comme pouvoir que comme *administrateur.* Très réduites dans les sociétés peu différenciées où la vie sociale est relativement simple, elles se sont multipliées à mesure que la vie sociale devenait de plus en plus complexe. L'État s'est fait « protecteur des lettres, des arts et des sciences ». Il s'est chargé d'une partie de l'*éducation nationale*, autrefois laissée aux associations privées, et de la collation des grades universitaires. Il a assumé bien d'autres *fonctions d'ordre social* (assistance publique, sécurité sociale, institutions d'hygiène, etc.) et même *d'ordre proprement économique* : non seulement, comme on l'a vu (§ 191), il a dû intervenir par la législation sociale, mais il a dû se charger lui-même de certains services d'intérêt général et de « diriger » dans une certaine mesure la vie économique du pays, lorsqu'il est apparu que celle-ci s'organisait et tendait d'elle-même au « dirigisme », mais sous forme de coalitions d'intérêts privés (trusts, monopoles divers) et non dans l'intérêt général de la nation.

195. L'homme dans l'État : la Liberté. — On a vu dans cette multiplication des attributions secondaires de l'État une menace pour la liberté individuelle. Mais ici il est nécessaire d'analyser de très près cette notion de la ***liberté*** ; car elle a donné lieu à une quantité d'équivoques. L'individualisme du XVIIIe siècle avait fait de la liberté, comme du droit (§ 142), une donnée naturelle, un apanage de l'homme à l'état de nature : « L'homme est né libre », dit le *Contrat Social.* C'est de cette conception que s'inspiraient les économistes libéraux et que s'inspire encore, de nos jours, l'école « néo-libérale », lorsqu'ils considèrent toute intervention de l'État en matière économique comme une atteinte à cette liberté naturelle. A plus forte raison, regardera-t-on comme incompatible avec la liberté cette extension des attributions de l'État dont nous venons de parler. — Or, comme l'a fortement marqué DURKHEIM, il y a là une erreur. Loin de s'opposer à l'autorité de la règle, « la liberté elle-même est le produit d'une réglementation... Elle est si peu une propriété inhérente de l'état de nature qu'elle est, au contraire, *une conquête de la société sur la nature* ». L'état de nature ne serait en effet que la domination du plus fort et l'asservissement des faibles : on a vu d'ailleurs (§ 191) que c'est précisément ce qui était arrivé dans le domaine économique sous le régime du laisser-faire. Autrement dit, la « liberté » du plus fort n'est rien d'autre que sa force même ; mais *la liberté **juste** n'est pas un fait, c'est une valeur* et, comme toutes les valeurs, elle doit être édifiée, protégée, défendue. « Ce qui constitue la liberté, c'est la subordination des forces extérieures aux forces sociales ; c'est seulement à cette condition que ces dernières peuvent se développer librement. Or cette subordination est bien plutôt *le renversement de l'ordre naturel* : elle ne peut se réaliser que progressivement, à mesure que l'homme s'élève au-dessus des choses pour leur faire la loi, pour les dépouiller de leur caractère fortuit, absurde, immoral » (DURKHEIM).

C'est pourquoi d'ailleurs nous voyons *le contenu de l'idée de liberté varier au cours de l'histoire.* Des auteurs comme Benj. CONSTANT et FUSTEL DE COULANGES ont bien montré la distance qui sépare la liberté, telle que la concevaient les *anciens*, de la liberté des *modernes.* La liberté des anciens, dit B. CONSTANT (1767-1830), était une « participation active et constante au pouvoir collectif » ; elle consistait à exercer directement la souveraineté en délibérant sans cesse sur la place publique ; mais les anciens admettaient parfaitement, « comme compatible avec cette liberté collective, l'assujettissement complet de l'individu à l'autorité de l'ensemble ». FUSTEL DE COULANGES est encore plus net : c'est une erreur, dit-il, de croire « que dans les cités anciennes l'homme jouissait de la liberté », du moins telle que nous l'entendons : « Il n'en avait même pas l'idée... Les anciens ne connaissaient ni la liberté de la vie privée, ni la liberté de l'éducation, ni la liberté religieuse. Le citoyen était soumis en toutes choses sans nulle réserve à la cité ; il lui appartenait tout entier. »

Au contraire, la liberté qui nous semble la plus précieuse aujourd'hui, c'est précisément *la liberté de l'individu, et spécialement sa liberté intérieure*, celle de sa pensée, de son activité spirituelle. C'est celle qui se trouve menacée par le ***totalitarisme*** qui n'est, au fond, qu'une régression à « l'omnipotence de l'État » dont parlait Fustel de Coulanges dans *La Cité antique.* Sous le régime nazi, un auteur allemand[1] écrivait : « Toute activité est politique en puissance et, de ce fait, justiciable d'une décision politique et, de plus, c'est comme animal politique que l'homme est saisi dans sa totalité et sur le plan existentiel » (Carl SCHMITT). Cette prétention de l'État de *saisir l'homme dans sa totalité* qui est l'essence même du totalitarisme, est incompatible avec la distinction du temporel et du spirituel posée par le Christianisme (§ 194, 1°) et elle nous paraît aujourd'hui atten-

1. É. BOUTROUX (*Études d'hist. de la philos. allemande*, app. I) signalait déjà en 1916 que « le principe de la vraie liberté », selon la conception allemande, c'est d'« identifier sa volonté avec celle du Tout ». Sous le régime fasciste, le philosophe italien GENTILE enseignait que « la liberté revient uniquement pour l'individu, à fondre son désir dans celui du chef de l'État ». — La même thèse, hélas ! a été reprise aujourd'hui par d'autres.

tatoire à la dignité de la personne. Face à cette prétention, il faut maintenir au contraire une conception ***pluraliste*** de la vie sociale. L'État n'a aucun droit à absorber toutes les activités de l'individu ; tout au plus peut-il exercer sur elles un droit de regard, sans en entraver le libre exercice, dans la mesure où elles intéressent l'ordre social. Et c'est pourquoi la liberté doit être assurée, non pas comme l'avait cru la Révolution de 1789, par l'isolement de l'individu en face de l'État et la suppression de toutes les associations intermédiaires, mais au contraire par la multiplication de ces ***associations libres*** (politiques, sociales, culturelles, sportives, etc.) qui seules peuvent faire contrepoids au lourd pouvoir de l'État (voir *Exercice 3*).

La prolifération des attributions de l'État pose un tout autre problème. Elle ne menace pas directement la liberté spirituelle de l'homme ; car elle se situe sur le plan *administratif* plutôt que sur le plan *gouvernemental*. Et il est facile de comprendre que plus la vie sociale se complique, *plus le besoin se fait sentir de règlements complexes* pour empêcher les individus d'empiéter sur leurs droits respectifs. Si par exemple je possède un appareil de radio et que je fasse donner mon haut-parleur à pleine puissance, je peux gêner beaucoup mes voisins ; et je comprends fort bien qu'un règlement vienne me l'interdire. C'est ici surtout qu'il faut dire avec Durkheim que la liberté est « le produit d'une réglementation ». Encore faut-il que cette réglementation ne paralyse pas les initiatives de l'individu, ne soit pas tracassière et ne multiplie pas les formalités inutiles.

196. La structure de l'État : souveraineté et égalité. — Ceci nous amène à étudier la structure de l'État. — *A*. On a vu que la *souveraineté* était primitivement *diffuse* dans l'ensemble du corps social. Lorsqu'elle se crée ses organes propres et s'institutionalise en un État proprement dit (§ 193), elle le fait d'abord au profit d'un *chef* : seigneur féodal, roi ou empereur, dont le pouvoir est *d'autant plus absolu qu'il concentre en ses mains toute l'autorité primitivement diffuse dans le groupe*. Même alors cependant, comme le remarque un sociologue, « nous savons où le titulaire personnel de cette souveraineté doit aller la chercher » ; elle était « déposée dans le corps social lui-même à la manière d'un trésor religieux » ; et, par suite, si le chef a quelque droit à l'incarner, « ce n'est que dans la mesure où il l'exerce comme mandataire de cette conscience collective dont elle est issue » (Davy[e]). Il est remarquable que les théologiens les plus orthodoxes sont ici d'accord avec les sociologues : la source de la loi, dit saint Thomas, n'est pas la raison individuelle, c'est celle « de la multitude ou du chef comme représentant de la multitude, *multitudinis vel principis vicem multitudinis gerentis* ». Lorsque, dans les régimes démocratiques, la souveraineté fait retour au peuple lui-même, elle ne fait donc que revenir à sa source normale. Mais, par suite de ce phénomène d'*individualisation* que nous avons déjà eu l'occasion de signaler, elle y revient sous une forme très différente de sa forme première. Certes, la Démocratie est égalitaire ; mais une forme d'égalité qui exigerait l'absorption de l'individu dans une solidarité *massive* (§ 178) telle que celle des sociétés indifférenciées, ne serait pas une démocratie véritable. « La Démocratie, a dit le grand homme d'État tchèque Th. Masaryk (1850-1937), n'est pas seulement une conception politique, c'est encore et surtout une conception morale. » Elle exige en effet, et favorise à la fois, « chez tous les citoyens le plus complet développement de la personne humaine » (H. Michel[r]). *Il n'y a proprement démocratie que lorsque l'individu est devenu capable, au moins à quelque degré, de penser par lui-même*, d'adhérer à l'idéal commun par un choix conscient et réfléchi et d'assumer volontairement les responsabilités et les obligations qui en résultent. En ce sens, il va de soi que la Démocratie n'est jamais pleinement réalisée : elle est un *idéal* beaucoup plus qu'un fait.

B. Quant à la notion d'***égalité***, on a vu au § 174 qu'elle n'implique nullement un nivellement absolu. Il s'agit ici de justice *distributive* beaucoup plus que de justice commutative. Ce qu'exige l'idéal démocratique, ce n'est pas du tout que tout le monde soit mis sur le même rang, mais *au contraire* que les inégalités *naturelles* ou *morales* ne soient pas masquées ou remplacées par les inégalités *artificielles* du rang social ou de la fortune et que jamais celles-ci ne puissent empêcher l'être humain de développer au maximum ses aptitudes, étant entendu que ces dernières sont à la fois inégales et diverses chez tous les hommes. Réaliser l'***égalité des chances*** de manière à ne constituer *l'élite* qu'avec des supériorités authentiques, telle serait l'exigence fondamentale de la Démocratie : « La Démocratie tend à rendre à l'aristocratie vraie, à l'aristocratie personnelle [celle de l'intelligence et du mérite], sa place et son rôle usurpés par l'autre [celle de l'argent] » (Georges Renard[1]). Une telle égalité est d'ailleurs la garantie nécessaire de la liberté ; car, ainsi que l'a observé le sociologue anglais Harold Laski (1893-1950), « une société fondée sur l'inégalité est forcément amenée à refuser la liberté ».

---

1. Professeur d'histoire du travail au Collège de France (1846-1930).

197. Les grandes doctrines politiques. — Ces considérations sur la structure de l'État nous amènent à traiter des grandes doctrines politiques. Comme l'écrit J.-J. CHEVALLIER°, celles-ci sont *politiques*, en effet, « en ce que leur objet primordial, le premier rôle qui y occupe constamment la scène, c'est l'État. L'État, organisation de la société et, avant tout, du Pouvoir dans la société, organisation qu'il y a lieu de décrire, de justifier, de louer ou de critiquer. L'État, puissant personnage, avide, par essence, d'empiéter sur le domaine de l'individu et sur celui des groupes intermédiaires [cf. § 200, *fin*] entre l'individu et lui. Mais, précisément, quel est ce domaine légitime, et existe-t-il même ? Cette seule question suffit à montrer qu'une œuvre politique se trouve amenée à prendre position sur les problèmes de la nature de l'homme, de sa condition et de sa destinée : problèmes moraux, philosophiques, religieux. » L'examen de ces doctrines est donc loin, on le voit, d'être hors de notre propos.

198. L'absolutisme. — La doctrine la plus ancienne est celle de l'absolutisme, spécialement de l'absolutisme monarchique. Le philosophe anglais HOBBES avait déjà fait la théorie du pouvoir absolu dans son *De Cive* (1642) et son *Léviathan* (1651). D'après lui, l'état de nature est un état de « guerre de tous contre tous » où seul règne le droit du plus fort et où l'homme est « un loup pour l'homme ». Mais, un jour, las de s'entretuer, les hommes auraient compris qu'il était plus avantageux pour eux d'abandonner tous les droits qu'ils tiennent de l'état de nature entre les mains d'un pouvoir suprême, investi d'une autorité absolue, capable de faire régner la paix et prenant pour loi le salut de tous. Par ce contrat qui d'ailleurs peut être tacite, conclu entre les individus, se trouve constitué le Léviathan, c'est-à-dire cette puissance formidable de l'État, qui est sans limites ; car elle s'exerce sur les âmes comme sur les corps : c'est elle seule qui décide du juste et de l'injuste, du vrai et du faux, et le souverain n'est même pas tenu par les lois qu'il fait : il peut les casser comme les établir. Ce souverain peut être un homme — et c'est alors la Monarchie — ou une assemblée. Mais Hobbes déclare la Monarchie préférable ; car alors « l'intérêt personnel du souverain est le même que l'intérêt public ».

Cette théorie que Hobbes avait fondée sur une philosophie purement matérialiste, BOSSUET prétendra, dans sa *Politique tirée de l'Écriture sainte* (1679-1709), l'établir sur des bases théologiques. La Monarchie, telle que l'entend Bossuet, est une Monarchie ***de droit divin.*** Non seulement le pouvoir du prince « vient de Dieu » ; mais il vient de lui *directement*. On l'a remarqué avec raison : « L'Église n'avait jamais enseigné la transmission *directe* du pouvoir à la personne du roi : *a Deo*, de Dieu, mais par l'intermédiaire du peuple, *per populum*, avait précisé saint Thomas d'Aquin, et c'était là la doctrine traditionnelle de l'Église » (J.-J. CHEVALLIER°). Au contraire, la doctrine, qui fait du roi l'objet *direct* de la désignation divine, est, en réalité, une doctrine gallicane. Cette autorité du prince est, selon Bossuet, *absolue* : il n'y a pas de droit contre elle ; car « tout droit doit venir de l'autorité publique ». Le prince peut se tromper, mais alors c'est à lui de « se redresser lui-même » : « Contre son autorité il ne peut y avoir de remède que dans son autorité. » Même s'il commande contre Dieu, la révolte est illégitime : « Le caractère royal est saint et sacré, même dans les princes infidèles » et « les sujets n'ont à opposer à la violence des princes que des remontrances respectueuses et des prières pour leur conversion ». Ce n'est pas cependant que Bossuet dédaigne les arguments d'ordre empirique et utilitaire. D'autres formes de gouvernement sont possibles, reconnaît-il, et « chaque peuple doit suivre, comme un ordre divin, le gouvernement établi dans son pays, parce que Dieu veut la tranquillité des choses humaines ». Mais, de toutes ces formes, « la royale et l'héréditaire est la plus propre au gouvernement » ; c'est aussi « la plus commune, la plus ancienne et aussi la plus naturelle » ; car elle a « son fondement et son modèle dans l'empire paternel ». Cet empire habitue les hommes à obéir et à n'avoir qu'un chef : or « jamais on n'est plus uni que sous un seul chef ; jamais aussi on n'est plus fort, parce que tout va en concours ». Ainsi, la forme monarchique est celle qui présente le plus « d'avantages ». Par là, Bossuet se rapproche plus qu'on ne s'y attendrait de Hobbes.

La théorie du ***despotisme éclairé*** qui règnera au XVIIIe siècle, par exemple chez VOLTAIRE, n'apportera pas beaucoup de changements à ces vues. Tout au plus, fait-on plus large la part de la liberté de penser. Mais Voltaire n'est ni démocrate ni même libéral. « Nous sommes tous également hommes, écrit-il, mais non membres égaux de la société. » Son idéal, a-t-on dit, « c'est le despotisme, tempéré par la tolérance et les lumières ».

199. Le libéralisme. — Il en va tout autrement chez les auteurs qui s'inspirent de la Constitution anglaise. C'est ainsi que John LOCKE, qui avait déjà donné dans ses *Lettres sur la tolérance* (1685) une théorie de la liberté de penser, expose dans son *Essai sur le gouvernement civil* (1690) toute une doctrine de la liberté politique. Il y affirme d'abord une idée importante qui avait été niée par Hobbes : celle des ***droits naturels*** de l'homme. Les hommes, dit-il, sont « tous naturellement libres, égaux et indépendants ». Par suite, aucun d'eux ne peut être soumis au pouvoir politique d'autrui sans un consentement par lequel il convient, avec d'autres hommes, de s'unir en société pour leur conservation, leur sûreté réciproque et la tranquillité de leur vie. C'est ce « consentement d'un certain nombre d'hommes libres, capables d'être représentés par le plus grand nombre d'eux » qui, seul, « peut avoir donné naissance dans le monde à un *gouvernement légitime* ». Il est à remarquer cependant que la constitution de ce gouvernement n'abolit nullement les droits naturels : « Les obligations de la nature ne cessent point dans la société ; elles y deviennent même plus fortes en plusieurs cas. » Ce sont ces obligations qui limitent l'étendue du pouvoir souverain, par exemple en ce qui concerne le respect des propriétés, de la vie, de la liberté et des biens de chacun. — La société civile possède trois pouvoirs dont elle a été investie par le consentement des hommes libres : le pouvoir *législatif* qui, au fond, est seul souverain (aux yeux de Locke, c'est le Parlement) et qui règle la façon dont la puissance de l'État doit être employée pour la conservation de la société et de ses membres ; le pouvoir *exécutif* qui assure l'exécution des lois à l'intérieur et qui, tout en étant subordonné au précédent, dispose d'une certaine « prérogative » pour ce qui n'a pas été prévu par les lois ; enfin, le pouvoir que Locke appelle *confédératif*, lié à l'exécutif, mais dont l'action s'exerce surtout à l'extérieur (traités, paix, guerre).

C'est également sur la ***séparation*** ou plutôt, selon son expression, sur la « distribution » ***des pouvoirs*** que MONTESQUIEU (*Esprit des Lois*, 1748) fait reposer la liberté. Mais il distingue de l'exécutif le pouvoir *judiciaire*, c'est-à-dire celui qui consiste à « punir les crimes ou juger les différends des particuliers », que Locke confondait avec l'exécutif. « Tout serait perdu, écrit-il, si le même homme ou le même corps exerçait ces trois pouvoirs... Lorsque dans la même personne ou le même corps de magistrature la puissance législative est réunie à la puissance exécutrice, il n'y a point de liberté, parce qu'on peut craindre que le même monarque ou le même sénat ne fasse des lois tyranniques pour les exécuter tyranniquement. » De même, « si la puissance de juger était jointe à la puissance législative, le pouvoir sur la vie et la liberté des citoyens serait arbitraire ; car le juge serait législateur. Si elle était jointe à la puissance exécutrice, le juge pourrait avoir la force d'un oppresseur » (*Esprit des Lois*, liv. XI, chap. VI). On sait que Montesquieu distingue trois espèces de gouvernements : le gouvernement *républicain* qui peut être *démocratique* ou *aristocratique* selon que c'est « le peuple en corps » ou seulement une partie du peuple qui y exerce la souveraine puissance ; le *monarchique*, « celui où un seul gouverne, mais par des lois fixes et établies » ; et le *despotique* où « un seul, sans loi et sans règle, entraîne tout par sa volonté et par ses caprices ». Il va sans dire que, dans ce dernier, il ne saurait être question de liberté. « La démocratie et l'aristocratie ne sont point des états libres par leur nature : la liberté politique ne se trouve que dans les états modérés », à condition encore que ceux qui disposent du pouvoir n'en abusent pas. Certes, dans les démocraties, le peuple paraît faire ce qu'il veut ; « mais la liberté politique ne consiste point à faire ce que l'on veut » : elle ne se confond pas avec l'indépendance. « La liberté est le droit de faire tout ce que les lois permettent ; et si un citoyen pouvait faire ce qu'elle défendent, il n'y aurait plus de liberté, parce que les autres auraient tout de même ce pouvoir. » Le régime le meilleur aux yeux de Montesqieu, celui où la liberté politique « paraît comme dans un miroir », c'est la monarchie parlementaire anglaise parce que la « distribution » des pouvoirs et le respect de la loi y sont assurés.

Un des auteurs les plus représentatifs du libéralisme est Benjamin CONSTANT. Dans sa conférence sur *La liberté des anciens comparée à celle des modernes* (1819), il montre que la liberté, telle que l'ont connue les républiques antiques, était « une liberté collective » qui consistait en une « participation active et constante » à l'exercice de la souveraineté, mais qui n'était nullement incompatible avec « l'assujettissement complet de l'individu à l'autorité de l'ensemble » (cf. ci-dessus les § 195 et 196). En réalité, si le citoyen antique pouvait ainsi se tenir presque en permanence sur la place publique pour y délibérer des affaires de l'État, c'était, d'une part, à cause de l'étendue restreinte de la république, d'autre part, parce que les professions mécaniques étaient confiées aux esclaves. De nos jours, les États sont incomparablement plus vastes et ce sont les hommes libres qui exercent toutes les professions. La liberté moderne doit donc être d'une tout autre nature : elle réside avant tout dans la ***liberté individuelle*** dont la liberté politique est d'ailleurs la garantie. L'autorité doit non seulement respecter scrupuleusement la liberté d'opinion, de croyance, d'association, etc., mais laisser à l'initiative individuelle la place la plus large possible ; car « toutes les fois que le pouvoir veut se mêler des spéculations particulières, il vexe les spéculateurs ; toutes les fois que les gouvernements prétendent faire nos affaires, ils les font plus mal et plus dispendieusement que nous ».

On le voit, ce qu'il y a de commun à toutes ces doctrines, c'est l'***individualisme.*** C'est grâce à elles, écrit Henry MICHEL[b] dans *L'idée de l'Etat*, que surgit, à partir du XVIIIe siècle, « une idée longtemps ignorée » : celle de l'individu dans « la majesté de ses droits ». Encore les libéraux insistent-ils surtout, comme le remarque le même auteur. sur les droits politiques et culturels : « Il est remarquable que l'inégalité des conditions matérielles les préoccupe peu. » C'est un problème qui va se poser, au contraire, aux doctrines démocratiques.

200. La démocratie. — Tout en reprenant généralement à leur compte l'individualisme des doctrines libérales — on sait quelle place a tenue dans l'idéologie de la Révolution française la notion des « droits de l'homme », — les doctrines démocratiques vont mettre l'accent sur une autre idée qui implique une orientation assez différente : celle de la ***souveraineté du peuple.***

C'est cette dernière qui domine dans le *Contrat social* de ROUSSEAU (1762). Selon Rousseau, le peuple est souverain. Mais le peuple n'est pas « la multitude », un simple agrégat d'individus. C'est une « association », dans laquelle les relations de fait cèdent la place à des relations de droit. Cela n'est possible que grâce à une « première convention » dont l'unique clause est « l'aliénation totale de chaque associé avec tous ses droits à la communauté » (*Ouv. cité*, liv. I, chap. VI). Autrement dit, par ce « contrat social », chacun de nous met en commun sa personne et toute sa puissance sous la suprême direction de la volonté générale ». Ainsi se trouve constitué un « corps moral et collectif » qui se substitue à l'état de nature et dans lequel sont réalisées la liberté et l'égalité véritables : la *liberté*, car, dans le pacte social, « chacun, s'unissant à tous, n'obéit pourtant qu'à lui-même et reste aussi libre qu'auparavant » et « l'obéissance à la loi qu'on s'est prescrite est liberté » (*Ibid.*, chap. VIII) ; l'*égalité*, car, « au lieu de détruire l'égalité naturelle, le pacte fondamental substitue une égalité morale et légitime à ce que la nature avait pu mettre d'inégalité physique entre les hommes », de sorte que, « pouvant être inégaux en force ou en génie, ils deviennent tous égaux par convention et de droit ». Cet « être collectif », cette « personne publique » ainsi constituée par le contrat, est le vrai ***souverain,*** et sa souveraineté est à la fois : 1° *inaliénable*, car cet être collectif ne peut être représenté que par lui-même ; d'où rejet du gouvernement représentatif ; — 2° *indivisible*, car ce « corps social » est celui du peuple pris comme un tout ; d'où rejet de la théorie de la séparation des pouvoirs ; — 3° *infaillible* : la volonté générale ne peut errer, car, pour être vraiment générale, elle exige que l'individu fasse abstraction de son point de vue propre et se place à celui de « l'intérêt commun » ; — 4° *absolue* enfin, car le pacte social donne au corps collectif un pouvoir illimité sur ses membres tout comme la nature le donne à l'homme sur les siens ; tout au plus Rousseau formule-t-il cette réserve que le pouvoir doit toujours procéder par dispositions générales, c'est-à-dire que la loi doit « considérer les sujets en corps et les actions comme abstraites, jamais un homme comme individu ni une action comme particulière » ; car ce que chacun aliène par le pacte, c'est seulement la part de sa puissance, de ses biens et de ses droits « dont l'usage importe à la communauté ». Rousseau n'hésite pas à dire que « quiconque refusera d'obéir à la volonté générale y sera contraint par tout le corps » et il manifeste sa défiance à l'égard de la démocratie *pure* : « Un gouvernement si parfait, écrit-il, ne convient pas à des hommes. » Il se révèle ainsi le père de cette démocratie autoritaire qui devait être celle des Jacobins : « Rêve individualiste au début, a-t-on dit (J.-J. CHEVALLIER°), mais qui s'achève en rêve communautaire et étatiste, où s'exprime la nostalgie du Tout social. »

C'est ce même aspect de la démocratie que mettra en lumière Alexis DE TOCQUEVILLE dans sa *Démocratie en Amérique* (1835-1840). Tout en reconnaissant dans le mouvement démocratique, défini comme « le développement graduel de l'égalité des conditions », un fait « providentiel », c'est-à-dire universel, durable et irrésistible, il ne dissimule pas ses craintes à l'égard de cette centralisation croissante, de cette puissance des masses et de cette « sorte de pression immense de l'esprit de tous sur l'intelligence de chacun », de cette idolâtrie du pouvoir aussi, qui caractérisent les nations démocratiques : « Les peuples démocratiques, écrit-il, haïssent souvent les dépositaires du pouvoir central, mais ils aiment toujours ce pouvoir lui-même. » Il voit le remède dans le développement de la liberté politique, des libertés locales et surtout de ces associations libres, de ces « sociétés partielles » si rigoureusement proscrites par Rousseau, mais qu'il voyait jouer un rôle si important aux États-Unis. De nos jours, Jacques MARITAIN (*Textes*, II, p. 245) a reproché aux théoriciens de la démocratie d'avoir accepté « la notion despotique et absolutiste de l'État » et de l'avoir incorporée à leur doctrine, bien qu'elle ne fasse nullement partie de ses principes. — Plus récemment cependant, le juriste G. BURDEAU (*Traité de Science politique*, 1949-1957) s'est efforcé de montrer qu'à ce qu'il appelle « la démocratie gouvernée » où les volontés individuelles se fondent dans la volonté générale, tend à se substituer « la démocratie gouvernante » où le corps social réduit l'État au rôle d'instrument au service de ses désirs.

En réalité, jusqu'à une époque récente, les théoriciens de la démocratie sont, le plus souvent, restés fidèles au libéralisme individualiste. Dans sa brochure sur *La doctrine politique de la démocratie* (1901), Henry MICHEL° dénonçait comme une pernicieuse erreur « la superstition du *pouvoir fort* » (*Ouv. cité*, p. 16), et il faisait consister l'essentiel de la démocratie dans « le développement complet de la personne humaine », ce qui implique, précisait-il, qu'on assure à chaque individu, outre « un certain degré d'indépendance économique » et « une juste part dans le produit de son travail », une culture intellectuelle et morale lui permettant d'atteindre « son maximum de valeur humaine ». Mais il expliquait : « Que l'on ne répète pas que ce souci de la culture universelle conduit à l'exaspération du moi. Ce n'est pas le moi que la culture démocratique s'attache à développer. C'est ***la personne,*** ce qui, dans l'individu, dépasse l'individu, ce qui est éminemment communicable et social » (*Ibid.*, p. 32-39). Les fins de la démocratie étaient d'après lui : la liberté, condition du développement de la personne ; « le respect absolu de la légalité », ce qui exclut l'action révolutionnaire ; « l'aspiration au progrès » ; enfin, un véritable culte de « la justice ». Quant à l'égalité, la seule, affirmait-il, qu'exige la démocratie, « c'est l'égalité tout abstraite et mathématique des unités sociales, logiquement requise pour justifier l'universalité du droit de suffrage... Mais l'égalité réelle, l'égalité de fait, celle en vertu de laquelle tous les citoyens devraient avoir même sort, mêmes avantages, n'est dans le programme d'aucun démocrate » (*Ibid.*, p. 48).

Ce qu'Henry Michel définissait ainsi, c'était la démocratie abstraite et ***formelle*** (certains diront : la démocratie *bourgeoise*). Dès 1849 pourtant, Louis Blanc, tout en reconnaissant que l'égalité vraie est « proportionnalité » et non nivellement absolu et qu'elle exige seulement « l'*égal* développement, pour tous les hommes, de leurs facultés *inégales* et l'*égale* satisfaction de leurs besoins *inégaux* », s'élevait contre cette conception purement formelle et définissait la liberté, non pas « le droit », mais « le pouvoir » de développer complètement les facultés de chacun ; car, disait-il, « avec le mot *droit*, la liberté n'est qu'une théorie vague, tandis que le mot *pouvoir* tend à en faire une chose réelle » (cf. ci-dessus § 148). De nos jours, la plupart des auteurs (*Textes*, II, p. 181 et 244) reconnaissent que, à côté des droits civils et politiques, la démocratie doit faire une place aux droits *économiques et sociaux* qui confèrent à l'individu, non plus une simple *possibilité*, mais les *moyens effectifs* de se développer, de se cultiver, d'élever son niveau social, de telle sorte que se trouve réalisée, conformément à la pensée de Louis Blanc, non pas l'égalité absolue, mais ce qu'on a nommé « l'égalité des chances », personne ne se trouvant plus handicapé, au point de départ, par l'insuffisance de ses ressources matérielles. La démocratie *politique* et *formelle* s'élargit ainsi en démocratie ***sociale*** et ***réelle.***

Mais cet élargissement ne risque-t-il pas d'aboutir à certaines mesures d'organisation et de contrainte (*Textes*, II, p. 181) et à une extension des pouvoirs de l'État dangereuses pour la liberté de l'individu? Beaucoup d'auteurs pensent que ce danger peut être conjuré, ainsi que l'avait déjà aperçu de Tocqueville contrairement à Rousseau, par la multiplication des *groupes intermédiaires* (syndicats, associations libres) capables de faire contrepoids à la puissance de l'État moderne. C'est ainsi que ces « groupes secondaires » étaient, aux yeux de Durkheim* et du point de vue sociologique, « une des conditions indispensables de l'émancipation individuelle » et de la véritable démocratie ; car seuls ils « libèrent à la fois l'individu de l'État et l'État de l'individu et dispensent ce dernier d'une tâche pour laquelle il n'est pas fait ». Nous voyons ici se faire jour, au sein de la doctrine démocratique, une nouvelle opposition entre la démocratie unitaire et jacobine et la démocratie ***pluraliste*** qui souligne le rôle de ces associations secondaires face à l'État, comme condition essentielle de la liberté.

201. Le socialisme. — Si l'on peut discerner dans les doctrines démocratiques bien des différences d'orientation, il en est de même, à plus forte raison, des doctrines socialistes. On peut distinguer : 1° un socialisme *associationniste* et *libéral* : celui de Robert Owen en Angleterre, de Charles Fourier en France, le socialisme coopératif de 1848, etc., et un socialisme *étatiste* et *autoritaire* : le socialisme d'État ou le collectivisme ; 2° un socialisme *utopiste* et *idéaliste* qui trace à l'avance le plan de la société future, et un socialisme dit *scientifique*, celui de Karl Marx, qui prétend analyser simplement l'évolution économique sans chercher à prophétiser ; 3° un socialisme *réformiste* qui ne veut atteindre son but que par les voies légales et sans violences, et un socialisme *révolutionnaire* qui voit dans la force « l'accoucheuse des sociétés » (K. Marx) ; etc. Ne nous étonnons pas de ces différences d'interprétation. Ainsi que l'a dit Durkheim (*Le socialisme*, p. 6), « le socialisme n'est pas une science, une sociologie en miniature, c'est un cri de douleur et parfois de colère, poussé par les hommes qui sentent le plus vivement notre malaise collectif » ; ce qui lui a donné naissance, « c'est la soif d'une justice plus parfaite, c'est la pitié pour la misère des classes laborieuses, c'est un vague sentiment du trouble qui travaille les sociétés contemporaines ». C'est pourquoi ce sentiment s'est exprimé par des systèmes assez différents les uns des autres. A la base de tous ces systèmes, se trouve cependant *une idée commune*. Jean Jaurès (cité par Rappoport, *J. Jaurès*, p. 387-390) la résume comme suit : « L'idée socialiste est claire. Nous constatons que la formule actuelle de la propriété divise la société d'aujourd'hui en deux grandes classes et que l'une de ces classes, celle des prolétaires, est obligée pour vivre, pour exercer en quelque mesure ses facultés, de payer une sorte de dîme à la classe capitaliste... Sur le produit du travail ouvrier et paysan, [celle-ci] prélève une part notable : fermage, rente du sol, loyer des immeubles, bénéfice industriel, bénéfice commercial, etc. » Comme « le travail est une partie intégrante de la personnalité », on peut dire que « la personne des prolétaires ne leur appartient pas tout entière... Le droit humain en eux est incomplet et inutile ». Selon Jaurès, « c'est le socialisme seul qui donnera à la Déclaration des Droits de l'Homme tout son sens *et qui réalisera tout le droit humain* ».

Comment cela ? En transformant le régime de la propriété et en ***socialisant les instruments de production,*** ce qui amènera la fin de la lutte des classes. Est-ce à dire cependant que le socialisme puisse se définir, comme on l'a souvent fait, par la négation de la propriété individuelle ? « On peut dire, observe DURKHEIM (*Ouv. cité*, p. 14-15), qu'il n'y a pas une seule doctrine socialiste à laquelle une telle définition s'applique. » Bien au contraire, « le socialisme peut, non sans raison, prétendre qu'il est l'affirmation de la propriété individuelle la plus complète, la plus radicale qui en ait jamais été faite ». A quoi aboutissent en effet tous ces prélèvements auxquels Jaurès faisait allusion ? A priver l'individu du *produit intégral de son travail* qui est bien cependant la forme la plus légitime de la propriété individuelle. D'autre part, par l'institution de l'héritage qui n'est qu' « une survivance de l'ancienne propriété communautaire » et qui fait « des riches et des pauvres de naissance », le régime actuel nie le principe de « la propriété commençant et finissant avec l'individu ». Le socialisme préconise, au contraire, l'abolition de l'héritage.

Une autre définition inexacte serait celle d'après laquelle le socialisme consisterait à sacrifier l'individu à la collectivité et à l'État. Le socialisme, affirme DURKHEIM (*ouv. cité*, p. 17) « est sorti de l'individualisme révolutionnaire » et « le marxisme lui-même se propose, suivant un mot célèbre d'Engels, la destruction de l'État comme État ». Le but du socialisme est, selon ses propres déclarations, « de libérer la personne humaine de toutes les servitudes qui l'oppriment et, par conséquent, d'assurer à l'homme, à la femme, à l'enfant, dans une société fondée sur l'égalité et la fraternité, le libre exercice de leurs droits et de leurs facultés naturelles » ; en ce sens, il se veut « essentiellement démocratique ». C'est donc à juste titre que le *Vocabulaire philosophique* d'A. LALANDE définit le socialisme comme la doctrine qui, par opposition à l'organisation dite « libérale », préconise « une organisation concertée aboutissant à des résultats non seulement plus équitables, mais ***plus favorables au plein développement de la personne humaine »***.

202. Le communisme. — Le terme *communisme* a servi jadis, dans le langage politique, à désigner des doctrines qui s'inspiraient plus ou moins des théories de Gracchus Babeuf et qui préconisaient l'abolition de la propriété privée, la mise en commun de tous les biens et la répartition des produits du travail selon les besoins de chacun. Ces théories étaient souvent d'inspiration idéaliste et même sentimentale. Elles se développèrent notamment, en France, sous la Monarchie de Juillet et furent propagées par plusieurs petits journaux, tels que *L'Intelligence* (1837), *L'Égalitaire* (1840), *Le Populaire* (1841), publié par Étienne Cabet, l'auteur du *Voyage en Icarie* (1842), *La Fraternité* (1841, puis 1845), etc. (voir, sur ce point, notre ouvrage *Hommes et Idéologies de 1840*, p. 93-94 et 121-130).

Le terme a aujourd'hui complètement changé de sens. Il désigne la doctrine du ***soviétisme russe*** fondée sur les théories de Karl Marx et surtout de Lénine. On sait que, selon Marx, « toute l'histoire de la société humaine jusqu'à ce jour est l'histoire de luttes de classes » (*Manifeste communiste*, 1848, § 2). L'État est le produit de cette lutte : « Le pouvoir politique est le pouvoir organisé d'une classe en vue de l'oppression d'une autre classe » (*Ibid.*, § 54), de nos jours, de l'oppression du prolétariat par la bourgeoisie. D'où la nécessité, pour le premier, s'il veut renverser le règne de la bourgeoisie, de conquérir ce pouvoir politique. Il devra, pour cela, non pas seulement, comme il a été fait jusqu'ici, faire passer la machine bureaucratique et militaire de l'État d'une main dans une autre, mais la « briser » par la force. Le prolétariat, investi de tous les pouvoirs qui appartenaient auparavant à l'État, se constituera en classe dirigeante : « La lutte de classes mène nécessairement à la *dictature du prolétariat* » (lettre à Weydemeyer, 1852). Mais cet état de choses sera transitoire : en même temps qu'il détruira l'État, le prolétariat supprimera les conditions anciennes de travail fondées sur la propriété privée des moyens de production. On aboutira ainsi à une *société sans classes*, à une association « où le libre développement de chacun sera la condition du libre développement de tous ». D'après Marx, cette transformation devait s'accomplir d'abord dans les pays les plus développés industriellement, tels que l'Angleterre, et Marx ne rejetait pas l'idée que, dans certains cas, elle pourrait s'effectuer sans violences : « Nous, les révolutionnaires, écrivait en 1895 son collaborateur Engels dans sa préface au livre de Marx sur *Les luttes de classes en France*, nous prospérons beaucoup mieux par les moyens légaux que par les moyens illégaux et le chambardement. »

Lénine, notamment dans son ouvrage *L'État et la Révolution* (1917), allait modifier quelque peu cette doctrine et surtout cette tactique.

Tout en faisant du **matérialime dialectique** (celui qui reconnaît que la réalité est en perpétuel mouvement du fait des contradictions internes qu'elle recèle) la base de la doctrine et presque la science suprême, il lie plus étroitement encore que Marx la théorie et la pratique. Il en accentue le côté révolutionnaire et fait l'apologie de l'illégalité et de la violence : « Une grande révolution, écrit-il en 1918, est inconcevable sans une guerre intérieure, c'est-à-dire sans une guerre civile qui entraîne une ruine économique encore plus grande que la guerre extérieure » (*Œuvres choisies*, éd. en langues étrangères, Moscou, 1954, t. II, p. 463). Pour venir à bout des résistances, il faudra « une main de fer », « une discipline de fer maintenue par les ouvriers armés maîtres du pouvoir » (*Ibid.*, p. 235). D'où une *dictature* exercée par les soviets, c'est-à-dire par les comités révolutionnaires du peuple en armes. Aux yeux de Lénine, cette notion de **dictature** est essentielle : « Celui-là seul est marxiste qui étend la reconnaissance de la *lutte des classes* jusqu'à celle de la *dictature du prolétariat* » (*Ibid.*, p. 219). Ainsi se réalisera une sorte de démocratie directe foncièrement différente de la démocratie bourgeoise : « La république démocratique était la meilleure enveloppe politique possible du capitalisme » (*Ibid.*, p. 199). Cette fois, « la *masse* de la population se haussera à une participation autonome, non seulement aux votes et aux élections, mais à l'administration journalière... Tous gouverneront à tour de rôle et s'habitueront vite à ce que personne ne gouverne » (*Ibid.*, p. 304). La periode de transition passée, les travailleurs accepteront même de « remplir gratuitement les fonctions d'État, une fois qu'ils auront terminé leurs huit heures de " tâche " dans la production » (*Ibid.*, p. 473). En attendant, Lénine accorde plus de confiance aux minorités agissantes qu'à la masse : le Parti bolchevik, le seul toléré, devient pour lui l'incarnation de la volonté populaire et, tout en maintenant le slogan : « Tout le pouvoir aux Soviets », il déclare que « seul un gouvernement formé par ce Parti est un gouvernement soviétique » (*Ibid.*, p. 329). — De même, pour la discipline du travail, il prévoit une sorte d'état idyllique « où les hommes se seront si bien habitués à observer les règles fondamentales de la vie en société que d'eux-mêmes, volontairement, ils travailleront selon leurs capacités » et où chacun ne regardera plus à travailler une heure de plus, si besoin est, que n'importe quel autre (J.-J. CHEVALLIER°). Mais, pour la période transitoire, il insiste sur la nécessité de mesures de contrôle du travail extrêmement sévères pour réagir contre « la vieille habitude de considérer le travail du point de vue de l'homme asservi » et pour développer au maximum la productivité, à laquelle est lié le développement du communisme (*Ibid.*).

Dans la pratique, la doctrine a subi bien d'autres atteintes. « La toute-puissance de l'instrument créé par Lénine, le ***Parti*** réduisit de plus en plus les Soviets à n'être qu'un décor verbal masquant mal cette toute-puissance du Parti. L'appareil d'État, avec tout ses rouages spéciaux : armée permanente, police politique, prisons, fonctionnaires jouissant de privilèges au-dessus de la masse, se renforça tous les jours davantage » (J.-J. CHEVALLIER[o]). Lénine avait dit que le traitement des fonctionnaires et des bureaucrates devait être « réduit au salaire de l'ouvrier moyen » (*Ouv. cité*, p. 303). En fait, il s'est créé une classe privilégiée de fonctionnaires et de techniciens qui rapproche le système soviétique de la *technocratie* (§ 205) et du *capitalisme d'État* plutôt que du socialisme authentique (cf. Milovan DJILAS, *La nouvelle classe dirigeante*, 1957). Les syndicats ouvriers sont eux-mêmes absorbés dans l'organisation politique et la grève est interdite. D'autre part, s'il favorise le progrès technique, ce système a aboli toute liberté de penser, notamment en matière religieuse : il en vient ainsi, comme le *totalitarisme* (§ 203), à définir la liberté par la subordination volontaire à la raison d'État et engendre un « monolithisme mental » qui, selon M. Djilas (*Ouv. cité*, p. 91 et 185), rend le monde communiste « imperméable à toute influence et à toute solidarité extérieure ». Nous voici fort loin de Karl Marx, qui écrivait en 1847 : « Nous ne sommes pas de ceux qui veulent anéantir la liberté personnelle et faire du monde une grande caserne ou un grand atelier. Il existe des communistes qui nient la liberté personnelle. Mais nous, nous n'avons pas envie d'acheter l'égalité au prix de la liberté. » Ajoutons qu'à l'extérieur, ce capitalisme d'État qui s'entoure d'un glacis d'États satellites plus ou moins domestiqués, s'est révélé plus impérialiste encore que tous les autres, à tel point que, d'après M. Djilas (*Ouv. cité*, p. 207), « la domination est devenue le but en soi et l'essence même du communisme au XXe siècle ».

Il faut surtout comprendre que le communisme n'est pas seulement une doctrine politique : c'est toute une conception de la vie humaine, fondée sur le matérialisme et sur une méconnaissance voulue de la valeur et des droits de la personnalité individuelle. Par là, il est aux antipodes du socialisme véritable.

203. Le totalitarisme. — Les régimes totalitaires présentent bien des analogies avec le régime soviétique qu'ils ont imité sur certains points et dont ils constituent, a-t-on dit (Maurice DUVERGER[h]), non l'opposé, mais « le type de réaction ». Certaines analogies sont d'ailleurs évidentes : parti unique, haine de la démocratie « bourgeoise » et du libéralisme, propagande et embrigadement de la jeunesse, contrôle policier, mystique du chef, etc. Il ne faut pas méconnaître toutefois que les doctrines qui sont à la base, sont foncièrement différentes.

Le ***fascisme*** italien s'est inspiré, en partie, des théories du néo-syndicaliste Georges SOREL (*Réflexions sur la violence*, 1908). Mais il a prétendu, en outre, réaliser un *État corporatif*, dans lequel, en réalité, les groupements professionnels étaient absorbés dans l'État politique. C'était, en somme, « l'État-nation classique, contracté en État autoritaire où le césarisme est poussé au paroxysme : *tout* dans l'État, rien hors de l'État. L'État du fascisme, — qui se réclame de Machiavel, — est une fin en soi... Le fascisme est une *statolatrie* » (J.-J. CHEVALLIER°). Et en effet, sous le régime mussolinien, le philosophe G. GENTILE enseignait : « La liberté revient uniquement pour l'individu à fondre son désir dans celui du chef de l'État : l'individu se réalise, s'épanouit lui-même dans la mesure seulement où il abdique entre les mains de l'État et s'intègre en lui », et de même le professeur Ugo SPIRITO : « La liberté, c'est d'obéir à l'État et à son absorption. » En fait, l'*économie corporative*, sur laquelle prétendait être fondé le régime, n'était qu'une façade : les organisations corporatives ne faisaient le plus souvent qu'entériner les décisions du gouvernement, et « la direction de l'économie italienne appartenait à une oligarchie, l'oligarchie des grandes confédérations patronales » (L. ROSENSTOCK-FRANCK, *L'économie corporative fasciste*, p. 392).

L'inspiration du ***national-socialisme*** allemand, tel que celui-ci est exposé dans le célèbre ouvrage de Hitler *Mein Kampf* (1925-1927), est assez différente. Ce qu'il prétend apporter, c'est une « nouvelle conception philosophique d'une importance fondamentale », une nouvelle *Weltanschauung* (J.-J. CHEVALLIER°) et cette optique nouvelle est une mystique, la mystique du **peuple** et de la **race.** S'inspirant plus ou moins des théories racistes développées avant lui par le comte de Gobineau dans son *Essai sur l'inégalité des races humaines* (1853-1855), par Vacher de Lapouge dans son livre *L'Aryen et son rôle social* (1899) et par un Anglais germanisé, H. S. Chamberlain dans ses *Assises du XIXe siècle* (1899), HITLER utilise ce mythe de la prétendue « race aryenne » (sur le « racisme », voir t. I, § 299 *B* 2) pour faire de celle-ci « la dépositaire du développement de la civilisation humaine ». La pureté de cette race est menacée par le métissage, en particulier par la contamination de la race juive, responsable, selon lui, aussi bien des accaparements du capitalisme financier que des théories subversives du marxisme et de ses interprétations matérialistes. Or « les peuples qui renoncent à maintenir la pureté de leur race renoncent du même coup à l'unité de leur âme ». Il faut réagir contre cette corruption, d'abord par une propagande qui ne recule devant aucun moyen, pas même le « fanatisme » et la « violence hystérique » (expressions de Hitler lui-même). Cette propagande ne doit pas s'adresser à l'intelligence, mais aux sentiments élémentaires : « Toute propagande doit être populaire et placer son niveau spirituel dans la limite des facultés d'assimilation du plus borné parmi ceux auxquels elle doit s'adresser. Ce niveau doit être d'autant plus bas que la masse des hommes à atteindre est plus nombreuse » (*Mein Kampf*, trad. fr. intégrale, p. 169). Quant à l'État, sa mission est claire : il est l'émanation du *Volk*, de cette « unité raciale reposant sur la communauté du sang » (J.-J. CHEVALLIER°, p. 371). Son premier devoir est donc de veiller à la pureté de la race et, au besoin, de la refaire en exterminant les éléments étrangers. Pour cela, il doit être, non seulement anti-marxiste (tout en s'affirmant anti-bourgeois) et anti-égalitaire, mais aussi anti-libéral, anti-parlementaire et fondé sur la mystique du chef, du *Führer*, et sur le *Parti unique*. « On retrouve ici, voisinant avec des éléments empruntés au léninisme russe et au fascisme italien, tous les thèmes, foncièrement contre-révolutionnaires et nationalistes, que les germanistes ont l'habitude de voir circuler depuis Fichte à travers la pensée allemande » (J.-J. CHEVALLIER, p. 382). Le totalitarisme s'y trouve peut-être encore plus expressément affirmé : « Toute activité, écrivait le théoricien nazi Carl SCHMITT, est politique en puissance et, de ce fait, justiciable d'une décision politique et, de plus, c'est comme animal politique que l'homme est saisi en totalité et sur le plan de son existence » (cité *Encycl. française*, t. X, p. 86, 5). A l'extérieur, l'État doit conquérir l'*espace vital* nécessaire à l'expansion et à la domination du « peuple-maître » et développer, chez ces masses que le marxisme voulait internationaliser, un nationalisme agressif. C'est ainsi que sera réalisée la véritable paix, non par un pacifisme veule, mais « par l'épée victorieuse d'un peuple maître qui met le monde entier au service d'une civilisation supérieure ».

204. Le nationalisme. — Il ne faut pas confondre le nationalisme, doctrine abstraite qui fait de la Nation un absolu, avec le patriotisme (§ 209), sentiment vivant du vouloir-vivre de la Nation. On verra plus loin qu'il n'y a pas toujours harmonie entre l'un et l'autre.

En France, la nationalisme s'est souvent associé à une attitude de réaction contre ce qu'on a appelé « les faux dogmes de 89 » et est allé parfois chercher ses inspirations dans les œuvres des contre-révolutionnaires : l'Anglais Burke, auteur des *Réflexions sur la Révolution française* (1790), les traditionalistes Joseph de Maistre

(*Considérations sur la France*, 1797) et Louis de Bonald (*Théorie du pouvoir*, 1796), et même chez Auguste Comte qui s'était donné comme mission de réagir contre l'individualisme de la Révolution, et chez Taine qui reprochait à la Révolution d'avoir « dissocié et décérébré » la nation française.

Nous ne retrouvons qu'une part de cette inspiration chez Maurice Barrès, l'un des principaux représentants de la doctrine. On sait comment, après avoir prêché le « culte du moi », Barrès s'aperçut que l'individu ne peut se « déraciner » et prit conscience, selon ses propres expressions, de « la position humble et dépendante de l'individu dans le temps et dans l'espace, dans la collectivité et dans la suite des êtres ». « C'est par la méditation intérieure et par l'analyse, écrit-il, que j'ai vu *la terre et les morts*, c'est-à-dire la patrie, faisant le fondement de la personnalité, formant et alimentant notre individu. » C'est alors qu'il compose le *Roman de l'énergie nationale* (à partir de 1897) et les *Scènes et doctrines du nationalisme* (1902), dont le thème est toujours : « Tout être vivant naît d'une race, d'un sol, d'une atmosphère et le génie ne se manifeste tel qu'autant qu'il se relie étroitement à sa terre et à ses morts. » Il critique le parlementarisme et reconnaît dans le catholicisme « avant tout un faiseur d'ordre ».

Chez Barrès, le nationalisme avait quelque chose de romantique : l'intelligence n'était, à ses yeux, qu'une « très petite chose à la surface de nous-mêmes ». Chez Charles Maurras, au contraire, l'intelligence va prendre la première place et le nationalisme prétendra devenir « scientifique ». Maurras se donne pour le disciple d'Auguste Comte et c'est d'un point de vue purement positif, du point de vue d'une « physique sociale », comme avait dit Comte, qu'il préconise le ***nationalisme intégral*** qui, selon lui, aboutit à la monarchie. Dans l'*Enquête sur la monarchie* (1900-1909) à laquelle prennent part de nombreux écrivains (Paul Bourget, Henry Bordeaux, Jacques Bainville, L. de Montesquiou, etc.), il reproche à Barrès de ne pas voir que l'intérêt général est autre chose que la somme des intérêts particuliers. Aussi s'oppose-t-il violemment au suffrage universel, à la démocratie, au parlementarisme, qui, au mieux, ne peuvent représenter que cette somme d'intérêts particuliers et immédiats. « Il ne s'agit point, dit-il, d'assurer physiologiquement au service de l'État un ensemble d'individus plus distingués que le commun des citoyens ; il s'agit d'utiliser les aptitudes particulières, spéciales et techniques, qui sont fixées à quelque degré par le sang, mais surtout par la tradition orale et par l'éducation » (cité par J.-J. Chevallier, p. 297). C'est pourquoi l'aristocratie et la monarchie héréditaires sont seules capables de maintenir la nation. « Une aristocratie est bienfaisante de ce qu'elle est liée à l'avenir de la patrie par l'intérêt héréditaire » et, dans la personne du roi, l'intérêt de la dynastie se confond avec l'intérêt général. Comme Barrès, Maurras, quoique positiviste et athée, considère que la religion peut contribuer puissamment à maintenir la cohésion nationale, à condition toutefois qu'elle se réfère, non « au Christ intérieur des gens de la Réforme », mais à l'*armature* de l'Église catholique et à « ce cortège savant des Conciles et des Papes » qu'il déclare préférer « aux Évangiles de quatre Juifs obscurs ». Seule la monarchie ainsi constituée permettra de *décentraliser* l'administration et de libérer l'État de fonctions pour lesquelles il n'est pas fait, telles que la fabrication des allumettes ou l'enseignement. L'organisation de corporations et d'associations libres permettra d'aboutir à l'émergence d'une « nouvelle aristocratie », l'aristocratie du travail. L'État, lui, doit se consacrer exclusivement au gouvernement, aux finances, à la défense extérieure et à la diplomatie. Quant aux moyens d'établir ou plutôt de rétablir ce régime, Maurras déclare qu'il doit l'être « par tous les moyens », au besoin par un coup de, force.

Le nationalisme, avons-nous dit, ne doit pas être confondu avec le patriotisme. Théorie abstraite et « déracinée », il a utilisé à peu près les mêmes arguments dans tous les pays : idée de la *race*, superstition du « pouvoir fort », etc., et il s'est noué parfois entre les nationalismes de pays différents, voire ennemis, d'étranges sympathies. Dans *Scènes et doctrines du nationalisme*, Barrès montre Le Play, Taine et certains de leurs disciples « dégoûtés plus ou moins de leur pays », et lui-même, après avoir noté dans ses *Cahiers* (t. III, p. 175) : « Mes amis M. et B. [Maurras et Bourget] sont plus amis de leurs systèmes que de la France », s'est laissé aller à écrire : « Ce seront les conservateurs qui accepteront, appelleront l'étranger. Ceux qui sont aujourd'hui les patriotes, les hommes fiers, las de vivre une France amoindrie et une vie humiliée, appelleront une annexion, si c'est en Lorraine, ou une domination, une intervention de l'étranger qui leur donne enfin la joie de participer à une grande vie collective » (*Ibid.*, p. 265). Maurras lui-même, lorsque s'effondra, en 1940, la résistance des armées françaises aux troupes de Hitler, qualifia de « divine surprise » l'avènement du maréchal Pétain et l'instauration d'un régime autoritaire, et l'un de ses disciples, dans sa préface à la traduction du *Troisième Reich* du théoricien nazi Mœller van den Brück, avait déjà écrit : « Nous nous sentons plus proches et plus aisément compris d'un national-socialiste allemand que d'un pacifiste français » (Thierry MAULNIER, *ouv. cité*, A. Rédier, 1933, page 16).

205. La technocratie. — La technocratie est moins peut-être une doctrine qu'une tendance commune à la plupart des États modernes, y compris, comme on l'a vu, l'État soviétique. Néanmoins elle a ses théoriciens et même d'assez lointains précurseurs.

Déjà le comte de SAINT-SIMON (1760-1825), notamment dans son *Catéchisme des industriels* (1823), avait émis l'idée que le développement de l'industrie devait « substituer au gouvernement des hommes l'administration des choses ». Ce sont, d'après lui, les capitalistes et les grands capitaines d'industrie, qui doivent être les directeurs de la société, et Lénine devait plus tard lui rendre hommage pour avoir mis l'accent sur cette importance de la technique. D'ailleurs, « vu sous cet angle par le marxisme, le capitalisme constitue une forme de technocratie, et le communisme lui-même étape future des sociétés humaines, telle que l'ont décrite ses doctrinaires, est une technique humanisée où l'humain n'est atteint qu'à travers la domination de la technique » (G. FRIEDMANN, dans *Industrialisation et technocratie*, publ. par le C.N.R.S., p. 46). Mais c'est surtout de nos jours, avec l'apparition des systèmes dits « rationnels » d'organisation du travail : système Taylor, fordisme, etc., que la doctrine a pris consistance. L'ouvrage le plus représentatif est ici celui de l'Américain James BURNHAM, *The managerial Revolution* (1940), traduit en 1947 sous le titre *L'ère des organisateurs*. Selon Burnham, le capitalisme est en train de disparaître, non pas au profit du socialisme ni d'une planification économique à caractère démocratique, mais pour faire place à un ***régime directorial de type autoritaire.*** Burnham, qui ne cache pas ses sympathies pour les régimes totalitaires, pense que ce « gouvernement directorial » est déjà en grande partie réalisé dans les régimes fasciste et national-socialiste. Mais, en Russie soviétique, « renforcé par les organismes économiques de planification et d'administration industrielle et commerciale, ainsi que par le rôle prédominant du Parti communiste, représenté dans tous les services publics par de puissants organes de contrôle » (G. GURVITCH, *ibid.*, p. 190), le pouvoir de la techno-bureaucratie se substitue à celui des travailleurs et accapare à son profit la propriété collectivisée des moyens de production.

La technocratie est donc le pouvoir politique aux mains des techniciens et surtout des *managers*, c'est-à-dire des hommes qui détiennent les leviers de commande de l'industrie, de la finance, de l'administration, des hauts fonctionnaires des services publics, sans en excepter l'armée. Il n'est pas douteux qu'une tendance en ce sens se manifeste dans tous les pays industrialisés, quel que soit par ailleurs leur régime politique et l'on s'explique que l'historien Lucien FEBVRE ait pu poser cette question (*Ibid.*, p. XII) : « L'humanité va-t-elle être asservie et privée de son âme par quelques dizaines d'orgueilleux manieurs de capitaux et de machines », assistés, ajouterons-nous, d'une armée de bureaucrates ? (Voir ci-dessus § 189 et ci-dessous § 214).

206. L'anarchisme. — Il est enfin une doctrine qui s'oppose à toutes celles dont il a été question jusqu'ici : c'est l'*anarchisme*. Le terme *an-archie* avait déjà été employé par Proudhon pour désigner un régime qu'il préconisait et qui « ferait disparaître le système politique ou gouvernemental dans le système économique ». On reconnaît ici l'ambition qui avait été celle de Saint-Simon (§ VIII), mais orientée très différemment. Proudhon pensait y parvenir par l'organisation d'un système « mutuelliste » permettant aux travailleurs d'échanger leurs produits au prix de revient, ce qui rendrait le gouvernement inutile.

Mais la doctrine a été énoncée plus tard sous une forme plus systématique par Michel Bakounine (1814-1876), le prince Kropotkine (1842-1921), le géographe Elisée Reclus (1830-1905), le publiciste Jean Grave (1854-1939), etc. Cette doctrine repose sur une philosophie optimiste de la nature humaine. Les anarchistes diraient volontiers comme Rousseau : « L'homme est bon ; c'est la société qui le déprave. » « L'organisation de la société, écrit Bakounine, est toujours et partout l'unique cause des crimes commis par les hommes. » Toutefois cette influence corruptrice ne vient pas de la société elle-même. La plupart des anarchistes, bien qu'il y ait entre eux sur ce point des divergences, reconnaissent que l'individu isolé n'est qu'une fiction : « La société est antérieure et, en même temps, elle survit à chaque individu... L'homme ne devient homme et n'arrive tant à la conscience qu'à la réalisation de son humanité que dans la société et seulement par l'action collective de la société tout entière » (Bakounine). La source de tous les maux, c'est la société fondée sur la contrainte, c'est ***l'État***. L'État est « l'ostentation et l'infatuation de la force » ; c'est « un immense cimetière où viennent se sacrifier, mourir et s'enterrer toutes les manifestations de la vie individuelle ». C'est aussi un agent de démoralisation. Il corrompt les gouvernants par l'exercice du pouvoir : « Rien n'est aussi dangereux pour la morale privée de l'homme que l'habitude du commandement. » Il corrompt les gouvernés, justement parce qu'il est la force : « Alors même qu'il commande le bien, il le dessert et le gâte, précisément parce qu'il le commande, et que le bien, ainsi commandé, devient le mal. » Ajoutons que « l'État a toujours été la patrimoine d'une classe privilégiée », de sorte que « exploitation et gouvernement sont deux termes inséparables ».

Ainsi parle Bakounine. Mais Kropotkine ne s'exprime pas autrement : « L'État, dit-il, c'est la protection de l'exploitation, de la spéculation, de la propriété privée, elle-même produit de la spoliation. » La plupart de ses lois ne tendent qu'à « protéger la propriété individuelle, c'est-à-dire les richesses acquises au moyen de l'exploitation de l'homme par l'homme... Magistrature, armée, police, instruction publique, finances, tout sert le même dieu : le Capital ». L'État est ainsi « la négation flagrante de l'humanité ». Il faut donc non le réformer, mais le détruire. L'État démocratique peut être tout aussi despotique que l'État monarchique. Quant à la dictature du prolétariat telle que l'entendent les marxistes, les anarchistes la réprouvent : « Un gouvernement ne peut pas être révolutionnaire », dit Kropotkine et, rentré en Russie après la Révolution, il marqua nettement son opposition au régime soviétique. — L'État doit faire place, selon les anarchistes, à une ***société d'hommes libres*** où chacun n'obéira qu'à sa propre volonté. Mais ce ne sera pas une anarchie au sens vulgaire du mot : ce sera une libre fédération d'individus et d'associations. Dans son livre sur *L'Entr'aide* (1906), Kropotkine montre qu'il existe un instinct naturel de sociabilité qui se manifeste dans les multiples associations, corporations, etc., d'autrefois et d'aujourd'hui et jusque dans les sociétés animales. Cet instinct donnera naissance à toutes sortes d'associations « unies entre elles pour tout ce qui réclame un effort commun » et qui permettront une extension prodigieuse de la production malgré la réduction du temps de travail à quatre ou cinq heures par jour. — Malheureusement et malgré ces vues idylliques, les anarchistes ont souvent propagé leur doctrine par la violence et par des attentats criminels. Bakounine surtout s'est distingué dans l'apologie de la Révolution sanglante et de la destruction de tout le passé, tandis que Kropotkine déclarait que « le peuple a trop bon cœur pour que la cruauté ne lui répugne pas bientôt ».

207. Conclusion. — Bien entendu, nous n'avons pas à choisir entre ces doctrines. Nous pouvons observer toutefois que, dans l'ensemble, elles s'orientent dans deux directions différentes. Les unes visent à maintenir ou à instaurer un certain *ordre* politique. Les autres sont, avant tout, soucieuses de fournir à la *personne* humaine les sauvegardes nécessaires à sa liberté et les moyens de se développer. Ces dernières ont parfois oublié que l'individu ne peut se développer pleinement qu'en société et grâce aux ressources que lui offre la société. Cette lacune est particulièrement nette dans l'anarchisme. Mais le libéralisme, lui aussi, sans aller, comme l'anarchisme, jusqu'à nier les disciplines nécessaires à la vie en société et, par conséquent, au développement de la personne, n'a pas assez prêté attention aux conditions concrètes de ce développement. Les doctrines démocratiques elles-mêmes sont restées trop longtemps formelles et abstraites jusqu'au jour où elles se sont plus ou moins alliées au socialisme. Mais le premier groupe de doctrines a commis des erreurs encore plus graves : il a fait de l'ordre politique — et, de nos jours, du développement de la technique — une fin en soi, alors que l'un et l'autre ne se justifient qu'en tant qu'ils peuvent être les instruments du développement spirituel de l'homme. C'est là le vice commun de toutes les doctrines autoritaires, quelle que soit la diversité, parfois énorme, de leurs inspirations initiales, depuis l'absolutisme jusqu'à la technocratie en passant par le communisme, le totalitarisme et le nationalisme absolu. La solution doit être cherchée dans une conciliation des nécessités de l'ordre social, — lequel enveloppe aujourd'hui le développement de la technique, — avec les exigences du respect dû à la personne et de son plein épanouissement. Il y a, disait Albert CAMUS (voir *Exercice 4*), « une nature commune à tous les hommes, qui échappe au monde de la puissance. »

SUJETS DE TRAVAUX

Exercices. — 1. *Étudier ces deux définitions de la liberté* : « La liberté est la propriété de soi ; on distingue trois sortes de libertés : la liberté naturelle, la liberté civile, la liberté politique, c'est-à-dire la liberté de l'homme, celle du citoyen et celle du peuple » (RAYNAL), « La liberté politique ne consiste point à faire ce que l'on veut... Il faut se mettre dans l'esprit ce que c'est que l'indépendance et ce que c'est que la liberté. La liberté est le droit de faire tout ce que les lois permettent » (MONTESQUIEU). — 2. *Comparer la* vertu *politique telle que l'entend Montesquieu* (Esprit des lois, *liv. V, chap. II*) *et les caractères de la* volonté générale *telle que l'entend Rousseau* (Contrat social, *liv. II, chap. III*). — 3. *Méditer cette définition de « la société politique »* par DURKHEIM[k] : « une société formée par la réunion d'un nombre plus ou moins considérable de *groupes sociaux secondaires*, soumis à une même autorité, qui ne ressortit elle-même à aucune autorité supérieure régulièrement constituée ». — 4. *Réfléchir sur cette distinction d'Albert Camus entre* révolution *et* révolte : « La révolution absolue supposait l'absolue plasticité de la nature humaine, sa réduction possible à l'état de force historique. Mais la révolte est, dans l'homme, le refus d'être traité en chose et d'être réduit à la simple histoire. Elle est l'affirmation d'une nature commune à tous les hommes, qui échappe au monde de la puissance. »

Exposés oraux. — 1. *Les idées essentielles du dernier chapitre de* la Cité antique *de Fustel de Coulanges*[*]. — 2. *Les théories de la souveraineté* (d'après G. DAVY[*], 1re partie).

Discuter : — 1. *cette pensée de M. Merleau-Ponty* : « La malédiction de la politique tient justement en ceci qu'elle doit traduire des valeurs dans l'ordre des faits» ; — 2. *cette définition de l'égalité* : « Qu'est-ce que l'égalité ? C'est, pour tous les hommes, l'*égal* développement de leur facultés *inégales* et l'*égale* satisfaction de leurs besoins *inégaux*... L'égalité n'est donc que la proportionnalité ? Certainement, et elle n'existera que lorsque chacun produira selon ses forces et consommera selon ses besoins» (Louis Blanc) ; — 3. *cette réflexion d'Albert Camus* : « La révolution, pour être créatrice, ne peut se passer d'une règle, morale ou métaphysique, qui équilibre le délire historique. Elle n'a sans doute qu'un mépris justifié pour la morale formelle et mystificatrice qu'elle trouve dans la société bourgeoise Mais sa folie a été d'étendre ce mépris à toute revendication morale. »

Lectures. — *a*. Fustel de Coulanges, *La Cité antique*. — *b*. Henry Michel, *L'idée de l'État*, Hachette, 1896 ; et *c*. *La doctrine politique de la Démocratie*, A. Colin, 1901. — *d*. F. Rauh, *Études de Morale*, p. 133-257. — *e*. *G. Davy, *Sociologie politique* (1921), rééd. Vrin, 1950. — *f*. Moret et Davy, *Des clans aux Empires*, Renaiss. du Livre, 1922, 1re partie. — *g*. *D. Parodi *Le problème politique de la Démocratie*, P. U. F., 1945. — *h*. M. Duverger, *Les Régimes politiques*, P. U. F., 1948. — *i*. R. E. Lacombe, *La crise de la Démocratie*, P. U. F., 1948. — *j*. A. Cuvillier, *Manuel de Sociologie*, p. 605-662. — *k*. *Durkheim, *Leçons de Sociologie*, *lecons* IV à IX. — *l*. W. Lapierre, *Le Pouvoir politique*, P. U. F., 1954. — *m*. *M. Marsal, *L'Autorité*, P. U. F., 1958. — *n*. J. Droz, *Histoire des doctrines politiques en France*, P. U. F., 3e éd., 1959. — *o*. Jean-Jacques Chevallier, *Les grandes œuvres politiques de Machiavel à nos jours*, A. Colin, 6e éd., 1960. — *p*. Institut de sociologie de l'Université libre de Bruxelles, *Le Pouvoir et le Sacré*, Annales du Centre d'Études des Religions, Bruxelles, 1962. — *q*. M. Duverger, *Introduction à la Politique*, Gallimard, 1964.

chapitre XXIII

LA NATION ET LA PATRIE
LES RELATIONS INTERNATIONALES
ET LA CIVILISATION

SOMMAIRE

208. La Nation : ses facteurs constituants. — Nous l'avons déjà dit (§ 193) : la Nation n'est pas l'État. L'idée de *Nation* implique une idée de spontanéité ; celle d'*État*, une idée d'organisation qui peut être plus ou moins artificielle. Une nation peut survivre, même lorsqu'elle est partagée entre plusieurs États ; et un État peut comprendre plusieurs nations. Mais toute société, même prise dans sa spontanéité vivante, n'est pas nécessairement une nation. Pour que *le fait national* se produise, il semble que deux séries de conditions soient nécessaires.

A. Une nation constitue d'abord une ***unité organique,*** une sorte de « communauté vitale », dont les liens sont multiples : ils sont à la fois géographiques, ethniques, linguistiques, politiques, parfois même religieux, sans l'être exclusivement ni même nécessairement. 1° L'existence d'une ***base territoriale,*** l'enracinement au *sol* est une des conditions majeures du fait national. Mais il a existé une nation et même un nationalisme arabes, même lorsque les Arabes étaient nomades, et ce qui est dit t. I, § 299 *B* montre assez que tout déterminisme strictement géographique serait ici trop étroit. 2° La nation est aussi une unité ***ethnique,*** du moins en ce sens que les différents éléments ethniques qui la composent presque toujours (une *nation* n'est pas une *race*), doivent, pour qu'elle puisse vivre, s'amalgamer en un ensemble suffisamment homogène. Mais on a vu, au même § 299, que le déterminisme racial est encore plus illusoire que le déterminisme géographique, et que MICHELET, par opposition à Augustin Thierry qui avait surestimé l'importance des conflits de races, résume ainsi les débuts de la nation française : « Races sur races, peuples sur peuples » et met en lumière ce « puissant travail de soi sur soi » qui, de ces éléments ethniques divers, a fait la France. 3° La ***langue*** commune, en tant que véhicule de la culture, a une importance immense dans la genèse de la nation. Mais les langues sont des faits de civilisation qui débordent les limites nationales et si le bilinguisme ou le plurilinguisme ne sont jamais des conditions favorables à l'unité de la nation, l'exemple de la Suisse est là pour nous montrer que ce ne sont pas non plus des conditions absolument dirimantes. 4° Quant aux conditions ***politiques,*** s'il est vrai que toute nation *tend* à se parfaire en État, nous avons déjà remarqué qu'elle peut survivre même à sa division politique. De même, s'il est exact que l'unification politique par le pouvoir royal a contribué à faire la France, il n'est pas moins exact que la nation a su trouver sa voie elle-même, soit, comme à l'époque de Jeanne d'Arc, lorsque le roi hésitait et faiblissait, soit, comme sous la Révolution, lorsque, pour s'opposer à la volonté nationale, il allait jusqu'à pactiser avec l'étranger. 5° Quant aux éléments ***religieux,*** ils ont pu avoir une importance majeure lorsque les religions étaient des religions de cité ou des cultes nationaux ; et il est certain que la communauté de croyances contribue toujours fortement à cimenter l'unité spirituelle d'une nation. Mais il n'y a plus coïncidence aujourd'hui entre l'universalisme des confessions chrétiennes et les particularismes nationaux.

B. En réalité, tous ces éléments ne sont que des *conditions* plus ou moins favorables, selon les circonstances, à un autre trait beaucoup plus essentiel : la formation d'une ***conscience nationale.*** RENAN[b], dans son admirable conférence, toujours actuelle, sur *Qu'est-ce qu'une nation?* a dit qu'une nation est, avant tout, « une âme, un principe spirituel ». Deux choses, ajoutait-il, constituent cette âme. L'une est *dans le passé,* c'est « la possession en commun d'un riche legs de souvenirs », et c'est le souvenir, non seulement des gloires communes, mais aussi des épreuves et des deuils subis en commun. L'autre est *dans l'avenir* : c'est « le consentement actuel, le désir de vivre ensemble, la volonté de continuer à faire valoir l'héritage qu'on a reçu indivis ». Cette conception est fort juste. Deux précisions sont cependant ici nécessaires. 1° Une telle solidarité spirituelle ne s'improvise pas : la nation doit toujours être ***enracinée dans l'histoire*** ; comme le dit Renan, elle est « l'aboutissant d'un long passé ». On a vu (tome I, § 299 *C*) que les éléments spirituels de la vie sociale ne doivent jamais être isolés de leur « substrat » matériel. Pas plus que l'homme n'est un ange, la nation n'est donc pure communauté spirituelle. Et c'est pourquoi les éléments précédemment indiqués, sans être, pris un à un, nécessitants ni même nécessaires, constituent cependant les conditions indispensables à l'avènement de l'unanimité morale de la nation. — 2° Pour qu'il y ait proprement nation, il faut que cette réalité spirituelle soit parvenue à la pleine ***conscience de soi.*** « Cette conscience de groupe que suppose nécessairement toute nation constituée et vivante, n'est nullement une force aveugle et inconsciente, mais elle est conscience et volonté dans le groupe au même titre et de la même façon que dans l'individu » (Davy). Renan l'avait déjà dit : l'existence d'une nation est comme « un plébiscite de tous les jours » par lequel s'expriment tacitement la libre adhésion à l'idéal commun et la volonté de vivre d'une vie commune. C'est pourquoi l'éveil des nationalités a le plus souvent coïncidé dans les pays d'Europe, au cours du XIXe siècle, avec les mouvements démocratiques (§ 196).

209. La Patrie et le patriotisme. — On a dit que la Patrie est « le nom sentimental de la Nation ». C'est, en effet, *la Nation elle-même en tant qu'elle est regardée comme objet de dévouement et d'amour de la part de l'individu.* De là les caractères de ce sentiment très spécial qu'on appelle le ***patriotisme.*** Le patriotisme ne doit pas être confondu avec le *nationalisme.* Celui-ci est une théorie politique qui tend à faire de la Nation un absolu ; c'est une théorie abstraite et *rien n'est moins « national » que le nationalisme* : souvent on a vu se nouer entre les nationalismes des divers pays des sympathies suspectes (voir ci-dessus § 204).

Le patriotisme est tout autre chose. — *A.* C'est d'abord un sentiment spontané, instinctif, et c'est un sentiment de masse, un sentiment *populaire*, qui est fait de l'attachement au sol natal, à la langue, aux coutumes, à une ambiance générale. Sous cette forme, il n'est que l'expression de la nation en tant que *communauté vitale* ; et c'est pourquoi il a souvent un caractère grégaire et particulariste : il est fait parfois de préjugés naïfs, d'orgueil excessif et, pour tout dire, d'ignorance. — *B*. Mais il serait tout à fait faux de ne voir le patriotisme que sous cet aspect. De même que la nation, en même temps que communauté vitale, est aussi convergence consciente des esprits et objet d'un libre choix, de même le patriotisme, sans perdre ses attaches profondes, peut être fait aussi de *volonté lucide*, d'*attachement conscient* à la communauté dont on est issu, à tout ce qui lui donne sa physionomie propre, à ses traditions, aux valeurs qu'elle incarne et qui sont sa raison d'être. Ce serait une erreur, disait Jean Jaurès, d'oublier « la part de volonté, de pensée, de raison, de libre et sublime dévouement qui est déjà comme incorporée dans la patrie ». — Sous ce second aspect, il s'en faut que le patriotisme soit exclusivement ou même principalement guerrier. Certes, il s'exalte et peut mener jusqu'au sacrifice total (§ 166 *fin*) quand la vie de la Patrie est en jeu. Mais il peut et doit pénétrer aussi toute notre vie quotidienne. Il n'est pas un de nos devoirs : domestiques, professionnels, civiques. et même, en un sens, personnels (§ 164), qui ne puisse, sous un certain aspect, apparaître comme un devoir envers la Patrie : donner à la France les Français dont elle a besoin pour vivre (§ 185) et entretenir chez ses enfants le culte de la Patrie, accomplir sa tâche professionnelle en songeant à la fonction de celle-ci dans la vie de l'ensemble (§ 187 *fin*), s'acquitter de ses devoirs civiques en se haussant, comme disait Rousseau, au niveau de la « volonté générale », c'est-à-dire audessus des intérêts particuliers, et se soumettre aux disciplines collectives nécessaires (§ 195), tout cela est, sous un certain angle, une manifestation du patriotisme aussi bien que le devoir militaire. — Ajoutons enfin que le patriotisme présente des nuances selon le « tempérament » propre de chaque nation. Par exemple, s'il est toujours, comme nous venons de le dire, attachement aux valeurs que celle-ci représente aux yeux de ses membres, « le patriotisme américain est moins solidaire d'une idéologie que le patriotisme soviétique, mais il l'est davantage que le patriotisme français ou britannique » (Raymond Aron). En Amérique latine, le patriotisme, qui prend souvent la forme du nationalisme, repose sur « une volonté anti-européenne d'authenticité, d'originalité américaine » (Roger Bastide), mais il se trouve aussi en conflit avec une idéologie qui, en réalité, a été reçue d'Europe, en particulier du colonialisme, soit portugais, soit espagnol (§ 211).

210. Les relations internationales. — La morale s'applique *aux rapports entre les Nations* aussi bien qu'à l'intérieur des Nations elles-mêmes. Les mêmes règles qui président au respect des personnes, au culte de la parole donnée, etc., entre individus devraient régir aussi les relations internationales. C'est pourquoi il serait désirable que s'établit enfin un ordre ***de droit***, un ordre *juridique* entre les Nations. Faute de cet ordre de droit, c'est en définitive la force seule, c'est-à-dire ici la guerre, qui règle les conflits ; et c'est malheureusement ce qui est arrivé jusqu'ici. Mais l'expérience n'a que trop montré qu'*il est utopique de prétendre fonder un ordre durable sur la force* : rien n'est plus changeant que celle-ci (§ 143), surtout dans l'ordre international où un renversement d'alliances, une invention technique peuvent modifier l'équilibre des forces du jour au lendemain. Aussi, depuis longtemps, de bons esprits et des âmes généreuses s'étaient-ils employés à établir des projets de pactes ou d'organisation destinés à mettre fin aux conflits armés.

Tels furent le *Projet de paix perpétuelle* de l'abbé de Saint-Pierre (1713) et celui de Kant (1795). Le premier avait pour but d'établir une « Grande Alliance » entre les souverains qui renonceraient à terminer leurs différends par la voie des armes et s'engageraient à « prendre toujours la voie de la conciliation par la médiation du reste des Grands Alliés ». Le second prévoyait une « fédération d'États libres », la suppression graduelle des armées permanentes et l'interdiction, pour tout État, de « s'immiscer de force dans la constitution d'un autre ». Vers la même époque Condorcet préconise, sous la forme d'une confédération permanente, «des institutions mieux combinées que ces projets de paix perpétuelle qui ont consolé l'âme de quelques philosophes » ; et, aux environs de 1840, le socialiste chrétien Buchez établit un plan de « fédération européenne ».

Ces conceptions reçurent un commencement d'exécution avec l'institution de la *Cour d'arbitrage* de La Haye en 1899. Elles prirent corps surtout, après la première guerre mondiale, avec la création de la *Société des Nations* et des organes qui lui étaient annexés tels que la *Cour permanente de Justice internationale* (1920), l'*Institut de Coopération intellectuelle* (1922), le *Bureau international du Travail*, etc. La Société des Nations n'était pas une sorte de super-État : c'était une « ligue » des nations signataires du pacte. Chacune d'elles conservait sa souveraineté et gardait le droit de revendiquer sa « compétence exclusive » quand elle estimait que son honneur national était en jeu. L'Organisation des Nations Unies (O. N. U.), constituée après la seconde guerre mondiale, ne repose pas sur des bases très différentes : elle demeure une ligue d'États souverains, dont chacun dispose d'un droit de *veto* à l'égard des résolutions proposées par les autres membres. N'y a-t-il pas là une contradiction interne? Proclamer l'existence d'un *droit international* et maintenir d'autre part le dogme de la *souveraineté absolue de l'État-Nation*, n'est-ce pas vouloir unir deux principes incompatibles? Un progrès réel ne sera accompli que le jour où les États, *tous* les États auront renoncé à ce dogme et, comme il est indispensable, accepté *les limitations de souveraineté nécessaires à l'organisation de la paix.* Encore faut-il que ces limitations ne s'opèrent pas au profit de coalitions d'États à structure sociale encore féodale[1], ligués dans un même fanatisme religieux et racial, ni de blocs politiques d'idéologies et d'intérêts opposés et dont les tendances à l'impérialisme sont trop évidentes, mais bien au bénéfice d'une conception ***universaliste*** et ***humaine*** du droit (cf. Déclaration universelle des Droits de l'Homme[e] du 10 décembre 1948).

211. La colonisation. — Autre problème : celui de la colonisation. De tous temps, les peuples avancés en civilisation ont éprouvé le besoin d'étendre leur rayon d'action, soit, comme les Phéniciens, pour fonder des « comptoirs », soit, comme les Grecs, pour « essaimer » lorsque les invasions les chassaient de leur pays. Ces « colonies » **ont eu d'ailleurs un rôle immense dans la formation de la civilisation méditerranéenne : elles ont été un trait d'union entre la science orientale, l'art grec et le monde occidental. Mais on peut dire que, dans l'antiquité, la colonisation n'entraînait, malgré tout, que des contacts entre peuples** ***de races et de cultures assez voisines.*** **— Dans les temps** modernes, la colonisation a pris de tout autres caractères et posé, par suite, des problèmes tout autres. D'abord, elle impliquait des contacts entre peuples de *races et de civilisations très différentes* et c'est ce qui explique, en partie, qu'elle ait pris, de la part du peuple colonisateur, le caractère d'une ***domination.*** D'autre part, elle comportait l'installation définitive, dans une contrée lointaine, de ressortissants de la métropole demeurant sous la dépendance de celle-ci (alors **qu'au contraire les « colonies » grecques de l'antiquité, par exemple, étaient politiquement indépendantes de la métropole).**

1. Et même esclavagiste. L'*Anti-Slavery Society* de Grande-Bretagne a évalué à 450 000 le nombre des êtres humains soumis à la condition d'esclaves dans la seule Arabie Séoudite. Le pasteur La Gravière a présenté à l'Assemblée de l'Union Française (17 novembre 1955, annexe n° 75) un rapport documenté sur le trafic d'esclaves qui s'effectue de l'Afrique noire, du Béloutchistan et même de la Syrie vers l'Arabie et le Yémen. A la Conférence anti-esclavagiste de Genève (août 1956), les délégations française et anglaise proposèrent un contrôle des bateaux se livrant à ce trafic, notamment à travers la Mer Rouge. L'Arabie et l'Égypte, auxquelles vint se joindre l'U.R.S.S., s'y opposèrent en alléguant que ce contrôle porterait atteinte à la souveraineté des eaux territoriales. — KANT posait comme condition de son *Projet de paix perpétuelle* que la Constitution de tout Etat membre fût « républicaine » et fondée « sur la liberté des individus *comme hommes* ». — cf. Robin MAUGHAM, *Les esclaves existent toujours*, Éd. Universitaires, 1967.

Les buts de la colonisation moderne furent, à l'origine, surtout économiques et même assez étroitement mercantiles (attrait des métaux précieux). Plus tard, il y eut des colonies de *peuplement*, destinées à recevoir le trop-plein de la population de la métropole ; des colonies de *plantations* où les colons firent venir du dehors des travailleurs de couleur ; des colonies de *commerce*, analogues aux « comptoirs » de l'antiquité ; d'autres dont la position fut occupée uniquement dans un dessein *stratégique*. Mais les plus nombreuses et celles à propos desquelles le problème se pose surtout, sont les colonies dites d'*exploitation*, c'est-à-dire celles dans lesquelles le peuple colonisateur se sert de la main-d'œuvre indigène, recrutée sur place, pour exploiter les richesses du sol et du sous-sol. Des motifs *idéologiques* sont venus s'ajouter, dans une certaine mesure, à ces causes économiques : il y eut un temps où les Espagnols colonisèrent en vue d'*évangéliser* les indigènes et, au XIXe siècle, les Européens prétendaient apporter à ceux-ci « les bienfaits de la civilisation ». Il ne faut pas se dissimuler cependant que les débuts de la colonisation furent souvent brutaux et que les nations colonisatrices s'établirent presque toujours par la force dans les pays conquis. Dès le XVIe siècle, l'évêque Las Casas était obligé de se faire le protecteur des Indiens contre les Espagnols et, au siècle suivant, le jésuite Du Tertre dénonçait les « cruautés inouïes » des conquérants du Nouveau Monde. Même plus tard, certaines populations indigènes furent bel et bien exterminées par les Blancs, et l'utilisation de la main-d'œuvre locale a donné lieu à des abus scandaleux. Au lieu d'apporter aux indigènes « la civilisation », les Européens leur ont souvent apporté leurs vices et le fléau de l'alcoolisme (rapp. La Gravière, Ass. Union Française, 13 juin 1956).

Il est évidemment facile de s'appuyer sur ces faits pour vitupérer « les méfaits de la colonisation ». Mais cela ne suffit pas pour condamner la colonisation en principe. 1° Il n'y a rien d'injuste en soi à ce que des peuples dont *la technique* est beaucoup plus avancée, occupent un pays pour en exploiter les richesses alors que les indigènes sont incapables de le faire. S'il y a expropriation, il y a alors, comme a dit le grand économiste Charles GIDE (qui cependant a jugé sévèrement la colonisation), « expropriation pour cause d'utilité mondiale ». — 2° Les Blancs n'ont pas apporté seulement du mal. Ils ont le plus souvent *fait régner l'ordre* chez des peuples qui auparavant ne connaissaient ni paix ni sécurité. Avant la conquête française, le Dahomey était soumis à l'autorité despotique et sanguinaire des rois d'Abomey, et le Maghreb lui-même était déchiré par des luttes intestines entre tribus. Au reste, les indigènes actuels sont souvent d'anciens envahisseurs et qui n'ont pas toujours, loin de là, traité les premiers occupants avec plus d'humanité que ne firent plus tard les Blancs[1]. La

1. Il ne faut pas oublier, par exemple, qu'en Afrique du Nord, les Arabes ont été des conquérants. Si les premiers temps de leur pénétration ne furent pas marqués par trop de désordres, à partir du XIe siècle, ce fut l'anarchie. « C'est de ce moment que date la décadence algérienne, après le passage des tribus guerrières et pastorales [envoyées par les califes d'Égypte] qui saccagèrent tout, brûlèrent les campagnes et les villes, transformèrent en déserts des contrées fertiles et firent de l'Algérie, ancien

« libération » de ces populations les a parfois rendues à leurs luttes antérieures, ainsi qu'on l'a vu au Congo ex-belge. — 3° Les Blancs ont fait participer les peuples colonisés aux avantages de la *civilisation matérielle* (construction de routes, etc.), principalement à ceux de la *médecine* et de l'*hygiène*. On connaît par exemple l'œuvre qui a été accomplie par la France en Afrique noire pour lutter contre la maladie du sommeil. — 4° Il faut reconnaître aussi que les Blancs ont fait cesser, quand ils l'ont pu[1], certaines *coutumes barbares* telles que les sacrifices humains et l'anthropophagie, et amélioré *la condition de la femme*, si souvent maltraitée, *et des enfants*. — 5° Enfin on oublie trop que les idées mêmes au nom desquelles les peuples de couleur revendiquent aujourd'hui leur indépendance, *leur ont été précisément apportées par les Européens*. Telles ont été notamment les idées de *nationalité* et de *liberté*. C'est là, dit R. MAUNIER[m], « une loi de toute colonisation... Les civilisés ont offert à la tribu, à la cité, l'idée d'autonomie et l'idée de patrie, qui désormais va s'affirmer contre eux ». La colonisation aboutit donc, en définitive, à l'***émancipation*** des peuples colonisés, devenus États « indépendants ». Il est vain de s'y opposer et, du point de vue moral, il n'y a pas lieu de le regretter ; car, si la colonisation a pu se justifier, c'était en tant que *tutelle provisoire*. Tout au plus est-on en droit de souhaiter que cette émancipation se fasse progressivement, et non brusquement ni prématurément. *La liberté ne s'improvise pas : les peuples européens ont mis des siècles à la conquérir* et cette conquête est toujours précaire.

212. La décolonisation. — La difficulté est, pour ces pays, d'organiser leur indépendance, alors qu'ils ne sont aucunement préparés à exercer la souveraineté politique. « Nulle part la notion n'est formée[2]. » Seul, l'anti-colonialisme, d'ailleurs en partie inspiré par une

grenier de Rome, un pays pauvre, à demi désertique et, qui plus est, une terre de violence » (*Algérie médicale*, vol. 61, 1957, p. 8).

1. Mon père, qui fut administrateur colonial au Dahomey, m'a raconté le fait suivant. Sachant que les indigènes d'un village lacustre bordant la lagune d'Avansouri, près de Porto-Novo, avaient coutume d'immoler un homme chaque année, à une époque déterminée, pour le manger, il fit savoir au chef du village qu'il interdisait cette pratique, et le chef déclara se soumettre. Quelques semaines plus tard, mon père apprit qu'un groupe d'indigènes s'était posté, de nuit, au bord de la route et qu'un noir attardé, d'une autre tribu, étant venu à passer par là, ils l'avaient invité, avec force amabilités, à venir se reposer jusqu'au jour dans une de leurs cases. Ignorant la coutume, le voyageur avait consenti, ... et l'on devine le reste. Le rite s'était accompli clandestinement.

2. Nous nous sommes ici inspirés de très près d'une conférence de M. FLORY, professeur à la Faculté de Droit et des Sciences économiques d'Aix-en-Provence, dont le résumé a été publié par la *Revue de l'Enseignement philosophique* dans son numéro de juin-juillet 1960. Nos emprunts à ce texte sont indiqués entre guillemets.

propagande extérieure, donne l'illusion d'une volonté nationale, mais purement négative, *contre* quelque chose. En réalité, sociologiquement, on constate que ces peuples en sont souvent restés au stade *tribal*, avec divisions intérieures, rivalités ethniques et morcellement territorial. Les *leaders* ont été la plupart du temps formés à l'étranger et en marge des cadres actuels. Quant aux cadres moyens de la vie politique, ils sont « à peu près inexistants, les chefs traditionnels étant dépassés par les événements ou compromis par leur attitude à l'égard du colonisateur ». Le problème principal est celui du choix d'une constitution : or « sa solution exige une évaluation des forces politiques en présence, une connaissance des données sociologiques et des cadres [de la vie sociale] existants », qui font totalement défaut. — Ajoutons « une méconnaissance des différences d'infrastructure entre pays développés et pays sous-développés, ceci parce que beaucoup de leaders politiques sont ignorants de leur pays ». Il n'est d'ailleurs pas sans danger d'introduire trop brutalement dans ces pays des formes de vie économique et, en particulier, une industrialisation qui ne tiennent aucun compte de leur structure sociale antérieure. Comme l'a dit M. Luc Fauvel, professeur à la Faculté de Droit de Lille (*L'O.N.U. et les pays insuffisamment développés*, dans les *Annales africaines*, 1956, nº 2), on risque ainsi de « séparer systématiquement et brusquement les populations de leur cadre de vie traditionnel » et de détruire les structures existantes sans rien mettre à la place. Des projets, « qui paraîtraient rationnels à des esprits occidentaux formés à une certaine culture économique », ont besoin d'être adaptés à des peuples d'une mentalité toute différente.

Les solutions à ce problème seraient à trouver de l'intérieur ; car « un pays doit rester dans sa perspective propre ». Or ces peuples sont actuellement si incapables de les trouver qu'ils ont tous adopté d'eux-mêmes, presque sans modification, les constitutions occidentales : les anciennes colonies françaises, les constitutions françaises de 1946 ou de 1958 ou un amalgame des deux ; les anciennes colonies anglaises, le régime britannique, parfois, comme au Nigeria, jusqu'à la perruque des magistrats ! « On ne trouve pas un seul régime politique original, correspondant à la réalité sociologique des pays sous-développés, si bien que la Constitution est une façade décorative artificielle et peu adaptée à la vie réelle du pays. » L'élite, formée par la culture européenne, continue, souvent sans l'avouer, à admirer les schémas traditionnels ; car « l'émancipation elle-même n'a été demandée qu'au nom des valeurs représentées par les constitutions occidentales » (voir le texte très important de René Maunier, *Textes*, II, p. 252-253).

Quels ont été les résultats ? Ce fut d'abord « l'échec quasi général de la démocratie » et, quand ce ne fut pas, comme au Congo belge, l'anarchie totale et le retour à la férocité des luttes tribales, l'apparition de dictatures militaires ou de régimes autoritaires. Tout cela, par suite : 1° de l'absence d'une cohésion réelle, la nation, comme il a été dit ci-dessus, n'étant pas vraiment formée (sur les conditions d'existence de la nation, voir ci-dessus les § 274 et 275) ; — 2° de l'existence d'obstacles géographiques : discontinuité du territoire comme au Pakistan ou frontières artificielles comme en Afrique noire ; — 3° de l'absence de parenté ethnique et linguistique (Maroc, Afrique noire) ; — 4° du caractère archaïque de la société : l'individu n'existe pas ; ce qui domine, c'est le groupe (voir ci-dessus le § 172 *B*, et *Textes*, I, p. 302) ; or l'exercice du droit de suffrage, par exemple, réclame une certaine émancipation intellectuelle de l'individu vis-à-vis du groupe et la faculté de penser par lui-même (voir les § 262 et 266) ; — 5° de l'absence « d'une élite politico-administrative assurant la gestion et acceptant d'être contrôlée par la nation » ; — 6° enfin, de la difficulté, déjà signalée, « d'instaurer un développement économique en liaison avec l'exercice du pouvoir ».

La démocratie ayant ainsi échoué, ces pays se sont orientés le plus souvent vers un « régime fort », cependant non totalitaire, avec un parti dominant (mais non unique), fréquemment appuyé, notamment dans les pays islamiques, sur le facteur religieux. Ce parti dominant « représente l'encadrement optimum au départ ; il existe en général au moment de l'indépendance (Néo-Destour, Istiqlal) ». Il est généralement soumis « à l'ascendant d'une personnalité puissante ». Il n'est pas cependant « dans la même situation idéologique que les partis totalitaires : il y a presse d'opposition, liberté de réunion, etc. L'essentiel, pour le parti, est de détenir les postes-clés pour pouvoir à tout moment reprendre la situtation en main et d'avoir son leader à la tête des affaires politiques. Il représente un lien de rassemblement pour l'homme détribalisé et il est un facteur de maintien économique ».

Parfois aussi, on se trouve en présence d'une dictature militaire. L'armée est, dans ces pays sous-développés, une « force d'évolution qui lutte contre les féodalités traditionnelles, politiques ou économiques ».

Mais, de toute façon, « les constitutions rédigées doivent être interprétées comme des espoirs lointains ou des directives ; elles ne traduisent pas la réalité et ne la traduiront pas avant longtemps, peut-être jamais » (M. Flory).

Comme l'a très justement fait observer Gaston BERGER, il faut distinguer *indépendance* et *liberté*. « La liberté est un *droit* que l'on peut revendiquer et faire reconnaître : elle correspond à une certaine dignité de l'homme ou à l'autonomie du groupe. L'indépendance est tout autre chose : elle est un *fait*, car elle implique non seulement l'auto-détermination, mais encore l'auto-suffisance. La liberté se donne ou se refuse ; elle dépend d'une décision. L'indépendance correspond à une situation réelle ; il ne suffit pas de décider pour qu'elle existe ; il faut prendre la peine de la construire » (*Prospective*, n° 6).

Du point de vue économique d'ailleurs, cette « construction » a été souvent mal entreprise. Il s'agirait de développer l'agriculture, encore très insuffisante, de ces pays sous-développés, bien plutôt que de les industrialiser prématurément, comme il a été dit ci-dessus. C'est ce que n'ont pas toujours compris les nouveaux dirigeants, plus soucieux de projets spectaculaires que de réalisations concrètes, et un auteur qui connaît bien l'Afrique noire pouvait écrire récemment : « La décolonisation désormais la plus urgente est celle de la majorité des dirigeants africains » (René DUMONT[p]).

213. Les civilisations. — Les peuples colonisateurs se sont souvent targués d'une « mission civilisatrice ». Mais ici un grave problème se pose : au nom de quoi jugent-ils leur « civilisation » supérieure à celle des peuples colonisés? C'est en effet une erreur de qualifier ceux-ci, comme on l'a fait parfois, de « non-civilisés », et c'en est une autre de les opposer, comme ont fait les Allemands, en tant que « peuples à l'état de nature » (*Naturvölker*), aux peuples dits « cultivés » (*Kulturvölker*). Tous les peuples ont en effet leur « civilisation », si l'on entend par là un ensemble d'institutions, de coutumes, de croyances, de mythes, de conceptions de l'univers caractéristiques d'un peuple donné. Et il ne faudrait pas croire que ces « civilisations », même si elles nous paraissent parfois étranges, soient méprisables ou sans intérêt. Bien au contraire, nous devons nous efforcer de comprendre, de sentir surtout avec sympathie l'élément proprement *humain* de toutes ces institutions, de toutes ces croyances, dont des milliers d'êtres ont vécu et vivent encore, à la flamme desquelles des milliers d'âmes se sont réchauffées. On connaît le mot du maréchal Lyautey à propos des peuples indigènes : « Ils ne sont pas inférieurs, ils sont autres. » Et c'est pourquoi il était absurde, de la part des Blancs, d'aborder les peuples de couleur avec l'idée *a priori* d'une supériorité indiscutable sur eux : d'où le caractère de ***domination***

ou bien d'***assimilation*** forcée que prit le plus souvent la politique coloniale à l'égard des indigènes. C'est une erreur de vouloir, à tout prix, *assimiler* ces peuples, dont certains ont derrière eux de très anciennes civilisations. Ce qu'il aurait fallu faire, c'était les aider *à tirer* ***de leur propre culture*** *un idéal humain.* Comme on l'a vu à propos de la décolonisation (§ 212), ce n'est pas ce qui a été fait : ce sont au contraire ces peuples qui, d'eux-mêmes, se sont efforcés de se modeler sur l'organisation politique des peuples européens.

Au reste, de nos jours, on assiste à un *renversement du problème.* Déconcerté par les conséquences pratiques de ses inventions matérielles, l'homme blanc est devenu sceptique à l'égard de sa propre civilisation. On a vu éclore, notamment en Allemagne, des théories pessimistes (KEYSERLING, Thomas MANN, SPENGLER) proclamant la « décadence de l'Occident » et exaltant la supériorité de l'Orient, voire celle du « primitif » sur le « civilisé ». Toujours en Allemagne, certains sociologues se sont plu à opposer la *civilisation* qui serait de nature intellectuelle et impersonnelle et qui aboutit au machinisme et à la mécanisation de l'homme, et la *culture* d'ordre plus affectif, qui serait la manifestation spirituelle, originale et libre d'une communauté vitale. Parallèlement, les idées d'un Gandhi, prêchant le retour à la simplicité (?) primitive, ont trouvé en Occident de puissants échos. Et, d'un autre côté, on a entendu s'affirmer, chez maints musulmans, « l'idée qu'ils sont les *vrais civilisés*, moralement, socialement, mystiquement, sinon économiquement ; qu'ils sont, non pas nos inférieurs, ni même nos égaux, mais véritablement nos supérieurs » (MAUNIER).

214. La Civilisation et le Progrès. — C'est ici que le problème se pose avec le plus d'acuité. En dépit du mot généreux, mais peut-être imprudent de Lyautey, ne serait-il pas possible d'établir quelque *hiérarchie* entre *les* civilisations et de parler de *la* Civilisation, ainsi qu'on l'a fait au XIXe siècle, comme d'un ***ensemble de valeurs,*** comme d'un ***idéal*** vers lequel s'acheminerait, par des voies diverses et à travers bien des vicissitudes, l'humanité ? Certes, il nous est impossible d'en revenir aux illusions trop optimistes du siècle précédent sur « le Progrès » et ses conquêtes. Nous croyons cependant qu'on peut déterminer certains *critères* d'une Civilisation supérieure.

1° Un point que personne ne conteste, est la supériorité des civilisations occidentales au point de vue ***technique.*** Le désaccord ne s'affirme qu'à propos de la *valeur* de ce progrès technique. Or, sans en faire l'unique ni même le principal critère de la Civilisation, on peut s'inscrire en faux contre l'opposition, à base d'anti-rationalisme, établie par les doctrines auxquelles nous avons fait allusion (§ 213) entre Civilisation et Culture. Nous nous sommes déjà expliqué sur le critiques qu'on a adressées au progrès technique (§ 103 et 189-190). Ajoutons seulement ici qu'il est très artificiel d'établir une dichotomie entre éléments matériels et éléments « culturels » d'une civilisation. Sociologues et ethnologues ont établi qu'une civilisation forme toujours un tout ; et, de même que les éléments culturels se propagent à l'aide de « véhicules » matériels et tendent à s'incarner dans des procédés opératoires qui empruntent toujours quelque chose aux moyens techniques d'expression, de même réciproquement les inventions techniques réagissent sur la culture : il suffira de citer l'exemple de la découverte de l'imprimerie. — Au reste, si l'on en croit certains auteurs comme l'économiste australien Colin CLARK et le sociologue français J. FOURASTIÉ, la civilisation humaine traverserait aujourd'hui une période essentiellement transitoire. D'abord presque exclusivement agricole, elle fut du type *primaire*. Avec la révolution industrielle du XIXe siècle, elle atteignit le type *secondaire*. Mais nous voyons aujourd'hui se multiplier des activités *tertiaires* (services techniques et commerciaux, services publics, enseignement, etc.) qui font largement appel à *l'intelligence* de l'homme et qui sont appelées à se développer de plus en plus. « Le Français moyen de culture traditionnelle, écrit J. FOURASTIÉ[g], craint de voir la civilisation intellectuelle sombrer dans la civilisation mécanique. En réalité, c'est le contraire qui se produira, parce que le progrès technique libère l'homme du travail servile et parce qu'en même temps... il oblige au travail de l'esprit. Rien ne sera moins *industriel* que la civilisation née de la révolution industrielle... La condition prolétarienne disparaîtra avec la période transitoire qui lui a donné naissance », et « le proche avenir verra réunies les conditions nécessaires à la culture intellectuelles des masses ».

2° Le critère le plus important est en effet celui du ***progrès intellectuel.*** Au moins peut-on parler déjà, comme le faisait Pascal, d'un progrès cumulatif : « Toute la suite des hommes, pendant le cours de tant de siècles, doit être considérée comme un même homme qui subsiste toujours et qui apprend continuellement. » Il est difficilement contestable que l'homme moderne connaît beaucoup plus de choses, et sur l'univers qui l'entoure et sur lui-même, que l'homme d'autrefois. Malheureusement le progrès technique réagit sur le progrès intellectuel, et les modernes procédés, purement mécaniques, de diffusion de la pensée : cinéma, radio, télévision, etc., en viennent à faire de l'homme moderne un élément d'une masse irresponsable sans esprit critique et sans pensée propre. N'est-on pas allé jusqu'à préconiser l'éducation par le moyen du magnétophone ? Le progrès technique s'accompagne alors d'une régression intellectuelle et d'un véritable abrutissement collectif.

3° Encore faut-il d'ailleurs que le savoir appartienne, non à un petit nombre de privilégiés, mais ***au plus grand nombre possible d'êtres humains.*** Méditons ici ces paroles de Renan dans *L'Avenir de la Science* : « Une civilisation n'est réellement forte que quand elle a une base étendue. L'antiquité eut des penseurs presque aussi avancés que les nôtres ; et pourtant la civilisation antique périt par sa *paucité*, sous la multitude des barbares : elle ne portait pas sur assez d'hommes ; elle a disparu, non faute d'intensité, mais faute d'extension. » Aussi bien la Civilisation est-elle inséparable d'un certain progrès ***social***, sous la forme notamment de cette *égalisation* qui est, non pas un nivellement, mais, ainsi qu'il a été dit au § 196 *B*, une *égalisation des chances*. Élévation du niveau de vie, aussi bien culturel que matériel, de l'individu, de *tous* les individus, tel est donc le troisième critère de la Civilisation.

4° Ce troisième critère nous en laisse apparaître un quatrième, bien plus essentiel, et qui, en définitive, est le fondement de tous les autres. Le progrès technique ne se justifie que s'il élève l'homme au lieu de l'asservir. Le progrès intellectuel lui-même n'est Civilisation qu'à condition que tous y soient appelés dans la mesure de leurs aptitudes, et le progrès social consiste bien moins dans la généralisation du bien-être que dans l'affranchissement de la personne à l'égard des soucis matériels. C'est donc, en définitive, dans cette ***valeur attribuée à la personne humaine,*** dans le respect de sa dignité, dans les moyens qui lui sont offerts en vue de son plein développement spirituel, que réside le véritable critère de la Civilisation. De ce point de vue, *il est parfaitement faux de dire que toutes les civilisations se valent.* Une société à esclavage ne vaut pas une civilisation où le travail est libre et participe à la gestion de l'entreprise ; la polygamie ne vaut pas la monogamie parce que seule celle-ci est conforme à la dignité de la femme ; une société où l'on sacrifie comme inutiles les enfants infirmes ou chétifs ne vaut pas une civilisation où les droits de l'enfant sont reconnus ; une société où les classes pauvres sont maintenues dans la misère et l'ignorance ne vaut pas une civilisation où même les plus humbles ont un minimum vital assuré et la faculté de développer leur intelligence et leur savoir ; une société où la liberté de la pensée est étouffée ne vaut pas une civilisation où les opinions et les croyances sont respectées et ont le droit de s'exprimer. — Ne calomnions pas notre civilisation occidentale : ce sont ces valeurs-là qui ont fait d'elle une Civilisation authentique et, quel que soit l'avenir qui nous attende, il n'y aura pas de Civilisation si elles ne sont pas sauvegardées.

Exercices. — 1. *Commenter cette définition :* « Une grande agrégation d'hommes, saine d'esprit et chaude de cœur, crée une conscience morale qui s'appelle une nation.» (Renan). — 2. *Commenter cette pensée de* Marmontel (1767) : « L'État n'est plus un corps et l'on n'a pas vu qu'il fallait des siècles pour y rétablir cette unité qu'on appelle *patrie* et qui est l'ouvrage insensible et lent de l'habitude et de l'opinion. » — 3. *Essayer de dégager la conception de la civilisation qu'impliquent les formules suivantes :* « La civilisation complète des peuples et des chefs qui leur commandent, la réforme désirable des gouvernements, des mœurs, des abus ne peut être que l'ouvrage des siècles » (D'Holbach), « La propriété foncière qui attache l'homme à la terre est un pas très important vers la civilisation la plus parfaite » (Baudeau), « Instruire une nation, c'est la civiliser » (Diderot), « Les Égyptiens ne purent être rassemblés en corps, civilisés, policés, industrieux, puissants [remarquer la gradation des termes] que très longtemps après... » (Voltaire), « Le premier trait de l'homme qui commence à se civiliser, est l'empire qu'il sait prendre sur les animaux » (Buffon), « Plus la civilisation s'étendra sur la terre, plus on verra disparaître la guerre et les conquêtes » (Condorcet), « Nous demanderons s'il peut y avoir de civilisation sans justice » (Raynal), « L'idée du progrès, du développement me paraît être l'idée fondamentale contenue sous le mot de civilisation » (Guizot), « Il n'y a pas d'autre civilisation que celle de la France. Cela ne souffre pas d'objection ; c'est la raison même ; elle est nécessairement vraie » (Nietzsche), « Le processus de la civilisation est basé sur la continuité et le progrès irréversible de la raison... La culture repose sur la réalisation de l'esprit, la réalité de *soi* philosophique et émotionnelle » (Alfred Weber, sociologue allemand). — 4. *Que pensez-vous de cette position du problème culturel par un sociologue français :* « Comment faire bénéficier les valeurs nouvelles de la science et de la technique du legs précieux des civilisations du passé? » (G. Friedmann)? — 5. *Comparer l'idée de* progrès *avec l'idée d'*évolution.

Exposés oraux. — 1. *La nation et le patriotisme* d'après Renan. — 2. *Civilisation et progrès* d'après le sociologue Dupréel, *Sociologie générale*, P. U. F., 1948, 2e partie. — 3. *Les dangers du technicisme et la « marche à l'inconscient »* d'après G. Friedmann, *Où va le travail humain ?* 4e partie.

Discussions. — 1. *Discuter ces deux assertions :* « Il n'y a point de patrie dans le despotique ; d'autres choses y suppléent : l'intérêt, la gloire, le service du prince » (La Bruyère) ; « Un républicain est toujours plus attaché à sa patrie qu'un sujet à la sienne, par la raison qu'on aime mieux son bien que celui de son maître » (Voltaire). — 2. *Conditions d'un ordre juridique international.* — 3. *Que pensez-vous de ce jugement :* « L'humanisme occidental est un *humanisme en compréhension*, ...Il subordonne, à la manière de l'État hégélien, l'humanité de fait à une certaine idée de l'homme et aux institutions qui la portent. Il n'a rien de commun avec l'*humanisme en extension* qui admet dans chaque homme... en tant qu'existence capable de se déterminer et de se situer elle-même dans le monde, un pouvoir plus précieux que ce qu'il produit » (Merleau-Ponty)? — 4. *Discutez ce jugement en le comparant avec le précédent :* « Le mouvement ouvrier constitue la réaction la plus vigoureuse contre l'individualisme scientifique, rationaliste, illuministe qui a dominé l'éclosion et le développement initial de la civilisation moderne... La connaissance doit se référer, non à des élites, mais à la masse des travailleurs » (R. BATTISTELLA, dans l'*Osservatore romano*, sept. 1952).

Lectures. — *a.* *CENTRE INTERNATIONAL DE SYNTHÈSE, *Civilisation, le mot et l'idée*, Alcan, 1929. — *b.* *E. RENAN, *Qu'est-ce qu'une nation?* (1882), dans *Discours et Conférences*, Calmann-Lévy, 1928. — *c.* Paul HENRY, *Le Problème des Nationalités*, A. Colin, 1937. — *d.* *F. SARTIAUX, *La Civilisation*, A. Colin, 1938. — *e.* U. N. E. S. C. O., *Autour de la nouvelle Déclaration des Droits de l'Homme*, Sagittaire, 1949. — *f.* A. CUVILLIER, *Manuel de Sociologie*, p. 663-684. — *g.* *J. FOURASTIÉ, *La Civilisation de* 1960, P. U. F., 1947. — *h.* Th. RUYSSEN, *La Civilisation internationale*, P. U. F., 1950. — *i.* L.-Ph. MAY, *Esquisse d'un tableau des apports de la France à la civilisation*, A. Michel, 1952. — *j.* G. FRIEDMANN, *Le Travail en miettes*, Gallimard, 1956, spéc. p. 234-264. — *k.* KANT, *Vers la Paix perpétuelle* (1795), trad. Darbellay, P. U. F., 1958. — *l.* B. TABBAH, *De la Personne humaine à la Communauté humaine*, Libr. gén. de Droit, 1959. — (Spéc. sur la colonisation) : *m.* René MAUNIER, *Sociologie coloniale*, éd. Domat-Montchrestien, 1932, 2 vol. — *n.* H. DESCHAMPS, *Les méthodes et les doctrines coloniales de la France*, A. Colin, 1953. — *o.* J. CHEVERNY, *Éloge du colonialisme*, Julliard, 1961. — *p.* René DUMONT, *L'Afrique noire est mal partie*, Seuil, 1952. — *q.* Jean ZIEGLER, *Sociologie de la nouvelle Afrique*, Gallimard, 1964. — Voir en outre la conférence de M. FLORY, indiquée p. 389, note 2.

chapitre XXIV

LE PROBLÈME DE LA LIBERTÉ

SOMMAIRE

215. Les conditions de l'action : la liberté. — Nous avons examiné, dans ce qui précède, les différentes formes de l'action humaine. Il nous faut maintenant étudier la condition majeure de cette action : la liberté. Il va de soi en effet que si l'homme, en un sens que nous aurons à préciser, n'était pas *libre*, son action ne lui appartiendrait pas vraiment.

216. Le sentiment de la Liberté. — En analysant l'acte volontaire (§ 51), nous avons observé qu'il s'accompagne d'un ***sentiment de liberté,*** qu'on ne trouve pas dans les modes d'activité automatiques. Certes, les circonstances extérieures peuvent parfois nous empêcher de *mettre à exécution* nos décisions volontaires. Il y a du moins une chose qui semble nous appartenir en propre, qui semble, comme disaient les Stoïciens, « dépendre de nous » uniquement : c'est notre ***décision*** même. Cette précision est importante : on commettrait un grave contresens si l'on croyait que le problème de la Liberté met en cause notre action extérieure. Celle-ci peut être tantôt entravée, tantôt facilitée par les circonstances : cela ne pose aucun problème. Le problème porte, répétons-le, sur nos décisions. Nul plus que Descartes n'a insisté sur cette idée que « la libre disposition de nos volontés » est la seule chose qui nous appartienne véritablement et la seule raison que nous ayons de nous estimer si nous en faisons bon usage (voir ce qui a été dit de la *générosité*, § 165). Ici d'ailleurs, point besoin, selon lui, de démonstration : « La liberté de notre volonté se connaît sans preuves, par la seule expérience que nous en avons. » Avec lui, BOSSUET[a] répétera : « Un homme qui n'a pas l'esprit gâté, n'a pas besoin qu'on lui prouve son franc arbitre ; car il le sent. » La liberté est donc un fait d'expérience intérieure : elle est l'objet, comme dira aussi LEIBNIZ, d'un « sentiment vif interne ». On verra (§ 224) que BERGSON[c], à son tour, présentera la liberté comme une « donnée immédiate de la conscience ».

Réfléchissons cependant sur ce « sentiment de liberté ». Il s'agit d'une intuition. Mais, *à elle seule*, cette intuition n'est ni claire ni probante. 1° ***Elle n'est pas claire,*** car que *sentons-nous* exactement quand nous nous sentons libres ? De même que toute intuition, celle-ci a besoin d'être précisée, élaborée ; elle ne nous fournit qu'une indication et un point de départ. On verra en effet que cette notion de *liberté* a été interprétée en des sens très divers par les philosophes. — 2° ***Elle n'est pas probante,*** car nous savons que toute « expérience immédiate » est sujette à discussion (§ 133) et il suffit de s'être observé un peu soi-même pour savoir qu'on peut se faire sur soi beaucoup d'illusions. Ne voyons-nous pas que même l'homme qui ne possède plus sa liberté, le passionné, l'hypnotisé, voire l'homme ivre ou l'aliéné, s'imaginent agir *motu proprio* et sont les seuls à ne pas s'apercevoir de ce que tout leur entourage constate, à savoir qu'ils sont menés par quelque chose d'étranger à leur volonté ? — L'intuition de la liberté *pose donc un problème* : elle ne le résout pas.

217. Véritable position du problème : les arguments moraux. — Il y a d'ailleurs une autre voie par où poser ce problème. Si les philosophes ont attaché tant d'importance à la Liberté, c'est qu'elle leur a paru être *la condition même de la validité de la morale.* Quel fondement pourraient avoir les notions morales si l'homme était nécessité à vouloir, s'il n'était pas *libre* de donner ou de refuser son consentement au bien ou au mal ? Le *Devoir*, nous l'avons vu (§ 137), est une *obligation* ; ce n'est pas une *contrainte.* Un tel « impératif » serait absurde s'il s'adressait à un automate incapable de choisir entre l'obéissance et la désobéissance. C'est en ce sens que l'on peut, avec KANT (§ 231 *A*), considérer la Liberté comme un postulat du Devoir : « Tu dois, donc tu peux. » La *Responsabilité*, elle aussi, ne s'entend que d'un être libre (§ 151 *A*) : comment un être contraint pourrait-il assumer les conséquences de ses actes ? Comment pourrait-il acquérir du *mérite* ou du *démérite* ? Comment enfin pourrait-il être puni ou récompensé, et quel sens aurait dès lors pour lui l'idée de *sanction*? Il semble donc que les exigences de la morale viennent appuyer ici les données de l'expérience intérieure.

218. Les faux problèmes : 1° le Fatalisme. Malheureusement ce problème de la liberté a été obscurci par toutes sortes d'équivoques. Écartons tout de suite un de ces faux problèmes qui sont venus se greffer sur le problème essentiel. Un très ancien préjugé humain (*Moires* des Grecs, *fatum* des Latins, *mektoub* des Musulmans, croyance populaire au *Destin*) admet que le cours des événements est commandé ***de façon inéluctable*** par on ne sait quelle puissance mystérieuse, naturelle ou surnaturelle, *la Fatalité*, de telle sorte que tout effort contraire de la volonté ou de l'intelligence humaine est vain. Ce préjugé a été parfois érigé en doctrine, soit sur le plan philosophique sous la forme d'un *nécessitarisme* absolu, soit sur le plan théologique dans les doctrines de la *prédestination* (§ 235-236). — Ces conceptions, est-il besoin de le dire? n'ont rien de commun avec la Science. La Fatalité (ou le décret divin dans le dernier cas) y est même souvent conçue comme une puissance capricieuse, douée d'un libre arbitre absolu et qui n'obéit à aucune loi. En outre, le Fatalisme aboutit, comme l'a montré LEIBNIZ, à « l'argument paresseux » : si l'avenir est fatal, si ce qui « doit » arriver arrivera nécessairement, à quoi bon se dépenser en efforts inutiles? «Ne rien faire», telle est la conclusion pratique du Fatalisme. On observera d'ailleurs que cette conception porte, non sur nos décisions elles-mêmes, mais sur leur *mise à exécution.* Elle est donc en dehors de la question. Nous ne l'avons mentionnée ici que pour la distinguer du Déterminisme, avec lequel le sens commun la confond souvent.

219. Les faux problèmes : 2° le Déterminisme. — Le Déterminisme a en effet une tout autre origine. C'est un des principes de la Science expérimentale et il est permis d'y voir encore(t.I, § 270)un postulat indispensable à une représentation intelligible de l'univers. L'homme, étant lui-même situé dans l'univers, ne saurait y échapper. De sorte qu'un conflit semblait se produire ici entre l'*expérience* intérieure qui nous révèle à nous-mêmes notre liberté, et la représentation que nous pouvons nous faire de nos actes lorsque nous voulons les *penser* : nous les pensons alors inévitablement comme déterminés. Ce conflit s'aggravait d'ailleurs du fait que le Déterminisme physique était alors conçu comme un déterminisme mécanique et nécessitant (*Ibid.*) et qu'on prétendait l'appliquer tel quel à la volonté humaine. Cette conception était, au reste, en harmonie avec la représentation

« atomiste » que l'on se faisait de la vie psychique, avec cette « Psychologie des éléments » (t. I, § 310), qui faisait regarder la décision volontaire comme *la résultante mécanique et quasi nécessaire* d'un jeu de motifs et de mobiles nettement isolables, tout comme dans une balance le fléau finit par pencher du côté des poids les plus lourds. — Remarquons toutefois que, même sous cette forme, le Déterminisme n'équivalait pas à un nécessitarisme absolu. Tandis que le Fatalisme considère l'avenir comme prédéterminé *quoi que nous fassions*, le Déterminisme est toujours *conditionnel* : il pose seulement que, *si* certaines conditions sont réalisées, tel effet s'ensuivra. La volonté humaine, englobée dans le réseau des causes et des effets de l'univers, devient elle-même, si elle n'est pas une cause première, une des causes déterminantes, cependant, de l'avenir. Et c'est pourquoi, pratiquement, le Déterminisme n'aboutit pas du tout au même « raisonnement paresseux » que le Fatalisme : « La liaison des causes et des effets, dit Leibniz, bien loin de causer une fatalité insupportable, fournit plutôt un moyen de la lever. » C'est lorsqu'il a commencé, grâce à la Science, à mieux connaître cette liaison dans le monde physique que l'homme a accru son pouvoir sur la nature. S'il la connaissait mieux en lui-même, dans sa propre nature, et dans ces « choses sociales » au milieu desquelles il se meut, mais dont, comme le disait Durkheim, il « ignore tout », loin d'être réduit à l'impuissance, il serait au contraire moins désarmé à l'égard de ses passions et de tous les événements humains. — Mais l'équivoque qu'il faut surtout dénoncer ici, c'est celle qui consiste à considérer le Déterminisme uniquement sous cette forme mécaniste qui, on l'a vu (t. I, § 271), est aujourd'hui dépassée même dans les Sciences physiques, de sorte que l'*antinomie paraît bien moins aiguë entre la Liberté et le nouveau Déterminisme*, synthétique et non plus analytique, probabilitaire et non plus nécessitant. Parallèlement, il s'est effectué en Psychologie une transformation analogue, puisqu'on est passé de la Psychologie des éléments à la Psychologie des ensembles, et l'on a vu, en particulier, que la seule psychologie acceptable de l'acte volontaire est celle qui en fait, non un jeu mécanique de motifs et de mobiles, mais un acte synthétique où s'engage notre personnalité tout entière (ci-dessus, § 58).

220. Les faux problèmes : 3° les Doctrines de la Contingence. — Ayant établi ainsi une antithèse artificielle entre le Déterminisme et la Liberté, on s'est trouvé amené à penser que la liberté serait sauvée si l'on pouvait établir que l'univers n'est pas le règne de la nécessité, mais admet une certaine ***contingence.*** Ces tentatives ont été poursuivies, tantôt sur le plan scientifique, tantôt sur le plan philosophique.

A. Déjà dans l'antiquité, ÉPICURE, ayant adopté l'idée de Démocrite selon laquelle le monde a été formé par la chute et les rencontres des atomes dans le vide, se refusa cependant à accepter la nécessité inéluctable d'une chute selon la verticale, ce qui ne laissait aucune place à la liberté. Il admit donc que les atomes pouvaient, par un mouvement propre, s'écarter légèrement de la verticale : c'est ce qu'on appela la « déclinaison » ou, en latin, le *clinamen* des atomes. — Solution trop évidemment imaginée pour les besoins de la cause et que les Anciens traitaient déjà avec dédain ! Cette hypothèse n'en a pas moins servi de prototype à toute une série de tentatives analogues, qui, compliquées au fur et à mesure des progrès de la Science n'en reposent pas moins sur une base aussi peu sérieuse. C'est ce qu'on a appelé spirituellement le « complexe de Buridan »[1].

DESCARTES avait posé comme base de sa Physique la constance de la quantité de mouvement. Comment alors sauvegarder la liberté de l'âme dans les mouvements qu'elle imprime au corps ? Si l'on en croit Leibniz, Descartes aurait admis que, si la *quantité* du mouvement est déterminée, sa *direction* ne l'est pas et qu'ainsi l'âme peut donner aux « esprits animaux » (l'influx nerveux) la direction qu'il lui plaît. — Sophisme évident (que Descartes n'a d'ailleurs nulle part formulé en ces termes) ; car, en vertu du principe d'inertie formulé par Descartes lui-même, il est nécessaire, pour modifier la *direction* d'un mobile, de dépenser une certaine quantité de mouvement.

Vers 1870, un mathématicien, ancien élève de l'École Polytechnique (DE SAINT-VENANT), proposa le raisonnement suivant : supposons une sphère parfaitement géométrique placée en équilibre sur la pointe d'un cône, son centre étant situé dans l'axe de celui-ci : elle sera complètement *indéterminée* à tomber de tel ou tel côté. — Illusion de mathématicien qui ne s'aperçoit pas qu'il applique à un cas réel un raisonnement qui ne vaut que pour un cas idéal ! Car, de deux choses l'une : ou l'on reste dans le cas idéal considéré, et alors la sphère demeure en équilibre et ne tombera pas ; ou l'on réintroduit, pour rentrer dans le réel, la considération des circonstances physiques : par exemple, un léger courant d'air qui *déterminera* la sphère à tomber de tel côté.

Un autre mathématicien (BOUSSINESQ, 1878) crut découvrir par le calcul, dans les mouvements astronomiques, des cas où les équations mécaniques laissent possible la marche des corps célestes en plusieurs directions à la fois : il en conclut qu'une force infinitésimale *et, à la limite, une force nulle* suffirait à déterminer un choix entre ces différentes directions. Le même raisonnement est appliqué par le philosophe RENOUVIER à des cas tels que celui-ci : en montagne, il suffit parfois d'une force très faible, un bruit, un peu de neige grattée avec l'ongle, pour amener la chute de masses de neige

1. BURIDAN, scolastique du XIVe siècle, à qui l'on attribue le fameux exemple de « liberté d'indifférence » de l'âne qui, à égale distance d'un picotin d'avoine et d'un seau d'eau, ne sait, également affamé et assoiffé, par lequel commencer.

beaucoup plus considérables et peut-être provoquer une avalanche. *A la limite*, une force physiquement nulle pourrait produire les mêmes effets. C'est ainsi que la volonté, sans avoir besoin d'aucune détermination externe, pourrait produire ses effets physiques. — Ici le sophisme éclate. Le procédé du *passage à la limite* est un procédé purement mathématique, qui s'applique donc à l'ordre idéal et ne doit pas être transporté au réel. Une force nulle ne peut produire aucun effet parce qu'une « force nulle » n'est pas une force : elle n'est *rien*, tout simplement.

Plus récemment, les nouvelles théories de la Microphysique, en particulier les « relations d'incertitude » découvertes en 1927 par HEISENBERG et imprudemment baptisées « principe d'indétermination », ont provoqué un regain de ces interprétations fantaisistes. De grands savants n'hésitèrent pas à proclamer que l'électron est doué de liberté et l'un d'eux (A. EDDINGTON) alla même jusqu'à dire que désormais la Morale et la Religion étaient acceptables pour un esprit scientifique[1] ! C'étaient les divagations du *clinamen* qui recommençaient. — On a vu (t. I, § 270) en quoi consiste le principe de Heisenberg et comment il introduit dans la réalité physique, à l'échelle microscopique, non certes une indétermination totale, mais une contingence très précisément circonscrite. Celle-ci d'ailleurs *n'intéresse en aucune façon l'action humaine* puisque cette action se déroule à une tout autre échelle, pour laquelle, en tout état de cause, le Déterminisme subsiste. — Toutes ces tentatives pèchent d'ailleurs par la même *ignoratio elenchi*[2]. Qu'est-il besoin d'aller chercher dans le monde physique, dans la chute supposée des atomes ou dans la mécanique des électrons, les fondements de la liberté? Celle-ci ne serait-elle pas au contraire *un privilège de l'homme* parce que l'homme est un être spirituel ?

B. D'une tout autre valeur sont les tentatives qui ont été faites *sur le plan philosophique* pour arracher la volonté humaine aux lois d'un nécessitarisme absolu. Nous n'en citerons qu'un exemple : la thèse que soutint en 1874 le philosophe É. BOUTROUX[b] (fig. 38) sur *la Contingence des lois de la nature.* Il s'agissait pour lui de savoir si la notion de « liaison nécessaire » inhérente à l'entendement humain, « se retrouve dans les choses elles-mêmes ». Or une première faille se produit dans la nécessité quand on passe du *possible* à l'*être* : l'existence de la possibilité logique n'a pas pour conséquence fatale la réalisation de l'être. Il ne répugne pas à la raison d'admettre que jamais le possible ne doive se réaliser, et la connaissance de l'être en tant que réalité ne peut dériver que de l'expérience, non de la logique pure. Au

1. Ce qui est d'ailleurs aussi impertinent du point de vue moral et religieux que du point de vue scientifique !

2. Les anciens logiciens appelaient ainsi le sophisme qui consiste à discuter autre chose que ce qui est en question.

sein de l'être lui-même, des failles semblables se rencontrent chaque fois qu'on passe de l'un de ses domaines à un autre : de l'être pur aux *genres* spécifiés ; des genres à la *matière* ; de la matière à la *vie* ; et enfin de la vie à l'*esprit.* Préludant à bien des analyses contemporaines de l'acte volontaire, Boutroux montrait qu'*il y a quelque chose de plus dans la décision que dans les motifs dont la considération semble la préparer*, à savoir « le consentement de la volonté à tel motif de préférence à un autre ». En un sens, c'est bien le motif le plus fort qui triomphe, « mais en tant qu'on donne, après coup, cette épithète précisément au motif élu par la volonté... N'arrive-t-il pas que la volonté rende pratiquement prépondérant un motif qui, théoriquement, n'était pas la résultante des forces qui sollicitaient l'âme ? » — Nous aurons certes quelque chose à retenir de cette analyse, qui est en harmonie avec ce que nous savons de la psychologie de l'acte volontaire. Mais était-il nécessaire de lier cette analyse à toute une doctrine de la *contingence*, qui déborde de beaucoup le problème de la liberté? La thèse de Boutroux vaut surtout *contre un nécessitarisme* absolu dans lequel tout, dans la nature, pourrait se *déduire* analytiquement ou dialectiquement ; et nous aurons même à nous demander si la liberté doit bien se définir par la contingence.

(Phot. Rol.)

Fig. 38. — Émile Boutroux. 1845-1921.

Historien éminent de la philosophie, Émile Boutroux a donné sur Socrate, Aristote, Leibniz, Pascal, Kant des études qui firent époque. Mais il est surtout célèbre par sa critique du déterminisme mécanique. Si cependant il mit au premier plan l'idée de contingence *et le rôle* de l'invention *individuelle dans l'histoire de la philosophie comme dans celle de la Science, ce fut surtout pour s'opposer aux notions de* nécessité *et de* totalité *issues de la philosophie allemande et spécialement de Hegel. Cela n'implique de sa part « aucun scepticisme, aucune renonciation à connaître, aucun mépris de l'intelligence ; il veut rendre notre conception de la raison plus souple et plus vivante, nullement abandonner la raison ou lui substituer l'intuition vitale ; il est très loin, en somme de Bergson »* (D. Parodi).

221. Les diverses conceptions de la Liberté. — Mais il nous faut pour cela analyser la notion même de liberté. L'expérience intérieure ne suffit pas, nous l'avons vu (§ 216), pour nous en donner une idée claire ; et cette notion semble envelopper des implications, celle de la notion de *contingence* par exemple, sur lesquelles la lumière a besoin d'être faite. Il faut en effet bien distinguer ici entre ce qui est vraiment *donné* à la conscience et toutes les pré-liaisons, interprétations, constructions que peuvent y surajouter les préjugés du sens commun ou les théories des philosophes. On va voir que ce ne sont pas moins de cinq interprétations qui sont ici possibles. Il arrive même que des interprétations différentes se mêlent chez un même philosophe.

222. La Liberté d'indifférence. — Selon une première interprétation, la liberté serait l'*indétermination pure*, c'est-à-dire l'***indifférence.*** Comme, dans les délibérations importantes, « il y a toujours quelque raison qui nous détermine », il faut, dit Bossuet, « pour sentir évidemment notre liberté, en faire l'épreuve dans les choses où il n'y a aucune raison qui nous penche d'un côté plutôt que d'un autre ». Ainsi, « quand j'aurai dans l'esprit de prendre une chose plutôt qu'une autre, la situation de cette chose me fera diriger de son côté le mouvement de ma main ; mais, quand je n'ai aucun autre dessein que celui de mouvoir ma main d'un certain côté, je ne trouve que ma seule volonté qui me porte à ce mouvement plutôt qu'à l'autre, ...sans que je puisse trouver aucune autre raison de le faire ». Le philosophe écossais Thomas Reid donne cet autre exemple : un homme qui a une guinée à payer et qui en possède plusieurs « d'égale valeur pour celui qui donne et pour celui qui reçoit, et toutes également propres à la fin qu'il s'agit d'atteindre », se décidera à donner n'importe laquelle, bien qu'il n'ait aucune raison de donner l'une plutôt que les autres. « Quant à moi, ajoute Reid, je fais chaque jour un grand nombre d'actions insignifiantes sans avoir conscience d'aucun motif qui m'y détermine. » La liberté d'indifférence serait donc la ***faculté de se décider sans y être déterminé par aucun mobile ni motif.***

Mais une telle liberté est une *illusion* : 1° C'est une erreur de croire qu'agir *sans raison* est agir ***sans cause.*** Si, en pareils cas, nous n'obéissons à aucun motif raisonnable, notre geste est cependant déterminé par certaines causes, comme nous pourrions nous en rendre compte s'il nous était possible de suivre dans le détail l'influx nerveux dans nos nerfs et dans nos muscles ; et, parmi ces causes, il en est de purement matérielles : ainsi l'homme qui a à choisir entre plusieurs pièces de monnaie, ne *choisit* pas vraiment ; il prend machinalement celle qui s'est présentée la première parce que, par exemple, elle a glissé devant les autres. Loin qu'il y ait là liberté, ces cas sont, au contraire, *ceux où nous sommes le plus mécaniquement déterminés par les circonstances extérieures.* — 2° On comprendrait difficilement l'*importance* que les philosophes ont attachée à la liberté s'il fallait aller la chercher dans des actes aussi insignifiants, où rien de nous-mêmes n'est vraiment engagé. — On s'explique sans peine que DESCARTES ait écrit que l'indifférence est « le plus bas degré de la liberté » et qu'elle « fait plutôt paraître un défaut dans la connaissance qu'une perfection dans la volonté ».

223. Le Libre Arbitre. — Très proche de la liberté d'indifférence est la conception la plus classique de la liberté : celle du ***Libre Arbitre.*** La contingence y est conçue de façon moins purement négative que dans le cas précédent. La volonté y apparaît comme une véritable ***cause première,*** comme une puissance de ***commencement absolu,*** qui échappe elle-même à toute détermination et qui est capable de choisir *motu proprio* entre deux contraires également possibles : « Le libre arbitre, dit BOSSUET, est la puissance que nous avons de faire ou de ne pas faire quelque chose. » C'est à peu près la même conception que présente RENOUVIER lorsqu'il écrit : « L'homme se croit libre : il s'emploie à diriger son activité, soit intérieure, soit extérieure, comme si les mouvements de sa conscience et par suite les actes qui en dépendent n'étaient point seulement une fonction des antécédents, conditions ou circonstances données quelconques, n'étaient point arrêtés entièrement d'avance, mais pouvaient varier par l'effet de quelque chose qui est en lui et que rien, non pas même ce que lui-même est avant le dernier moment qui précède l'action, ne prédétermine. » Ces formules ne sont que l'expression philosophique d'une conception très courante. Nous nous représentons notre volonté comme une force souveraine et toute puissante : « Je fais cela *parce que je le veux* », disons-nous parfois.

Mais cette conception est-elle juste ? 1° On peut douter d'abord qu'elle traduise fidèlement *notre expérience intime.* Avons-nous vraiment conscience en nous d'un pouvoir aussi absolu ? N'expérimentons-nous pas, au contraire, combien notre volonté est souvent faible, vacillante ? combien elle est dépendante de toutes sortes de conditions, physiques, morales, et des habitudes mêmes que nous avons prises ? Car, ainsi que le remarque MALEBRANCHE, « l'âme même par ses propres actes prend des habitudes, dont elle ne peut pas facilement se défaire... Comme la volonté n'est jamais forcée, on s'imagine que tout ce qu'on veut, on le veut précisément parce qu'on le veut. On ne pense point que nos volontés s'excitent en nous en conséquence de nos dispositions intérieures, parce qu'en effet ces dispositions étant des modifications de notre être propre qui nous sont inconnues, elles nous font vouloir de manière qu'il semble que cela ne dépende que de nous : car nous voulons si gaiement que nous croyons que rien ne nous oblige à vouloir. Il est vrai qu'alors rien ne nous oblige à vouloir, que nous-mêmes. Mais notre *nous-même* n'est point notre être purement naturel ou parfaitement libre pour le bien ou pour le mal : c'est notre être disposé à l'un ou à l'autre par des modifications qui le corrompent ou le perfectionnent ». — 2° *Du point de vue philosophique*, n'y a-t-il pas, de la part de l'homme, un immense orgueil à s'ériger ainsi en *cause première ?* « Je suis la source absolue, écrivait M. MERLEAU-PONTY résumant les thèses essentielles de la Phénoménologie de HUSSERL (tome I, § 327), mon existence ne vient pas de mes antécédents, de mon entourage physique ou social... ». Mais n'est-ce pas là proprement se déifier ? — 3° *Du point de vue moral* enfin, est-ce bien cette notion d'un pouvoir absolu qui est le fondement de notions telles que celles du Devoir, de la Responsabilité, de la Sanction, etc. ? S'il est vrai (§ 160 et 163) que l'action morale est celle qui se détermine d'après la représentation du Devoir, comment une volonté aussi souveraine et que « rien ne prédétermine », pourrait-elle être morale ? Que signifierait la Responsabilité pour un être doué d'un tel pouvoir étranger à toutes les déterminations de son être réel ? « Un acte de pure liberté, écrivait LACHELIER, serait un acte indépendant de toute manière, innée ou acquise, de penser et de sentir ; il serait donc étranger *à tout ce qui constitue notre caractère personnel* et nous n'aurions aucune raison de nous l'attribuer. » Mais c'est surtout du point de vue de la morale pratique que la notion d'un libre arbitre absolu est, quoi qu'on en dise souvent, plus dangereuse qu'utile. MALEBRANCHE encore l'a signalé : « Chacun croit, quoique misérablement asservi à quelque mauvaise habitude, qu'il ne dépend que de lui de rompre tout d'un coup les liens qui le captivent. C'est même sur ce principe qu'on remet toujours à se convertir. Car, comme pour se convertir il ne faut que mépriser des biens qu'on reconnaît vains et méprisables, chacun se persuade qu'il a et qu'il aura toujours assez de raison et de force pour former et exécuter un dessein si juste et si raisonnable. » En posant la volonté comme une puissance de commencement absolu, la doctrine du libre arbitre rompt la *solidarité de notre avenir avec notre vie présente et passée*, et il n'est pas excessif de dire avec un philosophe plus récent (H. MARION) qu'il n'y a pas « de pire dissolvant moral ». Nous devons comprendre au contraire que ***nos actes nous engagent,*** qu'ils compromettent ou fortifient notre liberté selon que notre volonté capitule ou résiste.

224. La Liberté-jaillissement. — BERGSON[c] a présenté une conception de la Liberté qui prétend dépasser à la fois le Déterminisme et le Libre Arbitre. Le Déterminisme est lié, selon lui, à une conception *associationniste* et *mécaniste* de la vie de l'esprit. Il implique une notion de la causalité psychologique identique à celle de la causalité physique, selon laquelle « la même cause produit le même effet » et où l'explication consiste à « recomposer indéfiniment le même tout avec les mêmes éléments ». De là, la conclusion que la décision volontaire n'est que la résultante mécanique du jeu de ces éléments. Or la *durée psychologique* est à la fois hétérogénéité pure et continuité : on n'y retrouve jamais « les mêmes » composants et il est artificiel de la morceler (cf. § 271), soit en « atomes » psychiques, soit, comme on l'a fait pour l'acte volontaire, en « phases » (conception, délibération, décision) nettement tranchées comme les scènes d'un drame. Mais, d'autre part, la thèse du Libre Arbitre, quoique plus proche de la vérité, implique l'égale possibilité des deux décisions contraires, ce qui est encore une erreur sur la nature de la durée. Abandonnons cette « psychologie grossière, dupe du langage ». Cessons de nous représenter « sous forme d'oscillation dans l'espace » cette délibération volontaire qui, en réalité, est « un progrès dynamique où le moi et les motifs eux-mêmes sont dans un continuel devenir, comme de véritables êtres vivants ». Nous nous apercevrons alors qu'en tel sentiment par lequel on prétend notre décision déterminée, c'est, pourvu qu'il atteigne une profondeur suffisante, « tout le contenu de l'âme qui se reflète ». La manifestation de ce sentiment « sera précisément ce qu'on appelle un acte libre puisque le moi en aura été l'auteur, puisqu'*elle exprimera le moi tout entier* ».. Nous sommes libres « quand nos actes émanent de notre personnalité entière, quand ils l'expriment, quand ils ont avec elle cette indéfinissable ressemblance qu'on trouve parfois entre l'œuvre et l'artiste ». Autrement dit, « on appelle liberté *le rapport du moi concret à l'acte qu'il accomplit* ». Mais ne cherchons pas à préciser davantage ce rapport : la liberté ne s'analyse pas, c'est « une *donnée immédiate de la conscience* », c'est « un fait », et « toute définition de la liberté donnera raison au déterminisme ».

Le mérite de Bergson a été de chercher à lier la liberté à la nature propre de la vie spirituelle et de présenter l'acte libre, comme celui qui émane de la personnalité même : on verra que c'est bien dans cette direction que la solution doit être cherchée. Dans cette direction, mais peut-être en sens diamétralement opposé ! N'oublions pas en effet que, pour Bergson, la véritable vie spirituelle est celle du *moi profond*, c'est-à-dire de ce moi obscur, aux impressions mobiles et fuyantes, analogues à celles du rêve, et où règne, au lieu de la pensée claire, une « absurdité fondamentale ». Bergson le dit en propres termes : « L'acte sera d'autant plus libre que la série dynamique à laquelle il se rattache tendra davantage à s'identifier avec le moi fondamental. » L'acte libre n'est donc nullement, à ses yeux, l'acte lucidement délibéré : c'est celui qui jaillit des « profondeurs » de l'âme[1] ; c'est celui où, cherchant à savoir après coup en vertu de quelle raison nous nous sommes décidés, « nous trouvons que nous nous sommes décidés sans raison, peut-être même contre toute raison. Mais c'est là précisément, dans certains cas, ajoute Bergson, la meilleure des raisons ». — Une telle conception de la liberté est éminemment discutable. La liberté ainsi caractérisée semble plus proche, en effet, d'une simple *pulsion* vitale que de la liberté vraie, plus proche de cet emportement passionnel que nous avons essayé de définir au § 171 *A* que de l'héroïsme proprement dit, serviteur d'authentiques valeurs. Soustraite à « la loi de la raison d'être », c'est, comme a dit J. MARITAIN, ***« une force qui va »*** (voir la citation § 162, fin). De fait, cette conception de la liberté aboutit, dans l'éthique bergsonienne, à cette étrange « morale ouverte » qui est une morale du pur *élan* et dont on ne sait *sur quoi* elle ouvre ni *où* elle va. On est donc en droit de se demander, avec G. BELOT[d] (1858-1929), si Bergson n'a pas cherché la liberté « à un pôle de la vie psychique précisément opposé à celui où elle paraît se trouver ».

225. La Liberté existentielle. — Comme celle de Bergson, la conception que J.-P. SARTRE[f] nous présente de la liberté n'est pas sans affinité avec la conception traditionnelle du Libre Arbitre. D'après l'auteur de *L'Être et le Néant*, « il n'y a pas de différence entre l'être de l'homme et son *être-libre* », ou encore : « Ma liberté n'est pas une qualité surajoutée ou une *propriété* de ma nature ; elle est très exactement l'étoffe de mon être. » L'homme est en effet une conscience ou, comme dit SARTRE, un ***pour-soi.*** Or le propre du *pour-soi*, c'est de s'interroger sur l'être, de mettre celui-ci en question par le doute critique ou sceptique, par la suspension du jugement, donc de se mettre lui-même en dehors de l'être, de s'arracher à lui, de le ***néantiser*** : « Cette possibilité pour la réalité humaine de sécréter un néant qui l'isole, Descartes, après les Stoïciens, lui a donné un nom : c'est la *liberté*.[2] » L'homme est donc libre parce qu'en lui l'*existence* précède l'*essence* : il n'y a pas de « nature humaine » donnée et figée ; l'homme *est* ce qu'il *se fait* grâce à ce pouvoir de « néantisation ». Certes, l'homme a un passé ; mais il lui appartient d'*accepter* ou de *refuser* ce passé,

1. Nous avons déjà signalé (voir § 69 *C*) l'équivoque de cette métaphore qui peut désigner une profondeur *vers le bas* ou une profondeur *vers le haut* (latin : *altus*).

2. On sait, en effet, que, pour Descartes comme pour les Stoïciens, le jugement est l'acte souverainement libre. Il appartient à la volonté libre de l'homme de suspendre ou de donner son acquiescement.

de lui donner telle ou telle *signification*. Certes aussi, l'homme se trouve placé dans une certaine « situation » ; mais c'est à lui d'*assumer* cette situation, de décider librement du sens qu'il lui donne, et ainsi « il n'y a de situation que par la liberté ». L'ouvrier ne s'est pas *choisi* ouvrier, mais il lui appartient d'accepter ou de refuser la condition prolétarienne. L'homme d'un pays vaincu ne s'est pas *choisi* vaincu, mais il lui appartient d'accepter ou de refuser la servitude : « Jamais nous n'avons été plus libres, a écrit SARTRE, que sous l'occupation allemande. » La liberté n'est donc pas un donné : « elle ne peut être qu'en se choisissant ». En ce sens, il ne faut pas dire que c'est *parce que* je suis libre que mon acte échappe à la détermination des motifs ; c'est au contraire la structure des motifs comme inefficients qui est condition de ma liberté. Aucun état de fait, même psychologique, ne peut motiver un acte : « Pour être motif, le motif doit être *éprouvé* comme tel. » Il n'est donc pas *cause* de l'acte, il en est partie intégrante. C'est moi qui lui confère sa valeur de motif, et non pas moi en tant que figé dans l'être, mais « moi en tant que j'ai à être moi-même hors de moi », c'est-à-dire la *fin* que je vise, le *projet* que je suis. — Sans doute « un pareil choix, fait sans point d'appui et qui se dicte à lui-même ses motifs, peut paraître absurde et l'est en effet ». Mais il l'est en ce sens qu'il est « par delà toutes les raisons ». La liberté n'est donc pas seulement contingence, elle est « perpétuel échappement à la contingence, intériorisation, néantisation et subjectivisation de la contingence qui, ainsi modifiée, passe tout entière dans la gratuité du choix ». — Une telle liberté est donc ***totale***. Elle n'est pas le privilège de la *volonté* : celle-ci suppose au contraire « le fondement d'une liberté originelle pour pouvoir se constituer comme volonté ». L'homme ne saurait être « tantôt libre et tantôt esclave : il est tout entier et toujours libre ou il n'est pas ». Je suis libre *même dans la passion, même dans l'émotion* : « Ma peur *est* libre et manifeste ma liberté, j'ai mis toute ma liberté dans ma peur et je me suis choisi peureux en telle ou telle circonstance ; en telle autre, j'existerai comme volontaire et courageux et j'aurai mis toute ma liberté dans mon courage. » Il ne faut donc pas dire comme les Stoïciens qu'il y a des choses qui dépendent de nous : en vérité, ***tout*** dépend de nous.

Nous disions au début que cette conception de la Liberté n'est pas sans analogie avec la conception du Libre Arbitre. Cette liberté qui n'est ni « choix délibéré », ni non plus pur caprice, pouvoir indéterminé à la manière du *clinamen* d'Épicure, qui d'autre part appartient en propre à l'existant humain et qui demeure inaltérée *quoi qu'on fasse* et *en toutes circonstances*, tombe sous le coup de la plupart des objections que nous avons adressées à la conception classique. Il y a cependant ici deux différences capitales avec cette conception. 1° C'est une conception *pessimiste*. Dans la conception classique, le Libre Arbitre, privilège de l'esprit, est la marque de la dignité de l'homme. Chez J.-P. Sartre, la liberté, attribut de la conscience, n'en a pas pour cela plus de valeur ; car c'est un « préjugé » qui nous fait « attribuer à la conscience la plus haute dignité d'être ». Bien au contraire, « la liberté est un moindre être qui suppose l'être, pour s'y soustraire. Elle n'est libre ni de ne pas exister, ni de ne pas être libre ». Loin de nous grandir, elle pèse sur nous comme une fatalité de notre être : « Nous sommes condamnés à la liberté. » — 2° L'existentialisme sartrien pousse la coïncidence de l'homme avec sa liberté au point d'effacer toute distinction entre *ceux de nos actes qui sont libres* et *ceux qui ne le sont point*. Mais comment soutenir sérieusement que nous sommes libres *toujours*, jusque dans nos actes élémentaires, jusque dans l'aveuglement de la passion ou dans l'emportement de l'émotion ? Ce que Sartre nomme ici *liberté* n'est pas ce qu'on entend d'ordinaire sous ce nom. Comme l'a écrit F. Alquié[a], une telle « liberté » est dérisoire : « Elle consiste à être ce que l'on est, elle ne retient plus rien de ce qui, dans le mot *liberté*, exalte l'homme. Ce qui exalte l'homme, en effet, c'est l'indépendance relative à l'égard de toute "situation" [ajoutons : à l'égard aussi de ses impulsions] et le pouvoir de transformer le monde selon des fins jugées transcendantes et objectivement valables. D'une liberté qui se confond avec nos chaînes et demeure toujours égale à soi, qui n'est pas le moyen de nous dépasser, de sortir de nous-mêmes, de rendre le monde *vraiment* meilleur, l'homme n'a nul souci. »

226. La Liberté morale. — La liberté peut enfin être entendue en un autre sens où, loin d'appartenir (ou du moins d'appartenir également) à tout être humain, elle est le privilège de celui qui *s'est affranchi* de toutes les servitudes intérieures : de la déraison, de l'ignorance, de la passion, de l'instinct, de l'impulsion irréfléchie. C'est ce qu'on a appelé parfois la ***Liberté du sage*** ou ***Liberté de perfection.*** Disons simplement : la *Liberté morale*. En ce sens, la Liberté n'implique plus nécessairement la contingence et même des philosophes rigoureusement déterministes ont affirmé la possibilité pour l'homme d'avoir accès à cette liberté. C'est ainsi que les Stoïciens, tout en professant le déterminisme le plus absolu, admettent que le sage peut se libérer en donnant uniquement son assentiment aux choses qui dépendent de lui : « Si l'on veut être libre, dit Épictète, qu'on n'ait ni désir ni aversion pour rien de ce qui dépend d'autrui. » Descartes, tout en admettant avec eux la souveraineté de la volonté libre dans l'acte du jugement, a parfois oscillé entre la liberté d'indifférence et la liberté de perfection ; mais c'est à celle-ci qu'il se rallie lorsqu'il écrit dans sa 4e *Méditation* : « *Si je connaissais toujours clairement ce qui est vrai et ce qui est bon, je ne serais jamais en peine de délibérer quel jugement et quel choix je devrais faire ; et ainsi je serais entièrement libre sans jamais être indifférent.* » SPINOZA qui, ainsi qu'il a été dit ci-dessus, regarde le Libre Arbitre comme une illusion, affirme que « celui-là est libre qui est conduit par la seule raison » et consacre le dernier livre de son *Éthique*, intitulé *De la liberté humaine*, à montrer par quelle voie l'homme peut atteindre à la vraie liberté. LEIBNIZ qui, sans professer le nécessitarisme absolu de Spinoza, écrit cependant dans sa *Théodicée* que « tout est certain et déterminé par avance, dans l'homme comme partout ailleurs », affirme dans un autre ouvrage: « On est d'autant plus libre qu'on agit davantage selon la raison, *eo magis est libertas quo magis agitur ex ratione* ; on est d'autant plus esclave qu'on agit davantage selon les passions de l'âme. » KANT lui-même qui, on l'a vu (§ 217), présente parfois la liberté comme la *condition* de la moralité et qui la conçoit alors selon la conception vulgaire du Libre Arbitre, l'*identifie*, dans d'autres passages, à la moralité elle-même : la liberté devient alors pour lui l'***autonomie***, c'est-à-dire ce caractère de la volonté rationnelle qui se détermine elle-même par sa seule forme, l'universalité de la loi du devoir (voir § 160). SCHOPENHAUER (cf. *Exercice* 6), tout en professant que la liberté de nos actes particuliers n'est qu'illusion, déclare que, par l'intelligence, l'homme peut s'affranchir du vouloir-vivre et, par cette négation introduite au cœur de l'être, mériter le nom de libre.

Il n'est pas douteux — l'exemple des sages et des saints nous le montre — que l'homme puisse, par l'effort de sa volonté, s'élever à cette hauteur où sa liberté consiste bien moins à choisir *ad libitum* entre le bien et le mal que dans l'*impossibilité de faire le mal.* Mais : 1° une telle liberté, pour l'homme, est plutôt un *idéal* qu'un état réel. — 2° la liberté serait alors réservée à *quelques privilégiés* ; mais ne faut-il pas admettre que, si tous ne peuvent atteindre à ce niveau, il existe cependant en toute âme humaine une puissance de ***libération***?

227. Conclusion. — L'erreur des théories du Libre Arbitre et de toutes celles qui s'inspirent d'une conception analogue, a été précisément d'admettre que la liberté existe *également* chez tous : « On s'imagine ordinairement, écrit MALEBRANCHE, que la liberté est égale dans tous les hommes et que c'est une faculté essentielle aux esprits, la nature de laquelle demeure toujours la même quoique son action

varie selon les divers objets... Mais on se trompe : il n'y a pas deux personnes également libres à l'égard des mêmes objets... La liberté s'augmente peu à peu et se perfectionne par l'usage qu'on en fait. » — La psychologie de la volonté (ci-dessus chap. VI) nous a montré en effet que celle-ci n'est pas une entité, une faculté à part et qui serait indépendante de notre être réel (de là vient l'erreur du Libre Arbitre), mais bien la *synthèse* originale de toutes nos puissances spirituelles. Aussi ne peut-on la considérer comme soustraite à tout un ensemble de conditions qui constituent d'une part la « situation » extérieure, d'autre part la structure de notre être psychique. D'où :

1° ces déterminations ***extérieures*** qui certes ne nous nécessitent pas absolument, mais dont nous ne pouvons nous considérer comme totalement indépendants. Qui donc pourrait soutenir sérieusement qu'il ne doit rien à son hérédité, à son tempérament physiologique, à ses « complexes », à l'environnement social dans lequel il est né et dans lequel il vit, à l'éducation reçue, aux préjugés du milieu, aux contraintes et aux habitudes du métier, etc. ? Il y aurait un orgueil insensé et peut-être quelque mauvaise foi à ne pas le reconnaître. On peut même dire que ces déterminations extérieures vont souvent beaucoup plus loin qu'il ne nous apparaît à première vue. Ainsi, un jeune homme, remarque A. LALANDE[e], peut encore se croire « un empire dans un empire ». Plus tard, les forces extérieures pèseront plus lourdement sur lui. Et alors, faisant retour sur lui-même, il s'apercevra peut-être que le choix de sa carrière, par exemple, a eu des raisons à la fois bien plus profondes et bien plus extérieures qu'il ne l'avait supposé. — Mais on a vu en *Psychologie* que toutes ces forces extérieures, en même temps qu'elles nous déterminent jusqu'à un certain point, peuvent aussi, *à condition que nous en prenions conscience et que nous sachions les surmonter*, devenir des éléments de l'édification de notre volonté et de notre personnalité. Notre volonté est donc libre déjà *dans la mesure où, au lieu de nous incliner passivement devant ces forces, nous savons les utiliser au contraire pour en faire des moyens de cette édification ;*

2° les déterminations ***intérieures*** qui tiennent : *a.* au fait que nous sommes déjà engagés par *notre passé* : comme le dit MALEBRANCHE (§ 223), nous ne sommes plus *nous-mêmes* dans notre état naturel, d'autant plus que nos actes deviennent souvent pour nous de nouveaux motifs d'agir parce que nous ne voulons pas nous démentir et que nous tenons parfois à rester fidèles à notre passé ; — *b.* à l'existence en nous d'*automatismes* qu'il nous faut dépasser pour avoir accès à la liberté. Nous avons des instincts, des désirs, des caprices, certains sentiments même et peut-être des passions qui ne sont en eux-mêmes que des impulsions et qui, si nous ne les surveillons pas, agissent en quelque sorte pour leur propre compte et nous déterminent alors mécaniquement. Un désir coupable ou absurde peut traverser un instant notre esprit, si étranger à notre personnalité vraie qu'après coup nous ne nous y reconnaîtrons pas et que nous nous demanderons peut-être : « Comment ai-je pu désirer cela ? » Si nous cédons à ce désir, nous abdiquons évidemment notre liberté. — Mais la psychologie de l'acte volontaire nous a montré que les choses peuvent se passer tout autrement. Au lieu d'obéir à cette impulsion, à cette force quasi mécanique qui nous sollicite, nous pouvons faire appel à toutes nos ressources spirituelles, faire intervenir ***notre personnalité tout entière,*** non pas seulement ce « moi d'en bas » dont parle Bergson et qui est justement la source de ces impulsions obscures et de ces sentiments troubles, mais aussi et surtout notre *raison*, notre *pensée claire*, nos *sentiments supérieurs*. C'est en ce sens que MALEBRANCHE disait que l'*attention* est la condition de notre liberté ; car, en tant que faculté de synthèse, l'attention n'est rien d'autre que l'esprit maître de lui-même et en possession de ses ressources plénières (t. I, § 51).

Une telle liberté n'a rien à voir avec l'*indétermination*. D'ailleurs, « l'indétermination en tant que telle, dit LACHELIER, n'est rien d'actuel, ni par conséquent d'observable ; elle n'est pas un fait, elle est un pur néant aux yeux de la conscience ». Si la liberté était indétermination, comment donc la conscience de la liberté serait-elle possible ? Bien au contraire, la conscience de la liberté est celle que l'être spirituel prend de lui-même *comme capable de se déterminer par son être tout entier*. Si le déterminisme, écrit G. BELOT[d], semble si communément opposé à la liberté, c'est qu'on ne l'envisage que sous la forme d'un déterminisme *mécanique* dont les éléments sont ***extérieurs*** les uns aux autres : or une détermination extérieure est une contrainte. *Dans le domaine psychologique, rien de semblable* : il n'y a pas d'extériorité dans l'espace puisque la vie spirituelle échappe à l'espace, et il n'y a pas non plus extériorité dans le temps puisque, par la mémoire, la conscience peut faire revivre son passé et se déterminer en fonction de celui-ci aussi bien que de son présent total (c'est ainsi que le souvenir d'une faute ou d'une erreur passée peut nous empêcher de la commettre à nouveau).

Tout être humain est donc libre en ce sens qu'il existe en lui de telles puissances de libération, s'il veut bien faire l'effort nécessaire pour assumer ainsi la *totalité* de son existence spirituelle. Mais c'est précisément parce qu'elle dépend de cet effort, parce qu'elle s'accroît par l'exercice et s'affaiblit au contraire par l'abandon, que la liberté est loin d'être égale chez tous les hommes. La grande erreur psychologique et morale des partisans du Libre Arbitre a été précisément de nous présenter une liberté *toute faite*, une *liberté-chose* qui serait indépendante de cet effort. Tout au contraire, il s'agit, dit L. Brunschvicg, « de comprendre l'affirmation de la liberté, non comme d'une chose qui serait donnée, mais d'***une œuvre qui est à faire.*** Rien n'est plus simple qu'une telle conclusion et rien ne heurte davantage le sens commun, rien n'a rendu plus impopulaire la sagesse des philosophes ; car autant il est agréable aux hommes de s'entendre dire qu'ils sont libres, autant il leur est pénible d'avoir à se libérer effectivement ».

SUJETS DE TRAVAUX

Exercices. — 1. *Que signifie cette réflexion de Leibniz* : « Quand on raisonne sur la liberté de la volonté ou le franc-arbitre, on ne demande pas si l'homme peut faire ce qu'il veut, mais s'il a assez d'indépendance dans sa volonté même. On ne demande pas s'il a les jambes libres ou les coudées franches, mais s'il a l'esprit libre et en quoi cela consiste » ? — 2. *Expliquer cette double définition de Claude Bernard* : « Le fatalisme suppose la manifestation nécessaire d'un phénomène indépendamment de ses conditions, tandis que le déterminisme n'est que la condition nécessaire d'un phénomène dont la manifestation n'est pas forcée. » — 3. *Commenter cette affirmation de Gabriel Marcel* : « Il faut déclarer avec la plus grande netteté d'une part que la liberté d'indifférence implique l'insignifiance de l'enjeu et d'autre part qu'on ne peut parler de liberté que là où l'enjeu présente au contraire une importance réelle. Mais cette valeur de l'enjeu n'existe pas en dehors de la conscience... L'acte libre est essentiellement un acte significatif. » — 4. *Comparer avec la formule de M. Merleau-Ponty citée* *p. 407* *ce résumé de la théorie classique donnée par P. Fauconnet* : « L'homme est, dans un certain sens, une cause première, sinon des mouvements matériels qui constituent ses actes, au moins de leur valeur morale. Ce caractère qui leur confère une valeur, il en a en lui toute l'efficience, il en est pleinement l'auteur, le créateur. » — 5. *Quelle conception de la liberté se dégage de ces deux passages d'un roman de J.-P. Sartre* : *a*) « Mathieu pensait : Brunet avait raison : sa vie était un destin. Son âge, sa classe, son temps, il avait tout repris, tout assumé, il avait choisi la canne plombée qui le frapperait à la tempe, la grenade allemande qui l'éventrerait. Il s'était engagé, il avait renoncé à sa liberté, ce n'était plus qu'un soldat. Et on lui avait tout rendu, même sa liberté. Il est plus libre que moi : il est d'accord avec lui-même et d'accord avec le Parti » ; — *b*) « Tout est dehors... Au dedans, rien, il n'y a pas de *dedans*. Moi : rien. Je suis libre, se dit-il, la bouche sèche. Au milieu du Pont-Neuf, il s'arrêta, il se mit à rire : cette liberté, je l'ai cherchée bien loin ; elle était si proche que je ne pouvais pas la voir, que je ne peux pas la toucher, elle n'était que moi. Je suis ma liberté. » — 6. *Expliquer ce passage de Schopenhauer* : « En l'homme, la Volonté peut parvenir à une pleine conscience d'elle-même, à une claire et entière connaissance de son propre être, de cet être qui a pour reflet l'univers pris en son entier... De cette façon, la liberté, bien que d'ailleurs reléguée hors du monde des phénomènes, en sa qualité d'attribut de la Volonté, arrive pourtant, dans ce cas unique, à pénétrer dans ce monde même...

En ce sens, ce n'est plus la seule Volonté en soi, c'est encore l'homme qui mérite le nom de libre, et cela le met à part de tous les autres êtres. » (*Le Monde comme volonté*, § 55).

Exposés oraux. — 1. *Les formules de la liberté chez Descartes* (voir Daudin j, 8e leçon). — 2. *L'équivoque du mot* liberté d'après Brunschvicg, *Héritage de mots, héritage d'idées*, P. U. F., 1945, chap. III.

Discussions. — 1. *Libre arbitre et moralité* (voir § 223 *fin*). — 2. *La liberté est-elle liée à la contingence?*

Lectures. — *a.* Bossuet, *Traité du Libre Arbitre.* — *b.* *É. Boutroux, *De la Contingence des lois de la nature*, Alcan, 1874. — *c.* *H. Bergson, *Essai sur les Données immédiates de la Conscience*, Alcan, 1888, chap. III. — *d.* *G. Belot, *Une théorie nouvelle de la liberté*, dans la *R. Ph.*, 1890, 2e vol., p. 363. — *e.* *A. Lalande, *De la Fatalité*, même revue, sept. 1896, p. 225. — *f.* J.-P. Sartre, *L'Être et le Néant*, Gallimard, 1943, 4e partie (texte difficile). — *g.* F. Alquié, sur *l'Être et le Néant*, dans *les Cahiers du Sud*, 1945, nos 273 et 274. — *h.* *L. Brunschvicg, *Héritage de mots, héritage d'idées*, P. U. F., 1945, chap. III. — *i.* Laporte, *La conscience de la liberté*, Flammarion, 1947. — *j.* H. Daudin, *La liberté de la volonté*, P. U. F., 1950. — *k.* G. Mauchaussat, *La liberté spirituelle*, P. U. F., 1959. — *l.* J. Combès, *Valeur et liberté*, P. U. F., 1960. — *m.* G. Gusdorf, *Signification humaine de la liberté*, Payot, 1962. — *n.* Rose Mossé-Bastide, *La Liberté*, P. U. F., 1965.

chapitre XXV

LE FONDEMENT DE L'ACTION
L'ÊTRE ET LA VALEUR

SOMMAIRE

228. Naturalisme et surnaturalisme en Morale. — Après avoir étudié les divers aspects et les conditions de l'action humaine, il nous faut maintenant remonter jusqu'à son fondement premier. Or ici deux conceptions s'opposent : ou bien notre action a son fondement dans la nature elle-même — c'est le *naturalisme moral* — ou bien cette action requiert, aussi bien pour sa justification théorique que pour sa pratique effective, un principe surnaturel, une transcendance absolue par rapport à l'homme — alors la Morale se confond avec la *Religion*.

229. Nature et Moralité. — On présente souvent la moralité comme « ce qui est contraire à la nature ». Il y a là une erreur : la nature, *au sens biologique du terme*, n'est ni bonne ni mauvaise en soi. On ne peut partager à cet égard ni l'optimisme d'un Rousseau pour qui la moralité n'est que l'épanouissement d'une nature foncièrement bonne, ni le pessimisme romantique d'un Schopenhauer pour qui la moralité consiste à résister au « vouloir-vivre » cosmique. La théologie chrétienne elle-même soutient que la nature humaine a été, non pas entièrement corrompue par la faute d'origine, mais, ainsi que disent les théologiens, « blessée, *vulnerata* », c'est-à-dire amputée, par la faute, de la participation à la vie surnaturelle à laquelle elle avait été primitivement appelée par le décret divin. — Mais, si la moralité n'est pas ***contre*** la nature, elle est, en un sens, ***au delà*** de la nature, si du moins on réduit celle-ci à ses éléments biologiques ou même purement empiriques. Nous avons constaté a mainte reprise, dans l'analyse de la conscience et de l'expérience morales et des notions morales fondamentales, que la moralité se situe sur un autre plan que celui des instincts, tendances et même désirs de l'homme considéré en tant qu'être psycho-organique et capable tout au plus de calculer ses avantages ou ses intérêts. C'est pourquoi nous avons rejeté non seulement le *naturalisme* moral, mais aussi toute conception de « l'existence morale » qui cherche « le fondement » des valeurs « dans la sphère des instincts » (§ 128 *B* et 130). Qu'on se rappelle la distinction que nous avons faite entre *individu* et *personne*, la distance que nous avons dû constater entre le bien empirique et le bien moral (§ 138 et 161 *C*), comme aussi entre la *joie morale* et la joie ordinaire, de même qu'entre le *remords* ou le *repentir* et le simple regret (§ 122), les caractères tout spéciaux que nous avons reconnus à l'*expérience morale* (§ 132) et son irréductibilité à l'expérience immédiate, purement affective ou purement existentielle (§ 133), la différence que nous avons établie entre le *Droit* et les réalités empiriques telles que la force, le besoin ou même l'intérêt (§ 143-145) ou encore entre la *Sanction* et la conséquence naturelle de l'acte (§ 155). Partout nous avons rencontré le même ***dualisme entre la nature et la moralité*** : c'est ce dualisme qui nous a paru s'exprimer dans la notion fondamentale de ***valeur*** (§ 128) et dans le caractère transcendant du *Devoir* (§ 137 et 163). — Remarquons cependant que la transcendance dont il est ici question demeure encore sur le plan humain : elle nous a paru s'expliquer suffisamment par la participation de l'homme à la Raison (§ 137 *fin*, et 132-133), laquelle n'est en somme que l'*esprit humain* lui-même tendant à l'ordre et à l'universalité.

230. Morale et Religion. — Mais ne faut-il pas aller plus loin, jusqu'à une transcendance proprement surhumaine ? L'ordre des valeurs morales se confondrait alors avec l'ordre *surnaturel*, la Morale avec la Religion. — On admet en effet assez généralement que, sans peut-être aller jusqu'à se confondre, Morale (ou plutôt moralité) et Religion se prêtent l'une à l'autre un mutuel appui : « Prédicateurs et apologistes, écrit P. GUÉRIN[e], ne tarissent pas sur la nécessité, pour les personnes religieuses, de mener une vie irréprochable et sur la force que seule la Religion peut donner aux consciences, jusqu'à prétendre même qu'une *morale sans Dieu* est par elle-même assez immorale » et, d'autre part, « le grand public reste convaincu que la Religion est encore le meilleur moyen d'assurer la formation de la conscience, au moins chez les enfants ».

Bien plus, on a pu soutenir que la moralité est ***née de la Religion.***

Telle a été notamment la thèse de DURKHEIM qui alléguait, entre autres arguments, le caractère « sacré » que prend souvent à nos yeux le Devoir moral. Le philosophe Wilhelm WUNDT (1832-1920) a soutenu, lui aussi, que la Religion a pu engendrer des règles de morale, mais surtout sous les trois formes spéciales du *culte des ancêtres*, lequel a fourni aux vivants des modèles que l'imagination a pu idéaliser et a contribué à assurer le respect des vieillards, — du *culte des dieux de la nature*, qui devinrent des symboles des vertus morales (par exemple, culte du feu comme symbole de la pureté), — et du *culte des héros*, où le principe divin s'incorpore dans une existence humaine et où par suite l'idéal se fait plus proche de l'homme. Mais, en même temps, WUNDT avait énoncé une ***loi des trois stades*** selon laquelle les rapports de la morale et de la Religion se seraient transformés. A un premier stade, *la morale est dans la dépendance de la Religion* : les mœurs se forment sous l'influence des motifs religieux, qui obligent l'homme à mâter ses instincts. Au deuxième stade, les mœurs sont devenues suffisamment fortes pour cimenter les rapports sociaux : motif moral et moral religieux vont *se différencier*. Au troisième stade enfin, celui des « religions éthiques », *le rapport se renverse* : tandis que la règle morale était d'abord un dérivé du culte, c'est maintenant du Devoir que sortent les pratiques religieuses et c'est, en partie au moins, pour des raisons morales qu'on adhère à telle ou telle foi.

Même sous cette forme, la thèse de la *filiation de la Morale par rapport à la Religion* n'a pas été acceptée par tous les auteurs. Plusieurs ont fait remarquer que les religions primitives sont assez amorales et que les mythes de l'antiquité classique attribuent même assez souvent aux dieux païens des actes franchement immoraux. G. BELOT[d] conclut que « la moralité est née en dehors de la Religion et pour des causes tout à fait indépendantes de la conception qu'on se faisait des dieux » et que ce sont, au contraire, les religions qui se sont moralisées à mesure que la conscience de l'homme devenait plus exigeante. Plus récemment, M. PRADINES[f] a soutenu que la Religion et la Morale n'ont ni même origine ni même fin. La distinction entre la Morale et la Religion, c'est, écrit ce philosophe, « la distinction de la terre et du ciel ». Au fond de tous les sentiments religieux, on trouve présente et agissante la « pensée d'un *autre côté* du monde auquel nous pouvons être suspendus par la sympathie et par l'amour. La morale au contraire est la discipline *de la terre*, que fonde une raison appuyée sur l'expérience des sens et du milieu social réel ». C'est pourquoi il n'y a pas toujours coïncidence entre leurs maximes pratiques propres : « *a.* D'une part, la Religion est certainement peu favorable à la pratique de certaines grandes vertus sociales : la tolérance, par exemple... *b.* D'autre part, la Religion est sans aucun doute très favorable à certaines dispositions de détachement et d'ascétisme dont l'excès menace l'action, et par conséquent le Devoir pratique, jusque dans sa source... *c.* En troisième lieu, la Religion ne soutient pas avec la même force toutes les activités morales qui reçoivent pourtant son appui décidé. Il est manifeste qu'elle appuie beaucoup plus directement les activités de charité que les activités de justice, et les activités de pureté que les activités de culture... *d.* Enfin, même ce qu'elle soutient du même cœur que la Morale, on peut se demander si elle le soutient dans le même esprit... La philosophie morale revient toujours à convertir l'activité morale en une espèce de pari héroïque qui est la négation de la conception eudémoniste [§ 138] que toute religion nous en impose » (PRADINES [f]).

Il y aurait certes plus d'une réserve à formuler sur les divergences ici indiquées. Ce qui reste vrai, croyons-nous, c'est qu'il existe bien une *différence de point de vue* entre la Morale et la Religion. La morale, nous l'avons dit (§ 135, etc.), c'est la règle d'action de l'homme *dans ses conditions concrètes d'existence terrestre*, et même *en fonction des déterminations* que lui confère sa « situation » locale et historique. La seule transcendance qu'elle implique, est celle de la Raison et de la Conscience, créatrices de valeurs, par rapport à notre nature empirique. En tant que cette Raison et cette Conscience font partie, non certes de cette nature psycho-organique de l'homme (§ 229), mais *de son être intégral*, on pourrait même dire, avec les théologiens, qu'il y a une « morale naturelle » qui, de soi, est indépendante de la religion. Saint PAUL rappelait déjà aux Juifs que « des Gentils qui n'ont pas la Loi », peuvent « accomplir naturellement les commandements de la Loi », et ainsi « se tiennent lieu de Loi à eux-mêmes » et « montrent que les choses de la Loi sont écrites dans leurs cœurs ». Saint THOMAS, s'appuyant sur ce texte, affirme qu'il existe dans le cœur de l'homme une « loi naturelle » qui ne peut être totalement effacée et qui lui permet de discerner le bien et le mal. Le R. P. GILLET, dans un livre sur *Le fondement intellectuel de la morale d'après Aristote*, écrit : « Avec Aristote, contre certains mystiques, nous pensons que les principes généraux de la moralité ont leur point d'appui dans la nature humaine elle-même ; qu'il y a, en un mot, une *morale naturelle.* Contre certains autres, nous affirmons que la morale, de soi, sinon en fait, n'est pas nécessairement liée à une Religion positive, où l'autorité divine transcendante se substituerait explicitement aux règles immanentes de la raison. » C'est précisément d'ailleurs parce que cette « morale naturelle »[1] existe qu'une Morale philosophique, qui en est l'élaboration réfléchie, est possible.

La Religion, nous l'avons remarqué à propos de la Charité (§ 176) et de la communauté spirituelle qu'elle engendre (§ 179), est « d'un autre ordre ». Elle se situe à un autre niveau : il n'est pas de Religion proprement dite sans la notion d'un ***surnaturel***[2], c'est-à-dire d'une transcendance absolue à laquelle l'homme ne peut avoir accès par ses propres moyens, mais seulement moyennant un secours divin (que la théologie chrétienne appelle la *grâce*) et auquel il n'a, par lui-même, aucun droit[3]. Cette différence de perspective explique suffisamment les divergences signalées ci-dessus. Comme l'écrit P. Guérin, « il y a dans la Religion et lui appartenant en propre, non pas certes une négation, non pas même un oubli, mais une mise à l'arrière-plan de ce que la Morale met au premier plan : par le fait que son objet est surhumain, ce qui est simplement humain n'est plus qu'un à côté ».

Toutefois, quoique distinctes, les deux disciplines sont évidemment convergentes. Elles visent toutes deux un même but : *l'élévation spirituelle de l'homme.* Mais ce que la moralité opère sur le plan et avec des moyens purement humains, la Religion le poursuit et l'achève sur un tout autre plan, en soulevant l'homme *au-dessus de lui-même*, et avec de tout autres ressources.

231. Morale et Métaphysique. — La question des rapports de la Morale avec la Métaphysique se pose de façon différente. Nous avons déjà remarqué (voir tome I, § 219) que la Métaphysique ne doit pas être confondue avec l'objet de la foi, avec le dogme religieux. Celui-ci est, pour le croyant, le fruit d'une *révélation* surnaturelle : il relève de cet ordre transhumain dont nous venons de parler. La Métaphysique, au contraire, est l'application de la *raison naturelle* aux grands problèmes de l'Être, aux problèmes dits ontologiques (tome I, § 17 et 329-332) : c'est une partie de la Philosophie. — Ceci précisé, examinons si la Morale théorique se suffit à elle-même, ou s'il faut lui donner ***un fondement métaphysique.***

A. A première vue, c'est cette seconde solution qui semble s'imposer. L'étude des Morales du Bien (§ 161 *A*) nous a montré que, pour beaucoup de philosophes, le bien moral de l'homme n'est qu'un cas

1. Il va de soi que le mot « naturel » n'est pas pris ici au sens *naturaliste* (c'est-à-dire biologique) dont il a été question au début du § 229.

2. La « religion naturelle », telle que la conçut le XVIIIe siècle, n'est qu'une *construction philosophique*, qui a toujours paru irréligieuse aux croyants des religions positives.

3. Cf. Maurice Blondel : « La créature raisonnable peut subsister sans postuler une vocation surnaturelle. C'est un pléonasme que le sens même du mot devrait rendre inutile. »

particulier du *Bien universel*, du *Bien absolu* ; il est donc fondé *dans l'essence même de l'Être en soi.* La Métaphysique est ainsi la base nécessaire de la Morale. — KANT[a] lui-même qui, on va le voir, s'est efforcé de construire son système moral sans le fonder sur la Métaphysique, a cependant réintroduit celle-ci, comme couronnement de ce système, sous la forme de « postulats » (dans le sens, ici, d'*exigences*) de la « raison pratique ». Ces postulats qu'il présente, non comme des vérités spéculatives démontrées, mais comme des « hypothèses » pratiques, objets d'une *croyance* rationnelle et nécessaires pour que la moralité soit possible, sont ceux : de la *liberté de la volonté*, de l'*immortalité de l'âme* et de l'*existence de Dieu.* Tant il est vrai que la morale semble difficilement séparable de toute proposition métaphysique !

B. Et cependant, on s'explique sans peine que beaucoup de philosophes, et parmi eux précisément KANT, aient prétendu affranchir la Morale de la Métaphysique, du moins de la Métaphysique ontologique. 1° En effet, on vient de le dire, la Métaphysique ne fait appel qu'aux facultés naturelles de l'esprit humain. Or est-il certain que celui-ci soit capable, à l'aide de ses seules facultés naturelles, d'atteindre l'absolu, l'Être en soi ? Ce ne sont pas seulement les positivistes (voir tome I, § 13) qui ont répondu négativement : Kant lui-même, se fondant sur l'examen critique de notre faculté de connaître, conclut que la Métaphysique est certes un besoin indéracinable de notre esprit, mais qu'en tant que connaissance spéculative, elle est illusoire. Et c'est pourquoi, comme on l'a vu (§ 160), il construit sa Morale sur la seule notion du Devoir, considéré comme identique à la loi même de la Raison. — 2° Il paraît, par suite, un peu dangereux de suspendre la Morale à une discipline dont on ne sait même pas si elle est possible, dont les conceptions ont, en tous cas, considérablement varié au cours de l'histoire. La Métaphysique, remarquait Kant, n'est pas comme la Science, qui a réussi à faire accepter un corps de vérités universellement admises. Aucune doctrine métaphysique ne s'est imposée définitivement, et chaque philosophe a son système. Soit, par exemple, cette conception mathématicienne de l'univers à laquelle nous avons fait allusion au § 161 *A* et qui est celle de PLATON (il la tient d'ailleurs de Pythagore, qui avait dit : « Les nombres gouvernent le monde »). Elle est certes fort belle, mais est-elle indiscutable? Et, si on la rejette, tout le système moral que Platon avait édifié sur elle, ne s'écroule-t-il pas par le fait même ?

C. C'est pourquoi nous croyons qu'*au moins en première démarche* on doit s'efforcer, ainsi que nous l'avons fait, d'appuyer la Morale uniquement sur la nature humaine elle-même, prise non certes dans sa simple réalité psycho-organique, mais bien dans son intégralité, en tant que l'homme, en même temps qu'être biologique, est aussi être *social* et surtout être *spirituel*, capable de poser des valeurs. Il y a d'ailleurs tout avantage à éviter ainsi de placer à la base de la Morale des postulats métaphysiques qui sont loin de rallier l'unanimité des esprits. — Mais la *question n'est pas, par là, définitivement résolue.* Il se peut en effet que, tout en étant indépendante de tout système métaphysique particulier, la Morale requière, en dernière analyse, c'est-à-dire ***pour une réflexion philosophique qui veut remonter jusqu'à ses principes premiers,*** un fondement métaphysique.

232. L'Être et la Valeur. — Le problème nous apparaîtra plus clairement si nous le posons en termes un peu différents, comme celui des rapports entre l'Être et la Valeur.

A. L'Être. — Il ne saurait être question de définir l'Être : c'est une idée première. Mais il est possible d'indiquer quelques-uns de ses caractères. L'Être, au sens le plus large du terme qui englobe les êtres déterminés de l'expérience externe, c'est ce qui *se donne* à moi, ce qui *s'impose* même dans l'expérience, ce devant quoi j'éprouve un sentiment de *présence*, un sentiment de *contact* conscient qui me le révèle comme « étant là » et comme distinct de moi ou du moins de ma conscience actuelle, en un mot : ce dont j'éprouve presque passivement la *consistance*, la *réalité objective*.

B. La Valeur. — Sous cet aspect, l'Être semble entièrement étranger à la Valeur. Celle-ci en effet (voir ci-dessus chap. XIV, § 128) est tout autre chose qu'un *donné* : elle *transcende* ce qui est, comme l'idéal transcende le réel. Ce n'est nullement un argument contre une valeur, quelle qu'elle soit, de dire que la réalité n'y est point conforme. Le mal ou l'injustice, la laideur ou la vulgarité, si réels qu'ils soient, n'empêchent pas les valeurs morales ou les valeurs esthétiques de conserver tout leur prix, pas plus que l'erreur n'enlève son prix à la vérité. L'action morale, en particulier, « est précisément l'action qui ne veut pas accepter l'être, qui veut changer l'être, transformer l'être, qui s'insurge donc contre ce qui est » (F. ALQUIÉ, in *Bull. de la Soc. franç. de Philosophie*, séance du 28 avril 1945, p. 135). D'autre part, tout en étant transcendantes au réel, les valeurs sont, en un sens, immanentes à la conscience : elles ne nous apparaissent pas comme quelque chose d'étranger ; car elles sont choses *d'esprit* : « C'est l'esprit seul qui pose la valeur et qui en est l'arbitre : c'est par cette condamnation qu'il peut prononcer à l'égard du donné qu'il découvre sa propre indépendance et l'originalité de sa propre essence, qui est d'être une activité valorisante » (L. LAVELLE[h]).

C. Solutions. — Si l'on s'en tenait à ces considérations, deux solutions seulement, concernant les rapports de l'Être et de la Valeur, sembleraient possibles : « 1° On peut considérer la contradiction de l'être et de la valeur comme une contradiction fondamentale. Le propre de la valeur, c'est de se définir par rapport à l'être comme une négation. Elle est ce qui n'est pas et qui disqualifie ce qui est. — 2° On peut considérer l'être comme étant, par rapport à la valeur, neutre et indifférent, mais afin de pouvoir devenir le support de la valeur, d'être, si l'on veut, son instrument » (LAVELLE[h]). A vrai dire, cette seconde solution est déjà moins négative que la première. Mais l'une et l'autre paraissent insuffisantes. L'être n'est-il qu'une réalité de fait, tel qu'il nous est apparu au début ? On comprendrait alors qu'il y eût contradiction entre l'être et la valeur. Quant à considérer l'être comme un simple instrument au service de la valeur, cela s'explique si l'on ne considère l'être que dans l'existence qui nous appartient ; car « l'existence n'a de sens que quand elle se met au service de la valeur » (LAVELLE[h]). Mais voici deux remarques qui vont nous permettre de dépasser ce point de vue.

Fig. 39. — LOUIS LAVELLE
1883-1951.

Né dans le Lot-et-Garonne, Louis Lavelle fut d'abord professeur à Strasbourg. Il soutint en 1921 sa thèse de doctorat sur La dialectique du monde sensible. *Professeur au Collège de France (1941), il dirigea avec R. Le Senne la collection « Philosophie de l'esprit ». Selon lui, la mesure de toutes choses n'est point l'homme, ainsi que l'avait prétendu Protagoras : c'est Dieu, comme l'avait dit Platon, « mais un Dieu qui se laisse participer par l'homme ». L'intimité spirituelle ne peut résider que là où l'Être est Acte, c'est-à-dire « ne cesse de se faire » lui-même, et « c'est cet acte qui est le dedans de tout ce qui est ». Ainsi sont possibles — contrairement à ce que soutient le panthéisme — tous les êtres particuliers « qui diffèrent à la fois de l'Être total et les uns des autres en degré, en valeur et en dignité ». La vocation morale de chaque être est de réaliser les virtualités de valeur qu'il porte en lui et c'est par l'intermédiaire de la valeur que s'effectue la participation à l'être.*

1° L'Être tel que nous l'avons décrit jusqu'ici, c'est l'Être dans son actualité phénoménale et tel qu'il se donne surtout dans l'expérience externe. Mais l'Être se donne aussi à nous dans l'expérience interne, celle du *cogito* où la pensée se saisit elle-même comme un être, et même de façon plus immédiate, avec un sentiment de *présence* plus directe, de *contact* plus intime, que n'importe quel autre être. Cet être n'en est pas moins, comme nous l'avons dit, « distinct de moi », si j'entends par là mon *moi* empirique, les déterminations plus ou moins épisodiques et contingentes de ma conscience. Notre propre pensée nous apparaît en effet comme une participation à une vie spirituelle qui déborde et dépasse notre moi empirique. Comme l'a dit L. Brunschvicg (*La raison et la religion*, p. 38), nous avons ici l'expérience « d'une présence autre qu'individuelle » (t. I, ch. XXXIX, § 360). Nous atteignons ainsi, non plus seulement l'être de l'existence, mais l'Être dans son *essence* et sa *signification*.

2° De son côté, la Valeur, tout en étant « chose d'esprit », ne relève cependant pas d'un jugement purement individuel. Dire, comme certains le font aujourd'hui, que l'expérience des valeurs est « essentiellement subjective », c'est leur retirer toute consistance propre, c'est ruiner l'idée même de la Valeur, abaissée au niveau de nos préférences sensibles. Les valeurs, en effet, sont « synnomiques » (Lalande), c'est-à-dire valables en droit pour tous les autres esprits et, comme l'a montré Eug. Dupréel, leur *précarité* qui les fait dépendre d'un jugement et d'un libre choix n'enlève rien à leur *consistance* essentielle, dont elle est, au contraire, corrélative (voir ci-dessus § 128). Ce choix, d'ailleurs, tout en étant libre en ce sens qu'il appartient à chaque conscience de les assumer, de les faire siennes, n'est nullement arbitraire. Les valeurs doivent être *fondées*, et comment les fonder en leur déniant toute correspondance dans l'ordre de l'Être ? Elles exigent donc un fondement *ontologique* (voir *Textes*, II, p. 145-150).

3° Ces considérations nous fournissent les éléments d'une troisième solution : l'***union intime de l'Être, pris dans son essence, et de la Valeur.*** Ainsi que l'a dit F. Alquié, « n'est-ce pas toujours l'être que ma conscience vise à travers la valeur ? » Quand, par exemple, je dis avec Descartes : « S'il faut mourir pour sa ville, c'est qu'une ville vaut plus qu'un homme », cela ne signifie-t-il pas « qu'une ville *est* plus qu'un homme, que moi, homme, je ne suis qu'une simple partie de la ville, que la ville vaut que je meure pour elle parce qu'elle est plus que moi ? » Et ainsi, « ce qui fonde les valeurs n'est pas soi-même valeur, mais au fond *être* ; notre principal souci, c'est de connaître cet être ; c'est parce que nous ne pouvons pas le connaître d'une façon complète qu'il nous apparaît comme valeur ; c'est enfin parce que nous le visons en différentes perspectives que les valeurs nous semblent multiples » (*Bull.* cité, p. 135-136).

Mais ne devons-nous pas aller plus loin encore ? « L'Être, a dit

O. Hamelin (*Élém. principaux de la représentation*, 2e éd., p. 486), c'est l'Esprit » ; l'Esprit est « la réalité première ». C'est précisément la signification profonde du *cogito* de nous révéler l'essence de l'Être comme étant esprit, réalité spirituelle. Or la Valeur suprême, celle dont toutes les valeurs, dans la multiplicité de leurs déterminations, ne sont que l'expression ou la traduction, c'est aussi l'Esprit (*Textes*, II, p. 362). Si, par exemple, en Morale, nous avons reconnu la personne humaine comme la valeur par excellence, c'est que la personne est l'incarnation de l'Esprit. On peut donc dire avec les Scolastiques (cf. saint Thomas, *Somme théol.*, I, quest. v) : « *Ens et Bonum convertuntur secundum supposita*, l'Être et le Bien coïncident quant à leur substance. » Autrement dit, entre l'Être et la Valeur, si on les considère dans leur essence, dans leur réalité substantielle, il y a plus que correspondance, il y a *identité*.

233. Le choix. — En somme, deux attitudes sont ici possibles. Ou bien l'homme considérera ses propres valeurs comme *son œuvre*, comme *sa création*, en face d'un univers qui les ignore. A première vue, cet univers paraît indifférent aux aspirations humaines : les valeurs, nous l'avons dit (§ 128 *B*), sont essentiellement *choses d'esprit*, et il ne serait pas absurde de penser que c'est à l'homme et à l'homme seul, qu'il appartient d'introduire dans cet univers où règne la brutale loi du plus fort, un peu de justice et un peu de bonté. Cette attitude n'est-elle pas celle de Vigny lorsque, dans *La Maison du Berger*, il nous dépeint la nature :

> « ... [roulant] avec dédain, sans voir et sans entendre,
> A côté des fourmis, les populations. »

et lorsque, dans *La mort du Loup*, il nous propose cet idéal de « stoïque fierté » qu'il a lu dans le regard du fauve agonisant :

> « Gémir, pleurer, prier est également lâche.
> Fais énergiquement ta longue et lourde tâche
> Dans la voie où le sort a voulu t'appeler,
> Puis, après, comme moi, souffre et meurs sans parler »?

N'est-ce pas encore, à peu près, avec beaucoup moins de grandeur cependant, l'attitude de certain existentialisme contemporain qui nous dépeint l'homme jeté dans un univers « absurde » et libre de se créer à lui-même ses valeurs sans avoir à leur chercher une justification rationnelle ?

Ou bien, tout en assumant par un acte de volonté propre les valeurs rectrices de sa propre existence, l'homme se refusera à admettre que le choix de ces valeurs soit purement *arbitraire* (ou même qu'il se fonde sur des motifs purement humains). Certes, l'attitude précédente (l'exemple de Vigny le montre bien) peut avoir sa noblesse. Mais elle aboutit à l'isolement de l'homme dans le royaume de l'Être, donc à l'orgueil et peut-être au désespoir. D'autre part, s'il est vrai que l'ordre des valeurs est distinct de l'ordre des réalités empiriques, si jamais un jugement de valeur n'est purement réductible à un jugement de réalité, serait-il raisonnable cependant de proposer à l'homme *un idéal qui serait absolument sans écho dans l'ordre universel?* L'homme, dit Spinoza, « n'est pas un empire dans un empire » : il est peut-être *exceptionnel*, il n'est pas *isolé* dans l'univers, il fait partie du Cosmos. L'ordre humain doit donc venir s'insérer dans l'ordre universel : sans quoi il risque d'apparaître comme une illusion, illusion bienfaisante, généreuse, héroïque peut-être, mais illusion tout de même. Nous avons vu (§ 163) que c'était précisément la signification théorique des Morales du Bien de vouloir *que l'ordre des valeurs fût fondé en raison.* Mais peut-il l'être entièrement si l'on se résigne à ***disjoindre la Valeur et l'Être ?*** Là en définitive, on vient de le voir (§ 232), est le nœud du problème. S'il y a, comme nous l'avons dit, identité entre l'Être et la Valeur, notre action trouve son véritable fondement dans l'ordre ontologique, avec lequel l'ordre axiologique coïncide. Nous avons montré au tome I, § 359, que la véritable signification de l'*idée de Dieu* est peut-être d'exprimer cette identité foncière : « Dieu, c'est la Valeur qui se fait être » (Le Senne).

Quoi qu'il en soit, il appartient à chaque conscience d'assumer par un libre choix l'une ou l'autre de ces deux attitudes.

SUJETS DE TRAVAUX

Exercices. — 1. *Relever dans Pascal les différents emplois du mot* nature *et observer comment ils se rattachent, au moins, à deux sens distincts, selon qu'il s'agit de la nature « corrompue » par la faute, par exemple :* « Tout ce qu'il y a d'infirme appartient à la nature » (*Saci*, dans éd. class. Brunschvicg, p. 160), « La nature de l'homme est tout nature, *omne animal* » (*Pensées*, fragm. 94), *ou bien de la nature « première », par exemple :* « Il leur reste quelque instinct impuissant du bonheur de leur première nature » (fr. 430), « La nature a des perfections pour montrer qu'elle est l'image de Dieu » (fr. 580). *Comparer avec ces autres emplois du terme :* « La nature en tous temps garde ses premiers droits » (Corneille, *Horace*), « Ces deux vertus [force et liberté spirituelles] ne sont pas des facultés naturelles, communes à tous les hommes : rien n'est plus rare » (Malebranche), « La mortification consiste... à réprimer ses désirs trop naturels » (BOURDALOUE), « Raisonnerait-on bien si, de ce qu'il est dans la nature de l'homme d'avoir des passions, on allait conclure que toutes les passions sont naturelles? » (ROUSSEAU), « La nature, en tout ordre, n'est bonne que si elle est reconquise » (RAUH), « Tout ce qui est universel, chez l'homme, relève de l'ordre de la nature et se caractérise par la spontanéité, tout ce qui est astreint à une norme appartient à la culture et présente les attributs du relatif et du particulier » (Cl. LÉVI-STRAUSS). — 2. *Observer comment, dans les passages suivants, Malebranche situe la moralité et le surnaturel sur différents plans :* « Dieu n'est ni bon ni miséricordieux ni patient selon les idées vulgaires. Ces attributs, tels qu'on les conçoit ordinairement, sont indignes de l'Être infiniment parfait » (*Entr. métaph.*, VIII, éd. Vrin, tome I, p. 254), « Nos actions tirent bien leur moralité du rapport qu'elles ont avec l'Ordre immuable... Mais elles ne tirent leur dignité surnaturelle et, pour ainsi dire, leur infinité et leur divinité, que par Jésus-Christ » (*Ibid.*, XIV, tome II, p. 180), « Depuis le péché, ... la loi naturelle est tellement éteinte que nous avons besoin d'une loi écrite pour nous apprendre ce que nous devons faire... Néanmoins, les hommes n'ont jamais pu effacer entièrement l'idée de l'Ordre... Or, pourvu que l'on agisse par dépendance de cette idée, ...le mouvement du cœur est réglé, quoique l'esprit ne soit point fort éclairé » (*Ibid.*, p. 189). — 3. *Commenter ce texte de* L. LAVELLE[h] : « Le problème de la valeur est en quelque sorte une interrogation sur la signification qui peut être donnée à l'être. Mais cette interrogation c'est l'acte qui la résout » [l'acte étant « l'unité de l'être et de la valeur »].

Exposé oral. — *La thèse de l'origine religieuse de la moralité*, d'après DURKHEIM, *Sociologie et Philosophie*, p. 68 et 100. *Discussion*, d'après BELOT, dans *Morales et Religions*, Alcan, 1909, chap. I, et dans *R. Ph.*, 1913, tome LXXV, et d'après PRADINES, *Traité de Psychologie*, P. U. F., tome III, 1946, p. 278.

Discuter *les divergences signalées par Pradines pages* **419 et 420.**

Lectures. — *a.* KANT, *Critique de la Raison pratique* (1788), P. U. F., spéc. 1re pratie, liv. II, chap. II. — *b.* *F. RAVAISSON, *Métaphysique et Morale*, dans la *R. M. M.*, 1er numéro (1893), p. 6. — *c.* L. LÉVY-BRUHL, *La Morale et la Science des Mœurs*, Alcan, 1903. — *d.* M. BLONDEL, *Les confins de la nature et de la religion vus du côté philosophique*, dans *L'Être et les Êtres*, Alcan, 1935, p. 500. — *e.* *P. GUÉRIN, *Morale et Religion*, dans la *R. Ph.*, mai-juin 1939, p. 325. — *f.* M. PRADINES, *Esprit de la Religion*, Aubier, 1941, p. 401. — *g.* G. GUSDORF, *Traité de l'existence morale*, A. Colin, 1950, p. 24, p. 61 et *passim*. — *h.* L. LAVELLE, *Traité des Valeurs*, P. U. F., 1951, liv. II, 2e partie. — *i.* Jean GRENIER, *Absolu et choix*, P. U. F., 1962.

chapitre XXVI

L'HOMME ET SA DESTINÉE

SOMMAIRE

234. Position de la question : destinée et destin. — « Oui ou non, la vie humaine a-t-elle un sens, et l'homme a-t-il une destinée ? » C'est par cette question que débutait, en 1893, le livre de Maurice Blondel sur l'*Action*, et Blondel ajoutait : « Le problème est inévitable ; l'homme le résout inévitablement ; et cette solution, juste ou fausse, mais volontaire en même temps que nécessaire, chacun la porte dans ses actions. » Pour examiner la question, nous allons d'abord en préciser les termes.

Ainsi que le remarquait encore le philosophe que nous venons de citer, le mot *destinée* a deux sens. En un premier sens, à vrai dire, un peu impropre, « ce terme équivoque désigne le développement nécessaire de la vie, indépendamment de toute intervention de l'homme dans la trame des événements qui se déroulent en lui et en dehors de lui ». Il vaudrait mieux dire, en ce sens, « le destin ».

235. Le fatum des anciens. — La notion du Destin (§ 218), d'une puissance absolue et le plus souvent aveugle qui est censée commander de façon nécessaire, fatale aussi bien la vie des hommes que le cours de l'univers, se rencontre presque universellement chez les peuples primitifs et anciens. Tantôt cette puissance est personnifiée, tantôt elle est conçue de façon impersonnelle. Tantôt elle prend une forme religieuse, tantôt elle est purement philosophique. Dans l'antiquité classique, on la trouve chez les poètes comme chez les philosophes. Homère parle de la Μοῖρα ou de l'Αἶσα qui agit indépendamment de la volonté même de Zeus et qui notamment assigne son terme à la vie humaine. Chez les Tragiques, cette puissance prend souvent une signification morale avec la croyance aux Érynnies qui punissent les crimes des hommes. Chez les philosophes, elle devient l'Εἱμαρμένη (Fatalité) ou l'Ανάγκη (Nécessité) ; cette idée qui se rencontre déjà chez Héraclite, a surtout été développée par les Stoïciens, mais ceux-ci l'identifient à la fois avec les lois de la nature et avec la raison divine, voire avec la Providence. Chez les Latins, c'est le *Fatum* ou, au pluriel, les *Fata*, parfois identifiés avec les Parques, ces déesses qui, dit le poète Tibulle, « filent la trame des destins qu'aucun dieu ne peut rompre ». Le *fatum* est pris quelquefois au sens de destin individuel : « *Si fatum est tibi convalescere*, si c'est ton destin de guérir », dit Cicéron dans son *De Fato*. Il est à peine besoin de remarquer que cette notion s'est maintenue dans les croyances vulgaires, même de nos jours, par exemple lorsqu'on accuse « la fatalité » d'être responsable de certains accidents. — Du point de vue philosophique, cette conception ne mérite pas de nous retenir longtemps. Il est trop évident, en effet, qu'elle est antérieure à une conception rationnelle de l'univers et à un stade d'évolution morale où l'homme a atteint l'émancipation de sa personne à l'égard de la nature. Il est intéressant toutefois d'observer que, chez les philosophes et jusque chez les tragiques grecs, le *Fatum* commence à s'humaniser en prenant un sens moral. C'est le signe que la raison, succédant aux vieilles croyances et à la tradition, se refuse à accepter l'idée d'un Destin fatal, en face duquel la volonté humaine serait impuissante.

236. La prédestination. — Dans le Christianisme, le problème du destin se pose sur le terrain théologique. En principe, tout être humain est doué d'une volonté libre qui lui permet de faire le bien et d'éviter le mal. Mais, d'autre part, l'homme est appelé à une vocation surnaturelle à laquelle il ne peut avoir accès par ses propres forces, mais seulement moyennant un secours que Dieu lui accorde gratuitement, par pure bonté, et qui est *la grâce*. C'est sur la façon dont ce secours lui est accordé que les interprétations ont différé. Les doctrines de la *prédestination* ont soutenu, soit que la grâce n'est pas donnée également à tous les hommes, soit qu'elle n'est pas également efficace chez tous. Saint Augustin avait affirmé que Dieu choisit dans cette « masse de perdition » qu'est le genre humain depuis le péché originel, tels hommes seulement auxquels il lui plaît de donner sa grâce, sans qu'il nous soit possible de connaître les raisons de ce choix ; mais il avait maintenu l'affirmation de la liberté humaine et de sa coopération avec la grâce. Les Calvinistes et les Jansénistes allèrent beaucoup plus loin : ils soutinrent que tout homme est, à l'avance, prédestiné à être damné ou sauvé par un décret divin et que ce décret de prédestination, entièrement arbitraire, est l'unique cause de la perte des uns comme du salut des autres. — Mais la doctrine orthodoxe a toujours soutenu que Dieu veut le salut de tous les hommes et donne à chacun d'eux une grâce suffisante proportionnée à leurs besoins, que d'autre part chaque homme est libre et responsable de sa destinée et que la grâce incline, mais ne nécessite pas sa liberté. Le fatalisme théologique n'est pas plus acceptable que le fatalisme vulgaire : l'admettre, ce serait, dit LEIBNIZ (*Théodicée*, préface), « détruire la justice de Dieu ; car quelle notion assignerons-nous à une telle espèce de justice qui n'a que la volonté pour règle, c'est-à-dire où la volonté n'est pas dirigée par les règles du bien ?[1] »

237. La destinée humaine. — En un second sens, dit Maurice Blondel, le mot *destinée* désigne « la façon personnelle dont nous parvenons à nos fins dernières, selon l'usage même de la vie et l'emploi de nos volontés ». Le problème de la destinée, ainsi comprise, coïncide avec celui de savoir *si la vie humaine a un sens.*

238. Négation de la destinée. — L'homme a eu souvent l'impression qu'il est le jouet d'un Destin capricieux et qu'il lui est inutile de chercher à pénétrer l'origine et la fin de l'univers. C'est cette impression qu'exprimait vers 1120 le poète et savant persan Omar KHAYYAM dans un de ses quatrains : « ... Nous sommes les pièces du jeu que joue le Ciel. — On s'amuse avec nous sur l'échiquier de l'Être. — Et puis nous retournons, un par un, dans la boîte du Néant. »

Cette attitude négative a été reprise, de nos jours, par l'existentialisme athée. Selon J.-P. SARTRE, la vie n'a pas de sens par elle-même.

---

1. Dans ce même passage, Leibniz a décrit sous le nom de *fatum mahumetanum* une autre espèce de fatalisme, le fatalisme musulman. Mais il le caricature quelque peu en l'accusant d'aboutir à ce qu'il appelle « la raison paresseuse » et « de ne pas éviter les dangers, de ne pas même quitter les lieux infectés de la peste », sous prétexte que, « si l'avenir est nécessaire, ce qui doit arriver arrivera, quoi que je puisse faire ». C'est le « c'était écrit » vulgaire. — En réalité, « si l'Islam admet l'efficience de la volonté de Dieu, il n'est cependant pas fataliste... Une distinction très nette subsiste entre la volonté universelle et le libre arbitre de l'homme, et il est fait à la volonté humaine une large part dans la volonté universelle » (H. Z. ULKEN, *La pensée de l'Islam*, Istambul, 1953, p. 23).

Dans *La Nausée*, Sartre nous dépeint « un tas d'existants gênés » qui n'ont « pas la moindre raison d'être là », qui sont « de trop » les uns par rapport aux autres, et l'homme, lui aussi, qui est « de trop » dans l'univers (*Textes*, II, p. 359-360). L'homme est « jeté » dans le monde en un état de « délaissement », de déréliction totale. C'est à lui et à lui seul qu'il appartient de donner un sens à sa vie et la valeur n'est pas autre chose que ce sens qu'il lui choisit (*Ibid.*, p. 360-361). Ce choix est « libre » : car, « si Dieu n'existe pas, nous ne trouvons pas en face de nous des valeurs ou des ordres qui légitimeront notre conduite » (*L'existentialisme est un humanisme*, p. 37). L'existence « précède » l'essence et, par conséquent, « l'homme est liberté », il est « condamné » à s'inventer lui-même « sans aucun appui et sans aucun secours ». Son choix n'est cependant pas « gratuit » au sens gidien du terme ; car l'homme est « engagé » dans une *situation* et « il engage par son choix l'humanité entière » (*Ibid.*, p. 74). En ce sens, on peut dire « qu'il y a une universalité de l'homme » ; mais ce n'est pas une universalité donnée, puisqu'il n'existe pas de « nature humaine » toute faite : c'est une universalité « perpétuellement construite ».

Avouons que cette conception ne manque pas d'une certaine noblesse ; car elle charge l'homme d'une *responsabilité* totale, on peut même dire : d'une responsabilité écrasante, puisqu'elle aboutit à cette conséquence, d'ailleurs excessive, à notre avis, que « chacun de nous est responsable de tout ». Nous ne pouvons toutefois l'accepter, et cela pour plusieurs raisons. 1° Nier que la vie humaine ait un sens par elle-même, suppose toute une métaphysique négative qui est pour le moins discutable ; — 2° qu'est-ce d'ailleurs que cette liberté qui « ne peut avoir d'autre but que de se vouloir elle-même » (voir chapitre XXIV, § 225) et comment peut-elle donner un sens à la vie si elle se confond avec l'existence même de l'homme ? — 3° on a beau soutenir ainsi que le choix n'est pas gratuit : nous ne voyons pas *au nom de quoi* nous pouvons donner un sens à notre situation, l'accepter ou la refuser ; — 4° l'existentialiste se trouve ainsi conduit, dans la vie politique et sociale, à certaines prises de position arbitraires qui l'isolent de la communauté et à l'oubli du principe, par lui-même posé, qu'il engage ainsi « l'humanité entière », ce qui rend sa responsabilité singulièrement grave. La preuve est ainsi faite qu'une telle négation du sens de la vie et de la destinée humaine, tant individuelle que sociale, ne peut conduire qu'au nihilisme des valeurs (*Textes*, II, p. 147-148) et à l'anarchie morale.

239. Destinée et vocation. — La destinée, dans le deuxième sens que nous avons distingué, n'est pas un destin fatal auquel l'homme serait soumis sans que sa volonté eût aucun rôle à jouer « c'est une *destination*, une *fin* à laquelle il est appelé et à laquelle sa volonté personnelle doit coopérer ; c'est une *vocation*. Mais comment peut-on dire que l'homme se trouve ainsi *appelé* à une fin et quelle peut être cette fin ?

L'homme est sans doute exceptionnel dans l'univers, mais il n'y est pas isolé (cf. ci-dessus § 233). Cette conception d'une destination, d'une vocation de l'homme suppose donc d'abord un univers rationnel (et non l'univers « absurde » des existentialistes), un univers qui lui-même a un sens et qui manifeste, à quelque degré, une finalité. Or, sur le plan métaphysique, cette idée peut parfaitement se soutenir : le monde peut être conçu comme mû par l'Esprit et tendant vers lui (t. I, § 263). Ce que l'homme a d'exceptionnel dans cet univers, c'est d'abord qu'il est capable de prendre conscience de ce problème. Même si l'univers est dominé par une loi de finalité, même s'il nous semble y percevoir, du minéral au végétal et du végétal à l'animal, une sorte d'ascension graduelle vers la conscience et vers l'esprit, l'univers, lui, comme dit Pascal, « n'en sait rien » et l'animal lui-même ne se pose pas de problème. Le propre de l'homme est, au contraire, qu'il est capable d'en prendre conscience, de s'interroger à ce sujet, et c'est sans doute, ainsi que le disait jadis, dans un article célèbre, Th. Jouffroy[b], « parce que l'homme est capable de comprendre que toute chose est faite pour une fin et que, dans l'ensemble de cet univers, la fin de chaque chose doit importer à la fin du tout, que l'homme s'inquiète de sa propre destinée et de ses rapports avec celle du monde ».

Mais l'homme n'est pas seulement conscient : il est doué de raison et apte à poser des *valeurs*, non pas arbitrairement, comme le veut l'existentialisme, mais en harmonie avec ce tout, avec ce Cosmos, tout en le dépassant. La destinée, c'est précisément, selon l'expression de Le Senne (*Textes*, p. 361-362), « une exploration orientée vers la Valeur » et cette Valeur, « c'est, pour nous, l'Esprit infini : rien d'autre ne peut s'offrir à notre visée. Notre destination, c'est de valoir, et c'est ce valoir qui fait notre existence et la densité de notre existence ». En ce sens, on peut dire que « réussie est la destinée qui conduit celui qui la vit à dégager de son expérience la primauté de la valeur, à trouver dans les valeurs particulières autant de raisons d'accroître sa coopération avec la Valeur absolue » (Le Senne[h]).

Mais, si, comme le dit aussi G. Mauchaussat, « l'idée d'une destinée n'a de sens que pour l'être spirituel », celui-ci ne saurait être conçu sans la liberté. Cela revient à dire qu'il n'y a de destinée que pour un être libre (*Textes*, II, p. 364-365), et libre non pas de cette liberté inconsistante qui n'a d'autre but qu'elle-même, mais bien de cette liberté morale (voir chap. XXIV, § 226) qui s'oriente vers la Valeur pour la faire sienne et l'assumer en connaissance de cause. En ce sens, il est vrai de dire que « nous construisons chaque jour notre destinée », qu'elle est *notre œuvre* et qu'elle est liée à la maîtrise de soi (*Textes*, II, p. 359). — Notre vocation, c'est de réaliser notre destinée d'être spirituel, c'est « l'épanouissement du moi lui-même » vers sa toujours plus haute spiritualisation.

240. Destinée et communauté. — Il va de soi cependant que cet « épanouissement du moi » ne saurait être recherché dans l'isolement ni dans le culte exclusif du moi. « Sans doute, écrit L. Lavelle, le caractère original de chaque individualité exige qu'elle détermine elle-même sa propre vocation par une participation de plus en plus parfaite à l'être universel. Mais les relations incessantes des différentes individualités entre elles font que le progrès réalisé par chacune d'elles n'en laisse aucune autre indifférente. Il est pour toutes une suggestion et un exemple. Il les aide et, en un sens, les oblige à découvrir et à réaliser leur destinée particulière » (*La présence totale*, p. 219). Il existe entre tous les hommes une solidarité spirituelle qui fait que chacun ne peut accomplir sa destinée qu'à la condition d'aider les autres à accomplir la leur et d'y être lui-même aidé par les autres : « Tu es responsable du salut de ton frère », dit saint Paul, et chacun a plus ou moins la charge de tous. La destinée humaine est une œuvre de communauté.

Mais il y a plus. L'homme peut-il accomplir intégralement sa destinée qui est, nous l'avons vu, une destinée spirituelle, dans un monde en proie aux ambitions matérielles, aux luttes d'intérêts, aux conflits égoïstes, quand ce n'est pas à la violence et à la guerre ? Ces basses rivalités ne sont-elles pas un obstacle à l'élévation spirituelle de chacun et à la réalisation de cette communauté spirituelle dont nous venons de parler ? Assurément, et la destinée de chacun nous apparaît solidaire de celle de *l'humanité* dans son ensemble. Nous n'avons pas à nous occuper ici de la destinée propre de chaque civilisation particulière : nous savons aujourd'hui, selon un mot célèbre, que les civilisations sont mortelles, et nous acceptons volontiers qu'il soit dans la destinée de toute civilisation de s'accroître, de décliner et de disparaître (cf. t. I, § 290). Ce qui importe, c'est qu'à travers les vicissitudes de l'histoire, l'humanité s'achemine, lentement sans doute, péniblement, mais résolument, vers sa destinée qui est de constituer un grand tout fraternel et orienté vers le progrès spirituel.

Fig. 40. — Maurice Blondel. 1861-1949.

Né à Dijon où il fit ses études secondaires, élève de l'École Normale Supérieure en 1881, Maurice Blondel y eut comme maîtres Léon Ollé-Laprune et Émile Boutroux. Sa thèse de 1893 où il définit l'action comme « la synthèse du vouloir, du connaître et de l'être » et où il légitime, sur le plan philosophique, « l'hypothèse du surnaturel » comme seule capable de conférer à l'action sa plénitude, suscita de vives controverses chez les théologiens comme chez les philosophes. Elle finit cependant par se faire accepter, chez les uns comme chez les autres, par beaucoup de ceux qui s'y étaient opposés, et le « philosophe d'Aix », comme on l'appelait — il avait été nommé en 1905 professeur à la Faculté d'Aix-en-Provence — s'affirma comme le grand philosophe catholique de l'époque. Frappé de cécité en 1927, il continua pourtant à travailler jusqu'à sa mort.

241. La destinée supra-terrestre. — Est-ce tout encore ? La destinée de l'homme est-elle purement terrestre ? S'achève-t-elle ici-bas ? « On ne saurait raisonnablement penser, écrivait le philosophe Fichte[a], que la vie actuelle soit tout le but de mon existence et de l'existence d'une humanité en général. Il existe en moi quelque chose et l'on exige de moi quelque chose qui ne trouve aucune application dans toute cette vie et qui n'a ni but ni utilité pour ce qui peut être produit de plus élevé sur la terre. L'homme doit, par conséquent, avoir un but situé par delà cette vie. La vie présente, qui lui est imposée, ne peut avoir uniquement la destination de développer la raison, en tant qu'une fois éveillée, elle nous commande de conserver cette vie et de travailler de toutes nos forces à en réaliser le but suprême. Si donc on ne veut pas que cette vie soit entièrement vaine et inutile, il faut au moins qu'elle se rapporte à une *vie future* comme un moyen au but... La vie présente ne nous est donnée que pour que nous acquérions ce fondement solide dans une vie future et c'est uniquement par ce fondement qu'elle se rattache à notre existence éternelle ». De même, selon Pierre Lachièze-Rey[e], le théisme est la condition nécessaire de toute solution au problème de la destinée, parce que la communion spirituelle qu'elle exige ne peut se réaliser intégralement qu'avec une conscience et une personnalité divines dont la richesse inépuisable nous ouvre, « à l'intérieur de chaque âme et à travers le développement temporel de l'humanité », la perspective d'une ascension spirituelle « sans limite assignable ».

Écoutons enfin le message des religions. « Pour l'homme, tel qu'il est en fait, écrit Maurice BLONDEL[e] (fig. 40), interprétant celui de la religion chrétienne, il n'y a point de choix entre deux destinées facultatives, l'une où il se contenterait de l'ordre naturel et moral, à la mesure de ses ambitions terrestres et sociales, l'autre répondant à une invitation de surcroît. Il n'y a, historiquement et dans l'intimité de chaque personne humaine, qu'une seule et unique destinée, et c'est ***une destinée surnaturelle,*** à laquelle nul ne peut impunément se soustraire », même s'il n'en a pas une connaissance explicite. On sait en effet, que, selon la théologie chrétienne, l'homme a été appelé à partager la vie surnaturelle de Dieu, mais qu'il ne peut y accéder que moyennant le don tout gratuit de la *grâce*, de sorte que « nous devons toujours maintenir que l'effort de la nature et de la raison, sans être infructueux, bien au contraire, ne pourrait jamais, par nos seules ressources, atteindre sa fin véritable ». Ici, la destinée de l'homme s'achève dans un monde qui le dépasse infiniment (voir tome I, chap. XXIX).

SUJETS DE TRAVAUX

Exercice. — *Commenter l'emploi du mot* destin *et de ses dérivés dans les phrases suivantes* : « Cela est écrit en destins » (RABELAIS), « Mourir est un tribut qu'on doit aux destinées » (ROTROU), « La destinée ordinaire de ceux qui refusent de prêter l'oreille à la vérité est d'être entraînés à leur perte par des prophètes menteurs » (BOSSUET), « L'homme, seul de toutes les créatures, capable d'une destination sérieuse » (MASSILLON), « Il est des êtres malheureux qui se promettent de tromper le destin en fuyant devant lui » (abbé RAYNAL), « L'essentiel, pour être le moins mal possible, est de se soumettre à sa destinée » (D'ALEMBERT), « Mon destin me suit partout » (VOLTAIRE), « Mon cœur est à vous, mais la destinée n'est à personne : elle se moque de nous tous » (ID.), « Qui peut sous le soleil tromper sa destinée? » (MUSSET), « Le propre de la destinée est de nous apporter les situations auxquelles la liberté nous oblige de répondre » (LAVELLE), « Par elle [la philosophie], le moi devient l'artisan de sa destinée, dans la mesure du moins où celle-ci se tournera vers sa destination » (LE SENNE), « L'homme est l'être qui réfléchit sur sa destinée » (HEIDEGGER).

Exposés oraux. — 1. *L'idée du* Fatum *chez les anciens* (voir CICÉRON, *De Fato ;* LEIBNIZ, *Théodicée,* préface). — 2. *Destinée et valeur d'après* LE SENNE.

Discussion. — *Panthéisme et problème de la destinée* (d'après LAVELLE[c] et LACHIEZE-REY[g]).

Lectures. — *a.* J. G. FICHTE, *La Destination de l'homme* (1800), trad. fr., Aubier, 1942. — *b.* Th. JOUFFROY, *Du problème de la destinée humaine*, dans les *Mélanges philosophiques :* III. Morale, 1838. — *c.* L. LAVELLE, *Le Moi et son destin*, Aubier, 1936 ; et *d. L'erreur de Narcisse*, Grasset, 1939, chap. VII. — *e.* Maurice BLONDEL, *La Philosophie et l'esprit chrétien*, P. U. F., 1944, 2 vol., spéc. t. 1, 3e partie : *L'énigme de la destinée humaine et le mystère de notre vocation surnaturelle.* — *f.* Pierre LAMY, *Le problème de la destinée*, P. U. F., 1947. — *g.* P. LACHIÈZE-REY, *Le problème de la destinée* et *Esquisse d'une métaphysique de la destinée*, dans *Le moi, le monde et Dieu*, Aubier, 1950, chap. V-VII et compléments, § IV. — *h.* R. LE SENNE, *La Destinée personnelle*, Flammarion, 1951. — *i.* Louis LAVELLE, *La Destinée*, in *Études philosophiques*, juill.-sept. 1965.

TABLEAUX SYNCHRONIQUES
DE L'ÉVOLUTION
DE LA PENSÉE PHILOSOPHIQUE

NOTA

Le développement de la pensée philosophique ne doit pas être isolé de l'ensemble de l'évolution humaine. On ne s'étonnera donc par de trouver ci-après, non seulement des tableaux synchroniques rappelant, en regard de l'histoire philosophique, les grands faits de l'histoire scientifique, artistique et sociale, mais aussi un tableau des principales phases de la vie de l'humanité antérieures à l'éclosion de la pensée philosophique en Grèce.

Il va sans dire que les indications chronologiques données dans le tableau ci-contre sont, pour la plupart, destinées à suggérer un ordre de grandeur plutôt qu'à fixer des dates précises. Même sous cette forme, les premières sont encore très incertaines.

Dans les tableaux suivants, les traits ondulés (~~~~) relient entre eux les philosophes *d'une même école*, tandis que les flèches indiquent les influences réciproques et la filiation des écoles.

DATES	ÉVOLUTION SOCIALE	TECHNIQUE	RELIGION — ART ÉVOLUTION INTELLECTUELLE
800e ??	Débuts (?) du PALÉOLITHIQUE.	*Pierre taillée.*	l'*homo habilis* d'Oldoway
30e ??			Grotte de Lascaux.
20e ??	Civilisation magdalénienne.	Pêche. Chasse.	Pictographie. 1ers dessins géométr. : signes mnémoniques.
	Débuts du NÉOLITHIQUE :	*Pierre polie.* Poteries. Élevage. Culture. Vêtements. Domestication du chien et du cheval.	Rites funéraires. Mégalithes. Art stylisé. Figuration de l'homme.
20e ?	— en Égypte.		
14e ?	— en Asie Mineure et Crète.		
8e ?	— en Europe occidentale.		
Le	ÉGYPTE : clans ; royaumes du Nord et du Sud.	*Age du Cuivre* (v. 5000) en Égypte et Chaldée.	*Astrologie* et *calcul* (calendrier égyptien, en 4241).
XLe	IRAN : principautés élamites. EUROPE OCCID. : cités lacustres.	Pierre polie en Eur. occ.	Écriture pictographique, puis hiéroglyphique (Égypte) ou cunéiforme (Élam, Chaldée).
Vers le XXXVe	INDE : civilisation sumérienne au Pendjab. CHALDÉE : roy. suméro-accadiens. ÉGYPTE unifiée par Ménès (3300).	*Age du Bronze* (v. 3500) en Égypte et Chaldée.	Art sumérien (stèle des vautours, v. 3500).
Vers le XXe	ISRAËL : les Patriarches (v. 2200). CHALDÉE unifiée par Hammourabi ; code de Hammourabi (vers 1790) CHINE : dynast. des Hia (v. 2000). CRÈTE : civilisation minoenne.	Age du cuivre (v. 2500), commerce de l'ambre et de l'étain en Eur. occid. ÉGYPTE : le papyrus. CRÈTE : commerce marit.	Architecture (Pyramides, v. 2800 ; palais de Cnosse, v. 2000). — Sculpture (scribe accroupi, v. 2600). Peinture (Crète, Égypte). — Progrès de l'astrologie et du calcul (*Manuel d'Ahmès*, égyptien, vers 1800).
XVIIe	ITALIE : 1re invasion italiote.	Bronze en Europe occid.	
XVe	GRÈCE : civilisat. mycénienne (1600-1200).		GRÈCE : porte des Lions à Mycènes.
XIVe	ISRAËL : législation mosaïque. PHÉNICIENS : puiss. de Sidon.	*Age du Fer* (v. 1350) en Égypte et Chaldée.	SYRIE : abécédaire cunéiforme de Ras Shamra (v. 1400). ISRAËL : monothéisme.
XIIIe	INDE : les Aryas dans le Pendjab. ÉGYPTE : Ramsès II (1300-1234). ASIE MIN. : puiss. des Hittites.		INDE : *Rig-Vèda, Mâhâbhârâta.* PHÉNICIE : inscription alphabétique de Byblos (v. 1240).
XIIe	ÉGYPTE : déclin des Pharaons. GRÈCE : invasions doriennes ; guerre de Troie (1189-1180??). ITALIE : 2e invasion italiote.	Débuts de la *colonisation* phénicienne (v. 1200) ; extens. du commerce. Fer en Italie.	GRÈCE : débuts de la littérature (lyrisme collectif).
Xe	ISRAËL : Salomon.		GRÈCE : poèmes *homériques.*
IXe	PHÉNICIENS : puissance de Tyr. GRÈCE : lois de Lycurgue. ITALIE : les Étrusques (v. 950).	Généralisation de l'usage du fer sur les côtes de la Méditerranée (v. 900).	ISRAËL : les Prophètes.
VIIIe	ITALIE : fondation de Rome (753?).	Débuts de la *colonisation* grecque (v. 800).	GRÈCE : Hésiode (v. 800).
VIIe	ASSYRIE : Assourbanipal (669-626). GAULE : fond. Marseille (v. 650).	La monnaie (v. 700).	ASSYRIE : palais de Khorsabad (v. 700). IRAN : l'*Avesta* (???).
VIe	GRÈCE : réforme de Solon (594).	Périple de l'Afrique par les Phéniciens (v. 600).	GRÈCE : poètes gnomiques. — *Les Sept Sages.*

DÉBUTS DE LA RÉFLEXION PHILOSOPHIQUE EN GRÈCE (THALÈS DE MILET, 624?-546?).

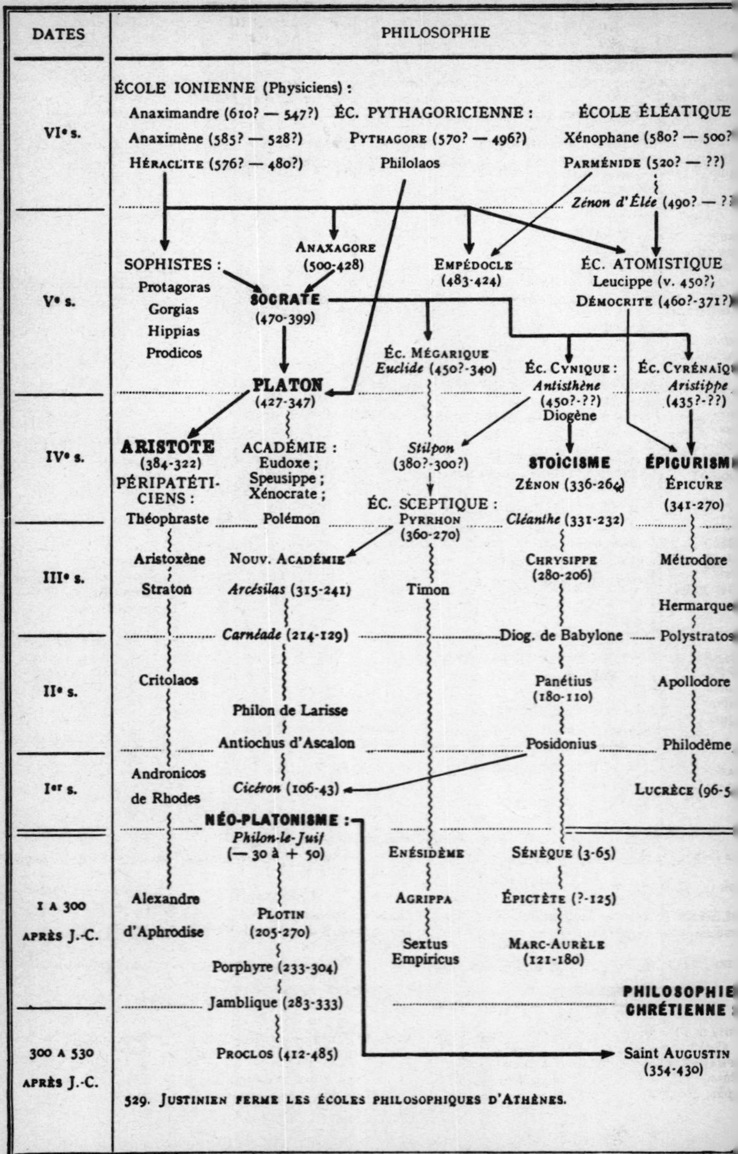
DATES
PHILOSOPHIE
VIe s.
ÉCOLE IONIENNE (Physiciens) :
Anaximandre (610? — 547?)
Anaximène (585? — 528?)
Héraclite (576? — 480?)
ÉC. PYTHAGORICIENNE :
Pythagore (570? — 496?)
Philolaos
ÉCOLE ÉLÉATIQUE
Xénophane (580? — 500?
Parménide (520? — ??)
Zénon d'Élée (490? — ??
Ve s.
SOPHISTES :
Protagoras
Gorgias
Hippias
Prodicos
Anaxagore
(500-428)
SOCRATE
(470-399)
Empédocle
(483-424)
ÉC. ATOMISTIQUE
Leucippe (v. 450?)
Démocrite (460?-371?)
Éc. Mégarique
Euclide (450?-340)
Éc. Cynique :
Antisthène
(450?-??)
Diogène
Éc. Cyrénaïque
Aristippe
(435?-??)
PLATON
(427-347)
IVe s.
ARISTOTE
(384-322)
PÉRIPATÉTICIENS :
ACADÉMIE :
Eudoxe ;
Speusippe ;
Xénocrate ;
Stilpon
(380?-300?)
STOÏCISME
Zénon (336-264)
ÉPICURISME
Épicure
(341-270)
ÉC. SCEPTIQUE :
Théophraste
Polémon
Pyrrhon
(360-270)
Cléanthe (331-232)
IIIe s.
Aristoxène
Nouv. Académie
Chrysippe
(280-206)
Métrodore
Straton
Arcésilas (315-241)
Timon
Hermarque
Carnéade (214-129)
Diog. de Babylone
Polystratos
IIe s.
Critolaos
Panétius
(180-110)
Apollodore
Philon de Larisse
Antiochus d'Ascalon
Posidonius
Philodème
Ier s.
Andronicos
de Rhodes
Cicéron (106-43)
Lucrèce (96-5
NÉO-PLATONISME :
Philon-le-Juif
(— 30 à + 50)
Enésidème
Sénèque (3-65)
I a 300 après J.-C.
Alexandre
d'Aphrodise
Plotin
(205-270)
Agrippa
Épictète (?-125)
Sextus
Empiricus
Marc-Aurèle
(121-180)
Porphyre (233-304)
Jamblique (283-333)
PHILOSOPHIE
CHRÉTIENNE :
300 a 530 après J.-C.
Proclos (412-485)
Saint Augustin
(354-430)
529. Justinien ferme les écoles philosophiques d'Athènes.

…NCE ET TECHNIQUE	ART ET LITTÉRATURE	FAITS SOCIAUX ET RELIGIEUX	ORIENT
…ès : géométrie empi-…que et météorologie. …*ximandre*, le gnomon (?) ; …ée de la rotondité de la …rre, **…HAGORE** : mathéma-…ques, acoustique.	GRÈCE : architecture et sculptures archaïques. — débuts de l'art dramatique. — lyrisme.	753-509 : ROME : LES ROIS. 604-561 : Nabuchodonosor (puiss. de BABYLONE). 550-529 : Cyrus (puiss. des PERSES). 509 : LA RÉPUBLIQUE A ROME.	CHINE : CONFUCIUS (551-479).
…*xagore* : théorie de la …ne et des éclipses. …*édocle* : les 4 éléments. …*ocrite* : géométrie, scienc. …turelles. …POCRATE : la *Médecine* …n. des humeurs).	PERSE : palais de Persépolis. GRÈCE : les grands Tragiques. — **LE SIÈCLE DE PÉRICLÈS** : Phidias ; *le Parthénon* (447-338) ; — *éclat de la littér. grecque.*	490 : GRÈCE : *Ire Guerre Médique.* 450 : ROME : *loi des XII Tables.* 440-429 : ATHÈNES : **PÉRICLÈS.** 431-404 : G. du Péloponèse ; capitulation d'Athènes.	INDE : LE BOUDDHA (560?-480?). — formation des systèmes orthodoxes.
…*oxe* : l'exhaustion math. …*se*, astronome. …*ophile* et *Erasistrate* : …atomie ; dissection de …omme	SUSE : palais de l'Apadana. GRÈCE : figur. de Tanagra. — Démosthène, orateur. — Praxitèle, sculpteur.	399 : procès de *Socrate.* 387 : prise de ROME par les Gaulois. 360 : Philippe, roi de Macédoine 336-323 : **ALEXANDRE.**	CHINE : Mencius (372-288). INDE : expédition d'Alexandre (326).
…LIDE : la *Géométrie.* …*tarque de Samos* : astr. ; …stème *héliocentrique.* **…CHIMÈDE** : la *Méca-…ique.*	**L'ALEXANDRINISME** : — Théocrite, poète lyriq. — Phare d'Alexandrie (285). — éc. de Pergame (scul.).	300 : ROME : égalité patriciens-plébéiens. 264-146 : *Guerres Puniques.* 202 : le culte de Cybèle à Rome.	CHINE : la Grande Muraille. INDE : *Açoka* ; le bouddhisme, religion officielle.
…*tosthène* : math., géogr. **…PPARQUE** : astr. et …ath., la *Trigonométrie.* …*sibios* : orgue hydrau-…ique.	— Polybe, historien. ROME : Ennius, tragédies. — les comiques.	184 : Caton censeur. 146 : *la Grèce, prov. romaine ;* L'HELLÉNISME. 133 : loi agraire (Gracques).	INDE : Apastamba, géomètre.
…ABON : la *Géographie.* …, médecin.	— *Lucrèce : Cicéron.* LE SIÈCLE D'AUGUSTE : *Horace, Virgile; embellissements de Rome.*	— 83 : Consulat de Cicéron. — 44 : meurtre de César. — 27 : AUGUSTE EMPEREUR.	INDE : *Ramayana.*
…*e l'Ancien* : hist. nat. …*on* (?) : mécanique. **…LÉMÉE** : astronomie, …stème *géocentrique.* …IEN, médecin.	GRÈCE : Plutarque. — Lucien. — Diogène Laërce, *Vies des Philosophes.*	+ 161 + 180 : Marc-Aurèle empereur **LE CHRISTIANISME** : — persécuté (177 : pers. de Lyon ; 303-311 : l'ère des Martyrs). — reconnu (313 : Constantin, édit de Milan ; — 325 : *concile de Nicée*).	+ 65 : le bouddhisme en Chine. + 166. Ambassade romaine en CHINE. INDE : doctrine du « grand véhicule ».
…uts de l'*Alchimie.* Calendrier julien. …PHANTE : ébauche de l'*Al-…bre.* …*pus*, géomètre.	LITT. CHRÉTIENNE : *Pères de l'Eglise.* Chant ambrosien (v. 350). *Basiliques* chrétiennes. Boèce, *Consol. philosoph.*	— religion d'État (394 : *Théodose ferme les temples païens*). 415 : meurtre d'Hypatie. LES GRANDES INVASIONS. 493-526 : Théodoric.	INDE : v. 300 : *numération écrite.* — Patanjali, systématisation du Yoga (IVe s.). — Asanga, idéalisme (Ve s.).

DATES	PHILOSOPHIE
VIe au Xe siècle.	INFLUENCE DE PLATON — *Scot Érigène* (810-875) INFLUENCE ARISTOTE — ÉC. ARA… Alfarabi (…
XIe et XIIe siècles.	**LA QUERELLE DES UNIVERSAUX** AUGUSTINISME : *École de Chartres.* *Réalisme :* SAINT ANSELME (1033-1109) ; G. de Champeaux (1070-1121) (*Conceptualisme*) : ABÉLARD (1079-1142) *Nominalisme :* Roscelin (1050-1120) MYSTICISME : *École de Saint-Victor* ÉC. JUIVE : *Maïmonide* (1135-1204) *Avicen…* (980-10… ; AVERRO… (1126-11…
XIIIe siècle.	A. de Halès ; *St Bonaventure* (1231-1274) TEND. EXPÉRIM. : *École d'Oxford* ; R. Grosseteste († 1253) ; Roger BACON (1210?-1300??) **LA SCOLASTIQUE ARISTOTÉLICIENNE** *1210.* Le Concile de Paris condamne la physique d'Aristote. *1231.* Le Pape prescrit la revision de la *Physique* d'Aristote. *Albert le Grand* (1206-1280) **SAINT THOMAS D'AQUIN** (1224-1274) **DUNS SCOT** (1266-1308) *L'averroï… latin…* ; Siger de Brab… ; *1270.* L'… condam… l'averroïs…
XIVe siècle.	DÉCLIN DE LA SCOLASTIQUE *1366.* Le Pape met les œuvres d'Aristote au programme de la licence ès arts. *Conceptualisme :* Guil. d'OCCAM (1295-1350) ; P. d'Ailly († 1420) *Formalisme :* Raym. LULLE (1235-1315) *Mysticisme :* J. ECKHART (1260-1327) ; Gerson († 1429) *École de Pado…* (jusque v. … *1513.* Nou… condamna… de l'averro…
XVe siècle. XVIe siècle.	**LA RENAISSANCE** NÉO-PLATONISME : Nic. de Cusa († 1464) ; Marsile Ficin ; *Tend. panthéiste* ; Giordano BRUNO (1548-1600) ; Th. CAMPANELLA (1568-1639) ARISTOTÉLISME NATURALISTE : *Pomponat* (1462-1525) ; *Vanini* (1586-1619) SCEPTICISME : *Pierre Charron* (1541-1603) MYSTICISME : *Jacob Bœhme* (1579-1624) PHILOSOPHIE SOCIALE : 1518. Morus, *Utopie.* ; 1532. Machiavel, *Le Prince.* ; 1541. La Boétie, *Servit. volontaire.* ; 1577. Bodin, *République.* CRITIQUE… DE L'ARIST… TÉLISME : B. Telesio († … ; Pierre RA… (1515-1572) ; 1534. *Anima… siones in A… telem.* ; 1555. *Dialect…* (en françai…

…IENCE ET TECHNIQUE	ART ET LITTÉRATURE	FAITS SOCIAUX ET RELIGIEUX	ORIENT
…le († 735), astr., arith. *Les écoles :* : Alcuin à Tours ; : Gerbert à Reims. *s. :* amélior. attelage du …heval (collier de poitrail).	ART BYZANTIN (Sainte-Sophie, 532). FRANCE : chroniqueurs (Eginhard ; G. de Tours). V. 600 : chant grégorien. L'ART ARABE (mosquée de Cordoue, 785).	Premiers monastères. V. 530 : *Code Justinien.* 590 : Grégoire le Grand, pape. 732 : bataille de Poitiers. 800 : CHARLEMAGNE, EMPEREUR 987 : *les Capétiens.* 999 : Gerbert, pape.	INDE : Brahmegupta, math. et astron. (VIe s.). 632 : MORT DE MAHOMET. INDE : temple d'Éléphanta (Xe s.).
…*cenne :* médecin. *…1050 :* école de Salerne. *…Ie s. :* débuts de la fabrica…ion du papier en France. *…1200 :* la numération écrite …écimale en Europe.	V. 1030 : Guy d'Arezzo : la gamme. ARCHITECTURE ROMANE (N.-D. de Poitiers, v. 1100). CHANSONS DE GESTE (*Ch. de Roland*, v. 1080).	1041 : la Trêve de Dieu. 1077 : Canossa. LES CROISADES (prise de Jérusalem, 1099). **LA FÉODALITÉ** *Le mouvement communal.* 1180-1223 : Philippe-Auguste. LES UNIVERSITÉS. (Université de Paris, v. 1200).	INDE : fondation d'Angkor (vers 900). INDE : *Bhâscara*, math. (la *numération de position*), v. 1150). INDE : établissem. de la puiss. musulmane (1193).
…*Nemorarius* (†1237): géom., …ettres en arithmétique. *…de Maricourt :* l'aimant …v 1240). *…2 :* Tables alphonsines. *…Grosseteste :* théorie de la …umière. *…ger Bacon :* alchimie, astro…ogie. *…rcoPolo* en Chine (1271-91).	**ART GOTHIQUE** (N.-D. de Reims, 1211 ; Mont-St-Michel, 1225). FRANCE : Villehardouin, Joinville ; — fabliaux ; — *Renart* ; — *R. de la Rose.* ART MAURESQUE (l'Alhambra, 1231-1338).	*Les Ordres religieux :* (1210, Francisc.; 1215, Domin.). 1231 : l'Inquisition. 1258 : *Provisions d'Oxford* (orig. du Parlementarisme angl.). CORPORATIONS ET HANSES (Ligue Hanséatique, 1241). AFFRANCHISSEMENT DES SERFS. 1236-1270 : **SAINT LOUIS :** (1258 : suppr. ordalies et guerres privées ; *—1270 :* sa mort, fin des Croisades).	JAPON : époque Kamakura (1274-1333) : les *shoguns*. CHINE : la conquête mongole (1280).
…1300 : généralisation de …'usage de la *boussole*. *…ître Dietrich* († 1310 ?) : …ptique. *…ert de Saxe* († 1390) : th. de …a pesanteur. … ORESME († 1382) : math. …idée de *fonction*), phys., …strologie ; théorie des …monnaies.	*Débuts de la Renaissance en Italie* (Dante, † 1321 ; *Pétrarque*, † 1374 ; — Giotto, † 1336). FRANCE : *Miracles de N.-D.* ; — mystères ; — Froissart. V. 1400 : *L'Imitation de J.-C.*	1285-1314 : PHILIPPE LE BEL ; *les Légistes.* 1311 : Concile de Vienne; prohib. du prêt à intérêt. 1312 : États généraux (principe du consentement de l'impôt). 1325 : 1res bouches à feu. 1337 : début de la GUERRE DE CENT ANS.	CHINE : expuls. des Mongols ; dynastie des Mings (1368). INDE : les Tartares (Tamerlan), 1398.
…enberg : l'IMPRIMERIE …vers 1440). *…de Cusa :* géom., cosmogr. *…giomontanus* († 1476) : tri…gonom., cartographie. …S DÉCOUVERTES MARITIMES …1492, Colomb ; 1498, V. de …Gama ; 1520, Magellan ; …524, Verrazzane à New …York ; 1534, J. Cartier).	PEINTRES : *Fra Angelico ;* — *Van Eyck* (la peint. à l'huile) ; — miniatures de *Jean Fouquet.* FRANCE : *Villon ;* — Commynes — farces (*Pathelin*). **LA RENAISSANCE**	1415 : supplice de *Jean Huss.* 1431 : sup. de JEANNE D'ARC. 1433 : Jacques Cœur (le grand commerce). 1438 : les compagnies d'ordonnance. 1461-1483 : LOUIS XI. 1484 : Etats généraux (Philippe Pot et la souv. du peuple).	**1421 : Pékin, capitale de la Chine.** 1453 : prise de CONSTANTINOPLE par les Turcs.
…OGRÈS DES SC. NATURELLES …Paracelse, Sylvius, méd. ; *…Vésale*, anat.; A. Paré, chi…urg.; *Césalpin*, botanique. …DE L'ASTR. (**COPERNIC**, *…De Rev. orb. cœlest.*, 1543 ; …TYCHO-BRAHÉ, 1546-1601); …DES MATH. (Stévin, méc. ; …VIÈTE, *Algèbre*) ; — LE …MICROSCOPE, vers 1590.	— en Italie (VINCI ; MICHEL-ANGE ; RAPHAËL ; TITIEN ; — ARIOSTE ; TASSE ; — *Palestrina*). — en France (P. Lescot ; J. Goujon ; — *Rabelais* ; LA PLÉIADE ; — MONTAIGNE). — en Allemagne (ÉRASME ; *Dürer*).	1513 : Léon X, pape. 1515-1547 : François Ier. **LA RÉFORME** (1520, Luther; 1535, Calvin). 1535 : suppl. de Th. Morus. 1545-1563 : *concile de Trente.* 1562-1598 : GUERRES DE RELIG. 1598 : *Edit de Nantes.* 1600 : suppl. de G. Bruno.	CHINE : prem. rapports commerc. avec l'Europe (1514). 1549 : St François Xavier au JAPON. INDE : *l'Empire Mongol* (1527-1857).

DATES	PHILOSOPHIE GÉNÉRALE				
1600 à 1650	EMPIRISME : **Francis BACON** (1561-1626) *Novum Organum*, 1620. *De dignitate et augm. scientiarum*, 1623. HOBBES (1588-1679) *De nat. humana*, 1650.	PHIL. RELIGIEUSE François de Sales *Traité de l'amour de Dieu*, 1616. PASCAL (1623-1662) *Entr. avec Saci*, 1654. *Pensées*, 1670.	RATIONALISME : **DESCARTES (1596-1650)** ***Discours de la méthode*, 1637 ;** ***Meditationes de prima philosophia*, 1641 ;** ***Principia philosophiæ*, 1644 ;** ***Les Passions de l'âme*, 1649.**		
1650 à 1700	**LOCKE** (1632-1704) *Essai concernant l'entend. hum.* 1690.	**MALEBRANCHE** (1638-1715) *Rech. de la Vérité*, 1674. *Traité de Morale*, 1684. **Entr. métaph., 1688.**	**SPINOZA** (1632-1677) *Cogitata metaph.*, 1663. **Éthique, 1677.** *De intell. emendat.*	**LEIBNIZ** (1646-1716) *De princ. indiv.*, 1663. **Disc. de métaph., 1686.** *Syst. n. de la nat.* 1695. ***Nouv. Essais*, 1704.**	CARTÉSIENS SECONDAIRES *Logique de Port-R* 1662. Bossuet, *Conn. de* 1680. Arnauld, *Vraies idées*, 1683. Fénelon, *Existen* *Dieu*, 1712.
1700 à 1750	Shaftesbury *Caractéristiques*, 1711. **HUME** (1711-1776) *Tr. de la nat. hum.* 1739. **Rech. sur l'ent. hum., 1748.** *Dial. sur la relig. naturelle*	**BERKELEY** (1685-1753) *Th. vision*, 1709. *Principes de la connaiss.*, 1710. *Dial. Hylas-Philonoüs*, 1713. *Siris*, 1744. CONDILLAC (1715-1780) *Orig. des conn hum.*, 1746.	INFLUENCE DE NEWTON CLARKE (1705) *Existence et attr. de Dieu.* VOLTAIRE (1738) *Él. de la phil. de Newton.* TEND. POSITIVE ET SCIENTIFIQUE Hartley *Obs. sur l'homme*, 1749.	*Théodicée*, 1710. **Monadologie, 1714.** *Corr. avec Clarke*, 1715. ↓ WOLFF *Logica*, 1728. *Psych. empirica*, 1732 *Psych. rationalis*, 1734.	SCEPTICISME Huet, *Tr. de la* *blesse de l'* *humain*, 1722
1750 à 1770	Hutcheson *Philos. morale*, 1755. Ad. Smith *Sentiment moral*, 1759.	*Tr. des Systèmes*, 1749. *Tr. des Sensations*. 1754. *Tr. des Animaux*, 1755. *Logique*, 1780.	Priestley *Tr. de l'esprit hum.*, 1775.	↓ **KANT** Période pré-critique (son 1er ouvrage est de 1747)	RATIONALISM DES « PHILOSOPH La Mettrie, *Hist. de l'âme*, 1745. D'Alembert, *Disc* *à l'Encyclopédie*, Helvétius, *De l'E* 1758. Voltaire, *Diction* *philosophique*, D'Holbach, *Systè* *la Nature*, 1770

LOSOPHIE SOCIALE ÉCONOMIE POLITIQUE	SCIENCE ET TECHNIQUE	ART ET LITTÉRATURE	FAITS SOCIAUX ET RELIGIEUX
usius, *Politica*, 1603. tchrestien, *Economie litique*, 1615. panella, *Cité du Soleil*, 23. TIUS, *Jus belli et pacis*, 25. BES, *De Cive*, 1642. — *Leviathan*, 1651.	*Aldrovandi*, hist. nat., v. 1600. KÉPLER, lois, 1609. HARVEY, *cir. du sang*, **1628**. **GALILÉE**, *Dialogues* (SYS. DU MONDE), **1632**; — prin. de la dynamique, 1638. FERMAT : géom. analyt. et calc. diff., v. 1635. **DESCARTES**, la *Géom. Analytique*, **1637**. *Van Helmont*, chimie, médecine, v. 1640. *Torricelli*, le barom., 1643. PASCAL, ex. du Puy-de-Dôme, 1648 ; — princ. de l'hydrostatique, 1653.	SHAKESPEARE (*Hamlet*, 1602). CERVANTÈS (*Don Quichotte*, 1605). *Peintres flamands :* (RUBENS ; Van Dyck). FRANCE : les Précieuses (*Hôtel de Rambouillet*, 1620); — Malherbe, †1628; CORNEILLE (*le Cid*, 1636); *Poussin* ; Jacques Callot. *Peintres espagnols :* (Velasquez ; Murillo). *Peintres hollandais :* (Ruysdaël, REMBRANDT).	1610 : mort d'Henri IV. 1611 : fond. de l'Oratoire. 1619 : suppl. de Vanini. 1624 : RICHELIEU. 1624 : le Parlem. de Paris interdit une conférence contre Aristote. 1631 : la *Gazette de France*. 1633 : condamn. de Galilée. 1634 : soulèvement des *Croquants*. 1638 : Saint Vincent de Paul crée les *Enfants trouvés*. 1640 : l'*Augustinus*. 1648 : TR. DE WESTPHALIE.
OZA, *Tr. théol.-pol.*, 70. uet, *Pol. tirée de Écriture sainte*, 1678. KE, *L. sur la Tol.*, 1685; *ss. sur le gvt. civ.*, 1690. at, les *Lois civ.*, 1689. guillebert, *Détail de la rance*, 1695.	*O. de Guericke*, mach. pneumatique, 1655. BOYLE, compress. des gaz, 1661. **NEWTON** et **LEIBNIZ**, le *Calc. différentiel*, v. 1670. *Mariotte*, compress. des gaz, 1676. **NEWTON**, *Princ. de la Phil. naturelle*, **1687**. *Huygens*, th. lumière, 1690. *Leuwenhœck*, le microscope en hist. nat., 1695.	MILTON, *Parad. perdu*, 1667. **LE CLASSICISME :** (Pascal, *Provinciales*, 1657; La Rochefoucauld, *Max.* 1665 ; MOLIÈRE, *Misanthrope*, 1666; BOILEAU, *Art poétique*, 1674; RACINE, *Phèdre*, 1677 ; BOSSUET, *Or. fun. Condé*, 1687 ; La Bruyère, *Caractères*, 1688 ; — Cl. Perrault, colonnade du Louvre, 1670 ; Mansart, palais de Versailles, 1680; — Puget; — Le Sueur ; Le Brun ; — Lulli : opéras).	1653 : ANGL. : Cromwell. 1656 : cond. du jansénisme. 1663 : Descartes à l'Index. 1661-1715 : **LOUIS XIV :** *Colbert :* les gr. manufact. *Louvois :* les armées permanentes. 1685 : révocation de l'Éd. de Nantes. ANGL. : 1679, *habeas corpus*; — 1689, *Déclaration des Droits*.
É DE St-PIERRE, *Projet paix perpétuelle*, 1713.), *Princ. de la Philos. l'histoire*, 1725. , *Jus naturæ*, 1740. milch, Prem. ouvrage démographie, 1741.), hypothèse du *ricorso*, 44. lamaqui, *Princ. du oit naturel*, 1747. **TESQUIEU**, *Esprit s Lois*, 1748. enwall, statistiq., 1750.	STAHL, *l'animisme*, 1707 ; — th. du *phlogistique*. MARMITE DE PAPIN, 1707. J. BERNOULLI, calc. des probabilités, 1713. *Cheselden*, opér., 1728. *Varignon*, mécan., 1725. *Maupertuis*, mesure du méridien, 1736. LINNÉ, *Fund. botanica*, 1737 *D'Alembert*, mécan., 1743. *Ch. Bonnet*, sc. nat., 1745. *Musschenbrœk*, la bouteille de Leyde, 1746. BUFFON, *Hist. nat.*, depuis 1749 : idée de l'évolution.	QUERELLE DES ANCIENS ET DES MODERNES (Fénelon, *Lettre à l'Acad.*, 1716). *La Régence :* WATTEAU. Débuts de VOLTAIRE. MONTESQUIEU (*Lettres Persanes*, 1721 ; *Romains*, 1734). Vauvenargues (1746). *Musiciens :* Bach. Hændel : oratorios.	1701-1714 : guerre de succession d'Espagne. 1705 : les diligences. 1709 : la famine. 1710 : destr. de Port-Royal. 1713 : traité d'Utrecht, puissance de l'Angleterre, 1713 : bulle *Unigenitus* 1721 : système de Law. 1723-1774 : *Louis XV*. 1729 : les convulsionnaires. 1740 : Frédéric II. — Marie-Thérèse. 1740-1748 : guerre de succession d'Autriche.
TAIRE, *Essai sur les œurs*, 1756. **USSEAU**, *Contrat sol*, 1762. endorf, *De jure genm et naturæ*, 1763. **S PHYSIOCRATES :** snay, *Tableau économ.*, 58. got, *Formation et disb. des richesses*, 1766. cier de la Rivière, *dre naturel et essentiel*, 67.	L'ENCYCLOPÉDIE, 1751-1780. *Kant*, théorie de la nébuleuse, 1753. *Réaumur*, expér. sur la digestion, 1756. *Bernard de Jussieu*, classif. botanique, 1758. *Mule-Jenny*, 1764. *Machine de Watt*, 1769. *Priestley*, l'oxygène, 1774. *Jenner*, la vaccination, 1775.	Voltaire : *Mérope*, 1745 ; — *Candide*, 1758. J.-J. ROUSSEAU, *Disc. sur Inég.*, 1755 ; — *Nouv. Héloïse*, 1761 ; — *Émile*, 1762. Palissot, *les Philosophes*, 1760. DIDEROT, *Salons*, dep. 1765. *Peintres :* Fragonard, Greuze ; — *sculpteurs :* Pigalle ; Falconet.	1750 : apogée de la colonisation française. 1755 : Voltaire à Ferney. ANGL. : 1757-1761, le premier PITT. Développ. de L'INDUSTRIE ANGLAISE. *Lutte contre les Jésuites* (expulsés du Portugal, 1759; — de France, 1764). 1762 : suppl. de Calas. 1763 : tr. de Paris, perte des colonies françaises.

DATES	PHILOSOPHIE GÉNÉRALE				
1770 à 1800	EMPIRISME (Influence de Condillac) → — (Influence de HUME)	IDÉOLOGUES CABANIS *Rapp. de physique et du moral*, 1799. Destutt de Tracy *Él. d'idéologie*, 1804	ÉCOSSAIS REID (1710-1796) *Rech. ent. humain*, 1764 ; *Fac. intellect.*, 1785 ; *Fac. actives*, 1789. Dugald Stewart (1753-1828) *Philos. de l'esprit* 1821.	**KANT (1724-1804)** *De mundi sensib. et intell. forma*, 1 **Critique de la Raison pure, 1** *Métaphysique des Mœurs*, 178 **Crit. de la Raison pratique, 1** **Critique du Jugement, 1790.** FICHTE (1762-1814) *Théor. de la sc.*, 1794.	SCHELLING (1775-1854) *Idéalisme tra* 1800.
1800 à 1850	Bentham (1748-1832) James MILL (1773-1836) *Analyse des ph. de l'esprit*, 1829. **J. Stuart MILL** (1800-1873) *Logique*, 1843 ; *Utilitarisme*, 1861 ; *Ph. de Hamilton*, 1865.	MAINE DE BIRAN (1766-1824) *L'habitude*, 1803. POSITIVISME Saint-Simon (1760-1824) **Aug. COMTE** (1798-1857) **Cours phil. posit., 1830-1842.** *Disc. espr. positiviste* 1844. *Politique pos.*, 1851. Littré *Paroles de phil. pos.* 1859.	HAMILTON (1788-1856) ÉCLECTISME ET SPIRITUALISME Royer-Collard (1763-1845) Victor COUSIN (1792-1867) *Du vrai, du beau, du bien*, 1837. Jouffroy *Mélanges phil.*, 1833 Ad. Garnier *Fac. de l'âme*, 1852.	**HEGEL (1770-1834)** **Phénoménologie de l'esprit, 1** **Science de la logique, 1812-18** *Encycl. des sc. philosophiques*, INFLUENCE KANTIENNE PESSIMISME : SCHOPENHAUER (1788-1860) *Monde comme volonté*, 1819 ; *Fond. de la morale*, 1841.	Feuerbach, *Ess. du christ* 1841. Karl Marx *L'Idéologie allemande*, (1844-1845) Fr. Engels *Feuerbach et l* *clin de la* *allemande*,
1850 à 1870	BAIN *Émotions et volonté*, 1859. ÉVOLUTIONNISME **Herbert SPENCER (1820-1903)** *Premiers Principes*, 1862 ; *Princ. de Psych.*, 1855 ; *de Sociol.*, 1879 ; *Introd. à la sc. sociale*, 1873.	TAINE *Philos. classiques*, 1856. *L'intelligence*, 1870.	RAVAISSON *L'habitude*, 1838. *La phil. en Fr.*, 1878. FOUILLÉE *Liberté et déterminisme*, 1872.	Hartmann *L'Inconscient*, 1867. — NÉO-CRITICISME : **RENOUVIER** (1815-1903) *Essais de critique générale*, 1854. *Sc. de la Morale*, 1869.	ORIGINES LA PSYCHOL HERBART, *Psych. c. scie* 1824. E.-H. WEBE *Esthésiométr* (1830-1832 G. Th. Fechn *Psychophysiq* 1868.

OSOPHIE SOCIALE CONOMIE POLITIQUE	SCIENCE ET TECHNIQUE	ART ET LITTÉRATURE	FAITS SOCIAUX ET RELIGIEUX
lbach, *Syst. social*, 3. **SMITH,** *Richesse Nations*, 1776. ER, *Philosophie de stoire*, 1784. ORCET, *Tabl. des pro- de l'espr. hum.*, 1794. uf), *Manif. des Egaux* 6. **T,** *Paix perpétuelle*, 5 ; *Th. du Droit*, 1797.	LAVOISIER : la combustion, 1777. *Barthez*, méd., *vitalisme*, 1778. Machine d'*Atwood*, v. 1780. *Montgolfier*, 1783. GŒTHE, *Métamorph. des plantes*, 1790. *Volta*, la pile électrique, 1796-1800. BICHAT, méd., *organicisme*, 1800.	Beaumarchais. B. de Saint-Pierre, *Études de la nature*, 1784. *Musiciens :* Haydn, la symphonie ; Glück, le drame lyrique ; MOZART (*Don Juan*, 1787).	1776 : ÉTATS-UNIS : la *Déclaration d'Indépendance.* 1776 : FRANCE : abolition des corporations. 1781 : AUTRICHE : abolition du servage ; — édit de Tolérance. **LA RÉVOLUTION :** 1789 : *Déclaration des Droits de l'Homme.* 1791 : loi Le Chatelier. 1792 : la République.
onald, *Légis. primit.*, 2. -SIMON, idée de la iologie, 1802. istre, *Du Pape*, 1819. **TR. SOCIALISTES :** , *Vues sur la Société*, 2. -SIMON, *Syst. indust.*, 1 ; — *Nouv. christianisme*, 1825. IER, *Assoc. dom. agr.*, 2. pson, *Th. des richess.*, 4. RINE St-SIMONIENNE, 9. L, *Phil. du Droit*, 1821. **TE,** loi des 3 états, 2 ; — le mot *Sociolo-* 1838. eville, *La Démocratie Amérique*, 1835. DHON, *Qu'est-ce que la priété ?* 1840. ll, *Pr. d'Ec.Pol.*, 1848. et ENGELS, *Manifeste munise*, 1848. AT, *Harmonies économiques*, 1849.	Système métrique, 1801. **DALTON,** *théorie atomique*, 1803. *Gall*, phrénologie, 1808. **LAMARCK,** *Philosophie zoologique*, 1809. CUVIER, *Révolutions du globe*, 1812. *Proust*, loi des proportions définies, 1815. FRESNEL, *De la lumière*, 1822. **CARNOT,** la *Thermodynamique*, 1824. Controv. *Cuvier-Geoffroy-Saint-Hilaire* sur le transformisme, 1830-32. Le daguerréotype, 1839. *Mayer*, conservation de l'énergie, 1842. *Cournot*, probab., 1843. *Miller*, anal. spectr., 1843. Télégr. électrique, 1844. *Leverrier* découv. Neptune, 1846. HELMHOLTZ, *Conservation de la Force*, 1847. SIMPSON, anesthésie au chloroforme, 1847. Câble Douvres — Calais, 1850.	Staël, *De la littérature*, 1800. Chateaubriand, *René* ; — *Génie du Christianisme*, 1802. **GŒTHE,** *Faust*, 1808. **LE ROMANTISME :** Peintres : Géricault ; Delacroix. LAMARTINE, *Méditations*, 1820. V. HUGO, *Hernani*, 1830 ; *Feuilles d'Automne*, 1831. MUSSET, *Les Nuits*, 1835-40. Musiciens : BEETHOVEN (*Symphonie avec chœurs*, 1824). WAGNER (*Tannhäuser*, 1845). Romans : STENDHAL, *Le Rouge et le Noir*, 1831. BALZAC, *Eug. Grandet*, 1833. Carlyle, *Les Héros*, 1840. Emerson, *Les Représentants de l'humanité*, 1849.	1802 : ANGL. 1re *loi sociale* (sur le travail des enf.) [En France, 1841.] **NAPOLÉON** 1799 : le Consulat. 1804 : *Code Civil* ; l'Empire. 1815 : Waterloo ; — congrès de Vienne ; la Sainte-Alliance ; — la *Restauration.* 1825 : ANGL. : recon. légale du *droit de grève.* 1825 : FR. : loi du sacrilège. 1830 : Révolution de Juill. 1830 : les chemins de fer. 1834 : 1re association ouvr. de production. 1836 : les journaux à bon marché, *La Presse.* 1840 : L. Blanc, *l'Organisation du travail.* 1844 : 1re coop. de consom. 1848 : **RÉVOLUTION DE FÉVRIER,** la 2e *République* et le *suffrage universel.*
LAY, *Ouvriers europ.* th. d'obs.), dep. 1854. Psych. des Peuples », 9. fen, *Matriarcat*, 1861. l de Coulanges, *La antique*, 1864. DHON, *De la Justice*, 8 ; — *Capac. pol. des ses ouvrières*, 1867. **MARX,** *Le Capital*, 7.	**LYELL,** *Géologie*, 1852. *Helmholtz*, *Optiq. physiol.*, 1856. **DARWIN,** *Origine des Espèces*, 1859. BROCA, localisations cérébrales, 1861. PASTEUR, expér. sur la génér. spontanée, 1862-1864. **Cl. BERNARD,** *Introd. à l'étude de la Médecine expérimentale*, 1865. **BERTHELOT,** la *Thermochimie*, 1865.	Gautier, *Emaux et Camées*, 1852. Hugo, *Les Misérables*, 1862. Renan, *Vie de Jésus*, 1863. Peinture : Réalisme (Courbet, 1855). Impress. (Manet, 1865). Baudelaire, *Fleurs du Mal*, 1851. LE PARNASSE (1865) : Leconte de Lisle (*Poèmes barbares*, 1862) ; — Sully-Prudhomme, *Solitudes*, 1869.	1851-52 : FRANCE : coup d'État ; — le 2[d] Empire. 1860 : le libre-échange. 1861 : RUSSIE : abolition du servage. 1864 : le *Syllabus* ; —l'*Association Internationale des travailleurs.* 1866 : bataille de Sadowa. 1870 : *Concile du Vatican* ; — *g. franco-allemande* ; — *la 3[e] République.*

DATES	PHILOSOPHIE GÉNÉRALE ET MORALE				
1870 à 1890	(Influence de Kant) ↓ SPIRITUALISME RÉFLEXIF **J. LACHELIER** *Fond. induc.*, 1871. *Psych. et métaphysique*, **1885**	(Influence de Hegel) ↓ **F.-H. BRADLEY** *Apparence et Réalité*, 1893.	ROMANTISME **F. NIETZSCHE** *Trop humain*, 78. *Gai savoir*, 1882. *Zarathoustra*, 83. *Généal. morale*, 1887 PH. RELIGIEUSE Ollé-Laprune, *Cert. morale*, 1880; *Prix de la vie*, 1894.	PHILOS. DE LA CONTINGENCE **A. COURNOT** *Mat., vit., ration.*, 1875. **É. BOUTROUX** *Conting. lois nat.*, 1874.	(Influenc d'A. Com ↓ EMPIRIOCRIT Avenarius, *expér. pure* MACH, *Con* *et Erreur*, PRAGMATIS F. C. S. SCH *Humanisme*,
1890 à 1960	RELATIVISME Simmel, *Introd. sc. de la morale*, 1892 Volkelt, *Sources de la certitude*, 1900. Höffding, *Phil. de la religion*, 1901. NÉO-KANTISME Rickert, *Objet de la connaiss.*, 1892. A. Riehl, *Philos. du présent*, 1902. H. Cohen, *Log. de la conn. pure*, 1902. Natorp, *Doctr. des idées*, 1903. RATIONALISME **Fr. RAUH** *L'expér. morale*, **1903**, E. MEYERSON *Identité et réalité*, 1912. *Explic. ds les sc.*, 1921. J. BENDA *Une philos. de la mobilité*, 1912. *De qqs constantes de l'espr. hum.*, 1950 **D. PARODI** *Probl. moral*, 1909. *Philos. cont.*, **1918**. *Du Positivisme à l'Idéalisme*, 1930. *Le probl. pol. et la Démoc.*, 1945. **A. LALANDE** *Vocab. phil.*, **1926**. *Th. de l'ind.*, 1929. *Illus. évolut.*, 1930. *La Raison et les Normes*, **1948**.	J. ROYCE *Le monde et l'indiv.*, 1900-1902 B. CROCE *Philos. de l'Esprit*, 1902-1909 IDÉAL. SYNTHÉTIQ. **O. HAMELIN** *Élém. princ. de la représent.*, **1907**. IDÉAL. CRITIQUE **L. BRUNSCHVICG** *Idéal. contemp.*, 1905 *Étapes de la philos. mathém.*, **1912**. *Expér. hum. et causal. phys.*, **1922**. *Progrès de la conscience*, **1927**. *Conn. de soi*, 1931. *La raison et la relig.*, 1939. SPIRITUALISME **L. LAVELLE** *De l'Être*, 1927. *De l'Acte*, **1937**. *Du Temps*, 1945. *De l'âme hum.*, 1951. *Traité des valeurs*, 1951. **R. LE SENNE** *Obst. et valeur*, 1934. *Intr. à la philos.*, **1939**. *Morale gén.*, 1942. *La destinée personnelle*, 1951.	**Maurice BLONDEL** *L'Action*, **1893**. *La Pensée*, 1934. *L'Être*, 1935. 2ᵉ *Action*, 1936. THOMISME J. MARITAIN *Théonas*, 1921. *Leçons sur l'être*, 1932. É. GILSON *Le thomisme*, 1921. *L'Être et l'essence*, 1948. (Infl. de Kierkegaard) ↓ K. Barth, *Parole de Dieu*, 1924. IRRATIONALISME Spengler, *Déclin Occ.*, 1920. Klages, *Essence de la conscience*, 1921. Müller-Freienfels, *Irrational.*, 1921. → EXISTENTIALISME G. MARCEL, *Journal métaph.*, 1927. **HEIDEGGER** *Être et Temps*, **1927**. **K. JASPERS** *Philosophie*, 1932. BERDIAEV, *5 Médit. sur l'exist.*, 1936. → **J.-P. SARTRE** *L'Être et le Néant* **1943** *Raison dial.*, 1960.	INTUITIONISME **H. BERGSON** *Données imm. de la consc.*, **1888**. *Matière et Mémoire*, 1898. *Introd. à la Métaph.*, **1903**. *Évol. créatrice*, **1907**. *Énerg. spirituelle*, 1920. *2 sources M. et R.*, **1932**. *Pensée et Mouv.*, **1934**. D. ROUSTAN *Evol. du ration.*, 1920-1924 E. LE ROY *Pensée intuitive*, 1929. → PHÉNOMÉNOLOGIE **E. HUSSERL** *Rech. logiques*, 1900. *Idées p. une phénoménologie*, **1913** et suiv. *Médit. cartésiennes*, **1931**. Max SCHELER, *Formalisme en éthiq.*, 1913-16. N. Hartmann, *Méta. de la connaiss.*, 1921. E. Fink, *Philos. phénom.*, 1933. M. Farber, *Fond. de la phén.*, 1943. MERLEAU-PONTY, *Phén. de la perception*, 1945.	**William JA** *Pragmati* **1907**, MATÉR. DIA LÉNINE, *Ma* *empiriocr.*, PLEKHANOV, *fond. marx.* ÉPISTÉM. D CONTINGEN **H. POINCA** *Sc. et hy* **1905**. Duhem, *Th.* 1906. POSITIVIS Belot, *Mor.* 1921. Cresson, *L'* *fiable*, 192 Goblot, *Syst* *sciences*, 19 RÉALISME E PRAGMATIS S. Alexande *pace temps* 1920. RUSSELL, *A* *de l'esprit*, DEWEY, *Ex* *nature*, 19 Whitehead, *de la raison*, ÉPIST. DIA Gonseth, *Ma* *réalité*, 193 **G. BACHEL** *Nouv. esp. sc* **1934** *Ration. appl.*

SOCIOLOGIE

or, *Soc. primitive*, 1871.
NCER, *Princ. de sociologie*, 1876.
inas, *Soc. animales*, 1877.
THEY, *Introd. aux sc. humaines*, 1883.
NDT, *Ethique*, 1885.
TÖNNIES
mté et société, 1887.
RDE, *Imitation*, 1890.
zer, *Rameau d'or*, 1890.
E. DURKHEIM
. du travail social, 1893.
gles méthode sociol., 1895.
F. GIDDINGS
nc. de sociol., 1896.
L. LÉVY-BRUHL
rale et sc. des mœurs, 1903.
nct. mentales soc. inf. 1910.
Max WEBER
iq. protestante, 1904.
M. MAUSS
iétés eskimos, 1906.
UGLÉ, *Castes*, 1908.
MEL, *Sociologie*, 1908.
E. DURKHEIM
mes él. vie relig., 1912.
HALBWACHS
sse ouvrière, 1912.
V. PARETO
iol. générale, 1916.
THOMAS ET ZNANIECKI.
ysan polonais, 1918.
P. FAUCONNET
Responsabilité, 1920.
G. DAVY
Foi jurée, 1922.
LÉVY-BRUHL
ntal. primitive, 1922.
F. SIMIAND
salaire, 1923.
Max SCHELER
ciol. du savoir, 1924.
→ N. BOUKHARINE
du matér. hist., 1925.
K. MANNHEIM
éol. et Utopie, 1929.
J. MORENO
sociométrie, 1934.
STŒTZEL
h. des opinions, 1943.
P. SOROKIN
c., cult., personn., 1947.
LÉVI-STRAUSS
ructures parenté, 1949.
BETTELHEIM
Auverre en 1950, 1950.
G. LE BRAS
ociol. religieuse, 1960.
G. GURVITCH
Traité de Soc., 1960.

PSYCHOLOGIE

Th. RIBOT
Psych. ang. contemp., 1870.
Psych. all. contemp., 1879.
W. WUNDT
Psych. physiol., 1874.
TH. RIBOT
Malad. mémoire, 1881*; de la vol., 1883; de la person., 1885.
Pierre JANET
L'autom. psych., 1889.
EHRENFELS
Qual. de forme, 1890.
W. JAMES
Princ. de psych., 1890.
Th. RIBOT
Psych. des sentim., 1896.
S. FREUD
Sc. des rêves, 1900.
G. DUMAS
Tristesse et joie, 1900.
A. BINET
Étude exp. intell., 1903.
Échelle métr. tests, 1905.
É. CLAPARÈDE
Psych. enfant, 1905.
Mc DOUGALL
Introd. ps. sociale, 1908.
J. M. BALDWIN
Indiv. et société, 1910.
Ch. LALO
Sentim. esthétiques, 1910.
A. ADLER
Temp. nerveux, 1912.
WERTHEIMER, KOHLER, etc.
Psych de la forme, 1912.
K. JASPERS
Psych. pathol., 1913.
Ch. BLONDEL
Consc. morbide, 1914.
SPRANGER
Formes vitales, 1914.
FREUD
Intr. psychanal., 1916.
G. DUMAS
Traité de psych., 1923.
SCHELER, *Sympathie*, 1923.
J. PIAGET
Jug. et rais. enfant, 1924.
HALBWACHS, *Mém.*, 1925.
WATSON, *Behavior*, 1925.
Pierre JANET
De l'ang. à l'extase, 1926.
JUNG, *Découv. âme*, 1934.
GOLDSTEIN, *Struct. org.*, 1934.
LEWIN, *Topol. ps.*, 1938.
WOODWORTH, *Ps. exp.* 1938.
MERLEAU-PONTY, *Comportement*, 1942.
GUILLAUME, *Introd. à la psychologie*, 1943.
PRADINES, *Traité de psychologie*, 1943-1946.
WALLON, *Pensée enfant*, 1945.
PIÉRON, *Sensation*, 1945.
LE SENNE, *Caract.*, 1946.
LAGACHE, *Jalousie*, 1947.

SCIENCES ET LETTRES

LE SYMBOLISME :
Mallarmé, *Faune*, 1876.
Verlaine, *Romances*, 1874.
LE NATURALISME :
Zola, *R.-Macquart*, 1871-1893.
Huysmans, *A rebours*, 1887.
H. POINCARÉ :
les fonct. fuchsiennes, 1881.
PASTEUR, la rage, 1885.
HERTZ : ondes, 1887.
BRANLY : détecteur, 1890.
Barrès, *Bérénice*, 1891.
PAVLOV : *réfl. cond.*, 1892.
RŒNTGEN : rayons X, 1895.
MARCONI : T. S. F., 1896.
ADER : avion moteur, 1897.
CURIE : radium, 1898.
HILBERT, *Fond. géom.*, 1899.
PLANCK : quanta, 1900.
DE VRIES : mutations, 1900.
A. FRANCE, *Bergeret*, 1901.
A. GIDE : *L'Immoral.*, 1902.
EINSTEIN : rel. restr., 1905.
SPEARMAN : an. fact., 1906.
LAPICQUE : chronaxie, 1907.
Le CUBISME, 1908.
MORGAN : chromosomes, 1910.
RUSSELL-WHITEHEAD : *Princ. mathém.*, 1910-13.
Claudel : 3 *gr. Odes*, 1911.
Proust, *Temps perdu*, 1914-1923.
RUTHERFORD : Transmut. azote, 1919.
VALÉRY, *Charmes*, 1922.
R. MARTIN DU GARD : *Les Thibault*, 1922-37.
Jules ROMAINS : *Les h. de bonne vol.*, 1925-46.
L. DE BROGLIE : mécan. ondulatoire, 1923.
LE SURRÉALISME, 1924.
F. MAURIAC, *Desqueyroux*, 1927.
H. BERGER : ondes cér. 1927.
W. HEISENBERG : relat. d'incertitude, 1927.
FLEMING : pénicilline, 1928.
LE CYCLOTRON, 1929.
Découv. de Pluton, 1930.
St-EXUPÉRY, *Vol de nuit*, 1931.
JOLIOT-CURIE : radioact. artific., 1933.
LES RADARS, 1933.
Malraux, *Cond. hum.*, 1933.
Bourdet, *Temps diffic.* 1934.
Pile atom., Chicago, 1942.
Mach. calc. électron., 1944.
BOMBE ATOMIQUE, 1945.
Sartre, *Mains sales*, 1948.
LYSSENKO : évol. dirig., 1948.
N. WIENER, *Cybernetics*, 1948.
EINSTEIN, champ unitaire, 1949.
L'antiproton, 1956.

FAITS SOCIAUX ET RELIGIEUX

1871 : ANGL. : reconnaiss. légale des syndicats.
1870 - 77 : Livingstone, Stanley.
1875 : **3e RÉPUBLIQUE**, la Constitution.
1878 : Congrès de Berlin.
1879 : le *thomisme*, philos. officielle de l'Église.
1882 : FRANCE : *instr. oblig.*
1884 : loi sur les syndicats.
1885 : expéd. du Tonkin.
1885 : ALL. : socialisme d'État.
1891 : Léon XIII : encyl. *Rerum novarum* (condition des ouvriers).
1895 : massacres d'Armén.
1897 : FRANCE : Gallieni à Madagascar, Doumer en Indochine.
1898 : loi accid. du travail.
1897-1906 : *aff. Dreyfus*.
1898 : Marchand à Fachoda.
1899 : conf. de la Paix.
1901 : loi sur les associat.
1904 : l'*Entente cordiale.*
1901-08 : U.S.A. : Th. Roosevelt.
1905 : guerre russo-japon.
1905 : FRANCE : sépar. des Églises et de l'État.
1906 : le Ministère du Trav.
1907 : Pie X : condamn. du modernisme.
1909 : trav. Manche avion.
1911 : la Répub. chinoise.
1911 : incident d'Agadir.
1912 : guerre balkanique.
1914-1919 :
1re GUERRE MONDIALE.
1917 : *Rév. russe, bolchév.*
1919 : la Soc. des Nations.
1919 : ALLEMAGNE : constitution de Weimar.
1922 : *const. de l'U.R.S.S.*
1922 : ITALIE : Mussolini, *le fascisme.*
1925 : Locarno.
1927 : trav. de l'Atlantique par avion.
1931 : Pie XI, enc. *Quadragesimo anno.*
1933 : ALL. : HITLER, *le nazisme.*
1939-1945 :
2e GUERRE MONDIALE.
1945 : *Org. des Nat. Unies.*
1945 : FRANCE : Séc. soc.
4e RÉPUBLIQUE.
1946 : la Constitution.
1947 : *U.R.S.S.* : le *Kominform.*
1948 : assass. de Gandhi.
1948 : *Déclaration univers. des Droits de L'Homme.*
1953 : mort de Staline.
1956 : insurr. Budapest.
1959 : Marché commun.
1960 : indép. rép. noires.

INDEX

Les chiffres ci-dessous renvoient aux *pages* de l'ouvrage, les caractères gras désignant les passages les plus importants. Pour les noms propres, nous nous sommes borné à indiquer les principaux en signalant par une étoile (*) les pages où sont données les dates de l'auteur cité. L'étoile est remplacée par un astérisque (*) quand la référence comporte en outre un portrait.

TABLE DES MATIÈRES

L'ACTION

Table des corrélations

Le nouvel intitulé des notions du programme (consulter aussi l'index des deux volumes)

L'HOMME ET LE MONDE

LA CONNAISSANCE ET LA RAISON

LA PRATIQUE ET LES FINS

Biblio/Essais

Titres parus

Jacques ATTALI
Histoires du temps
Où l'on apprend que les techniques de comptage du temps n'ont jamais été autonomes par rapport à l'histoire, aux cultures et aux sociétés.

Jacques ATTALI
Les Trois Mondes
Après avoir vécu dans le monde de la régulation, *puis dans celui de la* production, *nous sommes entrés dans un troisième, celui de l'*organisation. *Une interprétation originale de la crise économique actuelle.*

Jacques ATTALI
Bruits
Déchiffrer l'ordre social à partir de l'ordre des sons. Une étude historique de la musique pour réfléchir sur les structures du pouvoir.

Georges BALANDIER
Anthropo-logiques
Comprendre la modernité. Saisir les mutations en cours. Des réponses claires aux grands problèmes de notre temps. Édition revue, corrigée et augmentée d'une introduction inédite sur les principes d'une anthropologie du présent.

Jean BAUDRILLARD
Les Stratégies fatales
Un livre à lire comme un recueil d'histoires. La société d'aujourd'hui ou le théâtre des ombres. La séduction, l'amour, le simulacre... Tout n'est qu'apparences !

CAHIER DE L'HERNE
Samuel Beckett
Découverte de Beckett. L'œuvre dans tous ses états : théâtre, romans, poésie, lus et relus par E.-M. Cinan, Julia Kristéva, Ludovic Janvier...

CAHIER DE L'HERNE
Mircea Éliade
Le travail monumental d'un chercheur hors du commun. Penseur du sacré, historien des religions, romancier talentueux : tout Éliade par les meilleurs spécialistes.

Cornélius CASTORIADIS
Devant la guerre
Cornélius Castoriadis comptabilise les forces des deux super-puissances et délivre son diagnostic. Un ouvrage clef pour y voir clair dans les nouveaux enjeux de la politique internationale et les idéologies contemporaines.

Catherine CLÉMENT
Vie et légendes de Jacques Lacan
Loin des rumeurs et des passions inutiles, une philosophe déchiffre une œuvre réputée difficile. Et tout devient limpide, simple, passionnant.

Catherine CLÉMENT
Claude Lévi-Strauss ou la structure et le malheur
Traversée de l'œuvre du plus grand anthropologue contemporain. Des structures élémentaires de la parenté *à* La potière jalouse : *Lévi-Strauss passé au peigne fin de l'analyse.*
Nouvelle édition revue, corrigée et augmentée.

Régis DEBRAY
Le Scribe
A quoi servent les intellectuels ? Et qui servent-ils ? Quelles sont leurs armes ? Quels sont leurs rêves ?

Jean-Toussaint DESANTI
Un destin philosophique, ou les pièges de la croyance
Une exploration systématique des principaux chemins de la philosophie moderne et des chausse-trappes que l'on peut y rencontrer.

Laurent DISPOT
La machine à terreur
Terreur d'hier, terrorisme d'aujourd'hui. Des maîtres du Comité de salut public révolutionnaire aux partisans d'Action directe et aux membres de la « bande à Baader », pas de différence notable.

Lucien FEBVRE
Au cœur religieux du XVIe siècle
L'espace intellectuel du XVIe siècle visité dans ses moindres recoins : la Réforme, Luther, Érasme, Dolet, Calvin...

Élisabeth de FONTENAY
Diderot ou le matérialisme enchanté
Un Diderot méconnu, penseur des questions brûlantes qui tourmentent notre temps : la liberté, la féminité, la lutte contre les pouvoirs, le désir, la découverte de toutes les différences...

René GIRARD
Des choses cachées depuis la fondation du monde
Analyse approfondie des mécanismes sanguinaires qui règlent la vie des sociétés, commentaire magistral de l'antidote à la violence : la parole biblique.

René GIRARD
Critique dans un souterrain
Où l'on voit fonctionner le triangle infernal du désir (je veux ce que toi tu veux) dans les grandes œuvres littéraires.

René GIRARD
Le Bouc émissaire
Schéma fatal du mécanisme de la victime émissaire : quand les sociétés entrent en crise et qu'elles ne peuvent récupérer leur unité qu'au prix d'un sacrifice sanglant. De l'Inquisition aux camps nazis et au Goulag soviétique.

André GLUCKSMANN
Le Discours de la guerre, *suivi d'*Europe 2004
A partir de la grande tradition de la réflexion stratégique (Machiavel, Clausewitz, Hegel, Lénine, Mao), une œuvre capitale qui déchiffre l'impensé de la politique internationale d'aujourd'hui.

André GLUCKSMANN
La Force du vertige
Repenser le pacifisme à la lumière de l'arme atomique. Quand on parle la langue de la force, il faut répondre avec les mêmes mots. A partir de là, tout devient simple.

Roland JACCARD *(sous la direction de)*
Histoire de la psychanalyse (I et II)
Une histoire érudite et claire qui relate la genèse des découvertes freudiennes et leur cheminement à travers la planète.

Stephen JAY GOULD
Le pouce du Panda
L'Évolution des espèces et de l'homme racontée aux enfants. Une fresque présentée à travers une foule d'anecdotes, par l'un des grands paléontologistes américains.

Angèle KREMER-MARIETTI
Michel Foucault, Archéologie et Généalogie
Une pensée majeure de notre temps expliquée d'une façon vivante et claire. De la question du pouvoir à celle de la morale abordée dans ses derniers écrits par Michel Foucault.
Nouvelle édition revue, corrigée et augmentée.

Claude LEFORT
L'Invention démocratique
Non, le totalitarisme n'est pas un mal irrémédiable. Et à qui sait attendre, des voix jaillies des profondeurs de l'oppression racontent le roman de sa disparition.

Emmanuel LÉVINAS
Éthique et Infini
Le regard d'Emmanuel Lévinas sur son propre ouvrage philosophique. Un livre de sagesse.

Emmanuel LÉVINAS
Difficile Liberté
C'est une dénonciation vigoureuse de la violence masquée qui hante notre conscience occidentale et travaille sournoisement notre raison comme notre histoire. Contre l'écrasement, un seul recours : la morale.

Bernard-Henri LÉVY
Les Indes rouges, *précédé d'une* Préface inédite
Travail d'analyse politique exceptionnel sur l'un des premiers échecs historiques du marxisme.

Bernard-Henri LÉVY
La Barbarie à visage humain
Un traité de philosophie politique à l'usage des nouvelles générations. Livre brûlot qui pourfend les idéologies contemporaines.

Anne MARTIN-FUGIER
La Place des bonnes
La domesticité au XIXe siècle. A travers l'examen de cette couche sociale, une jeune historienne propose une surprenante radiographie de la société bourgeoise.

Edgar MORIN
La Métamorphose de Plozevet, Commune en France
Le classique de la sociologie française. Où est cerné avec une exceptionnelle acuité l'irruption de la modernité dans une commune en France.

Edgar MORIN
L'Esprit du temps
Lecture raisonnée du temps présent, un repérage des valeurs, des mythes et des rêves du monde développé à l'entrée de la décennie 60.

Ernest RENAN
Marc Aurèle et la fin du monde antique
Dans ce texte lumineux, tout le projet du philosophe se manifeste. Son rapport étrange et fascinant avec la religion. Un document sur la Rome antique, qui est aussi un livre novateur.

Marthe ROBERT
En haine du roman
A la lumière de la psychanalyse, Marthe Robert réexamine le phénomène Flaubert et fait surgir un personnage nouveau. Une sorte de Janus, partagé entre deux êtres, à partir duquel on doit expliquer désormais tout le processus de sa création littéraire.

Marthe ROBERT
La Vérité littéraire
Le mot, l'usage des mots : deux problèmes au cœur de La Vérité littéraire. *Ceux qui ont en charge le langage sont mis à la question : de l'écrivain au journaliste, en passant par le traducteur.*

Marthe ROBERT
Livre de lectures
Une réflexion neuve sur la crise de la littérature, qui est aussi une véritable leçon de lecture.

Michel SERRES
Esthétiques sur Carpaccio
Les registres de la connaissance mis en peinture. Une réflexion sur le langage, mais aussi sur l'amour, la guerre, la mort, la science.

Alexandre ZINOVIEV
Le Communisme comme réalité
L'auteur décrit avec une terrible minutie la logique qui mène à l'instauration du régime totalitaire, et ensuite l'incroyable fonctionnement des sociétés qu'il engendre.

IMPRIMÉ EN FRANCE PAR BRODARD ET TAUPIN
58, rue Jean Bleuzen - Vanves - Usine de La Flèche.
LIBRAIRIE GÉNÉRALE FRANÇAISE - 6, rue Pierre-Sarrazin - 75006 Paris.
ISBN : 2 - 253 - 04022 - 3

42/4054/5